Dietmar Abts | Wilhelm Mülder

Grundkurs Wirtschaftsinformatik

Bibliografische Information der Deutschen Nationalbibliothek
Die Deutsche Nationalbibliothek verzeichnet diese Publikation in der Deutschen Nationalbibliografie; detaillierte bibliografische Daten sind im Internet über <http://dnb.d-nb.de> abrufbar.

1. Auflage 1996
2. Auflage 1998
3. Auflage 2001
4. Auflage 2002
5. Auflage 2004
6., überarbeitete und erweiterte Auflage 2009

Lektorat: Sybille Thelen | Andrea Broßler

Vieweg+Teubner ist Teil der Fachverlagsgruppe Springer Science+Business Media.
www.viewegteubner.de

Umschlaggestaltung: KünkelLopka Medienentwicklung, Heidelberg
Druck und buchbinderische Verarbeitung: Těšínská Tiskárna, a. s., Tschechien
Gedruckt auf säurefreiem und chlorfrei gebleichtem Papier.
Printed in Czech Republic

ISBN 978-3-8348-0596-6

Vorwort zur sechsten Auflage

Mit dieser Neuauflage haben wir unseren "Grundkurs Wirtschaftsinformatik" komplett aktualisiert und erweitert. In den vergangenen Jahren wurden viele neue Tools, Konzepte und Anwendungssysteme konzipiert und erprobt, die wir jetzt neu berücksichtigt haben. Hierzu zählen beispielsweise Web 2.0, Web Services, SOA, RFID, IT-Governance. Andere, für jede(n) angehende(n) Wirtschaftsinformatiker(in) relevante Themen haben wir ausführlicher behandelt, wie beispielsweise Projektmanagement und IT-Sicherheit. Insgesamt hat sich der Umfang unseres Buchs erweitert auf jetzt insgesamt 15 Kapitel. Trotzdem halten wir an der Leitlinie "kompakt und praxisorientiert" weiterhin fest. "Kompakt" bedeutet, dass alle wichtigen Aspekte der Wirtschaftsinformatik in diesem Werk zumindest knapp berücksichtigt wurden. "Praxisorientiert" bedeutet, dass wir anhand von Anwendungsbeispielen die praktische Bedeutung aufzeigen.

Teil A **Hardware- und Software-Grundlagen**	1. Grundbegriffe	2. Rechnersysteme und systemnahe Software	3. Software
	4. Datenübertragung und Rechnernetze	5. Internet	6. Datenbanken
Teil B **Anwendungen**	7. Enterprise-Resource-Planning-Systeme	8. Querschnittssysteme	
	9. Analytische Informationssysteme	10. Unternehmensübergreifende Informationssysteme	
Teil C **Methoden und Organisation**	11. Projektmanagement	12. Softwareentwicklung	13. Software-Auswahl
	14. Informationsmanagement	15. IT-Sicherheit	
16. Lösungshinweise zu den Fragen und Aufgaben sowie zum Fallbeispiel			

Die Fragen und Aufgaben am Ende eines jeden Kapitels zur Lernkontrolle wurden erweitert. Es erschien uns zweckmäßig, die Lösungen zu den Aufgaben, Kontrollfragen und Fallbeispielen weiterhin in einem gesonderten Kapitel in diesem Buch zur Verfügung zu stellen. Daneben existiert ein Online-Service, der alle Abbildungen und weitere Übungsaufgaben zum Download zur Verfügung stellt.

Vollständig neu haben wir das Fallbeispiel gestaltet, welches sich wie ein roter Faden mit jeweils aktuellen Problemstellungen und praktischen Herausforderungen durch sämtliche Kapitel zieht. Als Unternehmen dient uns ein fiktives Unternehmen, die "Stadtwerke AG". Um möglichst realitätsnahe und praxisrelevante Fragestellungen zu präsentieren, erhielten wir hierbei die Unterstützung aus der Unternehmenspraxis.

Unser ganz besonderer Dank gilt Herrn Dr. Matthias Mehrtens und Frau Dr. Ivonne Servaes. Ferner bedanken wir uns bei Wolfgang Beckers, Ralf Glörfeld, Janet Hubo, Antje Porfitz, Hans Josef Wolber, Sven Rickelt sowie Dr. Bernd Wess, die ihr praktisches Wissen eingebracht haben.

Zahlreichen Fachkollegen und Fachkolleginnen gaben uns wertvolle Anregungen und Hinweise. Wir haben versucht, möglichst viele Verbesserungsvorschläge in dieser Neuauflage zu berücksichtigen. Konstruktive Kritik bekamen wir auch von unseren Studentinnen und Studenten im Rahmen von Vorlesungen und Seminaren. Ferner erhielten wir Feedback durch Teilnehmerinnen und Teilnehmer von Weiterbildungsseminaren zum IT-Einsatz in Unternehmen, die ebenfalls unser Buch verwendeten. Ein besonderer Dank gilt Bernd Landmesser und Yang Jiao, die uns bei Recherchen und bei der Erstellung von Abbildungen sehr gut unterstützt haben.

Unser Buch entstand in Teamarbeit. Die Realisierung der einzelnen Kapitel erfolgte individuell. Hierfür übernehmen wir auch einzeln die Verantwortung und zwar D. Abts für die Kapitel 2, 4, 5, 6, 12 und W. Mülder für die Kapitel 1, 3, 7, 8, 9, 10, 11, 13, 14, 15. Die Integration der einzelnen Kapitel zu einem Ganzen haben wir dann wiederum gemeinsam vorgenommen.

Schließlich bitten wir unsere Leserinnen und Leser um Kritik und Anregungen.

Ratingen, Essen im November 2008

Dietmar Abts
abts@hs-niederrhein.de

Wilhelm Mülder
muelder@hs-niederrhein.de

Inhaltsverzeichnis

A Hardware- und Software-Grundlagen

B Anwendungen

D Lösungen

1 Grundbegriffe

Lernziele

Sie lernen

- worum es bei Informatik und Wirtschaftsinformatik eigentlich geht;
- welche Bedeutung einige grundlegende Begriffe innerhalb der Wirtschaftsinformatik haben;
- womit sich die Wirtschaftsinformatik als Wissenschaft beschäftigt;
- warum die Praxisorientierung einen hohen Stellenwert innerhalb der Wirtschaftsinformatik genießt;
- welche Arbeitsfelder Sie als zukünftiger Wirtschaftsinformatiker bzw. zukünftige Wirtschaftsinformatikerin haben.

1.1 Einleitung

Im Mittelpunkt dieses Kapitels steht die Frage "Was ist Wirtschaftsinformatik?" Die meisten Menschen, denen man berichtet, dass man Wirtschaftsinformatik studiert oder sich als Wirtschaftsinformatiker beruflich betätigt, haben keine rechte Vorstellung von diesem Berufsfeld. Informatiker kennt man, das hat etwas mit Computern und Programmieren zu tun; Wirtschaftswissenschaftler kennt man auch, die kümmern sich in Unternehmen um Gewinne, Kosteneinsparungen und Umsatzsteigerungen. Wirtschaftsinformatiker kennen sich auf beiden Feldern gut aus: sie beherrschen die Systeme und Methoden der Informatik und können diese im wirtschaftlichen Umfeld, vor allem im Unternehmen, entwickeln, einführen und anwenden. Wir werden zunächst einige Grundbegriffe erläutern, die für das Verständnis der folgenden Kapitel erforderlich sind. Außerdem wird diskutiert, ob Wirtschaftsinformatik eine Wissenschaft ist und welchen Beitrag sie für die Unternehmenspraxis leistet. Außerdem stellen wir wichtige Tätigkeitsbereiche für Wirtschaftsinformatiker vor.

1.2 Informatik

Definition Informatik

Die *Informatik* (engl.: Computer Science) befasst sich als Wissenschaft mit der maschinellen (rechnergestützten) Verarbeitung und Übermittlung von Daten.

Bild 1.1: Gliederung der Informatik (vgl. [StHa05] S. 11)

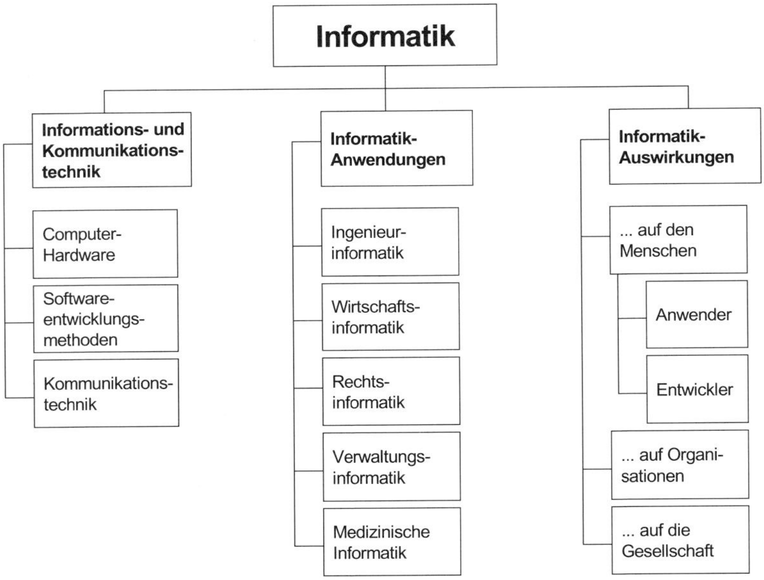

Im Mittelpunkt stehen die Erarbeitung theoretischer Grundlagen sowie die technische Entwicklung von Hardware, Software und Kommunikationssystemen (vgl. Bild 1.1).

Die Umsetzung und praktische Anwendung dieser Erkenntnisse erfolgt in den so genannten "Angewandten Informatiken", also z. B. Rechtsinformatik, Verwaltungsinformatik, Medizinische Informatik, Ingenieurinformatik und eben in der *Wirtschaftsinformatik*.

Informatik-auswirkungen

Die Erforschung von Informatik-Auswirkungen erstreckt sich auf einzelne Personen, Organisationen und die Gesellschaft. Hierbei werden die Chancen und Risiken des Informatik-Einsatzes auf den verschiedenen Ebenen analysiert und daraus oftmals politische Maßnahmen abgeleitet, z. B. der Aufbau neuer Studiengänge, Technologie-Förderprogramme für mittelständische Unternehmen, Anwerbung ausländischer Informatik-Experten.

1.3 Wirtschaftsinformatik

Definition Wirtschafts-informatik

Unter *Wirtschaftsinformatik* wird die Wissenschaft von Entwurf, Entwicklung und Nutzung rechnergestützter Informations- und Kommunikationssysteme in Wirtschaft und Verwaltung verstanden ([Sche97] S. 1, [WKWI07] S. 319, [HeHR07] S. 3). Diese noch recht junge Disziplin versucht die sinnvolle Integration von Betriebswirtschaftslehre und Informatik (vgl. Bild 1.2).

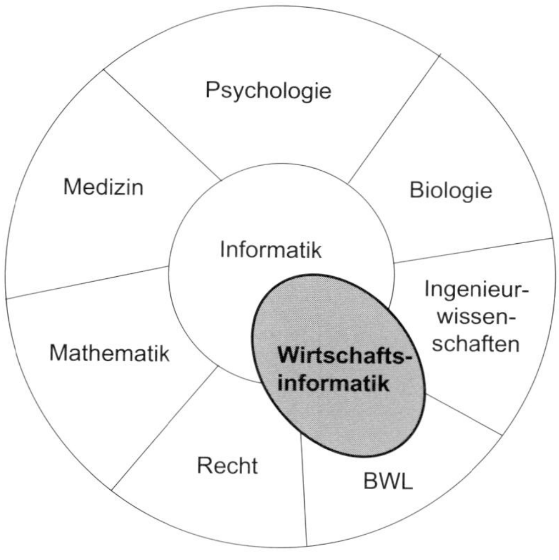

Bild 1.2: Wirtschafts-informatik als interdisziplinäre Wissenschaft

Beide Seiten profitieren voneinander. Die Aufgabenbewältigung im Unternehmen – ganz gleich ob es sich um einen Konzern oder ein Kleinunternehmen handelt - ist ohne die intensive Unterstützung und Nutzung von Informatik-Systemen, also von Hardware und Software, kaum noch vorstellbar. In allen betrieblichen *Funktionen* (Rechnungswesen, Materialwirtschaft, Produktionswirtschaft, Personalwirtschaft, Logistik, Controlling) und in allen *Institutionen* (Wirtschaftszweigen, wie z. B. Fertigung, Handel, Banken, Tourismus) werden rechnergestützte Informationssysteme intensiv genutzt.

Nachbardisziplinen

Neben der großen Schnittmenge zwischen Informatik und Betriebswirtschaftslehre hat die Wirtschaftsinformatik auch noch enge Beziehungen zu anderen wissenschaftlichen Disziplinen, insbesondere zu Rechtswissenschaften und Ingenieurwissenschaften (vgl. Bild 1.2). Rechtliche Fragestellungen werden immer wichtiger, z. B. bei Berücksichtigung des Datenschutzes und im Zusammenhang mit der Nutzung des Internet. Die Nähe zu den Ingenieurwissenschaften erklärt sich durch die *Gestaltungsaufgabe* der Wirtschaftsinformatik: Zur Gestaltung (Entwicklung) von Informations- und Kommunikationssystemen ist eine systematische Vorgehensweise erforderlich und es müssen besondere Verfahren und Methoden angewendet werden. Die Wirtschaftsinformatik hat zu diesem Zweck eigene Methoden und Werkzeuge entwickelt. Wie in den Ingenieurwissenschaften werden in der Wirtschaftsinformatik Informations- und Kommunikationssysteme *konstruiert* (entwickelt und programmiert), auch die Komplexität in der Entwicklungsphase und die Zuverlässigkeit in der Nutzungsphase stellen für beide Disziplinen vergleichbar hohe Anforderungen dar.

Wirtschafts-informatik als Wissenschaft

Wirtschaftsinformatik ist eine anwendungsorientierte und interdisziplinäre Wissenschaft. Sie befasst sich mit den Themenbereichen Informationstechnik, Organisation, Mensch und (Geschäfts-)Prozesse (vgl. Bild 1.3). Bei der Entwicklung und Einführung betrieblicher Informationssysteme wurde sehr früh erkannt, dass die einseitige Konzentration auf technische Problemstellungen nicht erfolgversprechend ist, sondern erst durch zusätzliche Berücksichtigung der organisatorischen, personellen und prozessualen Sichten die erhofften Nutzeffekte eintreten ([Leav74] S. 1145).

Bild 1.3: *Inhaltliche Schwerpunkte der Wirtschafts-informatik*

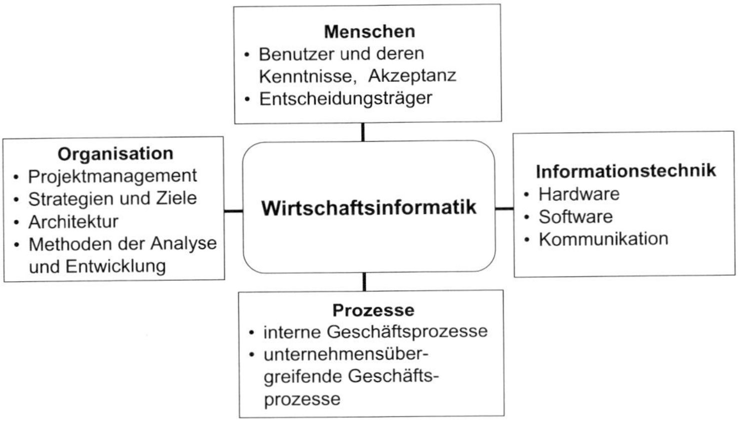

Ziel der Wirtschafts-informatik

Als langfristiges Ziel der Wirtschaftsinformatik wird die "sinnhafte Vollautomation" angestrebt ([Mert95] S. 48). Hierbei bedeutet "sinnhaft", dass die Automation nach einer gewissen Lern- und Übergangsfrist von den meisten Menschen als vorteilhaft und sinnvoll angesehen wird. Im Mittelpunkt dieser Zielsetzung steht somit der Ersatz menschlicher Arbeit durch maschinelle Verarbeitung, und zwar überall dort, wo Maschinen die Aufgaben besser (d.h. schneller, kostengünstiger, sicherer) als Menschen erledigen können.

Forschungs-schwerpunkte

Im Rahmen einer Befragung (Delphistudie) zu den wichtigsten Forschungsgebieten der Wirtschaftsinformatik in Deutschland in den kommenden zehn Jahren nannten die 30 Experten

- die Beherrschung von Komplexität in Informations- und Kommunikationssystemen;
- Netzmärkte und virtuelle Märkte sowie
- die Gestaltung der Anwender- bzw. Mensch-Maschine-Schnittstelle

als zentrale Themen. Die Anwendbarkeit von Forschungsergebnissen in der Praxis wurde als wichtiger Vorteil der Wirtschaftsinformatik im Vergleich zu benachbarten wissenschaftlichen Disziplinen genannt. Die interdisziplinäre Arbeitsweise sahen die befragten Experten als eine Kernkompetenz der Wirtschaftsinformatik an, die vor allem durch die Zusammenarbeit zwischen Wirtschaftswissenschaften und Informatik vertieft werden sollte (vgl. [HeKH01]).

Wirtschaftsinformatik als eigenständige Disziplin?

Ist Wirtschaftsinformatik eine eigenständige wissenschaftliche Disziplin? Diese Frage wurde in der Vergangenheit intensiv diskutiert, da sich einerseits die Betriebswirtschaftslehre immer stärker mit informationstechnischen Fragestellungen befasst (z. B. wie eine gute Positionierung in der Ergebnisliste einer Suchmaschinenabfrage erzielt werden kann; sowohl Marketing als auch Wirtschaftsinformatik beschäftigen sich hiermit unter dem Stichwort "Suchmaschinenmarketing") und andererseits in der Informatik eigenständige Methoden und Konzepte erarbeitet werden, die anschließend von der Wirtschaftsinformatik lediglich adaptiert werden. Insofern könnte man zu dem Schluss kommen, dass Wirtschaftsinformatik als eigenständige Wissenschaft nicht erforderlich sei. Inzwischen wird jedoch allgemein anerkannt, dass sich die Wirtschaftsinformatik als *Realwissenschaft* mit Informations- und Kommunikationssystemen in Unternehmen beschäftigt, somit ergibt sich ihre Eigenständigkeit durch ihren eigenen Gegenstandsbereich. Spezifische Forschungsmethoden sind keine zwingende Voraussetzung für ein selbständiges wissenschaftliches Fach (vgl. [HeHR07] S. 13).

1.4 Informations- und Kommunikationstechnik

IT

Unter Informations- und Kommunikationstechnik (oftmals abgekürzt als *IT*, *IKT* bzw. *IuK*) werden alle Techniken zusammengefasst, die der Erfassung, Bearbeitung, Speicherung und Übermittlung von Informationen dienen. Hierzu zählen insbesondere

- Rechner (engl. Computer) als Verarbeitungseinheiten zur Durchführung der mathematischen, umformenden, speichernden und übertragenden Operationen,
- Verfahren und Geräte der Kommunikationstechnik, wie z. B. Netze, Übertragungsverfahren, Protokolle.

Geschichte der IT

Die rasante technische Entwicklung in diesem Bereich (Miniaturisierung, Leistungssteigerung) bei gleichzeitig kontinuierlichen Preissenkungen hat in den vergangenen Jahren zu immer neuen betriebswirtschaftlichen Anwendungsmöglichkeiten beigetragen. Wichtige Meilensteine in der kurzen Geschichte der IT wurden nachfolgend zusammengestellt:

Meilensteine der IT-Geschichte

Ausgerüstet mit Papier und Bleistift begann 1766 ein Team im britischen Königreich mit der Erstellung der offiziellen Navigationstabellen. Diese Personen, deren Arbeit hauptsächlich aus Addieren und Subtrahieren bestand, nannte man später "Computer".

In Frankreich gab es unter dem Baron Gaspard Prony ein Team zur Einführung des metrischen Systems. Hierzu wurden neue Logarithmen-Listen und trigonometrische Tabellen in einem nie da gewesenen Umfang benötigt. Eingesetzt wurden 60 bis 80 Personen, die lediglich Addition und Subtraktion beherrschen mussten. Nach zehn Jahren waren die Tabellen fertig, das napoleonische Frankreich hatte aber kein Geld mehr, sie zu drucken. Den englischen Mathematiker Charles Babbage, der 1819 nach Paris kam, inspirierte diese Arbeit zur Konstruktion einer mechanischen Rechenmaschine, einem Vorläufer unserer heutigen Computer ([Fuch02] S. 212).

12. Mai 1941: Die erste Vorführung des Rechners Z3 gilt als Geburtsstunde des Computers. Der Bauingenieur Konrad Zuse baute in seiner Berliner Wohnung aus 2.500 Telefon-Relais die erste programmierbare Rechenmaschine. Z3 verfügte bereits über einen Speicher für 64 Zahlen, ein Steuerwerk und eine Recheneinheit. Befehle konnten über ein Lochband aus 35 Millimeter Film eingegeben werden. Als Grund für seine Konstruktion bemerkte Zuse: "Ich war zu faul zum Rechnen." Z3 wurde im 2. Weltkrieg zerstört und inzwischen originalgetreu nachgebaut.

Howard A. Aiken nahm 1944 Mark I in Betrieb. Der Rechner war 16 Meter lang und 35 Tonnen schwer.

1948 entwickelten John Bardeen, Walter Brattain und William Shockley in den Bell Laboraties den ersten Transistor.

1952 baute der deutsche Computerpionier Heinz Nixdorf für den Stromanbieter RWE den ersten Röhrenrechner. Ab Mitte der sechziger Jahre entwickelte Nixdorf für kleinere und mittelständische Unternehmen eine eigene Hardwaregeneration: die Mittlere Datentechnik (MDT). Für mehr als 200 Branchen entwickelte Nixdorf außerdem die passende Anwendungssoftware "COMET" ([Lütg03] S. 20).

1959 erfanden Jack Kilby von Texas Instruments und Robert Noyce von der Fairchild Semiconductor Corporation unabhängig voneinander den integrierten Schaltkreis.

1969 kommunizierten Universitäten von Kalifornien in Los Angeles und Stanford erstmals über das Computernetz ARPANET, einem Vorläufer des Internet.

1971 produzierte die Firma Intel den ersten Mikrochip.

1972 gründeten fünf ehemalige IBM-Mitarbeiter in Walldorf das Software-Unternehmen SAP mit dem Ziel, Standardanwendungssoftware zu entwickeln.

1975 brachte die US Firma Micro Instrumentation Telemetry Systems den ersten Personal Computer "Altair 8800" mit einem 8-Bit-Prozessor auf den Markt.

1981 kam von der Firma Microsoft das Betriebssystem MS-DOS 1.0 für den IBM PC auf den Markt.

1983 gilt durch die verbindliche Einführung des Protokolls TCP/IP als Geburtsstunde des Internet.

1992 wurde das WWW zur leichteren Benutzung des Internet eingeführt. Seither stieg die Zahl der Internet-Benutzer sehr stark an.

2001 präsentierte Apple erstmals den iPod, ein tragbares Medienabspielgerät mit 5GB Speicherkapazität. In den Folgejahren wurden iPods zu dem meistverkauften und beliebtesten tragbaren Musikabspielgeräten weltweit. Auch die Wiedergabe von Videodateien ist inzwischen möglich.

2007 brachte Apple das iPhone auf den Markt. Hierbei handelt es sich um ein Smartphone, das die Möglichkeiten eines Mobiltelefons mit denen eines Personal Digital Assistant (PDA), einem mobilen persönlichen Computer, vereint. Ferner können Medien wie beim iPod abgespielt werden und es existiert ein mobiler Internet-Zugang. Das iPhone wird nicht über Tastatur sondern über einen Touchscreen bedient.

TIME

Für die Zukunft zeichnet sich eine Verschmelzung (Konvergenz) der so genannten "TIME-Industrien" (Telekommunikation, Informationstechnik, Medien und Elektronik) ab (vgl. Bild 1.4). Für Wirtschaftsinformatiker ergibt sich hieraus die Chance, völlig neuartige Produkte und Dienstleistungen zu entwickeln und zu vermarkten.

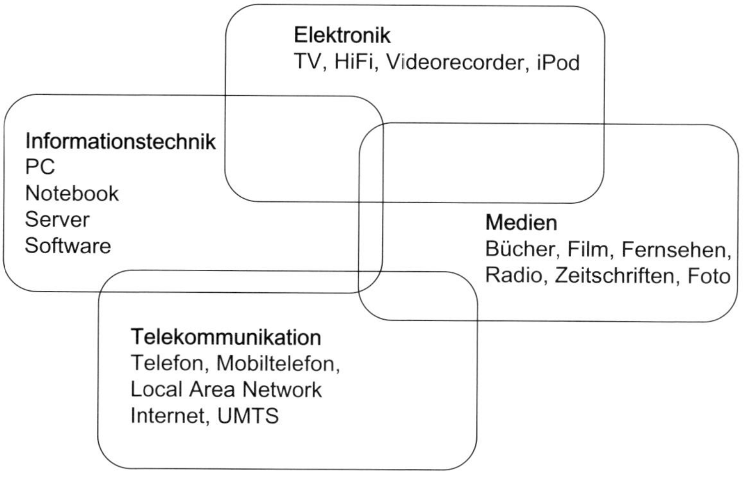

***Bild 1.4**: Konvergenz der TIME-Industrien*

1.5 Telematik

Hierbei handelt es sich um ein Kunstwort, das sich aus Wortbestandteilen von "*Tele*kommunikation und Infor*matik*" zusammensetzt (vgl. Bild 1.5).

Bild 1.5: Telematik

TELEKOMMUNIKATION
Verknüpfung von mobilen und/oder stationären EDV-Systemen
- drahtgebundene, stationäre Telekommunikationsnetze und -dienste
- drahtlose Mobil- und Datenfunknetze
- Telekommunikations-Endgeräte

\+

INFOR**MATIK**
Hardware und Software zur Verarbeitung der ausgetauschten Daten
- Rechnerhardware
- Schnittstellen-, Kommunikations- und Anwendungssoftware

= **TELEMATIK**

Durch den Aufbau moderner Kommunikationsnetzwerke, wie z. B. Internet oder Mobilfunknetz, entstehen neue Anwendungsmöglichkeiten für die Telematik. Beispiele hierfür sind Gebäudetelematik (Fernüberwachung und -steuerung von Heizung, Aufzügen, Alarmanlagen), Gesundheitstelematik (Alarmierung im Notfall und Übermittlung von Diagnosewerten für kranke und alte Menschen) sowie Verkehrstelematik (Navigation, Leitsysteme, LKW-Maut).

1.6 Information

Definition

Eine *Information* ist für seinen Empfänger eine neue Erkenntnis, verbunden mit einem Zweckbezug oder Nutzen. Information kann niemals eine beliebige Zeichenkette ohne Bedeutung und Inhalt sein. Andererseits kann eine Information einen Empfänger nur dann erreichen, wenn *Syntax* (Grammatik zur korrekten Satzbildung) und *Semantik* (Bedeutung der einzelnen Wörter) zwischen dem Sender und dem Empfänger der Information abgestimmt sind.

Drei Ebenen einer Information können unterschieden werden ([Krcm05] S. 16 f.):

Ebenen einer Information

- Syntaktische Ebene
  Es werden lediglich formale Beziehungen zwischen Zeichen betrachtet. Im Vordergrund stehen die Regeln einer Sprache, nach denen die Zeichen zu gültigen Ausdrücken kombiniert werden. Beispielsweise ist 123,25 eine syntaktisch korrekte Dezimalzahl (weil nur Ziffern und ein Komma enthalten sind), während 12,32,5 syntaktisch falsch ist, weil Dezimalzahlen nur ein Komma enthalten dürfen.

- *Semantische* Ebene
  Auf dieser Ebene steht die inhaltliche Bedeutung von Zeichen im Vordergrund. Die Zeichenkette "GIFT" hat im englischen Sprachgebrauch eine völlig andere Bedeutung als im Deutschen.
- Pragmatische Ebene
  Erst auf dieser Ebene geschieht die zweckgerichtete Nutzung von Ziffern und Zeichen; hier kann erst von Information gesprochen werden. Wenn 123,25 als Preis für einen modischen Herrenanzug dient, bewertet der Informationsempfänger diese "Information" (z. B. günstiges Sonderangebot) und löst anschließend eine Aktion aus (es werden sofort mehrere Anzüge gekauft).

Bild 1.6: Unterschied zwischen Daten und Informationen

Verarbeitungs-Modus / Zweckeignung	maschinell	nicht maschinell
mit	DATEN / INFORMATIONEN	INFORMATIONEN
ohne	DATEN	Persönliche Erinnerungen und Kenntnisse

Daten oder Informationen

Vielfach wird zwischen *Daten* und *Informationen* unterschieden (vgl. Bild 1.6). Unter Daten versteht man dabei zum Zwecke der Verarbeitung zusammengefasste Zeichen (daher auch der Begriff "Datenverarbeitung"), während bei Information weniger die Verarbeitungsmöglichkeit, sondern stärker die zielgerichtete Verwendung im Vordergrund steht. Nicht zweckbezogen und nicht maschinell verarbeitbar sind persönliche Erinnerungen und Kenntnisse eines Menschen, die für das Unternehmen und die dort auszuführenden Tätigkeiten jedoch irrelevant sind, beispielsweise die Detailkenntnisse eines Modelleisenbahn-Fans, der die technischen Daten sämtlicher Dampflokomotiven kennt.

Information oder Wissen

Eine Differenzierung wird auch zwischen *Information* und *Wissen* vorgenommen. Mit dem Wissensbegriff verbinden wir *Dynamik* (Was ich heute mühsam erlerne, ist möglicherweise morgen schon nicht mehr relevant) und *Subjektivität* (Menschen bewerten und interpretieren den gleichen Sachverhalt völlig unterschiedlich). Wissen kann daher als durch den Menschen klassifizierte und interpretierte ("veredelte") Information definiert werden. Die Zusammenhänge zwischen den einzelnen Begriffen werden in Bild 1.7 veranschaulicht.

In der betrieblichen Praxis wird meistens kein Unterschied zwischen Daten, Informationen und Wissen bzw. zwischen Daten-, Informations- und Wissensverarbeitung gemacht.

Bild 1.7: *Wissenstreppe (vgl. [Kamp02] S. 62)*

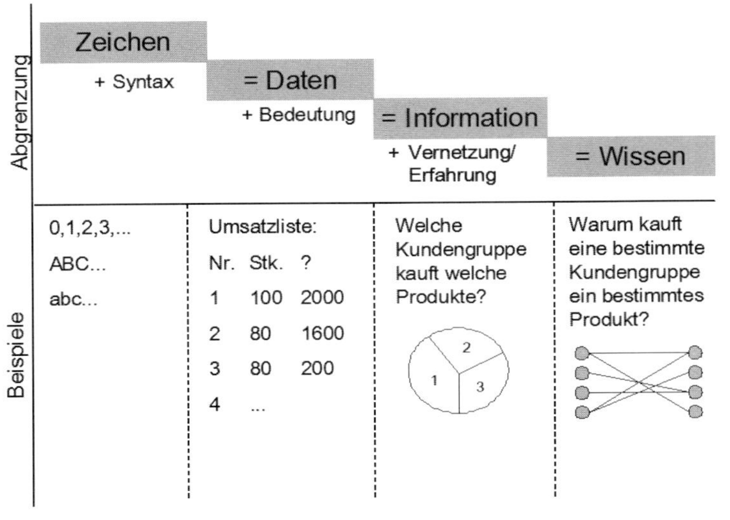

1.7 Datenverarbeitungsprozess

Systeme der Informations- und Kommunikationstechnik sind in der Lage, Daten maschinell zu verarbeiten. Vergleichbar mit der betriebswirtschaftlichen Güterproduktion werden hierbei Daten als Inputfaktoren benötigt, die nach bestimmten Kombinationsvorschriften zu Output transformiert werden. Der gesamte Prozess beginnt mit der Beschaffung und Erfassung von Daten, anschließend erfolgt eine (Zwischen-)Speicherung, bevor die eigentliche Verarbeitung (Transformation) durchgeführt wird. Die Ergebnisse des Verarbeitungsprozesses werden erneut gespeichert und können anschließend ausgegeben (am Bildschirm angezeigt oder gedruckt) oder weitergeleitet werden (vgl. Bild 1.8).

Bild 1.8: *Prozess der Datenverarbeitung ([Nadj01] S. 46)*

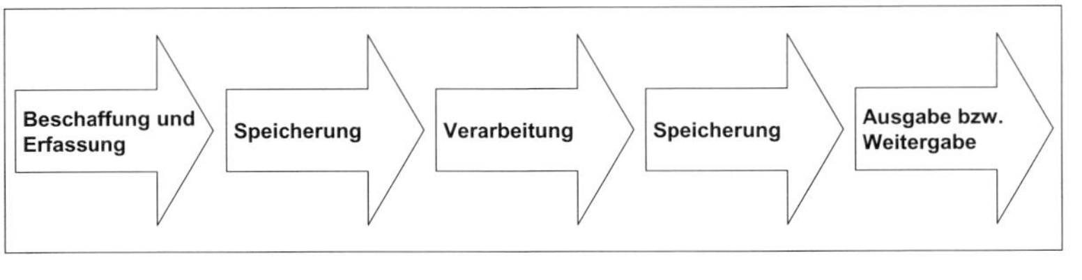

Zwischen der Datenverarbeitung durch einen Computer und der menschlichen Informationsverarbeitung lassen sich einige Parallelen ziehen. Der Mensch nimmt über seine verschiedenen Sinnesorgane Informationen auf, verarbeitet diese und bestimmt hierdurch sein Handeln. Typisches Beispiel hierfür ist beim Autofahren eine rote Ampel, auf die ein Autofahrer mit einem sofortigen Bremsmanöver reagiert.

Parallelen zwischen Mensch und Computer

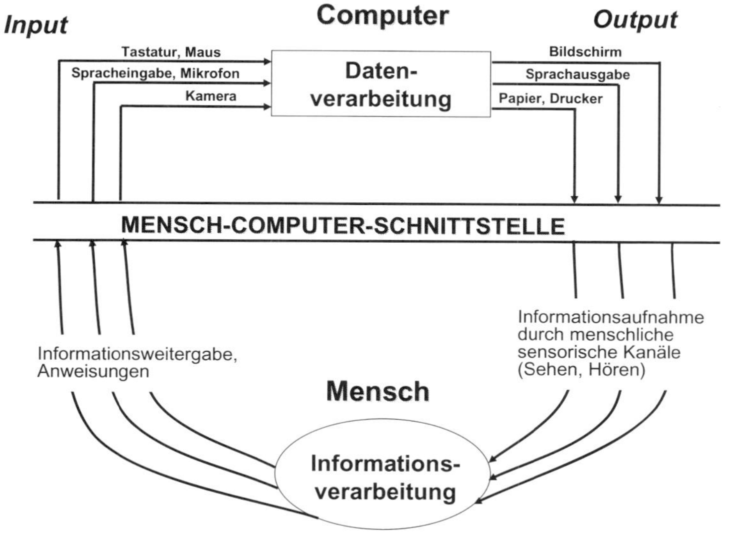

***Bild 1.9**: Informationsverarbeitung bei Mensch und Computer ([SeHB01] S. 246)*

Der Computer erhält Input über Tastatur und Maus Für den Rechner sind dies Anstöße zur Ausführung von Programmen. Wenn der Mensch die richtigen Anweisungen gegeben hat, reagiert das System mit den gewünschten Ergebnissen, andernfalls erscheint eine Fehlermeldung am Bildschirm und der Mensch muss seine Eingaben korrigieren. Die Interaktion zwischen Mensch und Computer erfolgt über die *Mensch-Computer-Schnittstelle*. Derzeit handelt es sich vor allem um Tastatur, Maus, Bildschirm und Papierausdruck, zukünftig kommen Spracheingabe und -ausgabe hinzu (vgl. Bild 1.9).

1.8 Kommunikation

Definition

Die Übertragung (der Austausch) von Daten bzw. Informationen zwischen einem oder mehreren Sendern und einem oder mehreren Empfängern wird als *Kommunikation* bezeichnet. Als Übertragungsweg dient ein *Kommunikationskanal* (vgl. Bild 1.10).

Die Kommunikation kann verbal zwischen Personen oder über technische Hilfsmittel (Kommunikationskanal) erfolgen. Wir betrachten hier vor allem die technisch unterstützte Kommunikation.

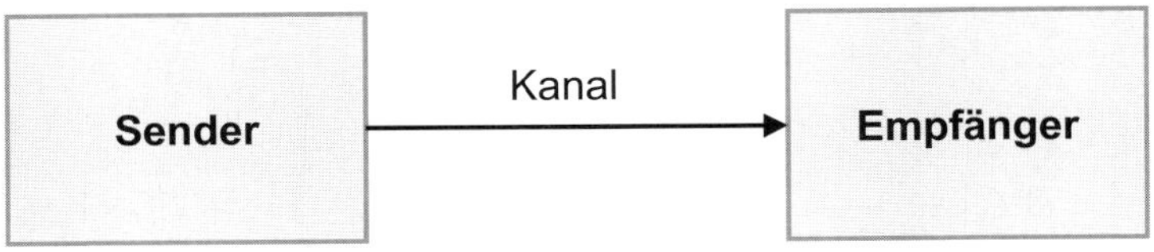

Bild 1.10: Grundschema der Kommunikation

Bevor eine Information über einen Kanal übertragen werden kann, muss zunächst eine technische Umwandlung erfolgen. Beim Telefonieren wird z. B. die menschliche Sprache in elektrische Impulse umgewandelt, diese werden über den Kanal "Telefonleitung" transportiert und beim Empfänger wieder zurückgewandelt. Digitale Zeichen, die über ein Netzwerk übermittelt werden sollen, müssen ebenfalls vorher umgewandelt (wir sprechen hier von codiert) und beim Empfänger wieder decodiert werden (vgl. Bild 1.11).

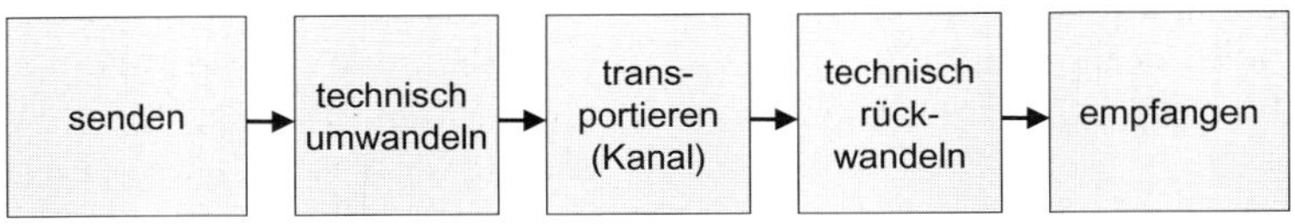

Bild 1.11: Kommunikationsprozess ([Schm02] S. 96)

1.9 Informationssystem

Definition

Computergestützte Informationssysteme sind sozio-technische Systeme, die aus menschlichen und maschinellen Komponenten bestehen. Ihre *Zielsetzung* ist es,

- die richtigen Informationen,
- in der richtigen Menge,
- in der richtigen Form (Aufbereitung),
- zur richtigen Zeit,
- am richtigen Ort

zur Verfügung zu stellen.

Informationssysteme führen bestimmte Aufgaben automatisch aus und unterstützen in anderen Fällen den Benutzer bei der Bereitstellung relevanter Informationen und erleichtern somit insgesamt die menschliche Arbeit.

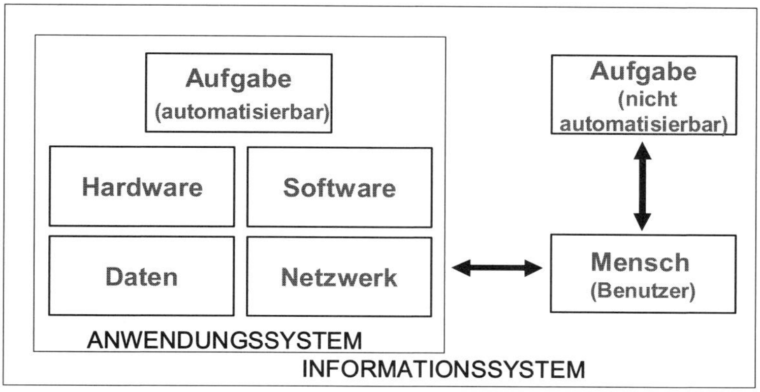

Bild 1.12: Komponenten eines Informationssystems

Bild 1.12 verdeutlicht die einzelnen Komponenten eines Informationssystems. Auf der Aufgabenebene wird unterschieden zwischen automatisierbaren und nicht automatisierbaren Aufgaben. Viele Routineaufgaben lassen sich mittlerweile automatisieren, d.h. mit Hilfe von Hardware, Software, den benötigten Daten und einem Netzwerk maschinell erledigen. Der automatisierte Teil eines Informationssystems wird als Anwendungssystem bezeichnet (vgl. [Seib01] S. 46 f.).

Beispiel

Nehmen wir als Beispiel den Kauf einer Bahnfahrkarte für zwei Personen über das Internet. Der Kunde benötigt hierfür lediglich einen PC mit Internetanschluss und Browser sowie einen Drucker. Auf Seiten der Bahn läuft dieser Vorgang täglich mehrere Tausend Male vollautomatisiert ab. Die Bahn betreibt ein Reiseportal (www.bahn.de) und die Kunden können sich hier über sämtliche Zugverbindungen informieren, sie können Bahnfahrkarten bestellen und Platzreservierungen vornehmen. Die Bahn hat dazu als Software ein Reservierungs- und Auskunftssystem entwickelt, welches auf den eigenen Servern läuft. Die Kunden müssen sich mit Benutzername und Passwort anmelden. Für die Bezahlung ist auf Kundenseite eine Kreditkarten-Nummer einzugeben. Diese Angaben speichert die Bahn in ihrer Datenbank. Die Kommunikation erfolgt ausschließlich über das Internet. Der Kunde druckt am Schluss seine Fahrkarte an seinem eigenen Drucker aus. Auf Seiten des Verkehrsunternehmens läuft der Verkauf von Fahrkarten weitgehend automatisiert ab (abgesehn von den immer noch bestehenden Verkaufsstellen in den Bahnhöfen, deren Nutzung durch lange Wartezeiten und zusätzliche Gebühren für die Kunden zunehmend unattraktiv gemacht wird). Auf Kundenseite kann der Fahrkartenkauf nicht vollständig automatisiert werden, weil individuell über Reisezeiten, Preise, Reservierungen entschieden werden muss. Obwohl Aufgaben, die bislang von den Fahrkartenverkäufern in den Bahnhöfen erledigt wurden, jetzt an den Kunden delegiert werden, hat dieser ebenfalls Vorteile vom Online-Ticketverkauf: er muss nicht mehr in einer Warteschlage stehen, er kann sich selbst die für ihn günstigen Verkehrsverbindungen suchen, die Fahrkarte kann sofort gedruckt werden und die Bezahlung erfolgt bargeldlos.

Wir konzentrieren uns nachfolgend auf *rechnergestützte Informationssysteme,* bei denen die *Mensch-Computer-Kommunikation* im Vordergrund steht. Hierbei erfolgt die Erfassung, Speicherung, Übertragung und/oder Transformation von Informationen teilweise automatisiert durch den Einsatz von Informations- und Kommunikationstechnik. Während in früheren Jahren sämtliche Daten manuell eingegeben werden mussten, erfolgt Datenerfassung inzwischen weitgehend automatisch. Der Mensch nutzt das Anwendungssystem vor allem für qualifizierte Planungs-, Steuerungs- und Kontrollaufgaben, jene Aufgaben, die nicht ohne weiteres automatisierbar sind.

1.10 Berufsfelder in der Wirtschaftsinformatik

Das Arbeitsgebiet von Wirtschaftsinformatikern ist sehr vielfältig. Die Tätigkeitsbezeichnungen reichen vom Systemanalytiker über Software-Entwickler, Programmierer, Netzwerkadministratoren bis hin zu Beratern, Vertriebsexperten und IT-Managern. Wirtschaftsinformatiker sind in allen Branchen und in allen mittleren bis großen Unternehmen tätig. Eine Ausnahme bilden Kleinunternehmen, die bislang kaum spezialisierte Wirtschaftsinformatiker einstellen, sondern häufig auf externe IT-Dienstleister und Berater zurückgreifen.

Tätigkeitsbereiche

Wirtschaftsinformatiker arbeiten in der IT-Branche (z. B. bei einem Software-Unternehmen, welche Anwendungssoftware entwickeln und verkaufen) oder in Anwenderbranchen (das sind alle übrigen Branchen, die IT benutzen). Wirtschaftsinformatiker werden statistisch neben Informatikern und anderen "Bindestrich-Informatikern" (z. B. Medieninformatiker, Medizininformatiker, Bioinformatiker) zur Gruppe der *IT-Fachleute* gezählt. Nach der Statistik der Bundesagentur für Arbeit gab es in Deutschland im Jahr 2006 insgesamt 481.000 sozialversicherungspflichtige IT-Fachleute (vgl. [Hohn07] S. 213).

Die Berufsfelder von Wirtschaftsinformatikern lassen sich in drei Gruppen unterteilen (vgl. [Dost99] S. 24 ff.):

IT-Kernberufe

Im Mittelpunkt der *IT-Kernberufe* stehen Planung, Entwicklung, Implementierung und Betrieb von Hard- und Software. Einige Tätigkeitsschwerpunkte in diesem Kernbereich sind z. B.:

- *Software-Entwickler* (werden auch als Programmierer oder Anwendungsentwickler bezeichnet) entwerfen neue Programme, warten bestehende Programme, testen die Programme, um sie anschließend zur Benutzung freizugeben. Im Mittelpunkt steht die Beherrschung von Programmiersprachen und Software-Entwicklungstools.

- *Datenbank-Entwickler und Datenbank-Administratoren* haben die Aufgabe, Datenmodelle zu entwerfen, Datenbanken einzurichten, Zugriffs- und Sicherheitsmechanismen zu erstellen. Neben Programmiererfahrungen sind Hardware- und Datenbank-Kenntnisse erforderlich.
- *Netzwerkadministratoren* sind für den reibungslosen Netzverkehr innerhalb des Unternehmens und nach außen (z. B. Internet) verantwortlich. Es werden Hardware- und Systemsoftware-Kenntnisse verlangt.
- *Webmaster* planen, organisieren und pflegen den Internet-Auftritt eines Unternehmens. Hierbei sind Hardware- und Internet-Kenntnisse erforderlich.
- *IT-Sicherheitsfachleute* erstellen IT-Sicherheitskonzepte und sind für die Einhaltung von technischen und organisatorischen IT-Sicherheitsmaßnahmen verantwortlich. Durch die Attacken von Hackern, aber auch durch die Nutzung von webbasierten Anwendungen (z. B. E-Commerce oder E-Banking) steigt der Bedarf an qualifizierten IT-Sicherheitsfachleuten.

IT-Mischberufe

Beschäftigte, die der Kategorie IT-Mischberufe angehören, kümmern sich um anwendungsnahe Fragestellungen, die über die reine Technik hinausgehen. Im Vordergrund stehen Organisations- und Beratungsaufgaben. Hierzu einige Beispiele:

- *IT-Berater* sind oftmals bei einem Beratungsunternehmen beschäftigt und analysieren im Rahmen von Kundenprojekten die Geschäftsprozesse, definieren Anforderungen an neue Software, wählen Software aus und passen Standardsoftware an. Auch beim IT-Vertrieb (*Vertriebsbeauftragte*) steht mittlerweile die Beratung im Vordergrund. Viele IT-Berater spezialisieren sich auf Standardprodukte großer Software-Unternehmen, z. B. SAP oder Oracle.
- *Organisatoren* (*Systemanalytiker*) arbeiten an der Schnittstelle zwischen der Informatikabteilung und den Fachabteilungen eines Unternehmens. Sie beschäftigen sich mit der betriebswirtschaftlichen Analyse, Anforderungsdefinition, Anpassung und Weiterentwicklung von Anwendungssystemen.
- *Anwendungsbetreuer* beschäftigen sich hauptsächlich mit Benutzer-Service (Hotline-Support). Sie schulen die Benutzer bei Einführung neuer Software und sind Anlaufstelle für sämtliche Benutzerfragen während der täglichen Arbeit mit IT-Systemen. Es werden intensive Kenntnisse der eingesetzten Software-Produkte und didaktische Fähigkeiten verlangt.

IT-Randberufe

Angehörige von *IT-Randberufen* sind IT-Nutzer, die häufig ohne spezielle Informatik-Qualifikation die fertige, nicht mehr veränderbare Hard- und Software nutzen. Beispielsweise zählt zu dieser Gruppe der Controller, der ein Tabellenkalkulationssystem für seine Aufgaben nutzt.

Arbeitsmarkt für Wirtschafts-informatiker

Die Arbeitsmarktsituation für Wirtschaftsinformatiker ist derzeit gut. Längst nicht alle offenen Stellen können mit qualifizierten Mitarbeitern besetzt werden. Mittelfristig werden die Arbeitsmarktchancen von Wirtschaftsinformatikern als hervorragend eingeschätzt, weil einerseits bei wachsendem Stellenangebot die Zahl der Absolventen stagniert (für das Fach Informatik rechnet man sogar mit sinkenden Absolventenzahlen, vgl. [Endr07] und andererseits infolge des demografischen Wandels schon heute absehbar ist, dass qualifizierte IT-Fachleute zukünftig am Arbeitsmarkt rar sein werden.

Studie IT-Experten

In einer im Jahr 2008 durchgeführten Studie wurden IT-Dienstleistungsunternehmen und IT-Anwendungsunternehmen zur Rekrutierung von IT-Experten befragt [MüHF08]. Vor allem bei den IT-Dienstleistungsunternehmen steigt der Bedarf an IT-Personal. Viele Stellen können derzeit nicht besetzt werden. Schuld daran sind vor allem die gute Wirtschaftskonjunktur sowie die zu hohen Gehaltsforderungen der Kandidaten (vgl. Bild 1.13).

Bild 1.13: *Gründe für Nicht-Besetzung offener IT-Stellen [MüHF08]*

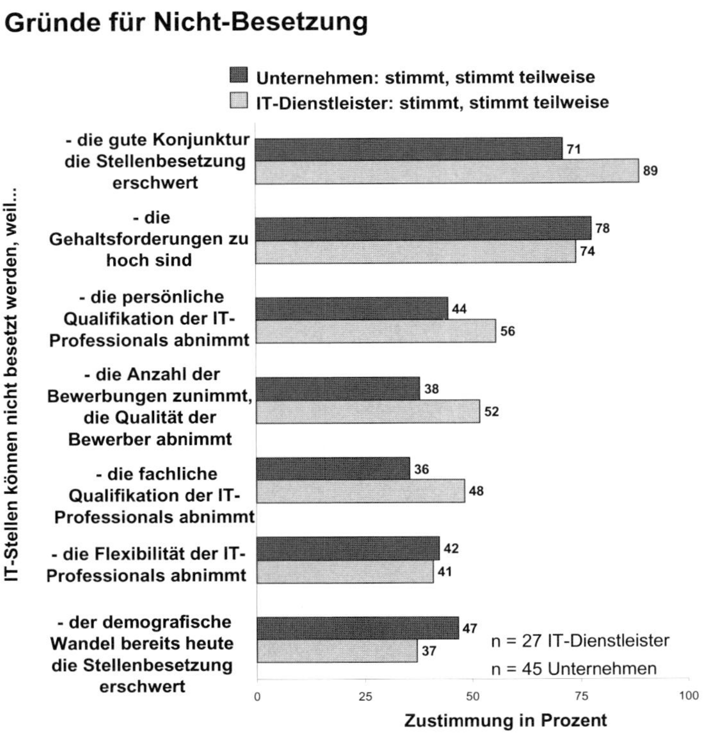

In den meisten Fällen werden Stellen für IT-Spezialisten heute über Internet-Jobbörsen vermittelt. Ferner haben das Jobangebot über die eigene Homepage sowie die interne Karriereentwicklung eine große Bedeutung für die Stellenbesetzung im IT-Bereich. Printmedien werden zwar auch noch genutzt, ihre Bedeutung nimmt allerdings zukünftig ab. In der gleichen Untersuchung wurde gefragt, für welche Tätigkeitsfelder noch Mitarbeiter gesucht werden. Im Ergebnis unterscheiden sich die Anwendungsunternehmen von den IT-Unternehmen deutlich, lediglich im Bereich Datenbankprogrammierung und -administration ergibt sich der gleiche Rang (vgl. Bild 1.14).

IT-Anwendungsunternehmen	IT-Dienstleistungsunternehmen
1. IT-Sicherheit	1. Software-Entwicklung
2. Netzwerktechnik (LAN/WAN)	2. Projektmanagement
3. Datenbank-Programmierung/ Administration.	3. Datenbank-Programmierung/ Administration
4. Technischer Support	4. Web-Entwicklung
5. SAP/ERP-Einführung/Customizing	5. Geschäftsprozess-Analyse

(n=39 Anwendungsunternehmen und n=26 IT-Dienstleister)

Bild 1.14: *Rangfolge zu besetzender Stellen [MüHF08]*

Gehälter

Der Mangel an IT-Spezialisten verdeutlicht sich auch bei den vergleichsweise lukrativen Gehältern. In den meisten Fällen setzt sich die Vergütung aus fixen und variablen Teilen zusammen. Die variablen Anteile sind Prämien, Provision, Gewinnausschüttung, Bonus oder Betriebsrente. Das durchschnittliche Grundgehalt von Berufsanfängern in der IT-Branche betrug 42.300 Euro (Zahl für das Jahr 2006) und liegt damit in Europa nach der Schweiz und Dänemark auf Platz drei (vgl. [BMWI07] S. 61). Die höchsten Einstiegsgehälter erhielten Junior-Berater und Software-Entwickler. Am oberen Ende der Karriereleiter zählen Vertriebsleiter und Senior-Berater zu den Spitzenverdienern (vgl. Hohn07] S. 215).

1.11 Fragen und Aufgaben

1. Welche Gemeinsamkeiten und Unterschiede existieren zwischen *Informatik* und *Wirtschaftsinformatik*?
2. Als Langfristziel der Wirtschaftsinformatik wird die "sinnhafte Vollautomation" angestrebt. Erläutern Sie dieses Ziel anhand von Beispielen. Da sich dieses Ziel nicht kurzfristig erreichen lässt, können Sie Ihre Beispiele auch anhand von einzelnen Etappen bzw. Teilzielen wählen.
3. In Bild 1.4 haben wir die Verschmelzung der *TIME-Industrien* dargestellt. Wodurch wird diese Entwicklung er-

möglicht? Überlegen Sie sich bitte Anwendungsbeispiele für die Schnittmengen der vier Wirtschaftszweige.

4. Wie unterscheiden sich *Daten, Informationen* und *Wissen*?

5 Welche Ziele verfolgen Unternehmen mit dem Einsatz *betrieblicher Informationssysteme*?

6. Das Wort "Mist" hat im englischen Sprachgebrauch eine völlig andere Bedeutung als im deutschen. Welche der drei *Informationsebenen* (syntaktische, semantische oder pragmatische Ebene) ist in diesem Fall betroffen?

7. Erläutern Sie die verschiedenen Komponenten eines Informationssystems (vgl. Bild 1.12) am Beispiel des Buchkaufs über den Online-Buchhändler Amazon.

8. Handelt es sich bei der Wirtschaftsinformatik um eine eigenständige Wissenschaft?

9. Der Begriff Kommunikation wird sowohl im zwischenmenschlichen als auch im technischen Bereich verwendet. Beschreiben Sie Gemeinsamkeiten und Unterschiede.

10. Was versteht man unter einem "Anwendungssystem"?

11. Recherchieren Sie im Internet oder in der Tageszeitung den aktuellen Wert des Börsenindex DAX. Erläutern Sie anhand des gefundenen Wertes die Begriffe Zeichen, Daten, Information und Wissen.

12. Jobbörsen sind eine beliebte Plattform für die Rekrutierung von IT-Fachleuten. Recherchieren Sie im Internet und vergleichen Sie drei Jobbörsen für Wirtschaftsinformatiker anhand von Ihnen erarbeiteten Kriterien. Welche Jobbörse eignet sich am besten für Ihre Stellensuche?

1.12 Fallbeispiel

An dieser Stelle beginnen wir mit der Fallstudie "Stadtwerke AG", die in allen weiteren Kapiteln fortgeführt wird.

Die Stadtwerke AG ist ein Energieversorgungsunternehmen. Mit ca. 2.500 Mitarbeitern werden über 500.000 Kunden mit Strom, Erdgas, Fernwärme und Wasser versorgt. Das Unternehmen gliedert sich in drei Geschäftsbereiche (vgl. Organigramm):

- Geschäftsbereich 1: Strategie, Finanzen
- Geschäftsbereich 2: Vertrieb, Handel, Erzeugung
- Geschäftsbereich 3: Shared Services

Dr. Mehrtens, der Leiter des Bereiches IT und Organisation, hat von der Geschäftsführung die Aufgabe erhalten, die Ablauforganisation im Bereich Vertrieb zu verbessern.

Zu diesem Zweck wurde Michael Komel, ein junger Wirtschaftsinformatiker mit drei Jahren Berufserfahrung in der IT und Organisation eines größeren Unternehmens der Energieversorgung, eingestellt. Herr Komel soll sich zunächst mit der jetzigen Organisation (Aufbau und Abläufe) vertraut machen und mögliche Schwachstellen lokalisieren.

Die Hauptaufgabe des Bereichs *Vertrieb* ist die Akquisition und umfassende Betreuung von Privat- und Geschäftskunden im Bereich Energie und Wasser. Das beinhaltet die Vertriebsstrategie, Kundenakquisition, Angebotserstellung, Vertragsmanagement, Leistungserfassung und Abrechnung, Kundenbetreuung sowie Forderungsmanagement.

Organigramm

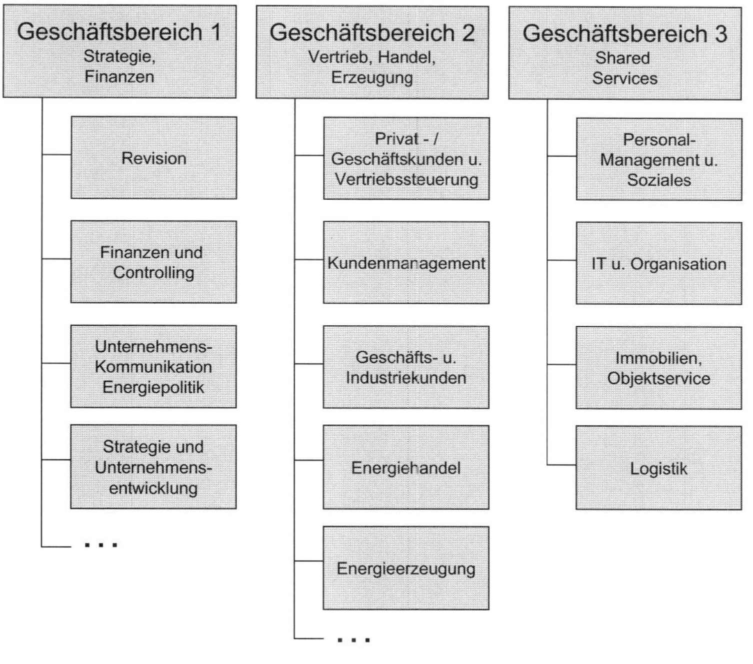

Herr Komel untersucht die vertrieblichen Abläufe. Als Arbeitsergebnis liefert er die folgende Liste, die den Ablauf grob beschreibt:

Kundenakquisition

Identifikation von potenziellen Kunden aus internen und externen Quellen. Interessentendaten werden bei Akquisitionskampagnen zum Teil von Marketingagenturen erhoben.

Zuordnung der Geschäftskunden zum Kundenbetreuer und Herstellen des persönlichen Erstkontakts.

Bei Akquisitionskampagnen im Bereich Privatkunden erfolgt die Weitergabe von Interessentendaten über ausgedruckte Listen an das Call Center.

Im Fall, dass durch den potenziellen Kunden Interesse geäußert wird, erfolgt ein persönliches durch die Kundenbetreuer geführtes Interview.

Angebotserstellung

Berechnung der Energiebeschaffungskosten erfolgt börsen- und kostenorientiert.

Die Angebotskalkulation und -erstellung wird für die Geschäftskunden durch die Kundenbetreuer in Excel durchgeführt - vorgefertigte Textbausteine zur Angebotserstellung liegen nicht vor.

Der Versand und Druck der Angebotsunterlagen erfolgt systemtechnisch automatisiert.

Die Übernahme von Kundenstamm- und Interessentendaten in die spätere Abrechnung erfolgt erst nach Gegenzeichnung des Vertrags durch den Kunden.

Ein ganzheitliches Kundenkontaktmanagement existiert. Kopien der Angebotsschreiben für die Geschäftskunden werden nach Versanddatum in Aktenordnern abgeheftet.

Vertragsmanagement

Der Vertragstext ist in den meisten Fällen identisch mit dem Text der Angebotsunterlagen.

Der Angebotstext kann nicht automatisiert in das Vertragswerk übernommen werden.

Die Archivierung des unterschriebenen Vertrags erfolgt im Dokumentenmanagementsystem, wobei die Zuordnung zum Abrechnungssystem über den Schlüssel "Vertragsnummer" stattfindet.

Die zur Abrechnung relevanten Vertragsdaten (insb. der vereinbarte Tarif) werden im Abrechnungssystem hinterlegt. Vertraglich vereinbarte Fristen und Sondervereinbarungen werden zusätzlich in einer separaten Tabelle gepflegt.

Leistungserfassung/Abrechnung

Der Anstoß zur periodischen Ablesung der Energie- und Wasserverbrauchsdaten beim Kunden erfolgt automatisiert durch das Abrechnungssystem. Die Ablesung erfolgt durch Mitarbeiter vor Ort oder in Form der Selbstablesung per Ablesekarte durch den Kunden.

Die Übermittlung der zur Abrechnung notwendigen Ablesedaten erfolgt papiergebunden an die Abteilung "Kundenmanagement".

Nach eingehender Prüfung werden die Daten manuell in das Abrechnungssystem übertragen.

Der Fakturalauf erfolgt wöchentlich. Für die Geschäftskunden (z. B. Industriebetriebe, Konzerne) geschieht dies monatlich über Sammelrechnungen.

Forderungsmanagement

Somit kann die Rechnungsstellung gemäß der im Abrechnungssystem kundenindividuell hinterlegten Abrechnungsperioden automatisiert eingeleitet werden.

Die Aktualisierung der offenen Postenliste (von Kunden nicht bezahlte Rechnungen) erfolgt mit dem monatlichen Mahnlauf.

Der Versand von Zahlungserinnerungen, Mahnungen und Sperrankündigungen erfolgt bei Geschäftskunden nur nach vorheriger individueller Prüfung durch die Mitarbeiter des Forderungsmanagements. Für Privatkunden ist diese Prüfung systemtechnisch automatisiert.

Eingehende Zahlungen werden durch die Mitarbeiter der Debitorenbuchhaltung manuell anhand von vorgedruckten Listen geprüft und eventuell vorliegende Sperraufträge geschlossen.

Sperraufträge für Zähler (Strom, Gas, Wasser) werden eine Woche vor der beabsichtigten Sperrung gedruckt und müssen am Tag der Sperrung durch Mitarbeiter des Forderungsmanagements auf zwischenzeitlich eingegangene Kundenzahlungen geprüft werden.

Herr Dr. Mehrtens bittet Herrn Komel um Erarbeitung eines Vorschlages zur Verbesserung der Ablauforganisation.

Aufgaben

1. Nennen Sie die Hauptinformationsflüsse des Geschäftsbereichs Vertrieb im vorliegenden Beispiel.
2. Formulieren Sie organisatorische und technische Schwachstellen im Geschäftsablauf.
3. Warum eignet sich gerade ein Wirtschaftsinformatiker besonders gut zur Bearbeitung der hier beschriebenen Problematik?

2 Rechnersysteme und systemnahe Software

Sie lernen *Lernziele*

- wie Computer prinzipiell aufgebaut sind und wie sie ihre Arbeit verrichten,
- welche Peripheriegeräte die Ein- und Ausgabe unterstützen,
- welche Aufgaben Betriebssysteme haben,
- welche Sprachen und Basiswerkzeuge zur Programmierung existieren.

2.1 Einleitung

In diesem Kapitel werden der prinzipielle Aufbau und die Funktionsweise eines Rechners beschrieben. Im Folgenden verwenden wir die Begriffe *Rechner* und *Computer* als synonyme Begriffe.

Alle materiellen Komponenten eines Rechnersystems werden als *Hardware* bezeichnet. Hierzu zählen u. a. die Zentraleinheit, Drucker, Bildschirme, Tastaturen, Festplatten, aber auch einzelne Bauteile dieser Geräte wie Prozessoren, Speicherchips und Netzwerkkarten. Aus welchen Komponenten ein Rechnersystem im Einzelfall besteht, hängt von den konkreten Einsatzbedingungen ab. Die Kombination aller erforderlichen Geräte bezeichnet man als *Konfiguration*.

Im Gegensatz zur Hardware werden alle immateriellen Komponenten eines Rechnersystems, das sind die Programme zur Steuerung der Anlage, als *Software* bezeichnet. Hierzu gehören sowohl die Programme zur Inbetriebnahme des Rechners und zur Steuerung angeschlossener Geräte als auch Programme, die für einen bestimmten Anwendungszweck erstellt wurden und z. B. den Sachbearbeiter bei der Erfüllung seiner Aufgaben unterstützen.

Daten (z. B. über Kunden, Lieferanten, Artikel, Aufträge, Buchungen) können in einem Rechner auf unterschiedliche Weise verarbeitet werden. Der Benutzer hat die Möglichkeit, die Verarbeitung mit geeigneten Programmen zu steuern.

Wesentliche Aufgaben der Datenverarbeitung sind: *EVA-Prinzip*

- *Eingabe*
  Daten müssen zuerst in den Rechner eingegeben werden. Hierzu stehen verschiedene Eingabegeräte zur Verfügung.

- *Verarbeitung*
  Hierzu gehören unterschiedliche Tätigkeiten wie z. B. mathematische Berechnungen, Prüfen von Daten auf Gleichheit, Vergleichen von numerischen Daten bezüglich ihrer Größe, Sortieren von Datenmengen nach bestimmten Kriterien und Umformungen von Daten nach bestimmten Regeln.
- *Ausgabe*
  Zur Präsentation oder Weiterleitung von Bearbeitungsergebnissen stehen verschiedene Geräte zur Verfügung.
- *Speicherung*
  Damit eingegebene Daten oder erzeugte Ergebnisse nicht verloren gehen, werden sie auf Datenträgern gespeichert.

Bild 2.1: *Hardware und Software*

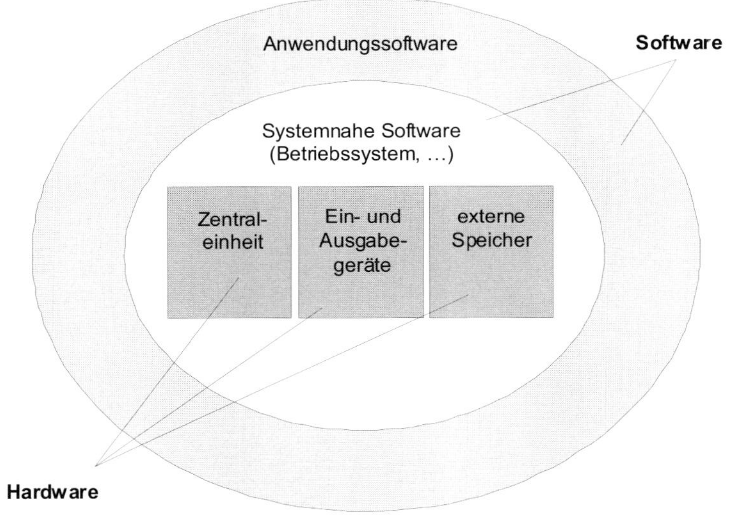

2.2 Codierung von Daten

Daten und Zeichen

Daten sind Folgen von *Zeichen*, die Informationen zum Zwecke der maschinellen Verarbeitung und Übertragung nach bestimmten Regeln darstellen. Beispiele für Zeichen sind Buchstaben, Ziffern, Interpunktionszeichen und Sonderzeichen, aber auch Bildpunkte und akustische Signale. Damit können Daten in schriftlicher, bildlicher oder sprachlicher Form vorliegen. Zeichen werden bei der maschinellen Verarbeitung mit einem Rechner durch elektrische Impulsfolgen, magnetisierte Punkte auf einem Datenträger und dergleichen technisch realisiert.

Bit und Byte

Der Rechner ist eine Maschine, die nur zwischen zwei Zuständen unterscheiden kann: "richtig" oder "falsch", "ja" oder "nein", "0" oder "1", "Strom an" oder "Strom aus". Die kleinste Informationseinheit eines Rechners ist das *Bit* (Kunstwort aus den englischen Begriffen *binary* und *digit*). Ein Bit kann nur zwei Werte annehmen, die häufig durch die Symbole "0" und "1" dargestellt werden. Um verschiedene Zeichen rechnerintern darstellen und speichern zu können, werden mehrere Bit zu einer Bitgruppe zusammengestellt. Ein *Byte* ist eine Folge von acht Bit. Es gibt 2^8 (= 256) verschiedene Möglichkeiten, acht Bit zu einem Byte zu kombinieren. Hiermit können also 256 verschiedene Zeichen dargestellt werden.

Codes

Welches Zeichen durch welches Byte rechnerintern repräsentiert werden soll, regeln Zuordnungsvorschriften, *Codes* genannt. Wichtige genormte Codes sind der *ASCII-Code* (American Standard Code for Information Interchange) und der *EBCDI-Code* (Extended Binary Coded Decimals Interchange Code). Letzterer findet fast ausschließlich auf Großrechnern Verwendung. Bild 2.2 zeigt die Darstellung einiger Zeichen im ASCII-Code.

***Bild 2.2**:*
ASCII-Code

Zeichen	ASCII-Code
+	0010 1011
0	0011 0000
1	0011 0001
?	0011 1111
A	0100 0001
a	0110 0001

Vorwiegend Windows-Anwendungen nutzen den in den letzten 128 Zeichen vom ASCII-Code abweichenden *ANSI-Code*. Die ersten 128 Zeichen des ANSI-Codes entsprechen den ersten 128 Zeichen des ASCII-Codes.

Mit Hilfe von *Codepages* können länderspezifische Zeichen dargestellt werden. Allerdings können keine Zeichen aus verschiedenen Codepages kombiniert werden.

Um die Schriftzeichen aller gängigen Sprachen einheitlich darstellen zu können, wurde *Unicode* eingeführt. Hier werden zur Darstellung eines Zeichens gleich 16 Bit benötigt, was demnach 65.536 verschiedene Zeichen ermöglicht. Der erweiterte Unicode-Standard definiert Zeichencodierungen mit mehr als 16 Bit.

Dualzahlen

Zahlen werden oftmals aus verschiedenen Gründen (z. B. zur Einsparung von Speicherplatz) "umcodiert". Die Zahl 12 kann z. B. als Folge der Zeichen "1" und "2" durch die ASCII-Folge 00110001 00110010 codiert werden. Stellt man die Zahl im dualen Zahlensystem dar, das nur die zwei Ziffern 0 und 1 kennt, so erhält man:

$12_{\text{dezimal}} = 1 * 2^3 + 1 * 2^2 + 0 * 2^1 + 0 * 2^0 = 1100_{\text{dual}}$

Die Dualzahl besteht nur aus 4 Ziffern und benötigt zur Darstellung also 4 Bit: 1100. Rechenoperationen erfolgen bei der dualen Codierung dann auch nach den Regeln des dualen Zahlensystems.

Fasst man die Bitfolge eines Byte als Dualzahl auf, so kann jedem Byte eine Nummer als Dezimalzahl zugeordnet werden. Beispiel: Im ASCII-Code wird das Zeichen "A" als Bitfolge 01000001 codiert. Die Dualzahl 01000001 hat in dezimaler Schreibweise den Wert 65 ($= 0 * 2^7 + 1 * 2^6 + 0 * 2^5 + 0 * 2^4 + 0 * 2^3 + 0 * 2^2 + 0 * 2^1 + 1 * 2^0$).

Dieses *Dualsystem* ist also ein *Stellenwertsystem*. Der Wert W einer in diesem System dargestellten Zahl mit n Ziffern $a_{n-1} \ldots a_0$ wird nach der Formel

$$W = a_{n-1} * B^{n-1} + \ldots + a_0 * B^0$$

berechnet, wobei die Basis B = 2 ist und jede Ziffer a_i aus der Menge {0, ... , B-1} stammt.

Wird in der allgemeinen Formel B = 10 gewählt, erhält man die Darstellung im *Dezimalsystem* mit den Ziffern 0 bis 9.

Beispiel: $65 = 6 * 10^1 + 5 * 10^0$

Hexadezimalzahl

Das *Hexadezimalsystem* ist ein Stellenwertsystem mit der Basis 16 und den Ziffern 0 bis 9 sowie den Buchstaben A, B, C, D, E und F, deren Ziffernwerte 10, 11, 12, 13, 14 und 15 entsprechen.

Beispiel:
Die Hexadezimalzahl 41 hat den Wert $4 * 16^1 + 1 * 16^0$, was dem Wert 65 in Dezimalnotation entspricht.

Der Wert eines Byte kann durch nur zwei Ziffern im Hexadezimalsystem dargestellt werden (00 bis FF).

2.3 Aufbau eines Rechners

Ein Rechner besteht neben den für die Ein- und Ausgabe und für die Speicherung erforderlichen peripheren Geräten aus einer Verarbeitungseinheit, in der die von den Programmen vorgeschriebenen Funktionen ausgeführt werden. So unterscheidet man beim *Personal Computer* (PC) je nach Bauweise zwischen einem Tischgehäuse, das auf den Schreibtisch gestellt werden kann (*Desktop-PC*), und einem Gehäuse, das hochkant meist unter oder neben den Schreibtisch gestellt werden kann (*Tower-PC*). Das Tower-Gehäuse ist in der Regel großzügiger dimensioniert als das Desktop-Gehäuse und bietet deshalb meist mehr Steckplätze für zusätzliche Komponenten an.

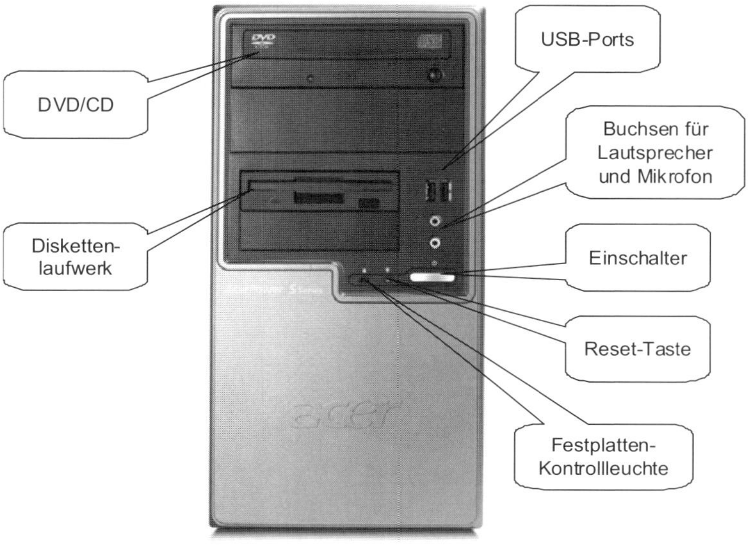

Bild 2.3: *Vorderseite eines PC (Quelle: Acer)*

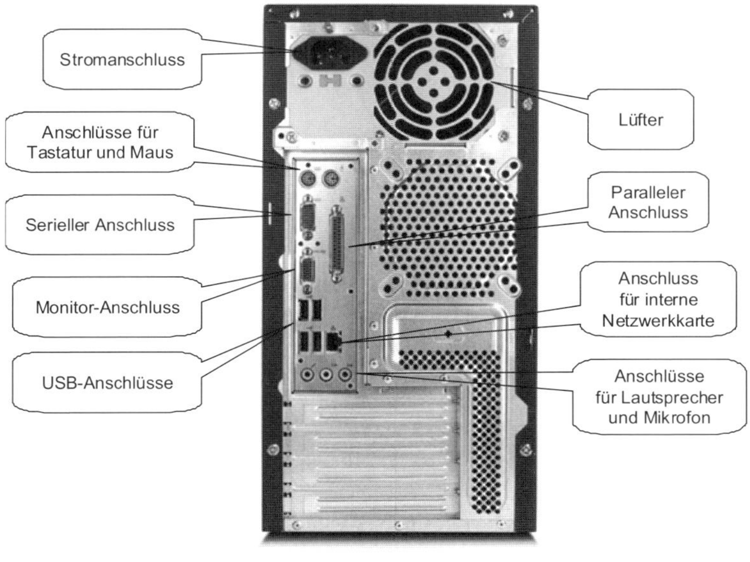

Bild 2.4: *Rückseite eines PC (Quelle: Acer)*

Die Grundstruktur der meisten heute gebräuchlichen Rechner ist in Bild 2.5 dargestellt.

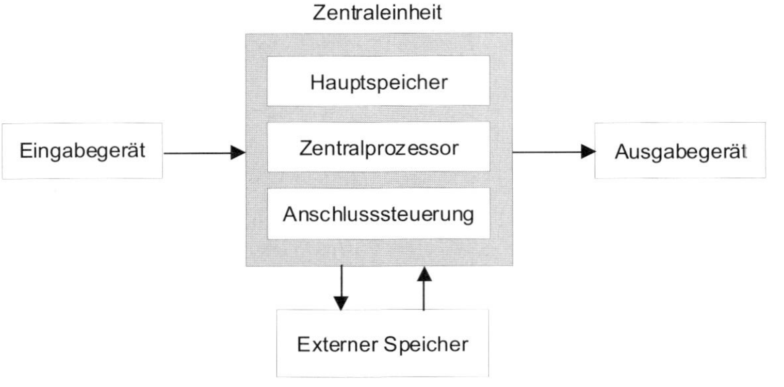

***Bild 2.5**: Grundstruktur eines Rechners*

Die *Zentraleinheit* eines Rechners besteht aus

- dem *Hauptspeicher*, in dem zum Verarbeitungszeitpunkt Teile des laufenden Programms und benötigte Daten gespeichert sind,
- dem *Zentralprozessor* (Central Processing Unit, CPU), in dem die Programmbefehle ausgeführt werden, und
- der *Anschlusssteuerung* bestehend aus verschiedenen Funktionseinheiten, die der Kommunikation der Zentraleinheit mit Ein- und Ausgabegeräten, externen Speichern und anderen Rechnersystemen dienen.

Die Zentraleinheit ist aus kleinen elektronischen Bausteinen (*Chips*) aufgebaut: *Speicherchips* für den Hauptspeicher, *Logikchips* mit einer Vielzahl von Transistoren für den Zentralprozessor.

Transistoren dienen zum Aufbau von Schaltern, die durch elektrische Impulse ein- und ausgeschaltet werden können. Logikchips in modernen Prozessoren enthalten bis zu 100 Millionen Transistoren. Von Gordon Moore, Mitbegründer des Chipherstellers Intel, stammt die durch empirische Beobachtung begründete Regel, dass sich die Anzahl der Transistoren auf einem Logikchip alle 24 Monate verdoppelt (*Moore'sches Gesetz*). Eine Grenze wird allerdings durch die Fertigungstechnik gesetzt, wenn ein Transistor die Ausdehnung weniger Atome erreicht.

Programmcode und Verarbeitungsdaten werden in Form einzelner Bit in Speicherchips abgelegt. Der Hauptspeicher besteht aus Speicherzellen, die mehrere Bit (z. B. ein Byte) aufnehmen können und jeweils eine Nummer (*Speicheradresse*) tragen. Das Fassungsvermögen von Hauptspeichern (*Hauptspeicherkapazi-*

tät) wird üblicherweise in Byte bzw. binären Vielfachen angegeben. Allgemein wird der Umfang von Daten in Kilobyte (KB), Megabyte (MB), Gigabyte (GB), Terabyte (TB), Petabyte (PB) gemessen:

1	KB	=	2^{10}	Byte	=	1024	Byte
1	MB	=	2^{20}	Byte	=	1024	KB
1	GB	=	2^{30}	Byte	=	1024	MB
1	TB	=	2^{40}	Byte	=	1024	GB
1	PB	=	2^{50}	Byte	=	1024	TB

Als *Zugriffszeit* wird die Zeitdauer vom Aufruf der Speicheradresse bis zur Beendigung des Lese-/Schreibvorgangs bezeichnet. Sie liegt im Bereich von Nanosekunden (1 Nanosekunde = eine milliardstel Sekunde). Die Anzahl der Byte, die bei einem Zugriff gleichzeitig aus mehreren Speicherzellen gelesen werden können, ist unterschiedlich.

RAM und ROM

Der Hauptspeicher eines Rechners besteht aus dem Schreib-Lese-Speicher und dem Festwertspeicher. Im *Schreib-Lese-Speicher* (Random Access Memory, RAM) können Lese- und Schreibzugriffe an jeder beliebigen Stelle unter Angabe der Speicheradresse erfolgen. Es handelt sich um einen flüchtigen Speicher, dessen Inhalt beim Ausschalten des Rechners verloren geht. *Festwertspeicher* (Read Only Memory, ROM) haben einen fest vorgegebenen Speicherinhalt, der nicht verändert werden kann. Sie behalten die gespeicherten Daten auf Dauer. Festwertspeicher enthalten z. B. Programme, die beim Starten des Rechners benötigt werden (BIOS = Basic Input Output System), und Programme, die die Arbeit des Prozessors unterstützen.

***Bild 2.6**:*
CPU (Quelle: Intel)

Prozessor

Der *Zentralprozessor* ist das Kernstück der Zentraleinheit. Er umfasst das Steuerwerk, das Rechenwerk und schnelle Zwischenspeicher (Register). Programmbefehle werden im Hauptspeicher durch Bitfolgen repräsentiert. Diese *Maschinenbefehle* bestehen jeweils aus einem Operations- und einem Operandenteil. Der *Operationsteil* gibt die auszuführende Tätigkeit an. Der

Operandenteil enthält entweder Verarbeitungsdaten für diese Tätigkeit oder Adressen, die auf Verarbeitungsdaten verweisen. Die Maschinenbefehle lassen sich gliedern in *arithmetische Befehle* (z. B. Addieren, Subtrahieren), *logische Befehle* (z. B. Vergleichen, Verknüpfen), *Sprung-, Transport- und Ein- und Ausgabebefehle*.

Das *Steuerwerk* holt die einzelnen Maschinenbefehle aus dem Hauptspeicher, entschlüsselt sie und gibt entsprechend dem Befehl Signale an das Rechenwerk und den Hauptspeicher, um Daten aus dem Speicher in das Rechenwerk zu übertragen. Das Steuerwerk übernimmt Verarbeitungsergebnisse und leitet sie an andere Komponenten weiter.

Ein *Taktgeber* gibt Impulse mit gleichbleibender Impulsfrequenz ab und synchronisiert damit parallel ablaufende Operationen des Prozessors. Die Häufigkeit des Taktsignals pro Sekunde (*Taktfrequenz*) wird in MHz (1 Megahertz = 1 Million Taktsignale pro Sekunde) oder GHz (1 Gigahertz = 1000 MHz) gemessen. Die Taktfrequenz ist entscheidend für die in einer Sekunde ausführbaren Operationen.

Das *Rechenwerk* (Arithmetic and Logical Unit, ALU) übernimmt die vom Steuerwerk aufbereiteten Befehle und führt sie aus. Dabei werden die Rechenoperationen auf elementare Additionen zurückgeführt. Ein Teil der Maschinenbefehle wird häufig durch *Mikroprogramme* umgesetzt, die sich in einem speziellen Festwertspeicher (ROM) befinden.

Zur Beschleunigung der Verarbeitung können bei leistungsstarken Prozessoren Teile verschiedener Maschinenbefehle zeitlich parallel bearbeitet werden. Während das Rechenwerk einen Befehl ausführt, liest und entschlüsselt das Steuerwerk schon die nächsten Befehle.

Datenwege

Daten müssen zwischen den Komponenten der Zentraleinheit transportiert werden. Dieser Transport erfolgt über Leitungen, die alle Teile miteinander verbinden. Insbesondere bei PCs sind gemeinsam benutzte Wege vorherrschend, die von den angeschlossenen Funktionseinheiten abwechselnd verwendet werden. Eine solche Sammelleitung heißt *Bus*.

Der Bus, der die Einheiten des Zentralprozessors (Steuerwerk, Rechenwerk, Register) verbindet, heißt *interner Bus*. Die Anzahl der Bit (8, 16, 32 oder 64 Bit), die gleichzeitig über den internen Bus übertragen und vom Prozessor verarbeitet werden können, wird als *Verarbeitungsbreite* des Prozessors bezeichnet. Ein Bus, der Zentralprozessor, Hauptspeicher und andere Baugruppen der Zentraleinheit verbindet, wird als *externer Bus* bezeichnet. Der *Peripheriebus* stellt die Verbindung zwischen dem externen Bus und angeschlossenen Geräten her. Jeder Bus ist in Steuer-,

Adress- und Datenbus untergliedert. Der *Steuerbus* überträgt die Steuersignale zwischen den Komponenten. Über den *Adressbus* werden die Speicheradressen ausgetauscht. Über den *Datenbus* werden die Inhalte von Speicherplätzen übertragen.

Hardware-Schnittstellen

Beim PC werden alle Peripheriegeräte über genau definierte Hardware-Schnittstellen angeschlossen. Die serielle Schnittstelle erlaubt die bitweise Übertragung von Daten zwischen Rechner und z. B. Tastatur, Maus und Modem. Drucker, Scanner und Wechselmedien-Laufwerke wurden in der Vergangenheit oft über die parallele Schnittstelle angeschlossen. Dabei werden die Bit eines Byte gleichzeitig auf verschiedenen Datenleitungen gesendet. USB (Universal Serial Bus) bietet eine schnelle serielle Verbindung und erlaubt den gleichzeitigen Anschluss einer Vielzahl von Peripheriegeräten mit beliebigen Verbindungsmöglichkeiten untereinander bei einer Übertragungsrate von bis zu 480 Mbit/s. Für kleinere Geräte kann ein niedriger Versorgungsstrom mitgeführt werden.

Weitere Schnittstellensysteme sind:

- spezielle Steckkarten für Notebooks: die von der *PCMCIA* (Personal Computer Memory Card International Association) standardisierten *PC-Cards* (typische PC-Cards sind Modems, Netzwerkkarten, Speicherkarten, Videokarten),
- die Funkschnittstelle *Bluetooth* für die drahtlose Vernetzung von Geräten über eine kurze Distanz,
- die Infrarotschnittstelle *IrDA* (Infrared Data Association) für die drahtlose Übertragung von Daten mit Hilfe von infrarotem Licht über kurze Strecken.

Hinsichtlich der Anzahl von Maschinenbefehlen lassen sich zwei Prozessorarchitekturen unterscheiden: CISC-Architektur und RISC-Architektur.

CISC

CISC-Prozessoren haben einen großen Vorrat an Maschinenbefehlen (Complex Instruction Set Computer, CISC), die überwiegend mikroprogrammiert sind und deren Ausführung meist mehrere Takte benötigt.

RISC

Die Erkenntnis, dass etwa 80 % aller Berechnungen typischer Anwendungen mit nur 20 % der verfügbaren Befehle ausgeführt werden, führte zur Entwicklung der *RISC-Prozessoren*, deren Befehlsvorrat im Vergleich zu einem CISC-Prozessor deutlich reduziert ist (Reduced Instruction Set Computer, RISC). RISC-Prozessoren haben wenige, einfache, festverdrahtete Maschinenbefehle und eine große Anzahl von Registern. Seltenere oder komplexe Operationen müssen durch Programmierung aus dem reduzierten Befehlsvorrat zusammengesetzt werden. RISC-

Prozessoren führen einen oder mehrere Befehle in einem einzigen Takt aus.

Ein klassisches Beispiel für CISC-Prozessoren sind die x86-Prozessoren von Intel. In verschiedenen modernen CISC-Prozessoren sind Teile in RISC realisiert.

Prozessorleistung

Die Prozessorleistung wird von der Taktfrequenz und der Anzahl Maschinenbefehle, die pro Takt ausgeführt werden können, beeinflusst. Die Verarbeitungsleistung wird häufig in *MIPS* (Million Instructions Per Second) gemessen. Diese Maßzahl gibt an, wie viele Befehle eines bestimmten Anwendungsmix pro Sekunde vom Prozessor ausgeführt werden können. Da in technisch-wissenschaftlichen Berechnungen Gleitkommazahlen mit variabler Position des Kommas (z. B. $0{,}58326 * 10^8$) eine bedeutende Rolle spielen, wird auch häufig die Leistungsfähigkeit eines Prozessors in Millionen von Gleitkommaoperationen pro Sekunde angegeben (Millions of Floating Point Operations per Second, *Mega-Flops*).

Je nach Verarbeitungsbreite werden heute 32-Bit- und 64-Bit-Prozessoren unterschieden (siehe Bild 2.7).

***Bild 2.7**: Kennwerte einiger Prozessoren von Intel*

Prozessor	Jahr	Taktfrequenz	Verarbeitungsbreite
8086	1978	5 - 10 MHz	16 Bit
80286	1982	8 - 12 MHz	16 Bit
80386	1985	16 - 33 MHz	32 Bit
80486	1989	16 - 50 MHz	32 Bit
Pentium	1993	60 - 200 MHz	32 Bit
Pentium Pro	1995	150 - 200 MHz	32 Bit
Pentium II	1997	350 - 450 MHz	32 Bit
Pentium III	1999	450 - 500 MHz	32 Bit
Pentium 4	2001	1,3 – 1,7 GHz	32 Bit
Itanium	2001	733 – 800 MHz	64 Bit
Itanium 2	2003	1,3 – 1,5 GHz	64 Bit

2.4 Periphere Geräte

2.4.1 Externe Speicher

Im Gegensatz zum Hauptspeicher eines Rechners sind externe Speicher (*Datenträger*) dazu geeignet, größere Datenmengen aufzunehmen und dauerhaft ohne Stromzufuhr zu speichern. *Laufwerke* sind periphere Geräte, die auswechselbare Datenträger (z. B. Diskette, CD-ROM) oder nicht wechselbare Datenträger (z. B. Festplatte) enthalten. Ein Laufwerk kann fest im Gehäuse des Rechners eingebaut sein (*internes Laufwerk*) oder aber in einem eigenen Gehäuse außerhalb des Rechners eingebaut und an diesen angeschlossen sein (*externes Laufwerk*). Kenngrößen externer Speicher sind neben der Speicherkapazität die Zeit für einen Lese- oder Schreibvorgang (*Zugriffszeit*), die weitaus höher ist als beim Hauptspeicherzugriff, und die *Datentransferrate*. Die wichtigsten Techniken sind die *Magnetspeichertechnik* und die *optische Speichertechnik*.

Magnetband

Ein Magnetband ist ein wiederbeschreibbarer Datenträger, der aus einem Kunststoffband mit einer magnetisierbaren Schicht besteht. Daten werden durch Magnetisierung über einen Schreib-Lese-Kopf hintereinander (sequentiell) aufgezeichnet. Dabei können mehrere parallel laufende Spuren des Bandes gleichzeitig beschrieben werden. Der Zugriff auf bestimmte Daten kann eine längere Zeit dauern, da das Band von Anfang an durchsucht werden muss. Aus diesem Grund eignen sich Magnetbänder im Wesentlichen nur zu *Archivierungs-* und *Protokollierungszwecken* und zur *Datensicherung*. Die Speicherkapazität ist sehr hoch und beträgt je nach Länge und Aufzeichnungsdichte bis zu mehreren Gigabyte.

Magnetbandkassette

Es existieren Magnetbandspeicher in handlicher Kassettenform unterschiedlicher Größe. Die zugehörigen Bandlaufwerke werden als *Streamer* bezeichnet. Manche Streamer verwenden Kassetten, die kleiner als die aus dem Musikbereich bekannten Audiokassetten sind.

Diskette

Eine Diskette besteht aus einer dünnen, kreisrunden Kunststoffscheibe, die auf beiden Seiten mit einer magnetisierbaren Schicht versehen ist und sich zum Schutz in einer Plastikhülle befindet. Pro Seite werden die Daten in einem Diskettenlaufwerk über einen Schreib-Lese-Kopf aufgezeichnet bzw. gelesen. Disketten unterscheiden sich in der Aufzeichnungsdichte und in ihrem Durchmesser.

Vor dem ersten Gebrauch muss die Diskette für die Verwendung durch ein spezielles Programm des Rechnerbetriebssystems formatiert werden. Die magnetische Oberfläche der Diskette wird in eine bestimmte Anzahl konzentrisch verlaufender *Spuren* unterteilt. Jede Spur wird weiterhin in nebeneinander liegende *Sekto-*

ren aufgeteilt. Diese Spuren und Sektoren dienen zur Orientierung beim Schreiben und Lesen von Daten. Disketten sind Speicher mit wahlfreiem Zugriff, d. h. auf jede Stelle kann im Unterschied zum Magnetband direkt zugegriffen werden, wobei die Zugriffsgeschwindigkeit fast unabhängig von der Stelle ist, an der die Daten gespeichert sind.

Die Speicherkapazität S einer Diskette ergibt sich nach der Formel:

S = Seitenanzahl * Spuranzahl * Sektoranzahl * Sektorgröße.

Für eine DOS-formatierte 3,5-Zoll-Diskette erhält man demnach:

2 Seiten * 80 Spuren * 18 Sektoren * 512 Byte = 1474560 Byte = 1440 KB = 1,4 MB.

Wegen ihrer relativ geringen Speicherkapazität haben Disketten heute kaum noch eine Bedeutung mehr.

Bild 2.8: *Einteilung der Diskette in Spuren und Sektoren*

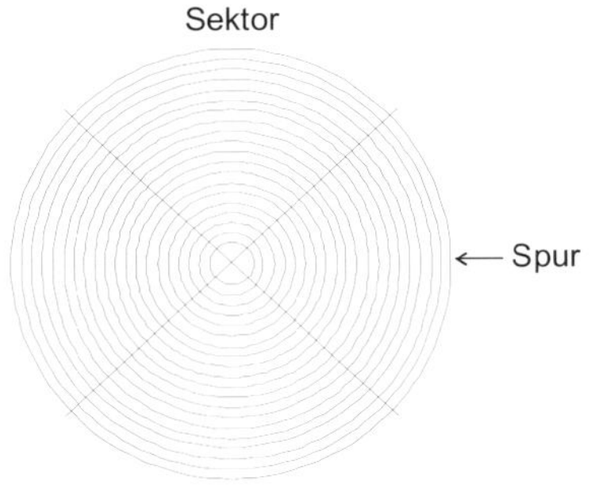

Bild 2.9: *Interne Festplatte*

Magnetplatte

Die Magnetplatte (*Festplatte*, Hard Disk) besteht aus einer oder mehreren übereinander angeordneten kreisrunden Metallplatten, die auf beiden Seiten mit magnetisierbarem Material beschichtet sind. Der Aufbau ähnelt dem einer Diskette. Übereinanderliegende Spuren aller Plattenseiten haben die gleiche Nummer und werden als *Zylinder* bezeichnet. Da die Scheiben fest im Laufwerk eingebaut sind, kann eine gegenüber Disketten höhere Anzahl Spuren und Sektoren und damit eine höhere Aufzeichnungsdichte und auch eine höhere Drehgeschwindigkeit der Festplatte erzielt werden. Die Speicherkapazität kann bis zu mehreren Gigabyte betragen. Jede Plattenseite hat ihren eigenen Schreib-Lese-Kopf, der nicht wie bei Disketten auf der Oberfläche der Scheibe aufliegt, sondern auf einem Luftpolster in sehr geringem Abstand zur Plattenoberfläche schwebt. Die Schreib-Lese-Köpfe sind kammartig angeordnet und bewegen sich in radialer Richtung.

Neben diesen im Laufwerk fest eingebauten Festplatten gibt es auch austauschbare Plattenstapel, so genannte *Wechselplatten*.

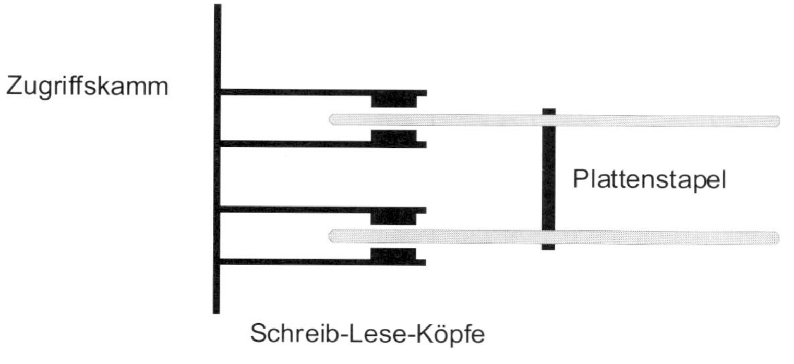

***Bild 2.10**: Plattenstapel mit Zugriffskamm*

RAID

Die *RAID-Technologie* (RAID = Redundant Array of Independent Disks) verbessert die Verfügbarkeit und Korrektheit von gespeicherten Daten, indem mehrere Festplatten-Laufwerke koordiniert werden. Durch Spiegeln der Platteninhalte (*Mirroring*) und durch Verteilung der Daten auf mehrere Festplatten (*Striping*) wird das Fehler- und Verlustrisiko reduziert. Durch redundante Aufzeichnung können alle Daten beim Ausfall einer Festplatte aus den Daten der restlichen Festplatten rekonstruiert werden. Es werden mehrere RAID-Level unterschieden, die sich auf verschiedene Sicherheitsstufen und Systemgrößen beziehen.

Optische Platte

Optische Platten sind auswechselbare, kreisrunde Datenträger, bei denen die Schreib-Lese-Zugriffe mittels eines Lasers erfolgen. Daten werden auf die Oberfläche einer Platte eingebrannt. Vorteile sind die sehr hohe Speicherkapazität und die Handlichkeit dieser Datenträger. Nachteilig ist die zur Zeit noch gegenüber Magnetplatten längere Zugriffszeit.

Aus Anwendungssicht unterscheidet man, ob die optische Platte nur lesbar ist oder zusätzlich einmal oder sogar beliebig oft beschrieben werden kann.

Die *CD-ROM* (Compact Disk - Read Only Memory) ist eine nicht wiederbeschreibbare optische Platte. Sie hat wie die Audio-CD einen Durchmesser von 4,75 Zoll und eine Speicherkapazität von ca. 650 MB, was in etwa 250.000 Schreibmaschinenseiten entspricht. Die CD-ROM eignet sich gut als Datenträger für Lexika, Handbücher, Kataloge und Informationssammlungen. Außerdem wird sie für die Verteilung von Software benutzt. Varianten sind die einmal beschreibbare *CD-R* (Recordable) und die wiederbeschreibbare *CD-RW* (Rewritable).

Die *DVD* (Digital Versatile Disk) in CD-Größe hat eine Kapazität von 17 GB bei beidseitiger Aufzeichnung in je zwei Speicherschichten. Auch hier gibt es die beschreibbaren Varianten *DVD-R* und *DVD-RW*.

Eine neuere Entwicklung ist *Blu-ray* mit einer die DVD um ein Mehrfaches übertreffenden Speicherkapazität.

WORM-Platten (Write Once Read Many) sind optische Platten, die genau einmal in konzentrischen Spuren mit Daten in mehreren Durchgängen beschrieben werden können. Sie können je nach Größe Kapazitäten von mehreren Gigabyte haben und eignen sich besonders für die *Archivierung großer Datenbestände*, die nie geändert oder gelegentlich erweitert werden müssen. Ein typischer Einsatzbereich sind Dokumenten-Management-Systeme.

MO-Platten (Magnetic Optical Disk) sind magneto-optische Platten, die praktisch beliebig oft gelöscht und beschrieben werden können. Zum Aufzeichnen der Daten in konzentrischen Spuren wird mit Laserstrahl und Magnetisierung gearbeitet. Zum Lesen wird ausschließlich ein Laser benutzt. MO-Platten können Kapazitäten bis zu ca. 9 GB haben.

Speicherkarten und Sticks

Flash-Speicherkarten werden als externe Massenspeicher für tragbare Rechner, wie Notebooks und Handhelds, sowie für Mobiltelefone und digitale Kameras eingesetzt. Diese Karten sind mit nicht-flüchtigen Speicherchips bestückt und haben eine Speicherkapazität von 4 MB bis 2 GB.

USB-Sticks haben ungefähr die Größe eines Textmarkers und besitzen eine Speicherkapazität von mehreren GB. Sie können an die USB-Schnittstelle des Rechners angeschlossen werden.

***Bild 2.11**: USB-Stick (www.lenco-audiovideo.com)*

Moderne Technologien zur Massenspeicherung von Daten nutzen Speichereinheiten in einem Netzwerk.

Massenspeicherung

- Mehrere Rechner in einem Netzwerk sind über ein separates Hochleistungsnetz mit Speichereinheiten verbunden (*SAN* = Storage Area Network).
- Rechner in einem Rechnernetz sind mit einem speziellen Betriebssystem ausgestattet und nutzen die RAID-Technologie (*NAS* = Network Attached Storage).

2.4.2 Ein- und Ausgabegeräte

Über Ein- und Ausgabegeräte tritt der Mensch in Beziehung mit dem Rechnersystem. Die Eingabe von Daten kann manuell oder weitgehend automatisch mit speziellen Lesegeräten erfolgen. Zur Ausgabe der Daten in einer für den Menschen verständlichen Darstellung werden Datensichtgeräte und Drucker verwendet.

Mensch-Maschine-Kommunikation

Die Kommunikation zwischen Mensch und Maschine ist – mit Einschränkung – auch in natürlicher Sprache mittels *Sprachein-* und *-ausgabetechnik* möglich. Hierbei erfolgt die *Spracherkennung* über spezielle Programme und die Ausgabe in synthetisierter Sprache aus phonetischen Grundelementen. Zur Aufzeichnung und Wiedergabe natürlicher Sprache stehen Mikrofon und Lautsprecher zur Verfügung.

Sprache

Die wichtigsten Geräte zur manuellen Dateneingabe sind Bildschirm, Tastatur und Maus.

Tastaturen bestehen in der Regel aus dem *alphanumerischen Bereich* (Buchstaben, Ziffern, Sonderzeichen), dem *Zahlenblock* (zehn Ziffern, Zeichen für die Grundrechenarten) und den *Funktionstasten*, mit denen sich anwendungsspezifische Funktionen aufrufen lassen.

Tastatur

Mit der *Eingabetaste* (Return- oder Enter-Taste) werden Eingaben abgeschlossen und z. B. als Befehle zur Ausführung an das Betriebssystem geschickt. Die *Escape-Taste* (Esc) dient in den meisten Anwendungsprogrammen zum Abbrechen einer Aktion. Die *Steuerungstaste* (Strg) und die *Wechseltaste* (Alternate Key) verändern die Tastaturbelegung abhängig vom jeweiligen aktiven Programm.

Zur Steuerung der Schreibmarke (*Cursor*), die anzeigt, auf welche Stelle sich die nächste Eingabe bezieht, dienen mit Pfeilen gekennzeichnete Tasten (*Cursortasten*). Der Cursor lässt sich über diese Tasten in die entsprechenden Richtungen bewegen.

***Bild 2.12**: Tastatur und Maus www.gyration.com*

Bildschirm

Die Hardware für die Bildschirmausgabe besteht aus der Grafikkarte und dem Bildschirmgerät (Monitor).

Die *Grafikkarte* bereitet die Text- und Grafikinformationen für die Ausgabe an den Monitor auf. Von ihr hängt die darstellbare *Auflösung* (Anzahl der Bildpunkte, z. B. 1024 x 768) und die maximale Anzahl der gleichzeitig darstellbaren Farben ab. Die *Farbtiefe* gibt an, wie viele Farben dargestellt werden können. Sie ist abhängig von der gewählten Auflösung und dem verfügbaren Speicherplatz auf der Grafikkarte. Werden zur Farbdarstellung pro Bildpunkt (*Pixel*) z. B. 24 Bit benötigt, so kann pro Pixel eine von 16,7 Mio. Farben verwendet werden. Die benötigte Speicherkapazität beträgt dann 2,4 MB bei einer Auflösung von 1024 x 768.

***Bild 2.13**: CRT und TFT www.samsung.de*

Monitore lassen sich nach der Darstellungsmöglichkeit von Farben, nach der Größe (gängige Bildschirme haben eine *Bildschirmdiagonale* von 17 bis 21 Zoll) und nach der Anzeigetechnologie unterscheiden. Bildschirme mit *Kathodenstrahlröhre* (CRT = Cathode Ray Tube) besitzen eine große Tiefe und sind daher recht unhandlich. Heute werden vorwiegend *Flachbildschirme* verwendet. Hierzu gibt es eine Reihe von Techniken. *LCD-Displays* (Liquid Crystal Display) und *TFT-Displays* (Thin Film Transistor), die zur Anzeige Flüssigkristalle und ihre optischen Eigenschaften bei Anlegen einer Spannung verwenden, sind weit verbreitet.

Zusatzgeräte zur Eingabe

Zusatzgeräte, die neben der Tastatur zur Eingabe am Bildschirm genutzt werden, sind:

- *Maus* (mechanisch mit Rollkugel oder optisch mit fotoelektrischen Sensoren)
- Zeigegeräte, die bei tragbaren Rechnern in die Tastatur integriert sind (*Trackball, Touchpad, Touchpoint*)
- *Lichtstift* (Lightpen) und *Grafiktabletts* zur Abtastung und Digitalisierung von Zeichnungsvorlagen.

Chipkarten

Chipkarten mit Mikroprozessor und Speicher (*smart cards*) erlauben einen vielfältigen Einsatz.

Sie dienen der *Identifizierung* (Ausweis, Schlüssel für die Zugangskontrolle, Krankenversichertenkarte, Chipkarte für Handys), werden als *elektronisches Zahlungsmittel* (Wertkarte, Telefonkarte, Geldkarte) oder für *Sicherheitsfunktionen* (Verschlüsselung) benutzt. Für die Verbindung zum Computer werden spezielle Lesegeräte benötigt.

Intel Pentium D Prozessor 3,0 GHz
3 GB Hauptspeicher
128 MB Grafikkarte
500 GB Festplatte
DVD/CD-Brenner
Tastatur und Maus
19-Zoll-TFT

Bild 2.14: *Eine typische PC-Konfiguration*

Scanner

Mit Hilfe von *Scannern* lassen sich gedruckte Vorlagen (Fotos, Grafiken, Texte) – ähnlich wie beim Fotokopieren – optisch abtasten und durch Zerlegung in Bildpunkte (Pixel) in eine Form umwandeln, die vom Rechner weiterverarbeitet werden kann. Je nach Ausstattung können Farben wiedergegeben oder in Graustufen umgewandelt werden.

OCR

Eingescannte Texte liegen nicht als codierte Texte, sondern als Pixel-Grafik vor. Diese Pixel-Muster werden mit *OCR-Software* (Optical Character Recognition) in codierte Daten (z. B. ASCII) umgewandelt, die dann mit einem Textverarbeitungsprogramm weiterverarbeitet werden können. Da aufgrund mangelhafter Qualität der Vorlage und unterschiedlicher Schriftarten und -größen die automatische Zeichenerkennung nicht immer fehlerfrei ist, muss der eingescannte Text meist nachbearbeitet werden. Spezielle genormte Schriftarten (*OCR-Schriften*), wie sie oft bei Formularen verwendet werden, eignen sich gut zum maschinellen Einlesen und zur Zeichenerkennung.

Beim Scannen des *Balkencodes* (Barcode), der aus senkrechten Strichen unterschiedlicher Stärke mit unterschiedlichen Abständen besteht, werden den Bitmustern Zeichen nach einer festgelegten Vorschrift zugeordnet. Ein genormter Balkencode ist der Europäische-Artikel-Nummern-Code (*EAN-Code*), der in Europa und in vielen weiteren Ländern primär zur Warenauszeichnung verwendet wird.

Drucker

Für die Ausgabe von Texten und Grafiken auf Papier oder Folie steht eine Reihe von Druckertypen zur Verfügung. Man unterscheidet einerseits zwischen Anschlagdruckern und anschlagfreien Druckern, zum andern unterteilt man Drucker nach dem Ergebnis einer Druckoperation in Zeichen-, Zeilen- und Seitendrucker.

Anschlagdrucker (Impact Printer) erzeugen den Kontrast auf dem Papier durch mechanische Schläge (Beispiel: Nadeldrucker). Im Gegensatz dazu arbeiten die *anschlagfreien Drucker* (Non Impact Printer) ohne mechanischen Anschlag und arbeiten dann auch wesentlich leiser als Anschlagdrucker (Beispiele: Tintenstrahldrucker, Thermodrucker, Laserdrucker). Anschlagfreie Drucker können keine Durchschläge erzeugen.

Ein *Zeichendrucker* druckt die einzelnen Zeichen einer Druckzeile nacheinander, meist abwechselnd in beiden Richtungen (Beispiele: Nadeldrucker, Tintenstrahldrucker, Thermodrucker). *Zeilendrucker* drucken jeweils Zeile für Zeile als Ganzes und erreichen dadurch hohe Druckgeschwindigkeiten (Beispiel: Nadeldrucker in Zeilenbreite). *Seitendrucker* erzeugen jeweils eine ganze Druckseite auf einmal (Beispiel: Laserdrucker).

Wichtige Leistungskriterien für Drucker sind:

- Druckgeschwindigkeit (Anzahl Zeichen pro Sekunde, Anzahl Zeilen bzw. Seiten pro Minute),
- Druckqualität (Farb- und Grafikfähigkeit, Schriftbild, Auflösung gemessen in Anzahl Bildpunkte pro Zoll),
- Zeichenvorrat (Anzahl Zeichensätze, Schriftarten),
- Technik des Papiertransports (Einzelblatteinzug, Endlospapier),
- Ergonomie (Lärmbelästigung, Bedienungsfreundlichkeit),
- Anschlusstechnik (Art der Schnittstellen für die Verbindung zum Rechner oder zu einem Netz),
- Anschaffungs- und Betriebskosten (z. B. Kosten für Verbrauchsmaterial).

Beim *Nadeldrucker* werden die zu druckenden Zeichen in Form eines Punktrasters (Matrix) dargestellt. Der Druckkopf enthält eine bestimmte Anzahl senkrecht untereinander angeordneter Nadeln (z. B. 9 oder 24 Nadeln), die einzeln angesteuert werden können. Beim Druckvorgang werden die Nadeln gegen Farbband und Papier geschlagen und das zu druckende Zeichen durch senkrecht nebeneinander liegende Punktlinien gemäß Punktraster aufgebaut.

Beim *Tintenstrahldrucker* werden die Zeichen wie beim Nadeldrucker durch eine Matrix dargestellt. Im Druckkopf befinden sich kleine Düsen, aus denen winzige Tintentropfen auf das Papier gespritzt werden. Tintenstrahldrucker sind im Vergleich zum Nadeldrucker sehr leise.

Thermodrucker (heute nur noch selten verwendet) arbeiten ebenfalls nach dem Punktraster-Prinzip. Wärmeempfindliches Papier (Thermopapier) wird von Heizstiften des Druckkopfs berührt. Durch Hitzeeinwirkung kommt die unter der Spezialschicht liegende Farbe auf dem Papier zum Vorschein. *Thermotransferdrucker* benutzen wärmeempfindliche Spezialfarbbänder und können deshalb gewöhnliches Normalpapier verwenden.

Laserdrucker arbeiten prinzipiell wie Fotokopierer. Die Daten einer kompletten Druckseite werden in den Speicher des Druckers übertragen und anschließend mit einem Laserstrahl Punkt für Punkt auf die lichtempfindliche Schicht der Bildtrommel projiziert. Farbpartikel (Toner) bleiben an den belichteten Stellen haften, werden dann auf das Papier übertragen und durch Hitze eingebrannt. Laserdrucker haben eine sehr gute Druckqualität und erreichen bei kleineren Modellen eine Druckgeschwindigkeit von 4 bis 32 Seiten pro Minute. Abhängig vom Gerät und vom angeschlossenen Rechner kann der Ausdruck einer Seite mit aufwendiger Grafik auch schon mal mehrere Minuten dauern.

2.5 Betriebssysteme

Das *Betriebssystem* eines Rechners umfasst sämtliche Programme, die zur Inbetriebnahme des Rechners erforderlich sind. Es steuert den Datenfluss zwischen Software und Hardware und zwischen den einzelnen Hardwarekomponenten des Rechners. Ohne ein Betriebssystem ist die Hardware für den Anwender nicht einsetzbar.

Zum einen bildet das Betriebssystem die Plattform, von der aus Anwendungsprogramme aufgerufen werden, und stellt somit die *Schnittstelle zwischen Benutzer und Hardware* dar (siehe Bild 2.1), zum andern erfüllt das Betriebssystem eine Reihe von *Verwaltungsaufgaben*:

- die Steuerung und Überwachung der Programmausführung,

- die Verwaltung der Betriebsmittel wie Prozessor, Hauptspeicher und externe Speicher sowie der Ein- und Ausgabevorgänge,
- die Dateiverwaltung und
- die Bereitstellung einer Sprache zur Kommunikation zwischen Benutzer und Betriebssystem.

Single Tasking / Multi Tasking

Je nach Betriebssystem kann hinsichtlich der Programmausführung zwischen Ein- und Mehrprogrammbetrieb unterschieden werden. Beim *Einprogrammbetrieb* (Single Tasking) befindet sich jeweils nur ein Programm im Hauptspeicher und alle vorhandenen Betriebsmittel sind während der gesamten Ausführungszeit diesem Programm zugeteilt. Ein großer Nachteil dieser Betriebsart sind die nicht genutzten Betriebszeiten. Während der langsamen Ein- und Ausgabevorgänge bei der Programmabarbeitung kann der Prozessor nicht ausgelastet werden. Der Einprogrammbetrieb kommt heute nur noch bei Mikrorechnern vor. Beim *Mehrprogrammbetrieb* (Multi Tasking) befinden sich mehrere Programme im Hauptspeicher, die, wenn nur ein Prozessor vorhanden ist, von diesem abwechselnd abgearbeitet werden, sodass die Programme gleichzeitig zu laufen scheinen. Dazu weist das Betriebssystem jedem Programm einen bestimmten Anteil an Prozessorzeit sowie die für diese Zeit benötigten Betriebsmittel zu (*Zeitscheibenverfahren*). Ist für ein Programm die zugeteilte Zeit abgelaufen, wird es unterbrochen. Der jeweilige Programmzustand wird zwischengespeichert, dann wird das nächste Programm abgearbeitet usw. bis wieder das erste Programm an der Reihe ist. Die Zeitabschnitte sind so kurz, dass die Unterbrechung eines Programms vom Anwender nicht wahrnehmbar ist.

Bild 2.15: *Prozesswechsel beim Zeitscheibenverfahren*

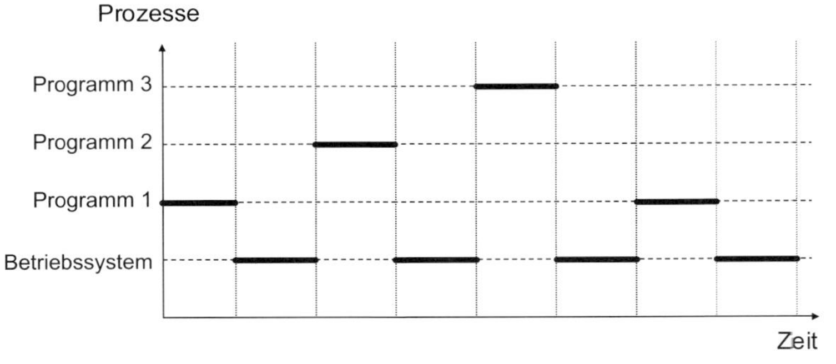

Multithreading

Die sequentielle Ausführung der Anweisungen eines Programms durch den Prozessor bezeichnet man als *Prozess*. Ein *Thread* (Ausführungsfaden) ist ein einzelner in sich geschlossener Steuerfluss innerhalb eines Prozesses. Mehrere Threads eines Prozesses können quasi parallel ablaufen (*Multithreading*) und auf dieselben Daten im Hauptspeicher gemeinsam zugreifen. Multithreading verbessert z. B. die Bedienbarkeit von grafischen Dialoganwendungen, insbesondere wenn sie mit Animationen verbunden sind.

Single Using / Multi Using

Unterstützt das Betriebssystem eines zentralen Rechners mit mehreren angeschlossenen Arbeitsplätzen die gleichzeitige Bedienung mehrerer Benutzer, so spricht man vom *Mehrbenutzerbetrieb* (Multi Using), der natürlich den Mehrprogrammbetrieb voraussetzt. Das Betriebssystem hat hier insbesondere die Aufgabe, den konkurrierenden Zugriff mehrerer Benutzer auf dieselben Betriebsmittel und Datenbestände zu regeln und die Dateien eines Benutzers vor unerwünschtem Zugriff durch andere Benutzer zu schützen. Im Gegensatz dazu steht der *Einbenutzerbetrieb* (Single Using), bei dem der Rechner als Einplatzsystem genutzt wird.

Stapel- / Dialogverarbeitung

Stapel- und Dialogverarbeitung sind zwei grundlegende Formen der Mensch-Maschine-Kommunikation. Bei der *Stapelverarbeitung* (Batchverarbeitung) werden alle für die Verarbeitung erforderlichen Informationen (z. B. über Programme, Ein- und Ausgabedateien) vor der Ausführung in einer Datei (*Stapeldatei*) bereitgestellt. Die Komponenten eines solchen Auftrags und die Reihenfolge der Ausführung werden mit Hilfe von Steuerkommandos spezifiziert. Mehrere zur Verarbeitung anstehende Stapelaufträge werden automatisch (meist prioritätengesteuert) ohne Eingriff des Benutzers vom Betriebssystem abgearbeitet. Beispiele: tägliche Datensicherung auf Magnetband, Druckaufträge, monatliche Lohn- und Gehaltsabrechnung.

Bei der *Dialogverarbeitung* besteht während der Programmausführung eine ständige Kommunikation zwischen Benutzer und Rechner. Vom Benutzer werden im ständigen Wechsel (interaktiv) Teilaufträge erteilt und vom Rechner sofort abgearbeitet. Beispiel: Erfassung eines Kundenauftrags in einem Bildschirmformular.

Dateiverwaltung

Daten werden in *Dateien* aufbewahrt und auf externen Datenträgern gespeichert. Die *Dateiverwaltung* katalogisiert Dateien, steuert die Datenübertragung zwischen Hauptspeicher und externem Speicher und stellt Verfahren für den Zugriff auf die gespeicherten Daten bereit. Zur Ablage von Dateien kann der Benutzer *Verzeichnisse* (Directories) einrichten. Verzeichnisse können neben Dateien auch weitere untergeordnete Verzeichnisse enthalten (*hierarchisches Dateisystem*). Verzeichnisse und Dateien erhalten Namen, die betriebssystemspezifischen Namenskonventionen unterliegen. Eine Datei des Dateisystems wird durch die Datenträgerbezeichnung, die Namen der hierarchisch angeordneten Verzeichnisse (Pfadname) und den Dateinamen vollständig identifiziert, z. B. *D:\Daten\Dokumente\Brief1.doc*. Der *Dateikatalog* enthält pro Datei neben dem *Dateinamen* noch weitere *Dateiattribute*: z. B. Schreibschutz, Leseschutz, Kennung des Benutzers, der die Datei angelegt hat, Datum und Uhrzeit der letzten Dateiänderung.

Kommandosprache

Die Kommunikation zwischen Benutzer und Betriebssystem erfolgt meist mit Hilfe einer *Kommandosprache*, mit der die zur Verfügung stehenden Funktionen des Betriebssystems aufgerufen werden. Ein *Kommando* besteht aus einem Kommandowort und fallabhängig aus ein oder mehreren Parametern. Das Kommando wird mit der Eingabetaste abgeschlossen. Beispiel: Das DOS-Kommando *type artikel.txt* zeigt den Inhalt der Datei *artikel.txt* am Bildschirm an. Alternative Möglichkeiten der Benutzerführung sind *menügesteuerte Oberflächen*, die dem Benutzer als Menü eine Liste von Funktionen anbieten, die er einzeln auswählen kann, und *grafische Oberflächen* mit Fenstertechnik und bildhaften Darstellungen.

Bild 2.16 gibt eine kurze Übersicht über weit verbreitete Betriebssysteme.

Bild 2.16: *Bekannte Betriebssysteme*

	Jahr	Multi Tasking	Multi Using
MS-DOS	1981		
Windows 95	1995	x	
Windows 98	1998	x	
Windows ME	2000	x	
Windows NT	1993	x	x 1)
Windows 2000	2000	x	x 1)
Windows XP	2001	x	
Windows Server 2003	2003	x	x
Windows Vista	2007	x	x 1)
Mac OS	1984		
Mac OS System 7	1991	x	
Mac OS X	2001	x	
Unix	1983	x	x
Linux	1994	x	x
OS/390	1996	x	x
z/OS	2001	x	x
OS/400	1988	x	x
BS2000/OSD	1993	x	x

1) gilt für die Server-Version des Betriebssystems

MS-DOS wird nicht mehr vertrieben, ist jedoch noch Bestandteil der aktuellen Windows-Versionen von Microsoft.

Unter *Windows XP* wurden die bisherigen Windows-Versionen für Arbeitsplatzrechner, Windows 2000 und Windows ME, zusammengefasst. *Mac OS* von Apple war das erste Betriebssystem mit einer grafischen Oberfläche. Die Version Mac OS X basiert auf Unix.

Das Betriebssystem *Unix* wurde 1969 in den Bell Laboratories des amerikanischen Telekommunikationskonzerns AT&T entwickelt. Es war ursprünglich für den Einsatz in der Softwareentwicklung geplant und fand eine rasche Verbreitung im wissenschaftlichen Bereich. Nachdem 1983 mit *System V* eine erste standardisierte Unix-Version auf den Markt kam, hat sich Unix auch im kommerziellen Anwendungsbereich verbreiten können. *Unix*

Unix läuft auf unterschiedlichen Plattformen, vom PC bis hin zum Großrechner. Unix unterstützt Multi Tasking, ist mehrbenutzerfähig, nutzte von Beginn an ein hierarchisches Dateisystem und verwendete als erstes Betriebssystem das Protokoll TCP/IP, die Grundlage des Internet.

Heute gibt es eine Vielzahl von Unix-Varianten, die von unterschiedlichen Hardware-Herstellern für ihre Rechner angeboten werden (z. B. *HP-UX* von Hewlett Packard, *AIX* von IBM, *Solaris* von Sun Microsystems).

Linux ist eine von Linus Torvalds initiierte, lizenzfreie Unix-Version für PCs. Die Weiterentwicklung von Linux wird von zahlreichen Softwareentwicklern auf der ganzen Welt vorangetrieben. Es existieren mehrere Linux-Distributionen (z. B. SuSE, Red Hat, Debian). Es handelt sich hierbei um installationsfertige Zusammenstellungen von Linux, Geräte-Treibern, Zusatzprogrammen und Anleitungen. *Linux*

Gängige Betriebssysteme für Großrechner sind z. B. z/OS von IBM (Nachfolgesystem von *OS/390*) und *BS2000/OSD* (Open Systems Direction) von Fujitsu Siemens, für mittlere Systeme (neben den verschiedenen Unix -Varianten) *OS/400* von IBM.

2.6 Rechnerklassen und -architekturen

Es ist üblich, Rechnersysteme nach der Leistung und der Zahl der Benutzer, die ein System gleichzeitig nutzen, zu klassifizieren. Weitere Gliederungsmerkmale sind die Anzahl der weltweiten Installationen, der Marktpreis und der Bedienungs- und Wartungsaufwand. Angesichts der rasanten Entwicklung der Hardware ist eine exakte Abgrenzung nicht möglich. So besitzen schon kleinste Rechner heute die Leistungsfähigkeit von Großrechnern der 1970er Jahre.

Kleinstrechner

Die Klasse der *Kleinstrechner* umfasst alle mobilen Geräte, also *Handhelds*, *Notepads*, *Palmtops*, *Organizer*, Persönliche Digitale Assistenten (*PDA*).

Mikrorechner

Diese Klasse umfasst Rechnersysteme, die einem Benutzer an seinem Arbeitsplatz zur Verfügung stehen. Zentraleinheit und Peripherie sind auf Dialogverarbeitung ausgerichtet.

Oft bezeichnet man Mikrorechner als *Personal Computer* (PC). Neben den stationären Geräten (Desktop-PC, Tower-PC) werden auch die tragbaren Versionen (Notebooks) zu den Personal Computern gezählt. Die ersten Mikrorechner wurden Ende der 1970er Jahre von Apple und Commodore vorgestellt.

Die Leistungsfähigkeit von *Workstations* liegt oberhalb der von PCs, allerdings haben sich die Unterschiede zwischen Workstations und PCs in den letzten Jahren verringert. Workstations werden aufgrund ihrer hohen Rechenleistung und Grafikfähigkeit häufig für technisch-wissenschaftliche Anwendungen auf der Basis von Unix eingesetzt.

Mittlere Systeme

Die Rechner dieser Klasse werden als *Mehrbenutzersysteme* eingesetzt, an die sich 20 bis 30 oder sogar je nach Ausstattung mehrere hundert Bildschirmarbeitsplätze anschließen lassen. Diese Rechner werden zur Steuerung technischer Prozesse oder als zentrale Rechner auf Abteilungsebene bzw. für kleinere Unternehmen verwendet.

Großrechner

An Großrechnern (Mainframes), die mit umfassender Peripherie für die Dialog- und Stapelverarbeitung ausgestattet sind, können mehrere tausend Bildschirmarbeitsplätze angeschlossen sein. Sie werden in Rechenzentren großer Unternehmen und Behörden zur zentralen Verarbeitung und Verwaltung großer Datenmengen eingesetzt und von speziell ausgebildeten Mitarbeitern gesteuert und überwacht. Mit dem zunehmenden Einsatz von kleineren und mittleren Systemen (teilweise im Verbund mit Großrechnern) haben Großrechner etwas an Bedeutung verloren.

Superrechner

Superrechner sind Systeme mit einer speziellen Rechnerarchitektur und einer Verarbeitungsleistung bis zu mehreren tausend Mega-Flops. Sie werden für Aufgaben in Forschung und Wissenschaft eingesetzt (z. B. in der Astronomie, Meteorologie und in der Kernphysik).

Beispiel:

Der im Jahr 2006 im Forschungszentrum Jülich eingeführte IBM-Superrechner *Blue Gene* hat eine Leistung von 46 Tera-Flops und besitzt 16384 Prozessoren.

von-Neumann-Architektur

Die in Kapitel 2.3 beschriebene Grundstruktur eines Rechnersystems geht auf den österreichisch-ungarischen Mathematiker *John von Neumann* (1903 - 1957) zurück, der bereits 1945 die bis heute gültigen Prinzipien für die Funktionsweise eines Rechners vorstellte.

Multiprozessor-systeme

Im Gegensatz zur klassischen *von-Neumann-Architektur* arbeiten *Parallel-Rechner* (*Multiprozessorsysteme*) mit mehreren Prozessoren, die entweder auf einen gemeinsamen Hauptspeicher zugreifen oder über jeweils einen eigenen lokalen Speicher verfügen. Solche Systeme benötigen Betriebssysteme, die eine Aufgabe auf mehrere Prozessoren aufteilen können. Allerdings wird nur dann ein Geschwindigkeitsgewinn erzielt, wenn die zu behandelnde Aufgabe auch parallelisierbar ist, d. h. die einzelnen Lösungsschritte von verschiedenen Prozessoren teilweise gleichzeitig ausgeführt werden können. Dies ist meist nur für Spezialaufgaben im technisch-wissenschaftlichen Bereich der Fall.

Der in den 1990er Jahren vollzogene Wandel von der zentralen großrechnerorientierten Datenverarbeitung zur dezentralisierten, verteilten Datenverarbeitung in einem Verbundsystem aus Großrechnern, Mini- und Mikrorechnern hatte seine Ursache in verschiedenen Faktoren [Geih95]:

- Fortschritte in der Mikroelektronik,
- Fortschritte in der Kommunikationstechnologie,
- breite Verfügbarkeit von Rechnernetzen,
- Weiterentwicklung der Softwaretechnik und
- Trend zur Dezentralisierung von Organisationen.

Client/Server-Architektur

Ein allgemeines Konzept der verteilten Datenverarbeitung ist das *Client/Server-Modell*, das in erster Linie ein *Architekturmodell für Software* ist. Eine *Client/Server-Anwendung* ist eine geteilte Anwendung, in der die Verarbeitung teilweise vom *Client*-Programm auf einem Rechner und zum anderen Teil vom *Server*-Programm auf einem anderen Rechner innerhalb eines Rechnernetzes vorgenommen wird. Der Client (z. B. die Benutzungsoberfläche einer Anwendung mit Eingabeprüfung usw.) erstellt Aufträge (z. B. Suchen nach einem bestimmten Kunden in einer Datenbank) und schickt sie an den Dienstanbieter, den Server (z. B. ein Datenbanksystem), der sie entgegennimmt, bearbeitet und Ergebnisse als Antwort zurückschickt.

Ein Client kann im Laufe der Anwendung auf verschiedene Server zugreifen und ein Server kann viele Clients gleichzeitig bedienen. Darüber hinaus kann ein Server in der Rolle eines Clients Dienste eines weiteren Servers beanspruchen.

Clients können sich auf demselben Rechner wie der Server oder auf einem anderen über ein Netz verbundenen Rechner befinden. Grundidee ist, Clients und Server so im Netz auf Rechnersysteme zu verteilen, dass die Ressourcen der beteiligten Systeme optimal genutzt werden können.

Client und Server sind also Programme. Aus Hardware-Sicht bezeichnet man gelegentlich auch die Rechner (Trägersystem), auf denen diese Programme installiert sind, als Client bzw. Server.

***Bild 2.17**: Client/Server-Modell*

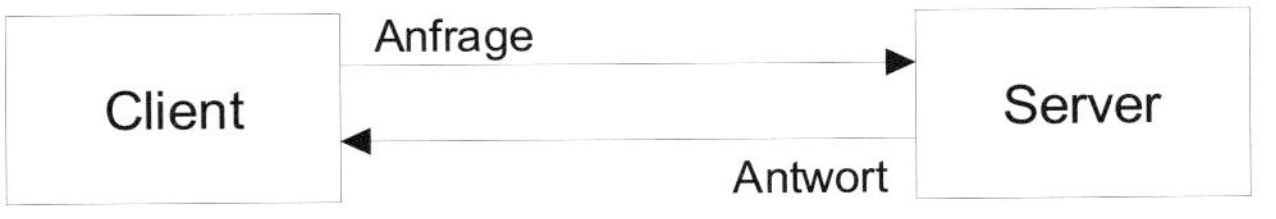

Für die funktionale Trennung einer Anwendung und die Leistungsverteilung zwischen Client und Server gibt es meist mehrere Alternativen.

Teilt man den Leistungsumfang eines Programms in die drei logischen Komponenten *Präsentation/Benutzungsoberfläche*, *Verarbeitungsfunktionen* und *Datenverwaltung*, so gibt es je nachdem, wo man die Trennlinie zieht, mehrere Aufteilungsmöglichkeiten. So können z. B. die Datenverwaltung und die Verarbeitungsfunktionen jeweils als eigenständige Server-Programme realisiert sein.

***Bild 2.18**: Beispiel einer Client/Server-Architektur*

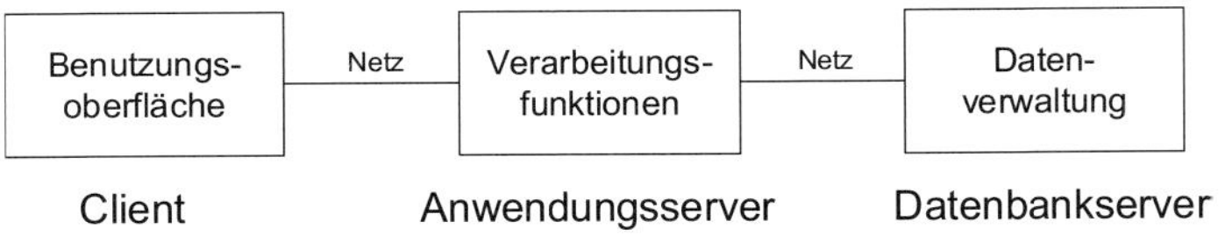

Middleware

Moderne Konzepte der verteilten Verarbeitung nutzen einen neuen Typ von Software: die so genannte *Middleware*.

Middleware ist eine Softwareschicht, die zwischen dem Betriebssystem und der Anwendungssoftware liegt. Sie dient der Integration von heterogenen Anwendungen in einer Client-Server-Architektur und bietet einheitliche Schnittstellen für den Zugriff einer Anwendung auf unterschiedliche Betriebssysteme, Datenbanksysteme usw. Middleware stellt somit die technische Infrastruktur zur Entwicklung von Client/Server-Anwendungen bereit.

Beispiele hierfür sind *ODBC* (Open Database Connectivity) für den Zugriff auf unterschiedliche Datenbanksysteme und *CORBA* (Common Object Request Broker), ein grundlegender Standard, der bestimmt, wie objektorientiert entwickelte Anwendungssysteme plattform- und programmiersprachenunabhängig miteinander kommunizieren können.

MOM (Message Oriented Middleware) unterstützt den zeitversetzten (asynchronen) Austausch von Nachrichten mit Hilfe eines Vermittlers (Message Broker), der eine Warteschlange verwaltet. Die Nachricht des Senders wird vom Vermittler in die Warteschlange des Empfängers gelegt. Der Empfänger kann diese Nachricht zu einem späteren Zeitpunkt aus der Warteschlange holen. Sender und Empfänger agieren unabhängig voneinander und sind also über den Vermittler nur lose gekoppelt.

2.7 Softwareentwicklungssysteme

Softwareentwicklungssysteme unterstützen die Arbeit des Softwareentwicklers.

Grundvoraussetzung für die Entwicklung von Software sind Programmiersprachen und Übersetzer. Mit Hilfe einer *Programmiersprache* (siehe Kapitel 2.7.1) erstellt der Softwareentwickler ein Programm. Eine Aufgabenstellung wird in eine dem Computer verständlichen Sprache transformiert. Ein Programm, welches mit Hilfe einer Programmiersprache erstellt wurde, enthält somit Instruktionen an den Computer, die von diesem verstanden werden und vorschreiben, was er zu tun hat und welche Ergebnisse erzeugt werden sollen. Im Gegensatz zur menschlichen Sprache erwartet ein Computer exakt definierte Anweisungen ohne Doppelbedeutung von Wörtern.

Übersetzer (siehe Kapitel 2.7.2) wandeln die in einer Programmiersprache geschriebenen Programme in die interne Maschinensprache um.

CASE-Tools sind Werkzeuge zur schnelleren und besseren Softwareentwicklung (CASE = Computer Aided Software Engineering). Ziel ist vor allem die *Produktivitätssteigerung bei der Softwareentwicklung* durch den Einsatz von Editoren, grafischen Hilfsmitteln beim Softwareentwurf, Codegeneratoren und Testwerkzeugen.

2.7.1 Programmiersprachen

Programmiersprachen haben eine lange Tradition, die von der Serienreife der ersten Computer bis heute reicht. Immer wieder sind neue Sprachen geschaffen worden. Ziel war es hierbei stets, einfach zu erlernende, der Umgangssprache angepasste Kunstsprachen zu schaffen. Der technische Fortschritt hat es ermöglicht, dass wir diesem Ziel mit den heutigen Programmiersprachen schon sehr nahe gekommen sind.

Nach dem Zeitpunkt ihrer Entstehung und ihren Eigenschaften unterscheidet man mehrere *Generationen* von Programmiersprachen:

1. Generation: Maschinensprachen

Eine *Maschinensprache* ist die interne Sprache eines bestimmten Rechners. Sie gilt nur für Prozessoren eines bestimmten Typs. Jeder Sprachbefehl bewirkt genau eine Zustandsveränderung im Rechner, z. B. Löschen einer einzelnen Speicherstelle. Für den Menschen sind Programme, die in Maschinensprache vorliegen, nur schwer zu lesen und zu verstehen, da sie ausschließlich die Bitwerte 0 und 1 beinhalten.

2. Generation: Assemblersprachen

Auch die *Assemblersprachen* gelten stets für Rechner eines bestimmten Typs. Sie bieten jedoch dem Programmierer einige Erleichterungen im Vergleich zur Maschinensprache. Programmbefehle können zu Abkürzungen zusammengefasst werden, wie z. B. SUB für "Subtrahiere", DIV für "Dividiere". Im Vergleich zur ersten Programmiersprachengeneration wurden hierdurch erhebliche Erleichterungen für das Erlernen und die Anwendung der Programmiersprache geschaffen.

3. Generation: Problemorientierte Sprachen

Problemorientierte Sprachen sind nicht mehr auf Rechner einzelner Hersteller beschränkt sondern auf einen bestimmten Anwendungsbereich ausgerichtet. Teile der Verarbeitungsanweisungen sind wiederverwendbar. Mit der Bezeichnung "problemorientiert" wird zum Ausdruck gebracht, dass kaufmännische oder technische Probleme mit Hilfe dieser Sprachen gelöst werden sollen. Im Gegensatz zu den Sprachen der 2. Generation sind die problemorientierten Sprachen leichter erlernbar, die Befehle sind der (englischen) Umgangssprache angepasst, die Programme können einfacher erstellt werden und es lassen sich Programmfehler schneller finden. Bekannte und auch heute noch verwendete Sprachen in dieser Klasse sind *COBOL* (Common Business Oriented Language) für kaufmännische Programme und *FORTRAN* (FORmular TRANslator) für technisch-wissenschaftliche Aufgabenstellungen.

4. Generation: Deskriptive Sprachen

Im Gegensatz zu den Sprachen der vorherigen Generation steht nicht mehr die Prozedur der Problemlösung (z. B. Programmierung einer Schleife), sondern die Beschreibung der erwarteten Problemlösung im Vordergrund, daher auch die Bezeichnung "deskriptive Sprachen". Der Programmierer muss hierbei nicht mehr formulieren, WIE ein Problem gelöst werden soll, sondern vielmehr beschreiben, WAS als Ergebnis der Informationsverarbeitung erwartet wird. Mit Programmiersprachen dieser Generation verfolgt man zwei voneinander unabhängige Ziele:

- *Höhere Produktivität* bei der professionellen Software-Entwicklung. Für Abfragen und Auswertungen einer Datenbank ist z. B. die Datenbankabfragesprache SQL weit verbreitet (siehe Kapitel 6.7).

- *Vereinfachte Programmierung*, die es dem Endbenutzer in der Fachabteilung ermöglicht, selbständig, d.h. ohne den professionellen Softwareentwickler, Anwendungsprogramme zu erstellen. Die bekanntesten Beispiele hierfür sind Tabellenkalkulationssysteme und Datenbankabfragesprachen.

***Bild 2.19**:*
Wichtige Sprachen

Bezeichnung	entstanden	Anwendung	Bemerkung
FORTRAN (Formula Translator)	1954 - 1957	mathematisch-technische Probleme	1977 standardisiert
ALGOL (Algorithmic Language)	1958 - 1960	mathematisch-wissenschaftliche Probleme	Anlehnung an mathematische Formeln
COBOL (Common Business Oriented Language)	1959 - 1960	kommerzielle Probleme, für technisch-naturwissenschaftliche Probleme ungeeignet	eine der am weitesten verbreiteten Sprachen
BASIC (Beginners All-Purpose Symbolic Instruction Code)	1963 - 1965	kleinere mathematisch-technische Probleme	dialogorientiert, Sprachumfang nicht einheitlich festgelegt
PL/1 (Programming Language 1)	1964 - 1967	mathematisch-technische und kommerzielle Probleme	sehr umfangreich
C / C++	1974 / 1980 - 1983	systemnahe Programmierung	sehr verbreitet, C++ ist die objektorientierte Weiterentwicklung von C
PROLOG (Programming in Logic)	1973	Anwendung im Bereich der Künstlichen Intelligenz	Einsatz bei Expertensystemen
SMALLTALK	1970 - 1980	Anwendungs- und Systemsoftware	objektorientierte Programmiersprache
JAVA	1995	insbesondere Einsatz im Internet	an C++ angelehnte objektorientierte Programmiersprache
C# (sprich: C sharp)	2000	für Internet-Anwendungen (von Microsoft)	vereinigt Eigenschaften von C++ und Java
SQL (Structured Query Language	1975	standardisierte Datenbanksprache für relationale Datenbanksysteme	seit 1986 durch ANSI standardisiert), ursprünglich von IBM entwickelt

5. Generation

Die objektorientierten Sprachen gehören der jüngsten Generation von Programmiersprachen an.

Objektorientierte Sprachen versuchen, die in traditionellen Programmen übliche Trennung von Daten und Funktionen aufzuheben. Daten und die auf sie zugreifenden Funktionen werden zu Einheiten, den Objekten, zusammengefasst, die dann über den Austausch von Nachrichten miteinander kommunizieren. Am bekanntesten sind die Sprachen *C++*, *C#* und *Java*.

In Bild 2.19 werden einige wichtige Sprachen charakterisiert.

2.7.2 Tools

Tools (Werkzeuge) sind automatisierte Hilfen für die Programmentwicklung und -Wartung. Sie unterstützen den Softwareentwicklungsprozess in unterschiedlicher Weise:

Erfassen, Verwalten und Darstellen

Hierzu zählen Texteditoren, Bibliotheken zur Verwaltung von Programmen (Repository), Hilfsmittel zur grafischen Darstellung von Programmabläufen, Informationsflüssen usw.

Generieren

Einige Tools sind in der Lage, Programmgerüste oder Testdaten aus Spezifikationen (Systementwurf) zu generieren, d. h. automatisch zu erzeugen.

Übersetzen

Jedes in einer Programmiersprache formulierte Programm (Quellcode) muss zunächst in die *Maschinensprache* des Rechners übersetzt werden, bevor es ausgeführt werden kann. Diese Aufgabe übernehmen *Übersetzungsprogramme* (Compiler und Interpreter).

Interpreter

Interpreter sind Übersetzungsprogramme, die jeweils eine einzelne Anweisung des Programms übersetzen und dann sofort ausführen. Die für einfache Programme verwendbare Programmiersprache BASIC benutzt beispielsweise einen Interpreter zur Übersetzung.

Compiler

Compiler übersetzen das gesamte *Quellprogramm* in ein ausführbares *Zielprogramm* (Maschinensprache). Erst wenn das Programm komplett und fehlerfrei übersetzt wurde, kann es vom Benutzer ausgeführt werden. Vor- und Nachteile der beiden Übersetzungsarten sind in Bild 2.20 gegenübergestellt.

Die Übersetzung von Java-Programmen ist durch den Einsatz von Compiler und Interpreter gekennzeichnet. Das Java-Quellprogramm wird in einen maschinenunabhängigen Zwischencode, dem so genannten *Bytecode* übersetzt. Dieser wird auf dem Zielsystem (Windows, Unix, Mac OS usw.) von einer so genannten *virtuellen Maschine* (Java VM) interpretiert. Zur Beschleunigung der Programmausführung können häufig durchlaufene Programmanweisungen auf Vorrat in Maschinesprache übersetzt werden.

	Vorteile	Nachteile
Interpreter	Eine einzelne Anweisung kann sofort getestet werden.	Bei jeder Programmausführung muss das Programm erneut analysiert werden; daher längere Laufzeit.
	Fehler bei der Programmierung werden sofort erkannt und behoben.	Es gibt kein ausführbares Zielprogramm, das Quellprogramm benötigt mehr Speicherplatz.
Compiler	Die Programmanalyse muss nicht bei jeder Programmausführung vorgenommen werden.	Mehrere Schritte sind erforderlich, um ein Programm auszuführen.
	Das Zielprogramm benötigt weniger Ausführungszeit und weniger Speicherplatz.	Bei jedem Übersetzungsvorgang muss das gesamte Programm übersetzt werden.
		Die Fehlersuche bei der Programmentwicklung ist aufwändiger.

***Bild 2.20**: Vergleich Interpreter – Compiler*

Testwerkzeuge

Testwerkzeuge unterstützen den Programmtest. Hierzu zählen u. a. Tools, die den Ablauf eines Programms überwachen (*Debugger*) und protokollieren. *Debugging* bezeichnet den Vorgang der Fehlersuche und -behebung (Bug = Wanze).

2.8 Fragen und Aufgaben

1. Erläutern Sie das *EVA-Prinzip*.
2. Erklären Sie die Begriffe *Bit*, *Byte* und *Code*.
3. Stellen Sie die Dezimalzahl 205 als *Dualzahl* und als *Hexadezimalzahl* dar.
4. Bestimmen Sie die größte positive Dezimalzahl, die als *Dualzahl* mit 32 Bit dargestellt werden kann.
5. Nennen Sie die Komponenten der *Zentraleinheit* eines Rechners und die wichtigsten *peripheren Geräte*.
6. Nennen Sie wichtige Kenngrößen des *Hauptspeichers*.
7. Welche Aufgaben haben *Busse* in einem Rechner?
8. Was versteht man unter *RAID*?
9. Welche *optischen Speichermedien* gibt es und für welche Anwendungen sind sie geeignet?

10. Was sind die Aufgaben von *Betriebssystemen*?
11. Erläutern Sie die Begriffe *Ein- und Mehrprogrammbetrieb* sowie *Ein- und Mehrbenutzerbetrieb.*
12. Erläutern Sie das *Zeitscheibenverfahren.*
13. Worin unterscheidet sich die *Stapel-* von der *Dialogverarbeitung*?
14. Klassifizieren Sie Rechner nach ihrer Leistung und Mehrbenutzerfähigkeit.
15. Vergleichen Sie die *von-Neumann-Architektur* mit der Architektur von *Multiprozessorsystemen.* Worin besteht der Hauptunterschied?
16. Was versteht man unter einer *Client/Server-Anwendung*?
17. Beschreiben Sie die Vorteile der verteilten Datenverarbeitung auf der Basis des Client/Server-Modells.
18. Welche Generationen von Programmiersprachen lassen sich bis heute unterscheiden?
19. Welche Tools können die Softwareentwicklung unterstützen?
20. Welche Vor- und Nachteile haben *Compiler* und *Interpreter*?

2.9 Fallbeispiel

Herr Komel erhält eine Bedarfsanforderung zur Beschaffung von 6 CAD-Arbeitsplatzrechnern (CAD = Computer Aided Design) mit dem neuesten Release einer CAD-Software. Die Bedarfsanforderung wurde elektronisch vom Fachbereich über das Intranet erstellt. Die Intranet-Lösung gibt den Anfordernden die Möglichkeit, Produkte aus dem Standardwarenkorb der IT zu bestellen.

Da es sich bei CAD-Arbeitsplätzen um kein Standardprodukt handelt, klärt Herr Komel im Vorfeld ab, ob es sich bei der CAD-Software um ein bereits bei der Stadtwerke AG eingeführtes Produkt handelt. Parallel dazu informiert er sich über die Homepage des CAD-Softwareanbieters über die technischen Anforderungen der CAD-Software an die Hardware.

Auf Grundlage dieser Informationen stimmt sich Herr Komel mit dem Auftraggeber über die besonderen Anforderungen an die gewünschte Hard- und Software ab. Insbesondere bittet er den Fachbereich eine Abschätzung der voraussichtlichen Datenmengen vorzunehmen, um die Größe des Plattenplatzes auf den Servern zu planen. Im Anschluss daran leitet er die Anforderung mit den technischen Daten an das Client Management weiter, in der sich ein Mitarbeiter mit der Konfiguration von PC-Arbeitsplätzen befasst.

Dem Datenblatt werden die Anforderungen an die zu beschaffende Hardware entnommen.

Anhand des B2B-Portals (B2B = Business to Business) des PC-Herstellers/Lieferanten und der dort hinterlegten Konfigurationen wird versucht, die gestellten Anforderungen abzudecken. Da CAD-Anwendungen generell hohe Anforderungen an Grafik- und Rechenleistung stellen und gleichzeitig viel Hauptspeicher benötigen, werden die Komponenten nach wirtschaftlichen Gesichtspunkten zusammengesucht.

Da die zu beschaffenden Rechner in das Netzwerk der Stadtwerke eingebunden werden sollen und die Datenhaltung zentral auf File Servern erfolgt, wird noch ein Blick auf die angebotenen Netzwerkkarten geworfen, um einen guten Datendurchsatz gewährleisten zu können.

Aufgaben

1. Formulieren Sie wichtige Anforderungen an die neue Hardware-Lösung, wobei Sie auf die hohen Anforderungen in Hinblick auf Grafik- und Rechenleistung achten sollten.
2. Skizzieren Sie die Soll-Konfiguration der Hardware.

3 Software

Sie lernen

Lernziele

- verschiedene Gruppen von Software zu unterscheiden,
- wie betriebswirtschaftliche Anwendungssoftware aufgebaut ist,
- wie Branchensoftware aufgebaut ist,
- welche Anforderungen an die Qualität von Software gestellt werden,
- auf welche Art und Weise Standardsoftware individuell angepasst werden kann,
- welche Bedeutung die Software-Industrie hat.

3.1 Einleitung

Definition

Unter einem *Programm* versteht man eine Folge von zusammenhängenden, maschinen-verständlichen Arbeitsanweisungen an einen Rechner, um eine Verarbeitung von Daten ermöglichen. *Software* ist die Gesamtheit aller Programme, die für ein Rechnersystem zur Verfügung stehen (technische Definition). Programme werden mit Hilfe einer Programmiersprache erstellt. Hierbei handelt es sich um eine formale (künstliche) Sprache, mit denen Arbeitsanweisungen an einen Computer verfasst werden.

Neben dieser engen technischen Abgrenzung des Begriffs Software gibt es eine weiter gefasste betriebswirtschaftliche Definition. Software umfasst hierbei alle Produkte und Dienstleistungen, die eine sinnvolle Nutzung der Hardware überhaupt erst ermöglichen, also neben den Programmen z. B. Anwendungsberatung, Installationshilfe, Dokumentation Schulung der Benutzer und Wartung. Software in diesem Sinn umfasst Programme und Zusatzleistungen (betriebswirtschaftliche Definition).

Im Vergleich zu körperlichen Produkten weist Software eine Reihe besonderer Merkmale auf (vgl. [Woll05] S. 15):

Merkmale von Software

- Software ist ein *immaterielles Produkt* (sieht man einmal ab von dem Handbuch und der CD ab, die gemeinsam mit der Software ausgeliefert werden und im materiellen Sinne wesentlich weniger an Wert besitzen als das eigentliche immaterielle Wissensprodukt);
- Software unterliegt *keinem Verschleiß* (trotzdem wird von Wartung gesprochen, wenn Fehlerbereinigungen vorgenommen werden);

- Software kommt *ohne Ersatzteile* aus (allenfalls die Rechner, auf denen Software läuft, benötigen gelegentlich Ersatzteile);
- Software *altert* (weil sich die Leistungsfähigkeit der Hardware kontinuierlich verbessert und die Anforderungen der Benutzer zunehmen, lässt sich "alte" Software recht gut von "junger" Software unterscheiden);
- Software ist schneller *änderbar* als ein materielles Produkt (Programmfehler können meistens relativ zügig behoben werden);
- die Eigenschaften von Software lassen sich nicht auf einfache Weise *quantifizieren* (die Bewertung von Software muss daher anhand vorher festgelegter Kriterien erfolgen).

3.2 Untergliederung der Software

3.2.1 Anwendungs- und Systemsoftware

Nach ihrer Nähe zur Hardware bzw. zum Anwender wird zwischen System- und Anwendungssoftware unterschieden (vgl. Bild 3.1).

Bild 3.1: *Unterteilung in System- und Anwendungssoftware*

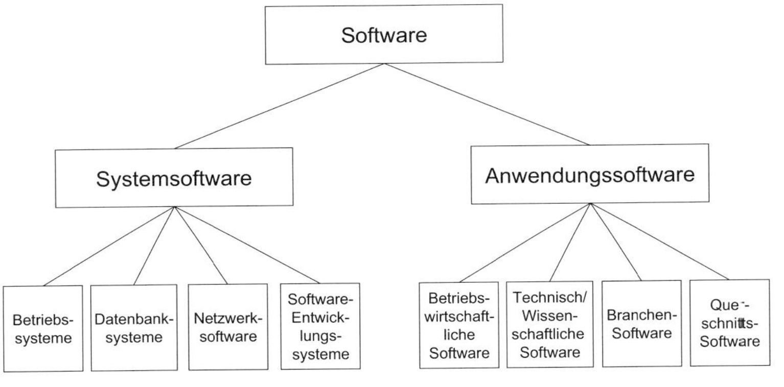

Systemsoftware

Systemsoftware ist zum Betrieb und zur Steuerung der Hardware erforderlich. Zur Systemsoftware zählen Betriebssysteme (vgl. Kapitel 2), Netzwerksoftware (vgl. Kapitel 4), Datenbanksysteme (vgl. Kapitel 6) sowie Software-Entwicklungswerkzeuge (vgl. Kapitel 2). Früher wurde die Systemsoftware direkt vom Hardware-Hersteller entwickelt und ausgeliefert. Heute wird Systemsoftware überwiegend von hardwareunabhängigen Software-Unternehmen angeboten.

Anwendungssoftware

Anwendungssoftware umfasst alle Programme, die direkt vom Anwender genutzt werden ([BrHa04] S. 29). Hierbei werden betriebswirtschaftliche, technisch-wissenschaftliche, branchenbezogene und Querschnitts-Anwendungen unterschieden. Betriebswirtschaftliche Anwendungssoftware unterstützt die verschiedenen kaufmännischen Funktionen im Unternehmen, wie beispielsweise Finanz- und Rechnungswesen, Personalwirtschaft, Materialwirtschaft. Technisch-wissenschaftliche Anwendungssoftware wird beispielsweise für mathematische Berechnungen, Konstruktion (CAD, d.h. Computer Aided Design) und statistische Probleme genutzt. Branchensoftware berücksichtigt die besonderen Anforderungen des Leistungserstellungsprozesses einzelner Branchen, beispielsweise Warenwirtschaftssysteme in Handelsunternehmen (vgl. Kapitel 3.4). Querschnittssoftware lässt sich an allen betrieblichen Arbeitsplätzen unabhängig von der Einordnung in die Unternehmenshierarchie einsetzen ([StHa05] S. 333). Hierzu zählen Bürosysteme (Textverarbeitung, Tabellenkalkulation und Workflow-Management-Systeme (vgl. Kapitel 8).

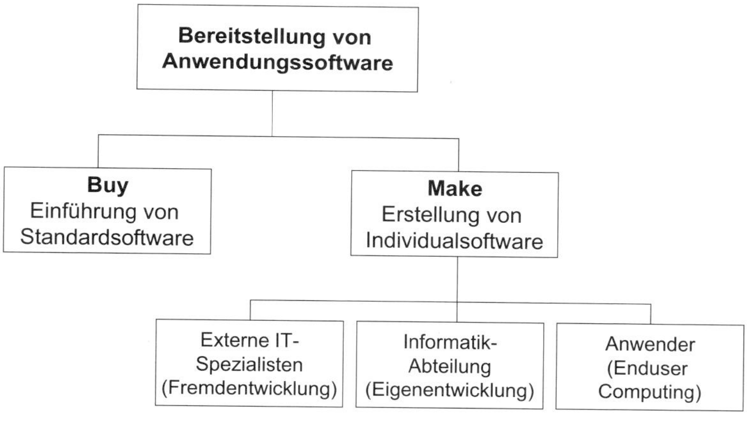

Bild 3.2: Bereitstellung von Anwendungs-software ([ScKr99] S. 249)

3.2.2 Standard- und Individualsoftware

Die Bereitstellung von Anwendungssoftware im Unternehmen erfolgt entweder durch die Beschaffung von Standardsoftware (Buy) oder durch die Erstellung von Individualsoftware (Make), vgl. Bild 3.2.

Standardsoftware

Unter *Standardsoftware* versteht man vorgefertigte Programmpakete, die zum Kauf angeboten werden und einen eindeutig definierten Anwendungsbereich unterstützten, z. B. Finanzbuchhaltung, Lohn- und Gehaltsabrechnung. Sie können von mehreren bzw. vielen Unternehmen für vergleichbare Problemstellungen genutzt werden. Bereits bei der Entwicklung müssen die fachlichen und technischen Anforderungen mehrerer, im einzelnen noch nicht bekannter Anwender berücksichtigt werden.

Merkmale von Standardsoftware

Die folgenden Merkmale charakterisieren Standardsoftware noch genauer:

- Standardsoftware deckt einen genau definierten Funktionsumfang ab und unterstützt damit einen bestimmten Anwendungsbereich. Wenn mehrere betriebliche Anwendungsbereiche unterstützt werden, wird von *integrierter Standardsoftware* gesprochen. Dabei greifen die einzelnen Programme auf eine gemeinsame Datenbank zu.
- Standardsoftware ist in mehreren bzw. vielen Unternehmen einsetzbar.
- Standardsoftware lässt sich mit relativ geringem zeitlichen und finanziellen Aufwand im Unternehmen einführen und in Betrieb nehmen.
- Standardsoftware wird zu einem im Voraus bekannten Preis einschließlich Beratungs- und Serviceleistungen angeboten.

***Bild 3.3**: Standardsoftware versus Individualsoftware*

Vorteile Standardsoftware	Vorteile Individualsoftware
Mehrere bzw. viele Anwender teilen sich den Entwicklungsaufwand der Software, deshalb sind Anschaffungskosten in der Regel geringer als bei Individualentwicklung.	Es werden keine Programmfunktionen gekauft, die im Standardsystem oftmals enthalten sind, im Unternehmen aber nicht benötigt werden.
Fachwissen vieler Anwender wurde berücksichtigt.	Spezialwissen zur Weiterentwicklung existiert im eigenen Unternehmen, hierdurch lassen sich Wettbewerbsvorteile gegenüber Konkurrenz erzielen.
Ständige Weiterentwicklung und Wartung.	Keine Gefahr, dass Mitbewerber die gleiche Software einsetzen.
Schnell (sofort) verfügbar.	Keine Anpassungs- und Beratungskosten.
Die Software kann vorher begutachtet werden (Test, Referenzbesuche).	Spezielle Änderungs- und Erweiterungswünsche der Anwender können berücksichtigt werden.
Spezialisierte Entwickler bürgen für technische und fachliche Qualität der Software.	Alle spezifischen Anforderungen können berücksichtigt werden.
Dokumentation und Schulung vorhanden.	Maßgeschneiderte Lösung für das Unternehmen.
Abbau des "Entwicklungsstaus" in der eigenen IT-Abteilung.	Keine Abhängigkeit von der Strategie und wirtschaftlichen Situation eines fremden Unternehmens.

Vorteile Standardsoftware	Vorteile Individualsoftware
Geringeres Fehlschlagsrisiko, weil Standardsoftware vorher getestet wurde und bei anderen Unternehmen im Echteinsatz ist.	Geringerer Schulungsaufwand, weil die Benutzer oftmals am Konzept mitgewirkt haben und die Terminologie des Unternehmens verwendet wird.

Individualsoftware

Individualsoftware wird für ein einzelnes Unternehmen bzw. eine spezialisierte Aufgabenstellung entwickelt. Gründe hierfür sind entweder fehlendes Standardsoftware-Angebot oder strategische Überlegungen (Innovationsvorsprung gegenüber den Konkurrenten). Die Entwicklung von Individualsoftware muss nicht unbedingt von den eigenen Mitarbeitern in der IT-Abteilung durchgeführt werden. Mit der Entwicklung können auch externe IT-Spezialisten (aus Beratungs- oder Systemhäusern) beauftragt werden. Bei weniger komplexen Anwendungsproblemen können auch Anwender ihre Software selbst erstellen mit Hilfe geeigneter Endbenutzer-Tools, beispielsweise Tabellenkalkulationssysteme. Die jeweiligen Vorteile von Standard- und Individualsoftware wurden in Bild 3.3 zusammen gestellt.

3.2.3 Lizenzpflichtige und quelloffene Software

Lizenzpflichtige Software

Software ist analog zu anderen schöpferischen Leistungen wie z. B. Bücher oder Musikkompositionen nach dem Urheberrecht geschützt. Für die Nutzung der Software ist ein Lizenzvertrag mit dem Eigentümer des Urheberrechts, meistens dem Entwickler oder Software-Unternehmen abzuschließen. Bisher ist es üblich, dass der Anwender durch Zahlung einer Lizenzgebühr die Nutzungsrechte, nicht jedoch die Rechte zum Weiterverkauf oder zur Änderung des Codes erwirbt.

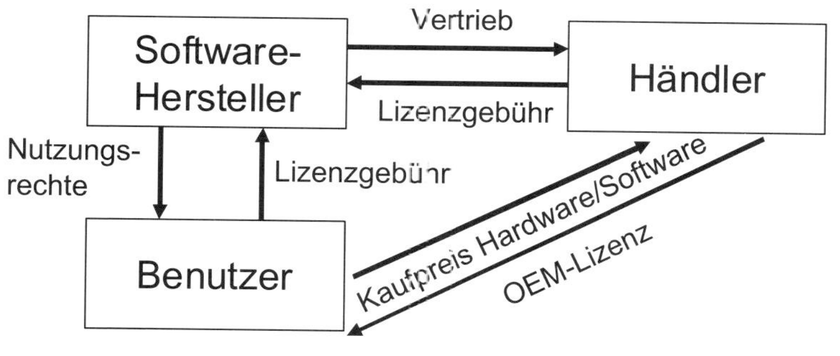

Bild 3.4: *Lizenzpflichtige Software*

Neben der direkten Lizenzzahlung an den Software-Hersteller gibt es noch die Variante über einen Händler. Beim Kauf von PCs ist in der Regel bereits ein Teil der Software installiert (z. B. Betriebssystem, Microsoft Office). In diesem Fall erwirbt der

Benutzer mit dem Hardwarekauf gleichzeitig eine OEM-Lizenz der Software. OEM bedeutet Original Equipment Manufacturer (Originalausrüstungshersteller) und verweist auf die Verwendung originaler Software (vgl. Bild 3.5).

Während bei lizenzpflichtiger Software die Zahlung einer Lizenzgebühr (umgangssprachlich auch als "Kaufpreis" bezeichnet), im Vordergrund steht, haben sich in den letzten Jahren verschiedene Formen von kostenfreien Programmen durchgesetzt, wobei die Vergütung in anderer Form, z. B. durch Beratung und Schulung sowie durch nicht-monetäre Anreize (Ansehen innerhalb einer Software-Community) erfolgt.

Shareware

Unter dem Begriff *Shareware* werden Programme angeboten, die zunächst kostenlos vom Anwender getestet werden können. Nach Ablauf einer Frist kann man sich als regulärer Benutzer registrieren lassen und entrichtet eine Lizenzgebühr.

Freeware

Freeware-Programme können ebenfalls kostenlos genutzt werden. Sie unterliegen jedoch den Copyright-Bestimmungen und sind somit geschützt. Sie dürfen nicht ohne Zustimmung des Urhebers geändert werden. Es gibt Programme, die nur unter bestimmten Voraussetzungen – z. B. bei privater Nutzung – Freeware sind und deren Weitergabe eingeschränkt ist.

Open Source

Im Unterschied zu kommerziellen, lizenzpflichtigen Programmen kennzeichnet *quelloffene* bzw. *Open Source Software* ein neuartiges Konzept der Entwicklung, Lizenzierung und Vermarktung:

- Der Quellcode (Sourcecode) ist für jedermann offengelegt und zugänglich. Es besteht die Möglichkeit, zu untersuchen, wie ein Programm funktioniert.
- Jeder (fachkundige) Benutzer hat das Recht, Ergänzungen und Erweiterungen an der Software vorzunehmen.
- Quelloffene Software darf kopiert und an Dritte weitergegeben werden.
- Die Entwicklung quelloffener Software geht meistens von einem einzelnen Entwickler aus, dem es gelingen muss, einen Kreis von Gleichgesinnten für seine Idee zu begeistern. Die beteiligten Entwickler erhalten hierfür keine Vergütung. Die Zusammenarbeit einer solchen Open Source Community funktioniert ohne direkte Weisungsbefugnisse und ohne formale Hierarchie. Daher bezeichnet man diese Form der Software-Entwicklung als "Basar-Modell", im Gegensatz zu dem "Kathedralen-Modell" der klassischen Software-Entwicklung (vgl. [BuDH08] S. 189).
- Zur schnelleren Verbreitung der Software verzichten die Entwickler auf Lizenzabgaben. Allerdings müssen Programmverbesserungen und entdeckte Fehler der Allgemeinheit zugänglich gemacht werden.

Zumeist wird Open Source über das Internet kostenlos zum Herunterladen zur Verfügung gestellt. Auf diesem Wege können z. B. Betriebssystem (*L*inux), Webserver (*A*pache), Datenbankmanagementsystem (*M*ySQL) und Programmier- bzw. Skriptsprache (*PHP*) genutzt werden. Diese vier Tools werden unter dem Akronym *LAMP* häufig zur Erstellung von dynamischen Webseiten eingesetzt. Daneben existieren auch für betriebswirtschaftliche Anwendungen mittlerweile Open Source Systeme als Alternative bzw. Konkurrenz zu lizenzpflichtigen Produkten, z. B. für CRM und Büroanwendungen

LAMP

Prominentes Beispiel eines erfolgreichen Open Source Projekts ist die Entwicklung des Betriebssystems LINUX. Der finnische Student Linus Torvalds wollte 1990 ein Unix-Betriebssystem auf seinem 386er PC laufen lassen. Er fand jedoch kein adäquates System, begann selbst mit der Entwicklung und stellte den Quellcode im Internet zur Verfügung. Innerhalb kürzester Zeit wuchs die Zahl der Interessenten auf mehrere Hundert Personen und auf einmal beteiligten sich zahlreiche Software-Entwickler an der Weiterentwicklung (vgl. [BuDH08] S. 189).

Beispiel

Mit Open Source Software entstand auch ein neuartiges Geschäftsmodell: Software-Unternehmen (Distributoren) verdienen ihr Geld nicht mehr durch den Verkauf von Lizenzen sondern durch Dienstleistungen in Form von Schulung, Beratung, Support und Verkauf von Spezialprogrammen. Bild 3.5 verdeutlicht die beiden Optionen für Anwender bzw. Interessenten von Open Source Software: der Benutzer verfügt entweder über das erforderliche technische Wissen, um die quelloffene Software selbständig zu installieren und ggf. anzupassen oder man bezieht die Software einschließlich Dokumentation, Schulung, zusätzlichen Installationstools etc. über einen Distributor gegen Zahlung einer vergleichsweise niedrigen Gebühr.

Geschäftsmodell bei Open Source

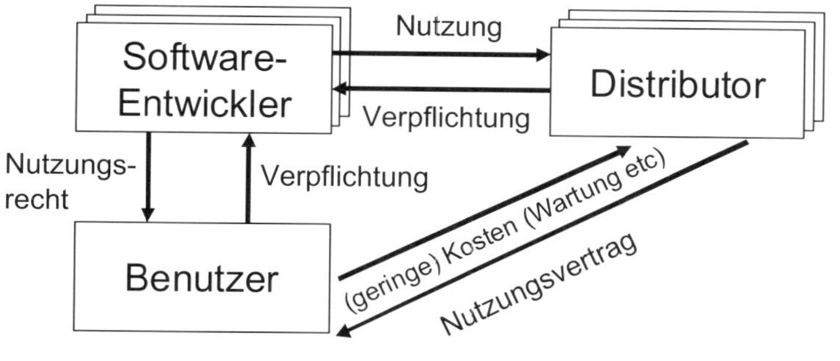

Bild 3.5: *Quelloffene Software*

3.2.4 Eigenständige und eingebettete Software

Wenn Software als Produkt für einen oder mehrere Rechnertypen eingesetzt werden kann, sprechen wir von "eigenständiger Software". Als Beispiel dient das Microsoft Office Produkt, wel-

Eigenständige Software

ches für PCs – egal von welchem Hersteller – genutzt wird. Voraussetzungen sind das Vorhandensein des Betriebssystems Windows sowie ausreichende Hauptspeicherkapazität.

Eingebettete Software

Im Gegensatz dazu ist eingebettete (embedded) Software fester Bestandteil eines speziellen technischen Produkts und funktioniert nur im Zusammenspiel mit diesem einwandfrei. Beispiele hierfür sind Steuerungsprogramme in Maschinen oder Fahrzeugen, Software in Mobiltelefonen. Derzeit werden ca. 98 % aller programmierbaren CPUs in eingebetteten Systemen verwendet. Der Entwicklungsaufwand bei eingebetteten Systemen verlagert sich zunehmend von der Hardware hin zur Software (vgl. [BrPr03] S. 3).

Zukünftig wächst die Bedeutung von eingebetteten Systemen. Unter den Schlagworten "Ubiquitous Computing" (allgegenwärtige Computeranwendungen) oder "Disappearing Computing" werden kaum sichtbare mikroelektronische Komponenten in Alltagsgegenstände wie beispielsweise Möbel, Uhren, Brillen, Kleidung oder Schmuck integriert. Typische Beispiele für diesen neuen Trend sind mobile, internetfähige Handys, PDAs, die drahtlos mit anderen Geräten ihrer Umwelt kommunizieren können. Erste Versuche gibt es auch bei Kleidungsstücken ("Wearable Computing"), in die Mikroprozessoren, Eingabemedium und Flachbildschirm eingenäht werden können (vgl. [Hors03] S. 1199).

3.2.5 Lebensdauer von Software

Wegwerf-Software

Betriebswirtschaftliche Software hat eine unterschiedlich lange Lebensdauer (vgl. Bild 3.6). *Wegwerf-Software* wird nur für eine kurze Zeit eingesetzt. Oftmals erfolgt der Einsatz lediglich ein einziges Mal. Anschließend wird das Programm u. U. gelöscht. In diese Kategorie fallen zumeist selbstentwickelte Programme mit Hilfe von Tabellenkalkulationssystemen oder Abfragesprachen. Die Software hat ausschließlich lokale Bedeutung. Sie wird weder gewartet noch weiterentwickelt.

Bild 3.6: *Lebensdauer von Software*

	Lebensdauer		
	kurz	**mittel**	**lang**
Software-Gruppe	Wegwerf-Software	statische Software	evolutionäre Software
Anwendungsbeispiele	Datenbankabfragen Tabellenkalkulation	Reisekosten-abrechnung Lagerverwaltung	Entgeltabrechnung Abrechnungssystem für Strom, Gas, Wasser

Statische Software ändert sich im Zeitverlauf kaum. Sie wird so lange genutzt, bis sich die technischen, betriebswirtschaftlichen oder rechtlichen Bedingungen grundlegend ändern. Beispielsweise kann die Abrechnung von Reisekosten so lange mit einer Standardsoftware erfolgen, bis gesetzliche Änderungen den Austausch des Programms erforderlich machen. Statische Software wird in kaufmännischen Anwendungsbereichen mit geringer Änderungsrate eingesetzt, wie z. B. Buchhaltung oder Lagerverwaltung. Bei statischer Software sind regelmäßige Release-Wechsel erforderlich, die sich aber auf kleinere Fehlerkorrekturen und Verbesserungen beschränken. *statische Software*

Evolutionäre Software ist niemals vollständig fertig. Der Software-Lebenszyklus (Entwicklung, Einsatz, Entwicklung, Einsatz usw.) wird mehrfach durchlaufen. Die Lebensdauer dieses Software-Typs erstreckt sich über viele Jahre. Im Laufe des praktischen Einsatzes kommen stets neue, zusätzliche Anforderungen hinzu, die eine Weiterentwicklung erforderlich machen. *evolutionäre Software*

3.2.6 Entwicklungsstadien einer Software

Bei den meisten Standardsoftware-Produkten unterscheidet man verschiedene Entwicklungsstadien, die etwas über die Reife bzw. die Fehlerhäufigkeit aussagen.

Die erste lauffähige Version eines Programms wird oft *Alpha-Version* genannt. Obwohl der Begriff nicht exakt definiert ist, enthält die Alpha-Version in der Regel bereits wichtige Bestandteile des Softwareprodukts, allerdings wird der Funktionsumfang im Laufe der Zeit noch erweitert. Insbesondere beinhalten Alpha-Versionen meistens viele Programmfehler und sind daher in der Regel nicht für den Endbenutzer oder für den produktiven Einsatz geeignet. *Alpha-Version*

Eine *Beta-Version* ist immer noch eine unfertige Version eines Programms. Häufig werden Beta-Versionen jedoch zu Testzwecken veröffentlicht bzw. ausgewählten Anwendern zugänglich gemacht. Alle wesentlichen Funktionen des Programms existieren, sind aber noch nicht vollständig getestet, sodass in der Regel noch Fehler auftreten. Erst nach Beseitigung der meisten Programmfehler erhält das Programm den Status Release Candidate. Beta-Versionen sind an der Null als Versionsnummer erkennbar (z. B. Version 0.5) oder am Zusatz "Beta". *Beta-Version*

Ein *Release Candidate* oder Freigabekandidat ist eine abschließende Testversion einer Software. Darin sind alle Funktionen, die die endgültige Version der Software enthalten soll, schon verfügbar, allerdings treten noch Fehler auf. *Release Candidate*

Die fertige und veröffentlichte Version einer Software wird als *Release* bezeichnet. Für die weiterhin erforderliche Fehlerbehebung geben die Softwarehersteller sogenannte Hotfixes, Patches *Release* und Service Packs an ihre Kunden heraus. Allerdings muss der Anwender hierzu in der Regel einen Wartungsvertrag mit dem Software-Unternehmen abgeschlossen haben.

3.3 Betriebliche Anwendungssoftware

3.3.1 Überblick

Definition

Anwendungssoftware unterstützt den Benutzer bei der Lösung seiner betrieblichen Aufgabenstellungen. Hierbei kann es sich z. B. um das Schreiben eines Briefes, die Buchung einer Kundenrechnung oder die Konstruktion einer neuen Maschine handeln. Ein *Anwendungssoftware-System* enthält neben dem Programmcode bestimmte Zusatzleistungen, wie z. B. Dokumentation, Installationshilfe. Ein *Standard-Anwendungssoftware-Paket* wird schließlich wie ein Produkt von dem Software-Hersteller an andere Unternehmen verkauft (vgl. Bild 3.7).

***Bild 3.7**: Begriffsabgrenzung*

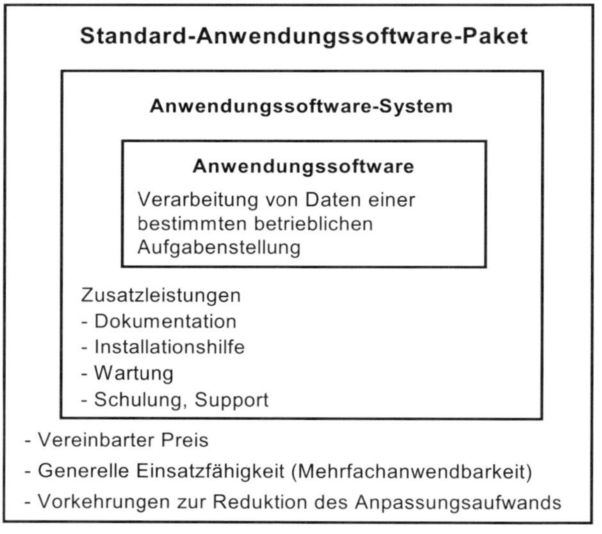

Betriebliche Anwendungssoftware lässt sich nach verschiedenen Merkmalen untergliedern (vgl. Bild 3.8). Sie unterstützt entweder einen oder mehrere betriebswirtschaftliche Anwendungsbereiche. Falls die Software mehrere betriebliche Funktionen abdeckt, sprechen wir von integrierten Anwendungssystemen oder Enterprise-Resource-Planning-(ERP-)Systemen (vgl. hierzu Kapitel 7).

operative Aufgaben

Ferner lässt sich Anwendungssoftware für zwei unterschiedliche Aufgabenkategorien nutzen. Bei den operativen (bzw. transaktionsorientierten) Aufgaben soll die Software helfen, Massen- und Routinearbeiten zu automatisieren oder zumindest zu erleichtern. Typisches Beispiel hierfür ist die Pflege von Kundenstammdaten oder die Bearbeitung von Bestellungen am Bildschirm. Da es sich hierbei zumeist um lesende und schreibende Datenbankzugriffe handelt, die in mehreren unteilbaren Programmschritten erfolgen müssen, werden diese auch als transaktionsorientierte Anwendungsprogramme bezeichnet. Eine Transaktion ist eine Folge von zusammengehörenden Datenbankzugriffen, die entweder allesamt oder gar nicht ausgeführt werden, um die Datenbank in einem konsistenten Zustand zu erhalten (vgl. [FeSi06] S. 385).

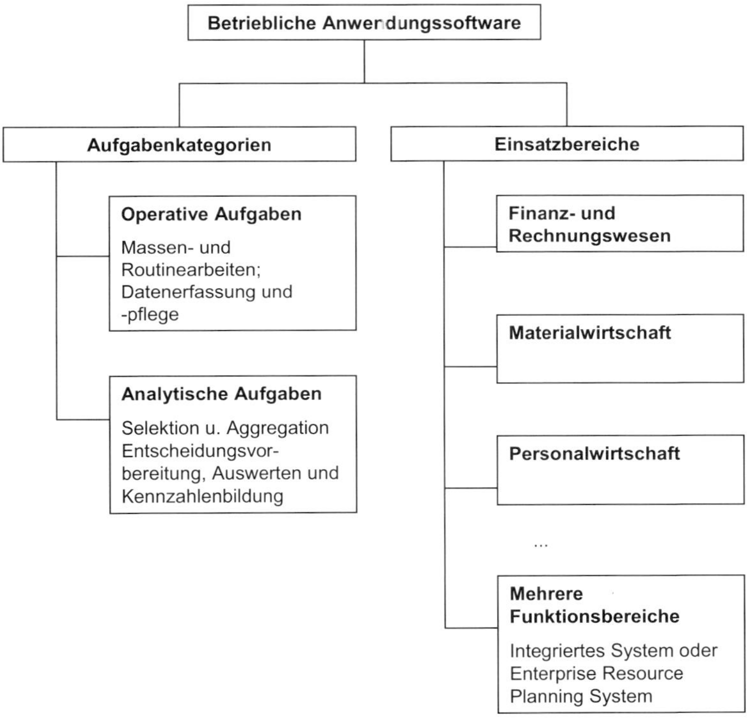

Bild 3.8: *Betriebliche Anwendungssoftware*

analytische Aufgaben

Bei Anwendungssoftware zur Unterstützung analytischer Aufgaben stehen Selektions- und Aggregationsmöglichkeiten im Vordergrund. Es interessiert weniger der einzelne Datensatz sondern es sollen auf Basis einer vorhandenen Datenbank gezielte Auswertungen und Grafiken erstellt werden. Der Benutzer (häufig aus den Bereichen Management oder Controlling) führt mit Hilfe der Software Analysen durch, um seine eigenen Entscheidungen abzusichern (vgl. dazu ausführlich Kapitel 9).

3.3.2 Aufbau betrieblicher Anwendungssoftware

Nachfolgend werden die wichtigsten Elemente eines betrieblichen Anwendungssoftwaresystems erläutert, und zwar unabhängig vom jeweiligen Einsatzschwerpunkt (vgl. Bild 3.9).

Dialog- und Systemprogramme, Auswertungs- und Abfrageprogramme, Methoden- und Modellbank werden hierbei als eigenständige Softwaremodule begriffen, die über eine gemeinsame Datenbank miteinander verknüpft werden und den Benutzern über eine einheitliche Benutzungsschnittstelle präsentiert werden.

Bild 3.9: *Aufbau betrieblicher Anwendungssoftware*

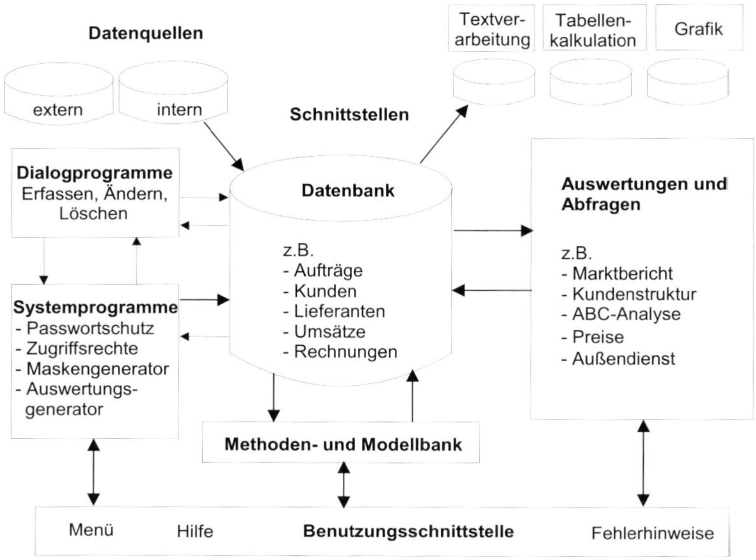

3.3.3 Betriebswirtschaftliche Daten

Die Datenbank speichert alle relevanten Daten zur Ausgabe bzw. Weiterverarbeitung (vgl. Kapitel 6). In der Regel werden Daten dem Benutzer in Form von Auswertungen (Listen, Berichte) und Abfragen (Selektion bzw. Suche per Dialog) zugänglich gemacht.

Bild 3.10: *Betriebswirtschaftliche Daten*

Für betriebliche Informationssysteme werden überwiegend relationale Datenbanken eingesetzt. Generell lassen sich die betriebswirtschaftlich relevanten Daten folgendermaßen strukturieren (vgl. Bild 3.10).

Stammdaten werden in einer Datenbank angelegt für alle wichtigen, nur wenig veränderlichen betriebswirtschaftlichen Objekte, wie z. B. Artikel (Artikelstammdaten), Kunden (Kundenstammdaten), Maschinen (Maschinenstammdaten) oder Mitarbeiter (Personalstammdaten). *Stammdaten*

Bewegungsdaten sind abwicklungsorientierte Daten, die immer wieder neu entstehen. Sie müssen für die laufende Bearbeitung von Geschäftsvorfällen gespeichert werden, nach einer gewissen Zeitspanne können sie jedoch aus der Datenbank entfernt werden. *Bewegungsdaten*

Einzeldaten beziehen sich stets auf einen einzelnen Geschäftsvorfall (z. B. eine Kundenreklamation) oder auf ein bestimmtes betriebswirtschaftliches Objekt (z. B. eine Fertigungsmaschine). Im Rechnungswesen ist die Einzelbetrachtung stets von Bedeutung, weil jeder Geschäftsvorfall eine Buchung nach sich zieht. *Einzeldaten*

Für betriebswirtschaftliche Entscheidungen auf der Managementebene sind dagegen *Aggregationen* von Einzeldaten notwendig. Ein Geschäftsführer möchte z. B. wissen, wie hoch das Auftragsvolumen aller Produkte und aller Kunden im vergangenen Monat war. *aggregierte Daten*

Historische Daten beziehen sich auf frühere Geschäftsperioden. Teilweise sind Unternehmen gesetzlich verpflichtet, diese Daten zu archivieren oder zumindest solange aufzubewahren, bis Steuer- und Wirtschaftsprüfungen abgeschlossen sind. Historische, aggregierte Daten werden ferner zur Feststellung von Entwicklungstrends benötigt. *historische Daten*

Auf *aktuelle Daten* kann während der jeweiligen Geschäftsperiode direkt zugegriffen werden. *aktuelle Daten*

Zukunftsbezogene Daten entstehen im Rahmen von Planungs- und Prognosetätigkeiten. *zukunftsbezogene Daten*

Primäre Daten entstehen durch die unmittelbare Beobachtung realer Tatbestände (z. B. Erfassung der aktuellen Verkaufsdaten am Point of Sale eines Warenhauses). *primäre Daten*

Sekundäre Daten wurden bereits von anderen Stellen bzw. für andere Zwecke erhoben und können im Rahmen von Auswertungen und Analysen verwendet werden (z. B. die von Marktforschungsunternehmen erhobenen Daten zur Kundenzufriedenheit). *sekundäre Daten*

Die farbliche und *grafische Präsentation* hat die rein *alphanumerische* Darstellung bei Datenauswertungen weitgehend abgelöst. *alphanumerische und grafische Daten*

3.3.4 Benutzer und Benutzungsschnittstelle

Die direkte Interaktion zwischen Benutzer und dem Anwendungsprogramm erfolgt über die *Benutzungsschnittstelle.* Über Tastatur und Maus werden Daten eingegeben bzw. Programme gesteuert. Verarbeitungsergebnisse werden am Bildschirm angezeigt. Unterschiedliche Anwendergruppen stellen unterschiedliche Anforderungen an die Benutzungsschnittstelle einer Software:

Benutzergruppen

- *Mitarbeiter von Stabsstellen, Experten*
  Typisch für diese Gruppe ist ein detaillierter Informationsbedarf und die intensive Nutzung spezieller Programmfunktionen.
- *Manager*
  Ihr Informationsbedarf ist unstrukturiert und sporadisch. Früher dominierte die indirekte Nutzung über Assistenzkräfte oder Stabsstellen. Inzwischen sind auch die meisten Manager im direkten Umgang mit Anwendungssoftware vertraut. Überwiegend werden von dieser Gruppe Informationen selektiert, wobei ein großer Wert auf einfache Handhabung, Schnelligkeit und grafische Aufbereitung gelegt wird (vgl. hierzu Kapitel 9).
- *Sachbearbeiter*
  Sie greifen regelmäßig auf bestimmte Programme oder Datengruppen zu. Es handelt sich um umfangreiche Erfassungs- und Datenpflegeaufgaben sowie um die intensive Suche nach spezifischen Daten und grafische Aufbereitung gefundener Ergebnisse.
- *Assistenzkräfte*
  Am häufigsten wird von dieser Gruppe Querschnittssoftware, wie z. B. Textverarbeitung, verwendet.

Informationsdarstellung

Bei der Darstellung von Verarbeitungsergebnissen müssen die unterschiedlichen Möglichkeiten von Benutzungsschnittstellen beachtet werden (vgl. Bild 3.11). Grafische Benutzungsoberflächen (Graphical User Interface oder abgekürzt GUI) auf Basis von Windows sind derzeit am weitesten verbreitet. Hierbei müssen allerdings Teile der Anwendungssoftware auf jedem PC (Client) installiert werden. Dies ist nicht mehr erforderlich, wenn über einen Browser per Internet auf die Software zugegriffen werden kann. Der Zugriff per Browser hat den Vorteil, dass von jedem Ort, der über einen PC mit Browser und Internet-Anschluss verfügt, auf die Anwendungssoftware zugegriffen werden kann.

Bild 3.11: Verschiedene Benutzungsschnittstellen (Quellen: SAP, Hagebau, Sony Ericsson, Apple)

Für den Einsatz unterwegs stehen äußerst leistungsfähige, handliche Rechner zur Verfügung, wie z. B. Smartphones (Kombination unterschiedlichster Funktionen, wie z. B. Office-Anwendungen, mobiler Internet-Zugang, Mobiltelefon, Kamera, Musik- und Videoabspielgerät) oder Handys. Durch sehr kleine Displays und oftmals fehlende Tastaturen ist ihre Benutzbarkeit gegenüber Notebooks jedoch eingeschränkt.

3.3.5 Methoden- und Modellbank

Methodenbank

Die *Methodenbank* enthält die für den betrieblichen Einsatzbereich erforderlichen mathematischen und statistischen Auswertungsverfahren. Hierzu zählen z. B. Methoden für Vergleichsrechnungen und zur Kennzahlenermittlung.

Vergleichsrechnungen sind z. B.:

- Objektvergleich (Rangreihe des Umsatzes bei verschiedenen Produkten)
- Gebietsvergleich (Preisdifferenzen in verschiedenen Absatzbezirken)
- Subjektvergleich (Abweichung der Vertriebskosten pro Außendienstmitarbeiter vom Sollwert)
- Zeitvergleich (Werbeaktionen je Produktgruppe im Vergleich zu den Vorperioden)

Die *Kennzahlenberechnung* ([MüSe94] S. 114 ff.) umfasst die Ermittlung von absoluten Kennzahlen (z. B. Deckungsbeitrag,

Umsatz, Mitarbeiterstand), Gliederungszahlen (z. B. Umsatz pro Außendienstmitarbeiter) und Beziehungszahlen (z. B. Umsatzrendite).

Die Auswahl der mathematisch-statistischen Verfahren ist von der jeweiligen Unternehmenssituation abhängig. Allgemein gilt, dass nur die Methoden aufgenommen werden sollten, die Benutzer nachvollziehen können, da ansonsten Fehlinterpretationen der Ergebnisse auftreten können.

Modellbank

In einer *Modellbank* sind Strukturen von betriebswirtschaftlichen Modellen gespeichert, z. B. die Gleichungen eines Prognosemodells für den Umsatz einzelner Produktgruppen mit den relevanten Zeitreihen und Verknüpfungen. Unter Modell wird hierbei die allgemeine, meist mathematische Beschreibung eines betriebswirtschaftlichen Problems angesehen ([Vets95] S. 131).

Immer noch bestehen bei Entscheidungsträgern in den Unternehmen große Vorbehalte gegenüber betriebswirtschaftlichen Modellen. Es werden daher vor allem einfache Modelle verwendet.

3.3.6 Dialog- und Systemprogramme

Dialogprogramme

Mit Hilfe von *Dialogprogrammen* erfolgt die Erfassung, Änderung und Löschung von Datensätzen in der Datenbank. Falls die erforderlichen Daten bereits in anderen Datenbanken vorhanden sind, kann über *Schnittstellen* hierauf zugegriffen werden. Die mehrfache Pflege derselben Daten sollte möglichst vermieden werden. Schnittstellen bestehen außerdem zwischen betrieblicher Anwendungssoftware und universellen Standardprogrammen wie z. B. Tabellenkalkulation. Hierbei ist es z. B. möglich, Auswertungen grafisch darzustellen oder mit Kommentaren versehen in einem aktuellen Bericht für den Vorstand zusammenzufassen.

Systemprogramme

Systemprogramme unterstützen bestimmte Dienstfunktionen, wie z. B. die Festlegung von Zugriffsrechten unterschiedlicher Benutzer, die Verwaltung von Passwörtern, die Nutzung verschiedener Drucker, den Datenaustausch (Import/Export) mit anderen Programmen, die Datensicherung.

Kommunikations-schnittstellen

Kommunikationsschnittstellen sind erforderlich, wenn eine Datenübertragung zwischen der betrieblichen Anwendungssoftware und externen Stellen (z. B. Niederlassungen, Außendienstmitarbeitern) erfolgen soll.

3.3.7 Abfragen und Auswertungen

Abfragen

Abfragen ermöglichen die Selektion gezielter Informationen. Die Ergebnisse werden am Bildschirm oder als Liste ausgegeben. Es lassen sich unterscheiden:

- *Standardabfragen*, wobei die Abfrage vorher bereits programmiert wurde. Die Auswahl der Abfrage erfolgt über ein Menü.
- *Freie Abfragen*, wobei der Benutzer seine Abfrage mit Hilfe einer Abfragesprache oder über Auswahlfelder formuliert.

Auswertungen

Auswertungen enthalten verdichtete bzw. statistische Informationen. Je nachdem, wie stark Auswertungen auf die individuellen Anforderungen von Benutzern zugeschnitten sind, lassen sich unterscheiden:

Auswertungsarten

- starre Auswertungen,
- flexible Auswertungen,
- Ausnahmeberichte.

Bei *starren* Auswertungen erhält der Benutzer seine Informationen identisch aufgebaut in festgelegten zeitlichen Abständen, oftmals auf dem Medium Papier. Bei *flexiblen* Auswertungen sind Inhalte, Zeiträume und Formate durch vorgegebene Parameter veränderbar. Hierbei werden Informationen zielgerichteter ausgegeben. *Ausnahmeberichte* zeigen lediglich Abweichungen vom "Normalzustand" an. Normalzustand sowie eine Toleranzgrenze müssen vorher definiert werden (z. B. Ausdruck in einer Liste nur dann, wenn der geplante Umsatz pro Mitarbeiter um 2.000 Euro unter- bzw. überschritten wird). Ausnahmeberichte arbeiten nach dem Grundsatz des "Management by Exception". Der Vorteil von Ausnahmeberichten im Vergleich zu starren Auswertungen besteht darin, dass nur entscheidungsrelevante Tatbestände ausgedruckt werden. Der Benutzer erkennt sofort kritische Werte.

3.4 Branchensoftware

3.4.1 Bedarf an Branchensoftware

Handel	Industrie	Dienstleistungen
Großhandel	Chemische Industrie	Banken
Einzelhandel	Pharmaindustrie	Versicherungen
Transport/Logistik	Handwerker	Öffentliche Verwaltung
Kassensysteme	Automobilindustrie	Hochschulen

Bild 3.12: *Beispiele für den Einsatz von Branchensoftware*

Spezielle Anforderungen eines Wirtschaftszweigs werden durch Branchensoftware erfüllt. Während die branchenneutralen betriebswirtschaftlichen Standardprogramme für einzelne betriebliche Funktionsbereiche eine optimale Lösung anstreben, unterstützt Branchensoftware standardmäßig die alle wichtigen Aufgabenbereiche einer Branche (vgl. Bild 3.12).

Beispiel

Die Rückverfolgbarkeit von Chargen ist für Unternehmen der Nahrungsmittel- und Pharmaindustrie eine wichtige branchenspezifische Anforderung. Gesetzliche Vorschriften verlangen den lückenlosen Nachweis, welchen Verlauf ein Produkt vom Produzenten über den Händler bis zum Endverbraucher genommen hat. Die Branchensoftware muss die Erfassung der benötigten Daten im Produktionsverlauf sowie über die Unternehmensgrenzen hinweg ermöglichen.

Der Einsatz von Branchensoftware gewinnt immer mehr an Bedeutung gegenüber den branchenneutralen Anwendungsprogrammen, weil hierbei einerseits die branchentypischen Anforderungen der einzelnen Unternehmen stärker berücksichtigt werden können, andererseits aber deutlich geringere Kosten als bei Individualsoftware anfallen (vgl. Bild 3.13).

***Bild 3.13**: Positionierung von Branchensoftware*

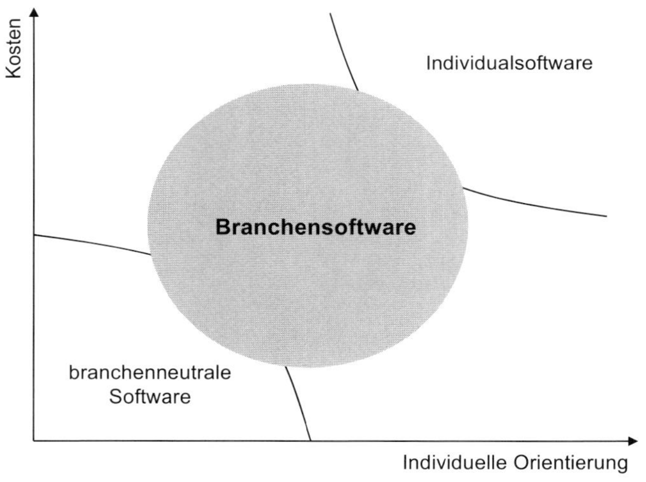

3.4.2 Modelle für ausgewählte Branchenlösungen

Architektur für Fertigungsunternehmen

Für verschiedene Branchen wurden Referenzmodelle entwickelt, die den Leistungsumfang integrierter Software für einen ausgewählten Wirtschaftszweig beschreiben. Diese Modelle werden auch als Anwendungsarchitekturen bezeichnet, sie definieren einen angestrebten, nicht zwangsläufig bereits existenten Umfang. Die von Scheer ([Sche98] S. 93) entwickelte Anwendungsarchitektur für Fertigungsunternehmen wird als *Y-Modell* bezeichnet (vgl. Bild 3.14). Im Mittelpunkt steht die Integration der Produktionsplanung und -steuerung (linker Ast des Y) mit den technischen Funktionen der Konstruktion und der Fertigung (rechter Ast des Y). Der integrierte Einsatz aller, mit der Produktion zusammenhängender Bereiche, insbesondere die Nutzung einer gemeinsamen Datenbank wird auch als CIM (= Computer Integrated Manufacturing) bezeichnet.

***Bild 3.14**: Y-Modell ([Sche98] S. 93)*

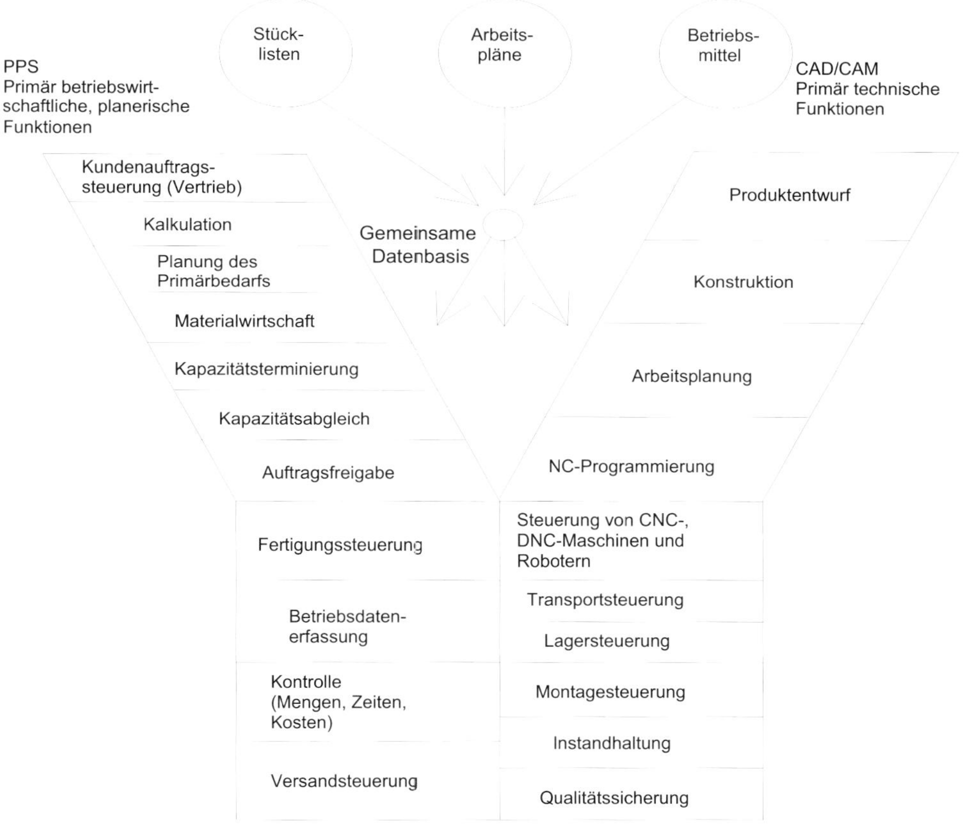

Bislang existiert kein Standardsoftware-Produkt, welches sämtliche Funktionen des Y unterstützt. In der Unternehmenspraxis müssen daher immer verschiedene Teilsysteme, die auf unterschiedlichen Rechnern laufen und von unterschiedlichen Software-Herstellern stammen über Schnittstellen miteinander verbunden werden.

Architektur für Handelsunternehmen

Handelsunternehmen beschäftigen sich in erster Linie mit dem Beschaffen, Lagern und Verkaufen von Waren. Softwaresysteme, die diese drei wichtigen Funktionen im Handel unterstützen, werden als "*Warenwirtschaftssysteme*" bezeichnet. Im *Handels-H*, dem einprägsamen Architekturmodell für Handelsunternehmen (vgl. Bild 3.15), steht das Warenwirtschaftssystem folglich auch im Mittelpunkt (das "H").

Bild 3.15:
Architektur für Handelsunternehmen (vgl. [BeSc96] S. 11)

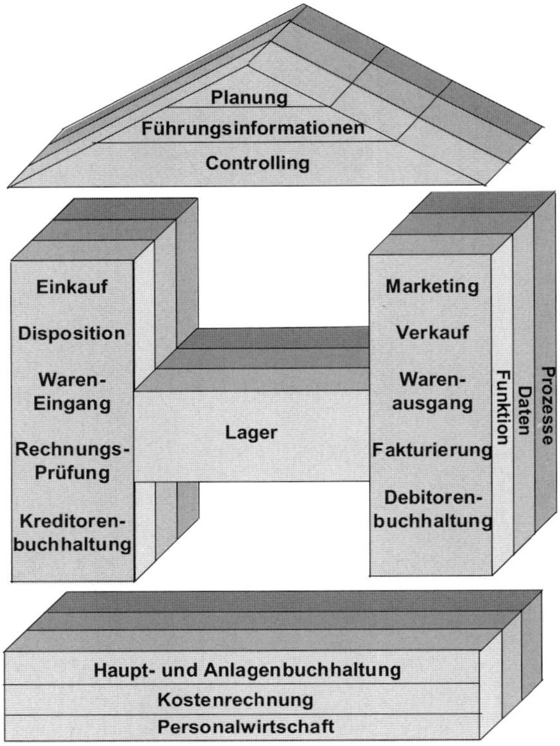

Außerdem werden in dem Handels-H branchenunabhängige Teile abgebildet: unten die operativen Systeme des Rechnungs- und Personalwesens, oben die Komponenten zur Management-unterstützung (Planung, Controlling, Führungsinformationen). Ferner unterscheidet das Modell drei Sichten: Funktions-, Daten- und Prozesssicht. Innerhalb der Funktionssicht erfolgt die detaillierte Beschreibung der einzelnen Aufgaben, die mittels Software unterstützt werden sollen. In der Datensicht werden die benötigten Datenelemente definiert und die Prozesssicht beschreibt den Ablauf der einzelnen Geschäftsprozesse. Die drei Sichten werden zum Zwecke der Abstraktion und Konstruktion eines Software-Systems unterschieden, sie hängen in der Unternehmenspraxis eng zusammen.

Bewertung von Branchen-architekturen

Die beiden hier vorgestellten Branchenarchitekturen sind einprägsame Modelle, die einen Überblick geben über die in den Branchen typischen Gestaltungsprobleme bei der Entwicklung bzw. Implementierung von Software. Allerdings befinden sich die Architekturvorschläge auf einem sehr abstrakten Niveau und betonen die Notwendigkeit der Integration mit Schwerpunkt auf Funktionen und Daten. Für einen praktischen Einsatz müssen diese Modelle noch verfeinert werden. In anderen Branchen existieren vergleichbare Architekturen, auf die wir an dieser Stellen nicht näher eingehen können.

3.5 Software-Qualität

3.5.1 Qualitätsmerkmale von Software

Software hat häufig den Ruf, nicht besonders zuverlässig zu sein. Besonders in der ersten Zeit des Praxiseinsatzes können Fehler auftreten, die dann kurzfristig behoben werden müssen. Auf der anderen Seite sind die Unternehmen auf funktionsfähige Software angewiesen. Die Qualität von Software ist daher eine zentrale Forderung der Anwender.

Beispiel

Softwarefehler verursachte Ärger und Mehraufwand

Die Agentur für Arbeit nutzt das System A2LL zur Berechnung von Leistungen für Hartz-IV-Empfänger. Die Software scheiterte in der Vergangenheit häufig an der monatlichen Berechnung von Zuschlägen für Langzeitarbeitslose. Aufgefallen war der Fehler, als die Arbeitsagentur eine neue Version von A2LL testete. Wenn Jobsuchende nach längerer Erwerbslosigkeit vom Arbeitslosengeld I in das Arbeitslosengeld II wechseln, erhalten sie 2 Jahre lang einen Zuschlag, im ersten Jahr in Höhe von maximal 160 □, im zweiten Jahr maximal 80 □ Falls der Wechsel zwischen den Leistungen nicht zufällig am Monatsersten stattfand, trat ein Fehler bei der Berechnung des Zuschlags auf. Aufgrund dieser fehlerhaften Programmfunktion mussten die Mitarbeiter der Arbeitsagentur die Zuschläge mit großem Aufwand in einer Excel-Tabelle errechnen. Der Zuschlag wurde an ca. 240.000 Haushalte gezahlt ([Schm07] S. 12).

Software-Qualität

Qualität ist die Gesamtheit von Eigenschaften einer Software, die dazu geeignet sind, festgelegte Anforderungen zu erfüllen. Software-Qualität kann einerseits während des Prozesses der Entwicklung und andererseits anhand der Güte des Endprodukts sichergestellt werden.

Beim Kauf von Standardsoftware kann die Software-Qualität vor dem endgültigen Vertragsabschluss getestet werden. Die Software-*Qualität* wird nach der ISO 9126-Norm anhand unterschiedlicher Merkmale bestimmt (vgl. Bild 3.16).

***Bild 3.16**: Qualitätsmerkmale für Standardsoftware*

Qualitätsmerkmal	Kurzbeschreibung
Funktionalität	Entspricht die Software den betriebswirtschaftlichen Anforderungen des Anwenders?
Zuverlässigkeit	Kann die Software weitgehend fehlerfrei und stabil genutzt werden?

Qualitätsmerkmal	Kurzbeschreibung
Benutzerfreundlichkeit	Ist die Software einfach zu erlernen und zu bedienen?
Effizienz	Welches zeitliche Verhalten (Antwortzeitverhalten im Dialogbetrieb bzw. Laufzeit im Stapelbetrieb) weist die Software auf? Wie hoch ist der Ressourcenverbrauch der Software?
Übertragbarkeit	Kann die Software in andere Systemsoftware-Umgebungen (andere Hardware/ Netzwerke) übertragen werden?
Änderbarkeit	Kann die Software an neue Anforderungen angepasst werden?

Funktionalität

Die funktionalen Merkmale beziehen sich auf den jeweiligen betriebswirtschaftlichen Anwendungsbereich einer Software. (vgl. Bild 3.17):

***Bild 3.17**: Funktionale Merkmale (Beispiel)*

	Funktionsumfang		Funktionsqualität					
	vorhanden	nicht vorhanden	1	2	3	4	5	6
Kundenstamm								
Pflege Kundenstammdaten	X			X				
Verwaltung mehrerer Liefer-/ Empfänger-Adressen und Rechnungsanschriften	X				X			
Zugriff auf Kunden über Kunden-Nr.	X					X		
Artikelstamm								
Pflege von Artikelstammdaten	X		X					
...	X			X				

(1 = sehr gut, ... , 6 = sehr schlecht)

Der *Funktionsumfang* ergibt sich aus Anzahl und Art der von einem Programm abgedeckten Teilaufgaben. Die *Funktionsqualität* gibt Aufschluss über die Güte der Funktionserfüllung.

Die restlichen *Qualitätsmerkmale* sind *unabhängig* vom Anwendungsbereich einer Software.

Weitgehende *Fehlerfreiheit* und *Ausfallsicherheit* sind die entscheidenden Merkmale der *Zuverlässigkeit* eines Programms. *Fehlerfreie* Software (die es in der Realität nicht gibt!) liefert bei allen zulässigen Eingabekombinationen korrekte Ergebnisse. *Ausfallsicherheit* ist dann gegeben, wenn nach technischen Störungen, wie z. B. Stromausfall oder Rechnerabsturz, keine Daten verloren gehen oder falsche Ergebnisse erzeugt werden. Unter *Wiederherstellbarkeit* wird der Aufwand verstanden, der nach Auftreten eines Programm- bzw. Bedienfehlers erforderlich ist, um die Programmfunktionen wieder zu nutzen.

Zuverlässigkeit

Benutzerfreundlichkeit ist ein subjektives Qualitätsmerkmal. Hierzu zählt die *Erlernbarkeit*. Sie beschreibt den zeitlichen Aufwand sowie den erforderlichen Umfang an Schulung und Hilfestellung für den Endbenutzer bei der Einführung. Die *Bedienbarkeit* eines Programms sollte möglichst einfach sein. Einheitlicher Programmaufbau, schlüssige Menüstruktur sowie eindeutige grafische Symbole tragen hierzu bei. Die *Verständlichkeit* beschreibt, inwieweit einem Anwender Inhalt und Zweck der Software deutlich geworden sind. Ein Programm ist als verständlich zu bezeichnen, wenn der Benutzer die Arbeitsweise der einzelnen Software-Module weitgehend nachvollziehen kann.

Benutzerfreundlichkeit

Benutzerfreundlichkeit von Dialogprogrammen lässt sich anhand von sieben Kriterien zur Software-Ergonomie (DIN ISO Norm 9241-10) überprüfen (vgl. Bild 3.18).

Software-Ergonomie

Kriterium	Beschreibung
Aufgaben-angemessenheit	Unterstützt die Software den Benutzer bei der Erledigung seiner Arbeitsaufgaben, ohne ihn unnötig zu belasten? Hierzu gehört die einfache Bedienbarkeit, ohne überflüssige Eingaben des Benutzers.
Selbstbeschreibungs-fähigkeit	Ist jeder einzelne Dialogschritt durch Beschreibung oder Rückmeldung unmittelbar verständlich und erhält der Benutzer auf Verlangen vom System Erklärungen, die unmittelbar weiterhelfen?
Steuerbarkeit	Kann der Benutzer den Dialogablauf steuern, d.h. Ablauf, Richtung und Geschwindigkeit beeinflussen, bis das Ziel erreicht ist?
Erwartungskonformität	Entspricht der Dialog den Kenntnissen des Benutzers aus seinem Arbeitsgebiet, seiner Ausbildung und seinen Erfahrungen?
Fehlertoleranz	Kann trotz fehlerhafter Eingaben das beabsichtigte Arbeitsergebnis mit geringem bzw. ohne Korrekturaufwand des Benutzers erreicht werden?
Erlernbarkeit	Wird der Benutzer beim Erlernen des Anwendungsprogramms unterstützt?

***Bild 3.18**: Software-ergonomische Kriterien (vgl. [Dahm06] S. 133 ff.)*

Kriterium	Beschreibung
Individualisierbarkeit	Kann der Benutzer den Dialog an seine Arbeitsaufgabe sowie an seine individuellen Fähigkeiten und Vorlieben anpassen?

Effizienz

Kennzeichen *effizienter* Software sind geringer Speicherplatzbedarf (Speichereffizienz) und hohe Ausführungsgeschwindigkeit (Zeiteffizienz).

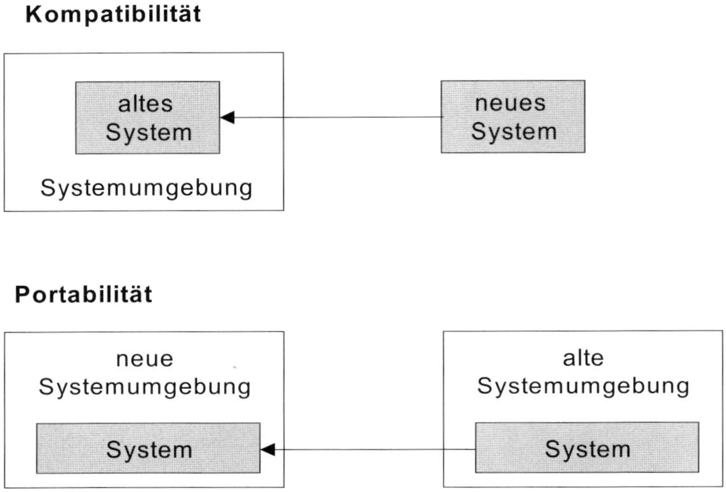

***Bild 3.19**: Kompatibilität und Portabilität*

Übertragbarkeit

Portabilität und *Kompatibilität* sind Merkmale der *Übertragbarkeit* von Standardsoftware auf unterschiedliche Hardware-Konfigurationen bzw. Betriebssysteme. Eine neue Software ist mit einer alten Software *kompatibel* (austauschbar), wenn das neue System ohne Veränderung der Systemumgebung (Betriebssystem, Netzwerk, Datenbank) eingesetzt werden kann. Eine Software ist *portabel* (übertragbar), wenn sie ohne Veränderungen von einer alten Systemumgebung in eine neue Systemumgebung übertragen werden kann (vgl. Bild 3.19).

Änderbarkeit

Änderbarkeit ist die Fähigkeit einer Software, sich an wechselnde Aufgabenkonstellationen innerhalb des Einsatzgebietes anzupassen. Hierzu zählt auch die Behebung von Fehlern mit möglichst geringem Aufwand (Wartbarkeit).

3.5.2 Anpassung von Standardsoftware

Die Anpassungsfähigkeit ist ein zentrales Qualitätsmerkmal von Standardanwendungssoftware. Meistens besteht keine vollständige Deckungsgleichheit zwischen den Anforderungen des Anwenders und dem standardmäßigen Leistungsumfang der Software. Die meisten Standardsoftware-Systeme verfügen daher über Möglichkeiten zur betriebsindividuellen Anpassung (*Customizing*) vor der Inbetriebnahme (vgl. Bild 3.20).

organisatorische Anpassung

Wenn die Anpassung von Standardsoftware nicht möglich ist oder mit sehr hohen Kosten und Risiken verbunden ist, bleibt den Anwendern oftmals nur die Möglichkeit, ihre Organisation und internen Abläufe an die Vorgaben der Software anzupassen (*organisatorische Anpassung*).

technische Anpassung

Im Regelfall sollte sich jedoch die Software an die Organisation anpassen lassen und nicht umgekehrt. Diese Anpassung wird als *technische Anpassung* bezeichnet.

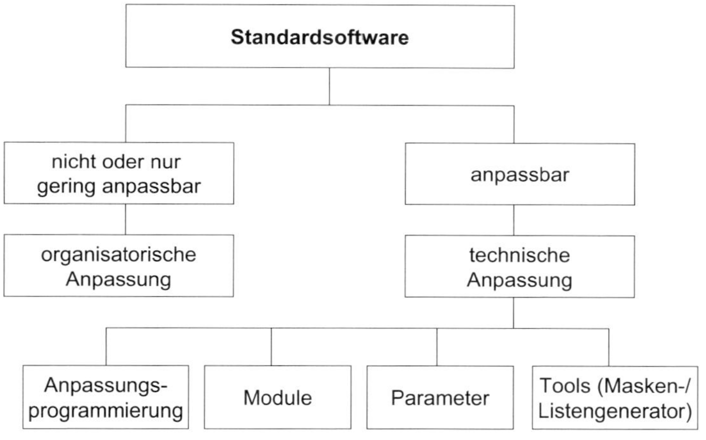

Bild 3.20: *Anpassungsmöglichkeiten von Standardsoftware*

Anpassungs-programmierung

Den größten Aufwand erfordert die Anpassung durch individuelle Programmierung. Allerdings lässt sich hierdurch auch eine maßgeschneiderte Lösung finden. Von großem Vorteil ist es, wenn diese Anpassungsprogramme im Unternehmen ohne fremde Hilfe entwickelt werden können.

Module

Wenn Standardsoftware *modular* aufgebaut ist, besteht die Möglichkeit, nach dem Baukastenprinzip eine Anwendungssoftware zusammenzustellen. Diese Möglichkeit wird auch als "Konfigurierung" bezeichnet. Voraussetzung hierfür ist, dass sich die isolierten Module auch leicht wieder zusammenfügen lassen. Bei modularer Software werden nur die tatsächlich erforderlichen Teilfunktionen erworben und genutzt. Die Konfigurierung erfolgt in folgenden Schritten ([StHa05] S. 298):

- Die gewünschten Programmfunktionen werden anhand eines Fragebogens entweder schriftlich oder per Bildschirm-Dialog bestimmt.
- Es folgen Prüfungen auf Logik und Hardware-Realisierbarkeit.
- Das gesamte Programm wird generiert.

Parameter

Parameter sind die Stellschrauben, mit denen die betriebsindividuelle Nutzbarmachung einer Standardsoftware ermöglicht wird. Die vom Anwender eingegebenen Parameter werden in Dateien bzw. Tabellen abgelegt und steuern den Programmablauf unmittelbar. Die Anwendungsprogramme lesen bei ihren Verarbeitungsschritten die Eintragungen in den Steuerungstabellen. Parameter müssen in den meisten Standardsoftware-Paketen vom Benutzer vor Inbetriebnahme der Software festgelegt werden.

Arten von Parametern

Bei den Parametereinstellungen unterscheiden wir:

- *Organisatorische Parameter* zur Festlegung der Aufbauorganisation eines Unternehmens, z. B. selbständig bilanzierende Einheiten im Rechnungswesen, Produktionsstätten, Lager, Vertriebsbereiche.
- *Verfahrensparameter* zur Festlegung von internen Abläufen, z. B. Gewährung von Rabatten, Berechnung von Provisionen.
- *Beschreibende Parameter*, mit denen Kalender, Sprachen, Maß- und Währungseinheiten festgelegt werden ([Görk01] S. 127).

Tools

Mit *Tools*, wie z. B. Masken- oder Listengenerator, wird die Benutzungsoberfläche an spezielle Anforderungen angepasst. Die Anwendung erfordert lediglich eine kurze Schulung.

3.6 Software-Industrie

Die Software-Industrie ist zwar noch eine relativ junge Branche, sie entwickelt sich jedoch sehr dynamisch. Ein Softwareunternehmen im engeren Sinne beschäftigt sich mit der Entwicklung von Standard- oder Individualsoftware. Aufgrund der zunehmenden Komplexität von Software-Lösungen stieg der Bedarf der Anwender nach Dienstleistungen wie Schulung und Beratung. Zugleich wird es für Unternehmen immer aufwändiger, die Software auf den eigenen Rechnern zu betreiben, d.h. eine kontinuierliche, stabile Verfügbarkeit zu garantieren. Aus diesen Gründen entstanden Beratungsunternehmen sowie IT-Dienstleistungsunternehmen, die im weiteren Sinne ebenfalls zu den Software-Unternehmen gezählt werden (vgl. Bild 3.21).

***Bild 3.21**: Klassifikation von Softwareunternehmen (vgl. [BuDH08] S. 7)*

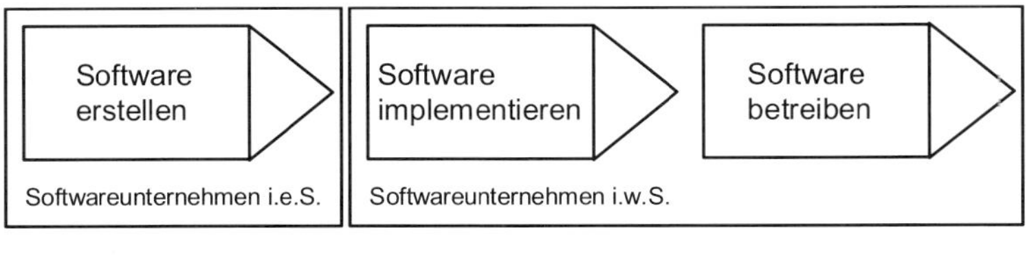

Software-Unternehmen entstanden durch Ideen und Visionen von einzelnen oder wenigen Gründern. Viele Unternehmen in diesem Bereich sind immer noch mittelständisch geprägt. Allerdings wachsen die großen Software-Unternehmen mittlerweile vor allem durch Übernahme von Konkurrenten oder Käufen von kleinen, technologisch führenden Softwarehäusern. Die Konzentration ist weltweit im Bereich ERP-Software aber auch bei Office-Software zu beobachten.

Die zehn umsatzstärksten Software-Unternehmen in Deutschland haben wir in Bild 3.22 zusammen gestellt.

	Unternehmen	Umsatz in Deutschland in Mio. Euro		Mitarbeiterzahl in Deutschland	
		2007	2006	2007	2006
1	Microsoft Deutschland GmbH Unterschleißheim	2.090,0	1.990,0	2.200,0	1.959,0
2	SAP AG Walldorf	2.004,0	1.907,0	14.749,0	14.214,0
3	Oracle Deutschland GmbH München	620,0	527,5	1.500,0	1.343,0
4	Datev eG Nürnberg	614,0	585,0	5.522,0	5.470,0
5	Infor Global Solutions München	210,0	180,0	1.400,0	1.200,0
6	Adobe Systems GmbH München	175,0	140,0	240,0	230,0
7	CA Deutschland GmbH Darmstadt	127,0	133,0	470,0	510,0
8	CompuGroup Holding AG Koblenz	126,4	115,1	938,0	764,0
9	Novell GmbH Düsseldorf	126,0	110,0	405,0	370,0
10	BMC Software GmbH Frankfurt am Main	110,0	99,5	168,0	148,0

***Bild 3.22**:* *Die größten Software-unternehmen in Deutschland (vgl. [Lüne08])*

3.7 Fragen und Aufgaben

1. Erklären Sie den Begriff *Software.*
2. Nennen Sie Beispiele für *Systemsoftware* und *Anwendungssoftware.*
3. Wie unterscheiden sich Wegwerf-Software, statische Software und evolutionäre Software
4. Welche Anforderungen ergeben sich aufgrund der Software-Ergonomie an "gute" Anwendungssoftware?
5. Wie erklären Sie die zunehmende Beliebtheit von Branchensoftware?
6. Anhand welcher Merkmale erkennt man Standardsoftware?

7. Welche Anpassungsmöglichkeiten gibt es beim Einsatz von Standardsoftware?
8. Erläutern Sie die wichtigsten *Qualitätsmerkmale* von betriebswirtschaftlicher Standardsoftware.
9. Ist Individualsoftware heute noch zeitgemäß? Stellen Sie Pro- und Contra-Argumente für *Standard- und Individualsoftware* gegenüber.
10. Wie erklären Sie sich den großen Erfolg von *Open Source Software* im Vergleich zu kommerzieller, lizenzpflichtiger Software?
11. Bewerten Sie einen Ihnen bekannten Online-Shop (z. B. "amazon.de" oder eine Jobbörse) daraufhin, ob die Kriterien der *Software-Ergonomie* erfüllt werden.
12. Welche Bedeutung hat die Aussage eines Software-Unternehmens: "Bei unserem Produkt handelt es sich um eine Beta-Version"?
13. Wie unterscheiden sich Portabilität und Kompatibilität?

3.8 Fallbeispiel

Die Stadtwerke AG setzt für unterschiedliche Bereiche Anwendungssoftware ein, beispielsweise für die Verwaltung von Kundenkontakten, die Durchführung der Abrechnung erbrachter Leistungen (Strom- und Wasserrechnungen) oder auch die unternehmensweite Kommunikation zwischen den Mitarbeitern sowie mit Kunden und Lieferanten (Bürokommunikation).

Dr. Mehrtens beauftragt Herrn Komel damit, eine Übersicht über die im Unternehmen eingesetzte Anwendungssoftware in Form einer grafischen Darstellung (Bild, Skizze) zu erstellen. Außerdem soll Herr Komel eine Software-Strategie für die nächsten 5 Jahre vorbereiten. Hierbei interessiert besonders, ob verstärkt auf Standard- oder Individualsoftware gesetzt werden soll und welche Bedeutung Open Source Software erlangen kann.

Aufgaben

1. Erstellen Sie bitte eine derartige Übersicht über die vorhandene Software bei der Stadtwerke AG.
2. Herr Komel schlägt spontan vor, im gesamten kaufmännischen Bereich ausschließlich Standardsoftware einzusetzen und zwar vor allem als quelloffene Lösungen. Dr. Mehrtens von diesen Vorschlägen überhaupt nicht begeistert. Welche Bedenken könnte er haben?

4 Datenübertragung und Rechnernetze

Sie lernen

Lernziele

- grundlegende Aspekte der Datenkommunikation kennen,
- welche Aufgaben Kommunikationsprotokolle haben,
- welche Netzinfrastruktur für die Datenübertragung existiert,
- wie ein Rechnerverbund aufgebaut werden kann,
- welche administrativen Aufgaben zum Betrieb von Netzwerken anfallen.

4.1 Einleitung

In einem kleinen Betrieb können die meisten betriebswirtschaftlichen Funktionen (Buchhaltung, Kostenrechnung, Fakturierung, Lagerbestandsführung, Personalabrechnung) im Wesentlichen von einem Mitarbeiter erledigt werden. Hier reicht dann ein *Einplatzsystem* (PC), auf dem die Aufgaben nacheinander durchgeführt werden. In einem Betrieb, in dem mehrere Mitarbeiter für unterschiedliche Aufgaben zuständig sind, wäre dieses eine System ein großer Engpass. Stellt man jedem Mitarbeiter einen eigenen PC zur Verfügung, auf dem er seine spezifischen Aufgaben abwickeln kann, so ist zwar paralleles Arbeiten möglich, aber eine Doppelerfassung von Daten und nicht übereinstimmende Datenzustände können nicht ausgeschlossen werden. Denn die Daten, die in einem Betrieb für die unterschiedlichen Aufgaben verwendet werden, sind jeweils nicht auf eine Aufgabe beschränkt. So werden z. B. Daten der Lohn- und Gehaltsabrechnung auch in der Buchhaltung und Kostenrechnung benötigt. Das Verfahren, Daten über einen Datenträger, z. B. einen USB-Stick, auf einen anderen Rechner zu übertragen, wobei evtl. noch Datenumformungen erforderlich sind, ist umständlich und gewährleistet nicht immer die nötige Aktualität der Daten.

Ein *Mehrplatzsystem* bestehend aus einem Rechner und mehreren angeschlossenen Bildschirmen, von denen aus gleichzeitig mehrere Programme bedient werden können, ist eine geeignete Lösung.

Eine weitere Lösung ist die Verwendung eines *lokalen Netzes*, durch das herkömmliche Einplatzrechner über Leitungen innerhalb eines begrenzten Raumes (z. B. in einem Bürogebäude, auf einem Betriebsgelände) verbunden sind. Die Arbeitsplätze haben somit Zugriff auf andere Rechner im Netz und die dort gespeicherten Daten.

Öffentliche Netze werden benötigt, um lokale Netze einzelner Institutionen und Unternehmen zu einem Rechnerfernnetz (Weitverkehrsnetz) zu verbinden. Von *Datenfernübertragung* (DFÜ) spricht man allgemein, wenn Daten über eine große Entfernung übertragen werden.

4.2 Grundbegriffe der Datenübertragung

Im einfachsten Fall besteht ein *Datenübertragungssystem* aus zwei Datenstationen, die zum Zweck der Datenübertragung miteinander durch ein Übertragungsmedium (ein Kommunikationsnetz) verbunden sind.

Aufbau einer Datenstation

Jede *Datenstation* besteht aus der *Datenendeinrichtung* (DEE) und der *Datenübertragungseinrichtung* (DÜE). Beide Einrichtungen sind über eine standardisierte Schnittstelle verbunden. Internationale Normen legen die physikalischen und funktionellen Eigenschaften der Schnittstelle fest. Wichtige Standards sind hier die Empfehlungen der ITU (International Telecommunication Union): Serie V für das analoge Telefonnetz und Serie X für digitale Datennetze.

Bild 4.1: *Datenübertragungssystem*

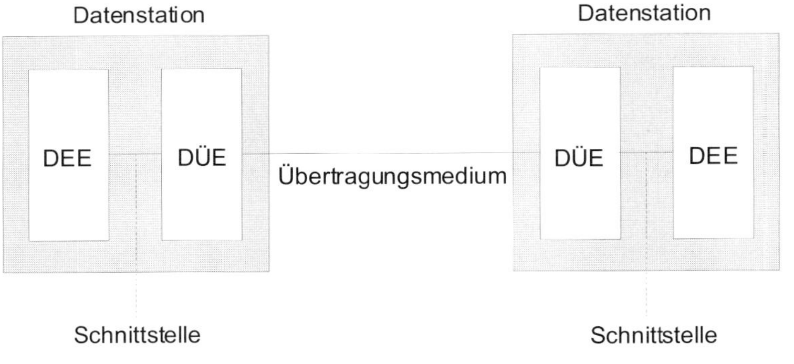

Datenendeinrichtungen eines Datenübertragungssystems können alle Geräte sein, die Informationen verarbeiten oder speichern können. Die Anschlusssteuerung (*Steuereinheit*) zum Verbindungsaufbau und -abbau sowie zur Behandlung von Übertragungsfehlern gehört gerätetechnisch zur Datenendeinrichtung. Mindestens eine der beiden Datenendeinrichtungen ist ein Rechner, die andere kann auch z. B. ein Monitor oder ein Drucker sein.

Die Kommunikation mehrerer Datenstationen (z. B. Bildschirm-Terminals, Datenkassen) am selben Ort mit einem entfernten Rechner kann über eine gemeinsame Steuereinheit abgewickelt werden. Auf der anderen Seite kann ein spezieller Rechner

(*Kommunikationsrechner*) als Steuereinheit eines zentralen Rechners alle ein- bzw. ausgehenden Datenströme zusammenfassen und die Datenübertragung gemeinsam steuern.

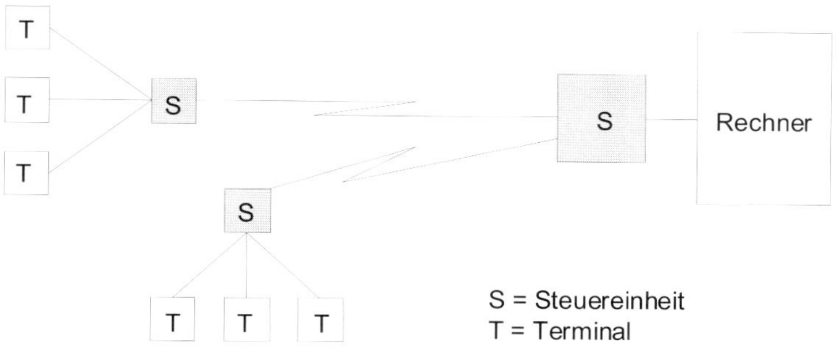

Bild 4.2: *Terminalnetz*

Die *Datenübertragungseinrichtung* stellt die Verbindung zwischen Datenstation und Übertragungsmedium her. Hauptaufgabe ist neben Kontroll- und Steuerfunktionen die Umwandlung der zu übertragenden Daten in eine für das Übertragungsmedium geeignete Form.

Beispiele:

- *Verbindung zweier beieinander stehender PCs über ein Kabel*: Hierfür ist keine Datenübertragungseinrichtung erforderlich. Die jeweiligen Schnittstellen des PCs werden mit dem Kabel verbunden. Die Anschlusssteuerungen der PCs übernehmen die Übertragung.
- *Verbindung zweier entfernter PCs über einen analogen Telefonanschluss*: Als Datenübertragungseinrichtung werden so genannte Modems benutzt, die zwischen PC und Telefonnetz eingebunden sind.

Bild 4.3: *Datenübertragung über einen analogen Telefonanschluss*

bitseriell / bitparallel

Zeichen werden entweder bitweise nacheinander über einen Kanal übertragen (*bitserielle Übertragung*) oder mehrere Bit (z. B. alle Bit eines Zeichens) werden gleichzeitig auf verschiedenen Kanälen transportiert (*bitparallele Übertragung*). Die bitparallele Übertragung ist schnell, stellt aber höhere Anforderungen an das Übertragungsmedium und das -verfahren. Bei größeren Entfernungen dominiert die bitserielle Übertragung. Oft werden Daten zu lokal angeschlossenen Peripheriegeräten (z. B. Druckern) bitparallel übertragen.

analog / digital

Bei der analogen Datenübertragung wird der Wert einer physikalischen Größe (z. B. Spannung) im zeitlichen Verlauf in Form elektrischer Schwingungen (*analoge Signale*) übertragen und ausgewertet. Diese Größe kann beliebig viele Werte zu jedem beliebigen Zeitintervall annehmen.

Um *digitale Signale* (Folge elektrischer Impulse, die 0 bzw. 1 entsprechen), wie sie in einem Rechner entstehen, über einen analogen Telefonanschluss zu übertragen, wird als Datenübertragungseinrichtung ein *Modem* (Kunstwort aus Modulator und Demodulator) genutzt. Ein Modem wandelt digitale Signale in analoge Signale um bzw. umgekehrt auf der Empfängerseite (siehe Bild n.3). Hierbei lassen sich Übertragungsraten von beispielsweise 56.000 Bit/s und durch Datenkompression noch höhere effektive Geschwindigkeiten erreichen.

Verfahren zur *Datenkompression* reduzieren Redundanzen bei der bitweisen Darstellung der Zeichen. Dazu werden die zu übertragenden Daten platzsparend beim Sender umcodiert (z. B. durch Zusammenfassung von sich wiederholenden Bit-Mustern) und beim Empfänger wieder decodiert.

Beim *digitalen Übertragungsverfahren*, wie es z. B. für die Datenübertragung über ISDN verwendet wird, werden elektrische bzw. optische Impulse, die die Bit 0 und 1 repräsentieren, direkt übertragen. Hier entfällt also der oben beschriebene Modulations- bzw. Demodulationsvorgang.

synchron / asynchron

Für die Datenübertragung müssen die sendende und empfangende Datenendeinrichtung zeitlich aufeinander abgestimmt sein, d.h. Sender und Empfänger müssen nach demselben Zeitraster, in dem die einzelnen Bit übertragen werden, arbeiten.

Bei der *asynchronen Übertragung* wird der Gleichlauf zwischen Sender und Empfänger nur für jeweils ein Zeichen hergestellt. Start- und Stoppsignal kennzeichnen den Anfang und das Ende eines Zeichens. Die Zeitabstände zwischen den übertragenen Zeichen können unterschiedlich lang sein.

Bei der *synchronen Übertragung* wird der Gleichlauf zwischen Sender und Empfänger für mehrere Zeichen hintereinander, die zu einem Übertragungsblock mit vorangehenden und abschließenden Steuer- bzw. Markierungszeichen zusammengefasst sind, hergestellt. Start- und Stoppsignale für jedes einzelne Zeichen entfallen. Die synchrone Übertragung ist damit schneller als die asynchrone Übertragung, aber auch aufwändiger, da z. B. Pufferspeicher in den Datenstationen notwendig sind.

simplex / halbduplex / vollduplex

An der Schnittstelle zwischen Datenend- und Datenübertragungseinrichtung wird die Übertragungsrichtung festgelegt. Beim Einwegbetrieb (simplex) kann die Übertragung nur in einer Richtung erfolgen, also entweder nur Sendebetrieb oder nur Empfangsbetrieb (Beispiel: Rundfunk, Fernsehen). Beim Wechselbetrieb (halbduplex) erfolgt die Übertragung abwechselnd in beiden Richtungen. Der Sender kann zum Empfänger werden und umgekehrt (Beispiel: Taxifunk). Beim Gegenbetrieb (vollduplex) ist eine gleichzeitige Übertragung in beiden Richtungen möglich (Beispiel: Telefonnetz).

Leitungs- / Paketvermittlung

Die Datenübertragung zwischen Datenstationen kann durch Leitungs- oder Paketvermittlung erfolgen. Bei der *Leitungsvermittlung* wird für die Dauer der Verbindung ein physischer Übertragungsweg zwischen zwei Datenstationen zur Verfügung gestellt, unabhängig davon, ob Daten übertragen werden oder nicht.

Bei der *Paketvermittlung* werden die zu übertragenden Daten in genormte Pakete zerlegt, die zusätzlich mit Adress- und Steuerinformationen versehen werden, und dann paketweise über möglicherweise verschiedene Vermittlungsstationen des Netzes, wo sie kurzfristig zwischengespeichert werden, an die Empfängerstation gesendet. Es besteht keine durchgängige physische Verbindung zwischen den Teilnehmern.

Vorteil der Leitungsvermittlung ist die verzögerungsfreie Übertragung. Nachteile sind die relativ langen Zeiten für den Verbindungsaufbau und die relativ schlechte Ausnutzung der zur Verfügung stehenden Übertragungskapazität.

4.3 Das OSI-Referenzmodell

Die Kommunikation zwischen Datenstationen in einem Datenübertragungssystem erfordert neben dem Vorhandensein der technischen Komponenten die Einhaltung bestimmter Regeln und die Beherrschung einer gemeinsamen Sprache.

Protokoll

Kommunikationsprotokolle sind Regeln und Vereinbarungen zur Kommunikation zwischen Systemen. Sie umfassen Festlegungen

- über den organisatorischen Ablauf der Datenübertragung,
- über den Aufbau, die Überwachung und den Abbau von Verbindungen und
- über die Struktur der auszutauschenden Daten.

Damit ein kooperatives Arbeiten und Kommunizieren miteinander verbundener Systeme möglich ist, müssen von der Anwendung bis zur Übertragung der einzelnen Bit über ein Übertragungsmedium verschiedene Dienste ausgeführt werden.

Vorteile eines Schichtenmodells

Es ist sinnvoll, eine solche komplexe Aufgabe in übersichtliche, weitgehend eigenständige Teilaufgaben aufzuteilen und deren Zusammenspiel festzulegen. Ein *Schichtenmodell* zerlegt das Gesamtproblem hierarchisch in einzelne aufeinander aufbauende Schichten. Jede Schicht löst eine bestimmte Aufgabe und stellt ihre Funktion als Dienst der über ihr gelegenen Schicht zur Verfügung.

Der Funktionsbereich eines einzelnen Protokolls entspricht in der Regel einer solchen Schicht. Sind mehrere Protokolle aufeinander abgestimmt und unterstützen insgesamt mehrere Schichten, spricht man von einem *Protokollstack*.

Analogiebeispiel

Zur Veranschaulichung dient das folgende Beispiel eines Drei-Schichten-Modells (Bild n.4):

Zwei Wissenschaftler, ein Japaner (W1) und ein Deutscher (W2), wollen sich über ein bestimmtes Thema austauschen. Da sie nur die jeweilige Landessprache beherrschen, engagiert jeder einen Übersetzer (Ü1, Ü2). Die Übersetzer engagieren je einen Techniker (T1, T2). Die Wissenschaftler bilden die dritte (oberste) Schicht, die Übersetzer die zweite und die Techniker die erste (unterste) Schicht.

W1 gibt nun eine Nachricht an die Schnittstelle zwischen Schicht 3 und 2. Ü1 übersetzt diese Nachricht in die mit Ü2 vereinbarte Sprache Englisch und gibt den englischen Text an die Schnittstelle zwischen Schicht 2 und Schicht 1. T1 sendet diesen Text per Telefax an T2. T2 gibt die Nachricht über die Schnittstelle zwischen Schicht 1 und 2 an Ü2 weiter. Ü2 übersetzt sie ins Deutsche und leitet den deutschen Text über die Schnittstelle zwischen Schicht 2 und 3 an W2 weiter.

Bild 4.4: *Beispiel einer Kommunikation in drei Schichten*

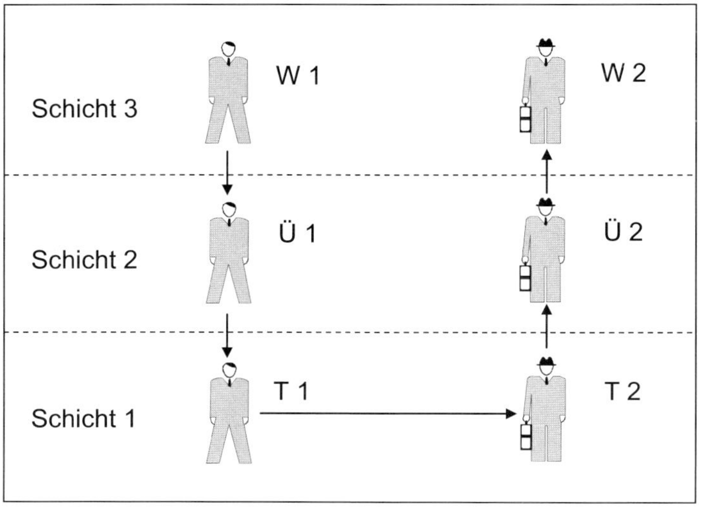

Das Beispiel verdeutlicht:

- Jeder Teilnehmer einer Schicht empfindet die Kommunikation als horizontal.
- Die tatsächliche Kommunikation verläuft mit Ausnahme der untersten Schicht vertikal.
- Jede Schicht stellt der darüber liegenden Schicht ihre Dienste zur Verfügung.
- Die drei schichtenspezifischen Kommunikationsprotokolle sind bis auf die definierten Schnittstellen unabhängig voneinander. Das Thema, über das die beiden Wissenschaftler diskutieren, ist für das Funktionieren der Kommunikation belanglos. Die Übersetzer können die gemeinsame Sprache, in die bzw. aus der übersetzt wird, wechseln. Die Techniker können andere Übertragungsverfahren wählen. Das Protokoll einer Schicht kann also gewechselt werden, ohne dass dies die anderen Schichten beeinflusst.

Die ISO (International Standardization Organization) hat 1983 das so genannte *OSI-Referenzmodell* (OSI = Open Systems Interconnection) für die Kommunikation offener Systeme veröffentlicht. Dieses Modell besteht aus *sieben Schichten* und beschreibt allgemein die wichtigsten funktionalen Eigenschaften der Kommunikation zwischen zwei Datenstationen. Das Modell macht keine Vorschriften für die Implementierung (WIE) einzelner Funktionen, sondern spezifiziert, welche Dienstleistungen (WAS) von Schicht zu Schicht über klar definierte Schnittstellen angeboten werden. Der besondere Wert eines solchen theoretischen Modells liegt in der allgemeingültigen, produktunabhängigen Beschreibung der Kommunikationsvorgänge, die es ermöglicht, viele Grundfunktionen einzuordnen.

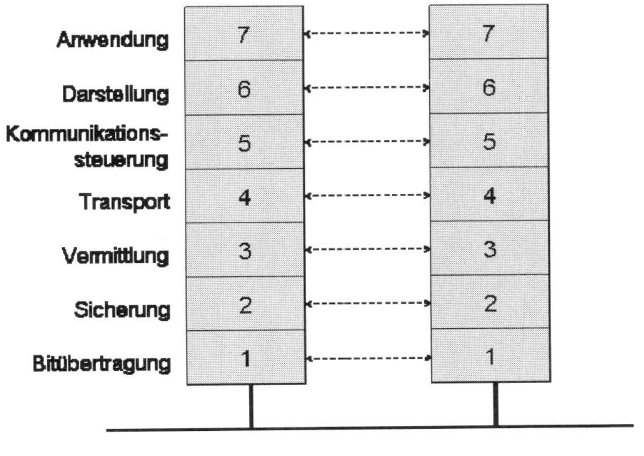

Bild 4.5: *OSI-Referenzmodell*

Daten, die von einer Datenstation zur anderen übertragen werden sollen, müssen von der obersten Schicht durch alle darunter liegenden Schichten hindurch gereicht werden. Die Schichten 1 bis 4 sind *transportorientiert*, die Schichten 5 bis 7 *anwendungsorientiert*.

Funktionen des OSI-Referenzmodells

Die Funktionen der einzelnen Schichten sind:

- *Schicht 7: Anwendung*
  Diese Schicht bildet das Bindeglied zur Anwendung. Einheitliche Vereinbarungen existieren für anwendungsspezifische Kommunikationsdienste wie Dateitransfer und Maildienst.
- *Schicht 6: Darstellung*
  Hier werden Ein- und Ausgabe von Daten überwacht, Codes für die Übertragung festgelegt, Verschlüsselung und Komprimierung von Daten durchgeführt und Bildschirm- und Druckerformate angepasst.
- *Schicht 5: Kommunikationssteuerung*
  Diese Schicht koordiniert die Aufnahme, Durchführung und Beendigung einer Kommunikationsbeziehung zwischen zwei Anwendungen. Hierzu gehören als Aufgaben u. a. der Auf- und Abbau von Sitzungen, das Aushandeln von Sitzungsparametern, die Benutzeridentifikation und die Aufrechterhaltung des Dialogs auch bei vorübergehendem Ausfall des Übertragungssystems.
- *Schicht 4: Transport*
  Diese Schicht ist das Bindeglied zwischen dem Transport- und dem Anwendungssystem. Sie stellt dem Anwendungssystem eine gesicherte Ende-zu-Ende-Verbindung zwischen Sender und Empfänger zur Verfügung, unabhängig von den Besonderheiten der Dienste in Schicht 1 bis 3 (Übertragungsmedien, Netzwerkstrukturen, Adressierungsarten). Weitere Funktionen sind: Adressierung von Anwendungsprozessen (z. B. mittels Portnummern), Aufteilung der zu sendenden Daten in Segmente, Zusammensetzung der Segmente beim Empfänger, Zuordnung von Reihefolgenummern zu den einzelnen zu sendenden Segmenten, Datenflusssteuerung.
- *Schicht 3: Vermittlung*
  Diese Schicht steuert die Datenübertragung zwischen nicht direkt miteinander verbundenen Datenstationen. Hauptaufgaben sind die eventuell aus technischen Gründen erforderliche Aufteilung der Datenpakete in kleinere Fragmente auf dem Abschnitt zur nächsten Zwischenstation, ggf. die Zusammensetzung der Fragmente in der nächsten Zwischenstation, die optimale Wegewahl durch ein Netz und die Identifizierung der Zwischenstationen mittels logischer Adressen.

- *Schicht 2: Sicherung*
  Diese Schicht hat die Aufgabe, das Verfahren für den Zugriff auf das Übertragungsmedium zu definieren, die Adressierung der Empfangssysteme über einheitliche Hardwareadressen zu regeln und Fehler bei der Übertragung der einzelnen Blöcke zu erkennen und zu beseitigen.
- *Schicht 1: Bitübertragung*
  Hier werden die elektrischen, mechanischen und funktionalen Parameter für die physische Verbindung und die bitweise Codierung festgelegt.

4.4 Telekommunikationsnetze

Die Leistungen eines für die Datenfernübertragung geeigneten Netzes werden vom Betreiber dieses Netzes in Form von Netzdiensten angeboten. Das nach verschiedenen Leistungsmerkmalen wie Entfernung, Nutzungszeit und Übertragungsrate differenzierte Angebot kann gegen Entgelt vom Benutzer in Anspruch genommen werden.

Im Zuge einer europaweiten Reform zur Liberalisierung der Telekommunikationsmärkte ist in Deutschland die Monopolstellung der Telekom schrittweise abgebaut worden. Datenübertragung und Sprachtelefondienst werden heute von vielen privaten Betreibern angeboten.

Die öffentlichen Netze für die Datenübertragung können in terrestrische Fernmeldenetze (*Festnetze*) und mobile Telekommunikations- und Satellitennetze (*Funknetze*) eingeteilt werden.

4.4.1 Festnetze

Zu den für die Datenübertragung geeigneten Festnetzen gehören das analoge Telefonnetz, das digitale Telefon- und Datennetz ISDN, das Paketvermittlungsnetz Datex-P, Festverbindungen in verschiedenen Varianten sowie Breitbandnetze mit hohen Übertragungsraten.

Die häufigste Verbindungsart sind *Wählverbindungen*, die im Gegensatz zu *Festverbindungen* (*Standleitungen*) bei Bedarf jedes Mal durch Anwählen einer Teilnehmernummer über Vermittlungseinrichtungen hergestellt werden müssen.

Telefonnetz

Das konventionelle *Telefonnetz* ist das größte und älteste der Festnetze. Es ist ein Wählnetz zur analogen Übertragung von Sprache und kann auch mit Hilfe von Modems zur gelegentlichen Übertragung von kleineren Datenmengen verwendet werden. Das Netz ist hierarchisch aufgebaut. Anrufe werden von Vermittlung zu Vermittlung (heute durchweg digital) weitergeschaltet.

Datex-P

Das 1982 eingeführte *Datex-P-Netz* ist ein digitales Wählnetz mit Paketvermittlung (gemäß ITU-Standard X.25). Je nach Ausstattung der angeschlossenen Endgeräte können Übertragungsraten von bis zu 1,92 MBit/s erreicht werden.

Da die Verbindungsgebühren im Wesentlichen nur von der Menge der übertragenen Daten abhängen, ist dieser Dienst besonders für nicht zeitkritische Dialoganwendungen geeignet.

Festverbindung

Eine *Festverbindung* (Standleitung) ist eine zwischen zwei Datenendeinrichtungen fest geschaltete digitale Verbindung. Solche Verbindungen (z. B. *Datendirektverbindungen DDV* und *Standardfestverbindungen* der Telekom) werden hauptsächlich dann genutzt, wenn immer der gleiche Teilnehmer erreicht werden soll und eine ständige Verfügbarkeit der Verbindung erforderlich ist.

ISDN

Ab 1989 wurde in Deutschland – wie in anderen westlichen Industriestaaten auch – schrittweise das Dienste integrierende Netz *ISDN* (Integrated Services Digital Network) eingeführt.

Es handelt sich um ein digitales Netz mit Leitungsvermittlung, bei dem Wähl- und Festverbindungen möglich sind. Im Bereich der Sprachkommunikation ermöglicht die eingesetzte Digitaltechnik neben einem schnellen Verbindungsaufbau und einer verbesserten Sprachqualität zahlreiche Zusatzfunktionen wie Rufnummernanzeige, Anklopfen bei belegten Kanälen, Konferenzschaltung und Anrufweiterleitung.

Der Teilnehmeranschluss kann auf zwei verschiedenen Arten erfolgen: Der *Basisanschluss* bietet zwei unabhängig voneinander nutzbare Kanäle (B-Kanäle) mit einer Übertragungsrate von je 64.000 Bit/s und einen Signalisierungskanal (D-Kanal) mit 16.000 Bit/s, der zum Austausch von Steuerungsinformationen (z. B. für den Auf- und Abbau von Verbindungen und die Synchronisation) dient. Von mehreren Endgeräten können jeweils zwei gleichzeitig betrieben werden (z. B. eine Sprechverbindung und gleichzeitiger Abruf von Informationen aus dem Internet). Die beiden Basiskanäle können auch zusammengeschaltet werden, um Daten mit einer Übertragungsrate von 128.000 Bit/s zu übertragen.

Der *Primärmultiplexanschluss* verfügt über 30 B-Kanäle mit je 64.000 Bit/s und einem D-Kanal mit 64.000 Bit/s. Ein solcher Anschluss wird vorwiegend für die Verbindung mit Rechnernetzen und den Anschluss von größeren Telekommunikationsanlagen benötigt.

TK-Anlage

Telekommunikationsanlagen (TK-Anlagen) verbinden das öffentliche Telefonnetz mit der unternehmenseigenen TK-Struktur, wobei die Dienste des ISDN *inhouse* genutzt werden. TK-Anlagen sind Vermittlungseinrichtungen auf privatem Gelände, an die mehrere Endeinrichtungen (Nebenstellen) angeschlossen sind. Obwohl TK-Anlagen ihren Ursprung und ihre Stärke in der Sprachkommunikation haben, können sie auch für die Übertragung kleinerer Datenmengen in nicht zeitkritischen Anwendungen genutzt werden. Möglich sind auch Kopplungen von lokalen Netzen und TK-Anlagen.

VoIP

Das IP-Protokoll, das grundlegend für die Datenübertragung im Internet ist (siehe Kapitel 5.2), kann auch für die Übertragung von Sprache (*VoIP* = *Voice over IP*) eingesetzt werden. Insbesondere in größeren Organisationen und Unternehmen können durch die Integration von Sprach-, Daten- und Videodiensten und die Vereinheitlichung der Betriebsfunktionen Synergieeffekte genutzt werden. Anstelle von zwei parallelen Kommunikationsnetzen muss nur noch *ein* IP-Netz verwaltet werden. Schnittstellen zu TK-Anlagen und öffentlichen Netzen existieren. Entscheidend für die Akzeptanz der IP-basierten Telefonie ist das "Echtzeitverhalten" bei der Übertragung von Sprache, d. h. Datenpaketverluste und Verzögerungszeiten müssen minimiert werden.

Der Anrufer wählt mit einem speziellen Internet-Telefon, einem herkömmlichen Telefon mit Adapter oder per Computer die Telefonnummer oder IP-Adresse eines Teilnehmers. Auch herkömmliche Telefonanschlüsse können über das Internet erreicht werden. In diesem Fall übergibt der Internet-Provider das Telefonat an einem bestimmten Punkt an eine Telefonfirma, die es gegen Gebühr an den Gesprächspartner im Festnetz weiterleitet (siehe Bild 4.6). Für die Übertragung im Internet selbst fallen keine Gesprächsgebühren an.

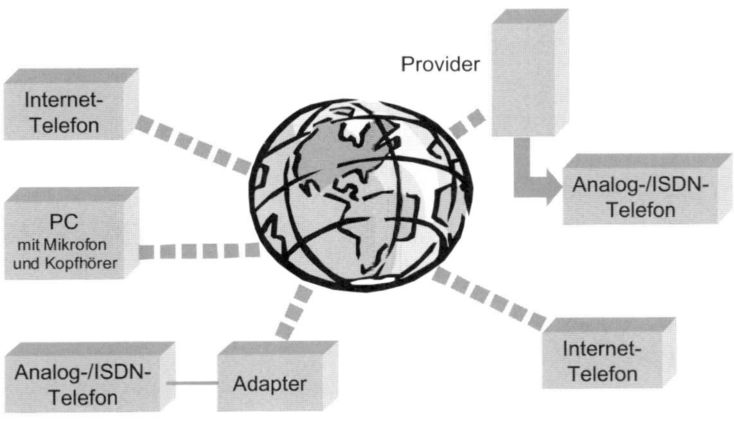

***Bild 4.6**: Anschlussmöglichkeiten für VoIP*

xDSL

Die digitale Übertragung von Daten kann mit relativ hoher Übertragungsrate auf normalen Kupfer-Telefonleitungen mit den Verfahren *xDSL* realisiert werden, wobei *DSL* für *Digital Subscriber Line* und *x* als Platzhalter für verschiedene Varianten dieser Technik steht. Mit *ADSL* (*Asymmetric Digital Subscriber Line*) können auf kurzen Entfernungen (z. B. vom Hausanschluss bis zum nächsten Vermittlungsknoten) Daten beispielsweise mit 768.000 Bit/s (*Upstream*) gesendet und mit ca. 8 Mbit/s (*Downstream*) empfangen werden. Die hohe Bandbreite erlaubt die gleichzeitige Übertragung von Telefongesprächen und Daten z. B. aus dem Internet.

4.4.2 Funknetze

Im Wettbewerb um Kunden, Aufträge und Marktanteile ist die schnelle und zuverlässige Reaktion auf Kundenwünsche und sich ändernde Marktsituationen lebenswichtig. Mobile Datenerfassung und mobile Kommunikation bieten die hierzu nötige Flexibilität.

Mobile Informationsverarbeitung

Die Bedeutung der *mobilen Informationsverarbeitung* beim Außendienst eines großen Unternehmens zeigt das folgende Fallbeispiel.

In der ersten Phase wurden alle Vertriebsbeauftragten mit Autotelefon ausgestattet, um die Erreichbarkeit zu erhöhen und hierdurch Zeit, z. B. bei Terminänderungen durch rechtzeitige Routenumstellung, einzusparen. Im nächsten Schritt wurde jeder Außendienstmitarbeiter mit Telefax zu Hause ausgerüstet, um ihn mit Formularen, aktuellen Gebührenblättern usw. zu versorgen. Danach wurde das Konzept um eine "drahtlose Auftragsabwicklung" ergänzt. Das *mobile Büro* eines Außendienstlers besteht aus einem tragbaren Rechner (Notebook), Modem, Drucker und Mobiltelefon. Alle für die Angebots- und Auftragserstellung relevanten Daten sind im Notebook vorhanden. Die Aktualität dieser Daten wird durch eine regelmäßige Übernahme aus dem Zentralrechner sichergestellt. Verträge bis zu einem gewissen Auftragswertlimit werden direkt beim Kunden rechtskräftig abgeschlossen und die Auftragsdaten zum Zentralrechner übertragen. Alles Weitere (z. B. Liefertermine) wird von der Zentrale aus koordiniert. Hierdurch konnte die Auftragsbearbeitung erheblich beschleunigt werden.

Mobilfunknetze

Als Erweiterung des Telefonnetzes wurden Mitte 1992 die digitalen *Mobilfunknetze D1* der Telekom und *D2* von Mannesmann (heute: Vodafone) in Betrieb genommen. Weitere Mobilfunknetze (z. B. E-Plus) sind eingeführt. Diese Netze lassen sich auch für den Austausch von kleinen Datenmengen nutzen.

GSM

Da terrestrische Funkverbindungen nur eine begrenzte Reichweite haben, ist die zu versorgende Fläche in Zellen aufgeteilt. Jede Zelle ist mit einer Vermittlungsstelle verbunden, die die Verbindung zu einem Festnetz herstellt. Die Übertragungsverfahren sind durch den Standard *GSM* (Global System for Mobile Communication), ergänzt durch die leistungsfähige Paketvermittlungstechnik *GPRS* (General Packet Radio System), geregelt, der durch den neuen Standard UMTS abgelöst werden soll.

UMTS (Universal Mobile Telecommunications System) ermöglicht mit Datenraten von bis zu 2 Mbit/s mobile Multimedia-Anwendungen: UMTS

- Audio- und Videotelefonie,
- Nachrichtendienste,
- World Wide Web Browsing,
- Bankdienste, E-Commerce.

4.5 Vernetzung von Arbeitsplätzen

Ein *lokales Netz* (Local Area Network, LAN) ist ein System, das eine Kommunikation mit hoher Übertragungsrate zwischen mehreren unabhängigen Rechnern und anderen Geräten auf relativ begrenztem geographischem Gebiet ermöglicht. Das Netz befindet sich vollständig im rechtlichen Entscheidungsbereich des Anwenders (z. B. ein einzelnes Unternehmen) und ist auf sein Grundstück bzw. Betriebsgelände beschränkt. Dort kann er die Übertragungswege ohne Lizenz selbst verlegen. LAN

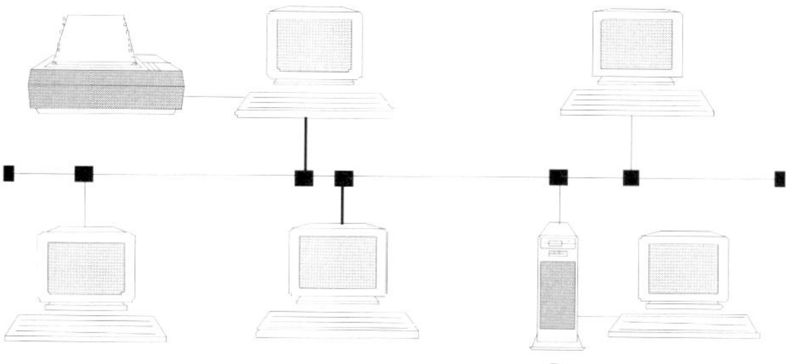

Bild 4.7: *Aufbau eines lokalen Netzes*

Im Gegensatz dazu sind in einem *Weitverkehrsnetz* (Wide Area Network, WAN) voneinander unabhängige Rechner und Peripheriegeräte über große Entfernungen miteinander verbunden. Typischerweise sind dabei verschiedene lokale Netze, die sich an entfernten Orten befinden, über öffentliche und private Netze verbunden. WAN

4.5.1 Nutzungsmöglichkeiten

Folgende Nutzungsmöglichkeiten lokaler Netze lassen sich unterscheiden. Die Anwendungsfälle werden durch einige Beispiele skizziert: *Anwendungsbeispiele*

- *Nutzung zentraler Ressourcen*
  Hauptvorteile für den Benutzer sind der einfache *Austausch von Daten* zwischen den Arbeitsplätzen, die *Nutzung von speziellen Geräten*, die nur einmal im Netz vorhanden sind (z.

B. Hochleistungsdrucker), vereinfachte Wartung und Pflege durch *zentrale Installation von Anwendungsprogrammen* auf einem dafür vorgesehenen Rechner im Netz sowie die Möglichkeit einer *zentralen Datensicherung*.

- *Aufbau eines Kommunikationssystems*
  Das Netz schafft die Möglichkeit, mit anderen Benutzern über *E-Mail* zu kommunizieren. Unterschiedliche Systeme, z. B. Unix-Systeme oder Großrechner, können so in ein PC-Netz eingebunden werden, dass der PC mit Hilfe spezieller Programme (*Terminalemulation*) als Bildschirm für diese Systeme genutzt werden kann.
- *Aufbau eines Mehrbenutzersystems*
  Das Netz erlaubt den Einsatz von *mehrbenutzerfähigen Anwendungsprogrammen* wie z. B. Datenbankverwaltungsprogrammen, die auf zentral gespeicherte Daten einer Datenbank auf einem im Netz ausgezeichneten Rechner zugreifen und die von mehreren Benutzern gleichzeitig bedient werden können.
- *Aufbau eines integrierten Systems*
  PCs im Netz werden als komfortable Benutzungsschnittstellen mit Zugriff auf zentrale Daten eines autonomen Datenbanksystems, das auf einem speziellen Rechner im Netz installiert ist, genutzt. Der Datenbankrechner (*Server*) bearbeitet die Datenanfrage selbstständig, ohne das Netz mit der Suche nach Daten zu belasten und sendet das Ergebnis der Anfrage an den jeweiligen PC (*Client*) zur Anzeige zurück (*Client-Server-Architektur*).

Verbundarten

Die Vorteile der verschiedenen Nutzungsmöglichkeiten der Vernetzung können wie folgt klassifiziert werden:

- *Geräteverbund*
  Verschiedene Peripheriegeräte, die nicht an allen Rechnern lokal angeschlossen sind (z. B. Drucker), können gemeinsam genutzt werden.
- *Datenverbund*
  Jeder Datenbestand kann unabhängig vom Ort seiner Speicherung im Netz einem Benutzer zugänglich gemacht werden. Beim gemeinsamen Zugriff auf gleiche Daten müssen die Datenverwaltungsprogramme (z. B. ein Datenbanksystem) dafür sorgen, dass die Korrektheit der Daten gesichert bleibt.
- *Funktionsverbund*
  Ein Benutzer kann Programmfunktionen, die auf einem anderen Rechner verfügbar sind, verwenden (z. B. Datenbankserver).

- *Kommunikationsverbund*
  Ein Benutzer kann mit allen anderen Benutzern der verbundenen Rechner Informationen austauschen (z. B. Austausch von Mitteilungen über E-Mail, Dateiübertragung).
- *Lastverbund*
  Datenverarbeitungsaufgaben werden je nach Auslastung und Ausstattung auf die verbundenen Rechner verteilt, um eine optimale Kapazitätsauslastung des Gesamtsystems zu erreichen. Z. B. kann ein kompletter Auftrag zur Stapelverarbeitung an einen zur Zeit nicht ausgelasteten Rechner übergeben werden.
- *Verfügbarkeitsverbund*
  Eine bestimmte Mindestleistung des Gesamtsystems bleibt erhalten, wenn einzelne Systemkomponenten ausfallen. Falls z. B. ein Datenbankrechner im Netz gestört ist, kann auf einen anderen Rechner umgeschaltet werden. Das erfordert natürlich ein gewisses Maß an Redundanz von Funktionen und Eigenschaften des Systems.

4.5.2 Geschichtliche Entwicklung

Vom Terminalnetz zum Corporate Network

Typisch für das Ende der 1960er Jahre waren so genannte *Terminalnetze*, bei denen viele einfache Bildschirme und sonstige Geräte wie Lochkartenleser und Drucker an einem räumlich entfernten leistungsstarken zentralen Rechner angeschlossen waren. Der Begriff *Datenfernverarbeitung* war damit eingeführt.

In den 1970er Jahren wurden erstmalig mehrere räumlich entfernte Rechner zu einem *hierarchisch strukturierten Rechnernetz* zusammengeschlossen, wobei bestimmte Rechner im Netz anderen untergeordnet waren. Solche Strukturen waren typisch für die Kommunikationsarchitekturen der Hersteller von Großrechnern. Auf dieser Basis wurde die unternehmensweite Datenverarbeitung mit den Geräten des jeweiligen Herstellers durchgeführt.

Anfang der 1980er Jahre wurde es möglich, vorwiegend kleinere Rechner (PCs, Unix-Systeme) innerhalb eines Geländes miteinander zu einem *lokalen Netz* zu verbinden. *Ethernet* wurde das erste marktreife LAN-System.

Mit der Verbreitung des PCs spaltete sich die Datenverarbeitung in zwei Welten: in die traditionelle Welt der Großrechner und in die Welt der vielen kleinen Rechner in der Eigenverantwortung des jeweiligen Benutzers [WeHa92]. In den 1990er Jahren wuchsen diese Welten wieder zusammen. PC-Netze werden mit Abteilungsrechnernetzen zu einem heterogenen, unternehmensweiten Netz (*Corporate Network*) unter Einbeziehung von Großrechnern zusammengeschlossen. Ein solches Netz bildet die Basis zur

Ausgestaltung der verteilten Datenverarbeitung nach dem *Client-Server-Modell* (siehe Kapitel 2.6).

4.6 Technische Grundlagen lokaler Netze

In kaum einem anderen Bereich der Datenverarbeitung ist der Fortschritt in der technischen Entwicklung so rasant wie in der Kommunikationstechnik. Die Möglichkeiten zur Verbindung von DV-Systemen werden immer vielfältiger, die Verbundstrukturen immer komplexer. Das vorliegende Kapitel beschreibt die wesentlichen Grundlagen, die zum Verständnis der Kommunikation in einem lokalen Netz nötig sind.

Lokale Netze unterscheiden sich

- im Übertragungsmedium,
- in der Übertragungsrate,
- in der Topologie,
- im Netzzugangsverfahren,
- in den eingesetzten Netzwerkbetriebssystemen.

Netzwerkbetriebssystem

Ein *Netzwerkbetriebssystem* wie z. B. Windows Server 2003 steuert und überwacht die Kommunikation und Zusammenarbeit der an ein Netz angeschlossenen Rechner.

Wesentliche Funktionen solcher Betriebssysteme sind:

- die Verwaltung von Benutzern und Betriebsmitteln,
- die Bereitstellung und Verwaltung von Rechten für die Benutzung von Betriebsmitteln (Festplatten, Verzeichnisse, Dateien, Drucker),
- Maßnahmen zur Datensicherung und gegen Datenverlust durch Hardwarefehler (z. B. redundante Speicherung von Daten auf zwei Festplatten),
- die Überwachung der Netzlast,
- die automatische Fehlerprotokollierung,
- die Diagnose und Behebung von Fehlern.

Datenübertragung im Netz

Grundvoraussetzung für den Datenaustausch zwischen Rechnern sind Kommunikationsprotokolle. Da an der Kommunikation im Allgemeinen Komponenten unterschiedlicher Hersteller beteiligt sind, kommt der Standardisierung der Vereinbarungen und der zugrunde liegenden technischen Verfahren eine große Bedeutung zu.

Für die Übertragung über eine Leitung werden die Daten, die als Bytefolge vorliegen, in Blöcke aufgeteilt, mit einer Zieladresse versehen, gegen technische Störungen gesichert und für das jeweilige Übertragungsmedium elektrisch codiert. Zur *Fehlererkennung und -behebung* werden die Datenblöcke, die eine festgelegte Größe haben, mit Kontrollinformationen versehen. Im Fehlerfall muss dann anstelle aller Daten nur der Block, der fehlerhaft war, erneut übertragen werden.

Der Steuerungsmechanismus, der die Sendeberechtigung der angeschlossenen Rechner regelt, wird als *Netzzugangsverfahren* bezeichnet. Die bisher angesprochenen Mechanismen werden meist von der Hardware des *Netzwerkadapters* (*Netzwerkkarte*), der die Verbindung des Rechners mit dem Netz herstellt, ausgeführt.

Für den Datenaustausch im Netz muss der Empfänger gezielt angesprochen werden können. Dazu benötigt jeder Rechner eine eindeutige *Adresse*. Diese Adresse ist in jedem zu übertragenden Datenblock zur Identifizierung des Empfängers enthalten. Darüber hinaus gibt es für jeden Rechner oberhalb der Geräteebene weitere, mehr anwendungsorientierte Adressen (z. B. Netzwerkadresse, Portnummer eines Server-Programms).

Zur weiteren Verarbeitung der übertragenen Datenblöcke sind Programme erforderlich, die die Daten vom Netzwerkadapter übernehmen, um sie letztlich z. B. in einer Datei des Betriebssystems zu speichern oder dem Benutzer am Bildschirm zu präsentieren.

4.6.1 Übertragungsmedien

Zwischen den Rechnern eines lokalen Netzes werden die Daten als digitale Signale über physikalische Leitungen oder per Funk drahtlos transportiert. Die verschiedenen geeigneten Übertragungsmedien unterliegen mehreren technischen Randbedingungen, die ihrerseits u. a. die Übertragungsrate, die geographische Ausdehnung und die Störempfindlichkeit beeinflussen.

Die *Übertragungsrate* wird bestimmt durch die Anzahl Bit, die in einer Sekunde durch das verwendete Medium übertragen werden können (Bit/s).

Medienarten

Zwei Medienarten können unterschieden werden:

- kabelgebundene Medien und
- kabellose Medien (terrestrischer Funk, Satellitenfunk, Infrarotverbindung, Laserverbindung).

Bild 4.8: Bewertung kabelgebundener Medien

	UTP	Koaxialkabel	Glasfaserkabel
Datenrate	niedrig bis mittel	mittel bis hoch	hoch bis sehr hoch
Störsicherheit	schlecht	gut	sehr gut
Abhörsicherheit	schlecht	gut	sehr gut
Materialkosten	sehr niedrig	mittel	hoch
Installations-aufwand	sehr niedrig	mittel	hoch

kabelgebundene Medien

Zu den kabelgebundenen Medien gehören:

- *Verdrilltes Kupferkabel (TP)*
  Das Kabel besteht aus mindestens vier verdrillten Kupferadern. Hier gibt es eine Vielzahl von Kabeltypen, die sich u. a. durch die Qualität der Abschirmung unterscheiden, z B. *ungeschirmte* (Unshielded Twisted Pair, UTP) und *geschirmte Kabeltypen* (Shielded Twisted Pair, STP).
- *Koaxialkabel*
  Das Kabel besteht aus einem Kupfer-Innenleiter mit einer Isolationsschicht und einem umschließenden Kupfergeflecht-Außenleiter.
- *Glasfaserkabel (Lichtwellenleiter)*
  Das Kabel ist aus einzelnen Glasfasern zusammengesetzt, in denen die Signale in Form von Lichtimpulsen übertragen werden.

Bild 4.8 gibt einen Überblick über wesentliche Unterschiede zwischen den einzelnen Übertragungsmedien.

drahtlose Übertragung

Im Gegensatz zum Mobilfunknetz (siehe Kapitel 4.4.2) kann sich der Benutzer bei einem *lokalen Funknetz* nur innerhalb eines bestimmten Bereichs bewegen. Beim Verlassen dieses Bereichs bricht die Verbindung ab.

Bekannte Standards für lokale Funknetze sind:

- *Bluetooth*
  Bluetooth wurde 1995 von der Firma Ericsson entwickelt und dient dazu, kurze Kabelverbindungen (10 bis 100 m) bei einer Übertragungsrate von ca. 2 MBit/s zu ersetzen.
- *Wireless LAN (WLAN)*
  Dieser Standard wurde unter der Bezeichnung IEEE 802.11 (IEEE = Institute of Electrical and Electronic Engineers) verabschiedet. WLAN hat sich inzwischen zum dominierenden Standard für lokale Funknetze bei im Vergleich zu Bluetooth höherer Reichweite und höherer Übertragungsrate entwickelt.

4.6.2 Netztopologien

Die *Topologie* eines Netzes bestimmt, wie die Rechner räumlich angeordnet und miteinander verbunden werden können. Für den Aufbau lokaler Netze sind die Grundformen *Bus*, *Ring* und *Stern* üblich.

Topologien

- *Bus*
  Alle Rechner sind an ein gemeinsames Übertragungsmedium angeschlossen. Ein Sendesignal erreicht alle angeschlossenen Rechner praktisch gleichzeitig. Der Ausfall eines Rechners hat keine Auswirkung auf die Funktionsfähigkeit des Netzes.
- *Ring*
  Jeder Rechner ist mit genau einem Vorgänger und genau einem Nachfolger direkt verbunden. Die Übertragung erfolgt in der vorgegebenen Senderichtung von einem Rechner zum nächsten. Der Ausfall eines Rechners führt zum Zusammenbruch des gesamten Netzes. Hier gibt es jedoch Abhilfe durch Überbrückungskabel oder sekundäre Ringleitungen.
- *Stern*
  Es gibt einen zentralen Rechner, an dem jeder andere Rechner direkt angeschlossen ist. Die Übertragung zwischen den Rechnern läuft stets über den zentralen Knoten. Der Ausfall eines Rechners betrifft die anderen nicht. Beim Ausfall des zentralen Knotens ist die gesamte Kommunikation im Netz unterbrochen.

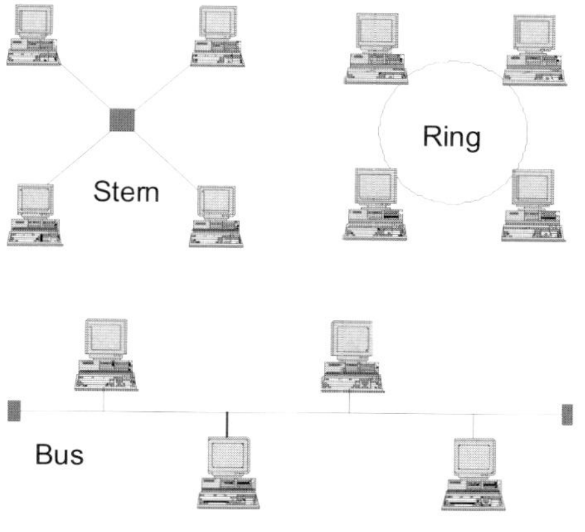

***Bild 4.9**: Grundtopologien lokaler Netze*

Es kann zwischen physischen und logischen Topologien unterschieden werden. Die *physische Topologie* beschreibt die Art der Kabelführung. Die *logische Topologie* beschreibt den Datenfluss zwischen den angeschlossenen Geräten. Die logische Topologie eines Netzes kann von ihrer physischen Topologie abweichen. So kann beispielsweise ein Netz physisch als Stern aufgebaut sein, logisch aber eine Bustpologie abbilden, da der Datenfluss von einem Endgerät gleichzeitig zu allen anderen erfolgt.

4.6.3 Netzzugangsverfahren

Um Kollisionen, die beim gleichzeitigen Senden von Daten durch mehrere Rechner entstehen können, zu verhindern, steuern Verfahren den Netzzugang und entscheiden, wer wann senden darf. Netzzugangsverfahren betreffen die beiden untersten Schichten des OSI-Referenzmodells.

Für lokale Netze können zwei "klassische" Verfahren unterschieden werden:

- *CSMA/CD* (Carrier Sense Multiple Access with Collision Detection)
  Dieses Verfahren ist für Busnetze geeignet. Jeder sendewillige Rechner überprüft vorher, ob der Bus frei ist. Auch während der Übertragung wird ständig überprüft, ob es zu einer Kollision durch gleichzeitige Sendeversuche anderer Rechner gekommen ist. Bei einer Kollision stellen die betroffenen Rechner den Sendebetrieb ein und beginnen nach einer Zeitspanne mit zufälliger Dauer einen neuen Sendeversuch.

  Das Verfahren CSMA/CD ist unter IEEE 802.3 standardisiert.

  Bei stark belastetem Netz treten Kollisionen vermehrt auf, so dass die Übertragungszeit nicht vorhersehbar ist. Aus diesem Grund ist CSMA/CD für die Echtzeitverarbeitung, bei der es auf fest vorgegebene Antwortzeiten ankommt, weniger geeignet.

- *Token Passing*
  Dieses Verfahren ist auf Ringnetze zugeschnitten. Ein bestimmtes Bitmuster (Token) kreist im Ring von Rechner zu Rechner. Das Token kann zwei Zustände haben: "frei" oder "belegt". Will ein Rechner, der ein als frei gekennzeichnetes Token empfängt, senden, ändert er das Frei-Token in ein Belegt-Token, hängt die zu versendenden Daten mit Quell- und Zieladresse an und gibt dieses dann weiter. Der Empfänger kopiert die Daten und gibt die Sendung an seinen Nachfolger im Ring weiter. Erst wenn die Daten wieder beim Sender angekommen sind, wird das Token freigegeben und an die nächste Station weitergeleitet.

  Das Token-Passing-Verfahren wurde in der IEEE 802.5-Empfehlung standardisiert.

  Kollisionen werden von vornherein vermieden. Das Verfahren bewirkt eine determinierte maximale Übertragungszeit, da ein Rechner höchstens nur solange warten muss, bis alle anderen Rechner im Netz eine komplette Nachricht übertragen haben.

Token Passing kann auch in Busnetzen eingesetzt werden (IEEE 802.4). Ein "logischer Ring" wird dadurch nachgebildet, dass jeder Rechner die Adresse eines "logischen" Vorgängers und Nachfolgers erhält.

Ethernet

Das von den Firmen DEC, Intel und Xerox erstmals 1980 angebotene Produkt *Ethernet* setzt CSMA/CD ein. Zum Aufbau des Busnetzes können heute verschiedene Kabelarten verwendet werden: Koaxialkabel, verdrillte Kupferkabel und Glasfaserkabel.

Ethernet erlaubt gemäß IEEE 802.3 eine Übertragungsrate von 10 MBit/s.

Die Kabelarten unterscheiden sich u. a. auch in der maximal zulässigen Länge. Um größere Distanzen zu überbrücken, müssen spezielle Kopplungseinheiten eingesetzt werden.

Weiterentwicklungen dieses Konzepts sind:

- *Fast Ethernet* (1995) mit einer Übertragungsrate von 100 Mbit/s,
- *Gigabit Ethernet* (1998),
- *10 Gigabit Ethernet* (1999).

Token Ring

Token-Ring-Produkte, die als Netzzugangsverfahren Token Passing einsetzen, wurden in den 70er Jahren von IBM entwickelt. Die *IBM-Token-Ring-Produkte* arbeiten mit Übertragungsraten von bis zu 16 MBit/s und nutzen vorwiegend STP-Kupferkabel.

Daneben existieren noch weitere Verfahren, die für Hochgeschwindigkeitsnetze (z. B. zum Zusammenschluss mehrerer lokaler Netze zu einem unternehmensweiten Netz) geeignet sind: *FDDI* (Fiber Distributed Data Interface), *ATM* (Asynchronous Transfer Mode).

In den letzten Jahren haben die Ethernet-Varianten den Token Ring im Bereich der lokalen Netze fast vollständig verdrängt.

4.7 Kopplung von lokalen Netzen

Die Organisationseinheiten eines Unternehmens sind oft räumlich so verteilt, dass die Verkabelung mit nur einem lokalen Netz nicht günstig oder, weil größere Entfernungen mittels öffentlicher Netze zu überbrücken sind, nicht möglich ist. Physikalische Grenzen eines lokalen Netzes sind auch erreicht, wenn die maximale Ausdehnung des Netzes oder die maximale Anzahl der möglichen Arbeitsplatzrechner überschritten wurde.

Aber auch innerhalb dieser physikalischen Grenzen bietet der Einsatz mehrerer verbundener lokaler Netze Vorteile. Das Gesamtnetz kann entlastet werden, wenn Daten mit Quelle und Ziel in demselben Teilnetz nicht durch die anderen Teilnetze transportiert werden, sondern in dem Teilnetz verbleiben, in dem der Sender sich befindet. Durch die Beschränkung der Datenübertragung auf Teilnetze verringert sich auch das Risiko des unberechtigten Zugriffs auf sicherheitsrelevante Informationen. Fehlerauswirkungen können begrenzt werden, da Fehler in Teilnetzen nicht zum Zusammenbruch des Gesamtnetzes führen. Kosten können dadurch reduziert werden, dass man ein Gesamtnetz anforderungsbezogen in Teilnetze untergliedert und überall dort kostengünstige Teilnetze mit geringerer Übertragungsrate und geringerer Ausfallsicherheit installiert, wo dies ausreicht und akzeptiert wird.

4.7.1 Kopplungseinheiten

Der Übergang von einem lokalen Netz zu einem anderen muss die speziellen physikalischen Eigenschaften eines Netzes und die Verschiedenheit der Protokolle (z. B. Datenformate, Netzzugangsverfahren) berücksichtigen. Je stärker sich die zu verbindenden Netze unterscheiden, desto vielfältiger sind die Aufgaben der Kopplungseinheiten. Sie lassen sich nach ihrer Funktion wie folgt unterscheiden:

- *Repeater und Hubs*
  Ein Repeater ist eine einfache Verstärkereinrichtung, die die durch Leitungswiderstand abgeschwächten Signale auffrischt und direkt weiterleitet. Die Netzwerktechnologien der zu verbindenden Netze müssen identisch sein. Repeater verbinden z. B. einzelne Segmente in Ethernet-Netzen. Sie arbeiten auf Schicht 1 des OSI-Referenzmodells. Die verbundenen Systeme müssen auf allen höheren Schichten identische Protokolle verwenden.

  Ein *Hub* ist ein Repeater mit mehr als zwei Ports (Buchsen). Hiermit können einfache Ethernet-LANs mit Sterntopologie und TP-Kabeln aufgebaut werden.

***Bild 4.10**:* *Verbindung über Repeater*

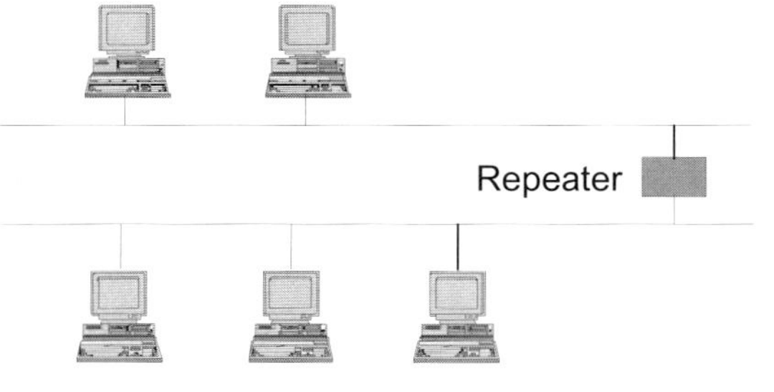

- *Bridge*
  Eine *Bridge* verbindet zwei gleichartige Netze, deren Übertragungsmedien und Zugangsverfahren unterschiedlich sein können. Eine Bridge kann die Weiterleitung fehlerhafter Pakete verhindern sowie Datenströme filtern. Hierzu ist die Zuordnung von Rechneradressen zu Teilnetzen in einer Tabelle gespeichert. Es werden nur die Datenpakete über die Bridge transportiert, die Rechner in anderen Teilnetzen adressieren. Auf diese Weise kann der Datenverkehr auf Teilnetze beschränkt werden. Eine Bridge verbindet Systeme auf Schicht 2 des OSI-Referenzmodells. Oberhalb dieser Schicht müssen die Protokolle beider Netze identisch sein.

  Wireless LAN Bridges zur Kopplung zweier Netzwerksegemente über eine Funkstrecke und *Remote Bridges* zur Verbindung zweier entfernter LANs über ISDN werden paarweise installiert.

- *Switch*
  Ein *Switch* ist ein "elektronischer Schalter", der wechselweise verschiedene Netzwerksegmente direkt miteinander verbindet. Für die angeschlossenen Segmente bzw. Rechner erfüllt er die Funktion einer Bridge. Im Vordergrund steht die Steigerung der Leistung durch Segmentierung eines lokalen Netzes ("network in the box"). Einzelne Netzwerksegmente oder auch einzelne Endgeräte können miteinander kommunizieren, ohne das restliche Netz zu belasten.

  Mit Hilfe von Switches kann ein LAN in mehrere *VLANs* (Virtual Local Area Network) eingeteilt werden, die dann von jeweils einer eigenen Arbeitsgruppe genutzt werden. Dabei wird ein Datenpaket von einem Switch nur innerhalb eines VLANs weitergeleitet.

- *Router*
  Ein Router arbeitet auf Schicht 3 des OSI-Referenzmodells. Er kann unterschiedliche Netztopologien und Netzzugangsverfahren (Schicht 1 und 2) miteinander verbinden. Im Unterschied zur Bridge ist er jedoch abhängig von dem Netzwerkprotokoll, das auf dem Netzzugangsverfahren aufsetzt. Die Hauptfunktion eines Routers ist die Ermittlung eines optimalen Weges vom Sender zum Empfänger, wobei mehrere Netze und WAN-Leitungen dazwischenliegen können. Zu diesem Zweck muss der Router die eingesetzten Netzwerkprotokolle "verstehen" können und mit anderen Routern kooperieren. Ein Datenpaket wird von Router zu Router anhand von Routing-Tabellen, die Informationen über Router sowie die Anzahl benötigter Zwischenstationen enthalten, solange weitergeleitet, bis es den Empfänger erreicht hat. Multiprotokoll-Router können Vermittlungsfunktionen auf der Basis mehre-

rer Netzwerkprotokolle übernehmen. Oberhalb der Schicht 3 müssen identische Protokolle verwendet werden.

- *Gateway*
  Ein Gateway ist in der Regel ein Rechner, der völlig unterschiedliche Netze verbinden kann. Er übernimmt die Umsetzung der Protokolle und die Codekonvertierung. Gateways werden nicht primär zur Strukturierung und Lastverteilung in einem Netz eingesetzt, sondern ermöglichen z. B. den Übergang von einem PC-Netz in ein anderes herstellerspezifisches Netz oder die Ankopplung an Großrechner.

4.7.2 Strukturierte Verkabelung

Die verschiedenen Übertragungsmedien unterscheiden sich u. a. durch Übertragungseigenschaften und Reichweiten. Um die geforderten Durchsatzraten und nötigen Antwortzeiten zu garantieren, müssen also die technischen Eigenschaften der Kabeltypen bei der Planung der Netzinfrastruktur berücksichtigt werden. Größere Netze werden hierarchisch strukturiert. Dabei wird die Verkabelung der Gebäude eines Betriebsgeländes in drei Bereiche unterteilt:

- *Primärbereich: Gebäudeverkabelung*
  Hierbei handelt es sich um die Verkabelung auf dem Betriebsgelände von Gebäude zu Gebäude. Wegen der guten Übertragungseigenschaften und der hohen Stör- und Abhörsicherheit kommen hier vorwiegend Glasfaserkabel in Frage.
- *Sekundärbereich: Gebäudeverkabelung*
  Innerhalb eines Gebäudes werden die verschiedenen Stockwerke mit Glasfaserkabel oder Kupferkabel (TP) verbunden. Die Verlegung erfolgt oft parallel zum Stromnetz.
- *Tertiärbereich: Etagenverkabelung*
  Die Endgeräte innerhalb einer Etage werden über Kupferkabel und Glasfaserkabel je nach LAN-Technologie und Übertragungsanforderungen verbunden.

Statt mehrere lokale Netze durch paarweise Kopplung zu einem Gesamtnetz auszudehnen, ist es günstiger, ein besonders schnelles Netz zu installieren, an das alle lokalen Netze direkt angeschlossen sind. Ein solches Rückgrat wird als *Backbone* bezeichnet.

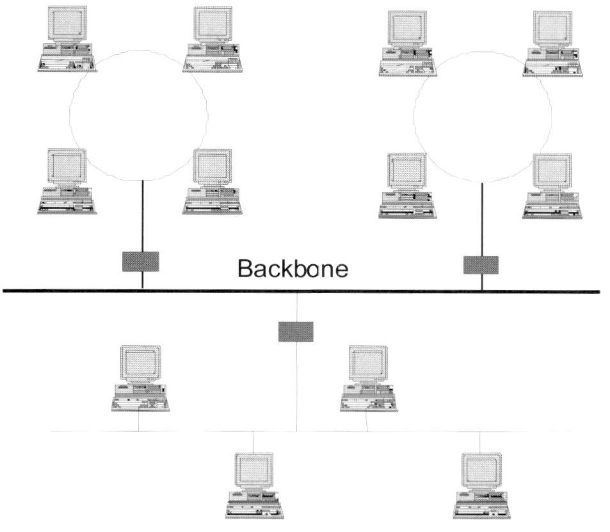

Bild 4.11: Kopplung lokaler Netze über ein Backbone-Netz

4.8 Netzmanagement

Alle Aufgaben, die sich mit der Konzeption, der Einführung und dem Betrieb eines Netzes befassen, bezeichnet man als *Netzmanagement*.

Neben technisch ausgerichteten Aufgaben stehen vor allem organisatorische Aufgaben im Vordergrund. Die Einführung eines lokalen Netzes oder der Ausbau und Zusammenschluss von lokalen Netzen zu einer unternehmensweiten Kommunikationsinfrastruktur erfordert die Berücksichtigung von vielen Einflussfaktoren wie z. B. die vorhandene technische Ausstattung, die gewachsenen Organisationsstrukturen eines Unternehmens, die persönlichen Kommunikationsbeziehungen und das Know-how der Mitarbeiter.

Aufgrund der Vielzahl und Komplexität der Aufgaben ist die Planung und Durchführung der Netzeinführung als Projekt von der Erstellung des Anforderungskatalogs bis zur Inbetriebnahme des Systems abzuwickeln.

Bei der Berechnung der Kosten müssen neben den Einmalkosten der Einführung auch die laufenden Betriebskosten berücksichtigt werden.

4.8.1 Schritte der Netzeinführung

Ist die Entscheidung für ein Netz (oder seinen Ausbau) nach einer Voruntersuchung gefallen, so kann die Planung und Realisierung in einzelne Phasen gegliedert werden:

- *Analyse der Anforderungen*
In einem Pflichtenheft, das auch zur Auswahl in der Angebotsphase benutzt werden kann, sind alle durch den Einsatz des Netzes erwarteten Funktionen aus der Sicht des Anwenders zu beschreiben. Zur Unterstützung dient ein Katalog von Fragen, z. B.: Welche Aufgaben sollen durch das Netz ermöglicht oder verbessert werden? Wo und wann fallen wie viele Daten in welcher Form zur Übertragung an? Wo und wann bzw. in welcher Zeit sollen welche Daten in welcher Form durch Übertragung zur Verfügung gestellt werden? Welche Entfernungen bestehen zwischen den beteiligten Arbeitsplatzrechnern? Welche Informationsarten (Daten, Texte, Grafiken, Bilder, Sprache) sind zu übertragen? Ist bei der Datenübertragung Dialogbetrieb erforderlich? Anhand der Antworten auf diese Fragen können technische Anforderungen an das Netz formuliert werden, z. B. erforderliche Verbindungen, Übertragungsraten, Ausfallsicherheit.

- *Erstellung eines Systemkonzepts*
Das Systemkonzept enthält Informationen u. a. über die räumliche Ausdehnung des Netzes, die Verkabelungsstrategie, die Anzahl und Funktion der angeschlossenen Arbeitsplätze, die Ausstattung der Server, die Sicherheitsmaßnahmen, die logische Struktur des Netzes, das Netzwerkbetriebssystem, die Verteilung von Daten und Anwendungsprogrammen im Netz und die Integration vorhandener Geräte.

- *Auswahl der Hardware und Software*
Hierzu sind technische Alternativen und Angebote unter Kosten- und Nutzengesichtspunkten zu vergleichen.

- *Installation des Netzes und der Software*
Zu klären ist, ob die Installation selbst oder von einem qualifizierten Fachmann durchgeführt werden soll. Werden vorhandene Arbeitsplätze vernetzt, so kann der laufende Betrieb im Unternehmen während der Installations- und anschließenden Testphase beeinträchtigt sein.

- *Test*
Schon während der Installation muss mit Tests begonnen werden. Um frühzeitig Fehler entdecken zu können, sollten die einzelnen Installationsschritte beginnend bei der Verkabelung mit Funktionstests abschließen.

- *Schulung*
Die Schulung der Mitarbeiter ist für einen produktiven Einsatz des Netzes sehr wichtig. Sie sollte schon früh mit der Vorstellung des Gesamtkonzepts beginnen und sich nicht nur auf die Einübung spezieller Kommandos am eigenen Arbeitsplatz beschränken.

- *Inbetriebnahme*
  Sind Tests und Mitarbeiterschulung erfolgreich abgeschlossen, kann das System in die Produktion übernommen werden. Spätestens hier beginnen die Aufgaben der Netzverwaltung und Benutzerbetreuung in der Betriebsphase.

4.8.2 Aufgaben der Betriebsphase

Im laufenden Betrieb müssen die Arbeitsabläufe und die Leistungsfähigkeit des Netzes ständig überwacht werden, Datensicherungen müssen durchgeführt werden, neue Arbeitsplätze und Zugangsberechtigungen für neue Benutzer sind einzurichten, Fehler müssen lokalisiert und behoben werden, Benutzer müssen beraten und geschult werden.

Systemmanagement

Die ISO (International Standardization Organization) definiert für das *Systemmanagement* fünf Funktionen:

- *Konfigurationsmanagement*
  Zentrale Überwachung aller Netzkomponenten; Änderung der Konfiguration; Anpassung an betriebliche Erfordernisse.
- *Fehlermanagement*
  Aufnahme, Diagnose und Beseitigung von Netzwerkfehlern; Fehlerprotokollierung.
- *Leistungsmanagement*
  Messung der Netzleistung (Antwortzeiten, Datendurchsatz); frühzeitiges Erkennen von Engpässen und möglichen Fehlerquellen; Tuning-Maßnahmen.
- *Abrechnungsmanagement*
  Erfassung der Nutzung von Netzdiensten; verursachungsgerechte Zuordnung und Abrechnung von bereitgestellten Leistungen.
- *Sicherheitsmanagement*
  Einleitung von Maßnahmen zur Sicherung des Systems vor Störeinflüssen und unberechtigtem Zugang (Passwortschutz, Verschlüsselung von Daten).

Insbesondere zur Fehlererkennung und Leistungsmessung werden zahlreiche Werkzeuge (Kabelmessgeräte, LAN-Monitore, LAN-Analyzer) angeboten.

Damit eine netzwerkfähige Software von mehreren Benutzern genutzt werden kann, muss eine *Netzlizenz* erworben werden. Weit verbreitet ist z. B. die Lizenzierung nach der Höchstzahl von gleichzeitig mit der Software arbeitenden Benutzern.

Das *Lizenzmanagement* für lokale Netze mit den Teilaufgaben Lizenzkontrolle, Analyse des Lizenzbedarfs und verursachungsgerechte Verteilung der Lizenzkosten ist ein weiterer Funktionsbereich des Systemmanagements.

Bei größeren Netzen werden die Aufgaben des Netzmanagements von Mitarbeitern mit entsprechenden Fachkenntnissen, so genannten *Netzwerkadministratoren*, wahrgenommen. Sie tragen die Verantwortung für den ordnungsgemäßen Betrieb des Netzes. Neben den oben genannten Funktionen übernehmen sie auch die Verwaltung von Benutzern und ihrer Zugriffsrechte sowie die Datensicherung.

Diese Mitarbeitergruppe kann durch weitere Mitarbeiter zum so genannten *Benutzer-Service* ergänzt werden. Der Benutzer-Service ist Ansprechpartner aller Benutzer im Netz. Er berät die Anwender bei Problemen, führt Einweisungen und Schulungen durch und erarbeitet Standards für Anwendungen im Netz, z. B. Namenskonventionen für die zentrale Ablage der Daten.

4.9 Fragen und Aufgaben

1. Geben Sie eine Übersicht über die Komponenten eines *Datenübertragungssystems*.
2. Erläutern Sie die Begriffe:

   a) *bitserielle* und *bitparallele* Übertragung,
   b) *analoge* und *digitale* Übertragung,
   c) *asynchrone* und *synchrone* Übertragung,
   d) *Einweg-*, *Wechsel-* und *Gegenbetrieb*,
   e) *Leitungs-* und *Paketvermittlung*.
3. Wozu dient ein *Modem*?
4. Worin besteht der Zweck eines *Schichtenmodells* für die Kommunikation?
5. Bilden Sie die Grundfunktionen eines Telefongesprächs auf die sieben Schichten des *OSI-Referenzmodells* ab.
6. Wie lange dauert die Übertragung von 50.000 Datensätzen zu je 80 Zeichen über einen ISDN-Basiskanal ohne Berücksichtigung von Protokolldaten?
7. Wodurch unterscheidet sich ein *lokales Netz* von einem *Rechnerfernnetz*?
8. Nennen Sie verschiedene Nutzungsmöglichkeiten (*Verbundarten*) lokaler Netze.
9. Was versteht man unter einem *Kommunikationsprotokoll*?
10. Nennen Sie verschiedene *kabelgebundene Übertragungsmedien*.
11. Was versteht man unter einer *Netztopologie*? Nennen Sie Beispiele.

12. Erläutern Sie die Funktionsweise des *CSMA/CD-Verfahrens.*
13. Warum kann die Unterteilung eines Netzes in mehrere einzelne Teilnetze Vorteile bieten?
14. Welche Gerätegrundformen werden zur Kopplung von lokalen Netzen verwendet?
15. Erläutern Sie die verschiedenen Prinzipien der *strukturierten Verkabelung* von Gebäuden eines Betriebsgeländes.
16. Wozu werden *Backbones* eingesetzt?
17. Nennen Sie die Hauptaufgaben des *Systemmanagements* bei Rechnernetzen.

4.10 Fallbeispiel

Im Gebiet der Stadtwerke AG soll eine neue Außenstelle vernetzt und an das unternehmensweite Netzwerk angebunden werden. Dazu erhält die IT und Organisation den Auftrag, eine Bestandsaufnahme mit darauf aufsetzender Ausführungsplanung zu erstellen.

Es sind 23 Büros mit strukturierter Verkabelung zu versorgen. Die Büros sind über zwei Etagen auf jeweils einem Flur verteilt und sind für zwei Arbeitsplätze ausgelegt. Die Arbeitsplätze sollen mit PC-Desktops und VoIP-Telefonen ausgestattet werden. Ferner soll in jedem Flur ein vernetzter Multifunktionsdrucker eingebunden werden. Sieben Arbeitsplätze sind mit grafischen Informationssystemen (GIS) auszustatten, wobei der Server im Rechenzentrum der Firmenzentrale steht und genutzt werden soll. Hier ist auf die besonderen Ressourcenanforderungen im Endgeräte- wie auch im Netzwerkbereich zu achten.

Es ist ein Technikraum mit der notwendigen Infrastruktur zu versehen. Alle Büros sollen so ausgestattet werden, dass keine nachträglichen Verkabelungen notwendig werden. Die Außenstelle soll redundant über den vorhandenen Backbone an die Firmenzentrale angebunden werden.

Das Unternehmen ist im Besitz eines eigenen Glasfaserkabelnetzes, wobei in unmittelbarer Nähe des neuen Standortes ein Kabel als Stich endet. Dieser kann zur Anbindung genutzt werden. Es sollte jedoch auch eine alternative Netzwerkverbindung eingeplant werden.

Die Netzwerkinfrastruktur soll den Standards im Unternehmen entsprechen und über eine Netzwerk-Authentifizierung sicher stellen, dass keine nicht autorisierten Benutzer auf die Netzwerkinfrastruktur zugreifen können (vgl. Kapitel 6.6). Ferner soll die Infrastruktur durch eine Mobility-Lösung sicherstellen, dass bei zu erwartenden häufig auftretenden Umzügen kein großer Aufwand entsteht.

Aufgaben

1. Stellen Sie Vor- und Nachteile verschiedener Ausprägungen der Vernetzung dar.
2. Stellen Sie die Konfiguration des Netzwerkes (Räume, Verkabelung, Endgeräte, Peripherie, Netzwerkkopplung) grafisch dar.
3. Welche Komponenten (Hardware und Software) werden zur Einrichtung des Netzwerkes benötigt?

5 Internet

Sie lernen

Lernziele

- die technischen Grundlagen des Internets kennen,
- welche Standarddienste im Internet angeboten werden,
- wie die Kommunikation zwischen Webbrowser und Webserver funktioniert,
- wie Webanwendungen realisiert werden können,
- wie die Kommunikation im Internet geschützt werden kann.

5.1 Einleitung

Das *Internet* ist heute ein weltumspannendes Rechnernetz, das aus einer Vielzahl großer internationaler und nationaler Teilnetze sowie lokaler Netze besteht ("Netz der Netze"), die alle das Kommunikationsprotokoll *TCP/IP* verwenden.

Das Internet ist aus dem 1969 vom US-Verteidigungsministerium initiierten und von Hochschulen und Forschungseinrichtungen entwickelten Rechnernetz ARPANET (Advanced Research Projects Agency Network) entstanden mit dem Ziel, heterogene Rechnersysteme bei dezentraler Steuerung auf der Basis einfacher Protokolle miteinander zu verbinden.

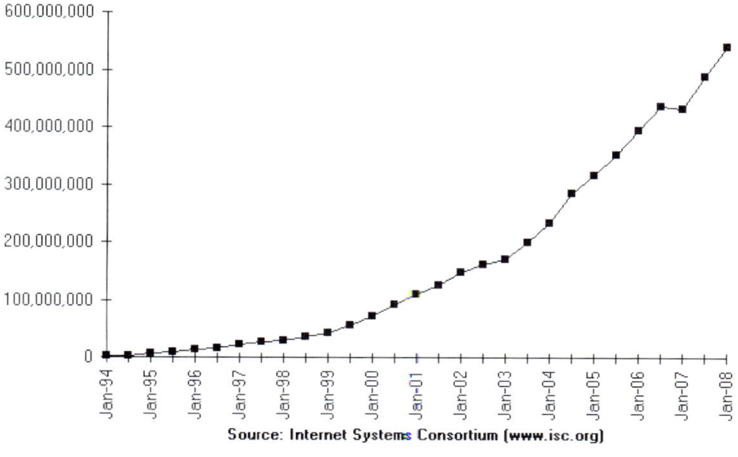

***Bild 5.1**: Wachstum des Internets [ISC08]*

Der Durchbruch des Internets für die Wirtschaft und die breite Öffentlichkeit ist auf die rasche Verbreitung von Anwendungen zurückzuführen, die durch die Entwicklung des *World Wide Web* (WWW) möglich geworden sind.

Bild 5.1 verdeutlicht das Wachstum des Internets. Januar 2008 gab es ca. 542 Mio. permanent angeschlossene Rechner (Hosts).

IETF RFC W3C

Das Standardisierungsgremium *IETF* (Internet Engineering Task Force) steuert und überwacht vor allem die Weiterentwicklung der im Internet verwendeten Protokolle. Entwurf und Veröffentlichung der Standards erfolgt in als *RFCs* (Request for Comment) bezeichneten Dokumenten im Internet. Die Weiterentwicklung des World Wide Web und der dort eingesetzten Verfahren und Sprachen wie z. B. HTML wird vom *World Wide Web Consortium* (W3C) koordiniert, in dem wichtige internationale Firmen und Organisationen vertreten sind (http://www.w3.org).

5.2 Technische Grundlagen

TCP/IP

TCP/IP (Transmission Control Protocol/Internet Protocol) bezeichnet eine Reihe von Netzwerkprotokollen, die die Kommunikation zwischen Rechnern ermöglichen.

Dieses Protokoll fand zunächst Verbreitung als Teil von Unix-Betriebssystemen und ist heute für alle relevanten Betriebssysteme verfügbar. TCP/IP ist das grundlegende Kommunikationsprotokoll im Internet.

Bild 5.2: *OSI und TCP/IP*

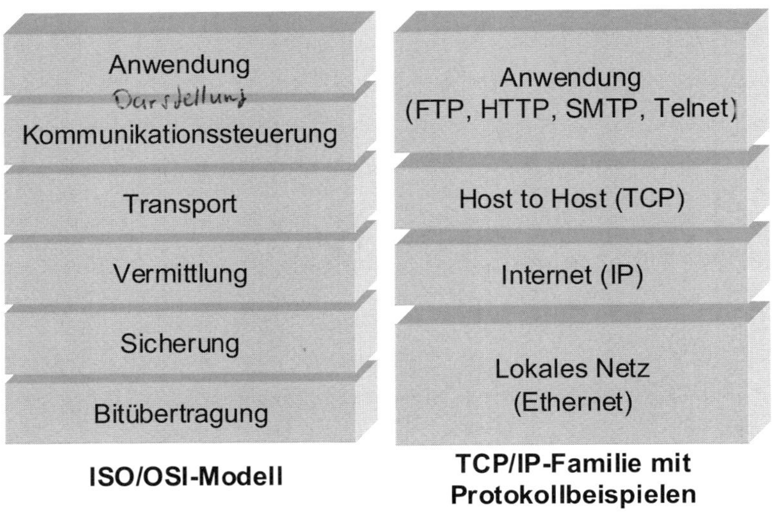

Im Vergleich zum OSI-Referenzmodell (Kapitel 4.3) besteht TCP/IP nur aus vier Schichten. Bild 5.2 stellt beide Schichtenmodelle gegenüber.

IP-Adresse

Das Internet-Protokoll IPv4 (IP Version 4) definiert die Struktur der weltweit eindeutigen numerischen Internet-Adressen (*IP-Adressen*), die Teilnetze und Rechner im Netz identifizieren, definiert den Aufbau der Internet-Pakete und regelt deren Weiterleitung (*Routing*).

Eine *IP-Adresse* in der zur Zeit noch vorherrschenden Version IPv4 besteht aus 32 Bit und wird durch eine Folge von vier Zahlen zwischen 0 und 255 dargestellt, z. B. 194.94.124.236.

Die IP-Adresse besteht aus einem *Netzwerkteil* und einem *Benutzerteil*. Die Menge aller IP-Adressen ist in Klassen eingeteilt. Die ersten Bit einer Adresse legen die Adressklasse fest. Die Klassen A, B und C unterscheiden sich in der unterschiedlichen Länge des Netzwerk- und des Benutzerteils.

Der Netzwerkteil dient der Identifikation des (lokalen) Netzes. Der darauf folgende Benutzerteil identifiziert ein Endgerät in diesem Netz.

Beispiel:

Die IP-Adresse 194.94.124.126 gehört zur Adressklasse C. 194.94.124 ist der Netzwerkteil, 126 identifiziert ein Endgerät in diesem Netz.

Die neue Version des zurzeit noch aktuellen IPv4-Protokolls ist IPv6. IPv6 hat diverse Vorteile im Vergleich zur Vorgängerversion. Hervorzuheben sind größere Adressfelder (128 Bit) und verbesserte Sicherheitsmechanismen (Authentifizierung und Verschlüsselung).

Zur besseren Handhabbarkeit werden die für die Kommunikation per TCP/IP notwendigen IP-Adressen durch symbolische Namen (*Domain-Namen*) dargestellt. Die Übersetzung des Domain-Namens in die IP-Adresse erfolgt durch *Name Server*. Das Adressierungssystem selbst heißt *Domain Name System* (DNS). Domain-Namen sind hierarchisch aufgebaut und werden mit steigender Stufe von links nach rechts geschrieben.

Beispiel: *www.hs-niederrhein.de*.
Hier handelt es sich um den Webserver der Hochschule Niederrhein mit "de" als *Top Level Domain* (de = Deutschland). IP-Adressen und Domain-Namen werden von der *ICANN* (Internet Corporation for Assigned Names and Numbers) verwaltet.

Neben den länderspezifischen Top Level Domains wie z. B. *de*, *uk* und *jp* existieren so genannte generische Top Level Domains wie z. B. *com*, *edu*, *gov*, *net*, *org*, *info* und *biz*.

Bild 5.3: Hierarchie der DNS-Adresse

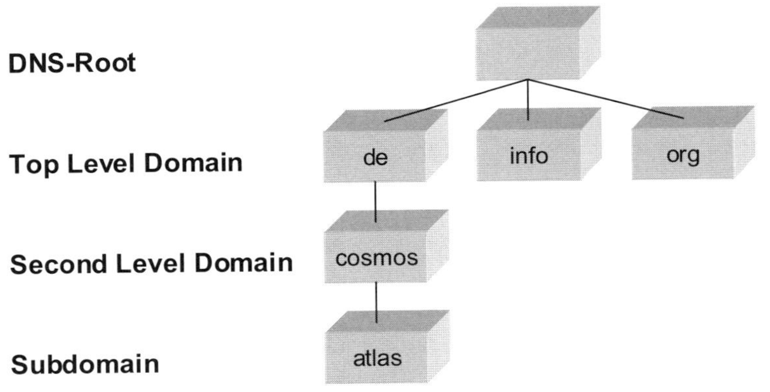

Bild 5.4 zeigt den Weg eines Datenpakets im Internet über verschiedene Stationen vom Netz der Hochschule bis zum Webserver des W3C (aufgezeichnet am 11.04.2008 um 17:40 Uhr mit dem Kommando *tracert* unter Windows).

Bild 5.4: Der Weg eines Datenpakets

```
Route-Verfolgung zu www.w3.org [128.30.52.54]:
  1   dfnhome.hs-niederrhein.de [194.94.120.13]
  2   gw1kr.hs-niederrhein.de [194.94.120.11]
  3   cisco3.hs-niederrhein.de [192.168.254.5]
  4   xr-dui1-ge9-3.x-win.dfn.de [188.1.44.65]
  5   xr-aac1-te1-1.x-win.dfn.de [188.1.145.26]
  6   dfn-gw.rt1.fra.de.geant2.net [62.40.124.34]
  7   dfn.rt1.fra.de.geant2.net [62.40.124.33]
  8   so-5-0-0.rt1.ams.nl.geant2.net [62.40.112.58]
  9   so-7-0-0.rt1.nyc.us.geant2.net [62.40.112.134]
 10   216.24.184.85
 11   216.24.184.102
 12   B24-RTR-2-BACKBONE-2.MIT.EDU [18.168.1.23]
 13   MITNET.TRANTOR.CSAIL.MIT.EDU [18.4.7.65]
 14   trantor.haven.csail.mit.edu [128.30.0.254]
 15   www.w3.org [128.30.52.54]
Route-Verfolgung beendet.
```

Für die Internet-Anbindung des Benutzers gibt es mehrere Alternativen. *Internet Service Provider* (ISP) unterhalten permanent ans Internet angeschlossene Rechner und bieten den Zugang zum Internet. Neben lokalen Anbietern handelt es sich hierbei um große Unternehmen, Online-Dienste (z. B. AOL und T-Online) und Hochschulen.

Zugang zum Internet

Ein einzelner PC kann über die Telefonleitung per Modem, ISDN oder xDSL die Verbindung zum ISP aufnehmen. Für die Dauer der Verbindung wird die IP-Adresse für den PC vom ISP dynamisch zugewiesen. Firmeneigene lokale Netze können auch über Festverbindungen an das Internet angeschlossen werden.

5.3 Wichtige Dienste im Internet

Die anwendungsnahen Dienste im Internet basieren auf standardisierten Protokollen, die zur Kommunikation zwischen Client und Server verwendet werden.

Mit dem Programm *Telnet* kann man sich bei einem Rechner im Internet mit Benutzerkennung und Passwort anmelden und dort auf Programme und Daten zugreifen und so arbeiten, als wäre der eigene Rechner als Terminal fest mit dem entfernten Rechner verbunden (*Terminalemulation*).

Terminalemulation Telnet

Mit *FTP* (File Transfer Protocol) können Dateien zwischen zwei Rechnern im Internet übertragen werden (Upload und Download). Einige FTP-Server im Internet erlauben den anonymen Zugang (ohne Passwort) zum Download von Dokumenten und Programmen.

Dateitransfer FTP

E-Mail über Internet ist eine der am weitesten verbreiteten Anwendungen. Die Vorteile der einfachen Handhabung, der Weiterverarbeitung ohne Medienbruch und des Transports multimedialer Anhänge erschließen ein weites Einsatzfeld. Der Transport im Internet erfolgt über das *Simple Mail Transfer Protocol* (SMTP). Die Protokolle *POP* (Post Office Protocol) und *IMAP* (Internet Message Access Protocol) regeln das Abrufen von E-Mails durch den Anwender.

E-Mail SMTP POP IMAP

Viele E-Mail-Clients bieten die Möglichkeit, in öffentlichen Verzeichnissen im Internet nach E-Mail-Adressen zu suchen. *LDAP* (Lightweight Directory Access Protocol) ist ein auf TCP/IP basierendes Protokoll, das den Zugriff auf *Verzeichnisdienste* für Suchabfragen und Änderung von Daten ermöglicht. Verzeichnis-

LDAP

dienste können für unterschiedliche Anwendungen eingesetzt werden. So basiert beispielsweise der *Active Directory Service* von Microsoft Windows Servern zur Verwaltung von Benutzern, Rechnern und diversen Netzwerkeigenschaften auf LDAP.

Diskussionsforen, News

Mit *News* ist ein öffentlicher Meinungsaustausch möglich. Die Diskussionsgruppen (*Newsgroups*) sind themenbezogen hierarchisch strukturiert. Mit Hilfe eines speziellen Programms (*Newsreader*) können Inhalte einer Newsgroup abgerufen und neue Beiträge erstellt werden. Der Dienst basiert auf dem *Network News Transfer Protocol* (NNTP).

World Wide Web, HTTP

Das World Wide Web ist neben E-Mail der am häufigsten benutzte Dienst im Internet. Das *Hypertext Transfer Protocol* (HTTP) definiert die grundlegende Funktionalität dieses Dienstes.

5.4 World Wide Web

Das *World Wide Web* (WWW) kann als verteiltes Informationssystem betrachtet werden.

Der Begriff wurde 1989 von Tim Berners-Lee am Kernforschungszentrum CERN in Genf geprägt. Hier wurde auch eine erste Version der Spezifikation des WWW (HTTP, HTML) entwickelt und 1991 freigegeben.

Zentrales Element ist das multimediale Dokument (*Webseite*), das verschiedene Medien wie Texte, Bilder, Audio- und Videodaten integriert und mit weiteren Dokumenten auch anderer Rechner im Internet über Querverweise (Links) verknüpft (*Hypertext-Prinzip*).

Webbrowser

Das WWW basiert auf dem Client-Server-Modell (siehe Kapitel 2.6). Die grafische Aufbereitung von Webseiten erfolgt auf der Client-Seite vorwiegend in so genannten *Webbrowsern*, die das Blättern und Navigieren durch die verknüpften Dokumente ermöglichen. Weit verbreitet sind die Browser *Microsoft Internet Explorer* und *Firefox*.

Bild 5.5 zeigt eine vom Browser dargestellte einfache Webseite, die Text, Bild und einen Link auf eine weitere Seite enthält.

Webserver

Webseiten (oder andere Ressourcen wie Bilder) werden auf Anfrage des Webbrowsers von einem speziellen Server-Programm, einem so genannten *Webserver* geliefert. Bekannte Produkte sind z. B. *Microsoft Internet Information Server* (IIS) für Windows und das Open-Source-Produkt *Apache Webserver* für verschiedene Plattformen.

Bild 5.5: *Eine Webseite im Browser*

HTTP

Die Kommunikation zwischen Webbrowser und Webserver wird durch das *Hypertext Transfer Protocol* (HTTP) geregelt.

Jede Webseite und jede andere Ressource wird über eine eindeutige Adresse in Form des *Uniform Resource Locator* (URL) identifiziert.

Beispiel: `http://www.pcshop.de/produkte/index.html`

Hier bezeichnet `http` das Übertragungsprotokoll. Dann folgen der Domain-Name des Webservers `www.pcshop.de`, der Verzeichnispfad `produkte` und schließlich der Dateiname `index.html` der Webseite.

Bild 5.6 zeigt beispielhaft die HTTP-Anfrage nach Eingabe des URL in der Adresszeile des Browsers sowie die zugehörige HTTP-Antwort des Webservers, die beide für den Benutzer verdeckt gesendet werden.

Die Antwort des Webservers enthält insbesondere den Code, der die gewünschte Webseite beschreibt: *<html> ... </html>*.

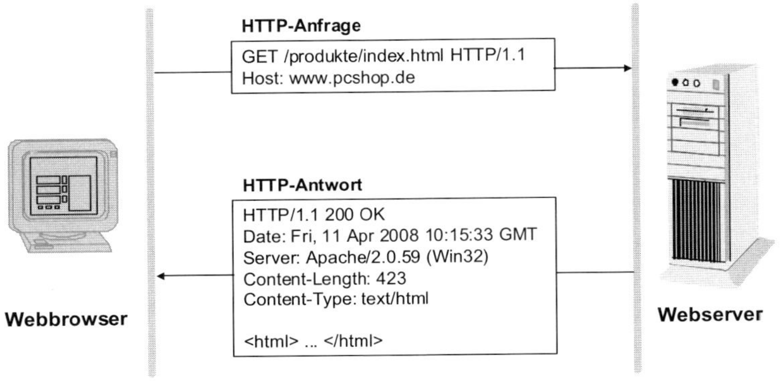

Bild 5.6: *HTTP-Anfrage und -Antwort*

HTML

Die Seitenbeschreibungssprache *Hypertext Markup Language* (HTML) ist der Standard für die Darstellung der Informationen einer Webseite.

Mit Hilfe vordefinierter Markierungen (Tags) können die Inhalte einer Webseite (Texte, Bilder usw.) angeordnet und formatiert werden.

Bild 5.7 zeigt die HTML-Beschreibung der in Bild 5.5 angezeigten Webseite *index.html*. In der Webseite ist ein Bild eingebunden, das vom Webbrowser zur Anzeige automatisch über eine weitere HTTP-Anfrage angefordert wird.

Bild 5.7: *Beschreibung mit HTML*

```
<html>
<head>
<title>pcshop Produkte</title>
</head>
<body>
<h1>Gönnen Sie sich ausgezeichnete Rechner</h1>
<b>Auf den folgenden Seiten finden Sie unser aktuelles Angebot</b>
<ul>
    <li>PCs</li>
    <li>Notebooks</li>
    <li>TFT-Bildschirme</li>
    <li>Drucker</li>
    <li>DVD/CD-Brenner</li>
    <li>Zubehör</li>
</ul>
<img src="pc.gif" />
<p><a href="katalog.html">Weiter zum Produktkatalog</a></p>
</body>
</html>
```

Erläuterungen zum HTML-Code in Bild 5.7:

In der Regel wird ein Tag *<x>* durch *</x>* geschlossen. Das HTML-Dokument *<html> ... </html>* besteht aus einem Kopf *<head> ... </head>* und einem Rumpf *<body> ... </body>*.

Der Titel *<title> ... </title>* erscheint als Titel des Browserfensters. *<h1> ... </h1>* enthält eine Überschrift in einer bestimmten Standardgröße (1. Ordnung). Der in *<b> ... </b>* eingeschlossene Text wird fett dargestellt. *<ul> ... </ul>* schließt eine Liste mit Aufzählungspunkten ein. Jeder Listeneintrag wird durch *<li>... </li>* markiert.

Die Grafik wird mit einer Referenz auf die Datei *pc.gif* eingebunden: *<img src="pc.gif"/>*. *<p> ... </p>* erzeugt einen Absatz.

Der Verweis (Link) auf die Seite *katalog.html* (sie liegt im gleichen Dateiverzeichnis wie die Seite *index.html*) wird durch *<a href="katalog.html"> ... </a>* angegeben. Die Markierung umschließt den Verweistext.

Eine *Website* ist das komplette Informationsangebot eines Anbieters (Unternehmen, Privatperson) und besteht in der Regel aus mehreren Webseiten, die über Links miteinander verknüpft sind. *Website*

Eine *Sitemap* ist eine mit Links versehene hierarchisch gegliederte Inhaltsübersicht über das gesamte Informationsangebot einer Website. *Sitemap*

Die Einstiegsseite zu einem in der Regel mehrere Seiten umfassenden Informationsangebot wird auch als *Homepage* bezeichnet. *Homepage*

Portale ermöglichen wie eine Homepage den Einstieg in ein Informationsangebot. Dieses Angebot ist nach zielgruppenspezifischen Inhalten strukturiert (Fachportale, Themenportale, Unternehmensportale) und passt sich – im Unterschied zur Homepage – anhand eines erstellten Benutzerprofils eigenständig an die Bedürfnisse des Benutzers an (*Personalisierung*). *Portale*

Suchmaschinen erleichtern das Auffinden von Informationen im WWW in Form von Themenkatalogen oder Abfrageprogrammen für die Suche nach Stichwörtern auf der Basis vorgehaltener Datenbanken. Spezielle Suchprogramme durchforsten das WWW regelmäßig nach neuen Informationen, sammeln inhaltsrelevante Terme und legen diese mit der jeweiligen URL-Adresse der Fundstelle in Datenbanken ab. Bekannte Suchmaschinen sind *Google* und *Yahoo!*. *Suchmaschinen*

Während HTML im Wesentlichen nur das Layout der Inhalte festlegt, ermöglicht die *Extensible Markup Language* (XML) über selbst definierte Tags eine genaue Beschreibung strukturierter Informationen, die maschinell ausgewertet werden können. XML kann für viele Zwecke eingesetzt werden, z. B. Web-Präsentation (hier werden die XML-Dokumente mittels Stylesheets für die Anzeige aufbereitet), elektronischer Datenaustausch (EDI), *XML*

Druckvorlagen für Bücher, Beschreibung von Softwarekonfigurationen und vieles mehr.

Bild 5.8 zeigt ein einfaches Beispiel für ein XML-Dokument, das eine Adresse beschreibt.

Bild 5.8: *Ein einfaches XML-Dokument*

```
<?xml version="1.0" encoding="UTF-8"?>
<Kunde>
   <Kundennummer>4711</Kundennummer>
   <Nachname>Meier</Nachname>
   <Vorname>Hugo</Vorname>
   <Adresse>
      <Strasse>Hauptstr. 24</Strasse>
      <PLZ>53000</PLZ>
      <Ort>Bonn</Ort>
   </Adresse>
</Kunde>
```

WML

Um drahtlose Web-Anwendungen über das Mobiltelefon bedienbar zu machen, wurden – bei Berücksichtigung der kleinen Displays und den (noch) eingeschränkten Übertragungsraten im Mobilfunknetz – das Protokoll *WAP* (Wireless Application Protocol) und die Sprache *WML* (Wireless Markup Language), die auf XML basiert, entwickelt.

Web Service

Das Internet wird in zunehmendem Maße zur automatisierten Kommunikation zwischen Anwendungen ohne manuellen Eingriff genutzt. *Web Services* sind eine Softwaretechnologie, die eine solche Maschine-Maschine-Interaktion plattform- und programmiersprachenunabhängig auf der Basis von Internet-Standards ermöglicht. Um die Schnittstellen von Web Services zu beschreiben, wird XML genutzt. Ebenso basiert das Format der Nachrichten, die zwischen Dienstnutzer und Dienstanbieter ausgetauscht werden, auf XML.

SOA

Das Konzept der Web Services bietet die Möglichkeit, die Fähigkeiten einer so genannten *Service-orientierten Architektur* (SOA) in realen Anwendungen zu nutzen. Eine Verbindung zwischen Client und Service kommt programmgesteuert zu Stande.

In einer Service-orientierten Architektur (Bild 5.9) können drei Rollen unterschieden werden: Service-Anbieter, Service-Verzeichnis und Service-Nutzer.

Der *Service-Anbieter* stellt einen Web Service bereit und veröffentlicht seine Verfügbarkeit in einem Verzeichnis. Das *Service-Verzeichnis* (Registry) stellt Beschreibungen der Web Services bereit und unterstützt das Veröffentlichen und Auffinden von Web Services. Der *Service-Nutzer* sucht und findet den gewünschten Web Service im Verzeichnis und nutzt ihn, indem er sich mit dem Anbieter verbindet.

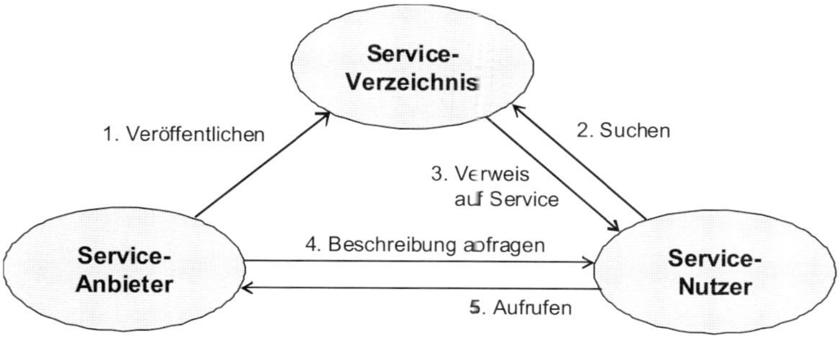

Bild 5.9: Rollen einer Service-orientierten Architektur

Semantic Web

Eine Weiterentwicklung des World Wide Web ist das *Semantische Web* (*Semantic Web*). Ziel ist es, die Informationen, die in einer für Menschen lesbaren Form präsentiert werden, zusätzlich so mit Daten zu versehen, dass sie von Programmen automatisch verarbeitet werden können. Diese zusätzlichen Daten (Annotationen) müssen die Bedeutung (Semantik) der Inhalte formal festlegen. Hiermit wird dann eine Kategorisierung von Webinhalten sowie das Ziehen von Schlussfolgerungen möglich. Spezialisierte Suchmaschinen im Semantischen Web könnten dann beispielsweise Fragen der folgenden Art beantworten: "Welche Bücher des Autors Peter Stamm wurden im Jahr 2008 veröffentlicht?".

Web 2.0

Das World Wide Web der frühen Jahre unterscheidet sich nicht nur aus technischer Sicht von dem heutigen Web. Das Web ist "interaktiver" geworden. Bestand bisher eine klare Trennung zwischen Anbietern und Konsumenten von Webinhalten, so kann heute jedermann eigene Inhalte mit geeigneten Techniken wie z. B. Blogs (Kombination der Worte "Web" und "Log") veröffentlichen. Hierzu werden die bereits vorhanden Technologien voll ausgeschöpft, vor allem *AJAX* (Asynchronous JavaScript und XML; Teile von Webseiten können nachgeladen und aktualisiert werden, ohne die komplette Seite neu laden zu müssen), *RSS* (Really Simple Syndication; Technologie zum Abonnieren von Aktualisierungen einer Webseite) und *Web Services* [BeZe08].

All dies wird durch den 2005 von Tim O'Reilly geprägten Begriff *Web 2.0* widergespiegelt [ORei05].

5.5 Dynamische Webanwendungen

Professionelle Web-Anwendungen kommen ohne dynamisch generierte Webseiten nicht aus. Im Unterschied zu *statischen* Webseiten, die in unveränderter und für alle Benutzer gleicher Form zum Abruf bereitstehen, werden *dynamische Webseiten* erst dann erzeugt, wenn der Benutzer sie anfordert. Die Inhalte dieser Seiten können aus verschiedenen externen Informationsquellen (z. B. Datenbanken) stammen.

Beispiel:
Der Benutzer erfasst den Namen eines Autors in einem Formular. Der Webbrowser sendet diese Daten an den Webserver, der nun nach den verfügbaren Buchtiteln dieses Autors in einer Datenbank sucht. Das Suchergebnis wird zu einer HTML-Seite automatisch zusammengestellt und zum Client übertragen.

Für die Realisierung von Web-Anwendungen und insbesondere die Erzeugung dynamischer Inhalte gibt es eine Vielzahl von Techniken. Diese können in zwei Gruppen eingeteilt werden:

- *Programme auf dem Client*, die in erster Linie für die Darstellung der Daten im Browser und die Benutzerinteraktion zuständig sind, und
- *Programme auf dem Server*, die für die Bereitstellung bzw. Erzeugung der Daten zuständig sind.

5.5.1 Clientseitige Programme

Ein Webbrowser wird in erster Linie zur Eingabe von Daten für den Webserver (Adresse, Formulardaten) und für die Anzeige der zurückgesendeten Dokumente (HTML-Seite mit integrierten Bildern usw.) verwendet. Der Browser kann aber auch für Plausibiliätsprüfungen von Eingabedaten, Animation und Veränderung der präsentierten Inhalte während der Anzeige genutzt werden, ohne damit das Netz und den Webserver zu belasten. Hierzu existieren verschiedene Techniken und Programme.

Zusatzprogramme und Plug-Ins

Solche Zusatzprogramme sind plattformabhängig und werden einmal zusätzlich zum Browser auf dem Client-Rechner installiert. Dabei kann es sich um eigenständige, auch unabhängig vom Browser verwendbare Programme (z. B. Adobe Reader zur Anzeige von PDF-Dokumenten) oder um so genannte Plug-Ins handeln.

Plug-Ins sind dynamisch ladbare Module, die die Funktionalität des Browsers erweitern, aber nicht als eigenständige Programme unabhängig vom Browser aufgerufen werden können. Plug-Ins können z. B. zur Darstellung von Video-Clips und zur Wiedergabe von Audiodaten (z. B. RealPlayer) oder zur Animation der Oberfläche (Macromedia Flash Player) genutzt werden. Mit Hilfe von Plug-Ins können beliebige Medientypen in HTML-Seiten eingebunden werden.

Der Code von aus dem Netz geladenen Programmen wird erst zum Zeitpunkt der Anforderung vom Webserver über HTTP automatisch zusammen mit einer angeforderten Webseite zum Client übertragen, dort ausgeführt und anschließend wieder gelöscht. Dabei kann es sich um plattformabhängigen Maschinencode (wie z. B. bei *ActiveX*) oder um plattformunabhängigen Code (wie z. B. bei *Java Applets*) handeln.

Aus dem Netz geladene Programme

Mit *Skriptsprachen* (z. B. JavaScript) erstellte Programme (Skripts) können in HTML-Seiten eingebettet oder auch separat übertragen werden. Funktionen eines Skripts (z. B. die Prüfung von Feldinhalten eines Formulars) können direkt beim Laden des Dokuments im Browser oder aufgrund von bestimmten Ereignissen (z. B. Senden eines Formulars) ausgeführt werden.

Verschiedene Elemente einer HTML-Seite können für Skripte zugänglich gemacht werden, sodass diese gesteuert, dynamisch positioniert und geändert werden können. Diese Technik wird unter der Bezeichnung *Dynamic HTML* (DHTML) zusammengefasst.

Java Applets ermöglichen plattformunabhängige Anwendungen mit komplexen grafischen Oberflächen. Ein Applet ist ein Java-Programm, das von einer HTML-Seite aus gestartet wird. Es wird über das Netz auf den Client-Rechner geladen und dort innerhalb des Webbrowsers ausgeführt. Applets können Netzverbindungen zu dem Server herstellen, von dem der Code geladen wurde, und dort mit Anwendungen kommunizieren [Abts08].

Microsofts *ActiveX*-Technologie erlaubt die Einbindung von ausführbaren Programmen (ActiveX-Controls) in Webseiten. ActiveX-Controls können Funktionen der auf dem PC des Benutzers installierten Windows-Programme nutzen und sind plattformabhängig.

5.5.2 Serverseitige Programme

Geeignete Erweiterungen der Webserver-Funktionalität ermöglichen den Aufruf von Programmen zur dynamischen Generierung von Webseiten auf dem Server. Ein klassisches Verfahren für den Aufruf solcher Programme basiert auf dem *Common Gateway Interface* (CGI).

CGI ist eine standardisierte Schnittstelle, die die Kommunikation (Ein- und Ausgabe) zwischen dem Webserver und einem externen Programm (CGI-Programm), das eine dynamische Webseite generiert, regelt. CGI-Programme können in fast jeder Skript- oder Programmiersprache realisiert werden.

CGI

CGI-Programme erfüllen im Wesentlichen folgende Aufgaben:

- Auswertung von HTTP-Anfragen, insbesondere der Daten aus HTML-Formularen
- Ausführung von Dienstleistungen wie z. B. Datenbankabfragen
- Generierung von HTML-Seiten

Neben CGI existieren noch weitere, teilweise herstellerabhängige Verfahren zur Anbindung externer Programme auf dem Server.

Bild 5.10: *CGI*

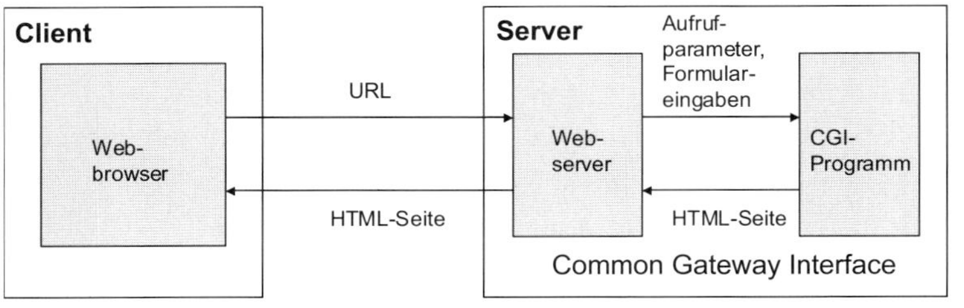

Weitere serverseitige Technologien sind: Active Server Pages (ASP), JavaServer Pages (JSP), Servlets, PHP, Ruby on Rails, ColdFusion.

PHP

Zur Veranschaulichung wird im Folgenden die Realisierung einer einfachen Suchanfrage auf der Basis der Open-Source-Skriptsprache *PHP* (Abkürzung für *Hypertext Preprocessor*) vorgestellt.

PHP-Skripte sind Textdateien, die eine Mischung aus HTML-Anweisungen und PHP-Programmcode enthalten. Beim Aufruf eines PHP-Skripts wird der Programmcode auf der Server-Seite interpretiert und ausgeführt. Die Ergebnisse der Ausführung werden zusammen mit den übrigen HTML-Anweisungen als fertige Webseite zum Client geschickt. Der PHP-Interpreter kann als CGI-Programm vom Webserver (z. B. Apache Webserver) oder in diesem als Modul eingebettet ausgeführt werden.

Wir beziehen uns auf das zu Beginn dieses Abschnitts skizzierte Beispiel einer Suchanfrage.

Bild 5.11 zeigt das Formular *suchen.html*, in dem der Benutzer den Suchbegriff (hier: "Mann, Thomas") einträgt. Das Formular ist in HTML codiert. Bild 5.12 zeigt den Inhalt der Datei *suchen.html*.

Bild 5.11: *Das Suchformular*

```
<html>
<head>
<title>Suchen</title>
</head>
<body>
<h2>Suchen im Buchkatalog</h2>
<form action="abfrage.php" method="post">
  <b>Autor:</b>
  <input type="text" name="autor" size="30" />
  <input type="submit" value="Suche" />
</form>
</body>
</html>
```

Bild 5.12: *HTML-Code des Suchformulars suchen.html*

Das Formular ist innerhalb von *<form>* ... *</form>* spezifiziert. Es enthält u. a. das Eingabefeld *<input ...>* mit dem Namen *autor* und die Schaltfläche mit der Beschriftung "Suche", die der Benutzer betätigen muss, um die Formulardaten zu senden. Diese Daten werden vom PHP-Skript *abfrage.php* (siehe Parameter *action* im *<form>*-Tag) auf der Server-Seite verarbeitet. Bild 5.13 zeigt das PHP-Skript.

Die von PHP zu interpretierenden Anweisungen sind durch die Markierungen *<?php* und *?>* umschlossen und damit vom HTML-Code deutlich getrennt.

Zu Beginn wird die Verbindung zur Datenbank *katalog* (hier eine mittels ODBC (siehe Kapitel 2.6) angeschlossene MS-Access-Datenbank) hergestellt (*odbc_connect*) und dann die in der Variablen *sql* gespeicherte Datenbankabfrage *SELECT* ... ausgeführt (*odbc_exec*). Die in SQL (siehe Kapitel 6) formulierte Abfrage ermittelt alle in der Tabelle *buch* gespeicherten Titel, deren Autor mit dem Inhalt der Variablen *autor* übereinstimmt. Die Variable *$_POST['autor']* entspricht dem Formularfeld *autor* (siehe Bild 5.12). In einer Programmschleife werden nun mit *odbc_fetch_row* die einzelnen Titel geholt und ausgegeben (*odbc_result*). Am Ende wird die Verbindung zur Datenbank geschlossen (*odbc_close*).

***Bild 5.13**:*
PHP-Skript abfrage.php

```
<html>
<head>
<title>Suchergebnis</title>
</head>
<body>
<h2>Suchergebnis Ihrer Abfrage</h2>

<?php
  $con = odbc_connect("katalog", "", "");
  $sql = "SELECT titel FROM buch  WHERE autor = '" .
    $_POST['autor'] . "' ORDER BY titel";
  $result = odbc_exec($con, $sql);
  while (odbc_fetch_row($result)) {
    echo odbc_result($result, 1);
    echo "<br/>\n";
  }
  odbc_close($con);
?>

<p><a href="suchen.html"><b>Zurück</b></a></p>
</body>
</html>
```

Bild 5.14 zeigt die von PHP erzeugte HTML-Seite und Bild 5.15 die Präsentation dieser Seite im Webbrowser.

***Bild 5.14**:*
Die von PHP erzeugte HTML-Seite

```
<html>
<head>
<title>Suchergebnis</title>
</head>
<body>
<h2>Suchergebnis Ihrer Abfrage</h2>
Bekenntnisse des Hochstaplers Felix Krull<br/>
Buddenbrooks<br/>
Der kleine Herr Friedemann<br/>
Der Tod in Venedig<br/>
Der Zauberberg<br/>
Doktor Faustus<br/>
Herr und Hund<br/>
Königliche Hoheit<br/>
Lotte in Weimar<br/>
Mario und der Zauberer<br/>
Tonio Kröger<br/>
<p><a href="suchen.html"><b>Zurück</b></a></p>
</body>
</html>
```

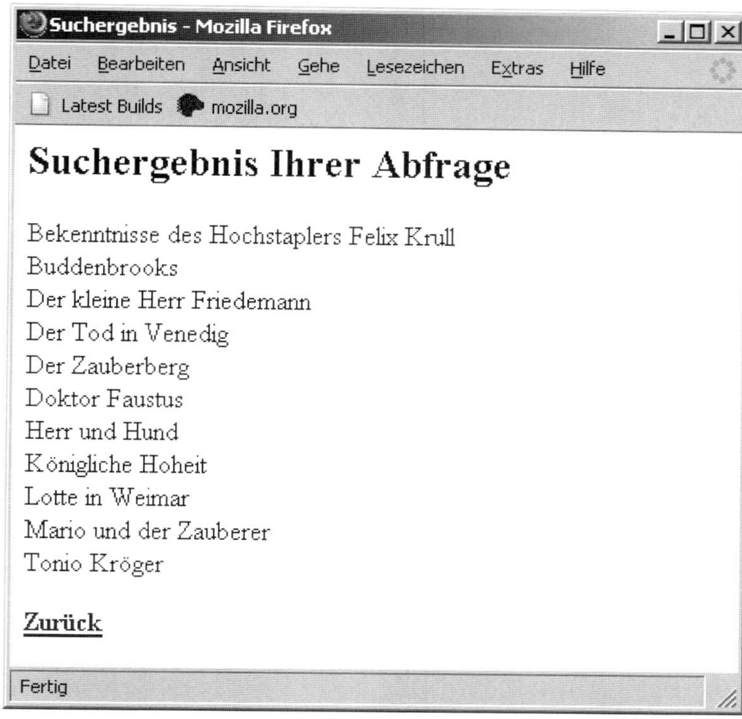

Bild 5.15: *Das Suchergebnis*

5.6 Intranet und Extranet

Intranet

Als *Intranet* bezeichnet man ein unternehmensinternes Netz, das die Kommunikationsprotokolle des Internets (TCP/IP) und seine Techniken (Webbrowser, Webserver usw.) einsetzt. Im Gegensatz zum Internet ist der Zugang in der Regel auf eine bestimmte Personengruppe (Mitarbeiter des Unternehmens) begrenzt.

Extranet

Ein Intranet kann mit dem Internet verbunden sein. Das ermöglicht die Einwahl von externen, zugriffsberechtigten Teilnehmern (Geschäftspartner, Kunden, Lieferanten) aus dem Internet in das firmeninterne Netz zur Abwicklung von Geschäftsprozessen. Der Teil des Intranets, auf den von diesen externen Teilnehmern zugegriffen werden kann, wird als *Extranet* bezeichnet.

Firewall

Ein Intranet muss gegen unberechtigte Zugriffe von außen auf unternehmensinterne Daten besonders geschützt werden. Eine *Firewall* ist eine aus Hardware und Software bestehende Sicherheitsschleuse, über die jeglicher Netzverkehr zwischen Internet und Intranet geführt wird. Über Filter können bestimmte IP-Adressen von der Kommunikation ausgeschlossen und nur bestimmte Verbindungen und Anwendungen erlaubt werden.

Proxy

Ein *Proxy* (genauer HTTP-Proxy) ist ein Server, der zwischen Webbrowser und Webserver vermittelt. Provider bieten Proxies an, um die Netzlast zu verringern und den Zugriff zu beschleunigen. Ergebnisse zu gestellten Anfragen werden im Proxy gespeichert, sodass bei erneut gestellten gleichen Anfragen diese aus dem Speicher beantwortet werden, ohne den Webserver zu kontaktieren. Es hängt von Einstellungen des Proxies ab, wie oft die gespeicherten Daten mit den Originaldaten des Webservers aktualisiert werden.

In einer Firma kann beispielsweise der gesamte Datenverkehr aller Mitarbeiter-Rechner mit dem Internet über einen Proxy abgewickelt werden. Ein Proxy kann auch als Filter dienen. Dabei können bestimmte Webseiten gesperrt oder Zugriffe der Mitarbeiter auf Webseiten protokolliert werden.

Kryptographie

Kryptographische Verfahren ermöglichen durch *Verschlüsselung* den sicheren, vertraulichen Austausch von Informationen über öffentliche Leitungen sowie den Nachweis der Identität eines Benutzers (*Authentifizierung*) beim Zugriff auf firmeninterne Ressourcen.

VPN

Lokale Netzwerke (Intranets) an verschiedenen Standorten eines Unternehmens können über das Internet zu einem so genannten *Virtual Private Network* (VPN) verbunden werden. Dazu wird eine *sichere Verbindung* (Tunnel) innerhalb des Internets mittels Verschlüsselung und spezieller Protokolle eingerichtet. Über das Internet kann dann sicher auf ein lokales Firmennetz zugegriffen werden, auch wenn dieses mit einem anderen, proprietären Netzwerkprotokoll arbeitet. VPNs werden auch zur Einbindung von Kunden, Lieferanten und Außendienstmitarbeitern genutzt.

Eine sichere VPN-Verbindung kann bereits von einem Rechner des lokalen Firmennetzes oder erst vom Internet Service Provider aufgebaut werden, wenn dieser die VPN-Funktionalität anbietet.

Bild 5.16: *Sichere Verbindung im Internet*

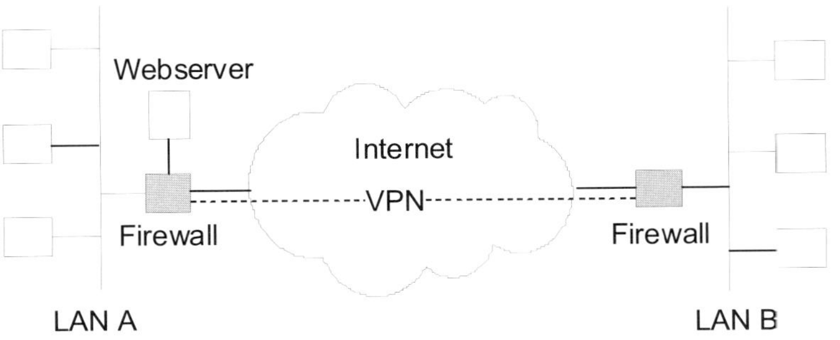

Um eigene Informationen im WWW bereitzustellen, gibt es je nach Anspruch mehrere Möglichkeiten: *Website bereitstellen*

- Der Webserver ist Teil des firmeneigenen lokalen Netzes und hat eine Festverbindung zum Internet.
- Der firmeneigene Webserver (Rechner) steht beim ISP und hat keine Festverbindung zum firmeneigenen Netz. Updates der Webseiten können fallweise durch Einwahl beim ISP beispielsweise über FTP erfolgen.
- Die firmeneigenen Webseiten (Website) befinden sich auf einem Rechner des ISP.

5.7 Fragen und Aufgaben

1. Erläutern Sie das *TCP/IP-Schichtenmodell.*
2. Erläutern Sie den Aufbau einer IPv4-Adresse.
3. Erläutern Sie den Unterschied zwischen der *IP-Adresse* und dem *Domain-Namen* eines Rechners.
4. Kann man das Internet mit dem *World Wide Web* gleichsetzen?
5. Wieso kann das World Wide Web als Client-Server-Anwendung betrachtet werden?
6. Wie unterscheidet sich ein *Portal* von einer *Homepage*?
7. Erläutern Sie den Aufbau eines *URL* anhand des Beispiels `http://www.hs-niederrhein.de/index.html`.
8. Skizzieren Sie den Inhalt von *HTTP-Anfragen* und *HTTP-Antworten.*
9. Erstellen Sie eine HTML-Seite, auf der Sie sich selbst vorstellen.
10. Worin unterscheidet sich *XML* von *HTML*?
11. Vergleichen und testen Sie die Abfragemöglichkeiten verschiedener *Suchmaschinen.*
12. Worin unterscheiden sich *dynamische* von *statischen* Webseiten?
13. Skizzieren Sie die Funktionsweise von *CGI.*
14. Vergleichen Sie ein *Intranet* mit dem *Internet.*
15. Wie können unberechtigte Zugriffe aus dem Internet auf unternehmensinterne Daten geschützt werden?

5.8 Fallbeispiel

In den bestehenden Internetauftritt der Stadtwerke AG soll eine Webanwendung integriert werden. Herr Komel soll bei der Einführung des Systems unterstützend tätig werden.

Die Sicherheitsrichtlinien des Unternehmens schreiben vor, dass aus dem Internet kein direkter Zugriff auf das LAN (lokales Netzwerk) des Unternehmens erfolgen darf. Deswegen sind die Webserver des Internetauftritts in einer DMZ (Demilitarisierte Zone, kontrollierter Sicherheitsbereich) angesiedelt, die beiderseits (gegenüber dem Internet und gegenüber dem LAN) mittels Firewall abgeschottet sind. In der DMZ werden keine Datenbanken betrieben.

Aufgaben

1. Welche Möglichkeiten bestehen für die Anbindung der Webanwendung an den Internetauftritt?
2. Welche Anforderungen sollte die Webanwendung erfüllen?

6 Datenbanken

Sie lernen

Lernziele

- die wie ein Datenbanksystem aufgebaut ist,
- welche besonderen Anforderungen Datenbanksysteme erfüllen müssen,
- wie ein Datenmodell entwickelt werden kann,
- wie Daten im Internet geschützt werden kann.

6.1 Einleitung

Eine *Datei* ist eine Zusammenfassung von Daten zu einer sachbezogenen Einheit von in der Regel mehreren Datensätzen. Sie wird unter einem eindeutigen Namen vom Betriebssystem eines Rechners verwaltet.

Datenelemente sind die kleinsten logischen Dateneinheiten, die aus einem oder mehreren Zeichen bestehen (z. B. Kundennummer, Name, Vorname).

Zusammengehörende Datenelemente, wie z. B. die Kundennummer, der Name eines bestimmten Kunden, sind zu einem so genannten *Datensatz* zusammengefasst.

Haben die Datensätze eine feste Struktur (z. B. in einem Datensatz mit 80 Zeichen befindet sich die Kundennummer in Position 1 bis 5 und der Kundenname in Position 6 bis 25), so spricht man von *formatierten Daten*. Alle Datensätze einer Datei haben die gleiche Struktur.

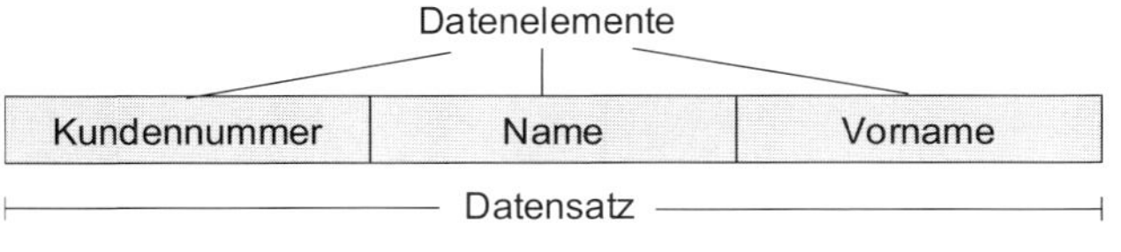

***Bild 6.1**: Datensatz und Datenelemente*

Datensätze und Dateien werden in einem physischen Speichermedium gespeichert. Für die Zuordnung von Datensätzen zu Speichereinheiten, die vom Betriebssystem verwaltet werden, existieren verschiedene Organisationsformen.

Nachteile einer dateibasierten Organisation

Die Verarbeitung von Daten im konventionellen Stil – ohne Einsatz von Datenbanktechnologien – ist durch folgende Merkmale geprägt [Bast82]:

- Zwischen Programmen und Daten besteht eine enge Abhängigkeit (*Datenabhängigkeit*). Ändert sich der Aufbau einer

Datei, so müssen in der Regel auch alle Programme, die darauf zugreifen, geändert werden, meist auch dann, wenn die Datensatzstruktur durch Aufnahme neuer Datenelemente, die vom Programm gar nicht verarbeitet werden sollen, erweitert wird.

- Der Zugriff auf Datensätze einer Datei ist oft nur über einen einzigen Ordnungsbegriff möglich. Beispiel: Zugriff auf einen Kundensatz nur über die Kundennummer. Die Konsequenz hieraus ist, dass für jede Problemstellung ein eigener Datenbestand erstellt wird, der dann mit einfachen Zugriffen ausgewertet werden kann. Beispiel: Erstellung einer nach Regionen und Namen sortierten Kundendatei und Zugriff über den Begriff Region.
- Die Zusammenführung und Auswertung von Daten aus mehreren Dateien ist mit zeitaufwendigen Sortier- und Suchvorgängen verbunden.
- Die beschriebenen Einschränkungen beim Datenzugriff führen zum Nebeneinander vieler Dateien, in denen teilweise dieselben Daten gespeichert sind (Redundanz).
- Hohe Redundanz verursacht einen hohen Wartungs- und Änderungsaufwand. Die Übereinstimmung der Dateiinhalte (*Konsistenz*) ist kaum zu gewährleisten. Ändert sich z. B. die Kundenadresse, so muss nicht nur die Kundendatei geändert werden, sondern es müssen gleichzeitig alle Dateien, die die alte Kundenadresse auch noch enthalten, aktualisiert werden.

Datenbanksysteme bieten eine Lösung der angesprochenen Probleme.

6.2 Definition und Aufgaben

Was ist ein Datenbanksystem?

Ein *Datenbanksystem* besteht aus ein oder mehreren Datenbanken und einem Datenbankmanagementsystem.

Eine *Datenbank* ist eine Sammlung von strukturierten, inhaltlich zusammengehörigen Daten. Sie umfasst insbesondere die eigentlichen Nutzdaten (z. B. Kunden, Artikel, Bestellungen, Lagerbestände bei einer Auftragsdatenbank).

Das *Datenbankmanagementsystem* (DBMS) besteht aus den Programmen zum Aufbau, zur Kontrolle und zur Änderung und Abfrage der Datenbank.

Wichtige Merkmale eines Datenbanksystems sind:

- Daten sind zentral gespeichert und organisiert.
- Anwendungsprogramme und Auswertungen der Daten für verschiedene fachliche Aufgaben sind von der physischen Speicherung und Organisation der Daten unabhängig.

- Anwendungen haben nur über das DBMS Zugriff auf die gespeicherten Daten.
- Mehrere Benutzer können zur gleichen Zeit auf verschiedene oder dieselben Daten zugreifen.

Führende Hersteller von Datenbankmanagementsystemen sind Oracle, IBM mit *DB2* und Microsoft mit dem *SQL Server*. Weit verbreitet bei Internet-Anwendungen ist das Open-Source-Produkt *MySQL*. Das derzeit meist verwendete System für PCs ist *Microsoft Access*, das für kleinere Anwendungen am einzelnen Arbeitsplatz geeignet ist.

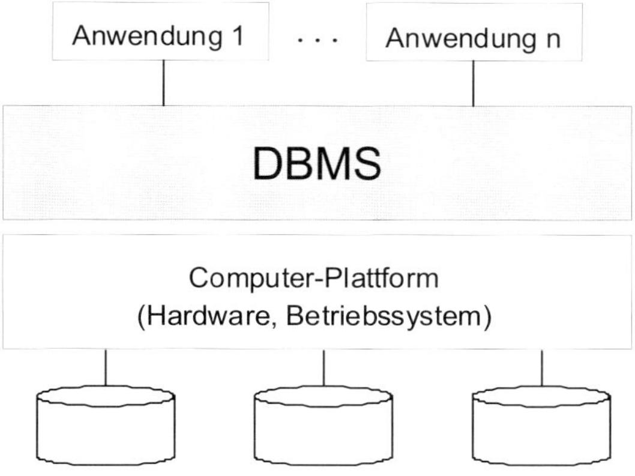

***Bild 6.2**: Datenbanksystem und Umgebung*

Aufgaben eines DBMS

Wichtige *Aufgaben eines DBMS* sind [Bast82]:

- *Datenunabhängigkeit*
  Anwendungsprogramme und Datenorganisation sind unabhängig voneinander. Änderungen der physischen Organisation der Daten (z. B. Änderung der Speicherungsformen, Einrichtung neuer Zugriffsmöglichkeiten auf die Daten) müssen möglich sein, ohne dass sämtliche Anwendungsprogramme geändert werden müssen. Erweiterungen der Datenstruktur (z. B. Neuaufnahme von Datenelementen) dürfen nicht dazu führen, dass bisherige Anwendungsprogramme, die diese neuen Informationen nicht benötigen, geändert werden müssen.
- *Mehrbenutzerbetrieb*
  Konflikte bei konkurrierenden Zugriffen durch mehrere Benutzer müssen vermieden werden. Es muss sichergestellt werden, dass Programme, die bestimmte Teile der Datenbank gleichzeitig benutzen, nicht zu fehlerhaften Ausgaben oder Änderungen führen.
- *Datenintegrität*
  Die Korrektheit und Vollständigkeit der Daten muss gewähr-

leistet sein. Hierzu können Regeln, die Fehleingaben und unzulässige Operationen verhindern, definiert und in der Datenbank gespeichert werden. Beispiel: Der Lagerbestand für einen Artikel darf nicht negativ sein.

- *Datensicherheit*
  Nach Störungen durch Hardware- oder Softwarefehler muss ein korrekter Datenbankzustand wiederhergestellt werden können (*Recovery*). Hierzu gibt es Programme zur Datensicherung und Zugriffsprotokollierung.
- *Datenschutz*
  Daten müssen vor unbefugtem Zugriff geschützt werden können. Hierzu können für jeden Benutzer Berechtigungen für den Zugriff auf Daten definiert und in der Datenbank gespeichert werden.
- *Effizienz*
  Das DBMS muss bei Abfragen und Änderungen der Datenbank ein gutes Antwortzeitverhalten durch optimierte Zugriffe gewährleisten.

6.3 Schichtenmodell eines DBMS

Die Realisierung der Anforderungen an ein DBMS (insbesondere die Datenunabhängigkeit) erfordert eine differenzierte Betrachtung der gespeicherten Daten. In Datenbanksystemen lassen sich drei Betrachtungsebenen in einem Schichtenmodell unterscheiden (*Drei-Ebenen-Architektur*):

- *Konzeptionelle Ebene* (synonym: *logische Ebene*)
  Sie umfasst die Beschreibung sämtlicher Daten, die in der Datenbank gespeichert sind, unabhängig von der physischen Speicherung und unabhängig von einzelnen Anwendungen (Datenmodell). Hierzu gehören neben den eigentlichen *Nutzdaten* auch *Integritätsregeln* und *Zugriffsberechtigungen.* Die *Datenbeschreibungssprache DDL* (Data Definition Language) unterstützt die Implementierung des Datenmodells.
- *Interne Ebene* (synonym: *physikalische Ebene*)
  Diese Ebene enthält alle Informationen über die physische Organisation der Daten. Es wird festgelegt, wo und wie die Daten gespeichert werden können und wie auf sie zugegriffen werden kann.
- *Externe Ebene*
  Diese Ebene enthält die speziellen Sichten (*Views*) eines Benutzers oder Anwendungsprogramms auf die in der Datenbank gespeicherten Daten. Diese Sichten umfassen jeweils nur einen Ausschnitt des Gesamtdatenmodells.

Beispiel: Alle Kunden einer bestimmten Region, die in einem bestimmten Monat eine Bestellung aufgegeben haben.

Die *Datenmanipulationssprache DML* (Data Manipulation Language) ermöglicht dem Benutzer bzw. den Anwendungsprogrammen Auswertung und Änderung des Datenbestands.

DDL und DML sind Kategorien von SQL-Anweisungen (siehe Kapitel 6.7).

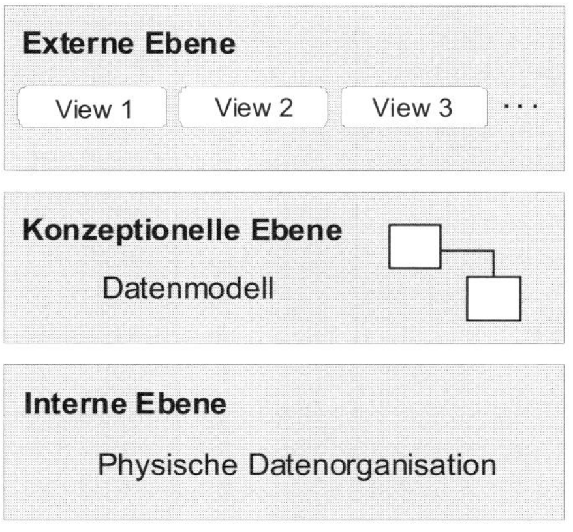

Bild 6.3: *Drei-Ebenen-Architektur*

6.4 Datenmodellierung

Der erste Schritt beim Aufbau eines Informationssystems, das auf Datenbanken basiert, ist die Zusammenstellung der *fachlichen Anforderungen* an das System (*Informationsanalyse*) und die Beschreibung und Darstellung aller relevanten Daten und ihrer Beziehungen untereinander. Diese Modellierung erfolgt auf einem hohen Abstraktionsniveau. Sie enthält *keine DV-technischen Einzelheiten* und ist *unabhängig von dem einzusetzenden Datenbanksystem.*

6.4.1 Das Entity-Relationship-Modell

ER-Modell

Eine der bekanntesten Methoden zur Unterstützung beim Entwurf einer logischen Datenstruktur basiert auf dem *Entity-Relationship-Modell* (ER-Modell) nach Chen aus dem Jahr 1976 [ChKn91]. Das ER-Modell ist aufgrund der übersichtlichen grafischen Darstellung der Datenobjekte und Abhängigkeiten einfach zu verstehen und gut als *Kommunikationsmittel* zwischen Entwicklern und Mitarbeitern der Fachabteilungen eines Unternehmens geeignet. Im Folgenden wird eine vereinfachte, abgewandelte Form des ER-Modells dargestellt.

Objekt, Objekttyp

Objekte (synonym: *Entitäten*) sind einzelne Exemplare von Dingen, Personen oder Begriffen der realen Welt oder der Vorstellungswelt (z. B. der Kunde Meier oder der Artikel mit der Artikelnummer 4711). Gleichartige Objekte werden unter dem Begriff *Objekttyp* (synonym: *Entitätstyp*) zusammengefasst (z. B. Objekttyp Kunde, Objekttyp Artikel).

Attribut

Jedes Objekt besitzt verschiedene Eigenschaften (*Attribute*). Beispiel: Name, Straße, PLZ, Ort, Telefonnummer eines Kunden. Ein Objekt besitzt für jedes Attribut einen Wert. Alle Objekte eines Objekttyps besitzen die gleichen Attribute, haben aber in der Regel unterschiedliche Attributwerte.

Ein Attribut heißt *identifizierend*, wenn sein Attributwert ein Objekt eindeutig bestimmt (z. B. Kundennummer, Artikelnummer).

Beziehung

Zwischen Objekten können *Beziehungen* bestehen.

Beispiel: Der Kunde Meier bestellt die Artikel 4711 und 5020; der Kunde Schmitz bestellt die Artikel 5020 und 7700.

Beziehungstyp

Gleichartige Beziehungen werden als *Beziehungstyp* zwischen den Objekttypen klassifiziert (z. B. Kunde "bestellt" Artikel).

Bild 6.4: *Beziehungen und Beziehungstyp*

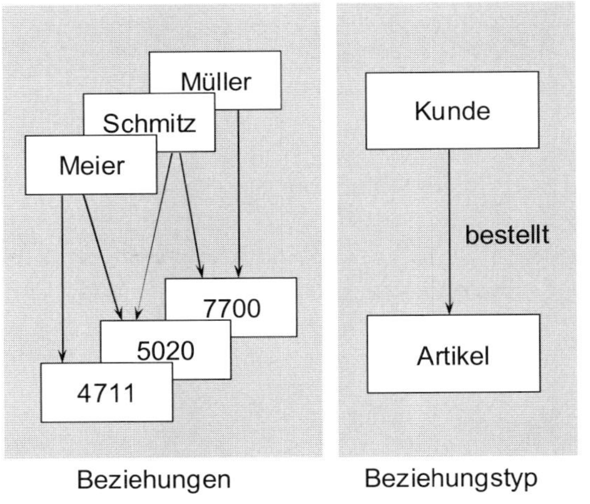

Kardinalität

Nach der Anzahl der an einer Beziehung beteiligten Objekte (*Kardinalität*) unterscheidet man zwischen Eins-zu-Eins-, Eins-zu-Viele- und Viele-zu-Viele-Beziehungen (1:1-, 1:n- und m:n-Beziehungen).

Bei einer *1:1-Beziehung* ist jedem Objekt des ersten Objekttyps genau ein Objekt des zweiten Objekttyps zugeordnet und umgekehrt. Beispiel: Jeder Student hat genau einen Studentenausweis und jeder Studentenausweis ist für genau einen Studenten ausgestellt.

Bei einer *1:n-Beziehung* sind jedem Objekt des ersten Objekttyps kein, ein oder mehrere Objekte des zweiten Objekttyps zugeordnet, jedem Objekt des zweiten Objekttyps ist genau ein Objekt des ersten Objekttyps zugeordnet. Beispiel: Ein Professor betreut mehrere Studenten.

Bei einer *m:n-Beziehung* sind jedem Objekt des ersten Objekttyps kein, ein oder mehrere Objekte des zweiten Objekttyps zugeordnet und umgekehrt. Beispiel: Ein Kunde hat mehrere Artikel bestellt, ein Artikel wurde von mehreren Kunden bestellt.

Objekttypen werden durch Rechtecke, Beziehungstypen durch Kanten, die Rechtecke verbinden, dargestellt. An den Enden einer Kante wird die Kardinalität des Beziehungstyps eingetragen. Oft ist zusätzlich die Bedeutung der Beziehung notiert.

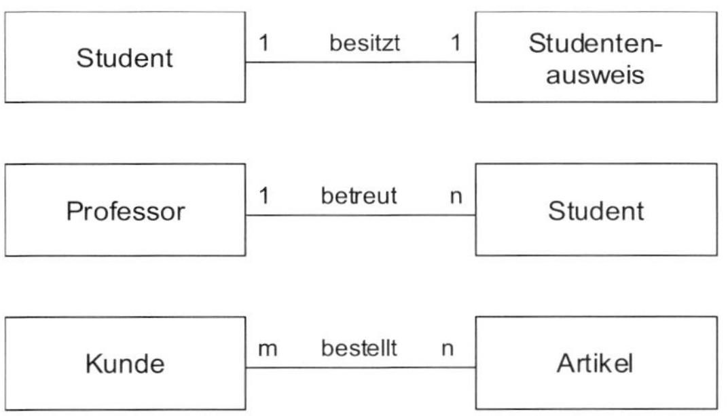

***Bild 6.5**: Beziehungstypen und Kardinalitäten*

6.4.2 Ein Beispiel

In einer Firma mit mehreren *Abteilungen* werden *Projekte* verschiedener Art durchgeführt. Dabei kann ein und derselbe *Mitarbeiter* gleichzeitig an mehreren Projekten beteiligt sein. Zu jedem Projekt gibt es genau einen Projektleiter.

Objekttypen

Objekttypen sind:

- Abteilung
- Mitarbeiter
- Projekt

Attribute

Attribute des Objekttyps *Abteilung* sind:

- Abteilungsnummer (`abtnr`),
- Abteilungsbezeichnung (`abtbez`)
- Kostenstelle (`kst`)

Attribute des Objekttyps *Mitarbeiter* sind:

- Personalnummer (`persnr`)
- Mitarbeitername (`name`)
- Geburtsdatum (`gebdatum`)
- Eintrittsdatum (`eintritt`)

Attribute des Objekttyps *Projekt* sind:

- Projektnummer (`projnr`)
- Projektbezeichnung (`projbez`)
- Budget (`budget`)
- Starttermin (`start`)
- Endtermin (`ende`)

Beziehungstypen

Beziehungstypen sind:

- Eine Abteilung hat mehrere Mitarbeiter. Ein Mitarbeiter ist genau einer Abteilung zugeordnet.
- Ein Mitarbeiter arbeitet in keinem, einem oder mehreren Projekten. An einem Projekt sind mehrere Mitarbeiter beteiligt.
- Jedes Projekt hat genau einen Projektleiter. Ein Mitarbeiter kann ein oder mehrere Projekte leiten.

Das Beispiel zeigt, dass zwischen zwei Objekttypen verschiedene Arten von Beziehungen vorliegen können: "arbeitet in" und "leitet".

Bild 6.6: *ER-Modell*

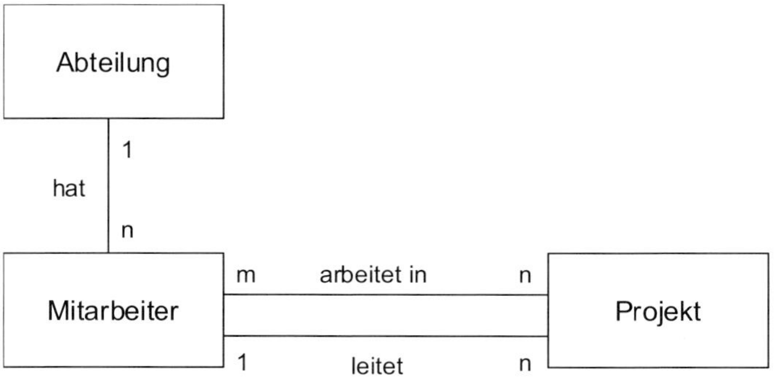

6.4.3 Auflösung einer komplexen Beziehung

Bild 6.5 zeigt ein Diagramm mit den Objekttypen *Kunde* und *Artikel* und dem Beziehungstyp *bestellt*. Da Daten zu einem Bestellvorgang gespeichert werden sollen (z. B. Bestelldatum und Bestellmenge), ist dieses Diagramm zu verfeinern.

Hierzu wird ein neuer Objekttyp eingeführt und die m:n-Beziehung wird in zwei 1:n-Beziehungen aufgelöst.

***Bild 6.7**: Auflösung einer m:n-Beziehung*

Ein Kunde gibt mehrere Bestellungen auf, eine Bestellung ist genau einem Kunden zugeordnet. Ein Artikel ist Gegenstand mehrerer Bestellungen (verschiedener Kunden), in einer Bestellung ist genau ein Artikel notiert.

Attribute des neuen Objekttyps *Bestellung* sind:

- Bestelldatum
- Bestellmenge

Eine einzelne Bestellung kann über die Kundennummer (identifizierendes Attribut von *Kunde*) und die Artikelnummer (identifizierendes Attribut von *Artikel*) identifiziert werden.

m:n-Beziehungen können formal immer durch "Zwischenschieben" eines neuen Objekttyps in zwei 1:n-Beziehungen analog zum obigen Beispiel aufgelöst werden. Dies ist insbesondere für die Ableitung des Relationenmodells aus dem ER-Modell wichtig (siehe Kapitel 6.5).

Verfeinerung

Sollen bei einem Bestellvorgang gleich mehrere Artikel bestellt werden können, so muss das Diagramm weiter verfeinert werden. Der Objekttyp *Bestellung* wird durch die beiden Objekttypen *Bestellkopf* und *Bestellposition* ersetzt, die in einer 1:n-Beziehung zueinander stehen (siehe Bild 6.8).

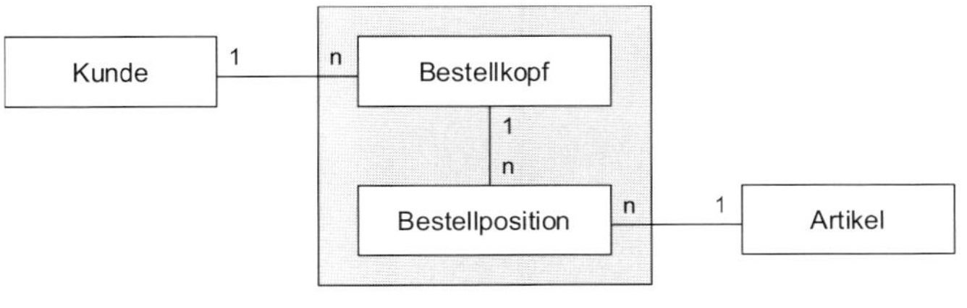

***Bild 6.8**: Verfeinertes Diagramm*

Die Bestellung aus Bild 6.7 wurde in Bild 6.8 ersetzt durch einen Bestellkopf mit in der Regel mehreren Bestellpositionen, die sich auf jeweils genau einen Artikel beziehen.

Bild 6.9 enthält beispielhaft die Attribute der beteiligten Objekttypen.

***Bild 6.9**: Attribute*

Kunde	Artikel	Bestellkopf	Bestell-position
Kundennummer (KNR) Kundenname Strasse PLZ Ort Telefon	Artikelnummer (ANR) Bezeichnung Preis	Bestellnummer (BNR) Datum	Bestellnummer (BNR) Bestellposit - onsnummer (BPOS) Menge

6.5 Das Relationenmodell

Das im letzten Abschnitt entworfene ER-Modell soll nun in ein datenbanksystembezogenes Modell umgesetzt werden. Das von E. F. Codd 1970 veröffentlichte *Relationenmodell* ist das zur Zeit wichtigste und am weitesten verbreitete Datenmodell [Codd70].

Ein Datenbanksystem, das auf dem Relationenmodell basiert, nennt man *relationales Datenbanksystem.*

Relation

Grundlage des Relationenmodells ist die Relation. Eine *Relation* ist eine zweidimensionale Tabelle mit einer festen Anzahl von *Spalten* und einer beliebigen Anzahl von *Zeilen.* Eine Relation entspricht einem Objekttyp. Jede Zeile der Tabelle entspricht einem Objekt des durch die Tabelle repräsentierten Objekttyps. Die Spalten einer Tabelle entsprechen den Attributen.

***Bild 6.10**: Relation Kunde*

KNR	Kunden-name	Strasse	PLZ	Ort	Telefon
00100	Meier, Franz	Bachstr. 4	50858	Köln	0221/112233
00140	Schmitz, Otto	Jacobistr. 11	40211	Düsseldorf	0211/123456
00230	Huber, Peter	Aachener Str. 10	50674	Köln	0221/778899

Primärschlüssel

Jede Relation enthält einen *Schlüssel* bestehend aus einem Attribut (oder einer Kombination von mehreren Attributen), dessen Wert eine Zeile eindeutig identifiziert (*Primärschlüssel*). In Bild 6.10 kann *KNR* als Primärschlüssel gewählt werden. Das Attribut *Kundenname* ist als Primärschlüssel im Allgemeinen nicht geeignet, da es mehrere Kunden mit gleichem Namen geben könnte. Damit sind alle Zeilen einer Relation paarweise untereinander verschieden. Die Reihenfolge der Zeilen und Spalten einer Relation ist irrelevant.

Die Struktur einer Relation kann kurz wie folgt dargestellt werden, wobei der Primärschlüssel unterstrichen ist:

```
Kunde (KNR, Kundenname, Strasse, PLZ, Ort, Telefon)
```

Relationen können nur über inhaltliche Angaben aufeinander bezogen werden. Um z. B. die 1:n-Beziehung zwischen *Kunde* und *Bestellkopf* darstellen zu können (vgl. Bild 6.8), muss in die Relation *Bestellkopf* das Attribut *KNR* aus der Relation *Kunde* aufgenommen werden:

```
Bestellkopf (BNR, KNR, Datum)
```

Der Wert von *KNR* verweist damit auf die entsprechende Zeile in der Relation *Kunde*. Unterschiedliche Zeilen der Relation *Bestellkopf* können natürlich gleiche Werte in der Spalte *KNR* haben, da ein Kunde mehrere Bestellungen aufgeben kann.

Fremdschlüssel

KNR in der Relation *Bestellkopf* ist ein Fremdschlüssel.

Ein *Fremdschlüssel* ist ein Attribut (oder eine Kombination von mehreren Attributen), das in einer anderen Relation Primärschlüssel ist. Beziehungen zwischen Relationen werden also über Fremdschlüssel hergestellt.

Bild 6.11 zeigt das dem Diagramm in Bild 6.8 entsprechende Relationenmodell. Die Pfeile zeigen die Verweise Fremdschlüssel – Primärschlüssel.

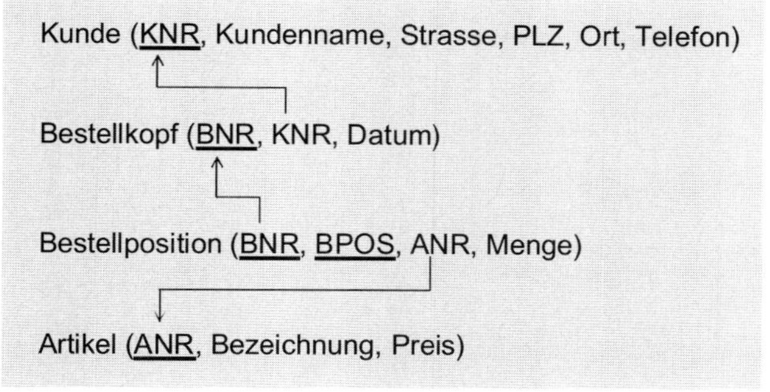

Bild 6.11: *Relationenmodell*

Der Primärschlüssel der Relation *Bestellposition* ist aus den beiden Attributen *BNR* und *BPOS* zusammengesetzt. *BNR* ist in dieser Relation Fremdschlüssel.

Repräsentation einer m:n-Beziehung

Die m:n-Beziehung zwischen Mitarbeiter und Projekt des ER-Modells in Bild 6.6 kann durch eine zusätzliche Koppeltabelle, hier *Mitarbeiter_Projekt* genannt), dargestellt werden:

```
Mitarbeiter (persnr, name, gebdatum, eintritt)

Projekt (projnr, projbez, budget, start, ende)

Mitarbeiter_Projekt (persnr, projnr)
```

persnr und *projnr* in der Koppeltabelle sind jeweils Fremdschlüssel.

Bild 6.12: *Einführung einer Koppeltabelle*

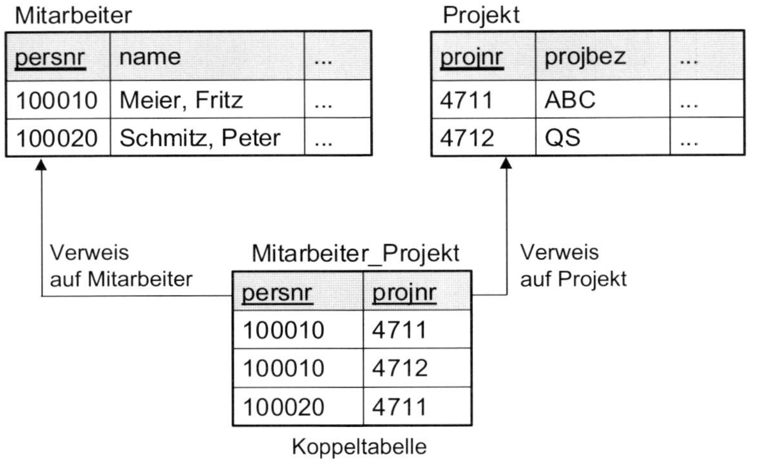

Bild 6.13: *Definition der Relation Artikel in MS Access*

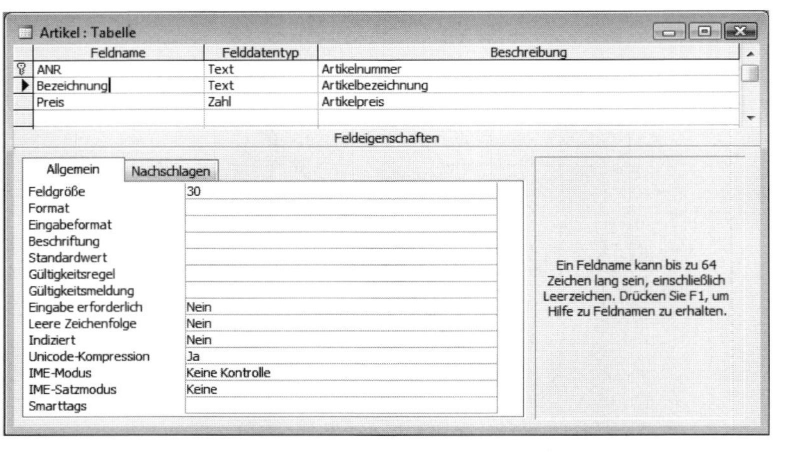

Bevor das Datenmodell implementiert werden kann, sind pro Attribut Datentyp und -länge festzulegen. Übliche Datentypen sind: *Datentypen*

- Text einer bestimmten Länge (VARCHAR)
- Ganzzahl (INTEGER)
- Gleitkommazahl (FLOAT, DOUBLE)
- Dezimalzahl (DECIMAL)
- Datum/Zeit (DATE, TIME, TIMESTAMP)

6.6 Normalisierung

Sind funktionale Abhängigkeiten zwischen Attributen einer Relation vorhanden, kommt es zu Datenredundanzen und möglicherweise zu störenden Dateninkonsistenzen bei der Datenänderung. Würden ersatzweise z. B. die Relationen *Bestellposition* und *Artikel* zu einer einzigen Relation zusammengeführt, so wären für alle Zeilen mit gleicher Artikelnummer *ANR* auch die Werte von *Bezeichnung* und *Preis* gleich. Ändert sich der Preis eines Artikels, so müssten gleich mehrere Zeilen geändert werden. Außerdem könnte keine Information über solche Artikel gespeichert werden, die momentan nicht bestellt wurden.

Ein wie im letzten Abschnitt aus einem ER-Modell auf kanonische Weise abgeleitetes Relationenmodell weist keine Redundanz bis auf die notwendigen Schlüsselinformationen auf. Somit können auch keine der oben erwähnten Dateninkonsistenzen bei Datenänderungen auftreten. Anders verhält es sich, wenn ausgehend von einer oder wenigen Relationen ein Relationenmodell entwickelt werden soll.

Die folgende Tabelle enthält alle wichtigen Informationen über Bestellungen. *Ausgangsrelation*

BNR	Datum	KNR	Kundenname	BPOS	ANR	Preis	Menge
1	03.03.2008	00230	Huber, Peter	1	37111	430	3
1	03.03.2008	00230	Huber, Peter	2	15003	70	1
1	03.03.2008	00230	Huber, Peter	3	40400	600	1
2	04.03.2008	00100	Meier, Franz	1	23676	199	10
3	05.03.2008	00230	Huber, Peter	1	23676	199	5
3	05.03.2008	00230	Huber, Peter	2	34590	2000	4
3	05.03.2008	00230	Huber, Peter	3	40400	600	1
3	05.03.2008	00230	Huber, Peter	4	15003	70	10

Die Abkürzungen bedeuten:

BNR = Bestellnummer, KNR = Kundennummer, BPOS = Bestellpositionsnummer, ANR = Artikelnummer.

Anhand dieses Beispiels können einige Schwachstellen identifiziert werden.

Speicheranomalien

Speicheranomalien, die aufgrund redundanter Datenspeicherung auftreten können, sind:

- *Änderungsanomalie*
  Wird ein Spaltenwert geändert so müssen in der Regel mehrere Zeilen geändert werden. Muss der Preis eines Artikels geändert werden, so sind in der Regel mehrere Zeilen von dieser Änderung betroffen
- *Löschanomalie*
  Wird eine Zeile gelöscht so geht die Information über einen Kunden verloren. Wird im Beispiel die Bestellung mit der Nummer 2 gelöscht, so geht auch die Information über den Kunden "Meier" verloren.
- *Einfügeanomalie*
  Eine neue Zeile kann nur eingefügt werden, wenn der Wert des kompletten Schlüssels bekannt ist. Um einen neuen Kunden (hier nur mit Kundennummer und Name) aufnehmen zu können, muss eine Bestellung dieses Kunden bereits vorliegen.

Normalisierung

Die *Normalisierung* ist ein Verfahren, mit dem Redundanzen erkannt und beseitigt werden können. Dazu werden Tabellen schrittweise in kleinere Tabellen zerlegt. Die Normalisierung ist in drei Schritte gegliedert.

Erste Normalform

Eine Tabelle ist in *erster Normalform*, wenn in jeder Tabellenzelle nur ein Wert enthalten ist.

Die zuletzt aufgeführte Tabelle ist in erster Normalform.

Der Primärschlüssel dieser Relation ist aus *BNR* und *BPOS* zusammengesetzt:

```
Bestellung (BNR, Datum, KNR, Kundenname, BPOS, ANR,
        Preis, Menge)
```

Man erkennt, dass die Zuordnung des Bestelldatums zur Bestellnummer mehrfach vorhanden ist. Ebenso kommen Kundennummer und -name einer Bestellung mehrfach vor. Die Forderung der zweiten Normalform entfernt diese Redundanz.

Eine Tabelle ist in *zweiter Normalform*, wenn sie in erster Normalform ist und alle Spalten, die nicht zum Primärschlüssel gehören, voll von diesem abhängen und nicht bereits durch einen Teil des Schlüssels bestimmt werden.

Zweite Normalform

Datum, KNR und Kundenname sind bereits durch einen Teil des Schlüssels, nämlich durch die Bestellnummer BNR, eindeutig festgelegt. Die Ausgangsrelation wird nun in zwei Tabellen zerlegt:

```
Bestellkopf (BNR, Datum, KNR, Kundenname)
Bestellposition (BNR, BPOS, ANR, Preis, Menge)
```

Relationen in zweiter Normalform

BNR	Datum	KNR	Kundenname
1	03.03.2008	00230	Huber, Peter
2	04.03.2008	00100	Meier, Franz
3	05.03.2008	00230	Huber, Peter

BNR	BPOS	ANR	Preis	Menge
1	1	37111	430	3
1	2	15003	70	1
1	3	40400	600	1
2	1	23676	199	10
3	1	23676	199	5
3	2	34590	2000	4
3	3	40400	600	1
3	4	15003	70	10

Beide Relationen befinden sich in der zweiten Normalform. Trotzdem sind noch nicht alle Abhängigkeiten beseitigt. Die Zuordnung vom Kundenname zur Kundennummer KNR erscheint mehrfach, ebenso die Zuordnung vom Preis zur Artikelnummer ANR. Diese Anhängigkeiten werden nun durch die Forderung der dritten Normalform vermieden.

Eine Tabelle ist in *dritter Normalform*, wenn sie in zweiter Normalform ist und alle Spalten, die nicht zum Primärschlüssel gehören, nur von diesem abhängig sind.

Dritte Normalform

Diese Regel führt nun zu den folgenden Relationen:

`Kunde (KNR, Kundenname)`

`Artikel (ANR, Preis)`

`Bestellkopf (BNR, Datum, KNR)`

`Bestellposition (BNR, BPOS, ANR, Menge)`

Relationen in dritter Normalform

KNR	Kundenname
00100	Meier, Franz
00230	Huber, Peter

ANR	Preis
15003	70
23676	199
34590	2000
37111	430
40400	600

BNR	Datum	KNR
1	03.03.2008	00230
2	04.03.2008	00100
3	05.03.2008	00230

BNR	BPOS	ANR	Menge
1	1	37111	3
1	2	15003	1
1	3	40400	1
2	1	23676	10
3	1	23676	5
3	2	34590	4
3	3	40400	1
3	4	15003	10

Die Anwendung dieser drei Regeln genügt meist in der Praxis, um ein stabiles Relationenmodell mit wenig Redundanz zu erhalten. Im Einzelnen ist immer zu entscheiden, wie streng die Normalisierung angewandt werden soll. So ist beispielsweise eine Aufteilung der Kundenadresse in Postleitzahl und Wohnort mit einer separaten Tabelle für Postleitzahlen im Allgemeinen wenig sinnvoll.

6.7 Die Datenbanksprache SQL

Datenbanksprachen sind Sprachen, mit denen man die Daten einer Datenbank auswerten und verändern kann. Dabei handelt es sich meistens um selbstständige Endbenutzersprachen, die ohne Programmierkenntnisse angewendet werden können.

Die größte Verbreitung hat die durch *ANSI* (American National Standards Institute) genormte Sprache *SQL* (Structured Query Language), die für alle bekannten relationalen DBMS verfügbar ist. *SQL*

SQL wurde bereits in den 1970er Jahren von IBM entwickelt. Neben dem Abfragen von Daten erlaubt SQL auch das Ändern, Löschen und Hinzufügen von Daten und umfasst Anweisungen zur Definition des Relationenmodells und zur Einrichtung von Zugriffsrechten. SQL ist seit 1986 international genormt.

SQL ist eine *mengenorientierte*, *nicht prozedurale* Sprache. Das bedeutet zum einen, dass z. B. bei einer Abfrage das Ergebnis als Ganzes und nicht schrittweise zur Verfügung gestellt wird bzw. Attributwerte mehrerer Zeilen in einem Schritt geändert werden können, zum andern, dass der Weg zur Lösung einer Aufgabe nicht in Einzelschritte zerlegt und vorgegeben werden muss (wie das bei klassischen Programmiersprachen der Fall ist), sondern dass nur das gewünschte Ergebnis (WAS) spezifiziert werden muss.

Die folgenden Beispiele beziehen sich auf das Datenmodell in Bild 6.11.

SQL-Abfragen haben allgemein die Form:

```
SELECT Attribute FROM Relationen WHERE Bedingung
```

Bedingungen können mit den logischen Operatoren AND (Und) bzw. OR (Oder) verknüpft und mit NOT (Nicht) negiert werden.

Grundtypen von Abfragen sind *Projektion*, *Selektion* und *Join*.

Die *Projektion* einer Tabelle erreicht man durch Spaltenauswahl. *Projektion*

Beispiel (vgl. Bild 6.10):

```
SELECT KNR, Kundenname FROM Kunde
```

Ergebnis:

KNR	Kundenname
00100	Meier, Franz
00140	Schmitz, Otto
00230	Huber, Peter

Selektion

Eine *Selektion* ist eine Zeilenauswahl, die mit Hilfe einer Bedingung (WHERE-Klausel) formuliert wird.

Beispiel (vgl. Bild 6.10):

```
SELECT * FROM Kunde WHERE Ort = 'Köln'
```

Mit dem Zeichen `*` werden alle Spalten der Tabelle ausgewählt.

Ergebnis:

KNR	Kundenname	Strasse	PLZ	Ort	Telefon
00100	Meier, Franz	Bachstr. 4	50858	Köln	0221/112233
00230	Huber, Peter	Aachener Str. 10	50674	Köln	0221/778899

Projektion und Selektion können kombiniert werden.

Um Kundennummer und -name aller Kunden mit Wohnort "Köln" zu erhalten, formuliert man:

```
SELECT KNR, Kundenname FROM Kunde WHERE Ort = 'Köln'
```

Spaltenfunktionen

Mit SQL können auch Berechnungen durchgeführt werden. Mit der folgenden Abfrage erhält man die Anzahl der Artikel sowie Durchschnittspreis, minimalen und maximalen Preis der Artikel (vgl. Bild 6.11):

```
SELECT COUNT(*) AS Anzahl, AVG(Preis) AS
Durchschnitt, MIN(Preis) AS Minimum, MAX(Preis) AS
Maximum FROM Artikel
```

`COUNT(*)` steht für die Anzahl Zeilen der Tabelle, `AVG` für den Durchschnitt, `MIN` und `MAX` für Minimum bzw. Maximum der Spaltenwerte. Mit der AS-Klausel werden Spaltenüberschriften für die berechneten Werte festgelegt.

Häufig beziehen sich Abfragen auf Informationen in mehreren Tabellen. Möchte man die Bestellwerte der einzelnen Bestellungen berechnen, so müssen die Relationen *Bestellposition* und *Artikel* über das Attribut *ANR* verknüpft werden, da die Bestellmenge in *Bestellposition* und der Preis in *Artikel* vorhanden sind:

Daten aus mehreren Tabellen (Join)

```
SELECT BNR, Menge * Preis AS Gesamtpreis
FROM Bestellposition, Artikel
WHERE Bestellposition.ANR = Artikel.ANR
ORDER BY BNR
```

Ergebnis (vgl. die Tabellen der dritten Normalform im letzten Abschnitt):

BNR	Gesamtpreis
1	600
1	70
1	1290
2	1990
3	700
3	600
3	8000
3	995

Mit der AS-Klausel wird der Name *Gesamtpreis* für die berechnete Spalte *Menge * Preis* festgelegt. Die FROM-Klausel enthält die beiden zu verknüpfenden Relationen und die WHERE-Klausel gibt die Verknüpfungsbedingung (*Join-Bedingung*) an. Da *ANR* sowohl in *Artikel* als auch in *Bestellposition* vorkommt, muss der Spaltennamen mit dem Tabellennamen qualifiziert werden. Nur solche Zeilen der beiden Relationen passen zusammen, die die gleiche Artikelnummer haben. Die ORDER-BY-Klausel gibt an, dass die Ausgabe nach *BNR* aufsteigend sortiert sein soll.

Nun soll die Summe je Bestellnummer ermittelt werden:

Gruppieren

```
SELECT BNR, SUM(Menge * Preis) AS Bestellwert
FROM Bestellposition, Artikel
WHERE Bestellposition.ANR = Artikel.ANR
GROUP BY BNR
ORDER BY BNR
```

Die Spaltenfunktion `SUM` ermittelt die Summe des Ausdrucks *Menge * Preis*. Die GROUP-BY-Klausel besagt, dass die Summierung für jede einzelne Bestellung (*BNR*) durchzuführen ist. Pro Bestellnummer wird also eine Summe ausgegeben.

Ergebnis:

BNR	Bestellwert
1	1960
2	1990
3	10295

Datenmanipulation

Mit Hilfe der Anweisungen `INSERT`, `UPDATE`, `DELETE` können Daten eingefügt, verändert und gelöscht werden.

Es soll ein neuer Artikel aufgenommen werden:

```
INSERT INTO Artikel VALUES
('50000', 'TFT-Monitor 19-Zoll T905', 250)
```

Die einzufügenden Werte sind in der Reihenfolge der Definitionen der einzelnen Spalten (vgl. Bild 6.11) aufgeführt.

Alle Artikelpreise sollen um 10 % erhöht werden:

```
UPDATE Artikel SET Preis = Preis * 1.1
```

Der Ausdruck *Preis * 1.1* wird als neuer Preis in allen Zeilen der Relation *Artikel* gesetzt. UPDATE-Befehle können natürlich auch eine WHERE-Klausel enthalten.

Der soeben eingefügte Artikel soll wieder gelöscht werden:

```
DELETE FROM Artikel WHERE ANR = '50000'
```

Einige Datenbanksysteme bieten neben SQL auch *formularorientierte Abfragedialoge* (*Query by Forms*) an, bei denen der Benutzer die gewünschten Informationen in einem vorgegebenen Raster eintragen bzw. ankreuzen kann. Bei MS Access erfolgt dann eine automatische Umsetzung in SQL.

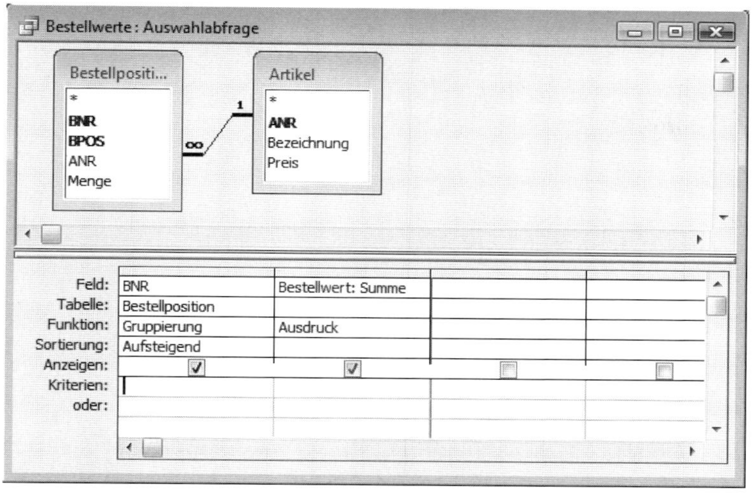

Bild 6.14: *Abfragedialog in MS Access*

6.8 Datenintegrität und Transaktionen

Unter *Datenintegrität* versteht man die *Korrektheit* und *Vollständigkeit* der gespeicherten Daten. Die Datenintegrität kann durch Fehleingaben von Seiten des Benutzers, durch unzulässige Operationen bei der Änderung von Datenbankinhalten, durch fehlerhafte Synchronisation parallel arbeitender Programme beim Mehrbenutzerbetrieb und durch Hardwarefehler gefährdet werden.

Integritätsregeln

Moderne DBMS überwachen die Integrität durch die Aufnahme von Integritätsbedingungen in das Datenmodell.

Durch die Definition eines *Primärschlüssels* wird die eindeutige Identifizierbarkeit von Objekten erreicht. Der Versuch, eine neue Zeile mit einem Schlüsselwert aufzunehmen, der bereits in einer vorhandenen Zeile gespeichert ist, wird abgebrochen.

Für einzelne Attribute können *Eingabepflicht*, *Wertebereiche* und *Standardwerte* definiert werden. Bild 6.15 zeigt die Definition dieser Eigenschaften am Beispiel von MS Access. Für das Attribut *Datum* ist die Eingabe erforderlich. Als vorgeschlagener Wert (Standardwert) bei der Erfassung wird das aktuelle Tagesdatum ermittelt, das Datum darf nicht vor dem 01.01.2008 liegen (*Gültigkeitsregel*).

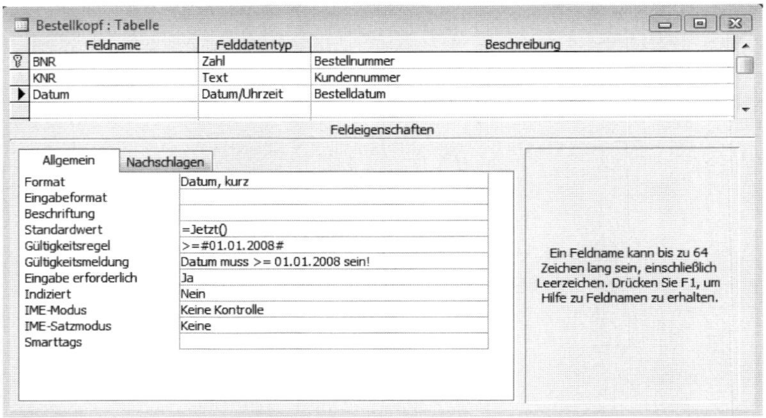

***Bild 6.15**: Definition von Integritätsregeln in MS Access*

Die *referentielle Integrität* stellt sicher, dass Referenzierungen über Fremdschlüssel erhalten bleiben. Sie verhindert also alle Änderungen der Datenbank, die dazu führen, dass Fremdschlüssel auf nicht vorhandene Zeilen der Referenztabelle verweisen. Z. B. dürfen in der Relation Bestellposition keine Artikelnummern existieren, die nicht auch in der Relation Artikel vorkommen. Die Regel führt u. a. dazu, dass ein Artikel in der Relation Artikel erst dann gelöscht werden kann, wenn keine Zeilen der Relation Bestellposition mehr auf diesen Artikel verweisen.

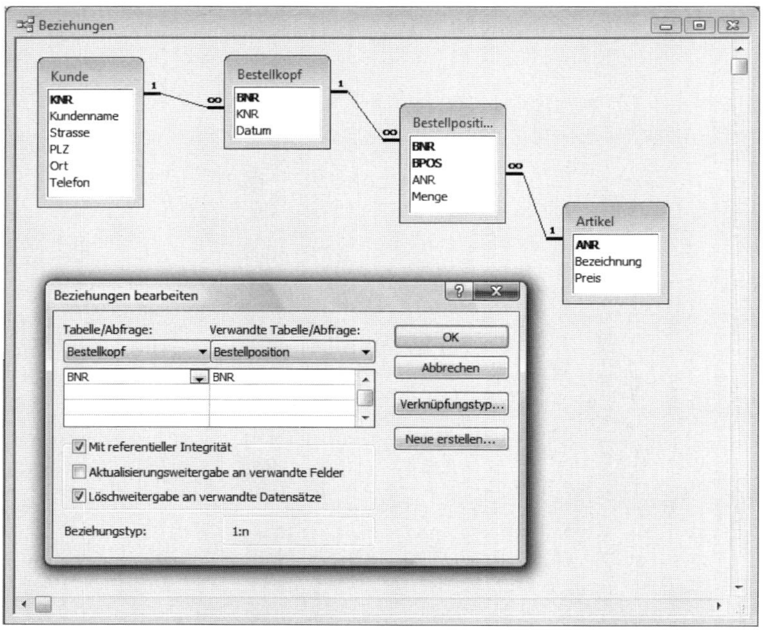

***Bild 6.16**: Referentielle Integrität in MS Access*

Die Regel kann dahingehend erweitert werden, dass mit dem Löschen einer Zeile der Referenztabelle (*Artikel*) auch sämtliche abhängigen Zeilen der referenzierenden Tabelle (*Bestellposition*) automatisch gelöscht werden, so dass nach dieser Operation die Integrität sichergestellt ist (siehe Bild 6.16: Löschweitergabe an Detaildatensatz).

Transaktionen

Bei schreibenden Zugriffen auf die Datenbank kommt es oft vor, dass die Daten erst nach mehreren Zugriffen wieder konsistent sind. Konsistenzprobleme können auch auftreten, wenn mehrere Benutzer parallel auf dieselben Daten zugreifen und sie verändern wollen.

Beispiel:

In einer Bank soll ein bestimmter Betrag von Konto 1 auf Konto 2 überwiesen werden. Dazu muss zunächst Konto 1 um den Betrag verringert und dann Konto 2 um den gleichen Betrag erhöht werden. Erst nach diesen beiden Aktionen ist die Datenbank wieder konsistent. Fällt der Rechner unmittelbar nach der ersten Aktion aus, kann die zweite Aktion nicht mehr durchgeführt werden und die Kontenführung ist damit verfälscht.

Um solche Probleme zu verhindern, können DBMS transaktionsorientiert arbeiten. Eine *Transaktion* ist eine Folge von logisch zusammengehörenden Aktionen, die eine Datenbank von einem konsistenten Anfangszustand in einen konsistenten Endzustand überführt. Eine Transaktion wird *entweder vollständig oder gar nicht* ausgeführt. Kann eine Transaktion nicht abgeschlossen werden, so werden die bereits ausgeführten Aktionen dieser Transaktion rückgängig gemacht.

Auch durch den verzahnten Ablauf paralleler Transaktionen im Mehrbenutzerbetrieb können prinzipiell Fehler auftreten.

Beispiel:

In einem Platzbuchungssystem werden zur gleichen Zeit von zwei verschiedenen Stellen Plätze verkauft.

Transaktion T_1 besteht aus den Aktionen:

- A_{11}: Anzahl freier Plätze lesen
- A_{12}: Anzahl um 1 reduzieren
- A_{13}: neue Anzahl speichern

Transaktion T_2 besteht aus den Aktionen:

- A_{21}: Anzahl freier Plätze lesen
- A_{22}: Anzahl um 2 reduzieren
- A_{23}: neue Anzahl speichern

Bei der parallelen Ausführung der Transaktionen in der Reihenfolge A11, A21, A12, A22, A13, A23 bleibt die Buchung eines Platzes unberücksichtigt (lost update). Ausgehend von 10 freien Plätzen führen die Aktionen in der angegebenen Reihenfolge zu den folgenden Anzahlen: 10, 10, 9, 8, 9, 8. Statt 3 werden also nur 2 Plätze reserviert.

Sperrmechanismen

Solche Fehler können durch das *Sperren von Daten* für die Dauer ihrer Bearbeitung verhindert werden. In obigem Beispiel setzt die Transaktion zunächst eine Schreib-Lese-Sperre für das zu ändernde Datenobjekt. Andere Transaktionen, die auf das gleiche Datenobjekt zugreifen wollen, müssen warten. Am Ende der Transaktion wird die Sperre wieder aufgehoben. Die Transaktionen T_1 und T_2 laufen nun nacheinander ab.

ACID

Transaktionen genügen dem *ACID-Prinzip*:

- *Atomarität* (*Atomicity*): Eine Transaktion wird entweder ganz oder gar nicht ausgeführt. Sie ist in diesem Sinne unteilbar und solange vorläufig, bis sie durch COMMIT oder ROLLBACK beendet wird.
- *Konsistenz* (*Consistency*): Eine Transaktion überführt die Datenbank von einem konsistenten Anfangszustand in einen konsistenten Endzustand. Konsistente Zustände werden dabei durch Integritätsregeln beschrieben.
- *Isolation* (*Isolation*): Eine Transaktion ist isoliert, d. h. sie wird im Ergebnis nicht beeinflusst durch andere, parallel laufende Transaktionen.
- *Dauerhaftigkeit* (*Durability*): Das Ergebnis einer mit COMMIT abgeschlossenen Transaktion bleibt erhalten. Das Protokollieren aller Datenbankänderungen (Logging) ermöglicht die Wiederherstellung der Datenbank (Recovery) nach System- oder Speicherfehlern.

6.9 Weiterentwicklungen

verteilte DBMS

Aus der fortschreitenden Entwicklung von Rechnernetzen ergibt sich die Forderung nach einer verteilten Datenhaltung. Ein *verteiltes DBMS* verwaltet logisch zusammengehörende Daten, von denen Teile physisch auf mehreren Rechnern im Netz abgespeichert sind. Das System hat sicherzustellen, dass beim Benutzer der Eindruck einer einzigen zentralen Datenbank entsteht. Transaktionssteuerung, Fehlerbehandlung, Zugriffsoptimierung und Konsistenzerhaltung über mehrere Rechner im Netz stellen hohe Anforderungen an solche Systeme.

Während relationale Systeme ihre Stärken bei einfachen Datenstrukturen haben, zeigen sie deutliche Schwächen bei der Repräsentation komplexer Sachverhalte, wie sie in so genannten Nicht-Standard-Anwendungen vorkommen. Hier sollen objektorientierte Systeme, die zusammengesetzte, komplexe Datenstrukturen verwalten können, helfen.

objektrelationale und objektorientierte DBMS

Als Erweiterung von relationalen Systemen werden *objektrelationale DBMS* angesehen, die das Relationenmodell um objektorientierte Konzepte (Methoden, Vererbung) ergänzen.

Rein *objektorientierte DBMS* (ODBMS) sind zurzeit noch nicht so weit verbreitet. In solchen Systemen können in einer objektorientierten Programmiersprache wie z. B. Java erzeugte Objekte direkt gespeichert und auch wieder abgerufen werden, ohne deren Daten über mehrere Relationen "verstreuen" bzw. beim Abruf diese aus verschiedenen Relationen zusammensetzen zu müssen. Ein bekanntes ODBMS ist das Open-Source-Produkt *db4o*, das für die Anwendungsentwicklung mit Java oder .NET geeignet ist (http://www.db4o.com).

6.10 Fragen und Aufgaben

1. Nennen Sie die Hauptvorteile eines *Datenbanksystems.*
2. Erläutern Sie das DBMS-*Schichtenmodell.*
3. Nennen Sie die Begriffe und Strukturelemente, die beim *Entity-Relationship-Modell* benötigt werden.
4. Die Mitarbeiter einer Firma sollen monatlich die geleisteten Arbeitsstunden auftragsbezogen erfassen. Ein Auftrag ist in Unteraufträge gegliedert. Die Arbeitsstunden werden den Unteraufträgen zugeordnet. Entwerfen Sie das *ER-Modell.* Für Mitarbeiter soll auch der "Stundensatz" gespeichert werden.
5. Welche Aufgaben haben *Primär-* bzw. *Fremdschlüssel* im Relationenmodell?
6. Wie kann eine *m:n-Beziehung* des ER-Modells im Relationenmodell repräsentiert werden?
7. Leiten Sie aus dem in Aufgabe 4 entwickelten ER-Modell das *Relationenmodell* ab.
8. Eine Relation enthält die Attribute: Kundennummer, Kundenname, Kundenadresse, Bestellnummer, Artikel und Bestellmenge. Spalten Sie diese Relation in zwei Relationen so auf, dass *Datenredundanz* vermieden wird, und nennen Sie Primär- und Fremdschlüssel.

9. Gegeben sei die folgende Ausgangstabelle mit Prüfungsdaten zu einem Prüfungstermin (PNR = Prüfungsnummer, MatrNr = Matrikelnummer, FB = Fachbereich).

PNR	Fach	Prüfer	MatrNr	Name	Studiengang	FB	Dekan	Note
101	BWL	Meier	123456	Lange	Wirtschaft	08	Meier	3,0
			112233	Hugo	Wirtschaft	08	Meier	2,3
102	VWL	Frisch	123456	Lange	Wirtschaft	08	Meier	3,3
201	Java	Werner	330033	Otto	Informatik	08	Meier	1,3
			121212	Schmitz	Informatik	08	Meier	3,0

Entwickeln Sie durch Anwendung der Normalisierungsregeln ein stabiles Relationenmodell.

10. Die folgende Tabelle beschreibt, welche Mitarbeiter aus verschiedenen Abteilungen in mehreren Projekten eingesetzt werden (PNR = Personalnummer, MA = Mitarbeitername, ANR = Abteilungsnummer).

PNR	MA	ANR	Abteilung	Projekte
007	Schmidt	K308	Entwicklung	P1, P2, P3
008	Müller	K309	Test	P1, P2, P4, P5

Entwickeln Sie durch Anwendung der Normalisierungsregeln ein stabiles Relationenmodell.

11. Nennen Sie wesentliche Merkmale von *SQL*.

12. Formulieren Sie für das Datenmodell in Aufgabe 7 die *SQL-Abfrage*, die für einen bestimmten Auftrag und einen bestimmten Monat den Arbeitsaufwand in Geldeinheiten ausgibt.

13. Leiten Sie aus dem ER-Modell in Bild 6.6 das *Relationenmodell* ab. Nennen Sie auch die Fremdschlüssel.

14. Nennen Sie einige Arten von *Integritätsregeln*.

15. Das Kursprogramm einer Volkshochschule soll mit Hilfe eines relationalen DBMS verwaltet werden. Neben Kursen, Räumen und Dozenten sollen auch Hörer gespeichert werden können.

    a) Identifizieren Sie mögliche Objekttypen mit zugehörigen Attributen.

    b) Stellen Sie das ER-Modell ohne Attribute grafisch dar.

c) Leiten Sie aus dem ER- Modell das Relationenmodell ab und legen Sie Primär- und Fremdschlüssel fest.

d) Bestimmen Sie Datentypen und -längen.

e) Implementieren Sie die Datenbank mit Hilfe eines relationalen DBMS Ihrer Wahl.

f) Erfassen Sie Testdaten für alle Tabellen.

16. Entwickeln Sie Abfragen für die in Aufgabe 15 erstellte Datenbank:

a) Liste aller Kurse mit Angabe des jeweiligen Dozentennamens (sortiert nach Kursnummern)

b) Liste aller Kursbelegungen (sortiert nach Kursnummer und Hörernummer): Kursnummer, Name und Anschrift der Hörer

c) Zu jeder Kursnummer soll die Anzahl der jeweiligen Hörer ausgegeben werden. Tipp: Nutzen Sie die Spaltenfunktion COUNT.

17. Diskutieren Sie Vor- und Nachteile verteilter Datenbanken.

6.11 Fallbeispiel

Bei der Abstimmung mit einer Softwarefirma, welche neue Anwendungssoftware für die Stadtwerke AG liefern soll, wurden unter anderem Anforderungen festgelegt. Eine wichtige Anforderung des Pflichtenhefts ist, dass die Software zur Datenhaltung eine relationale Datenbank verwendet, die auch später für eigene Entwicklungen, z. B. zur Erstellung neuer Auswertungen mit Hilfe von Standard-Tools, genutzt werden kann. Zu diesem Zweck muss das Datenmodell offengelegt werden.

In einem ersten Arbeitspapier schreibt Herr Komel folgende Datengruppen fest:

- *Kundendaten*
  Kundenummer, Name, Anschrift, Bankverbindung, Vorjahr- und Jahresumsatz, Bonität
- *Lieferantendaten*
  Lieferantennummer, Name, Anschrift, Bankverbindung
- *Rechnungseingangsdaten*
  Rechnungsnummer, Lieferantenummer, Eingangsdatum, Bruttobetrag, Skonto, Fälligkeits- und Skontodatum, Bemerkungen, Restbetrag (bei Teilzahlung)
- *Textbausteine*
  Textbausteinnummer, Text.
  Textbausteine können bei der Erfassung von Angeboten und

Aufträgen zur Vereinfachung der Texterfassung abgerufen werden.

- *Belegdaten*
  Belegnummer, Datum, Kundennummer, Netto-, Brutto- und Mehrwertsteuerbetrag.
  Es handelt sich hierbei um Kopf- und Fußdaten (z. B. Gesamtnetto- und -bruttobetrag) zu Angeboten, Aufträgen, Rechnungen, Gutschriften, Akonto-Anforderungen.
  In der Belegnummer ist die Art des Beleges codiert.
- *Positionsdaten zu einem Beleg*
  Belegnummer, Positionsnummer, Menge, Text zum Artikel bzw. zur Leistung, Lieferantennummer, Einzel- und Gesamtpreis.
- *Statusdaten*
  Belegnummer, Kundennummer, Notiz, Wiedervorlagedatum. Statusdaten dienen der Statusverwaltung für Angebote und Aufträge.
- *Rechnungsausgangsdaten*
  Belegnummer, Datum, Kundenummer, Fälligkeitsdatum, Netto- und Bruttobetrag
- *Offene Posten*
  Belegnummer, Datum, Kundenummer, Fälligkeitsdatum, Netto- und Bruttobetrag, Anzahl Mahnungen.
  In der Belegnummer ist die Buchungsart (z. B. Zahlung eines Kunden, manuelle Buchungen) codiert.

Aufgaben

1. Entwerfen Sie aus der obigen Aufzählung das Entity-Relationship-Modell.
2. Erstellen Sie für den Teilausschnitt Kunden-, Beleg- und Positionsdaten das Relationenmodell (Tabellen, Attribute, Datentypen, Datenlängen, Schlüssel).
3. Formulieren Sie die SQL-Anweisungen zur Einführung des berechneten Gesamtpreises für jede einzelne Position eines bestimmten Beleges und zur Anzeige von Netto- und Bruttogesamtbetrag bei 19 % Mehrweitsteuer für einen bestimmten Beleg.

7 Enterprise-Resource-Planning-Systeme

Lernziele

Sie lernen

- wie integrierte betriebswirtschaftliche Softwaresysteme aufgebaut sind;
- welche Techniken zur automatischen Datenerfassung existieren;
- wie die Erfassung mit Hilfe von RFID-Technik funktioniert;
- welche unterschiedlichen Einsatzmöglichkeiten RFID bietet
- warum das Thema "Integration" von zentraler Bedeutung ist;
- in welchem Umfang Standard-ERP-Lösungen inzwischen in der Unternehmenspraxis verbreitet sind.

7.1 Einleitung

Definition ERP-System

Als *Enterprise-Resource-Planning*-Systeme (abgekürzt ERP-Systeme) werden integrierte betriebswirtschaftliche Standardanwendungssoftware-Pakete bezeichnet, die nahezu alle Aufgabenbereiche und Prozesse innerhalb des Unternehmens unterstützen, wie z. B. Beschaffung, Produktion, Vertrieb, Rechnungswesen und Personalwirtschaft ([MaMa02] S.109). Im Vordergrund steht das Zusammenspiel (Integration) der verschiedenen Aufgaben durch eine gemeinsame Datenbank, wodurch Datenredundanzen vermieden und abteilungsübergreifende Geschäftsprozesse unterstützt werden.

PPS-System

Ein ERP-System ist eine Erweiterung des traditionell in Industrieunternehmen eingesetzten Produktionsplanungs- und Steuerungssystems. Diese, zumeist als *PPS-Systeme* bezeichneten Softwarepakete, unterstützen den gesamten Prozess der Planung und Ausführung von Fertigungsaufträgen und zwar von der Angebotsbearbeitung, Beschaffung, Lagerhaltung, Material- und Ressourcenplanung bis zur Fertigungsüberwachung und Auslieferung. Bei ERP-Systemen sind weitere betriebswirtschaftliche Funktionsbereiche hinzugekommen, vor allem Module für Vertrieb, Rechnungswesen und Personalwirtschaft. Der Begriff "ERP" wird auch als Synonym für integrierte Standardanwendungssoftware zur Optimierung der *innerbetrieblichen* Geschäftsprozesse genutzt. Da die meisten ERP-Softwareprodukte jedoch weder die Ressourcen eines Betriebes noch deren Planung, sondern vielmehr die integrative Abwicklung von Geschäftsprozessen in den Mittelpunkt stellen, ist der Begriff "ERP" unglücklich gewählt worden (vgl. [Mert01] S. 183), hat in der Praxis dennoch eine weite Verbreitung gefunden.

Die Daten der verschiedenen betriebswirtschaftlichen Bereiche werden bei einem ERP-System in einer gemeinsamen Datenbank gespeichert. Hierdurch ist eine bereichsübergreifende Datennutzung möglich, ohne dass die Daten mehrfach eingegeben und gepflegt werden müssen. Beispielsweise werden bei der Buchung eines Wareneingangs in der Materialwirtschaft ohne Zusatzaufwand auch die Konten der Finanzbuchhaltung wertmäßig fortgeschrieben.

Der prinzipielle Aufbau eines ERP-System ist in Bild 7.1 dargestellt. Die wichtigsten Anwendungsbereiche (Module) von ERP-Systemen werden anschließend erläutert.

Bild 7.1: Prinzipieller Aufbau eines ERP-Systems (vgl. [Dave99] S. 92)

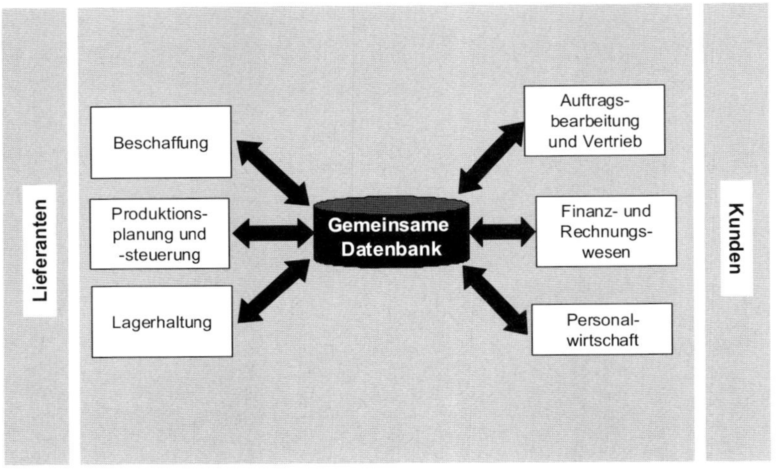

7.2 Aufbau von ERP-Systemen

7.2.1 Modul Beschaffung

Beschaffungs-aufgaben

Im Rahmen der *Beschaffung* werden alle notwendigen Betriebsmittel sowie die erforderlichen Roh- und Hilfsstoffe bereitgestellt. Die Materialien müssen am richtigen Ort, zum richtigen Zeitpunkt, in der erforderlichen Qualität und zu den günstigsten Konditionen zur Verfügung stehen.

Im Rahmen eines ERP-Systems erfasst und speichert das Beschaffungs-Modul alle externen Daten über den Beschaffungsmarkt sowie interne Daten der Bereiche Lager, Produktion und Absatz zur optimalen Unterstützung des Beschaffungsprozesses (vgl. Bild 7.2).

Bild 7.2: Beschaffungsprozess

Im Einzelnen zählen hierzu:

- Pflege bzw. Verwaltung von Lieferanten-, Material-, Qualitäts- und Konditionen-Daten,
- Suche und Auswahl geeigneter Lieferanten, Vergleich von Einkaufspreisen sowie die Lieferantenbewertung,
- Unterstützung bei Angebotseinholung, Verhandlungen, Bestellung, Wareneingangs- und Qualitätsprüfung,
- lückenlose Verfolgung des jeweils aktuellen Bestell- und Lieferstatus, Mahnungen und Terminerinnerungen,
- Mindestbestandsbestellung, d.h. bei Unterschreitung von Mindestbeständen werden Bestellvorschläge erzeugt,
- Automatisierte Rechnungsprüfung auf Basis der erfassten Anlieferdaten mit direkter Verbuchung in der Finanzbuchhaltung,
- Veranlassung der Bezahlung,
- Vereinfachte bzw. automatisierte Nach- bzw. Wiederholbestellung.

7.2.2 Modul Produktionsplanung und -steuerung

Fertigungsunternehmen sind aufgrund des internationalen Wettbewerbsdrucks gezwungen, ständig auf eine kostengünstige Produktion, auf geringe Lager-, Rüst- und Liegezeiten sowie auf möglichst hohe Kapazitätsauslastung ihrer Maschinen und anderen Ressourcen zu achten. Zur Unterstützung dieser ständigen Optimierungsaufgabe dient das Modul Produktionsplanung und -steuerung (PPS). Ursprünglich wurden PPS-Systeme als eigenständige Software-Systeme eingesetzt, während sie heute als Teil eines ERP-Systems angesehen werden. Ideal wäre es, die verschiedenen, mit der Produktion zusammenhängenden Teilaufgaben simultan zu planen. Wegen ihrer großen Komplexität wird die Produktionsplanung in der Praxis zumeist als Sukzessivplanung (sequenzielle Planung) vorgenommen (vgl. [StHa05] S. 358). In Bild 7.3 und Bild 7.4 werden die einzelnen Teilschritte des Produktionsplanungs- und Steuerungsprozesses dargestellt. Die Produktionsplanung umfasst alle Aktivitäten zur mengen-, termin- und kapazitätsmäßigen Planung der Produktion, während die Fertigungssteuerung die Durchführung des Produktionsvorgangs unterstützt.

Produktionsprogrammplanung

Die Produktionsprogrammplanung (Primärbedarfsplanung) legt die in einer bestimmten Zeit zu fertigenden Erzeugnisse nach Art, Menge und Termin fest. Bei der Planung sind vorliegende Kundenaufträge und /oder Absatzprognosen zu berücksichtigen. Die vorhandenen maschinellen und personellen Ressourcen begrenzen den mengenmäßigen Output an Erzeugnissen.

Materialbedarfsplanung

Anhand von Stücklisten oder auf der Basis früherer Verbrauchswerte werden Materialbedarfe ermittelt, diese mit vorrätigen Materialbeständen verglichen und es werden Beschaffungen ausgelöst. Eine Stückliste ist ein Verzeichnis, welches die Zusammensetzung eines Erzeugnisses in einzelne Baugruppen, Komponenten und Einzelteile beschreibt (z. B. ein Fahrrad hat 2 Reifen sowie 2 Felgen). Die Ergebnisse der Bedarfsplanung sind einerseits Bedarfe an selbst zu fertigenden Teilen (z. B. Motoren bei der PKW-Produktion) und andererseits Bedarfe für fremd beziehbare Materialien, die beschafft werden müssen.

Bild 7.3: *Produktionsplanungsprozess*

Termin- und Kapazitätsplanung

Die *Durchlaufterminierung* ermittelt Beginn- und Endtermine von Arbeitsgängen, die nötig sind, um die geplanten Produktionsaufträge termingerecht fertig zu stellen. Hierbei setzt sich die *Durchlaufzeit* eines Auftrages aus den Belegungszeiten der für einen Auftrag benötigten Arbeitsplätze und Betriebsmittel sowie aus den *Übergangszeiten* (Transport, Liege- und Wartezeiten) zusammen.

Die innerhalb der Durchlaufterminierung ermittelten Start- und Endtermine haben vorläufigen Charakter, weil die verfügbaren Produktionskapazitäten sowie Kapazitätsengpässe noch nicht berücksichtigt wurden. Diese konkrete Terminierung erfolgt im Rahmen des *Kapazitätsabgleichs*. Hierbei muss berücksichtigt werden, dass die maximal verfügbare Kapazität durch Wartungs- und Instandhaltungsarbeiten, Produktionsstörungen, Urlaubs- und Krankheitszeiten der Mitarbeiter reduziert wird. Durch die Gegenüberstellung von verfügbarer Kapazität und benötigter Kapazität ergeben sich Unter- bzw. Überauslastungen, die untereinander ausgeglichen werden müssen.

Bild 7.4: *Produktionssteuerungsprozess*

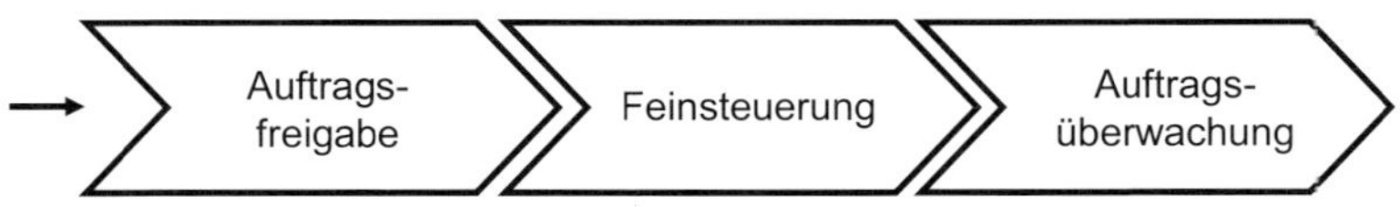

Auftragsfreigabe

Die *Auftragsfreigabe* gibt die terminlich vorgesehenen Aufträge zur Produktion frei. Die Aufträge werden hierbei den verschiedenen Betriebsmitteln und Arbeitsplätzen zugewiesen. Zuvor muss jedoch die Verfügbarkeit von Material, Maschinen, Personal und Werkzeugen sichergestellt sein.

Feinsteuerung

Die *Feinsteuerung* hat die Aufgabe, kurzfristig (d. h. auf Stunden- bzw. Minutenbasis) die zeitliche Reihenfolge der Abarbeitung von Fertigungsaufträgen festzulegen.

Auftragsüberwachung

Innerhalb des Produktionsprozesses entstehen laufend aktuelle Daten. Durch Gegenüberstellung von Soll- und Ist-Daten über Beginn- und Endtermine, Materialverbräuche, Maschinenstillstände etc. erfolgt die laufende Überwachung des Fertigungsprozesses mit der Möglichkeit, kurzfristig Änderungen einzuleiten (vgl. Bild 7.5).

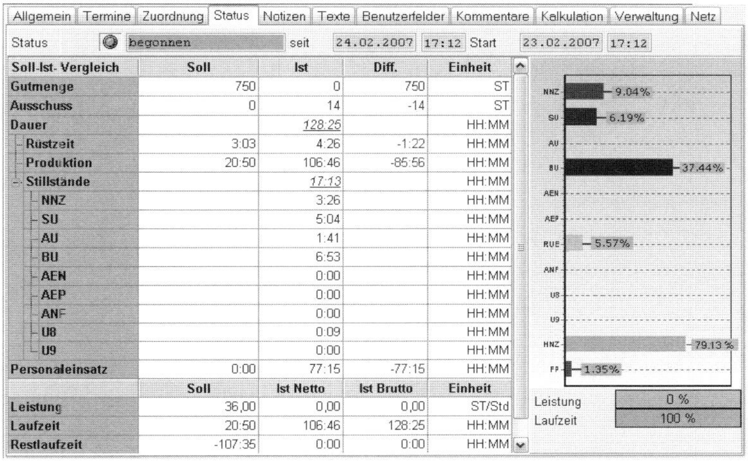

Soll-Ist- Vergleich	Soll	Ist	Diff.	Einheit
Gutmenge	750	0	750	ST
Ausschuss	0	14	-14	ST
Dauer		128:25		HH:MM
Rüstzeit	3:03	4:26	-1:22	HH:MM
Produktion	20:50	106:46	-85:56	HH:MM
Stillstände		17:13		HH:MM
NNZ		3:26		HH:MM
SU		5:04		HH:MM
AU		1:41		HH:MM
BU		6:53		HH:MM
AEN		0:00		HH:MM
AEP		0:00		HH:MM
ANF		0:00		HH:MM
U8		0:09		HH:MM
U9		0:00		HH:MM
Personaleinsatz	0:00	77:15	-77:15	HH:MM
	Soll	Ist Netto	Ist Brutto	Einheit
Leistung	36,00	0,00	0,00	ST/Std
Laufzeit	20:50	106:46	128:25	HH:MM
Restlaufzeit	-107:35	0:00	0:00	HH:MM

***Bild 7.5**: Auftragsstatus (Quelle: MPDV)*

7.2.3 Modul Lagerhaltung

Im Rahmen der Lagerbestandsführung verwaltet dieses Software-Modul Zugänge zum Lagerbestand aus der Fertigung oder aus dem Wareneingang sowie Lagerentnahmen für die Fertigung oder für den Verkauf. Neben der mengenmäßigen Bestandsführung erfolgt auch eine wertmäßige Bestandsführung als Basis für die Kostenrechnung (Materialkosten). Im Rahmen der Inventur wird sichergestellt, dass die elektronisch fortgeschriebenen Bestände mit den tatsächlichen Beständen übereinstimmen. Weitere Funktionen des Moduls Lagerhaltung sind:

- Hinterlegung interner und externer Lager mit den jeweiligen Lagerkapazitäten und Lagerplätzen,
- Berücksichtigung unterschiedlicher Lagerorganisationen wie z. B. manuelle Ein- und Auslagerung, automatische Lagersysteme,
- Verwaltung von Bestandsdaten nach verschiedenen Kriterien. Im Lebensmittelbereich sind beispielsweise Haltbarkeitsdatum, Soll-Verkaufsdatum, Herkunftsnachweis und Rückverfolgbarkeit wichtig.
- Abbildung verschiedener Inventurmethoden, wie beispielsweise permanente, stichtagsbezogene und Stichproben-Inventur.

7.2.4 Modul Auftragsbearbeitung und Vertrieb

Über die Fertigprodukterzeugung sind Beschaffung, Produktion und Vertrieb eng miteinander verbunden. Die Art der Produktion beeinflusst die Aufgaben des Vertriebsbereichs. Hierbei wird zwischen der kundenauftragsorientierten Produktion und der Produktion für einen anonymen Markt (Serienprodukte, die direkt ab Lager an die Kunden geliefert werden können) unterschieden.

Bei *auftragsorientierter Produktion* ist der Vertrieb die erste Kontaktstelle zum Kunden, der die spezifischen Wünsche an die Produktion weiterleitet. Das gewünschte Produkt ist nicht als fertiges Erzeugnis am Lager sondern muss speziell für den jeweiligen Kundenauftrag hergestellt oder beschafft werden.

Bei der *Produktion auf Lager* orientiert sich die zu fertigende Losgröße, unter Berücksichtigung von Rüst- und Lagerkosten, an Umsatzstatistiken und artikelspezifischen Prognosen.

***Bild 7.6**:*
Vertriebsprozess

Vertriebsaufgaben

Das Modul Vertrieb unterstützt den gesamten Vertriebsprozess, beginnend mit der ersten Kontaktaufnahme zu Kunden und Interessenten über die Bearbeitung von Anfragen, Angeboten, Bestellungen bis zum Versand und zur Fakturierung (vgl. Bild 7.6). Falls ein Kunde eine Bestellung aufgibt, so entsteht daraus ein Auftrag mit den gewünschten Produkten, Verkaufspreisen und dem Wunschlieferdatum. Die Waren werden anschließend entweder produziert (bei individuellen Kundenaufträgen) oder vom Lager zusammengestellt und kommissioniert. Der Warenausgang wird verbucht und ein Lieferschein gedruckt. Außerdem wird zu jedem Auftrag eine Rechnung erstellt und an den Kunden versandt. Der Vertriebsprozess endet mit dem Zahlungseingang.

Wie bei den anderen ERP-Modulen spielt die Datenverwaltung auch beim Vertriebsmodul eine zentrale Rolle. Zunächst einmal muss eine differenzierte Kundendatenpflege möglich sein einschließlich der Verwaltung kundenspezifischer Preise und Konditionen sowie der Verwaltung von Kundenaufträgen. Durch Kreditlimitprüfungen werden Lieferungen an Kunden ohne entsprechende Liquidität vermieden. Nicht-kreditwürdige Kunden können mit entsprechenden Sperrvermerken gekennzeichnet werden. Im Rahmen der allgemeinen Kundenbewertung werden Kunden durch entsprechende Attribute klassifiziert. Bild 7.7 enthält Beispiele für Vertriebsdaten.

Identifikationsdaten von Kunden und Interessenten

- Name, Adresse (Auftraggeber, Warenempfänger, Rechnungsempfänger)
- Ansprechpartner (Name, Funktion, Kompetenz, Telefon, Telefax)
- Geschäftszweig des Kunden
- Branchencode
- Zahlungsbedingungen (zum Beispiel Kreditlinie)

Anfragedaten

- Problembeschreibungen, Kundenzeichnungen
- Mengen und Wunschkonditionen je Produkt

Angebotsdaten

- Mengen und Konditionen je Produkt
- Angebotsdetails je Produkt
- ggf. Produktmuster, Konstruktionszeichnungen

Auftragsdaten

- Mengen und tatsächliche Konditionen je Produkt, Liefertermin

Besuchsdaten (bei Vertreterbesuchen)

- Besuchsfrequenzen
- Letzter Besuch
- Inhalt und Ergebnis (Besuchsberichte)

Lieferdaten

- Liefervorschriften (Normal-, Eilbestellung) je Produkt
- Lieferprioritäten
- Vereinbarte Qualitäts- und Mengentoleranzen je Produkt

After-Sales-Daten

- Reklamationsbeschreibung (Reklamationsbericht)
- Wartung und Reparatur je Produkt

Bild 7.7: *Beispiele für Vertriebsdaten*

Zu den weiteren Funktionen des Vertriebsmoduls zählen die Verwaltung und Einsatzsteuerung von Außendienstmitarbeitern, die Kommissionierung auszuliefernder Artikel bzw. Zusammenstellung von Lieferungen, die Distribution und Tourenplanung, die Abwicklung von Leih- bzw. Leergut (z. B. Pfandflaschen, Leihpaletten), die Reklamationsabwicklung sowie die Erstellung von Zoll- und Ausfuhrerklärungen (vgl. [StHa05] S. 350 f.).

7.2.5 Modul Finanzen und Rechnungswesen

Dieses Modul unterstützt die verschiedenen Aufgaben der *Finanzbuchhaltung* im Unternehmen. Im Mittelpunkt stehen hierbei zunächst administrative Aufgaben, die als Basis für Auskünfte und Auswertungen des Managements dienen. Software für das Finanz- und Rechnungswesen wird stark von handels- und steuerrechtlichen Bestimmungen beeinflusst. Im Handelsrecht fordert beispielsweise § 238 Abs. 1 Satz 2 HGB, dass die Buchführung so beschaffen sein muss, dass sie einem sachverständigen Dritten innerhalb angemessener Zeit einen Überblick über die Geschäftsvorfälle und über die Lage des Unternehmens vermitteln kann. Die Geschäftsvorfälle müssen sich in ihrer Entstehung und Abwicklung verfolgen lassen.

Gesetzliche Anforderungen

Zur Nachvollziehbarkeit der Buchführungsinhalte fordert § 238 Abs. 2 HGB darüber hinaus, dass eine mit der Urschrift übereinstimmende Wiedergabe der versandten Handelsbriefe (Kopie, Abdruck, Abschrift oder sonstige Wiedergabe des Wortlauts auf einem Datenträger) zurückbehalten wird.

Nach § 239 HGB müssen Eintragungen in die Handelsbücher vollständig, richtig, zeitgerecht und geordnet erfolgen. Zudem können die Handelsbücher und die sonstigen erforderlichen Aufzeichnungen auch auf Datenträgern geführt werden, soweit diese den Grundsätzen ordnungsmäßiger Buchführung entsprechen.

Nach § 257 HGB ist jeder Kaufmann verpflichtet, die rechnungslegungsrelevanten Unterlagen geordnet aufzubewahren. Anstelle der Aufbewahrung von Unterlagen im Original, gestattet der § 257 Abs. 3 HGB die Speicherung bestimmter rechnungslegungsrelevanter Daten und Dokumente auf einem Bild- oder sonstigen Datenträger. Es ist dabei sicherzustellen, dass die Wiedergabe der Daten mit den empfangenen Handelsbriefen und Buchungsbelegen bildlich und inhaltlich übereinstimmen, wenn diese lesbar gemacht werden. Sie müssen während der Dauer der Aufbewahrungsfrist verfügbar sein und jederzeit innerhalb angemessener Frist lesbar gemacht werden können.

Die allgemeinen steuerrechtlichen Ordnungsmäßigkeitsanforderungen der §§ 145, 146 sowie 147 AO entsprechen weitgehend den handelsrechtlichen Anforderungen aus §§ 238 f. HGB.

GobS

Wichtige Anforderungen an Finanzbuchhaltungssysteme leiten sich ferner aus den Grundsätzen ordnungsgemäßer DV-gestützter Buchführungssysteme (GoBS) ab, die in einem Schreiben des Bundesministeriums der Finanzen an die obersten Finanzbehörden der Länder vom 7.11.1995 formuliert wurden (vgl. [GoBS95]. Dort sind Vorschriften zur Datensicherheit, Dokumentation, Prüfbarkeit und Datenwiedergabe hinterlegt. Die buchungspflichtigen Geschäftsvorfälle müssen im System richtig, vollständig und zeitgerecht erfasst sein und sich in ihrer Entstehung und Abwicklung verfolgen lassen (Beleg- und Journalfunktion). Außerdem sind Geschäftsvorfälle so zu verarbeiten, dass sie sachlich geordnet auf Konten dargestellt werden und einen Überblick über die Vermögens- und Ertragslage gewährleisten (Kontenfunktion).

Administration

Die wichtigsten Komponenten des Moduls Finanzbuchhaltung sind im Bild 7.8 ersichtlich. Mit den Dialogprogrammen der *Ad-*

ministration werden alle für die Buchhaltung erforderlichen Stammdaten angelegt, geändert und gelöscht. Zu den Stammdaten gehören Angaben über Buchungsbereiche und Abstimmkreise, Firmen und Mandanten als buchhalterische Einheiten (wichtig z. B. bei der Bilanzierung mehrerer, in einem Konzern verbundener Unternehmen), Grunddaten zu Personen- und Sachkonten, Bank- und Mahndaten.

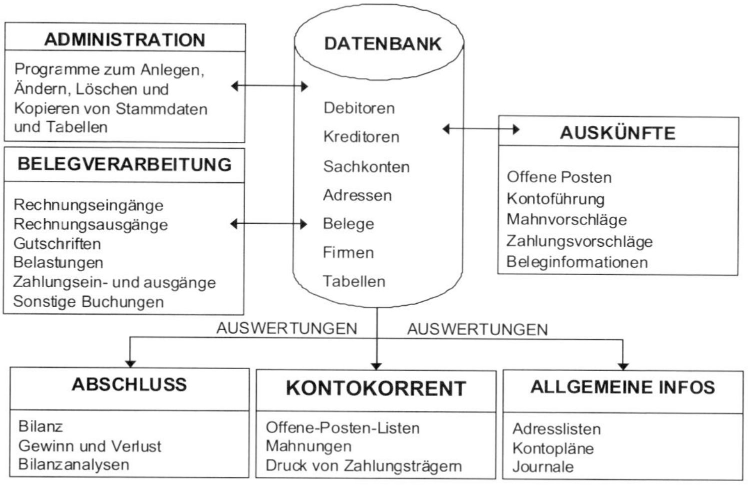

Bild 7.8: *Komponenten eines Finanzbuchhaltungssystems*

Belegverarbeitung

Zur *Belegverarbeitung* gehört die Eingabe, Prüfung, ggf. Korrektur und Buchung sämtlicher, für die Buchhaltung relevanter Belege. Es handelt sich hier um Dialogprogramme mit sofortigen Prüfungen und Korrekturmöglichkeiten.

Auskünfte

Über *Auskunftsmasken* erhalten die Benutzer beispielsweise Informationen über offene Posten (nicht bezahlte Rechnungen). Die Sachbearbeiter können individuelle Mahnungen vornehmen, z. B. durch einen Mahnbrief unter Nutzung der Textverarbeitung oder durch Zusendung von Kontoauszügen bzw. Kopien der Ursprungsrechnungen. Über alle anderen, in der Datenbank gespeicherten Stamm- und Bewegungsdaten können sich die Benutzer per Dialogbildschirm informieren.

Auswertungen

In der Finanzbuchhaltung haben schriftliche Dokumente immer noch eine große Bedeutung. Zahlreiche Auswertungen unterstützen Abschlussarbeiten (Bilanz, Gewinn- und Verlustrechnung, Terminüberwachung und weiterführende betriebswirtschaftliche Analysen.

Bild 7.9: *Komponenten eines Kostenrechnungs-systems*

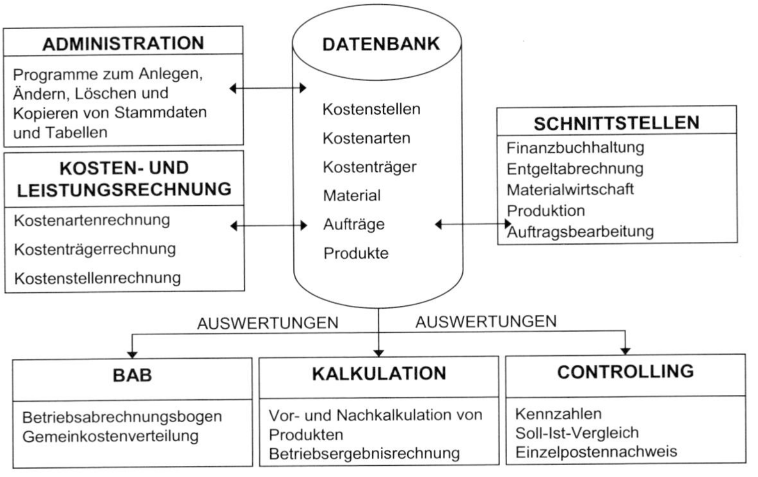

Kostenrechnung

Die *Kostenrechnung* ist Teil des Rechnungswesens und hat die Aufgabe, die Kosten und Leistungen eines Unternehmens zu überwachen und Informationen für das Management bereitzustellen. Zur Unterstützung dieser Aufgaben wird ein Kostenrechnungssystem eingesetzt, welches zunächst die administrativen Aufgaben der Kostenarten-, Kostenstellen- und Kostenträgerrechnung unterstützt. Darauf aufbauend werden entscheidungsrelevante Informationen für Management und Controlling zusammengestellt. Der grundlegende Aufbau wird in Bild 7.9 verdeutlicht.

7.2.6 Modul Personalwirtschaft

Mit Hilfe des Moduls "Personalwirtschaft" können u. a. folgende Aufgaben unterstützt werden:

- Personaldatenverwaltung und Entgeltabrechnung
- Arbeitszeiterfassung und -kontrolle
- Personalmanagement (Bewerberabwicklung, Seminarverwaltung, Karriere- und Nachfolgeplanung, Ideenmanagement)

Personaldaten-verwaltung

Über Dialogprogramme erfolgt die Erfassung, Änderung (Pflege) und Auswertung sämtlicher personenbezogener Daten. Die am Bildschirm eingegeben Daten werden sofort geprüft. Nur korrekte Daten werden in der Personaldatenbank gespeichert.

Die Entgeltabrechnung ist für viele Unternehmen immer noch der wichtigste Anwendungsbereich personalwirtschaftlicher Software. Der grundsätzliche Aufbau eines Entgeltabrechnungsprogramms wird in Bild 7.10 dargestellt.

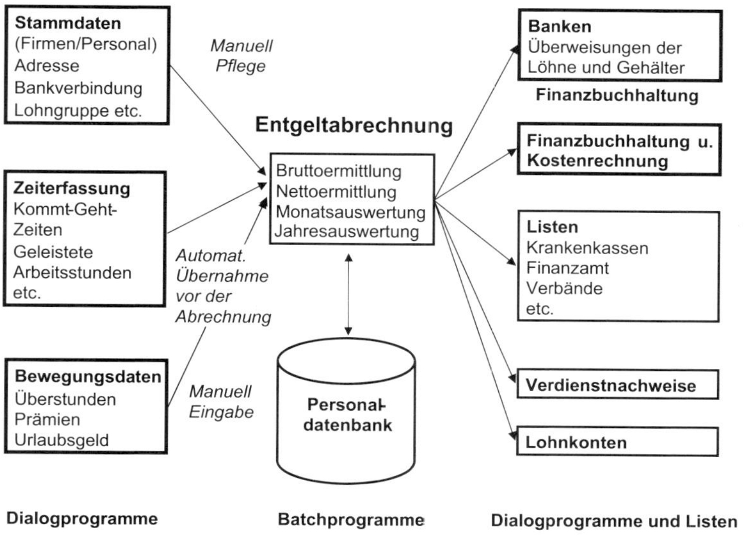

***Bild 7.10**: Aufbau eines Entgelt-abrechnungssystems (vgl. [Müld06] S. 50)*

Entgeltabrechnung

Zur Durchführung der monatlichen Entgeltabrechnung mit Brutto- und Nettolohnermittlung werden zahlreiche Stammdaten der Mitarbeiter benötigt, z. B. Name, Adresse, Steuerklasse, Bankverbindung. Außerdem berücksichtigt das Abrechnungsprogramm die für den jeweiligen Monat relevanten Bewegungsdaten (z. B. Prämien, Einmalzahlungen) sowie Daten aus der Zeiterfassung (z. B. Anwesenheitszeiten, geleistete Überstunden, Urlaubstage). Personalabrechnungsprogramme müssen ein hohes Maß an Flexibilität aufweisen, weil sich die steuer- und sozialversicherungsrechtlichen Vorschriften regelmäßig ändern. Außerdem müssen die unterschiedlichsten Abrechnungsformen unterstützt werden, also z. B. Lohnabrechnungen für gewerbliche Arbeitnehmer (mit den Varianten des Zeit- und Leistungslohnes), Gehaltsabrechnungen, Abrechnungen für Teilzeitkräfte, Auszubildende, Versorgungsbezüge für Rentner, Einmalzahlungen, Mehrarbeits- und Prämienvergütungen. Die Abrechnungsergebnisse werden an zahlreiche interne und externe Stellen entweder als Datei oder in Papierform weitergeleitet (vgl. [Müld06] S. 50 ff.).

Rückrechnung

Eine wichtige Anforderung an ein Personalabrechnungsmodul ist die *Rückrechnungsfähigkeit*. Hierunter wird die Wiederholung der Brutto- und Nettoabrechnung für vergangene Zeiträume (auch Vorjahre) verstanden, die aufgrund einer Korrektur von abrechnungsrelevanten Daten erforderlich wird. Der Rückrechnungsanstoß sollte automatisch erfolgen durch die rückwirkende Änderung von Stamm- oder Bewegungsdaten. Bereits die Eingabe einer Abwesenheitszeit (z. B. wenn ein Mitarbeiter während seines Urlaubs krank wird und die Krankmeldung dem Arbeitgeber verspätet vorgelegt wird) oder die rückwirkende Erfassung von Mehrarbeitsstunden lösen eine Rückrechnung aus, soweit vergangene Abrechnungsperioden betroffen sind.

Die Rückrechnung beginnt in der betroffenen Abrechnungsperiode der Vergangenheit. Von diesem Zeitpunkt an werden alle Monate bis zum aktuellen Monat neu bewertet. Dabei erfolgen automatisch die Korrekturen von Bezügen, Urlaubsansprüchen, Urlaubsgeld und Lohnfortzahlung. Außerdem müssen die Änderungen bei der elektronischen Datenübermittlung an die Sozialversicherungsträger gemäß DEÜV (Datenerfassungs- und -übermittlungsverordnung) berücksichtigt werden (vgl. Bild 7.11).

***Bild 7.11**: Automatische Rückrechnung (vgl. [Müld06] S. 51)*

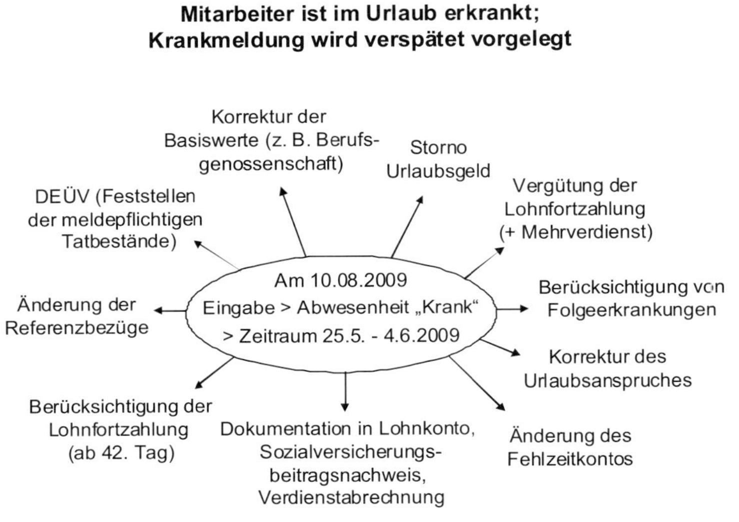

Arbeitszeiterfassung und -kontrolle

Zur Erfassung und Kontrolle persönlicher An- und Abwesenheitszeiten werden Personalzeitwirtschaftssysteme eingesetzt. Sie speichern und interpretieren Abwesenheits-, Mehrarbeits- und Zuschlagszeiten im Vorfeld der Entgeltabrechnung. Hinzu kommen planerische Funktionen wie z. B. Schicht- und Personaleinsatzplanung. Die gespeicherten Daten dienen zugleich als Grundlage für Statistiken und Analysen. Durch den Einsatz von Chip- oder Magnetkarten als Identifikationsmedium lassen sich außerdem Zutrittsdaten, Projektzeiten, Besucherdaten etc. erfassen und verwalten (siehe Bild 7.12). In Fertigungsunternehmen besteht häufig eine enge Verbindung zur Betriebsdatenerfassung (*BDE*, d. h. Erfassung von Arbeits- und Maschinenzeiten inkl. Unterbrechungen, Störungen usw.).

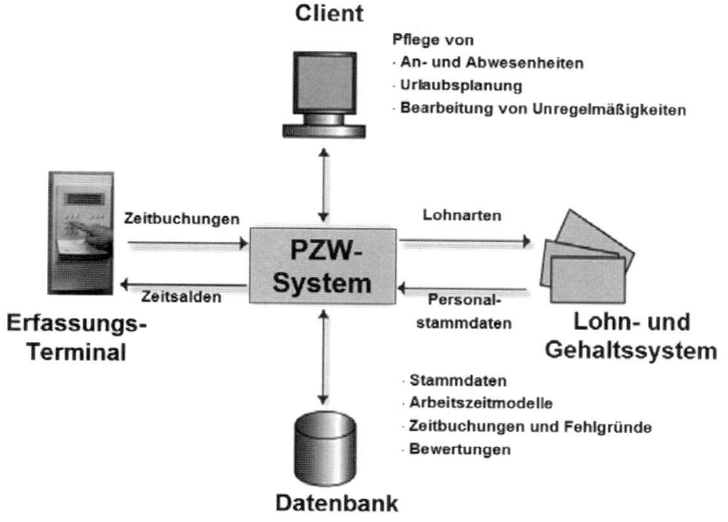

Bild 7.12: Personalzeitwirtschaftssystem ([Müld07] S. 54)

Bewerberabwicklung

Software zur *Bewerberabwicklung* unterstützt den Personalbeschaffungsprozess und die Verwaltung von Bewerbungsvorgängen. Ausgelöst wird ein Personalbeschaffungsprozess beispielsweise durch die Kündigung eines Mitarbeiters. Die eingehenden Bewerbungen werden erfasst und den vakanten Stellen zugeordnet. Bewerber, die bestimmte Mindestanforderungen nicht erfüllen, werden nach dieser Ersterfassung bereits abgelehnt und erhalten ein vom System automatisch erzeugtes Ablehnungsschreiben. Für Bewerber, mit denen ein Bewerbungsgespräch vorgesehen ist, können zusätzliche Daten erfasst werden (z. B. Ausbildung, Qualifikation).

Seminarverwaltung und Ideenmanagement

Mit Software zur *Seminarverwaltung* können interne und externe Aus- und Weiterbildungsveranstaltungen geplant und verwaltet werden. Sämtliche Anmeldungen, Umbuchungen, Stornierungen, Wartelisten und Bewertungen von Teilnehmern zu einzelnen Seminaren werden erfasst und verwaltet (vgl. Bild 7.13). Programme zum *Ideenmanagement* unterstützen ein unternehmensweites Vorschlagswesen sowie eine Ideenbörse inklusive der damit verbundenen Verwaltungsvorgänge (Verwaltung von Verbesserungsvorschlägen, Bewertung, evt. Prämierung).

Talent Management

Eine umfassendere Unterstützung bei der Rekrutierung und Entwicklung qualifizierter Mitarbeiter versprechen "Talent Management Systeme". Hierbei handelt es sich um Software-Module, die den gesamten Lebenszyklus der beruflichen Karriere von Mitarbeitern abbilden, angefangen bei der Rekrutierung über Einarbeitung, Entwicklung, Karriereplanung, Leistungsbeurteilung. Die Erfassung und Pflege der persönlichen Daten kann hierbei teilweise an die Mitarbeiter delegiert werden (Employee Self Service), beispielsweise bei der Auswahl und Anmeldung zu einer Weiterbildungsmaßnahme, bei der Pflege der eigenen

Kompetenzen. Ermöglicht wird dies durch den Zugriff auf die eigenen persönlichen Daten über ein Mitarbeiterportal.

Bild 7.13: Beispielmaske Seminarverwaltung (Quelle: Perbit Software GmbH)

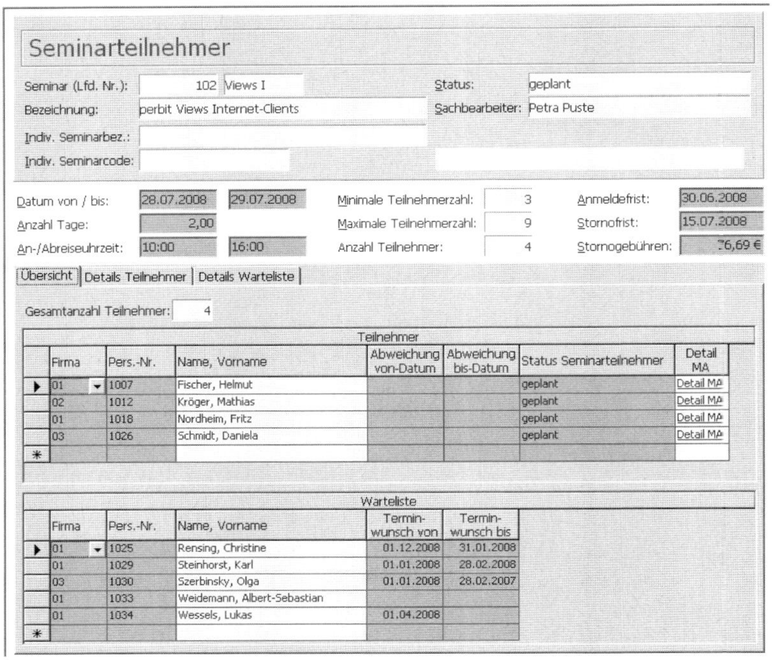

Bei der Nutzung von Software im Bereich Personalwirtschaft müssen gesetzliche Vorschriften zum Datenschutz und zur Mitbestimmung beachtet werden, vgl. hierzu Kapitel 14.8.

7.3 Datenerfassung für ERP-Systeme

Nach wie vor müssen die relevanten Stamm- und Bewegungsdaten eines ERP-Systems zunächst eingegeben (erfasst) werden, bevor die eigentliche Nutzung und Weiterverarbeitung erfolgen kann. Beispielsweise handelt es sich um:

- Auftragsdaten im Rahmen der Fertigungssteuerung mit Auftragsnummer, produzierter Stückzahl, Beginn und Ende der Fertigung;
- Mitarbeiterdaten zur Kontrolle von Arbeitszeiten und Arbeitsleistungen und damit als Basis für eine korrekte Entgeltabrechnung;
- Maschinendaten, die Auskunft geben über Maschinenlaufzeiten, Stillstandszeiten, Rüstzeiten, produzierte Mengen,
- Daten über den Verbrauch an Roh- und Hilfsstoffen sowie an Halbfabrikaten, Lagerentnahmen und -zubuchungen;
- Qualitätsdaten, die als Basis für Analysen und Qualitätsprüfungen dienen.

Jede Form der manuellen Datenerfassung per Tastatur oder mittels anderer Eingabegeräte ist aufwändig und fehleranfällig. Ziel ist es daher, Mehrfacherfassungen zu vermeiden oder gar vollständig die Erfassung zu automatisieren. Neben der Erfassung über Tastatur und dem elektronischen Datenaustausch (z. B. Bestell- oder Rechnungsdaten per EDI, vgl. Kapitel 10.2) sind folgende Erfassungsalternativen für ERP-Systeme von Bedeutung:

- Automatische Identifikation,
- Automatische Erfassung mittels RFID.

7.3.1 Automatische Identifikation

Hierbei steht die eindeutige Erkennung eines Objekts (Gegenstand, Mensch, Tier) im Vordergrund. Die Identifikation erfolgt mit Hilfe eines Identifikationsmediums (Datenträgers) und eines Erfassungsgerätes. Erfasst und geprüft wird lediglich eine eindeutige Kennung (z. B. Personal-Nr.), die auf dem Identifikationsmedium hinterlegt ist.

Beispiel

Im Rahmen der Zutrittskontrolle am Eingang zum Unternehmensgebäude müssen alle Mitarbeiter ihren mit einem Chip versehenen Werksausweis in die Nähe eines Erfassungsgerätes halten. Nur berechtigte Personen können anschließend das Firmengelände durch ein Drehkreuz passieren. Gleichzeitig wird der Arbeitsbeginn aufgezeichnet (vgl. [MüSt02]).

Zur automatischen Identifikation existieren unterschiedliche Techniken, von denen wir nachfolgend die wichtigsten vorstellen (vgl. [Fink06]).

Bild 7.14: *Barcode mit EAN*

Barcode

Barcodesysteme verwenden zur Darstellung und Identifikation von Daten so genannte Bar- bzw. Strichcodes. Hierbei werden die Daten durch eine festgelegte Abfolge von Hell- und Dunkel-Feldern (2-D-Codes) oder Strichen (1-D-Codes) verschlüsselt. Bekanntestes Barcode-Beispiel ist der EAN-Code (Europäische Artikel-Nummer), den man auf nahezu jedem Supermarkt-Produkt vorfindet. Gelesen werden diese Codes mit einem Scanner, der einen Lichtimpuls aussendet und das reflektierte Licht auswertet.

Chipkarten

Chipkarten (Smart Cards) verfügen über einen integrierten Halbleiterbaustein mit Mikroprozessor und Speicher, welcher in eine Plastikkarte eingebettet ist. Nach der Art des Datenaustauschs unterscheidet man kontaktlose und kontaktbehaftete Chipkarten. Bei *kontaktlosen* Chipkarten werden Daten und Betriebsenergie durch induktive Kopplung übertragen. Dazu sind in der Karte flache Spulen als Antenne vorhanden. Probleme durch Verschmutzung oder Verschleiß von Kontakten können nicht auftreten. Die *kontaktbehaftete* Chipkarte ist derzeit am weitesten verbreitet und standardisiert. Zum Lesen und Beschreiben muss ein direkter Kontakt zwischen Chip und Erfassungsgerät existieren. Hierzu wird die Karte in einer bestimmten Lage in das Gerät gesteckt. Chipkarten verfügen über ein breites Einsatzspektrum. Im Unternehmen dienen sie z. B. als Werksausweis und zur Zutrittskontrolle. Aufgrund der mehrfachen Beschreibbarkeit nutzt man sie auch bei Kopiergeräten sowie in der Kantine für die bargeldlose Bezahlung. Darüber hinaus begegnen uns Chipkarten in vielen Bereichen des täglichen Lebens, beispielsweise als Geld- oder EC-Karten, als Ausweis im öffentlichen Personennahverkehr sowie als Krankenversichertenkarte.

***Bild 7.15**: Kontaktlose (links) u. kontaktbehaftete (rechts) Chipkarte*

Biometrische Verfahren

Biometrische Verfahren identifizieren Personen anhand von unverwechselbaren individuellen Körpermerkmalen. Häufig erfolgt die Identifikation anhand von Fingerabdrücken, Sprache, Augennetzhaut bzw. Iris. Biometrische Identifikation wird genutzt für die Zutrittskontrolle in besonders schutzwürdigen Gebäuden (z. B. Rechenzentren), bei Ausweispapieren (Reisepass) und im Rahmen der Zugangsprüfung zu IT-Systemen (anstatt Passwort), vgl. hierzu auch Kapitel 15.2.

7.3.2 Automatische Erfassung mittels RFID

RFID (Radio Frequency Identification) ermöglicht die berührungslose automatische Datenerfassung von Objekten über Funk. Jedes RFID-System lässt sich durch die folgenden drei Eigenschaften genauer charakterisieren (vgl. [BSI05] S. 13):

- eindeutige Kennzeichnung von Objekten durch elektronisch gespeicherte Daten;

- die Datenübertragung erfolgt berührungslos und drahtlos über einen Funkfrequenzkanal, ein Sichtkontakt ist hierbei nicht erforderlich;
- Senden geschieht auf Abruf, d.h. die Daten eines gekennzeichneten Objekts werden nur dann gesendet, wenn ein dafür autorisiertes Lesegerät diesen Vorgang einleitet.

Ein RFID-System besteht aus drei Komponenten, und zwar einem Transponder (auch "Tag" oder "Smart Label" genannt), einem Erfassungsgerät sowie einem weiterverarbeitenden IT-System, wie z. B. ein ERP-System (vgl. Bild 7.16).

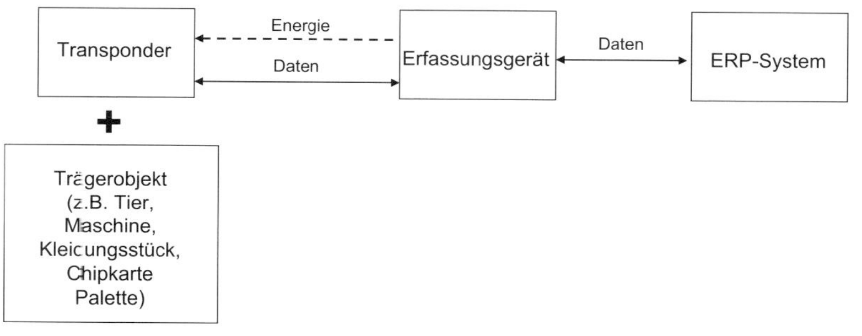

Bild 7.16: *Aufbau eines RFID-Systems (vgl. [Fink06] S. 7)*

Transponder

Transponder ist ein Kunstwort, welches sich aus Transmitter (Sender) und Responder (Empfänger) zusammensetzt. Der Transponder dient vor allem als Datenträger. Dieser wird fest an einem Objekt (z. B. Ware, Verpackung, Palette) angebracht oder in ein Objekt integriert (z. B. Chipkarte) und kontaktlos über Funktechnologie ausgelesen. Je nach angewandter Technologie kann er auch wieder beschrieben werden. Ein Transponder besteht unabhängig von seiner Bauform aus einem Mikrochip, einer Antenne, einem Träger bzw. Gehäuse und ggf. einer Batterie. Auf jedem Transponder sind eine eindeutige Identifikationsnummer und Daten über das Objekt, an dem er angebracht ist, gespeichert.

Erfassungsgerät

Das *Erfassungsgerät* besteht aus einer Lese- bzw. zusätzlich einer Schreibeinheit und einer Antenne. Es liest die Daten vom Transponder und fordert diesen gegebenenfalls auf, weitere Daten zu speichern. Außerdem kontrolliert das Erfassungsgerät die Qualität der Datenübermittlung. Zusätzlich ist es meistens mit einer Schnittstelle ausgestattet, um die empfangenen Daten an ein anderes System (z. B. ERP-System) weiterzuleiten sodass sie dort weiterverarbeitet werden können. Nur in Ausnahmefällen entfällt die Notwendigkeit für die Weiterverarbeitung der erfassten Daten, beispielsweise bei Warensicherungssystemen im Einzelhandel. Hier löst das Erfassungsgerät im Falle eines Diebstahls sofort ein Alarmsignal aus.

RFID-Systeme verwenden unterschiedliche *Frequenzbereiche.* Zudem unterscheidet man hinsichtlich der Energieversorgung zwischen *aktiven* Tags mit eigener Energieversorgung und *passiven* Tags, die durch das Lesegerät mit Energie versorgt werden.

Bauformen:

Tags unterscheiden sich in ihrer Bauform und den damit verbundenen Eigenschaften. So gibt es beispielsweise Münzen (bei Parkautomaten), Karten (bei Zutrittskontrolle), Röhrchen (bei der Tieridentifikation), Klebeetiketten (bei Produktion, Logistik), Armbänder (in Freizeitparks, Krankenhäusern), vgl. Bild 7.17. Die Größe der Tags wird durch Antenne und Gehäuse beeinflusst. Tags können durchaus die Größe von Büchern besitzen (z. B. in der Containerlogistik), sind aber dank heutiger Technik meist sehr klein, sodass sie sich z. B. auch in Geldscheine integrieren lassen.

Bild 7.17: *Verschiedene Bauformen von Transpondern*

Speicher

Für einfache Anwendungen (z. B. reine Identifikationszwecke) werden Read-Only-Transponder verwendet. Diese Tags werden bei der Herstellung mit einer eindeutigen Identifikations-Nummer (ID) versehen. Diese ID's können später nicht mehr geändert werden. Für Anwendungen, bei denen Daten geschrieben, gelöscht und geändert werden, müssen Read-Write-Transponder genutzt werden. Weiterhin sind Transponder mit WORM-Funktion erhältlich (WORM = Write Once Read Many). Es gibt Speicher mit unterschiedlichen Speicherkapazitäten.

Einige weitere Unterscheidungsmerkmale bei RFID-Systemen haben wir in Bild 7.18 zusammen gestellt.

***Bild 7.18**: Kenngrößen von RFID-Systemen (vgl. [BSI05] S. 25 f.)*

Kriterien	Niedrigfrequenz (LF)	Hochfrequenz (HF)	Ultrahochfrequenz (UHF)	Mikrowelle
Frequenz	125 – 134 kHz	13,56 MHz	868 bzw. 915 MHz	2,45 bzw. 5,8 GHz
Leseabstand	bis 1,2 m	bis 1,2 m	bis 4 m	bis zu 15 m (in Einzelfällen bis zu 1 km)
Lesegeschwindigkeit	Langsam	Mittel	schnell	sehr schnell (aktive Transponder)
Feuchtigkeit	kein Einfluss	kein Einfluss	negativer Einfluss	negativer Einfluss
Metall	negativer Einfluss	negativer Einfluss	kein Einfluss	kein Einfluss
Ausrichtung des Transponders beim Auslesen	nicht nötig	nicht nötig	teilweise nötig	immer nötig
Weltweit akzeptierte Frequenz	Ja	Ja	teilweise (EU/USA)	teilweise (nicht EU)
Typische Transponder-Bautypen	Glasröhrchen, Transponder im Plastikgehäuse, Chipkarten, Smart Label	Smart Label, Industrie-Transponder	Smart Label, Industrie-Transponder	Großformatige Transponder
Beispielhafte Anwendungen	Zutritts- und Routenkontrolle, Wegfahrsperren, Wäschereinigung, Gasablesung	Wäschereinigung, Ticketing, Tracking & Tracing, Pulk-Erfassung	Palettenerfassung, Container-Tracking	Straßenmaut, Container-Tracking

RFID besitzt vielfältige Nutzungsmöglichkeiten und wird daher als eine wichtige Schlüsseltechnologie der Zukunft angesehen. Nachfolgend geben wir einen kurzen Überblick über die hauptsächlichen Anwendungsgebiete von RFID.

Kennzeichnung und Identifizierung von Objekten

Zur Kennzeichnung von Objekten wird RFID bei der *Tieridentifikation*, Behälteridentifikation und zur eindeutigen Kennzeichnung von Waren und Personen eingesetzt In der Tierhaltung ist RFID weit verbreitet. Den Tieren wird ein Transponder entweder implantiert (injiziert) oder sie tragen ihn in Form von Ohrmarken, Halsbändern und Fußfesseln. Bei landwirtschaftlichen

Nutztieren ermöglicht RFID die Erkennung am Futterautomaten oder am Melkstand, die Überwachung des Gesundheitsstatus und den Herkunftsnachweis für die anschließende Fleischverarbeitung. Bei Hunden und Katzen dient der Transponder als Ersatz für die Marke am Halsband. Die Tiernummer wird gemeinsam mit der Adresse des Halters in einer zentralen Datenbank gespeichert (vgl. [Kern07] S. 103 ff.).

Behälteridentifikation

Auf dem Gebiet der *Behälteridentifikation* wird die RFID speziell für Gasflaschen und für Chemikalienbehälter mit toxischen Substanzen verwendet, die genau beschriftet und eindeutig gekennzeichnet sein müssen. Dabei handelt es sich um hochwertige Leihflaschen und –behälter, die jederzeit bei der Anlieferung direkt zuzuordnen sind. Aufgrund ihrer höheren Speicherkapazität, verglichen mit Barcodes, können RFID-Transponder wichtige Daten wie Behälternummer, Inhalt, Volumen, Eigentümer, TÜV-Termin oder maximalen Fülldruck speichern. Auf beschreibbaren Transpondern lassen sich die Daten entsprechend aktualisieren. Außerdem sind die RFID-Transponder unempfindlicher gegen harte Umweltbedingungen wie Schmutz, Nässe, Strahlen, Vibrationen, Säure oder Temperaturschwankungen (vgl. [BSI05] S. 65)

Entsorgung

Bei der *Abfallbeseitigung* werden Mülltonnen mit einem Transponder ausgestattet und die Sammelfahrzeuge verfügen über ein Lesegerät. Bei der Tonnenentleerung erfolgen die automatische Erfassung des Transponders an der Mülltonne sowie die Ermittlung von Gewicht bzw. Volumen des Mülls. Die Daten werden im Bordcomputer des Müllfahrzeugs gespeichert und zur Gebührenermittlung weitergeleitet (vgl. [Staa] S. 25).

RFID wird auch zur *Personenidentifikation* eingesetzt, beispielsweise im Gesundheitswesen. In vielen Krankenhäusern erhalten Patienten Armbänder, in die ein Transponder mit den persönlichen Daten integriert ist. Der Arzt oder die Krankenschwester kann diese Daten mit einem RFID-fähigen mobilen Gerät, z. B. einem PDA, auslesen. Auch Babys werden direkt nach der Geburt mit einem derartigen RFID-Armband ausgestattet, um spätere Verwechslungen zu vermeiden.

Zutrittskontrolle

Die Nutzung von Ski-Liften ist ein Beispiel für kontaktlose Zutrittskontrolle mit RFID. Die Skifahrer müssen vor Fahrtantritt nicht erst umständlich ihren Ski-Pass aus der Tasche holen, sondern identifizieren sich automatisch beim Passieren eines kontaktlosen Lesegerätes (vgl. [Fink06] S. 406 ff.). Viele Unternehmen benutzen Chipkarten mit RFID-Transpondern als Zutrittskontrolle zum Gebäude. Ferner verwenden viele Hotels Chipkarten anstatt des herkömmlichen Zimmerschlüssels.

Fahrausweise

Im öffentlichen Personennahverkehr lösen elektronische Tickets die bisherigen Papiertickets ab. Zu diesem Zweck werden mit Geldbeträgen aufladbare kontaktlose Chipkarten ausgegeben, mit denen dann die einzelnen Fahrten erfasst und zentral abgebucht beziehungsweise abgerechnet werden (vgl. [Fink06] S. 391 ff.).

Sportveranstaltungen

Marathonläufer bekommen einen Transponder, der an den Schuhen oder am Bein befestigt wird. Im Start- und Zielbereich befinden sich Lesegeräte bzw. Matten, die Antennenschleifen enthalten. RFID ermöglicht in diesem Anwendungsbereich eine einheitliche Zeitmessung und eine Kontrolle gegen Streckenabkürzungen (vgl. [Kern07] S. 123 f.).

Beispiel

Der FC Bayern München verwendet RFID für das bargeldlose Bezahlen und für seine Dauerkarten. Die anonym ausgegebene ArenaCard wird zum Bezahlen von Getränken, im Fanshop sowie zur Entrichtung von Parkgebühren verwendet. Für die Abbuchung muss die vorher aufgeladene Karte lediglich auf ein Lesegerät gelegt werden. Alle Zahlvorgänge werden präzise erfasst, verbucht und ausgewertet. Die Warteschlangen verkürzten sich, weil das Suchen nach Kleingeld und die Herausgabe von Wechselgeld entfallen. Die Bezahlfunktion ist in die Dauerkarte integriert, die zugleich eine Zugangskontrolle ermöglicht. Allerdings wirft die persönliche Jahreskarte auch einige datenschutzrechtliche Probleme auf, weil Konsumbilder und Bewegungsprofile der Stadionbesucher möglich sind, wenn die erfassten Daten miteinander verknüpft werden: Wer erwirbt welches Produkt im Stadion? Wann hat der Besucher das Stadion betreten, an welchem Getränkestand wurde wie viel Bier getrunken? (vgl. [Kart08] S. 23)

Echtheitsprüfung

RFID-Tags ermöglichen die *Echtheitsprüfung* von Dokumenten und Produkten. Mehrere Länder integrieren RFID-Tags in Personalausweise und Reisepässe und speichern biometrische Merkmale ab. In Deutschland werden alle Pässe mit einem kontaktlosen Mikroprozessorchip und einer Antenne ausgestattet. Hierdurch wird die Fälschungssicherheit verbessert. Auf dem RFID-Chip werden als personenbezogene Daten Name, Geburtsdatum und Geschlecht gespeichert sowie als biometrisches Merkmal das Foto des Inhabers. In einer zweiten Stufe werden zusätzlich die Fingerabdrücke des Passinhabers gespeichert.

Durch Kennzeichnung mit RFID-Tags lassen sich gefälschte Produkte und *Plagiate* leichter erkennen. Betroffen sind hiervor insbesondere Medikamente, Ersatzteile für Fahrzeuge sowie Markenartikel. RFID ermöglicht die Speicherung von Daten über Herkunft, Produktion und Transportwege, sodass Verwechslungen mit Plagiaten ausgeschlossen werden können (vgl. [Staa] S. 11).

Instandhaltung und Wartung

Im Bereich von *Instandhaltung und Wartung* geht es darum, dass Werkzeuge am richtigen Arbeitsplatz eingesetzt und entsprechend den Vorschriften gepflegt werden. Im Flugzeugbau wurden Präzisionswerkzeuge mit Transpondern versehen, die ihre eigene Seriennummer sowie die Nummer des Werkzeugkastens enthalten. Der Werkzeugkasten ist mit einem Lesegerät ausgestattet und überwacht somit automatisch seinen Inhalt. Durch Einbau von Transponder in Autoreifen können Informationen über Alter, Reifendruck etc. an den Bordcomputer übermittelt werden und hierdurch eine zusätzliche Sicherheit ermöglichen (vgl. [BSI05] S. 69 ff).

Diebstahlsicherung und Reduzierung von Verlusten

Bereits seit mehreren Jahrzehnten wird im Einzelhandel die *elektronische Artikelsicherung* verwendet. Hier kommen 1-Bit Transponder zum Einsatz, die meist an höherwertigen Artikeln und Kleidungsstücken angebracht sind. Fluggesellschaften nutzen RFID zum schnellen Auffinden verloren gegangener Gepäckstücke, aber auch zur Lokalisierung von ausgeliehenen Containern und Behältern. In Kraftfahrzeugen machen sich elektronische Wegfahrsperren bezahlt, die sich über RFID-Tags in den Autoschlüsseln aktivieren und deaktivieren lassen. In Büroumgebungen werden RFID-Tags zur Inventarisierung von Möbeln, zur Diebstahlsicherung von hochwertigen Arbeitsgeräten wie Laptops oder zum Auffinden von Akten genutzt werden. Eine weitere Anwendung ist die Kennzeichnung von Büchern und Medien in Bibliotheken. Neben Diebstahlsicherung verringert sich der Verwaltungsaufwand, indem die Bibliotheksbenutzer ihre Bücher selbständig entleihen und jederzeit mittels Rückgabeautomaten zurückgeben können (vgl. [Staa] S. 22).

Warenverfolgung im Einzelhandel

Die Vision im Einzelhandel ist die Etikettierung jedes einzelnen Artikels mit einem RFID-Chip. So können beispielsweise die im Einkaufswagen befindlichen Waren automatisch erfasst werden, ohne dass ein menschlicher Kassiervorgang erforderlich ist. Weiterhin lässt sich der Warenflusses erheblich verbessern, wenn Regale selbst melden, wann Sie wieder aufgefüllt werden müssen oder Verfallsdaten automatisch angezeigt werden. Kurzfristig ist jedoch nicht mit einem flächendeckenden Einsatz im Handel zu rechnen. Probleme bereitet derzeit noch die Pulk- oder Haufenerfassung, bei der noch keine zuverlässigen Leseraten von 100 Prozent erreicht werden. Auch sind die Kosten für das einzelne Funketikett noch zu hoch, um damit Produkte mit niedrigen Preisen zu kennzeichnen. Die Handelsunternehmen und ihre Lieferanten haben daher zunächst mit dem RFID-Einsatz auf Paletten und Kartons begonnen (vgl. [Wolf07] S. 306 ff; [TeQu05] S. 143 ff.).

Beispiel

Bei dem Handelskonzern Metro wird die RFID-Technologie in die gesamte Prozesskette integriert. Die Zuliefer-Unternehmen haben ihre Paletten mit RFID-Etiketten ausgestattet. In den Filialen und Lagern der Metro wurden die Wareneingangstore mit RFID-Erfassungsgeräten ausgerüstet. Inzwischen werden von den Herstellern auch Kartons und Umverpackungen mit Transpondern versehen und mit allen relevanten Daten beschrieben. Erreicht eine so gekennzeichnete Palette ein Lager der Metro Group und passiert den Wareneingang, werden alle notwendigen Daten erfasst und in einem Lagerverwaltungssystem gespeichert. Verlässt die Ware auf dem Weg zur bestellenden Filiale das Lager, werden die Bestände ausgebucht und eine automatische Versandbestätigung wird an die entsprechende Filiale herausgegeben. Erreicht die Ware dann ihren Bestimmungsort, passiert sie auch dort wieder ein Wareneingangstor mit RFID-Erfassungsgeräten. Die Ware wird erfasst und es findet ein Abgleich mit der elektronischen Bestellbestätigung statt. Somit müssen die Mitarbeiter der Filiale die Bestellung nicht mehr manuell überprüfen. Soweit die einzelnen Produkte mit RFID-Tags versehen sind, kann der Prozess weiter bis ins Regal geführt werden. In die Regale eingebaute Lesegeräte erkennen, ob und wie viele Produkte sich auf dem Regalboden befinden und ob die Produkte an der richtigen Stelle stehen. Wird Nachschub benötigt, sendet das System ein Signal an den zuständigen Mitarbeiter, woraufhin sehr zeitnah Ware aufgefüllt oder nachbestellt werden kann. Die Tags fungieren auch als Diebstahlsicherung. Solange ein Chip nicht deaktiviert ist und den Ausgangsbereich des Marktes passiert, wird ein Alarmsignal ausgelöst. Wird die Ware ordnungsgemäß bezahlt, wird der Tag deaktiviert und kann die Filiale verlassen. Das gesamte Szenario wird in Bild 7.19 veranschaulicht.

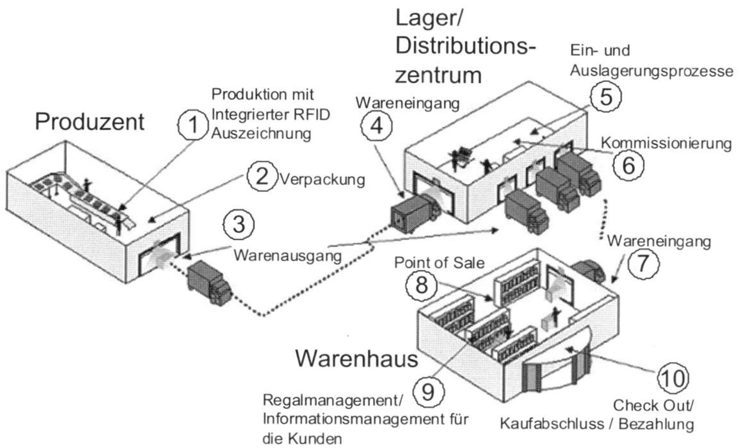

Bild 7.19: RFID-Einsatz im Handel (vgl. [GS108])

7.4 Integration als zentrales Merkmal von ERP-Systemen

Integrationsbegriff

Anwendungssysteme, die aufgrund ihrer fachlichen Spezialisierung oder unterschiedlicher technischer Entwicklung bislang nur schlecht zusammengewirkt haben, werden hierbei zusammengeführt. Aus sich gegenseitig ergänzenden Teilen wird eine neue umfassende Einheit geschaffen, die mehr Nutzen bringt als die bloße Summe ihrer Einzelteile. Bezogen auf betriebswirtschaftliche Anwendungen werden miteinander verzahnte Arbeitsgebiete informationstechnisch von *einem* einheitlichen System versorgt.

***Bild 7.20**: Entwicklungsstufen der Integration ([Muth01] S. 41)*

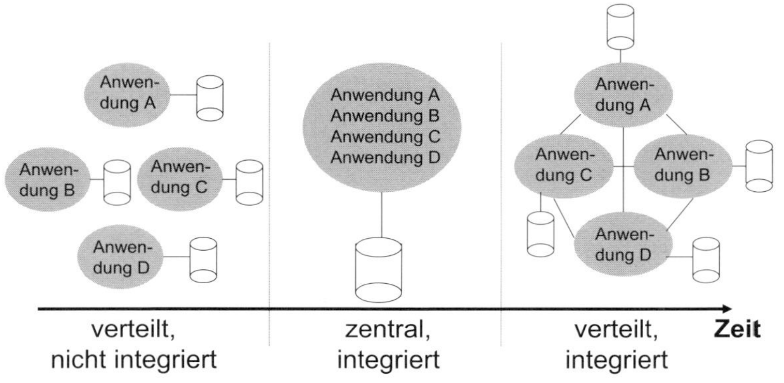

Anfangs wurden Anwendungssysteme meist isoliert eingesetzt und bearbeiteten abgegrenzte Aufgaben innerhalb einzelner Abteilungen im Unternehmen. Der Datenaustausch zwischen den Anwendungsprogrammen war schwierig, oftmals wurden Daten redundant für die jeweiligen Anwendungen gespeichert. Mit der Entstehung von ERP-Systemen fasste man mehrere betriebswirtschaftliche Aufgaben und Programme zu einem einheitlichen Anwendungssystem mit einer gemeinsamen Datenbasis zusammen. In jüngster Zeit versucht man, autonom arbeitende Anwendungen über geeignete Schnittstellen miteinander zu verbinden. Der Vorteil dieser, auch als "Best of Breed" genannten Strategie besteht darin, die jeweils am besten geeigneten Software-Module verschiedener Anbieter miteinander zu kombinieren. Die Entwicklung zu integrierten Anwendungssystemen wird in Bild 7.20 verdeutlicht.

Reichweite der Integration

Integration begegnet uns in unterschiedlichen Formen (vgl. Bild 7.21). In vielen Fällen endet Integration von Informationssystemen an der Unternehmensgrenze. Hierbei werden die *innerbetrieblichen* Informationsflüsse und Funktionen optimal aufeinander abgestimmt (vgl. Bild 7.22). Ein ERP-System ist ein typisches Beispiel für die innerbetriebliche Integration.

So benötigt ein Lohnabrechnungsprogramm Daten aus dem Bereich Fertigungssteuerung (Welche Mitarbeiter haben wie lange an welchem Produktionsauftrag gearbeitet?). Die Programme der Kostenrechnung verarbeiten u. a. die monatlichen Ergebnisse der Lohn- und Gehaltsabrechnung.

Eine *unternehmensübergreifende Integration* wird erreicht, indem Geschäftspartner gemeinsame Daten untereinander vereinbaren, standardisieren und per Netz austauschen, z. B. indem ein Fertigungsunternehmen seinen Kunden Artikelstammdaten in einem elektronischen Katalog zur Verfügung stellt und über das Internet Bestellungen entgegennimmt. Die Daten können vom ERP-System des empfangenden Unternehmens direkt, d.h. ohne zusätzliche manuelle Eingriffe, weiterverarbeitet werden. Die unternehmensübergreifende Integration ist eine wesentliche Voraussetzung für den Erfolg von E-Business-Aktivitäten; vgl. hierzu Kapitel 10.

Bild 7.21: *Merkmale integrierter Informationssysteme ([Mert07] S. 2)*

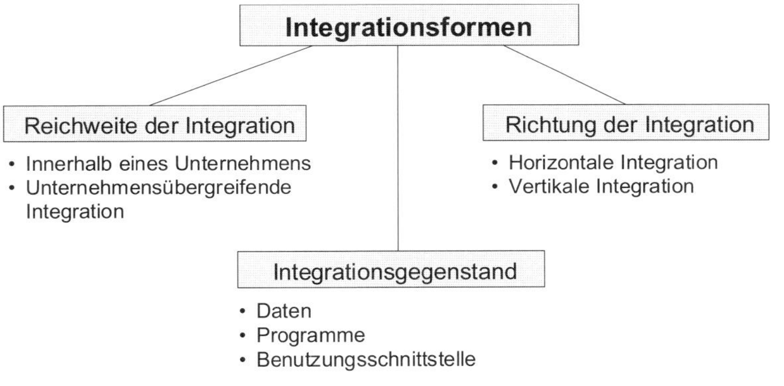

Richtung der Integration

Durch eine *horizontale Integration* sollen starke Arbeitsteilung und isoliertes Abteilungsdenken beseitigt werden. Angestrebt wird der Einsatz von Informationssystemen zur Verbindung von Teilsystemen innerhalb der betrieblichen Wertschöpfungskette, beispielsweise die Bearbeitung eines Fertigungsauftrages von der Kundenanfrage bis zum Versand der Produkte an den Kunden ([Mert07] S. 5).

Bei der *vertikalen Integration* steht die Informationsverdichtung von unten nach oben im Vordergrund. Für die verschiedenen Managementebenen werden unterschiedliche Verdichtungsstufen benötigt. Die jeweiligen Daten entstammen hierbei aus einer Quelle und müssen nicht für jede Ebene erneut erfasst werden. Umgekehrt muss es möglich sein, von oben nach unten immer detailliertere Informationen zu bekommen. Dieser Weg ist immer dann von Bedeutung, wenn globale Kennzahlen bzw. kritische Pfade genauer analysiert werden sollen.

Bild 7.22: Innerbetriebliche Informationsflüsse ([StHa05] S. 329)

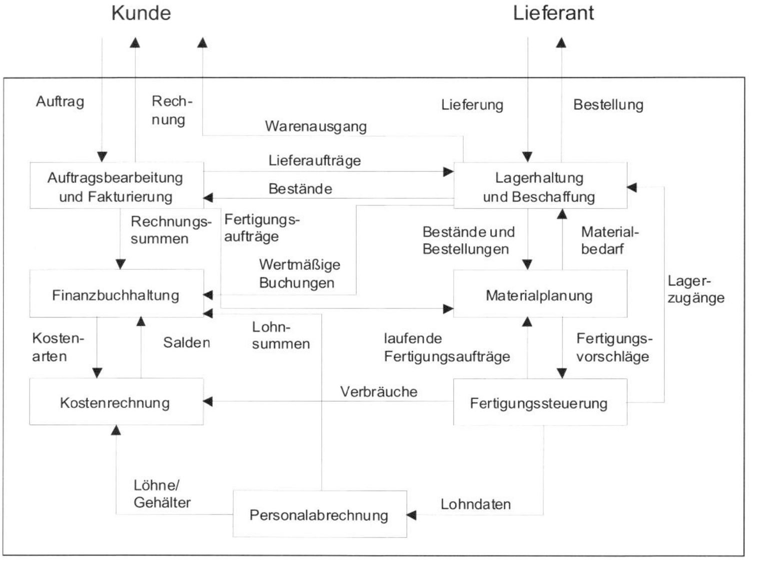

Ein Mitarbeiter in der Abteilung Vertrieb nutzt beispielsweise das ERP-Modul "Auftragsbearbeitung und Vertrieb" zur Erstellung eines Angebots für einen ganz bestimmten Kunden. Der für Vertrieb zuständige Vorstand interessiert sich dagegen selten für ein einzelnes Angebot, sondern möchte zum Monatsende einen Überblick über die gesamte Angebotssumme aller Kunden haben, um ggf. seine Umsatzprognosen zu korrigieren. Sowohl der Sachbearbeiter auf der unteren Hierarchiestufe als auch der Manager auf der obersten Hierarchiestufe greifen im Prinzip auf die gleiche Datenbasis (Angebotsdaten) zu, wobei sich allerdings der Detaillierungsgrad unterscheidet.

Die horizontale und vertikale Integration kann sich damit über die gesamte Aufbauorganisation ("Unternehmenspyramide") erstrecken und wird in Bild 7.23 verdeutlicht.

Integrationsgegenstand

Datenintegration bedeutet, dass es für die verschiedenen Anwendungsbereiche ein einheitliches logisches (Unternehmens-) Datenmodell gibt und dass verschiedene Anwendungsprogramme gemeinsame Datenbestände bzw. Datenbanken nutzen. Die Anwendungsprogramme können somit auf Datenbanktabellen anderer Module zugreifen. Beispielsweise wird bei der Neuanlage eines Personalstammsatzes (Modul Entgeltabrechnung) geprüft, ob eine gültige Kostenstelle (gepflegt im Modul Kostenrechnung) vorhanden ist. Datenintegration bedeutet nicht mehr zwangsläufig, dass nur eine physikalische Datenbank vorhanden ist. Vielmehr können umfangreiche Datenbestände durch das Verfahren der Datenreplikation inzwischen auf mehrere physikalische Datenbanken verteilt werden.

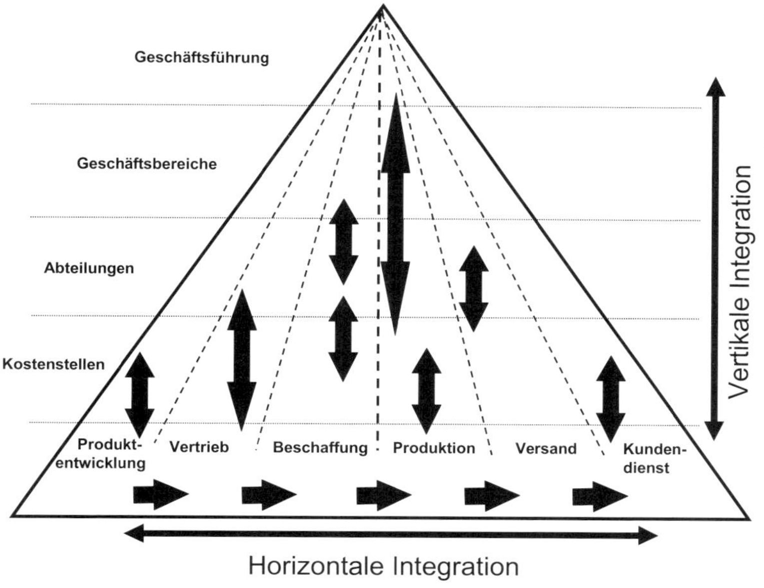

Bild 7.23: *Integration innerhalb der Unternehmens-pyramide*

Die Verbindung verschiedener Software-Systeme oder Software-Bausteine bezeichnen wir als *Enterprise Application Integration* (EAI) oder *Programmintegration*. Hierbei werden in einem Unternehmen Programme unterschiedlicher Software-Hersteller miteinander verknüpft und können untereinander Daten austauschen. Beispielsweise lassen sich ERP-System und Office-Programm miteinander verbinden, indem die Serienbrieffunktion des Textverarbeitungsprogramms zur Erzeugung von Mahnungen aus dem Finanzbuchhaltungsprogramm genutzt wird. Programmintegration kann auch über Service-orientierte Architekturen (SOA) und Web-Services erreicht werden (vgl. hierzu Kapitel 5.4). *SOA* kann hierbei als Methode angesehen werden, um vorhandene Programme so zu kombinieren ("orchestrieren"), dass ihre Leistungen zu Diensten ("Services") zusammen gefasst werden und anderen Unternehmen bzw. Abteilungen zur Verfügung gestellt werden. Die Services kapseln Daten und Programmbausteine und tauschen Nachrichten über standardisierte Schnittstellen aus (vgl. [Mert07] S. 3). Unter *Web Services* werden Softwarebausteine verstanden, die über standardisierte Schnittstellen verfügen und über das Internet eindeutig identifiziert und mit anderen Software-Modulen kombinierbar sind (vgl. [KoLe04] S. 117 ff.).

Zu einer *integrierten Benutzungsschnittstelle* zählen einheitlich aufgebaute Bildschirmmasken, Listen-Layouts, Menüaufbau und Fehlermeldungen. Hierdurch wird die Benutzerschulung erleichtert und die Akzeptanz erhöht.

7.5 ERP-Einsatz in der Praxis

ERP-Systeme haben mit 10-15 Jahren eine lange Lebensdauer in den Unternehmen. Durch die Entscheidung für ein bestimmtes ERP-System bindet sich damit ein Anwender langfristig an einen bestimmten Anbieter. Zum größten Teil werden inzwischen Standard-ERP-Systeme eingesetzt. Hauptgründe für den Einsatz von Eigenentwicklungen sind vor allem die bessere Abdeckung von unternehmensspezifischen und branchenspezifischen Anforderungen (vgl. [Konr07] S. 38). Der Normalfall ist dagegen die Entscheidung für ein Standard-ERP-System. Das Angebot hierfür ist groß: allein für den deutschsprachigen Markt existieren ca. 150 unterschiedliche Software-Produkte (vgl. [SoKl07] S. 12). Marktführer bei standardisierten ERP-Lösungen ist die SAP AG als größtes deutsches Software-Unternehmen. Die Abkürzung SAP steht für "Systeme, Anwendungen, Produkte". Das Unternehmen wurde 1972 als Software-Haus von 5 ehemaligen IBM-Mitarbeitern gegründet. Wie die SAP bieten auch die anderen großen, in Bild 7.24 aufgeführten ERP-Anbieter, ihre Software in vielen anderen Ländern an. Bei kleineren und mittelständischen Unternehmen und in einzelnen Branchen genießen allerdings auch kleinere spezialisierte Software-Unternehmen einen guten Ruf bei den Anwendern.

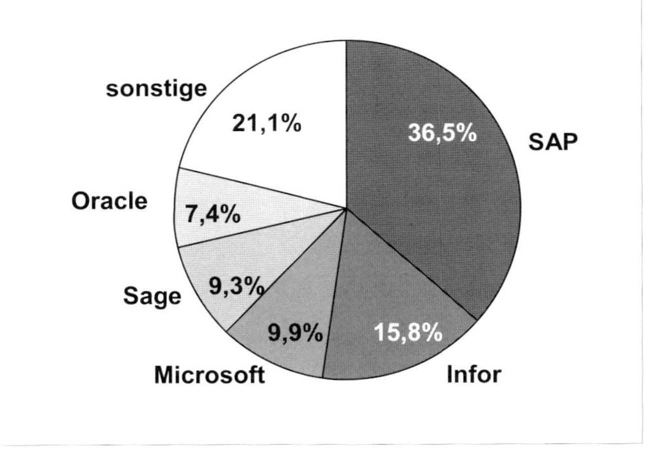

Bild 7.24: Marktanteile der größten ERP-Anbieter in Industriebetrieben ab 50 Mitarbeiter in Deutschland (vgl. [Konr07] S. 67)

Breites Funktionsspektrum

Standard-ERP-Systeme unterstützen alle wichtigen betriebswirtschaftlichen Funktionen. Die Materialwirtschaft rangiert als meistverbreitete Funktionalität an erster Stelle, gefolgt von Vertriebsabwicklung, Controlling/Kostenrechnung und Finanzbuchhaltung (vgl. Bild 7.25). Die gängigen ERP-Systeme sind in verschiedene Module eingeteilt, sodass ein Unternehmen nicht gezwungen ist, sämtliche Teile zu kaufen und zu nutzen.

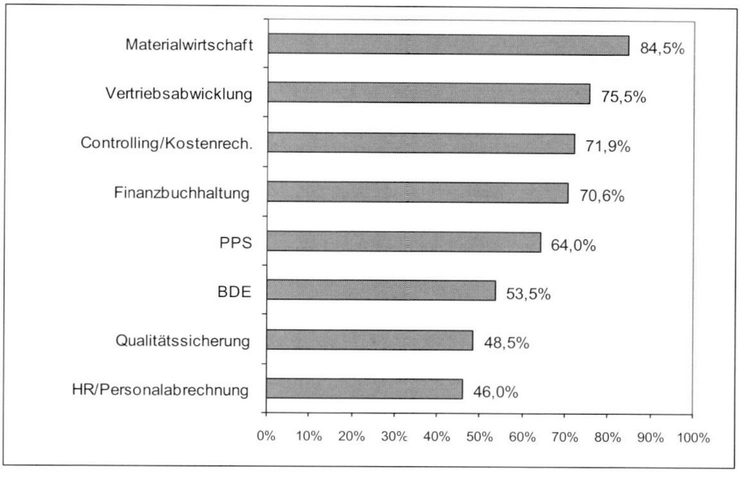

***Bild 7.25**: Die am häufigsten genutzten ERP-Funktionen in Industriebetrieben ab 50 Mitarbeiter in Deutschland (vgl. [Konr07] S. 41)*

Integration der Software-Komponenten

Charakteristisch für ERP-Systeme ist ferner, dass alle Module auf eine einheitliche, aktuelle Datenbasis zugreifen. Beispielsweise wird die Bearbeitung eines Kundenauftrags im Vertriebsmodul anschließend sofort im Rechnungswesen verbucht und in der Bilanz bzw. Gewinn- und Verlustrechnung wirksam.

Internationalität

Eine wichtige Anforderung an ERP-Software ist die internationale Einsetzbarkeit. Durch unterschiedliche Sprachversionen, Währungen und landesspezifische Programmfunktionen kann die Software in zahlreichen Ländern und in global agierenden Unternehmen genutzt werden.

Plattformunabhängigkeit und Schnittstellen

Wichtig ist ferner eine Unabhängigkeit von Hardware und Systemsoftware. Ein Anwender will nicht mit der neuen ERP-Software sämtliche anderen IT-Komponenten in seinem Unternehmen ebenfalls erneuern. ERP-Systeme müssen daher auf unterschiedlichen Hardware- und Systemplattformen (Betriebssysteme, Datenbankmanagementsysteme) einsetzbar sein. Über Schnittstellen sollten Software-Module anderer Hersteller oder eigenentwickelte Komponenten anbindbar sein.

7.6 Fragen und Aufgaben

1. Was versteht man unter einem *ERP-System*?
2. Nennen Sie wichtige Informationen, die während der Ausführung eines speziellen kundenbezogenen Fertigungsauftrags benötigt werden.
3. Welches sind die wichtigsten Anforderungen an eine Finanzbuchhaltungs-Software?
4. Handelt es sich bei der Entgeltabrechnung (Brutto- und Nettolohnermittlung) typischerweise um ein *Batch*- oder ein *Dialogprogramm*?

5. Welche Möglichkeiten der Integration von Informationssystemen kennen Sie?
6. Welche Nachteile haben integrierte betriebswirtschaftliche Anwendungssoftwaresysteme?
7. Erläutern Sie Gemeinsamkeiten und Unterschiede zwischen ERP- und PPS-System.
8. Ergänzen Sie die folgenden Aussagen:

   a) Bei der .... Chipkarte muss zum Lesen und Beschreiben ein direkter Kontakt zwischen Chip und Erfassungsgerät hergestellt werden, z. B. durch Einstecken der Karte in einen dafür vorgesehenen Schlitz.

   b) Anwendungssysteme zur Erfassung und Kontrolle persönlicher An- und Abwesenheitszeiten werden als .... bezeichnet. Sie speichern und interpretieren Abwesenheits-, Mehrarbeits- und Zuschlagszeiten im Vorfeld der Entgeltabrechnung.

   c) Die (Wieder-)Herstellung eines einheitlichen Systems bezeichnet man auch als ....

   d) Ein .... unterstützt den gesamten Prozess der Planung und Ausführung von Fertigungsaufträgen.

   e) Wenn die innerbetrieblichen Informationsflüsse und Funktionen optimal aufeinander abgestimmt sind, spricht man von .... Integration.

   f) Wenn ein Unternehmen mit seinen Geschäftspartnern gemeinsame Datenbestände vereinbaren, standardisieren und über das Web austauschen, handelt es sich um .... Integration.

   g) Bei .... Integration stehen Informationsflüsse von unten nach oben und umgekehrt im Mittelpunkt.

   h) Integrierte, betriebswirtschaftliche Standardanwendungssoftware-Pakete bezeichnet man als .... -Systeme.

   i) Der EAN-Code besteht aus .... Stellen, die sich wie folgt untergliedern:..
   ....
   ....
   ....

9. RFID wird als wichtige Technik zur Datenerfassung bei ERP-Systemen angesehen. Was versteht man unter *RFID*, welche Elemente enthält ein *RFID-System*, welche Vor- und Nachteile sind bei einem geplanten Einsatz beispielsweise im Bereich Handel abzuwägen?
10. Diskutieren Sie den Einsatz von RFID-Systemen, insbesondere mit kontaktlosen Chipkarten im öffentlichen Personen-

nahverkehr. Welche Vor- und Nachteile ergeben sich bei diesen elektronischen Tickets?

7.7 Fallbeispiel

Die Stadtwerke AG prüft aktuell die Einführung eines ERP-Systems im betriebswirtschaftlichen Kernbereich (Vertrieb, Finanzbuchhaltung, Kostenrechnung, Materialwirtschaft). Aktuell werden nun aus dem Bereich Vertrieb für Privat- und Geschäftskunden folgende Probleme an Herrn. Komel adressiert, der als IT-Kundenberater der erste Ansprechpartner für den Fachbereich ist:

- Angebote über Energiedienstleistungen an Geschäftskunden (beispielsweise Strom und Gastarife, Zusatzdienstleistungen) werden nicht rechtzeitig zur Verfügung gestellt.
- Abrechnungen erfolgen auf Basis fehlerhafter Kundendaten (beispielsweise falsche Ablesedaten des Energieverbrauchs beim Kunden).
- Bereits mit den Kunden abgeschlossene Verträge können nicht aufgefunden werden.

Ein nicht unerheblicher Teil der Kunden wechselt jährlich den Stromanbieter. Die Stadtwerke werden von den Vertragskündigungen überrascht und kennen nicht die genauen Beweggründe der Kunden.

Aufgaben

1. Herr Komel hat als erstes die Aufgabe, die oben genannten Probleme grob in Aufgabenbereiche zu klassifizieren. Können die beschriebenen Problemstellungen mit Hilfe eines ERP-System gelöst werden?
2. Welche weiteren betroffenen Anwendungssysteme können Sie sich vorstellen?
3. Welchen Vorteil hat die Stadtwerke AG durch die Einführung eines ERP-Systems?
4. Erarbeiten Sie ein Pflichtenheft (einen Anforderungskatalog) für das neue ERP-System der Stadtwerke AG.
5. Prüfen Sie, in welchen Bereichen der Stadtwerke AG der Einsatz von RFID sinnvoll sein könnte.

8 Querschnittssysteme

Sie lernen

Lernziele

- die typischen Eigenschaften und Schwachstellen von Büroarbeit kennen;
- auf welche Weise sich Büroarbeit durch IT-Systeme unterstützen lässt;
- inwiefern die Zusammenarbeit von Personen und Gruppen im Unternehmen durch "Social Software" gefördert werden kann;
- wie Sie das Wissen der Mitarbeiter in einem Unternehmen systematisch speichern und nutzen können;
- dass die umfangreichen Informationen im Rahmen eines Internet-Auftritts am besten durch ein Content Management System verwaltet werden.

8.1 Einleitung

Als *Querschnittssysteme* werden Anwendungssysteme bezeichnet, die nicht primär einzelne betriebliche Funktionsbereiche (wie z. B. den Vertriebsbereich) oder bestimmte Benutzergruppen (wie z. B. Manager) unterstützen, sondern an allen bzw. vielen Arbeitsplätzen genutzt werden können (vgl. [StHa05] S. 332). Querschnittssysteme werden vor allem im Bürobereich eingesetzt (vgl. Kapitel 8.2). Anschließend stellen wir die wichtigsten Querschnittsanwendungen vor, und zwar Bürosysteme (Kapitel 8.3), Systeme für die Zusammenarbeit im Netz (Social Software), vgl. Kapitel 8.4, Wissensmanagement-Systeme (Kapitel 8.5), Unternehmensportale (Kapitel 8.6) und Content-Management-Systeme (Kapitel 8.7).

8.2 Informationsverarbeitung im Büro

8.2.1 Merkmale der Büroarbeit

In vereinfachter Form kann die *Arbeit in einem Büro* wie folgt charakterisiert werden:

Büroarbeit

Eine Information erreicht den Mitarbeiter am Arbeitsplatz in schriftlicher, mündlicher oder fernmündlicher Form. Er nimmt die Information auf. Entweder erkennt er sofort, um was es sich handelt und löst nun einen Standardvorgang aus, oder er muss den Inhalt verstehen und entscheiden, ob er für die weitere Bearbeitung zuständig ist. In jedem Fall greift er auf vorhandene

Informationen (z. B. Kundendaten) und weitere Quellen (z. B. Absender der Information, Kollegen, Archiv) zurück. Nun beginnt die eigentliche Hauptarbeit, bei der sich stereotype und mehr kreative Tätigkeiten abwechseln. Ist die Arbeit abgeschlossen, so wird das Ergebnis an die Stelle weitergeleitet, die diese Information zur weiteren Bearbeitung benötigt.

Beispiele für Bürotätigkeiten

Einige *typische Bürotätigkeiten*, die an den Arbeitsplätzen von Führungskräften, Sachbearbeitern und Sekretärinnen durchgeführt werden, sind:

- Bearbeitung, Verteilung und Ablage der Eingangs- und Ausgangspost,
- Schreiben von Geschäftsbriefen,
- Bearbeitung, Registratur und Ablage von Akten,
- Vereinbarung und Verwaltung von Terminen,
- Führen von Telefongesprächen,
- Planung und Durchführung von Besprechungen,
- Auswertung von Informationen für Übersichten und Statistiken.

Die einzelnen Tätigkeiten lassen sich zu folgenden Gruppen zusammenfassen:

Gruppierung der Büroarbeiten

- *Erfassung und Beschaffung von Informationen*
  Hier geht es um die Erstaufnahme von Informationen und die Versorgung mit für die weitere Bearbeitung nötigen Informationen.
- *Transformation von Informationen*
  Vorgänge werden be- und verarbeitet, neue Informationen werden erzeugt.
- *Speicherung von Informationen*
  Unterlagen und Dokumente werden archiviert und müssen wiedergefunden werden.
- *Austausch (Kommunikation) und Weitergabe von Informationen*
  Informationen werden empfangen und weitergegeben.

Neben dieser Systematisierung, die sich am Datenverarbeitungsprozess orientiert (vgl. Kapitel 1.7), kann Büroarbeit auch nach ihrer Komplexität bzw. Strukturierbarkeit in folgende vier Aufgabentypen unterteilt werden (vgl. Bild 8.1):

Aufgabentyp	Merkmale
Führungsaufgaben Leitung, Mitarbeitermotivation, Repräsentation, Kommunikation, Aufnahme und Verbreitung von Informationen	Lösung komplexer Probleme und Entscheidungen bei hoher Unsicherheit, vielfältige Aufgaben, stets neue Herausforderungen.
Fachaufgaben Analysen, Recherchen, Berechnungen, Planungen, Gutachten, Präsentationen, qualifizierte Fachtätigkeiten, Stabsaufgaben	Weitgehende Selbstorganisation der wenig strukturierten Aufgaben, hohes Maß an Eigenständigkeit und Fachwissen erforderlich, Problemlösung steht im Vordergrund.
Sachbearbeitungsaufgaben Laufende Bearbeitung wiederkehrender Geschäftsvorfälle, mit begrenztem Fachwissen lösbar	Gut strukturierte und formalisierte Aufgaben, an Ereignissen bzw. Geschäftsvorgängen orientiert.
Unterstützungsaufgaben Erfassen, Vervielfältigen von Informationen, Verwalten, Koordinieren und Abstimmen	Überwiegend Hilfstätigkeiten für die übrigen Aufgabentypen, hohes Maß an Zusammenarbeit mit Vorgesetzten ist typisch.

Bild 8.1: *Grundtypen der Büroarbeit ([Gabr02] S. 129)*

Ungeachtet der soeben dargestellten Unterschiede bei den Aufgabentypen gibt es viele Ähnlichkeiten bei der Arbeit im Büro (und somit existieren auch Anwendungssysteme, die von allen Büro-Mitarbeitern in gleichem Maße genutzt werden können). Bild 8.2 zeigt beispielhaft die zeitliche Aufteilung einzelner Bürofunktionen bei den vier Arbeitsplatztypen im Büro.

Arbeitsplatztypen	Führungskraft	Spezialist	Sachbearbeiter	Sekretärin
Bürofunktionen	zeitliche Verteilung in %			
Verarbeiten	15	10	30	20
Kommunikation	45	20	15	15
Erzeugung von Text, Daten und Bildern	10	25	25	5
Dokumentation	10	25	15	5
Terminverwaltung	5	5	10	15
Besprechungen / Reisen	10	5	-	-
Umsetzen von Text, Daten, Bildern	5	10	5	40

Bild 8.2: *Zeitanteile von Bürofunktionen [Adle92]*

Büro als Zentrum der Informationsverarbeitung

Der *Begriff "Büro"* bezeichnet nicht einen bestimmten lokal begrenzten Bereich in einem Unternehmen, sondern umfasst alle organisatorischen Einheiten, die im obigen Sinne bürotypische Aufgaben wahrnehmen. Somit ist der Bürobereich das *Zentrum der Informationsverarbeitung und Kommunikation*. Er stellt die informatorische Infrastruktur für die Integration aller betrieblichen Funktionsbereiche eines Unternehmens dar ([Gabr02] S. 101).

8.2.2 Schwachstellen der Büroarbeit

Während man im Fertigungsbereich schon recht früh mit der Automatisierung begann, wurde im Bürobereich sehr viel später erkannt, dass sich durch neue Informationstechniken erhebliche Produktivitätssteigerungen und Kosteneinsparungen realisieren lassen. Schwachstellen der Büroarbeit sind damals wie heute:

Schwachstellen

- lange Durchlaufzeiten bei schriftlicher Kommunikation,
- Verlangsamung des Informationsflusses dadurch, dass Kommunikationspartner nicht immer erreichbar sind,
- wiederholte Umsetzung der Darstellungsform von Informationen (Medienbrüche), z. B. elektronische Erstellung mit einem Textverarbeitungsprogramm, Weiterleitung auf Papier, erneute Erfassung beim Empfänger,
- mehrfaches Erfassen derselben Daten (Doppelarbeit),
- Produktion von zu viel Papier,
- mangelnde Aktualität von Dateien und Verzeichnissen,
- zeitintensive Ablage von Dokumenten,
- umständliches, zeitintensives Wiederfinden abgelegter Informationen,
- mangelnde Koordination bei arbeitsteiligen Prozessen,
- hohe Transport-, Liege- und geistige Rüstzeiten, wenn viele Stellen an einem Vorgang beteiligt sind,
- unübersichtlicher Bearbeitungszustand.

Arbeitsteilung und ganzheitliche Vorgangsbearbeitung

Viele dieser Schwachstellen haben ihre Ursache in einer zu weit getriebenen Arbeitsteilung (*Taylorismus*). Die Übertragung der arbeitswissenschaftlichen Verfahren für Industriebetriebe auf den Bürobereich hat nicht die erhofften Rationalisierungseffekte gebracht, sie wirkte sich im Gegenteil produktivitätshemmend aus ([HaNe05] S. 328).

Heute versucht man von einer *verrichtungsorientierten* zu einer *objektorientierten* Bearbeitung zu kommen, bei der Einzeltätigkeiten zu einer *ganzheitlichen Vorgangsbearbeitung* integriert werden. Das kann z. B. dadurch geschehen, dass Routineaufgaben durch anspruchsvollere Tätigkeiten ergänzt oder dass

Routinearbeiten (z. B. Text- und Grafikerstellung) an qualifiziertere Tätigkeiten angebunden werden.

Ziele

Wichtige *Ziele und Nutzenpotenziale* einer technischen Unterstützung der Büroarbeit durch Bürosysteme sind:

- Entlastung von Routineaufgaben,
- Beseitigung von Medienbrüchen,
- Vermeidung von Datenredundanzen,
- schnellerer und vereinfachter Zugriff auf Informationen,
- Erhöhung der Qualität von Arbeitsergebnissen,
- Verkürzung von Durchlaufzeiten.

8.2.3 Flexibilisierung der Büroarbeit

Büroarbeit ist heute nicht mehr starr an Gebäude und Räume gebunden, sondern – als Folge der informationstechnischen Unterstützung – flexibler geworden. Zukünftig wird es immer häufiger vorkommen, dass *ohne* die Anwesenheit aller beteiligten Personen zur gleichen Zeit am gleichen Ort erfolgreich zusammengearbeitet wird (vgl. Bild 8.3).

Arbeitsorte / Arbeitszeiten	Gleich	Ungleich
Gleich	Klassische Arbeit	Flexible Organisation z. B. virtuelles Unternehmen
Ungleich	Flexible Arbeitszeiten z. B. Jahresarbeitszeit	Flexible Arbeitsplätze z. B. Telearbeit

▒ = Flexibles Arbeiten

***Bild 8.3**: Flexible Arbeitsformen (vgl. [Müld99])*

Flexible Arbeitszeiten

Flexible Arbeitszeiten werden erreicht durch die Variation von Dauer, Lage und Verteilung von Arbeitszeit:

Dauer

Variation der *Dauer* heißt, dass die zu erbringende Arbeitszeitmenge an den tatsächlichen Bedarf angepasst wird, z. B. durch Einführung von Teilzeitarbeit bei saisonalen Nachfrageschwankungen.

Lage

Variation der *Lage* bedeutet die Ausdehnung bzw. Verschiebung von Arbeitszeiten pro Tag oder pro Woche, z. B. durch verlängerte Ansprechzeiten, durch Geschäftsöffnung an Sonntagen.

Verteilung

Variation der *Verteilung* erreicht man durch eine ungleichmäßige Verteilung der Arbeitszeit über einen längeren Zeitraum, z. B. Jahresarbeitszeit, Lebensarbeitszeit. Zur Erfassung und Kontrolle flexibler Arbeitszeiten nutzen die meisten Unternehmen Personalzeitwirtschaftssysteme (vgl. Kapitel 7.2.6).

Flexible Arbeitsplätze

Flexible Arbeitsplätze werden – in Verbindung mit modernen Informations- und Kommunikationstechniken – unter dem Stichwort "Telearbeit" realisiert. Hierbei üben Beschäftigte ("Telearbeiter") ihre berufliche Tätigkeit stunden- oder tageweise pro Woche in ihrer Privatwohnung, in Nachbarschaftsbüros oder sonstigen dezentralen Orten aus, wobei sie über PC und Datennetz mit den Computereinrichtungen in der Zentrale verbunden sind.

Flexible Organisation

Flexible Organisation umschreibt neuartige Möglichkeiten der Zusammenarbeit von räumlich entfernten Unternehmen über Kommunikationsnetze. In der Literatur wird hierbei von "virtuellen Unternehmen" gesprochen.

Die verschiedenen Aspekte der Zusammenarbeit von Menschen bzw. Unternehmen - unabhängig von Raum und Zeit ("Anytime, Anyplace") unter Verwendung von Informations- und Kommunikationstechnik werden unter dem Begriff Telekooperation zusammen gefasst. Wir wollen nachfolgend Telearbeit als wichtigen Teilaspekt von Telekooperation etwas genauer betrachten.

Telearbeit

Bei *Telearbeit* erbringen die Mitarbeiter ihre Arbeitsleistungen - zumindest zeitweilig - in dezentralen Betriebsstätten oder im privaten Umfeld unter hauptsächlicher Nutzung der Informations- und Kommunikationstechnik. Kurz gefasst: Die Arbeit bewegt sich zum Mitarbeiter und nicht mehr der Mitarbeiter zur Arbeit ([Beam99] S. 16).

Verschiedene Formen der Telearbeit sind in Bild 8.4 zusammengefasst.

Telearbeit in der eigenen Wohnung

Bei der *alternierenden Telearbeit* kommt der Telearbeiter mindesten an einem Tag pro Woche für Besprechungen und den Austausch von Unterlagen ins Unternehmen. Durch den regelmäßigen persönlichen Kontakt mit Arbeitskollegen werden soziale Nachteile für die Telearbeiter vermieden. Allerdings muss das Unternehmen neben dem Telearbeitsplatz einen zusätzlichen Arbeitsplatz in der Zentrale vorhalten. Die ausschließliche Teleheimarbeit ist dagegen eher selten anzutreffen, zumal hierbei auch die Gefahr einer sozialen und beruflichen Isolation besteht.

Mobile Telearbeit

Durch *mobile* Kommunikationstechnik kann auch von unterwegs (Auto oder Hotelzimmer) eine Verbindung mit der Zentrale hergestellt werden. Typisch ist diese Form der Telearbeit für Handelsvertreter, Kundenberater, Außendienstmitarbeiter und Manager. Mobile Telearbeit ist weit verbreitet und die organisatorischen Änderungen sind gering, da die betreffenden Personen immer schon viel unterwegs waren.

Telearbeit im Telecenter

Liegt der Arbeitsplatz außerhalb der zentralen Betriebsstätte gebündelt mit anderen Arbeitsplätzen, so spricht man von einem

Telecenter. In Wohnungsnähe können sich z. B. Telearbeiter verschiedener Unternehmen ein gemeinsames Büro teilen.

Telearbeit bei Kunden

Eine weitere Möglichkeit besteht darin, für eine bestimmte Zeit Tätigkeiten beim Kunden auszuführen, wobei die Ausstattung des Arbeitsplatzes (z. B. Notebook) vom eigenen Arbeitgeber stammt. Diese Arbeitsform wird von Wirtschaftsprüfern und Unternehmensberatern praktiziert.

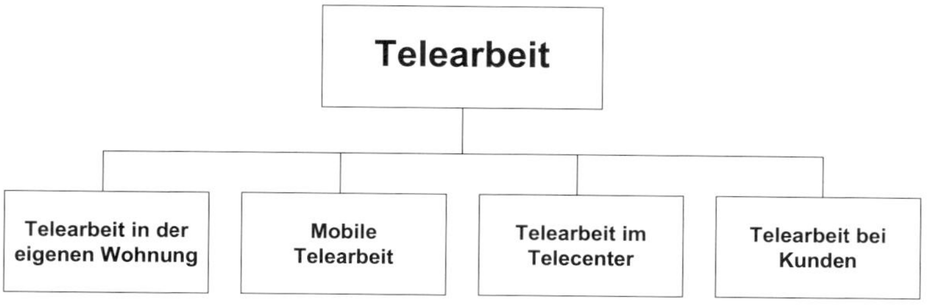

***Bild 8.4**: Formen der Telearbeit*

Geeignete Tätigkeiten

Anfangs beschränkte sich Telearbeit auf wenige Berufe und Tätigkeiten. Mit der Weiterentwicklung der Informationstechnik und dem Wandel der Arbeitsorganisation ist das Spektrum für Telearbeit inzwischen sehr groß geworden. Selbst Managementaufgaben sowie Projektleitung können im Rahmen alternierender Telearbeit erledigt werden. Grundsätzlich eignen sich Tätigkeiten für Telearbeit, wenn die folgenden Kriterien erfüllt sind:

- Hohes Maß an Selbständigkeit bei der Aufgabenausführung.
- Spontane (persönliche) Kommunikation ist nicht erforderlich.
- Eine permanente Anwesenheit oder ständige Erreichbarkeit des Mitarbeiters im Unternehmen ist nicht notwendig
- Die Tätigkeiten können ohne ständigen physischen Rückgriff auf umfangreiche schriftliche Unterlagen, zentrale Dokumente, Werkstücke oder Waren erledigt werden
- Die Arbeitsergebnisse sind einfach zu messen und zu kontrollieren
- Es gibt klare Schnittstellen zur Übernahme und Übergabe von Arbeitsergebnissen.

Technische Ausstattung

Unabhängig von den spezifischen Anforderungen werden an jedem Telearbeitsplatz Hardware, Software sowie ein Anschluss an das Telekommunikationsnetz benötigt. Die Hardware besteht z. B. aus PC/Notebook, Drucker, Telefon, Anrufbeantworter. Bei der Anwendungssoftware sollte es sich um die gleichen Systeme handeln, die auch in der Unternehmenszentrale eingesetzt werden, also z. B. Textverarbeitung und Tabellenkalkulation. Zur Vermeidung von Kompatibilitätsproblemen müssen die Versionen von Betriebssystem und Anwendungssoftware in der Zentrale und am Telearbeitsplatz übereinstimmen. Ferner muss der

Telearbeitsplatz über geeignete Kommunikationseinrichtungen und Sicherheitssysteme verfügen (vgl. Bild 8.5).

Bild 8.5: Technische Ausstattung eines Telearbeitsplatzes

Technische Komponenten eines Telearbeitsplatzes

Bürofunktionen	Kommunikation	Sicherheit
• Textverarbeitung • Tabellenkalkulation • Grafik • Vorgangsbearbeitung • Digitales Archiv • Lokaler Drucker, Scanner, Fax • Zugriff auf Anwendungssysteme (z. B. ERP-System)	• E-Mail • Anmeldung im LAN • Workflow • Gruppentermin-kalender • Internet-Zugang • Zugang zum Portal • Videoconferencing • Wählverbindung ins öffentliche Tele-kommunikationsnetz	• Virenscanner • Verschlüsselungs-software • Geschützter Zugriff auf das interne Netz über VPN • Anmelde-Passwort

8.3 Bürosysteme

8.3.1 Anforderungen und Leistungsumfang

Definition

Unter einem *Bürosystem* verstehen wir die technische Unterstützung von Bürotätigkeiten durch Hardware, Software und Kommunikationssysteme. Die Bürotechnik hat sich seit den 70er Jahren von speziell für die Textverarbeitung eingesetzten Rechnern (Textautomaten) in Schreibbüros über heterogene und damit meist inkompatible Systeme ("Bürokommunikationssysteme") zu integrierten Bürosystemen nach dem Client-Server-Modell weiterentwickelt. Die Software hierfür bezeichnet man als *Büro-oder Office-System*.

Anforderungen

Bürosysteme sollen folgende Anforderungen erfüllen:

- Abwicklung aller an einem Arbeitsplatz anfallenden Bürotätigkeiten über eine einheitliche, grafische Benutzungsoberfläche,
- unternehmensinterne Kommunikation mit anderen Arbeitsplätzen und unternehmensexterne Kommunikation sowie Zugriff auf extern verfügbare Informationen (Internet) von jedem Arbeitsplatz aus,
- Unterstützung der Verarbeitung, Verwaltung und Archivierung von Dokumenten,
- integrierte Vorgangsbearbeitung ohne Medienbrüche,
- hoher Integrationsgrad zwischen den einzelnen Software-Modulen eines Bürosystems, z. B. durch Verwendung von Grafiken zur Weiterverarbeitung in Textdokumenten.

Bürosysteme können in drei Ebenen unterteilt werden ([HaNe05] S. 326):

Architektur

- die technische Ebene mit Hardware und Vernetzung,
- die Anwendungsebene mit Softwarewerkzeugen für individuelle Büroanwendungen, Kommunikation, Archivierung und Workflow,
- die *Benutzungsoberfläche*, vergleichbar mit den Objekten, die am Schreibtisch relevant sind.

Der Bildschirm des Arbeitsplatzrechners stellt den *Schreibtisch* (Desktop) dar, auf dem die zur Bearbeitung verfügbaren Objekte dargestellt sind. Diese Objekte werden durch Symbole mit Bild und Beschriftung dargestellt und repräsentieren z. B. Aktenordner, Dokumente, Postfächer, Papierkorb, Drucker, Programme zur Textverarbeitung, Tabellenkalkulation und Grafikerstellung.

Die wichtigsten Anwendungen (Software-Werkzeuge) eines Bürosystems wurden im Bild 8.6 zusammengestellt und sie werden anschließend näher erläutert. Generell wird unterschieden, ob die Anwendung primär eine einzelne Person, die Kommunikation von wenigen Personen oder die Vorgangsbearbeitung innerhalb einer Gruppe unterstützen soll. Außerdem können bei der Büroarbeit unterschiedliche Medien genutzt bzw. bearbeitet werden.

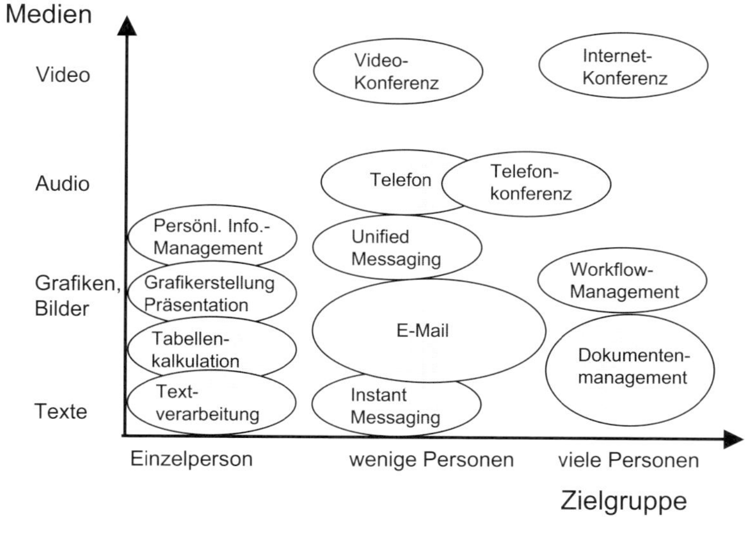

Bild 8.6: *Anwendungsschwerpunkte von Bürosystemen*

8.3.2 Unterstützung der individuellen Büroarbeit

Die Programme zur Textverarbeitung, Tabellenkalkulation, Präsentation und zum persönlichen Informationsmanagement (Terminkalender, Adressverwaltung) stehen heute an nahezu allen PC-Arbeitsplätzen im Bürobereich zur Verfügung.

Textverarbeitung

Ein Textverarbeitungsprogramm dient dem Erfassen, Überarbeiten, Speichern und Drucken von Texten aller Art. Hierfür gibt es bewährte Standardsoftware, die das Textdokument bereits während der Bearbeitung auf dem Bildschirm weitgehend so darstellt, wie es dann später gedruckt aussieht (WYSIWYG = What You See Is What You Get) (vgl. Bild 8.7).

Bild 8.7: *Textverarbeitungsprogramm MS Word*

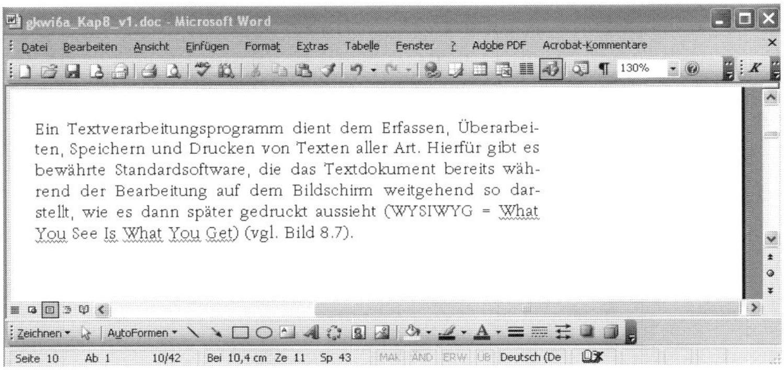

Funktionsumfang

Der Text wird über Tastatur eingegeben, wobei der Zeilenumbruch automatisch durchgeführt wird, sobald der festgelegte rechte Rand der Textseite erreicht ist. Viele Textverarbeitungsprogramme bieten eine *Trennhilfe* an, die die Silbentrennung auf Wunsch automatisch durchführt, sowie eine *Rechtschreibhilfe*, die den eingegebenen Text auf orthographische Fehler untersucht und ggf. eine automatische Korrektur durchführt. Einzelne Zeichen oder Textabschnitte können nachträglich eingefügt, gelöscht, an eine andere Stelle verschoben oder kopiert werden. Mittels Funktionen zum Suchen und Ersetzen können Buchstaben und Wörter im gesamten Text oder in einem Abschnitt durch einen Ersatzbegriff ausgetauscht werden.

Für einzelne Zeichen, Wörter oder Absätze lassen sich Schriftart und -größe sowie weitere Attribute wie Fettdruck, Kursivdruck, Unterstreichung bestimmen. Zeilenabstände, Textausrichtung (links- oder rechtsbündig, zentriert, Blocksatz), Einrückungen können festgelegt werden. Zur Arbeitserleichterung können all diese Formatierungsinformationen als *Formatvorlage* gespeichert und zur Formatierung den Textstellen zugewiesen werden.

Häufig benutzte Satzteile lassen sich als *Textbausteine* speichern und wiederverwenden. Durch *Makros* lassen sich Funktionsabläufe automatisieren. Im einfachsten Fall bestehen Makros aus einer Abfolge von Menüauswahlen, Dialogfeldeinstellungen und Tastendrucken.

Tabellenkalkulation

In einem zweidimensionalen *Rechenblatt* (Spreadsheet), das aus durchnummerierten Zeilen und Spalten besteht, werden Zahlenwerte, Texte und Berechnungsvorschriften eingetragen. So können z. B. Zahlen aufaddiert, Prozentanteile oder Mittelwerte errechnet werden. Als *Zellen* bezeichnet man die einzelnen Tabellenfelder, die durch Zeilen- und Spaltenangabe adressiert werden. Meist werden die Spalten mit Buchstaben und die Zeilen mit Zahlen bezeichnet. Zwischen den Zelleninhalten können mathematische Beziehungen hergestellt werden.

Dies soll am Beispiel einer einfachen Lohnberechnung gezeigt werden (vgl. Bild 8.8). Zelle B1 enthalte die Arbeitszeit in Stunden, Zelle B2 den Stundenlohn. Zelle B3 soll den Fertigungslohn anzeigen. Zu diesem Zweck wird in B3 die Formel B1 * B2 eingetragen. Bei jeder Änderung der Zahlenwerte in B1 oder B2 wird die Tabelle (hier also B3) neu berechnet.

Der Hauptnutzen der Tabellenkalkulation liegt in der einfachen "*Was wäre, wenn ...*"-*Simulation*, die es dem Benutzer ermöglicht, mehrere Varianten ohne großen Aufwand auf der Basis desselben Rechenschemas durchzurechnen.

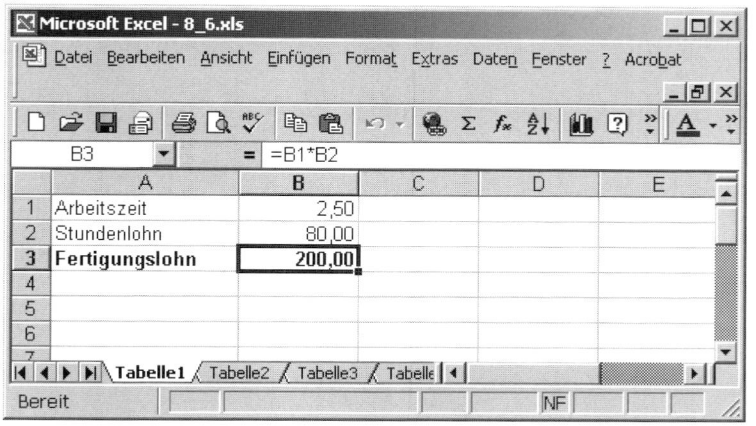

Bild 8.8: *Tabellenkalkulation mit Excel*

Neben den Grundrechenarten stehen noch weitere Funktionen zur Verfügung, z. B. statistische Funktionen, finanzmathematische Funktionen, Datums- und Zeitfunktionen. Zur optischen Gestaltung der Zahlen und Texte einer Tabelle stehen wie in den Textverarbeitungsprogrammen zahlreiche Formatierungsmöglichkeiten zur Verfügung. Häufig benutzte Arbeitsschritte lassen sich in einem *Makro* speichern und auf Tastendruck wieder abrufen. Zur grafischen Auswertung kann die Tabelle in Form von *Balken-, Linien- oder Kreisdiagrammen* dargestellt werden. Mit einer Wertänderung in der Tabelle ist eine sofortige Änderung der Grafik verbunden.

Grafiken und Präsentationen

Mit Hilfe von *Präsentationsprogrammen* können Grafiken und Folien erstellt und am Bildschirm oder über einen Beamer (einem Gerät zur Projektion von Grafiken, Fotos und Filmen auf einer Leinwand) vorgeführt werden. Dazu kann man die Reihenfolge der einzelnen Schaubilder und die Übergänge zwischen den Bildern (Überblendung) festlegen. Der Ablauf einer Sequenz von Präsentationsgrafiken (Dia-Show) kann automatisch erfolgen oder manuell gesteuert werden, um z. B. einzelne Bilder länger als geplant anzuzeigen oder auch zu überspringen.

Persönliches Informationsmanagement

Programme für das *persönliche Informationsmanagement* unterstützen ihre Benutzer bei der Planung und Verwaltung von Terminen, Aufgaben und Adressen. Immer öfter werden diese Programme auch auf mobilen Rechnern (*Personal Digital Assistant* oder kurz *PDA*) und Handys eingesetzt. Zum typischen Funktionsumfang gehören:

- Kalender führen, Termine verwalten,
- E-Mails empfangen, versenden und archivieren,
- Kontakte und Adressen verwalten,
- Aufgaben planen (To Do),
- mobiler Zugriff auf das WWW,
- Synchronisation zwischen mobilen Endgeräten und stationären PCs.

8.3.3 Unterstützung der Kommunikation

synchrone und asynchrone Kommunikation

Eine wichtige Rolle in einem Bürosystem spielt die Kommunikation, die es ermöglicht, Informationen mit anderen Personen im Unternehmen oder mit externen Geschäftspartnern auszutauschen. Es wird zwischen *synchroner* und *asynchroner* Kommunikation unterschieden, je nachdem, ob die Teilnehmer zeitgleich oder zeitversetzt kommunizieren. Bei asynchroner Kommunikation (z. B. Brief, Fax, E-Mail) wird die Information zu einem Zeitpunkt "verfasst" und später vom Empfänger "verarbeitet". Hierdurch können komplexe Geschäftsvorgänge nur schrittweise und damit tendenziell langsamer bearbeitet werden als bei synchroner Arbeitsweise (z. B. bei Telefon, Videokonferenz).

E-Mail

Elektronische Post (Electronic Mail, kurz E-Mail) verwendet als elektronisches Gegenstück zur konventionellen Briefpost das Prinzip der *asynchronen Kommunikation*: Ein Sender schickt von seinem Arbeitsplatzrechner eine Nachricht ab und kann mit weiteren Aufgaben fortfahren, ohne darauf zu warten, dass der Empfänger die Nachricht erhält. Anders als bei einer Telefonverbindung (synchrone Kommunikation) besteht neben der räumlichen also auch eine zeitliche Entkopplung zwischen Sender und

Empfänger. Jeder Teilnehmer wird durch seine Adresse eindeutig identifiziert. Die übertragene Nachricht wird im elektronischen Postfach (*Mailbox*) des Empfängers, das sich z. B. auf einem Server im lokalen Netz befindet, abgelegt und kann dort vom Empfänger abgerufen werden.

Dem Benutzer stehen zahlreiche Grundfunktionen zur Verfügung:

- eine Nachricht erstellen und verschicken,
- eine Nachricht empfangen und präsentieren,
- Adressierung einer Gruppe von Benutzern über eine Verteilerliste,
- automatische Weiterleitung an Dritte,
- automatische Beantwortung,
- Verschlüsselung zur Wahrung der Vertraulichkeit,
- Einfügen von Dateien als Anlagen.

Standardprotokoll für den E-Mail-Verkehr im Internet ist *SMTP* (Simple Mail Transfer Protocol), vgl. Kapitel 5.3.

Computergestütztes Telefonieren

Rechneranwendungen können mit privaten Nebenstellenanlagen (TK-Anlage) verbunden werden, um das Telefon in rechnergestützte Geschäftsprozesse zu integrieren (*Computer Integrated Telephony, CIT*):

- Der Wählvorgang kann über die gespeicherte Telefonnummer automatisch eingeleitet werden.
- Geschäftspartner, die innerhalb eines bestimmten Zeitraums erreicht werden müssen, können in einer vorgegebenen Reihenfolge vom System angerufen werden.
- Sofern eine Identifizierung über die Telefonnummer des Anrufenden möglich ist (wie bei ISDN), können schon bei der Entgegennahme des Anrufs über ihn gespeicherte Daten am Bildschirm angezeigt werden, eine Anwendung, die beispielsweise in Call-Centern von Bedeutung ist.

Instant Messaging

Instant Messaging wird vor allem in großen dezentral organisierten Unternehmen mit vernetzten Arbeitsplätzen zur spontanen Kommunikation eingesetzt. Hierbei kann jeder Teilnehmer sehen, ob andere Teilnehmer (z. B. aus einem Arbeitsteam) momentan online erreichbar sind. Außerdem ist ersichtlich, ob jemand derzeit nicht erreichbar ist, nur per Telefon erreichbar ist oder nicht gestört werden möchte. In Form kurzer Text-Nachrichten werden Fragen an Kollegen verschickt und vom Empfänger direkt beantwortet (vgl. Bild 8.9). Die Teilnehmer sind in der Regel nur für eine begrenzte Zahl von bekannten Kommunikationspartnern erreichbar und werden durch Instant Messaging weniger gestört als durch das Telefon.

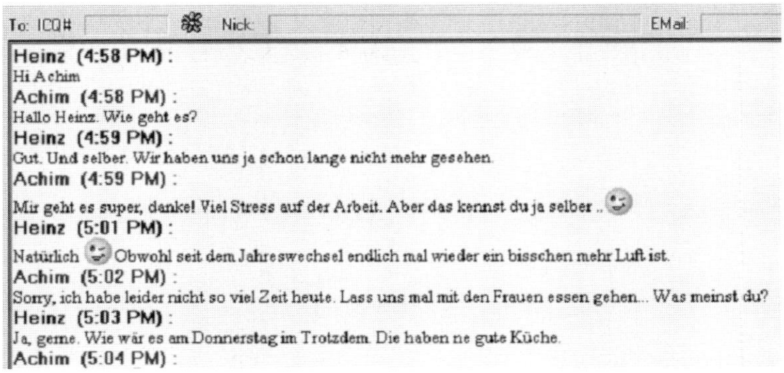

***Bild 8.9**: Beispiel Instant Messaging (Quelle: ICQ)*

Unified Messaging

Unified Messaging Systeme fassen die ursprünglich getrennten Kommunikationskanäle E-Mail, Fax und Telefon zusammen (vgl. Bild 8.10).

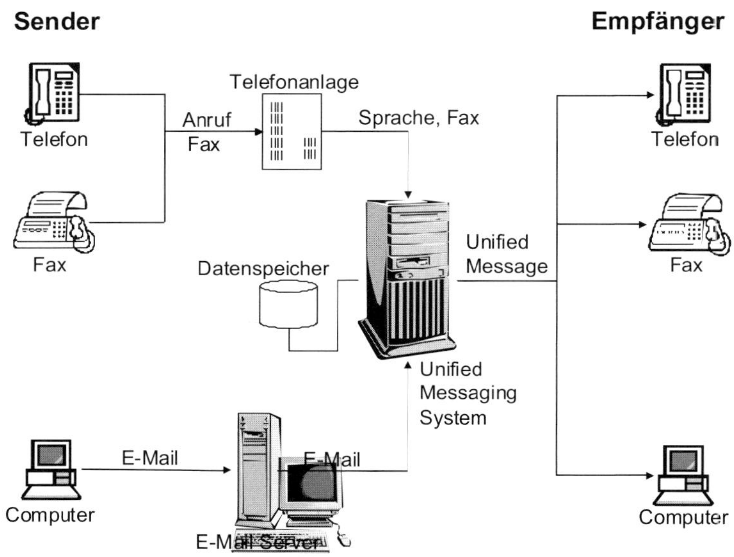

***Bild 8.10**: Aufbau von Unified Messaging ([WoVo02] S. 11)*

Benutzergruppen

Vor allem zwei Benutzergruppen profitieren von diesem Konzept ([WoVo02] S. 9):

- Personen, die häufig unterwegs sind und von überall her, zu jeder Zeit und möglichst über verschiedene Endgeräte auf ihre Nachrichten zugreifen möchten. Mögliche Endgeräte sind hierbei neben PC mit Browser auch normale Telefone sowie mobile Endgeräte, wie Handys oder PDA's.
- Für Personen, die viele Nachrichten unterschiedlichen Typs erhalten (z. B. Mitarbeiter in Call-Centern, Sekretariaten) vereinfacht sich die Bearbeitung, wenn die Nachrichten an einer zentralen Stelle gebündelt werden. Es muss dann nicht mehr zwischen PC, Telefon und Faxgerät gependelt werden.

Die wichtigsten Eigenschaften eines Unified Messaging Systems werden in Bild 8.11 zusammengefasst. Hierbei muss berücksichtigt werden, dass einige Funktionen derzeit technisch noch nicht zufriedenstellend gelöst sind, z. B. das Vorlesen eines eingetroffenen Fax-Dokuments am Telefon oder die Weiterleitung einer Sprachnachricht an ein Faxgerät zum Ausdruck. Schwierigkeiten bereitet in der Praxis auch die Zusammenführung der bereits vorhandenen Komponenten, es sei denn, es wird eine vollständige Neuinstallation eines Unified Messaging Systems vorgenommen. Geeignet sind diese Systeme deshalb vor allem für große, meistens global tätige Unternehmen.

Nachrichtentypen und Zugriffsgeräte im Überblick			
	Zugriff über Computer	**Zugriff über Telefon**	**Zugriff über FAX**
E-Mail empfangen	Im Browser den Inhalt (Text) ansehen oder im Mail-Client Programm	E-Mail in Sprache umwandeln und vorlesen lassen	E-Mail in FAX konvertieren und an eine Faxnummer weiterleiten
FAX empfangen	Im Browser den Inhalt als Grafik ansehen	(Eine Grafik kann heute nicht automatisch in Sprache umgewandelt werden)	Ausdruck erstellen
Sprachnachricht empfangen	Wird über den eingebauten Lautsprecher des Computers abgespielt	Abfrage eines Anrufbeantworters wie üblich	(automatische Spracherkennung ist noch nicht weit genug entwickelt)
Nachrichten versenden	E-Mail wie bisher versenden	Sprachnachrichten auf Anrufbeantworter hinterlassen	Faxversand wie üblich
Nachrichten weiterleiten	Nachricht an eine E-Mail-Adresse schicken	E-Mail oder FAX auf eine e nzugebende Faxnummer weiterleiten	

***Bild 8.11**: Funktionen eines Unified Messaging Systems ([WoVo02] S. 10)*

Telekonferenz

Mit *Audio-* bzw. *Telekonferenzen* sollen Reisezeiten und -kosten für Besprechungen von Teilnehmern, die entfernt voneinander tätig sind, eingespart werden. Hierbei führen drei oder mehr Personen per Telefon zur gleichen Zeit ihre Besprechung durch.

Video-Konferenz

Neben dem Ton können Festbilder und bewegte Videobilder übertragen werden. Eine *Video-Konferenz* ist eine bildgestützte Live-Kommunikation zwischen wenigen Teilnehmern. Als Endgeräte können PCs mit Kamera und entsprechender Hardware und Software dienen. Die Teilnehmer sitzen zur gleichen Zeit in zwei (oder mehr) räumlich entfernten Konferenzräumen. Über PC oder Großbildmonitor sehen sich alle Teilnehmer gleichzeitig und können sich – entweder der Reihe nach oder gesteuert durch einen Moderator – an der Diskussion beteiligen.

Dokumenten-Konferenz

Dokumenten-Konferenzsysteme ermöglichen das gemeinsame Betrachten (*Whiteboarding*) und Bearbeiten (*Joint Editing*) von Dokumenten, um z. B. einen Projektplan zu erarbeiten. Daneben können Daten ausgetauscht werden, um diese offline weiterzubearbeiten.

Internet-Konferenz

Hierbei werden Diskussionsbeiträge und Vorträge mehrerer "Redner" über das Web an eine größere Anzahl von "Konferenzteilnehmern" übermittelt. Die Vortragenden referieren vor der Kamera, ein Tagungsleiter moderiert die Konferenz. Im Konferenzraum muss die erforderliche technische Ausstattung (Aufnahme-, Ton-, Misch- und Übertragungstechnik) zur Verfügung stehen. Die Konferenz-Teilnehmer benötigen einen PC mit Internet-Anschluss und Browser, um von ihrem Büroarbeitsplatz aus an der Konferenz teilzunehmen. Als Rückkanal für Fragen und Diskussionsbeiträge können sowohl Telefon als auch E-Mail genutzt werden. Ferner wird ein zentraler Server benötigt, über den die Kommunikation zwischen den Teilnehmern gelenkt wird. ([Buch02] S. 61 ff.).

Bild 8.12: *Beispiel einer Internet-Konferenz ([DeHö03] S. 436)*

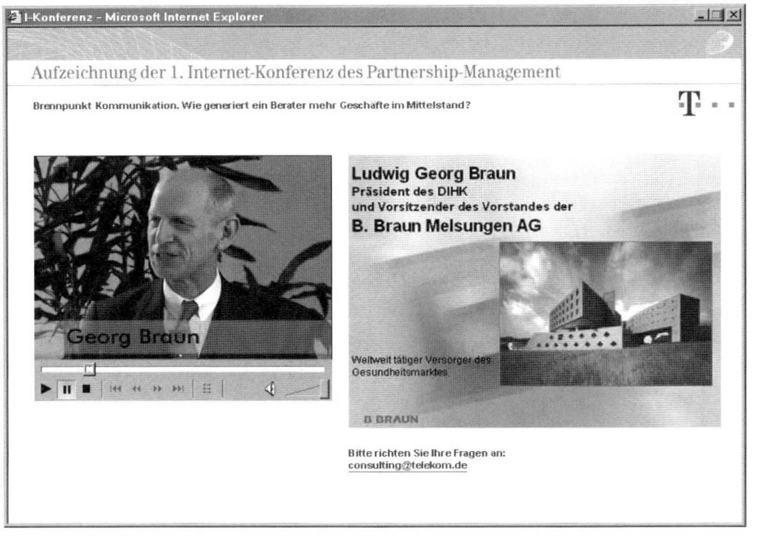

Anwendungsbeispiel

Die deutsche Telekom führte eine Internet-Konferenz für ihre Beratungspartner durch. Das Ziel bestand darin, sowohl geschäftlich relevante Informationen an die Partner weiterzugeben als auch die technische Kompetenz der Telekom in Bezug auf das Thema Internet-Konferenz zu demonstrieren. Drei Referenten präsentierten live vor der Kamera ihre Kurzvorträge, danach fand eine moderierte Podiumsdiskussion statt und abschließend hatten die knapp 300 Teilnehmer über Chat die Möglichkeit, zu diskutieren. Bild 8.12 zeigt einen Ausschnitt der Konferenz aus Sicht des Konferenzteilnehmers. Neben dem Fenster für die Live-Übertragung wurden die relevanten Folien eingeblendet. Fragen zum Vortrag konnten direkt per E-Mail gestellt werden, die Diskussion fand über einen Chat im Internet statt. Die Konferenz dauerte insgesamt 2,5 Stunden ([DeHö03] S. 433 ff.).

8.3.4 Unterstützung der Dokumenten-Archivierung

Ablage und Archivierung

Ein wesentlicher Aspekt der Büroarbeit ist die Ablage und Archivierung. Unter *Ablage* wird hier die kurz- bis mittelfristige Speicherung von Dokumenten, die noch in Bearbeitung sind, verstanden, wohingegen man unter *Archivierung* die langfristige Aufbewahrung bzw. Auslagerung von Dokumenten auf externe Datenträger versteht. Für die Dokumentenverwaltung müssen Funktionen zur Verfügung stehen, die eine *Ablagesystematik* unterstützen und das *Wiederfinden* von Dokumenten über Suchbegriffe ermöglichen.

Die Dateisysteme der verbreiteten Betriebssysteme sind hierarchisch strukturiert und ermöglichen die Ablage von Dokumenten als Dateien in nach bestimmten Gliederungsgesichtspunkten angelegten Verzeichnissen sowie ein schnelles Wiederfinden über den Dateinamen.

Ablagesystem

Textverarbeitungsprogramme ermöglichen darüber hinaus, Dokumente mit Hilfe mehrerer Attribute zu kennzeichnen: Titel, Thema, Autor, Version, Schlüsselwörter zur Kategorisierung des Inhalts. Durch Vorgabe eines oder mehrerer Attribute als Suchbegriffe können die Dokumente eingegrenzt und wiedergefunden werden. Meist erlauben diese Programme auch das Suchen nach Wörtern im Text des Dokuments.

Weitere Leistungsmerkmale von Ablagesystemen in einer Mehrbenutzerumgebung sind:

- benutzerbezogene Zugriffsrechte für Dokumente (Lesen, Ändern, Löschen),
- gleichzeitiger Zugriff auf die Ablage für mehrere Benutzer,
- Sperren von Dokumenten, die zur Bearbeitung von einem Benutzer entliehen wurden.

Dokumenten-Management-System

Für die digitale Ablage, dauerhafte Archivierung und den schnellen Zugriff von Dateien und Dokumenten aller Art werden *Dokumenten-Management-Systeme* (DMS) eingesetzt. Ihr Einsatz reicht von der Aktenverwaltung in Behörden über die Verwaltung von Verträgen bei Banken, Bausparkassen und Versicherungen bis zur Belegarchivierung im Rechnungswesen. Die wichtigsten *Ziele* sind hierbei:

- schnelle Verfügbarkeit von Informationen ohne langes Suchen,
- revisionssichere Aufbewahrung sämtlicher Dokumente, die einer gesetzlichen Aufbewahrungsfrist unterliegen,
- platzsparende Aufbewahrung,
- schneller Zugriff durch alle berechtigten Nutzer, ohne dass Papierakten verschickt werden müssen.

Eine typische Systemkonfiguration zeigt Bild 8.13. Die Dokumente (z. B. Eingangsbriefe) werden mit Scannern gelesen und am Bildschirm angezeigt. Die Abschnitte eines Dokuments, die elektronisch archiviert werden sollen, können ausgewählt werden. Die Dokumente werden in Form von Bildpunkten (Pixel) erfasst und als Rasterbild (Image) unter Verwendung von Datenkompressionsverfahren gespeichert. Es handelt sich hierbei um so genannte *nicht codierte Information* (NCI = Non Coded Information). Spezielle Lesesoftware ermöglicht eine teilweise automatische Zeichenerkennung (OCR) und setzt gescannten Text in codierte Zeichen (ASCII) um. So können z. B. die aus gescannten Serviceaufträgen gewonnenen Daten in codierter Form für eine automatische Abrechnung bereitgestellt werden. Die gescannten Dokumente können mit codierter Information (z. B. Antwortschreiben, Notizen) ergänzt werden und zusammen in einer *elektronischen Akte* gespeichert werden.

Bild 8.13: *Konfiguration eines Dokumenten-Management-Systems*

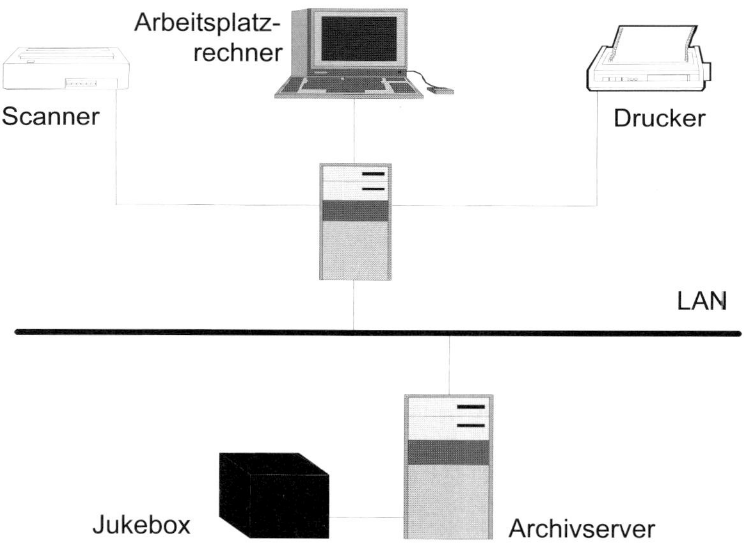

Retrieval

Um archivierte Dokumente wiederaufzufinden (*Retrieval*) werden die Dokumente nach der Erfassung mit beschreibenden Merkmalen (Index-Werte oder Deskriptoren) versehen. Beispielsweise können bei einer eingescannten Lieferantenrechnung die Rechnungsnummer, der Lieferantenname, das Rechnungsdatum, das Lieferdatum, die gelieferte Produktkategorie zusätzlich erfasst werden, um die einzelne Rechnung später auch wieder zu finden. Teilweise können derartige Merkmale auch automatisch ermittelt werden, beispielsweise durch die Analyse der Betreffzeile. Zur Unterstützung der Suchvorgänge beim Zugriff auf das Archiv werden Datenbanken genutzt.

Die Dokumente werden langfristig auf einmal beschreibbaren Datenträgern (z. B. WORM-Platten) gespeichert. *Jukeboxen* (Plattenwechsler) erlauben den direkten Zugriff auf mehrere Platten. *WORM*

Heutige Installationen reichen von Einplatzsystemen über vernetzte Ein- und Mehrplatzsysteme bis zu unternehmensweiten Systemen mit Anbindung an die vorhandenen Anwendungssysteme. Häufig enthalten diese Systeme Funktionen zur automatischen Weiterleitung von Dokumenten im Rahmen der Vorgangsbearbeitung.

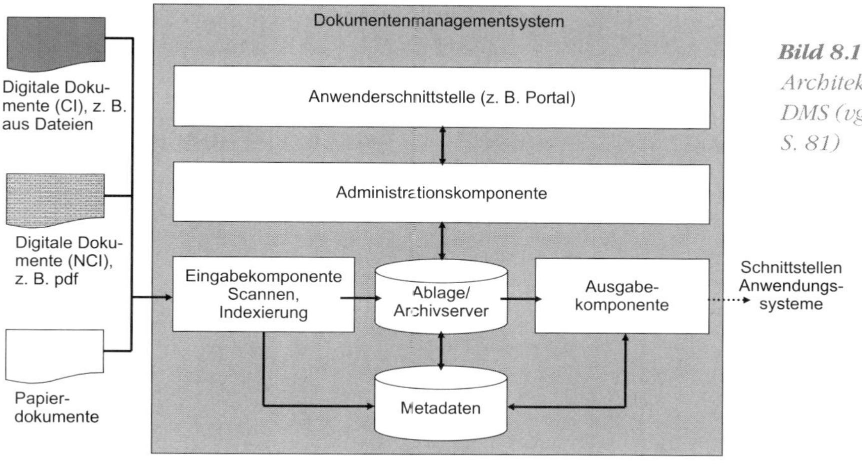

***Bild 8.14**: Architektur eines DMS (vgl. [Stroh08] S. 81)*

Betrachten wir Dokumentenmanagementsysteme aus softwaretechnischer Sicht, dann zeigt Bild 8.14 eine idealtypische Architektur. Hierbei werden die *Hauptfunktionen des Archivierungsprozesses* unterstützt, und zwar: *Archivierungsprozess*

- *Dokumentenerfassung (Eingabekomponente)*
  Diese erfolgt mittels Scanner oder durch Überleitung aus bestehenden DV-Anwendungen.
- *Indizierung*
  Dokumente werden mit Stichwörtern (Attributen) versehen, die manuell (z. B. aus einer Vorschlagsliste) oder ggf. auch automatisch ausgewählt werden können.
- *Speicherung*
  Dokumente werden auf einem Archivserver bzw. langfristig auf optischen Speicherplatten gespeichert. Die Attribute zu einem Dokument werden in Datenbanken gehalten (sog. Metadaten). Über eine Administrationskomponente wird u. a. der Bearbeitungsstatus eines Dokuments vergeben, beispielsweise "In Bearbeitung", "Warten auf" oder "Bearbeitet". Zur Aufrechterhaltung der Dokumentenintegrität muss verhindert werden, dass zwei Benutzer gleichzeitig einen schreibenden Zugriff auf das Dokument erhalten (vgl. [Stroh08] S. 88).

- *Recherche und Ausgabe*
  Mit Hilfe von Suchabfragen werden die betreffenden Dokumente gefunden, wobei Trefferzahlen und Trefferlisten ausgegeben werden. Die am Bildschirm angezeigten Dokumente können verkleinert und vergrößert, ausgedruckt und z. B. als E-Mail-Anhang gesendet werden. Für die Anzeige gefundener Dokumente existieren verschiedene Möglichkeiten: zum einen existieren in den DMS sog. Dokumentenviewer (vgl. Bild 8.15), ferner können Dokumente im Rahmen anderer Software-Komponenten über Schnittstellen angezeigt werden, z. B. im Rahmen eines ERP-Systems oder es erfolgt die Anzeige über Browser bzw. Unternehmensportal.

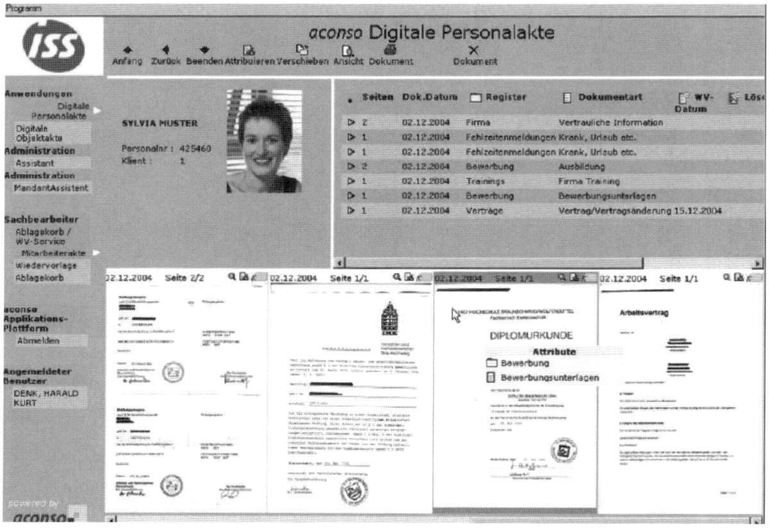

***Bild 8.15**: Beispiel einer digitalen Personalakte (Quelle: aconso)*

Anwendungsbeispiel

Der Flughafen Düsseldorf archiviert seine Personalakten für alle 2.700 aktiven Beschäftigten in elektronischer Form. Zur elektronischen Personalakte zählen einerseits alle Dokumente aus der Personalakte, die früher in Hängeregistern geführt wurden. Zweitens gehören alle Belege aus der Lohn- und Gehaltsbuchhaltung und drittens alle ein- und ausgehenden Schreiben dazu.

Jedes neu eingehende Dokument erhält einen Index und es werden Stichworte für die spätere Recherche erfasst, wie z. B. Name und Personalnummer. Die monatliche Lohn- und Gehaltsabrechnung wird nur noch für die Mitarbeiter in Papierform erzeugt, während die Personalverwaltung ausschließlich auf die elektronischen Dokumente zugreift.

Die elektronische Akte ist in mehrere Register, wie Verträge, Bewerbungsunterlagen, Korrespondenz, Abrechnungsunterlagen,

Reisekosten, Bescheinigungen unterteilt. Das gesamte elektronische Archiv umfasst ca. 500.000 Seiten.

Die Daten werden auf WORM-Platten gespeichert und liegen gespiegelt in einer Jukebox vor. Nach drei Monaten erfolgt die Auslagerung in einen brandgeschützten Safe. Während dieser Zeit sind die Originaldokumente noch verfügbar, sodass notfalls ein erneutes Einscannen möglich ist. Einige wenige Dokumente, wie z. B. Arbeitszeugnisse und Verträge existieren weiterhin in Papierform.

Von den ursprünglich vorhandenen Originaldokumenten wurden inzwischen ca. 30 Tonnen Papier vernichtet worden. Allein die Belege für die Lohn- und Gehaltsabrechnung eines Jahres umfassten 3,6 Millionen Papierseiten. Die elektronische Personalakte spart aber nicht nur Papier sondern es entfallen auch Such- und Wegezeiten in der Personalverwaltung ([Böhm02] S. 19 f.).

8.3.5 Unterstützung der Vorgangsbearbeitung

Vorgangs-bearbeitung

Im Bürobereich nimmt die *Vorgangsbearbeitung*, an der mehrere Stellen in unterschiedlichen Abteilungen beteiligt sind, eine zentrale Stellung ein.

Einige Beispiele:

- die Kreditbearbeitung in einer Bank,
- die Verfahrensabwicklung im Personalwesen bei Neueinstellungen,
- die Schadensfallregulierung bei einer Versicherung,
- die Bearbeitung von Kundenreklamationen,
- die Bearbeitung eines Dienstreiseantrags.

Workflow

Ein *Workflow* (Vorgang) ist eine inhaltlich abgeschlossene, zeitlich und sachlogisch zusammenhängende Folge von einzelnen Arbeitsschritten, an der mehrere Bearbeiter beteiligt sein können ([Müld03a] S. 86). Ein Workflow wird durch Beantwortung der folgenden Fragen exakt definiert [BuJa95]:

Aspekte

- *Was* soll ausgeführt werden? (Funktionsaspekt)
- *Wann* bzw. in welcher Reihenfolge sollen die einzelnen Tätigkeiten ausgeführt werden? (Steuerungsaspekt)
- *Welche* Daten fließen zwischen den Tätigkeiten? (Datenaspekt)
- *Wer* führt eine Tätigkeit aus? (Organisationsaspekt)
- *Wie* bzw. mit Hilfe welcher Anwendungsprogramme werden die Tätigkeiten ausgeführt? (Operationsaspekt)

Bild 8.16: *Grundbegriffe und Zusammenhänge bei Workflow Management*

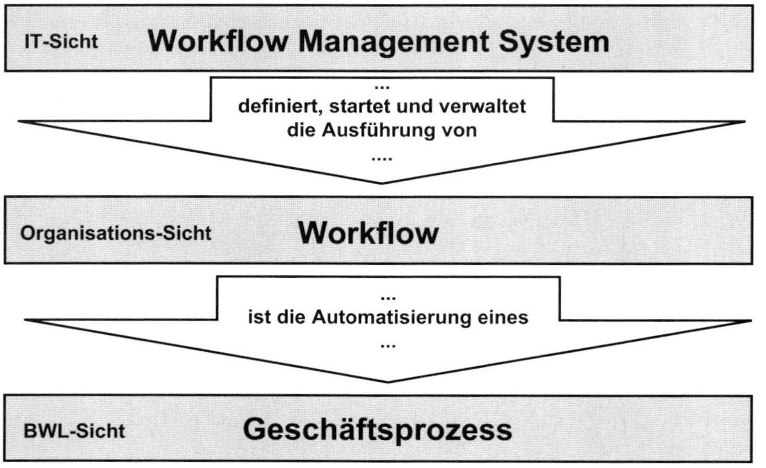

Workflow Management

Als *Workflow Management* bezeichnet man die Modellierung, Spezifikation, Ausführung, Steuerung und Überwachung des Workflows. Ziel ist hierbei die optimale Ablauforganisation von Arbeitsvorgängen zur Reduzierung von Bearbeitungszeiten. Ein *Workflow-Management-System* (WFMS) ist eine Software, die Entwicklung, Durchführung und Überwachung von Workflows ermöglicht. WFMS gestatten die automatisch gesteuerte Bearbeitung von Vorgängen im Büro- und Verwaltungsbereich.

Ziele

Folgende *Ziele* sind mit dem Einsatz von WFMS verbunden:

- Reduzierung der Versand- und Liegezeiten von Vorgangsakten,
- Reduzierung der Bearbeitungszeiten durch Automatisierung einzelner Arbeitsschritte,
- Qualitätssteigerung durch die rechnergestützte Steuerung des Ablaufs (Verfahrensfehler sind nahezu ausgeschlossen),
- Erhöhung der Transparenz der Vorgangsbearbeitung durch Zeit- und Statusberichte.

Die Grundvoraussetzung für den Einsatz eines computergestützten Workflow-Management-Systems ist die Analyse und anschließende Optimierung von *Geschäftsprozessen* in einem Unternehmen bzw. Unternehmensbereich. Ein Geschäftsprozess besteht aus mehreren Aktivitäten. Jeder Geschäftsprozess beginnt mit dem Eintreten eines bestimmten Ereignisses, z. B. der Kündigung eines Mitarbeiters, und endet mit dem Erreichen eines Ziels bzw. Ergebnisses, z. B. der Neubesetzung der Stelle durch einen Bewerber. Die zwischen der Kündigung und der Neubesetzung erforderlichen Aktivitäten gehören zu dem Geschäftsprozess "Neueinstellung eines Mitarbeiters". Die (teil-)automatisierte Abwicklung dieses Geschäftsprozesses erfolgt durch ein Workflow-

Management-System. In Bild 8.16 werden die begrifflichen Zusammenhänge dargestellt.

Nicht alle betrieblichen Vorgänge lassen sich mittels eines Workflow-Management-Systems automatisieren. Während *Ad-hoc-Vorgänge* aufgrund ihres spontanen und einmaligen Charakters vollständig manuell durchgeführt werden, können viele betriebliche Abläufe teilweise mittels WFMS automatisiert werden. *Stark strukturierte Geschäftsprozesse* eignen sich am besten zur Computerunterstützung und werden weitgehend automatisiert durchgeführt. Hierbei können die Bearbeiter die einmal festgelegten Arbeitsschritte kaum noch verändern.

Beispiel für einen Workflow

Im Folgenden wird als Beispiel eines Workflows die Bearbeitung eines Kreditkartenantrags bei einer Bank in vereinfachter Form beschrieben (vgl. Bild 8.17 und Bild 8.18).

Ein Kunde beantragt bei seiner Bank eine Kreditkarte. Der zuständige Sachbearbeiter scannt den Antrag ein und erfasst die Antragsdaten in einem Bildschirmformular. Bei einem Jahreseinkommen unter 25.000 Euro muss der Antrag von der Filialleitung geprüft werden (Anfrage bei der Schufa). Evtl. muss die Entscheidung an eine höhere Instanz delegiert werden. Wird der Antrag genehmigt oder liegt das Jahreseinkommen über 25.000 wird der Kreditrahmen festgesetzt (z. B. 10 % des Jahreseinkommens). Zum Schluss wird ein Antwortschreiben (Zu- bzw. Absage) erstellt.

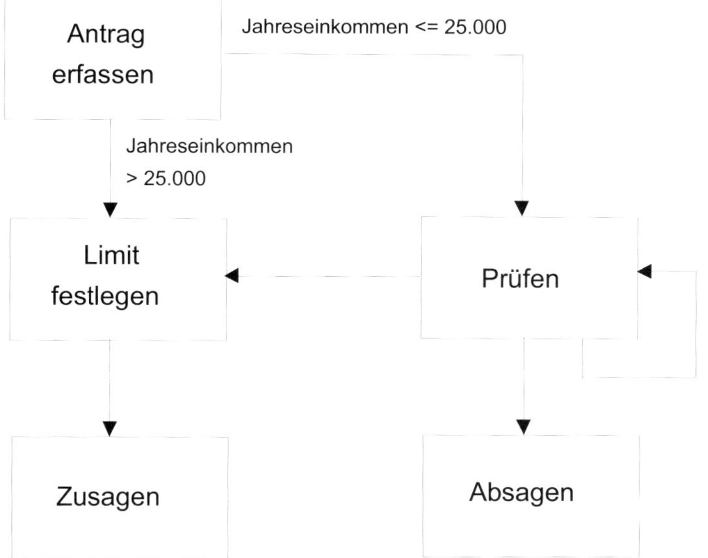

***Bild 8.17**:* *Bearbeitung eines Kreditkartenantrags*

Im Folgenden wird das Konzept eines WFMS unter Berücksichtigung von organisatorischen und technischen Aspekten erläutert.

***Bild 8.18**: Weitere Spezifikation des Workflows*

Tätigkeit	Daten	Bearbeiter	Anwendung
Antrag erfassen - Formular scannen - Daten eintragen - Notiz verfassen	Vorgangsakte: Antrags-formular Antragsdaten Notizen	Sach-bearbeiter Kredit	Scanprogramm Textverarbeitung
Prüfen - Antrag genehmigen - Entscheidung delegieren - Schufa befragen	Vorgangsakte Ergebnis der Schufa-Auskunft	Filialleitung	Online-Abfrage
Limit festlegen	Vorgangsakte	Sach-bearbeiter Kredit	Kreditbearbei-tungsprogramm
Zusagen	Vorgangsakte Zusage-schreiben	Sach-bearbeiter Kredit	Textverarbeitung Archivierung
Absagen	Vorgangsakte Absage-schreiben	Sach-bearbeiter Kredit	Textverarbeitung Archivierung

Konzeption eines WFMS

Der Lebenszyklus eines Vorgangs beginnt mit der *Entwicklungsphase*, in der der Ablauf der Tätigkeiten eines Vorgangs beschrieben wird, die Ausführungsvorschriften für Tätigkeiten definiert werden, die Aufbauorganisation erstellt bzw. erweitert, die Zuordnung von Tätigkeiten zu Bearbeitern geregelt und die Lauffähigkeit durch Tests sichergestellt wird. Das Ergebnis dieser Phase ist ein *Mustervorgang*, aus dem alle konkreten Vorgänge des gleichen Typs erzeugt werden.

Die daran anschließende *Ablaufphase* eines Vorgangs umfasst alle Arbeitsschritte von der Erzeugung eines neuen Vorgangs bis zum definierten Vorgangsende bzw. Vorgangsabbruch.

Das *Organisationsmodell* eines WFMS beschreibt die Aufbauorganisation eines Unternehmens. Hier werden Grundelemente wie Mitarbeiter, Rollen (z. B. Kreditsachbearbeiter), Kompetenzen (z. B. Unterschriftsberechtigung, Berechtigung zur Genehmigung von Kreditanträgen über einen bestimmten Betrag), Stellen und Organisationseinheiten sowie deren Beziehungen untereinander festgelegt. Die Daten des Modells werden während der Vorgangsbearbeitung zur Laufwegsteuerung ausgewertet.

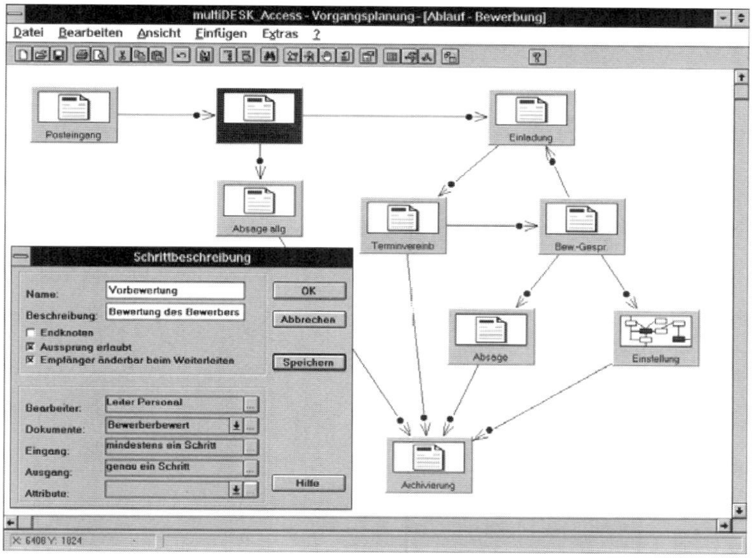

Bild 8.19: *Vorgangsplanung für Bewerbungs-Workflow (Quelle: multiDESK-Access)*

Die *Ablaufsteuerung* eines Vorgangs legt fest, welche Tätigkeiten unter welchen Bedingungen, in welcher Reihenfolge und von welchen Bearbeitern auszuführen sind. Dazu muss jede Tätigkeit eindeutig gekennzeichnet werden und für diese Tätigkeit eine Referenz auf einen oder auf eine Menge befugter Bearbeiter im Organisationsmodell hergestellt werden (vgl. Bild 8.19).

Tätigkeiten können durch folgende logische Strukturen verkettet werden:

- Sequenz,
- Schleife (bei Wiederholung von Tätigkeiten),
- Alternative (abhängig von einem Übergabewert) und
- Nebenläufigkeit, wobei parallele Zweige gleichzeitig von unterschiedlichen Bearbeitern unabhängig voneinander bearbeitet werden können.

Je Tätigkeit kann eine Ausführungsvorschrift genannt werden, die festlegt, welches Programm den Bearbeiter bei der Ausführung der Tätigkeit unterstützt, oder den Bearbeiter nur darüber informiert, was zu tun ist (z. B. bei manueller Tätigkeit).

Komponenten

Ein WFMS besteht aus der *Entwicklungsumgebung* und dem *Laufzeitsystem* mit den Komponenten:

- grafische Benutzungsoberfläche zur Bedienung des Systems,
- Server-Datenbank zur Pflege und Verwaltung des Organisationsmodells,
- grafischer Editor zur Ablaufbeschreibung,
- Server-Datenbank für die zentrale Protokollierung der Arbeitsschritte aller Vorgänge,

- zentrales Dateisystem für die Verwaltung der Mustervorgänge und der aktuellen Vorgangsunterlagen,
- Schnittstellen zur Integration von beliebigen Anwendungen für die Ausführung der einzelnen Tätigkeiten.

8.4 Zusammenarbeit im Netz

8.4.1 Begriff

Definition

Unter dem Begriff "*Social Software*" fassen wir Softwaresysteme zusammen, die die menschliche Zusammenarbeit im Web unterstützen (vgl. [Bäch06] S. 121). Genauer lässt sich Social Software anhand der nachfolgenden Merkmale charakterisieren (vgl. [Hipp06] S. 7 f.; [EbGH08] S. 31 f.):

- Im Mittelpunkt steht eine Gruppe von Nutzern, die untereinander kommunizieren. Die Aktionen des Einzelnen sind transparent und nachvollziehbar – im Gegensatz zu den traditionellen Webseiten, die anonym genutzt werden können.
- Die Grundidee besteht in der Selbstorganisation der Gruppenmitglieder, es existieren keine starren Vorgaben oder Regeln einzelner Personen.
- Alle Nutzer beteiligen sich aktiv, beispielsweise indem sie eigene Beiträge ins Netz stellen oder die Beiträge anderer Mitglieder kommentieren und bewerten.
- Der Fokus liegt nicht auf einzelnen Informationen sondern auf der Verknüpfung zwischen unterschiedlichen Beiträgen. Hierdurch wird eine Art kollektives Wissen aufgebaut.
- Der einzelne Benutzer integriert sich in die Gruppe, einzelne Personen, die ausschließlich von den Beiträgen der Gemeinschaft profitieren, sind nicht gern gesehen. Dies ist verständlich, weil die aktiven Gruppenteilnehmer viel Arbeit in den Aufbau der Community stecken.
- Personen, Beziehungen, Inhalte und Bewertungen werden sichtbar gemacht, es herrscht Transparenz darüber, wer im Web was macht.

Web 2.0

Eng verwandt, jedoch populärer und umfassender ist der Begriff "Web 2.0". Hiermit beschreibt man in erster Linie eine veränderte Wahrnehmung und Benutzung bereits vorhandener Technologien und stellt den aktiven Nutzer in den Vordergrund. "User generated content" ist ein zentraler Gedanke hierbei. Web Applikationen wachsen durch die aktive Teilnahme unabhängiger Personen, die sich untereinander vernetzten und Informationen austauschen. Im Gegensatz zur bisherigen Arbeitsweise wird hierdurch eine kollektive Intelligenz zwischen den Nutzern geschaffen.

Herkunft des Begriffs

Der Begriff Web 2.0 tauchte erstmals anlässlich einer Konferenz des O'Reilly Verlags und der Firma Media Life im Herbst 2004 auf. Im Mittelpunkt stand die Idee, die großen Fortschritte des World Wide Web im Vergleich zu den Anfangsjahren ähnlich wie bei neuen Software-Versionen hoch zu zählen. Web. 2.0 steht für das neue, interaktive Web, wo jeder Nutzer aktiv mitmachen kann. Die Veranstaltung erhielt somit den Namen "Web 2.0-Konferenz". Der Verleger Tim O'Reilly präzisierte ein Jahr darauf in einem viel beachteten Artikel den Web 2.0 – Begriff durch die folgenden Merkmale (vgl. [ORei05], [EbGH08] S. 25 ff.):

1. Das Web wird als Plattform für sämtliche Anwendungen betrachtet; die Anwendungen laufen zukünftig auf dem Server anstatt auf dem PC.

2. Nicht mehr der Betreiber sondern die Nutzer gestalten die Inhalte einer Website. Oftmals wird in diesem Zusammenhang auch von "Mitmach-Netz" gesprochen.

3. Die von den Nutzern permanent erzeugten neuen Daten stellen den größten Wert von Web 2.0 dar.

4. Es werden neue Formen der Software-Entwicklung praktiziert. Software wird nicht mehr als Produkt ausgeliefert sondern als Service.

5. Es werden "leichtgewichtige" Formen der Programmierung verwendet, z. B. in Form einfacher Schnittstellen, um Inhalte der unterschiedlichsten Anwendungen miteinander zu kombinieren.

6. Die erstellte Software kann auf vielen Geräten genutzt werden, also nicht nur am PC sondern auch bei Handys oder PDAs.

7. Die Benutzbarkeit von Webseiten wird verbessert, Web-Applikationen sind in Bezug auf Bequemlichkeit, Fenstertechnik und Ergonomie vergleichbar mit den bisherigen Client-Server-Applikationen. Eine wichtige Rolle als Schlüsseltechnologie spielt hierbei Ajax (vgl. Kapitel 5).

Die Neuerungen von Web 2.0 im Vergleich zum Web 1.0 erstrecken sich auf Anwendungen, Nutzergruppen, Technologie und Geschäftsmodelle:

- Neue Techniken sind z. B. Web Services, Ajax, RSS, XSLT,
- neue Anwendungsmöglichkeiten sind beispielsweise Weblogs, Wikis, Podcasting, Social Bookmarking, soziale Netzwerke,
- viel breitere Nutzergruppen als bisher, die aktiv mit gestalten, sei es als Entwickler oder Autor,
- neue Geschäftsmodelle, vor allem Software als Service.

8.4.2 Anwendungsmöglichkeiten

Blogs

Ein *Blog* ist eine regelmäßige aktualisiert Webseite mit chronologisch sortierten Beiträgen, beginnend mit dem aktuellsten Beitrag auf der Startseite, dem ältere Beiträge folgen. Die Leser können die vorhandenen Themenbeiträge durch eigene Kommentare ergänzen und erweitern. Populär geworden sind Blogs als persönliche Online-Tagebücher einzelner Personen, die von jedermann gelesen und kommentiert werden können. Der Begriff Blog ist eine Kurzform von "Weblog", in dem wiederum die Begriffe "web" und "log" (Protokoll, Logbuch) stecken. Beispiele für Blogs sind:

- Watchblogs, die Medien und Firmen kritisch beobachten
- Litblogs, die sich im Literatur beschäftigen
- Corporate Blogs von Firmen
- Blawgs, Blogs mit juristischen Themen

Jeder der Zugang zu einem Computer hat, hat die Möglichkeit kostenlos ein Blog schreiben (vgl. [Alby08] S. 21 ff.).

***Bild 8.20**: Mitarbeiter-Blog des Unternehmens Frosta (Quelle: www.frostablog.de)*

Im geschäftlichen Bereich nutzen Unternehmen Blogs auf unterschiedliche Weise (vgl. [Alby08] S. 41 ff; [Wo07] S. 35 ff):

- *CEO-Blog* als persönlich gehaltener Blog eines Top-Managers, meistens nur für die eigenen Mitarbeiter gedacht;
- *Mitarbeiter-Blogs* mit Beiträgen, die von Mitarbeitern eines Unternehmens erstellt werden, sie richten sich nicht nur an die Kollegen sondern auch an Externe, z. B. Kunden, vgl. Bild 8.20);

- *Kampagnen-Blogs* zur Unterstützung politischer und gesellschaftlicher Ziele, initiiert und betrieben von Politikern, Interessengruppen und Lobbyisten sowie von Gewerkschaften. Recht bekannt ist die Kampagne der Gewerkschaft ver.di gegen das Handelsunternehmen Lidl (vgl. Bild 8.21).
- *Projekt-Blogs* mit aktuellen Informationen über den aktuellen Projektstand, mit Vorschlägen und Tipps zur Projektarbeit, mit der Möglichkeit, auf archivierte Projektentscheidungen zuzugreifen.

***Bild 8.21**:* *Kampagnen-Blog der Gewerkschaft Verdi mit Diskussionsbeiträgen (Quelle: www.verdi-blog.de/lidl)*

Social Networks

Social Networks beruhen auf dem Aufbau und der Pflege von persönlichen Beziehungen in Netzwerken. Neben privaten sozialen Netzwerken (z. B. StayFriends) existieren beruflich ausgerichtete Gemeinschaften (z. B. Xing). Die Teilnehmer stellen ihre eigene Person in Benutzerprofilen vor mit Name, Adresse, Beruf, Hobbys, Angaben zur schulischen und beruflichen Ausbildung und tragen Verbindungen zu anderen Personen ein. Anhand der Angaben in den Profilen können die Mitglieder nach bestimmten Kriterien suchen, um so andere Personen zu finden, die die gleichen Interessen haben. In Bild 8.22 wurde beispielsweise bei Xing nach Personen gesucht, die Erfahrungen im Bereich Controlling aufweisen. Auf diese Weise lassen sich zukünftig auch neue Mitarbeiter finden oder es kann innerhalb des Unternehmens gezielt nach Personen mit ganz bestimmten Qualifikationen gesucht werden. Neben der Eintragung von Verbindungen mit bereits bestehenden Kontakten erfolgen laufend weitere Vernetzungen mit neu erschlossenen Kontakten sowie Erweiterungen des Netzwerks durch Einladungen zur Mitgliedschaft.

Somit wächst das Netzwerk kontinuierlich und soziale Strukturen werden sichtbar.

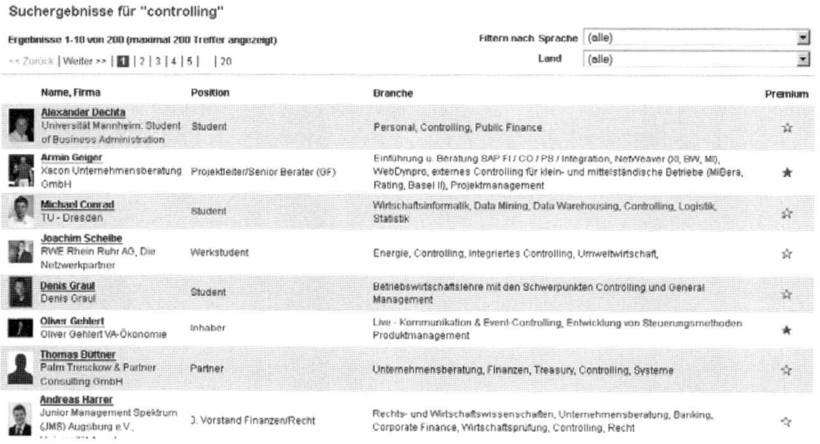

Suchergebnisse für "controlling"

Ergebnisse 1-10 von 200 (maximal 200 Treffer angezeigt)

<< Zurück | Weiter >> | 1 | 2 | 3 | 4 | 5 | | 20

Filtern nach Sprache (alle)

Land (alle)

Name, Firma	Position	Branche	Premium
Alexander Dechta Universität Mannheim: Student of Business Administration	Student	Personal, Controlling, Public Finance	☆
Armin Geiger Xecon Unternehmensberatung GmbH	Projektleiter/Senior Berater (GF)	Einführung u. Beratung SAP FI / CO / PS / Integration, NetWeaver (XI, BW, MI), WebDynpro, externes Controlling für klein- und mittelständische Betriebe (MiBera, Rating, Basel II), Projektmanagement	★
Michael Conrad TU - Dresden	Student	Wirtschaftsinformatik, Data Mining, Data Warehousing, Controlling, Logistik, Statistik	☆
Joachim Scheibe RWE Rhein Ruhr AG, Die Netzwerkpartner	Werkstudent	Energie, Controlling, Integriertes Controlling, Umweltwirtschaft,	☆
Denis Graul Denis Graul	Student	Betriebswirtschaftslehre mit den Schwerpunkten Controlling und General Management	☆
Oliver Gehlert Oliver Gehlert VA-Ökonomie	Inhaber	Live - Kommunikation & Event-Controlling, Entwicklung von Steuerungsmethoden Produktmanagement	★
Thomas Büttner Palm Tresckow & Partner Consulting GmbH	Partner	Unternehmensberatung, Finanzen, Treasury, Controlling, Systeme	☆
Andreas Harrer Junior Management Spektrum (JMS) Augsburg e.V.	3. Vorstand Finanzen/Recht	Rechts- und Wirtschaftswissenschaften, Unternehmensberatung, Banking, Corporate Finance, Wirtschaftsprüfung, Controlling, Recht	☆

Bild 8.22: *Suche nach bestimmten Qualifikationen (Quelle: www.xing.de)*

Wiki

Ein *Wiki* (das hawaiianische Wort wikiwiki bedeutet "schnell") ist eine webbasierte Software, die es allen Nutzern einer Seite ermöglicht, den Inhalt dieser Seite per Browser zu ändern. Somit sind Wikis eine einfache Möglichkeit für kooperatives Arbeiten an Texten (vgl. [EbGl05] S. 131). Am bekanntesten ist Wikipedia, die größte jemals geschaffene Enzyklopädie.

Wikis lassen sich auch innerhalb eines Unternehmens anwenden. Hierbei muss zunächst mit allen Nutzern besprochen werden, welches Ziel über das Wiki erreicht werden soll und was die einzelnen Beteiligten dazu leisten müssen bzw. erwarten können. So können sich in Gruppenbesprechungen klare Vorstellungen herauskristallisieren und entsprechende Vorgaben gemacht werden, wie ein Wiki genutzt werden kann. Die innerbetrieblichen Anwendungsgebiete sind vielfältig, beispielsweise bei der Erarbeitung gemeinsamer Ideen (Brainstorming), zur Erstellung einer gemeinsamen Wissensbasis, als Hilfsmittel zur Dokumentation, im Rahmen von Projekten sowie als Plattform für das gemeinsame Lernen (vgl. [EbGH08] S. 45 f.)

Podcast

Bei *Podcasting* handelt es sich um das Produzieren und Anbieten von Audio-Dateien im Web. Die Nutzer laden sich diese Dateien aus dem Internet auf ihren PC oder einen MP3-Player. Das Wort Podcast verknüpft den Namen des populären MP3-Players "iPod" mit dem Wort "broadcast" (Senden, Rundfunk).

Es gibt außerdem *Video-Podcasts*, die auch als Videocasts oder Vodcasts bezeichnet werden. Im Gegensatz zu herkömmlichen Downloads von Audiodateien im Internet können Podcasts von den Nutzern "abonniert" werden. Immer dann, wenn der Produzent des Podcasts einen neuen Beitrag zur Verfügung stellt, lädt der Rechner des Nutzers diesen automatisch herunter, sodass immer die neuesten "Episoden" bereitstehen.

Mit einem eigenen Podcast haben Unternehmen die Möglichkeit, sich regelmäßig direkt an ihre Kunden zu wenden. Diese hören den Beitrag freiwillig und verbreiten die Nachrichten oft auch noch weiter (vgl. [Jaco06]). So macht man Kunden zu Botschaftern einer Marke. Für das Unternehmen ergeben sich die folgenden *Vorteile*:

Vorteile von Podcasting

- geringe Streuverlust, denn nur wer sich für das Thema interessiert, abonniert;
- eine emotionale Ansprache eines Kunden ist möglich, denn Hören ist persönlicher als Lesen;
- eine Hörer-Beteiligung kann durch Beantwortung von Fragen und Gewinnspiele erzielt werden;
- es besteht die Möglichkeit für Hinweise auf Aktionen, Sonderangebote, die eigene Website etc.;
- durch das Feedback der Hörer erhält das Unternehmen wertvolle Informationen über Wünsche, Meinungen und Ideen von Kunden

Beispiele

Einige bekannte Unternehmen nutzen Podcasting zur Rekrutierung neuer Mitarbeiters, beispielsweise BMW und IKEA (vgl. [BMW05], [Ikea08]). Das Beratungsunternehmen Bearingpoint veranschaulicht mit Hilfe von Vodcasts die Anforderungen an Berufseinsteiger vgl. Bild 8.23).

***Bild 8.23**: Vodcasting zur Rekrutierung neuer Mitarbeiter (Quelle: [Bear08])*

Calendar Sharing

Unter *Calendar Sharing* wird die Möglichkeit verstanden, Termine mit anderen Nutzern auszutauschen oder die Termine einer Gruppe auf einfache Art und Weise allen Mitgliedern der Gruppe und Interessierten zur Verfügung zu stellen.

Neben der Möglichkeit eigene Termine einzutragen und sie für andere Benutzer oder ganze Benutzergruppen, mit lesendem oder auch mit schreibendem Zugriff, freizugeben, existieren noch weitere Funktionen (vgl. [RiKo07]):

- Durch Einladungen können andere Nutzer explizit auf eigene Veranstaltungen hingewiesen werden. Bei Nutzung des gleichen Calendar Sharing Systems werden die Termine - bei Annahme der Einladung - automatisch dem eigenen Kalender hinzugefügt.
- Verschiedene Alarmfunktionen, z. B. ein SMS-Versand, weisen nochmals auf Termine hin.
- Die Termine können mit Desktop-Anwendungen wie z. B. Outlook synchronisiert werden.

Besonders der anwendungsübergreifende Austausch und die Synchronisation sind von besonderer Bedeutung, da man nicht davon ausgehen kann, dass alle Anwender eine zentrale Infrastruktur, zum Beispiel einen zentralen Microsoft Exchange Server, gemeinsam nutzen. Bei unternehmensübergreifenden Kalendern und bei Mitarbeit in verschiedenen Gruppen sind daher Standardformate hilfreich. Beim Calendar Sharing hat sich hierbei *ical* als Standard herauskristallisiert. Beinahe alle Kalender-Anwendungen bieten inzwischen Möglichkeiten, Teile ihrer Daten im ical-Format zu exportieren bzw. ical-Daten zu importieren.

Hierdurch wird es beispielsweise möglich, einen Kalender, der zentral bei Google oder Yahoo verwaltet wird, automatisch in lokale Kalender in Outlook oder vergleichbaren Produkten zu integrieren.

Social Bookmarking

Das Konzept von *Social Bookmarking* basiert darauf, dass Nutzer eigene Hyperlinks erfassen, kategorisieren und verwalten können. Zusätzlich können diesen Hyperlinks verschiedene Stichwörter (so genannte Tags) zugewiesen werden. Dabei erfüllen die benutzerseitig vergebenen Tags in der Regel eine oder mehrere der folgenden Funktionen:

- Beschreibung des Themas (z. B. mit dem Tag: "Medizin")
- Beschreibung des verlinkten Objekts (Tag: "Weblog")
- Identifikation des Besitzers (Tag: "Oreilly-Website")
- Einordnung in eigene Kategorien (Tag: "AAA")
- Beschreibung einer Eigenschaft (Tag: "aktuell")

Von Seiten einiger Unternehmen gibt es erste Versuche, Social Bookmarking auch firmenintern als Wissensmanagementlösung einzusetzen. Zum einen können "Shared Tags" die Nutzer auf der Suche nach Informationen zur Problemlösung unterstützen. Die Tags, die der Nutzer den Informationen zugeordnet hat, können dabei sowohl den Inhalt repräsentieren als auch die Informationen in einen Kontext setzen, der die Suche wesentlich erleichtert. Dies kann eine Suchmaschine nicht leisten.

Zusätzlich kann das Tagging die Entstehung von "*Communities of Practice*" innerhalb des Unternehmens unterstützen. Wichtig dabei ist vor allem die Möglichkeit, Experten mit gemeinsamem Interesse an einem Thema aus den verschiedensten Unternehmensbereichen zusammenzuführen. Das Tagging kann durch die Anzeige der populärsten Tags dem Management zusätzlich als Indikator für die Interessen der Mitarbeiter dienen und weitergehend ein Gefühl für Trends und Strömungen entwickeln.

8.5 Wissensmanagementsysteme

Das *Wissen* einer Organisation und seiner Mitarbeiter war immer schon ein wichtiger Erfolgfaktor für ein Unternehmen. Ohne spezielles Wissen und neue Erfahrungen kann kein Unternehmen auf Dauer existieren. Die aktuelle Diskussion um Globalisierung, Innovationsfähigkeit, Schnelligkeit und Flexibilität hat in vielen Unternehmen zu der Erkenntnis geführt, das Wissen systematisch zu erschließen und zu nutzen. Wissen wird hierbei als klassifizierte und interpretierte ("veredelte") Information verstanden (vgl. Kapitel 1.6). Den gesamten Prozess zur systematischen Gewinnung, Strukturierung, Darstellung, Verteilung, Suche und Speicherung von Wissen bezeichnen wir als *Wissensmanagement*. *Wissensmanagementsysteme* bieten eine geeignete IT-Unterstützung zur Nutzung des im Unternehmen und außerhalb des Unternehmens vorhandenen Wissens, wobei mit den Wissensträgern nicht direkt in Kontakt getreten werden muss. Die technologische Unterstützung erfolgt beispielsweise durch Intranet, Internet, Suchmaschinen, Dokumenten-Management-Systeme, Datenbanken.

implizites und explizites Wissen

Allerdings muss berücksichtigt werden, dass der größte Teil des Wissens ausschließlich in den Köpfen einzelner Personen gespeichert und somit nur schwer übertragbar ist (*implizites Wissen*). Nur wenn Wissen als Schriftstück oder Datei vorhanden ist, kann es informationstechnisch verarbeitet oder gespeichert werden (*explizites Wissen*). Eine Untersuchung bei Xerox Inc. hat gezeigt, dass 42 % des Wissens als implizites Wissen vorhanden ist, während lediglich 12 % in Datenbanken gespeichert wird (vgl. [GeMü01] S. 21).

8.5.1 Prozess des Wissensmanagement

Wissensziele

Wissensmanagement kann als ein Prozess verstanden werden, der aus mehreren Schritten besteht (vgl. Bild 8.24). Zu Beginn steht die Definition von *Wissenszielen*. Beispielsweise möchte ein Unternehmen mehr Transparenz über das Kundenverhalten und schnelleren Zugriff auf internationale Patente erhalten.

Bild 8.24: *Wissensmanagement als Prozess (in Anlehnung an [PrRR99] S. 58)*

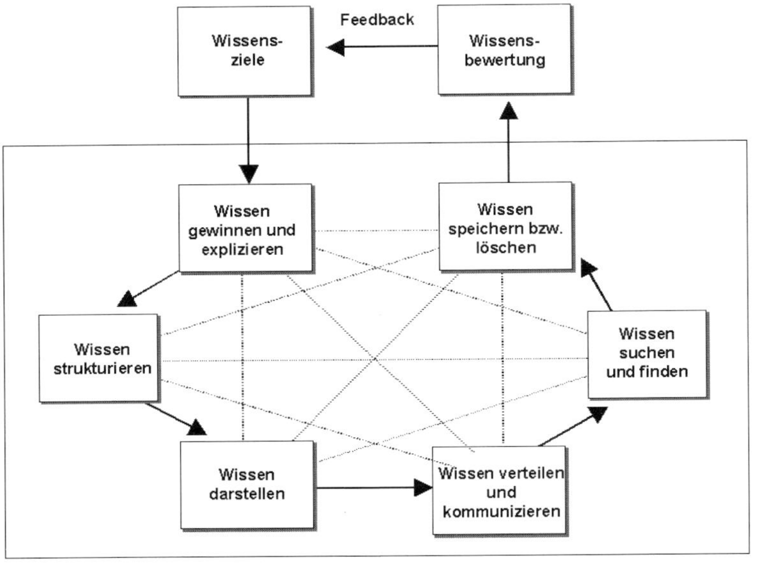

Wissensgewinnung

Bei der *Wissensgewinnung* steht die Erschließung neuer Wissensquellen im Vordergrund. Die Mitarbeiter eines Unternehmens sind die wichtigsten Wissensträger. Da es wohl kaum gelingt, die vorhandenen menschlichen Erfahrungen allesamt zu speichern, muss die direkte Kommunikation und der Erfahrungsaustausch untereinander gefördert werden.

Zur Unterstützung der Wissensgewinnung dienen z. B. Kommunikationsforen im Intranet, Suchmaschinen, Chats und für gespeicherte Daten flexible Abfragesprachen sowie Data-Mining-Verfahren.

Wissensstrukturierung

Wissen *strukturieren* bedeutet, das vorhandene Wissen zu ordnen und zu systematisieren. Die Informationstechnik bietet hierzu folgende Unterstützungsmöglichkeiten: Schlagworte und Suchbegriffe, Hyperlinks, Ablagesystematiken.

Wissensdarstellung

Die *Wissensdarstellung* bezweckt die zielgruppengenaue Aufbereitung von Wissen. Im Mittelpunkt stehen hierbei Portale (vgl. Kapitel 8.6), die für einzelne Benutzergruppen speziell aufbereitete ("personalisierte") Informationen bereitstellen. In einigen Fällen ist die multimediale Informationsdarstellung erforderlich,

z. B. für Kundenpräsentationen auf Messen oder bei Lernprogrammen im Intranet.

Wissensverteilung

Die *Wissensverteilung* ist eine wichtige Voraussetzung für die unternehmensweite Nutzung vorhandenen Wissens. Hierzu werden Internet bzw. Intranet, E-Mail, Diskussionsforen, Benachrichtigungsdienste, wie z. B. Newsletter, eingesetzt.

Wissensnutzung

Das vorhandene Wissen innerhalb eines Unternehmens muss gesucht und gefunden werden können. Die Informationstechnik ermöglicht dies z. B. durch Einsatz von Abfragesprachen, Suchmaschinen mit Schlagwortsuche und Volltextsuche.

Wissensspeicherung

Zur *Speicherung* expliziten Wissens werden Datenbanksysteme genutzt. Von großer Bedeutung ist die Frage, wie lange Wissen gespeichert werden soll bzw. muss und in welchen Abständen gelöscht wird.

Wissensbewertung

Der Kreislauf des Wissensmanagements endet mit der schwierigen Frage der *Wissensbewertung*. Im Mittelpunkt steht hierbei allgemein der Erfolg bzw. Nutzen eines systematischen Wissensmanagements im Unternehmen. Bei einem IT-gestützten Wissensmanagementsystem ist zu prüfen, ob geeignete Tools zur Verfügung gestellt werden konnten und wie sich das Nutzungsverhalten (Akzeptanz) entwickelt hat.

8.5.2 Anwendungsbeispiel

Marktplatz des Wissens

Der Automobilhersteller BMW hatte sich zum Ziel gesetzt, im Sinne einer sich *selbst organisierenden Wissenswirtschaft* die umfangreichen Wissensressourcen im Unternehmen zu erschließen, zu vernetzten und einem breiten Kreis potenzieller interner Interessenten anzubieten. ([GeMü01] S. 144 ff.). Zur Verwirklichung dieses Ziels schuf BMW intern den "*elektronischen Marktplatz des Wissens*". Dieser *Marktplatz* ist als Dreh- und Angelpunkt für den Informations- und Wissensaustausch gedacht und soll den Beschäftigten einen zentralen Einstiegspunkt (vgl. Bild 8.25) zu den verschiedenen *Informationsressourcen* (z. B. Intra- und Internet, externe Datenbanken) des Unternehmens bieten.

Komponenten

Die Entwicklung des Systems basiert auf:

- Intranettechnologie (mit HTML und Java),
- einer *intelligente Such- und Retrieval-Anwendung*, mit der man interne und externe Informationsquellen schnell und präzise indizieren, rund 200 Dokument-, Tabellen- und Bildformate betrachten sowie Dokumente einfach und strukturiert im Web publizieren kann,
- *einem Repository* zur Verwaltung der Dokumente, Prozesse und derer Abhängigkeiten sowie zur Darstellung der Meta-Ebene,
- *einer Workflow-Engine* zur Automatisierung von Abläufen.

Bild 8.25: Einstiegsseite in das BMW-Wissensmanagement (Quelle: BMW)

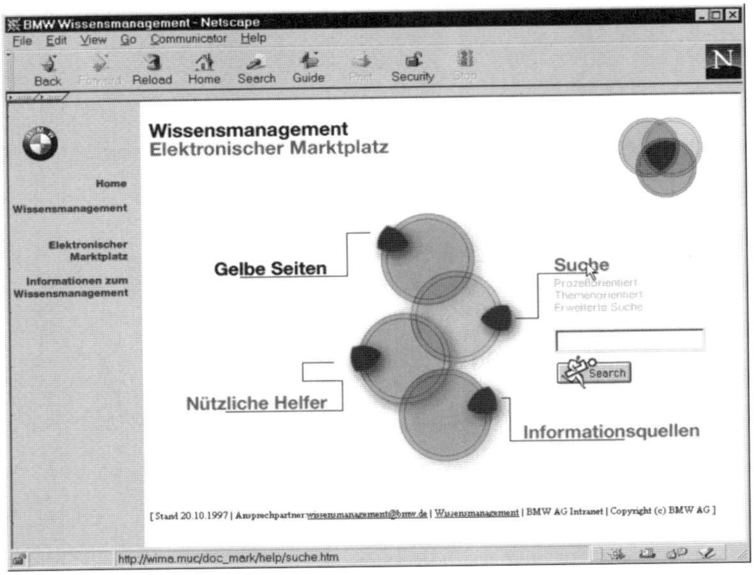

Den Benutzern wird eine persönliche Navigationsoberfläche zur Verfügung gestellt (vgl. Bild 8.26), die personalisierte und strukturierte Sichten beinhaltet sowie Möglichkeiten zu individuellen Einstellungen bietet, wie z. B. persönliche Suchabfragen und "Augen" (automatisierte Abfragen, die den Status eines Dokuments überprüfen).

Bild 8.26: Navigationsmöglichkeiten (vgl. [Mros99])

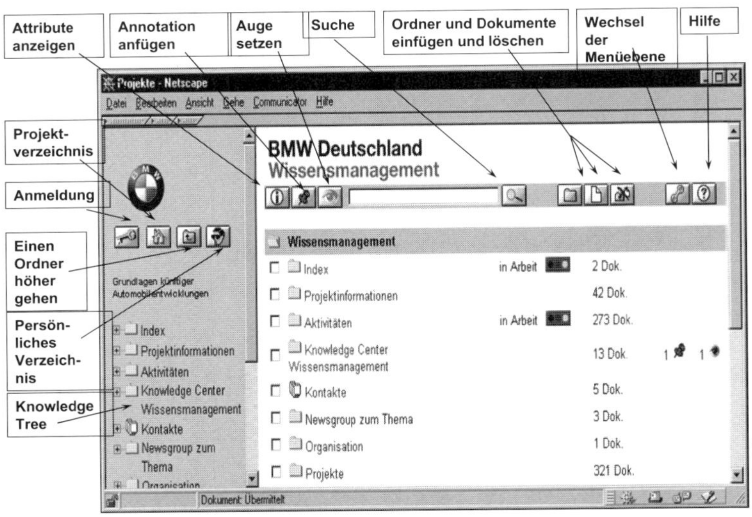

Zusätzlich zu dieser *personalisierten Oberfläche* können die Anwender andere individuelle Kommunikationskanäle nutzen. Per E-Mail sind z. B. direkte Anfragen an den Autor eines Dokumentes möglich und durch so genannte *Annotationen* können virtuelle Notizzettel mit Anmerkungen, Ergänzungen oder auch Fragen an der entsprechenden Stelle eines Dokumentes platziert werden, so dass sich Diskussionsforen bilden (vgl. [Bütt99]).

8.6 Unternehmensportale

Definition

Ein prunkvolles Eingangstor bezeichnet man im allgemeinen Sprachgebrauch als Portal. Ein *Internet-Portal* ist eine Website, die als Einstieg in einen bestimmten Bereich des Internet dient (vgl. Kapitel 10.7). Wir konzentrieren uns in diesem Kapitel auf das *Unternehmensportal*, welches den Benutzern (also den Mitarbeitern) innerhalb eines Unternehmens Zugang ermöglicht zu sämtlichen Informationen, Anwendungen und Diensten, die sie für ihre Arbeit benötigen. Ein Unternehmensportal wird auch als *Enterprise Information Portal* (EIP) bezeichnet. Der Zugang ist auf den Informationsbedarf des jeweiligen Benutzers zugeschnitten ("personalisiert") und erschließt alle, für die Aufgabenstellung des Benutzers ("Rolle") typischen Anwendungen. Der Benutzer eines Portals hat Zugang zu internen und externen Informationsquellen. Ein Portal basiert auf der Internet-Technik. Das bedeutet, dass im Regelfall der Zugang über einen Browser erfolgt und dass von jedem beliebigen Ort (vorausgesetzt, er verfügt über Internet-Anschluss) auf die eigenen Anwendungen und Informationen zugegriffen werden kann. Benutzer müssen sich nur erstmalig mit Benutzername und Passwort anmelden ("Single Sign On").

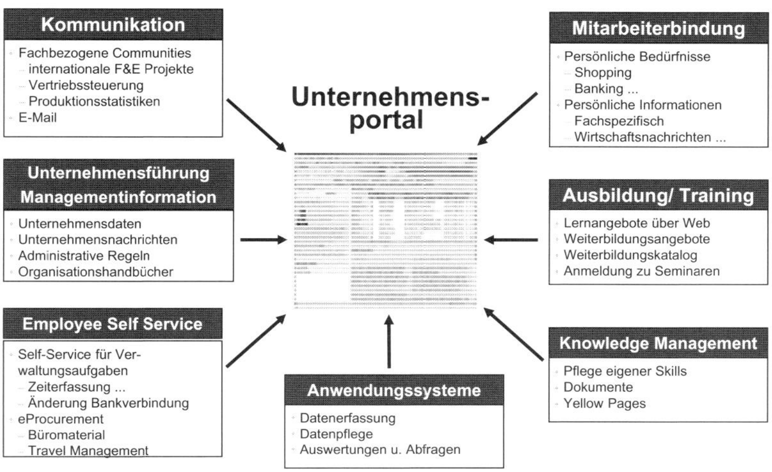

Bild 8.27: *Unternehmensportal*

Anwendungsbereiche

Bild 8.27 zeigt die verschiedenen Anwendungsbereiche eines Unternehmensportals. Hierbei ist zu berücksichtigen, dass nicht alle Benutzer eine Zugriffsberechtigung für sämtliche Bereiche erhalten. Über ein Portal können zunächst einmal verschiedene

Informationen abgerufen werden. Zunehmend werden auch Anwendungssysteme über ein Portal gestartet, z. B. ERP-System, Selbstbedienungsfunktionen (Employee Self Service) wie beispielsweise Pflege bestimmter persönlicher Daten, Abrechnung von Reisekosten.

Funktionen

Unabhängig von den verschiedenen Anwendungen zählen folgende Funktionen zu den unverzichtbaren Elementen eines Unternehmensportals:

- gezielte Suchmöglichkeiten durch Stichworteingabe,
- einfache Bürofunktionen (Terminverwaltung, Versand von E-Mails, Aktivitätenplanung),
- aktuelle Unternehmensnachrichten, teilweise auch unterhaltsame Informationen im Magazinstil,
- Zugriff auf offizielle Pressemitteilungen und Pressearchiv,
- Personalisierung, d.h. Anpassung des Informationsangebots aufgrund der subjektiven Interessen des Benutzers und Ausblenden unerwünschter Informationen,
- Rollenkonzept, d.h. die Vergabe von Zugriffsberechtigungen und die verfügbaren Informationen sind abhängig von den wahrzunehmenden Aufgaben (der Rolle) des Benutzers,
- Service-Angebote, z. B. schwarze Bretter, Förderung von Betriebssportgruppen, Mitfahrgelegenheiten.

In Bild 8.28 wird das Unternehmensportal des Mobilfunkunternehmens E-Plus mit den soeben beschriebenen Funktionen dargestellt.

Bild 8.28: *Unternehmensportal von E-Plus*

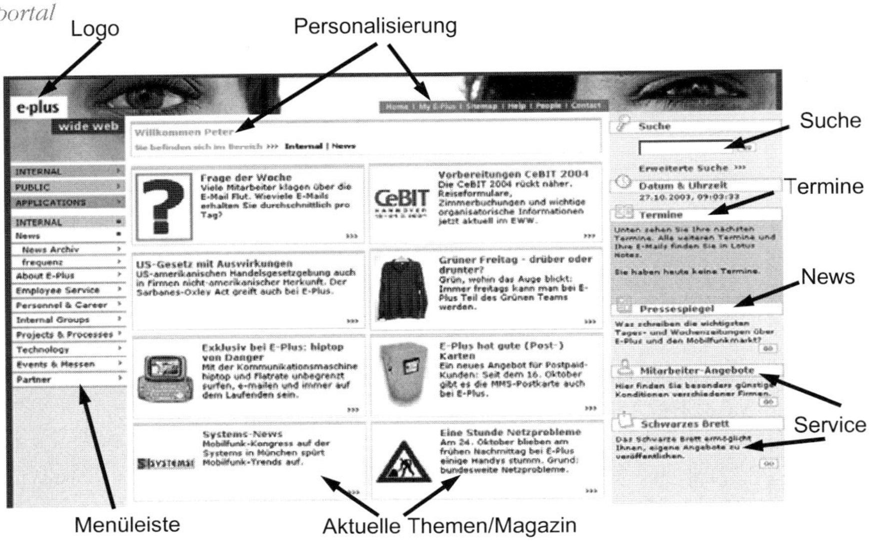

8.7 Content-Management-System

CMS

Zur Pflege und Administration der unterschiedlichen Informationen, die über ein Portal im Intranet bzw. Internet angeboten werden, setzt man *Content-Management-Systeme (CMS)* ein. Aus den anfänglich individuell programmierten HTML-Seiten entstanden in vielen Unternehmen rasch umfangreiche Informationsangebote im Web: der Internet-Auftritt des Hardware-Herstellers HP umfasst beispielsweise mehr als 400.000 Seiten. CMS ermöglichen es, Informationen dezentral, arbeitsteilig und ohne Programmierkenntnisse dort einzugeben, wo sie entstehen. Ein zentrales Informationsangebot, wie z. B. der Internet-Auftritt eines Unternehmens, kann hierdurch von einzelnen "Redakteuren" dezentral gepflegt werden.

Content

Unter *Content* wird Inhalt einer Web-Seite verstanden, bestehend aus:

- Texten,
- Bildern und Grafiken,
- Audio-Ausschnitten,
- Video-Sequenzen,
- Links,
- Animationen und interaktiven Elementen.

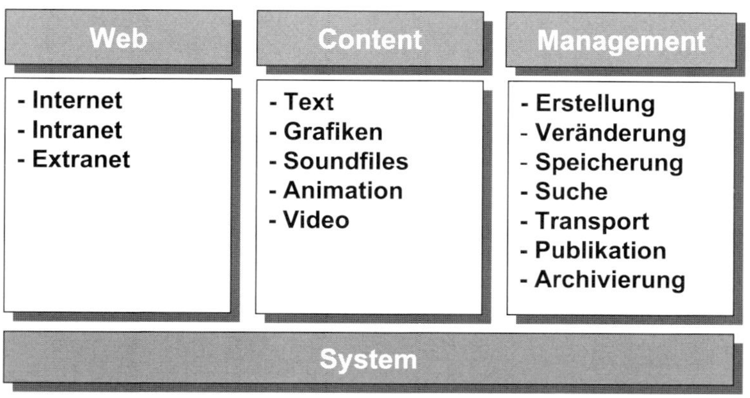

***Bild 8.29**:* *Aufbau von Content-Management-Systemen ([ZsTZ02] S. 70)*

Diese Objekte werden mittels CMS erstellt, publiziert, verändert und nach einer gewissen Zeitdauer archiviert bzw. gelöscht. Die drei Säulen eines CMS sind aus Bild 8.29 ersichtlich.

CMS unterteilen jedes Informationsobjekt (Content-Objekt) in (vgl. [ScWi00] S. 373 f.):

- *Struktur*, d. h. die inhaltliche Definition der Einzelinformation und ihrer Abfolge bzw. Verschachtelung.

  Beispiel: Jede Pressenotiz der Geschäftsführung, die sowohl im Internet als auch im Intranet veröffentlicht wird, besteht aus Titel, Zusammenfassung, Langtext, Ansprechpartner und Datum.

- *Darstellung*, d.h. Anweisungen, wie der Inhalt auf einzelnen Ausgabemedien formatiert und präsentiert wird. Diese Anweisungen zur Informationsdarstellung werden auch als *Stylesheet* bezeichnet.

  Beispiel: Die Pressenotiz soll im Internet, in Papierform sowie als Kurznachricht auf einem Handy-Display dargestellt werden. Der Inhalt ist teilweise identisch, die Darstellung ist jedoch völlig unterschiedlich (man denke nur an die verschiedenen Zeilen- und Seitenumbrüche).

- *Inhalt*, d.h. die Rohdaten (Zeichenkette), die unabhängig von Struktur und Darstellung gespeichert werden.

  Beispiel: Der Text einer aktuellen Pressenotiz.

Den Prozess von der Erstellung bis zur Veröffentlichung und späteren Archivierung oder Löschung einer Web-Seite oder allgemeiner eines Content-Objekts bezeichnet man als Content-Lebenszyklus (vgl. Bild 8.30).

***Bild 8.30**: Content-Lebenszyklus*

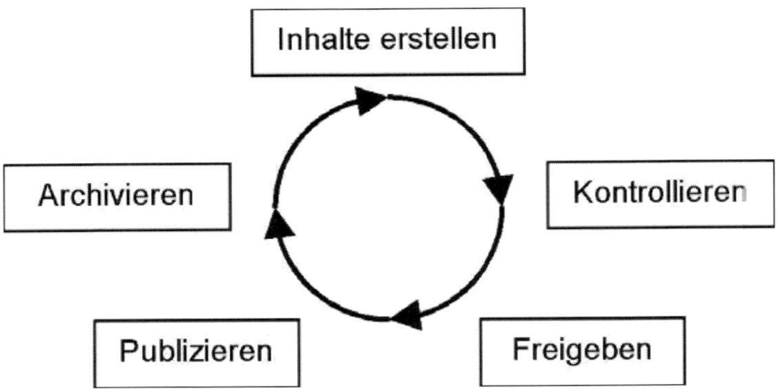

***Bild 8.31**: Workflow bei einem CMS*

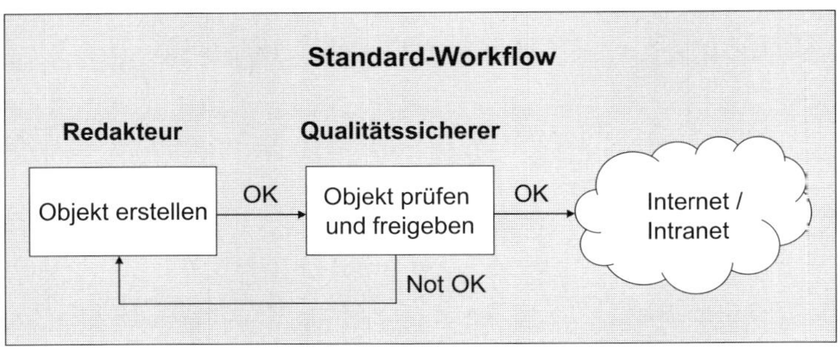

Zur Ermöglichung eines arbeitsteiligen Publikationsprozesses enthält ein CMS regelmäßig eine Workflow-Komponente. Hierdurch ist es in unserem Beispiel möglich, dass der Vorstandsassistent die Pressemitteilung formuliert und ein Mitarbeiter aus der Abteilung Public Relations die Information prüft und danach erst zur Veröffentlichung im Internet freigibt (vgl. Bild 8.31).

Zur erhöhten Sicherheit und besseren Skalierbarkeit können die Inhalte auf unterschiedlichen Servern gespeichert werden. Die Redakteure speichern ihre Beiträge auf einem eigenen Server, die Qualitätssicherung überprüft die Inhalte auf einem "Preview Server" und nach Freischaltung erfolgt die Publikation auf dem Webserver (vgl. Bild 8.32).

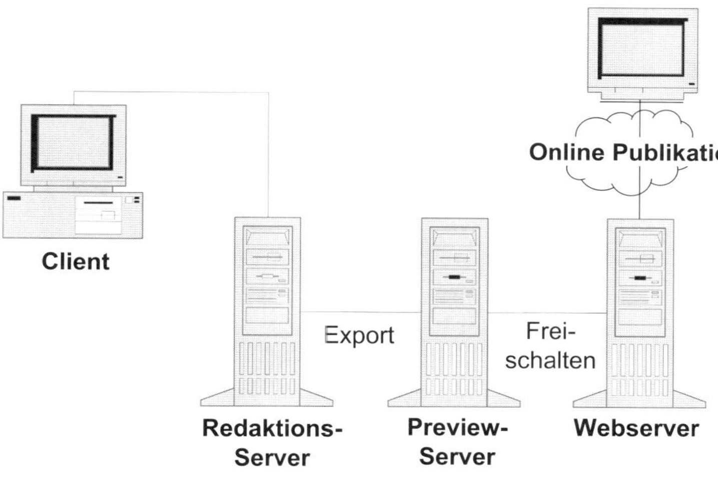

Bild 8.32:
Aufbau eines CMS

8.8 Fragen und Aufgaben

1. Welche Haupttätigkeiten umfasst die Informationsverarbeitung im Büro?
2. Nehmen Sie Stellung zu folgender These: "Die Bürotätigkeiten einzelner Arbeitsplatztypen (z. B. Manager, Sachbearbeiter) unterscheiden sich beträchtlich. Deshalb kann es keine einheitlichen Bürosysteme für alle Mitarbeitergruppen geben."
3. Nennen Sie allgemeine Schwachstellen traditioneller Bürotätigkeiten.
4. Begründen Sie die Aussage: Zu weit getriebene Arbeitsteilung im Büro ist außerordentlich produktivitätshemmend.
5. Worin liegt die Grundidee aller *Bürosysteme* und welche Hauptziele werden mit ihrem Einsatz verfolgt?
6. Welche Funktionen werden von den meisten auf dem Markt angebotenen Bürosystemen abgedeckt?

7. In einigen Beratungsunternehmen hat mobile Telearbeit dazu geführt, dass die Mitarbeiter kein individuelles Büro und keinen eigenen Schreibtisch mehr haben. Falls nicht gerade beim Kunden gearbeitet wird, wählen sich die Mitarbeiter je nach Bedarf und freier Kapazität für einen Tag einen freien Arbeitsplatz aus. Hierbei kann es sich um ein Büro oder um einen Besprechungsraum handeln. Unterlagen und Papierdokumente werden in einem Rollcontainer aufbewahrt, der für den jeweiligen Tag aus einem zentralen Depot an den temporären Arbeitsplatz transportiert wird. Ansonsten reichen als Arbeitsmittel Notebook und Handy. Diskutieren Sie die Vor- und Nachteile derartig mobiler Arbeitsplätze.
8. Nennen Sie die Hauptfunktionen eines *Dokumenten-Management-Systems.*
9. Erläutern Sie den Unterschied zwischen "codierten Informationen" (CI) und "nicht codierten Informationen" (NCI).
10. Vergleichen Sie das bisherige "alte" Web (man könnte auch von Web 1.0 sprechen) mit dem "neuen" Web 2.0.
11. Definieren Sie den Begriff Vorgang im Rahmen des *Workflow-Managements.*
12. Was leisten Workflow-Management-Systeme ?
13. Erläutern Sie die von O'Reilly aufgestellten Merkmale, mit denen der Begriff "Web 2.0" präzisiert werden kann.
14. Entscheiden Sie, ob es sich um *synchrone* oder *asynchrone* Kommunikation handelt:

Kommunikationsform	asynchron	synchron
Brief		
Telefon		
Instant Messaging		
Telefonkonferenz		
E-Mail		
Internet-Konferenz		
Video-Konferenz		
Fax		

15. Welches sind die wichtigsten Einsatzmöglichkeiten eines *Wissensmanagement-Systems?*
16. Welche Vorteile hat ein *Unternehmensportal* ?

17. Nennen Sie die drei unterschiedlichen Merkmale ("Sichten") eines Informations- bzw. Content-Objekts innerhalb eines *Content-Management-Systems*.
18. Stellen Sie den *Workflow* "Beantragung, Genehmigung, Buchung und Abrechnung einer Geschäftsreise" in Form einer kleinen Grafik dar.

8.9 Fallbeispiel

Aus Gesprächen mit den Fachabteilungen der Stadtwerke AG hat Herr Komel erfahren, dass diese sich einen leichteren Zugang zu den verschiedenen Anwendungen, benötigten Informationen und Dokumenten wünschen. Herr Komel macht seinem Chef Herrn Dr. Mehrtens den Vorschlag, eine entsprechende Machbarkeitsanalyse durchzuführen. Hierbei sollen folgende Anforderungen der Fachabteilungen besonders betrachtet werden:

- ein Passwort als Zugang für alle Anwendungen
- Personenbezogener Zuschnitt der bereitgestellten Anwendungen und Informationen
- Optimales Verwalten und Suchen von Dokumenten (z. B. mit Hilfe von Schlagworten)
- Vereinfachung von Büroprozessen wie z. B. Genehmigung und Abrechung von Dienstreisen
- Änderung der eigenen Personaldaten
- Beantragung und Genehmigung von Urlaub
- einfacher und schneller Zugriff auf wichtige Unternehmensinformationen wie Geschäftsbericht, Pressespiegel, Wissensträger (Ansprechpartner) im Unternehmen.

Aufgaben

1. Welche Technologien fallen Ihnen zur Realisierung der aufgeführten Anforderungen ein?
2. Weisen Sie die oben genannten Anforderungen den Technologien zu, die durch diese abgedeckt werden.

9 Analytische Informationssysteme

Lernziele

Sie lernen

- die verschiedenen Formen von Informationssystemen für das Management kennen;
- welche Anforderungen an Führungsinformationssysteme zur Darstellung von Kennzahlen und Grafiken gestellt werden,
- wie sich Management-Entscheidungen sinnvoll unterstützen lassen,
- warum eine eigene Datenbasis für analytische Informationssysteme sinnvoll ist,
- was hinter dem aktuellen Schlagwort "Business Intelligence" steckt.

9.1 Einleitung

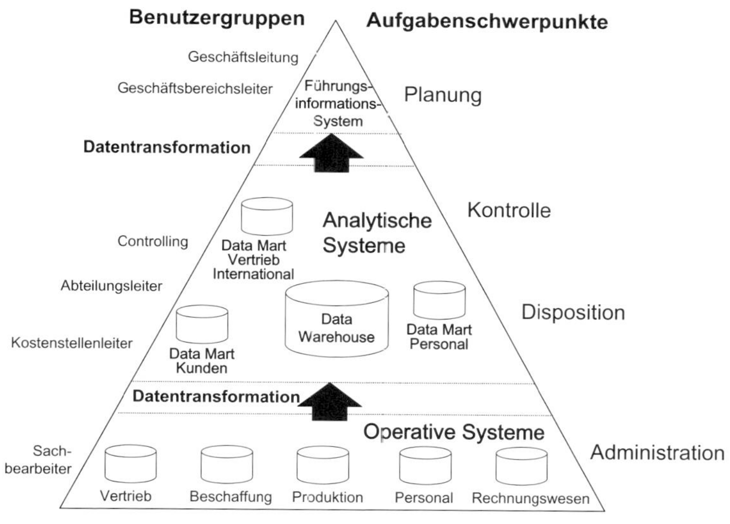

***Bild 9.1**: Unterteilung nach Managementebenen (in Anlehnung an [Mert07] S. 6)*

Anwendungssoftware kann operative und analytische Aufgaben unterstützen (vgl. Kapitel 3.3.1). In diesem Kapitel stehen die analytischen Anwendungen im Vordergrund, die hauptsächlich den Informationsbedarf des Managements abdecken. Eine detailliertere Untergliederung orientiert sich an den verschiedenen Informationsanforderungen der einzelnen Hierarchieebenen im Unternehmen (vgl. Bild 9.1). Hierbei ist auch zu berücksichtigen, dass Informationen für unterschiedliche Managementebenen oftmals aufeinander aufbauen.

Administration

Verwaltungs- und Abrechnungssysteme (Administrationssysteme oder operative Systeme) erfassen die mengen- und wertmäßigen Veränderungen im Rahmen der betrieblichen Leistungserstellung und bereiten diese Angaben in Form von Listen, Grafiken, Bildschirmanzeigen auf. Die wichtigsten Ziele sind Kostensenkung und Entlastung des Personals von Routineaufgaben. Administrationssysteme können für alle funktionalen Teilbereiche innerhalb eines Unternehmens eingesetzt werden, z. B. für die Auftragsabwicklung oder für die Lohn- und Gehaltsabrechnung.

Disposition

Dispositionssysteme sollen einfache (gut strukturierbare) Entscheidungen vorbereiten oder sogar automatisieren. Beispielsweise kann ein Programm im Bereich Einkauf ermitteln, dass bestimmte Teile bestellt werden müssen. Wenn neben Mindestlagerbestand und Losgröße auch der günstigste Lieferant ermittelt werden kann, so lässt sich dieser Routine-Einkaufsvorgang vollständig automatisieren ([Mert07] S. 13).

Planung

Planungssysteme können bei langfristigen, schlecht strukturierten Planungsproblemen genutzt werden.

Kontrolle

Kontrollsysteme dienen schließlich dazu, die Einhaltung von Plänen zu überwachen und geben Hinweise auf korrigierende Maßnahmen ([Mert07] S. 14).

9.2 Definition und Systematik

Definition

Unter dem Begriff *Analytische Informationssysteme* werden sämtliche Formen der elektronischen Unterstützung von Entscheidungsprozessen des Managements verstanden. In den vergangenen Jahren etablierten sich unterschiedliche Möglichkeiten der Computerunterstützung im Management (vgl. Bild 9.2). Damit verbunden war die Entstehung zahlreicher, teilweise synonymer Begriffe. Gemeinsames Merkmal aller Ansätze ist die ausdrückliche Abgrenzung von den operativen Anwendungssystemen, die als Datenlieferanten für analytische Informationssysteme angesehen werden.

berichtsorientierte Ansätze

Bei den *berichtsorientierten* Systemen steht die komfortable Navigation und grafische Aufbereitung von Kennzahlen und Berichten im Vordergrund. Häufig werden diese Programme als *Führungsinformationssystem* (FIS), *Executive Information System* (EIS) oder *Management Information System (MIS)* bezeichnet. FIS werden in Kapitel 9.3 behandelt.

modellorientierte Ansätze

Bei den *modellorientierten* Ansätzen steht die Unterstützung von Entscheidungsprozessen im Vordergrund ([KrMR01] S. 186). Die modellorientierten Systeme werden auch als *Entscheidungsunterstützungssysteme* (EUS) bzw. *Decision Support Systems* (DSS) bezeichnet. Ein EUS hilft Experten und Managern bei der Vorbereitung von Entscheidungen. Unter Anwendung von mathematischen Methoden und Modellen können Handlungsalternativen untersucht werden sowie die eigentliche Planung durchgeführt werden. EUS werden in Kapitel 9.4 behandelt.

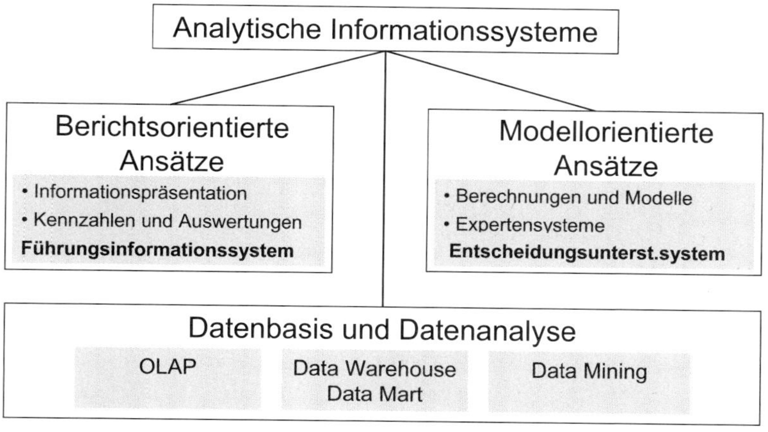

Bild 9.2: Analytische Informationssysteme

Datenbasis und Datenanalyse

Obwohl ein Informationssystem für das Management unmittelbar auf die Datenbanken der operativen Systeme zugreifen könnte, müsste hierbei jedoch mit teilweise sehr langen Antwortzeiten und einer erheblichen Ressourcenbelastung gerechnet werden. Hinzu kommt, dass Datensätze in operativen Anwendungssystemen nur wenige Wochen oder Monate im Direktzugriff gespeichert werden und somit keine längerfristigen Zeitreihenanalysen möglich sind. Außerdem verwenden analytische Informationssysteme spezielle Verfahren zur Datenauswertung, wie z. B. OLAP (vgl. Kapitel 9.5.2) und Data Mining (vgl. Kapitel 9.5.3). Als Konsequenz hieraus wird für MUS eine eigene, physikalische Datenhaltung, getrennt von den operativen Datenbanken, angestrebt. Diese besonderen Formen der Datenhaltung für Auswertungszwecke des Managements werden als *Data Warehouse* bzw. *Data Mart* bezeichnet (vgl. Kapitel 9.5.1).

9.3 Führungsinformationssysteme

9.3.1 Merkmale von Führungsinformationssystemen

Definition

Ein *Führungsinformationssystem* (FIS) ermöglicht die computergestützte Bereitstellung von Informationen für das Top-Management. Es zeichnet sich aus durch einfache Benutzerführung, grafische Präsentation der Daten und Ermittlung von Kennzahlen. Es beinhaltet nicht nur firmeninterne Daten, sondern auch externe Daten wie z. B. Aktienkurse, Marktforschungsergebnisse.

Bild 9.3:
Darstellung wichtiger Kennzahlen im Management Cockpit (SAP)

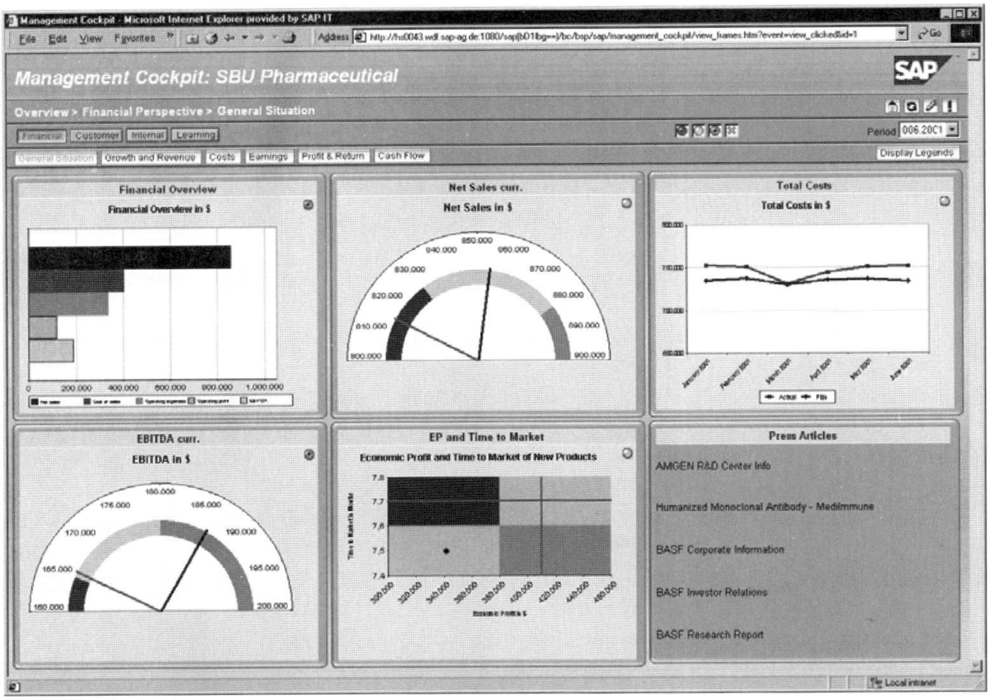

Ein FIS muss stark auf die Informationsbedürfnisse seiner Benutzer zugeschnitten sein. Weil das Management mehr erwartet als reine Zahlenkolonnen, müssen FIS in der Lage sein, sämtliche Daten grafisch aufzubereiten

Neben der Darstellung als Balken-, Säulen- und Kreisdiagramme werden zusätzliche Funktionen zur Kumulation, Sortierung und Hochrechnung von Daten benötigt. Die Präsentation der Informationen umfasst zudem die Darstellung von Alarm- bzw. Ausnahmesituationen.

FIS werden durch folgende Merkmale näher charakterisiert:

Merkmale von FIS

- FIS geben sowohl bei regelmäßig wiederkehrenden als auch bei unvorhergesehenen Fragen eine Hilfestellung.
- Die einfache Bedienbarkeit wird durch eine grafische, leicht erlernbare Benutzungsoberfläche gewährleistet (vgl. Bild 9.3).
- Die Nutzung ist in allen Phasen des Managementprozesses möglich (Planung, Entscheidung, Durchsetzung, Kontrolle).

- Ein Zugriff ist sowohl auf interne als auch auf externe Daten möglich.
- Ein FIS muss sich schnell an veränderte betriebsindividuelle Strukturen, z. B. den organisatorischen Aufbau eines Konzerns anpassen lassen.
- Manager nutzen ein FIS direkt über den eigenen PC. Hierdurch entsteht kein Informationsverlust und es gibt keine Abhängigkeit von Unterstützungskräften.
- FIS funktionieren nach dem Prinzip des Management by Exception. Es sollen keine "Datenfriedhöfe" entstehen, sondern kritische Werte und Kennzahlen angezeigt werden, die über- bzw. unterschritten wurden.
- Durch farbliche Kennzeichnung (Color Coding) werden kritische bzw. unkritische Werte verdeutlicht. Häufig verwendet man hierbei die Ampelfarben Rot, Gelb, Grün (vgl. Bild 9.4).
- Bei Bedarf kann der Manager schrittweise kritische Pfade verfolgen (Drill-Down). Nach dem Top-Down-Prinzip kann von der höchsten Verdichtungsstufe ausgehend die Ursache von negativen Abweichungen auf unteren Ebenen analysiert werden.

Bild 9.4: Color Coding am Beispiel eines Soll-Ist-Vergleichs

Quartal	Vertriebsbüro	Soll-Auftrags-Eingang	Ist-Auftrags-eingang	Abweichung (in %)
I	Bonn	25	20	-20
I	Ulm	21	22	+4,8
I	Berlin	36	35	-2,8
...	...	...	...	...

unter – 5%
von – 5% bis + 1%
über + 1%

$$\text{Abweichung} = \frac{\text{Ist} - \text{Soll}}{\text{Soll}} * 100$$

- FIS sind keine fertigen Standardsoftware-Systeme, sondern werden als *Entwicklungswerkzeuge* angeboten. Die Festlegung der Kennzahlen, kritischen Pfade, Standardberichte und Datenquellen muss von jedem Unternehmen individuell vorgenommen werden.

9.3.2 Anwendungsbeispiel

Der Einsatz eines FIS soll anhand des folgenden Beispiels näher erläutert werden.

Vertriebsinformationssystem des Ravensburger Buchverlags

Auslöser

Im Ravensburger Buchverlag erscheinen jährlich etwa 450 neue Kinder- und Jugendbücher, mehr als 1.700 Titel sind lieferbar. Die Vertriebsabteilung nutzte bereits seit mehreren Jahren ein Anwendungssystem, um Umsatzzahlen, Vertriebskanäle und Marketingaktionen zu analysieren. Die Module SD (Sales and Delivery) und MM (Material Management) des SAP-ERP-Systems lieferten die entsprechenden Daten, die zur Aufbereitung in eine Access-Datenbank geladen wurden. Die Ergebnisse wurden anschließend als Excel-Listen verteilt. Hierdurch entstand ein hoher Aufwand bei der Erstellung von Auswertungen, für jede Fragestellung musste ein eigener Bericht erstellt werden. Außerdem war die Pflege der Datenbank sehr aufwändig.

Zielsetzung

Mit einem neuen zukunftsorientierten System sollte eine einheitliche konsistente Datenbasis mit einem klar strukturierten Datenmodell geschaffen werden. Die Vertriebsmitarbeiter sollten von jedem beliebigen Ort über das Web auf das System zugreifen können. Ferner sollten Analysen und Auswertungen sehr schnell auf der Basis von tagesaktuellen und zuverlässigen Daten durchgeführt werden können.

Lösung

Das Unternehmen entschied sich für die Software arcplan Enterprise in Kombination mit dem Microsoft SQL Server. Die Datenbasis wird über eine Schnittstelle aus dem SAP-System bereit gestellt. 50 Vertriebsmitarbeiter nutzen inzwischen das System. Mitarbeiter aus dem Marketing überprüfen hiermit die Ergebnisse von verkaufsfördernden Aktionen und Mitarbeiter aus den Redaktionen informieren sich über Produkte und verkaufte Stückzahlen. Insgesamt 140 unterschiedliche Berichte stehen für das tägliche Reporting nach Buchtiteln, das monatliche, viertel- und halbjährliche Umsatzreporting – getrennt nach einzelnen Vertriebskanälen – zur Verfügung. Die Vertriebsverantwortlichen können über eine Drill-Down-Funktion wichtige Kennzahlen wie z. B. Umsatz oder abgesetzte Mengen genau analysieren. Ferner ist jetzt die Betrachtung der Absatzentwicklung eines Produkts über mehrere Jahre möglich. Durch den Zugriff über das Web entfällt der zeitaufwändige Versand von Listen, die Außendienstmitarbeiter verfügen viel schneller über die relevanten Informationen (vgl. [Rave07]).

9.4 Entscheidungsunterstützungssysteme

9.4.1 Unterstützung von Einzel- und Gruppenentscheidungen

Definition

Ein *Entscheidungsunterstützungssystem* dient zur Vorbereitung von Entscheidungen. Unter Anwendung von mathematischen Methoden und Modellen können Handlungsalternativen untersucht werden. EUS sollen *nicht* den gesamten Entscheidungsprozess *automatisieren* (dies erscheint nur bei wiederkehrenden Routineentscheidungen zweckmäßig), sondern interne und externe Informationen für komplexe und risikobehaftete Entscheidungen bereitstellen. Urteilskraft und Erfahrung des Managers sind also weiterhin gefragt.

Datenanalyse und Simulation

Ein EUS enthält verschiedene Methoden zur Datenanalyse und Simulation. Methoden der Datenanalyse sind z. B. Trendrechnungen, Portfolio-Technik und finanzmathematische Verfahren.

Bei den Simulationsmethoden wird zwischen der "What-If-Simulation" und der "How-to-Achieve-Simulation" unterschieden. Das erstgenannte Verfahren verdeutlicht die Konsequenz einer vom Benutzer festgelegten Maßnahme, während die How-to-Achieve-Simulation diejenigen Aktivitäten vorschlägt, um ein vorgegebenes Ziel zu erreichen. Eine typische Frage, die ein EUS beantworten kann, lautet z. B.: "Wie entwickelt sich der Umsatz, wenn der Preis um 10 % gesenkt wird und die Werbeaufwendungen insgesamt um 10 % erhöht werden?"

Ein weiteres Merkmal eines EUS ist die Existenz eines *Entscheidungsmodells*. EUS sind häufig auf spezielle, schlecht strukturierte Probleme ausgerichtet.

Die bisher verfügbaren EUS werden hauptsächlich für *Einzelentscheidungen* genutzt. Da betriebswirtschaftliche Entscheidungen normalerweise nicht "einsam" getroffen werden, gibt es erste Ansätze zur Unterstützung von *Gruppenentscheidungen*. Sie sind in der Regel schwieriger und zeitaufwändiger als Einzelentscheidungen.

Gruppenentscheidungen

Ein bekanntes Beispiel für die gemeinsame Ideenfindung und Gruppenentscheidung ist *Brainstorming*. Mit Hilfe von *Groupware* (Kunstwort aus *Group* und Soft*ware*) wird die Zusammenarbeit und Entscheidungsfindung mehrerer Personen informationstechnisch unterstützt. Nach räumlicher Nähe und zeitlicher Ausdehnung werden die in Bild 9.5 aufgeführten Typen und Werkzeuge bei Gruppenentscheidungen unterschieden.

Bild 9.5: *Werkzeuge für Gruppenentscheidungen ([FDNL08] S. 180)*

Zeit / Ort	Gleiche Zeit	Unterschiedliche Zeit
Gleicher Ort	**(1)** Computergestützte Sitzungsmoderation, Präsentationssoftware	**(2)** Gruppenterminkalender, Projektmanagementsystem
Verschiedene Orte	**(3)** Audio- und Videokonferenz, Screen-Sharing	**(4)** E-Mail, Blogs, Foren, Podcast, Wikis

Wenn sich alle Teilnehmer zur gleichen Zeit in einem Raum befinden (Feld 1 in Bild 9.5), ist eine Rechnerunterstützung der Personen – mit Ausnahme von Präsentationssoftware, Notebook und Beamer – normalerweise nicht erforderlich. Zur Verbesserung von Gruppenentscheidungsprozessen kann eine computergestützte Sitzungsmoderation erfolgen. Die Teilnehmer treffen sich hierzu in einem mit Computern ausgestatteten Sitzungsraum. Allen Teilnehmern stehen PCs zur Verfügung, die untereinander und mit einer elektronischen Wandtafel vernetzt sind. Allen Teilnehmern werden die für die Besprechung relevanten Informationen zur Verfügung gestellt, während des Meetings können weitere Informationen abgerufen werden und Besprechungsergebnisse werden unmittelbar protokolliert (vgl. [RaSc03] S. 308).

Wenn verschiedene Personen zeitversetzt im gleichen Büro an dem gleichen Problem arbeiten, müssen Zwischenergebnisse dokumentiert werden und es müssen gemeinsame Termine und Aktivitäten abgestimmt werden (vgl. Feld 2 in Bild 9.5). Zur Unterstützung werden Gruppenterminkalender genutzt, in denen gemeinsame Termine mit verschiedenen Teammitgliedern vereinbart werden können. Auch Projektmanagementsysteme koordinieren Zeiten und Aktivitäten mehrerer Personen.

Audio- und Videokonferenzen ermöglichen Entscheidungs- und Abstimmprozesse zwischen räumlich entfernten Teilnehmern (vgl. Feld 3). *Screen-Sharing* bedeutet, dass mehrere räumlich entfernt sitzende Benutzer die gleichen Bildschirmmasken sehen und z. B. gemeinsam einen Text oder eine Grafik bearbeiten können. Hauptvorteil hierbei ist, dass zeitaufwändige Dienstreisen vermieden werden können.

Wenn Teammitglieder an verschiedenen Orten sitzen und zu unterschiedlichen Zeiten arbeiten, kommunizieren sie z. B. mit Hilfe von *E-Mail* (vgl. Feld 4). Ferner unterstützen Foren, Blogs, Podcasts und Wikis die Kommunikation und den Wissensaustausch von Personen, die nicht am gleichen Ort und zur gleichen Zeit zusammentreffen (vgl. hierzu Kapitel 8).

9.4.2 Expertensysteme

Seit mehreren Jahrzehnten versuchen Forscher, Computer so zu programmieren, dass sie Probleme auf intelligente Weise lösen – vergleichbar mit der menschlichen Problemlösung.

Beispiel

Joseph Weizenbaum (1923 – 2008), Professor am Massachusetts Institute of Technology, wurde berühmt durch sein 1966 entwickeltes Programm ELIZA, das die Möglichkeiten der Kommunikation zwischen einem Menschen und einem Computer über natürliche Sprachen aufzeigen sollte. Ein Mensch (M) formuliert in Textform Aussagen an das Programm ELIZA (E), welches Fragen und Kommentare dazu abgibt. Ein Dialog lief wie folgt ab:

M: Men are all alike.
E: In what way?
M: They're always bugging (auf de n Nerv gehen, d. V.) us about something or other.
E: Can you think of a specific example?
M: Well, my boyfriend made me come here.
E: Your boyfriend made you come here.
M: He says I'm depressed much of the time.
E: I am sorry to hear that you are depressed.
M: It's true. I am unhappy.
E. Do you think come here will help you not to be unhappy?
.....
ELIZA wurde als Meilenstein der künstlichen Intelligenz gefeiert. Obwohl das System oftmals überraschende, aber meistens passende Kommentare abgab, besaß es keine Intelligenz und sollte auch keinen Psychotherapeuten ersetzen (vgl. [Weiz66]; [Diet03] S. 50).

Auch Schachprogramme zählen zu den Anwendungen der Künstlichen Intelligenz. Im Jahre 1996 fand das erste Schachspiel zwischen einem Schachweltmeister und einem Schachcomputer (Deep Blue von IBM) statt. Garrij Kasparow siegte mit 4:2. Im darauffolgenden Jahr verlor er gegen dieselbe Maschine. Schachcomputer werden immer besser. Sie berechnen wesentlich mehr Spielzüge im Voraus, als dies ein Mensch jemals tun könnte und beginnen die einzelnen Züge strategisch zu bewerten (vgl. [Diet03] S. 51 f.).

Künstliche Intelligenz

Die Forschungsarbeiten auf dem Gebiet der *Künstlichen Intelligenz* (KI) beschäftigen sich u. a. mit folgenden Themen:

- Erkennen und Verarbeiten der natürlichen Sprache
- Bildverarbeitung, d. h. inhaltliche Auswertung von Bildern mittels Computertechnik

- Robotereinsatz
- Expertensysteme

Definition

Expertensysteme (Expert Systems, XPS) sind Computerprogramme, in denen das Wissen von Experten gespeichert ist und die in bestimmten, eng begrenzten Aufgabenbereichen, ähnlich wie menschliche Experten, Probleme lösen können. Experten zeichnen sich dadurch aus, dass sie Antworten auf Fragestellungen ihres speziellen Fachgebietes geben können.

Anforderungen

Expertensysteme erfüllen im Idealfall die folgenden *Anforderungen*:

- Verstehen und Lösen von Problemen
- Erklären des Vorgehens bei der Problembearbeitung
- Eigenständiges Erwerben von neuem Wissen
- Erkennen der Grenzen eigener Möglichkeiten

Die heute verfügbaren Programme erfüllen lediglich die beiden erstgenannten Forderungen.

Unterschied zu herkömmlichen Anwendungsprogrammen

Expertensysteme unterscheiden sich von "normalen" Anwendungssystemen in mehrfacher Hinsicht. Herkömmliche Anwendungsprogramme arbeiten Regeln (einzelne Programmschritte) nacheinander ab und kommen zu einem Endergebnis. Bei einem Expertensystem werden Regeln nicht der Reihe nach ausgeführt, sondern es werden diejenigen Fakten und Regeln herausgesucht und genutzt, die auf die eingegebenen Daten zutreffen. Während "normale" Programme zu eindeutigen Ergebnissen gelangen, sind Ergebnisse eines Expertensystems lediglich mit einer bestimmten Wahrscheinlichkeit richtig. Der Grund hierfür ist das meistens nicht ganz eindeutige und gesicherte Expertenwissen, welches auch bei menschlichen Experten stets eine gewisse Fehlerwahrscheinlichkeit beinhaltet. Während traditionelle Anwendungsprogramme stets nach dem gleichen Ablauf (Algorithmus) arbeiten, bestimmen bei Expertensystemen Heuristiken ("unscharfe" Regeln, Erfahrungswissen) die Suche nach möglichen Lösungen. In Bild 9.6 werden die unterschiedlichen Funktionsweisen zwischen klassischen Programmen und Expertensystemen verdeutlicht.

***Bild 9.6**: Vergleich zwischen prozeduralem Programm und Expertensystem [FHPR95]*

Funktionsweise eines klassischen Programms

Programm:	SETZE ZÄHLER AUF NULL ADDIERE X ZUM INHALT DES ZÄHLERS ADDIERE Y ZUM INHALT DES ZÄHLERS MULTIPLIZIERE INHALT DES ZÄHLERS MIT 1,19 DRUCKE INHALT DES ZÄHLERS
Eingabe:	X = 10,4 Y = 5,3
Ausgabe:	18,683

Funktionsweise eines Expertensystems

Wissensbasis

Fakten:	(F1)	Der Aktienindex DAX hat heute einen Wert von 4.800.
	(F2)	Der DAX sank im letzten Monat um 15 Prozent.
	(F3)	Kauf von Aktien ist riskanter als andere Anlageformen.
	(F4)	Kauf von Anleihen erbringt eine Rendite von 6,5 %.
	(F5)	Anlage als Festgeld erbringt eine Rendite von 4,5 %.
	(F6)	...
Hinter-wissen	(H1)	Börsenexperten erwarten Anstieg des DAX in den nächsten 12 Monaten zwischen 5 und 15 %.
	(H2)	Industrieanleihen sind riskanter als Bundesanleihen.
	(H3)	...
Regeln:	(R1)	WENN Risikobereitschaft niedrig UND geplante Anlagedauer kurz UND Aktien bereits im Depot vorhanden, DANN Anlage als Festgeld wahrscheinlich die günstigste Rendite.
	(R2)	WENN Risikobereitschaft hoch UND geplante Anlagedauer kurz UND sichere Anlagewerte bereits vorhanden, DANN Anlage als Aktien wahrscheinlich die günstigste Rendite.
	(R3)	...
Eingabe:	1.	Risikobereitschaft des Anlegers ist hoch.
	2.	Geplante Anlagedauer ist kurzfristig.
	3.	Festgeld in Höhe 100.000 € bereits angelegt.
	4.	Renditeerwartung: mind. 4 %.
Ausgabe:		Kauf von Aktien erbringt wahrscheinlich die günstigste Rendite (p = 0,7)

Expertensysteme bestehen aus mehreren Komponenten (vgl. Bild 9.7).

Dialogkomponente

Die *Dialogkomponente* bildet die Schnittstelle zwischen Benutzer und Expertensystem. Die Bedienung sollte einfach und schnell erlernbar sein.

Wissensbasis

Der Grundstock eines Expertensystems ist die Schaffung einer *Wissensbasis* (Knowledge Base), in der das Wissen des Experten abgelegt ist. Die Wissensbasis enthält das zur Problemlösung erforderliche Wissen. Hierbei wird zwischen

- Fakten,
- Hintergrundwissen und
- Regeln

unterschieden.

Faktenwissen ist allgemein anerkanntes Wissen, z. B. durch Fachliteratur oder interne Verfahrensbeschreibungen und Verträge belegt. Beim *Hintergrundwissen* handelt es sich um Erkenntnisse und Erfahrungen von Experten in Form von Daumenregeln, langjährigen Beobachtungen (Heuristiken). Schließlich kann das Wissen auch in Form von *Regeln* ("wenn ... dann") hinterlegt werden.

Wissenserwerb

Über die *Wissenserwerbskomponente* (Wissensakquisition) wird Fakten- und Regelwissen eingegeben und verändert. Der menschliche Experte kann sein Wissen in der Regel nicht selber strukturieren und eingeben. Vielmehr ist hierbei die Unterstützung durch einen "Wissensingenieur" erforderlich. Die Aufgabe des Wissensingenieurs besteht darin, das Expertenwissen sowie den Argumentationsweg des Experten zu erfassen und daraus ein Programm zu entwickeln. Außerdem muss das Wissen auf Konsistenz geprüft werden. Semantische und syntaktische Widersprüche müssen erkannt und behoben werden.

Bild 9.7: *Komponenten eines Expertensystems (vgl. [StHa05] S. 434)*

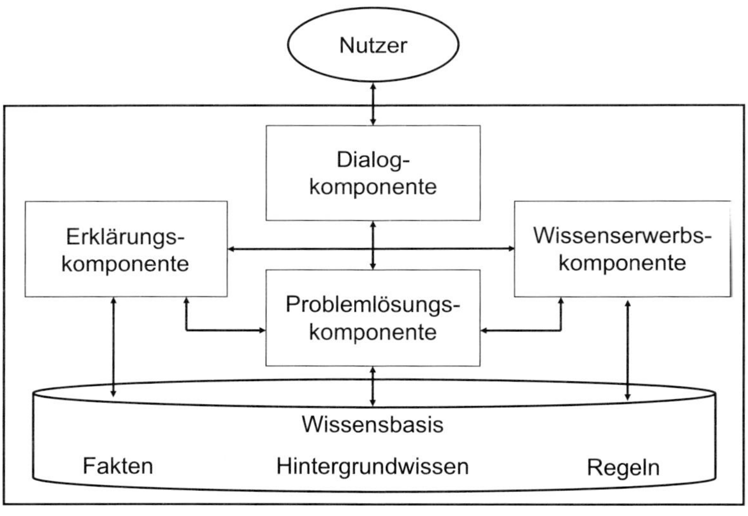

Problemlösung

Die *Problemlösungskomponente* (wird auch als Inferenzkomponente bezeichnet) leitet aus der Wissensbasis und den fallspezifischen Daten eine Lösung ab. Hierbei durchsucht das System zunächst die Wissensbasis nach Fakten bzw. Regeln, die zur Problemlösung beitragen, um daraus Schlussfolgerungen abzuleiten.

Erklärung

Die *Erklärungskomponente* macht die vom Expertensystem gelieferten Ergebnisse nachvollziehbar. Dem Anwender wird plausibel dargestellt, warum das System bestimmte Schlussfolgerungen gemacht hat und dass die aufgezeigte Lösung für den speziellen Anwendungsfall geeignet ist.

Semantisches Netz

Am Beispiel des *semantischen Netzes* soll verdeutlicht werden, wie das Wissen innerhalb der Wissensbasis abgebildet werden kann. In semantischen Netzen wird Wissen – ähnlich wie im menschlichen Gehirn – in Beziehung zueinander gesetzt. Abstrakte Begriffe und konkrete Objekte sind die Knoten des Grafen. Die Kanten (Deskriptoren) bilden eine Beziehung (Verbindung) zwischen den Knoten. Hierdurch werden den Begriffen und Objekten Eigenschaften zugeordnet oder sie beschreiben hierarchische Beziehungen. Eigenschaften entlang der "ist-ein"-Kante können vererbt werden (vgl. [MeWi00] S. 204).

In unserem Beispiel (Bild 9.8) "erben" sowohl Privatpersonen als auch Geschäftskunden die Eigenschaft "Kreditlimit", d.h. kein Kunden kann einen Kredit in unbegrenzter Höhe erhalten. Dies gilt auch für den Kunden Max.

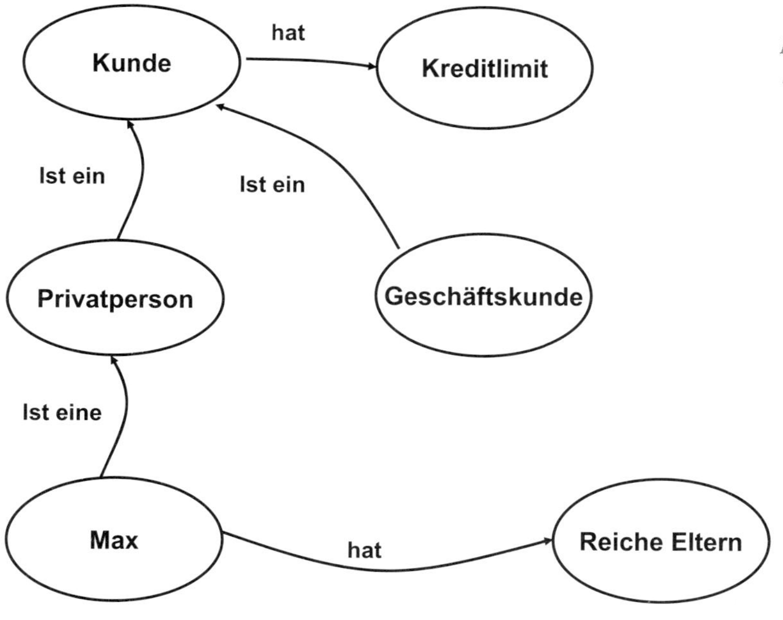

***Bild 9.8**: Semantisches Netz*

9.5 Datenbasis für analytische Informationssysteme

9.5.1 Data Warehouse und Data Mart

Sämtliche Daten, die für Analysen und Berichte des Managements relevant sind, werden in einer eigenen Datenbank, dem Data Warehouse, gespeichert. Der Begriff *Data Warehouse* lässt sich als "Lagerhaus für Daten" übersetzen.

Definition

Als *Data Warehouse* wird die *themenorientierte, vereinheitlichte, beständige, zeitbezogene* Sammlung von Daten zur Unterstützung von Managemententscheidungen bezeichnet [Inmo05].

Vereinheitlichung

Vereinheitlichung bedeutet die Ablage von Daten in gleichen Formaten. Beispielsweise werden alle Beträge einheitlich in die Währung Euro umgerechnet oder alle zeitraumbezogenen Daten werden im Format "TT.MM.YYYY" abgelegt, z. B. "14.05.2009".

Themenbezug

Die *themenorientierte* Speicherung der Daten bedeutet, dass Themenschwerpunkte gebildet werden, zu denen die Daten gespeichert werden. Themenschwerpunkte können z. B. Kunden, Lieferanten, Produkte, Märkte, Projekte, Konkurrenz-Unternehmen sein.

Beständigkeit

Ein weiteres Merkmal ist die *Beständigkeit* (Unveränderbarkeit) der Daten. Ein Data Warehouse ist ein reines Ausgabesystem, d.h. zu den vorhandenen Daten werden lediglich weitere Daten hinzugefügt, aber keine bestehenden Daten verändert. Die einzige Änderung besteht in der regelmäßigen Archivierung veralteter Daten und Verdichtung der bereits archivierten Daten zu größeren Gruppen, um so wieder Platz in der Datenbank zu schaffen.

Zeitbezug

Zeitbezug bedeutet, dass die Daten beim Laden in das Data Warehouse einen Zeitstempel erhalten, der angibt, innerhalb welcher Zeit sie gültig sind. So können historische neben aktuellen Informationen gespeichert werden.

In einem Data Warehouse werden die Daten somit unabhängig von operativen Anwendungssystemen speziell für den Informationsbedarf des Managements zusammengestellt und gespeichert ([GlGD08] S. 118). Ein Data Warehouse sieht im Regelfall eine eigene physische Datenhaltung vor, die zusätzlich zu den operativen Datenbanken existiert.

Zielsetzung

Das wichtigste *Ziel eines Data Warehouse* besteht darin, die unterschiedlichen Daten aus den operativen Anwendungssystemen systematisch zusammenzuführen. Die hierdurch entstandene einheitliche Datenbasis soll dem Endbenutzer einen möglichst einfachen, schnellen und flexiblen Zugriff ermöglichen. Im Gegensatz zur Datenhaltung in operativen Anwendungssystemen beinhaltet das Data Warehouse aggregierte Daten, die teilweise redundant und über einen längeren Zeithorizont vorgehalten werden.

Zentrales Data Warehouse

Der Aufbau eines Data Warehouse kann zentral oder dezentral erfolgen (vgl. Bild 9.9). Ein *zentrales Data Warehouse* enthält eine von den operativen Systemen isolierte physische Datenbank, die als *unternehmensweite zentrale Datenbasis* für managementunterstützende Systeme dient ([KeMU06] S. 19).

Data Mart

Ein *Data Mart* ist ein subjektspezifisches oder abteilungsspezifisches Data Warehouse. Im Gegensatz zu einem zentralen Data

Warehouse können hierbei mehrere dezentrale Datenbestände im Unternehmen existieren (vgl. Bild 9.9, rechts).

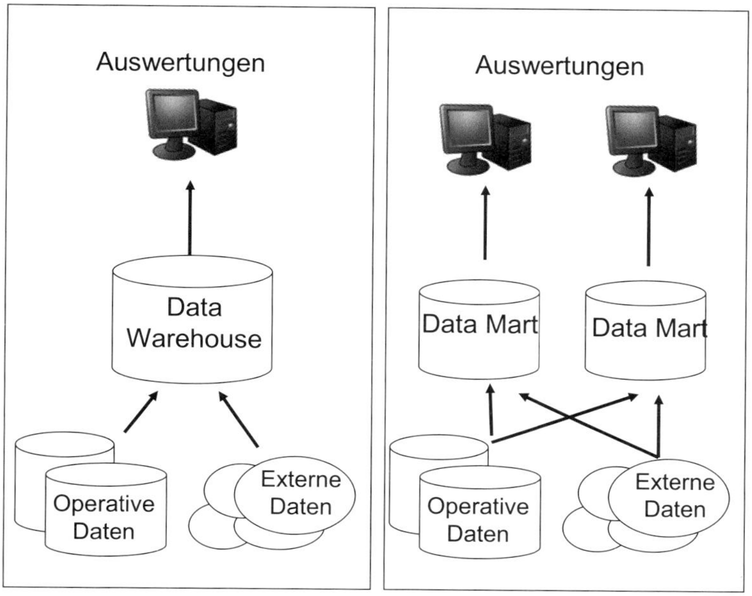

***Bild 9.9**: Data Warehouse und Data Mart [KeMU06] S.20)*

Data Marts werden entweder aufgebaut, um Datenbestände gleichzeitig an mehreren Orten schneller bereitzustellen (z. B. bei Konzernen mit zahlreichen Niederlassungen) oder um einzelnen Fachabteilungen ihre eigenen, sehr speziellen Datensammlungen zu ermöglichen. Ein Data Mart für den Marketingbereich könnte beispielsweise Vertriebs- und Marketingdaten in detaillierterer und speziellerer Form beinhalten als dies bei einem unternehehensweiten zentralen Data Warehouse der Fall wäre. Die Unterschiede zwischen zentralem Data Warehouse und Data Mart werden in Bild 9.10 verdeutlicht.

Merkmale	**Data Mart**	**Data Warehouse**
Philosophie	anwendungs-orientiert	anwendungs-neutral
Adressat der Datenbereitstellung	Abteilung	Unternehmen
Vorherrschende Datenbanktechnologie	multidimensional	relational
Granularität (Detaillierungsgrad der gespeicherten Daten)	niedrig	hoch

***Bild 9.10**: Unterschiede zwischen DataWarehouse und Data Mart ([ScBM99] S. 6)*

Merkmale	Data Mart	Data Warehouse
Datenmenge	niedrig	hoch
Menge historischer Daten	niedrig	hoch
Optimierungsziel	Abfragegeschwindigkeit	Datenmenge
Anzahl	mehrere	eins bzw. sehr wenige
Datenmodell	je nach Data Mart verschieden	unternehmensweit

Anwendungsbeispiel

Data Warehouse bei Breuninger

Das Modehaus Breuninger in Stuttgart, mit rund 4.500 Mitarbeitern an mehreren deutschen Standorten vertreten, setzt ein Data Warehouse für analytisches Customer Relationship Management (vgl. dazu Kapitel 10.5.2) ein. Im Mittelpunkt stehen Analysen und Berichte, die sich mit Kundenverhalten (z. B. Kundentreue, Kundenwünsche) beschäftigen. Den Schwerpunkt der Datenbasis bilden die Transaktionsdaten der ca. 700.000 ausgegebenen Kundenkarten von Breuninger, also Daten über die einzelnen Kundenkäufe. Insgesamt können 300 verschiedene Kennzahlen (sowohl aggregierte als auch abgeleitete) ermittelt werden. Je nach Art der Auswertung und der geplanten Aktion können die Kundendaten mit Kaufkraftkennziffern angereichert werden. Hierbei handelt es sich um demografische und soziografische Daten, wie sie z. B. von der Gesellschaft für Konsumforschung (GfK) geliefert werden. Bereits die auf den ersten Blick recht einfachen Prüfungen der Datenkonsistenz können eine große Wirkung haben: Korrekte Anschriften mindern die Kosten bei postalischer Zustellung von Werbematerial, durch einfache Adressabgleiche können Dubletten ermittelt werden und Kartenmissbräuche aufgedeckt werden.

Darüber hinaus sind komplexere Analysen möglich: Hierdurch lassen sich Streuverluste reduzieren und die Kunden gezielter ansprechen. Zur Abschätzung des künftigen Kundenbedarfs werden Faktoren wie z. B. Einkaufsfrequenz, die Wahl höherwertiger Kleidungsstücke sowie Reaktionen auf Sonderangebote berücksichtigt (vgl. [Ostl03] S. 12).

9.5.2 Mehrdimensionale Datenanalyse mittels OLAP

Definition

Die für das Management relevanten Daten müssen sich nach verschiedenen Kriterien (Dimensionen) auswerten lassen. Die Software zur mehrdimensionale Kennzahlenermittlung wird als *OLAP* (Online Analytical Processing) bezeichnet. Damit soll der Unterschied zu den operativen Datenverarbeitungsprinzipien (Speicherung und Verarbeitung großer Datenmengen in relationalen Datenbanken, Transaktionsverarbeitung oder kurz *OLTP* = Online Transactional Processing) verdeutlicht werden. Die Mehrdimensionalität kann durch einen *Datenwürfel* veranschaulicht werden (vgl. Bild 9.11). Dieser im Beispiel dreidimensionale Würfel erlaubt unterschiedliche Sichtweisen (Sortierungen) der Kennzahl *Umsatz* nach Perioden, Regionen und Produktgruppen. Die typische Fragestellung lautet beispielsweise: "Wie hoch war der Bruttoerlös für die Artikelgruppe Rennräder in der Region Süd mit der Kundengruppe Discounter?" Meistens müssen in einem analytischen Informationssystem jedoch weitaus mehr als drei Auswertungsdimensionen bereitgestellt werden.

OLAP

OLTP

Bild 9.11: *Mehrdimensionaler OLAP-Datenwürfel*

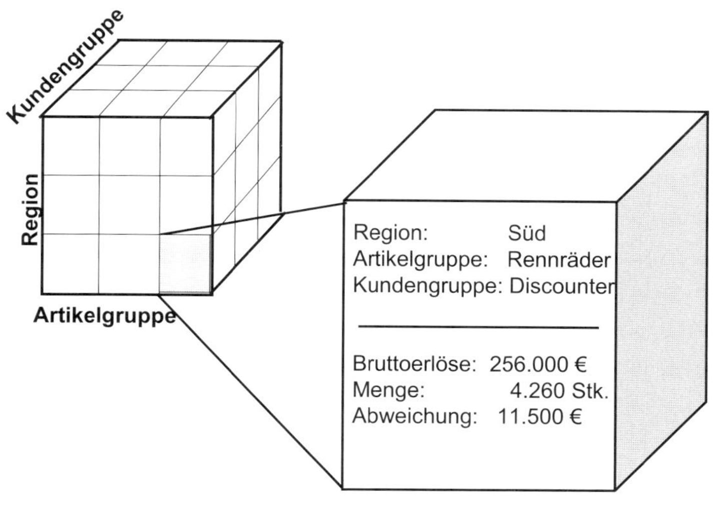

Kennzahlen

Mittels OLAP werden *Kennzahlen* aus unterschiedlichen Blickrichtungen erzeugt. Allgemein fassen Kennzahlen in übersichtlicher Weise einen betrieblichen Tatbestand zusammen. Komplizierte Sachverhalte sollen auf einfache Weise abgebildet werden, um einen schnellen und dennoch umfassenden Überblick zu bekommen (vgl. [Glad03] S. 12).

Bei der Definition einer Kennzahl sind verschiedene, in Bild 9.12 beschriebene Aspekte zu beachten.

***Bild 9.12**: Elemente einer Kennzahl*

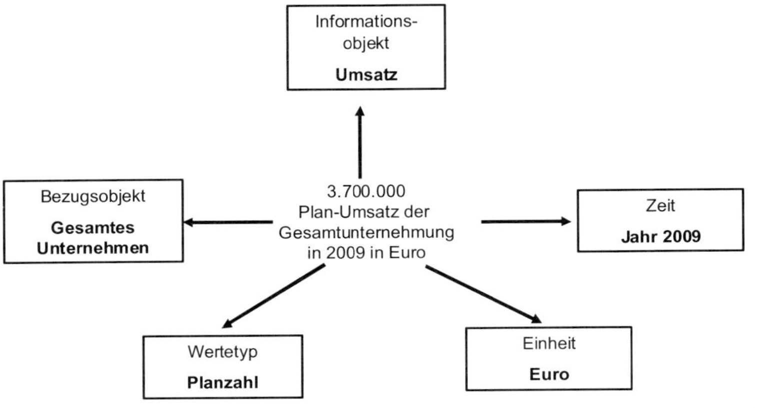

9.5.3 Data Mining

Data Mining

Data Mining (synonym wird die Bezeichnung *Knowledge Discovery in Data Bases (KDD)* verwendet) steht für die Durchforstung und Analyse großer Datenbestände im Hinblick auf bislang unbekannte, jedoch sinnvolle Muster oder Regeln.

Im Mittelpunkt stehen hierbei verschiedene Methoden, mit denen aus umfangreichen Datenmengen sinnvolle Informationen herausgefiltert werden sollen. Die Data-Mining-Technik wird oftmals für Marktforschung, Marketing und Controlling eingesetzt. So lassen sich im Einzelhandel im Rahmen einer Warenkorbanalyse bestimmte Assoziativregeln aufstellen. Eine mögliche Regel wäre, dass Milch zu 90 Prozent gemeinsam mit Brot und Butter eingekauft wird. Aus den gewonnenen Informationen können Produkte umplatziert werden oder es erfolgen Zweitplatzierungen.

***Bild 9.13**: Verfahren zur Analyse großer Datenbestände*

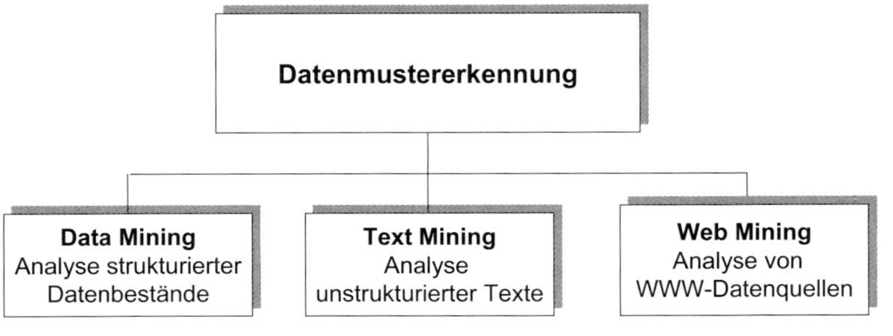

Die Datenmustererkennung konzentrierte sich anfangs auf die Extraktion großer, jedoch strukturierter Datenbestände, wie sie in relationalen Datenbanken gespeichert werden. Inzwischen werden die Verfahren zur Mustererkennung auch für unstrukturierte Datenbestände angewandt (vgl. Bild 9.13).

Beim *Text Mining* wird in unstrukturierten Datenbeständen, wie z. B. Word-Dokumenten, nach versteckten, interessanten Strukturen und Mustern gesucht. Die Schwierigkeit hierbei ist, dass Dokumente lediglich eine geringe innere Struktur aufweisen. Sie wurden nicht dafür konzipiert, um von Programmen nach ihren Inhalten analysiert zu werden. Bei Dokumenten steht nicht die Korrektheit eines einzelnen Textelements im Vordergrund, sondern der Inhalt (vgl. [Gent99] S. 35).

Text Mining

Innerhalb des Text Mining kann zwischen attributbasierter Suche und Volltextsuche unterschieden werden. Bei der ***attributbasierten Suche*** liegt eine Beschreibung der einzelnen Dokumente in Form von Meta-Informationen vor, z. B. Erstellungszeitpunkt, Autor, Erscheinungsort, Titel, Schlagworte. Anhand dieser klassifizierenden Attribute können Dokumente schnell gefunden werden. Nachteilig ist allerdings der erhöhte Aufwand durch die redaktionelle Bearbeitung.

attributbasierte Suche

Die *Volltextsuche* ist die bekannteste Methode zum Auffinden von Informationen in digitalen Dokumenten. Alle Textelemente (Worte) eines Dokuments werden mit den vom Benutzer eingegebenen Schlagworten abgeglichen. Bei syntaktischer Übereinstimmung werden die gefundenen Textpassagen angezeigt. Durch Operatoren wie "OR", "AND" oder "NOT" kann die Suche eingegrenzt werden. Die redaktionelle Vergabe von Schlagworten bei der erstmaligen Speicherung ist hierbei nicht nötig, dafür werden allerdings verwandte Begriffe und Synonyme innerhalb eines Textes nicht erkannt (Beispiel: Bei Eingabe des Suchbegriffs "Straße" wird ein Dokument zum Thema "Autobahn" nicht gefunden).

Volltextsuche

Als *Web Mining* bezeichnet man die Suche nach bislang unentdeckten, aber nützlichen Informationen, die durch die Nutzung des World Wide Web entstanden sind. Jeder Internet-Surfer hinterlässt "Datenspuren" im Web, die sich als Grundlage für betriebswirtschaftliche Analysen nutzen lassen. Ausgangsbasis können die *Log-Dateien* sein, in denen die Interaktionen der Benutzer vom Internet-Server gespeichert werden (Web Log Mining). Log-Dateien enthalten beispielsweise Angaben über anfragende Rechneradressen, Datum und Uhrzeit des Zugriffs sowie über abgefragte Dateien. Zusätzlich werden häufig Angaben über die vom Client verwendeten Betriebssysteme und Browser dokumentiert. Die Protokolldaten befinden sich vollständig in der Einflusssphäre des Internet-Providers und können damit – unter Berücksichtigung rechtlicher Rahmenbedingungen (v. a. Datenschutz) – auch problemlos ausgewertet. Einschränkungen ergeben sich dadurch, dass viele Internet-Zugriffe anonym erfolgen, z. B. bei zwischengeschalteten Proxy- oder Firewall-Rechnern. Hierdurch lässt sich der wiederholte Zugriff auf die gleichen

Web Mining

Seiten nicht immer eindeutig einem bestimmten Internet-Nutzer zuordnen.

Eine andere Datenquelle ergibt sich, wenn sich der Internet-Benutzer durch Ausfüllen eines Formulars mit Name und Passwort persönlich bekannt macht.

Analysen

Die Analysemöglichkeiten im Rahmen von Web Mining sind vielfältig. Die Anzahl der Benutzerzugriffe auf einzelne Internet-Seiten (Hits) liefert Anhaltspunkte für die Verbesserung des Web-Auftritts. Die Untersuchung über die Herkunft der Besucher gibt Aufschluss über die Wirksamkeit von Bannerwerbung. Aus der Analyse der Benutzer-Sessions (wie lange verweilen Besucher auf einzelnen Seiten, welche Seiten werden in welcher Reihenfolge angeklickt?) lässt sich der Erfolg (bzw. Misserfolg) eines Internet-Auftritts abschätzen. Bei namentlich bekannten Benutzern (über Cookies oder Registrierung) können Informationen und Produkte gezielt angeboten werden.

Anwendungsbeispiel

Die New York Times setzt Web Mining ein, um herauszufinden, wofür sich die Benutzer auf ihrer Web Site interessieren. Die Site der New York Times (www.nytimes.com) hat über 6 Millionen registrierte Benutzer, von denen E-Mail-Adresse, Alter, Geschlecht, Einkommen, Beruf, Unternehmensgröße, Branche und Postleitzahl erhoben werden. Diese Informationen werden in einem Data Warehouse gespeichert. Das Marktforschungsteam der Zeitung kann feststellen, wie oft beispielsweise 30-jährige Männer regelmäßig auf die Site kommen, welche Themen und Anzeigen sie anklicken. Diese Informationen werden anschließend mit den demografischen Daten zusammengeführt. Hierdurch kann Anzeigenkunden gezeigt werden, welche Interessen die Lesergruppen in bestimmten geografischen Regionen haben. Außerdem wird ermittelt, wie Besucher auf bestimmte Anzeigen reagieren (vgl. [Hatt00] S. 12).

9.6 Business Intelligence

Definition

Mit *Business Intelligence* (BI) hat sich ein neuer Begriff in Theorie und Praxis etabliert, der die *vertikale Integration* (vgl. Kapitel 7.4) der verschiedenen managementunterstützenden Systeme in den Mittelpunkt stellt. BI ist eine begriffliche Klammer und es herrscht keineswegs Einigkeit über dieses Schlagwort (vgl. [KeMU06] S. 3 ff.). Wir fassen alle Systemkomponenten, die operatives Datenmaterial zu Analysezwecken aufbereiten, speichern und präsentieren unter der begrifflichen Klammer "Business Intelligence" zusammen (vgl. [DiGl02] S. 32).

Die verschiedenen, in diesem Kapitel bereits vorgestellten Konzepte und Methoden lassen sich somit als Teile eines umfassenden BI-Konzepts integrieren.

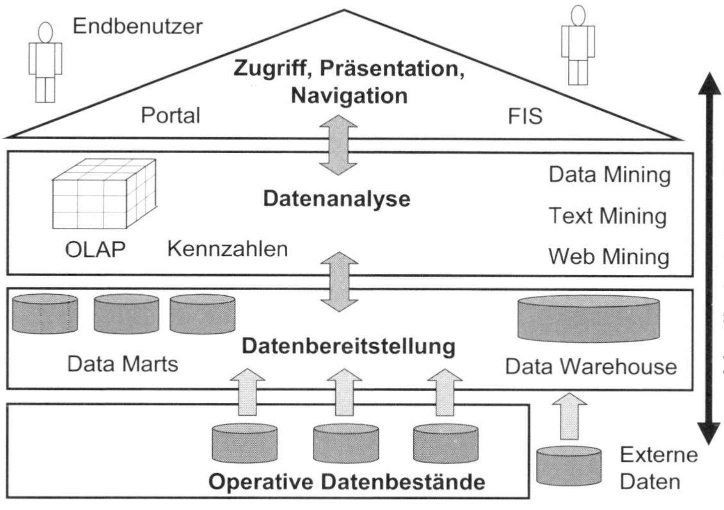

***Bild 9.14**: Konzept für Business Intelligence ([KeMU06] S. 10)*

***Bild 9.15**: Manager Portal ([MeMe00] S. 359)*

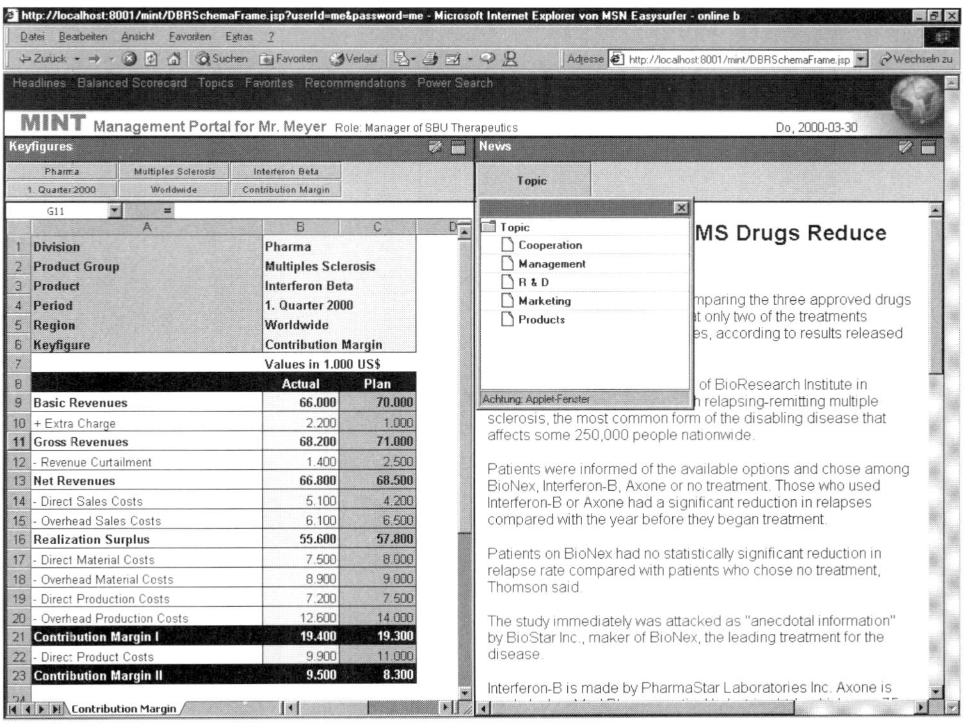

Auf der untersten Ebene von Bild 9.14 sind operative Daten sowie ggf. externe Daten abgebildet, die mittels sog. ETL-Programme (Extraktion, Transformation und Laden) das Data Warehouse und/oder die Data Marts mit neuen Daten versorgen. Hier erfolgt die *Bereitstellung* managementrelevanter Daten für verschiedene *Analysemöglichkeiten*, z. B. zur mehrdimensionalen Auswertung mittels OLAP, zur Ermittlung von Kennzahlen oder zur Datenmustererkennung mittels Data Mining.

Auf der obersten Ebene erfolgen in Form eines FIS (bisher übliche Lösung) oder – zunehmend wichtiger - über ein speziell für die Benutzergruppe Management vorgesehenes *Portal* der *Zugriff* auf die Informationen. Ein interessanter Lösungsansatz im Rahmen eines Intranet-Portals ist die "virtuelle Manager-Zeitung" (vgl. Bild 9.15). Sie dient zur Präsentation sowohl qualitativer als auch quantitativer, externer wie interner Informationen. Als Vorbild diente hierbei die konventionelle papierbasierte Zeitung (vgl. [MeMe00]).

9.7 Fragen und Aufgaben

1. Erläutern Sie den Unterschied zwischen *operativen* (transaktionsorientierten) und *analytischen* Anwendungssystemen.
2. Durch welche besonderen Merkmale lassen sich *Führungsinformationssysteme* charakterisieren?
3. Welche computergestützten Werkzeuge gibt es zur Unterstützung von Gruppenentscheidungsprozessen ?
4. Wie unterscheiden sich Expertensysteme von "normalen" betrieblichen Informationssystemen?
5. Welche Unterschiede kennen Sie zwischen der Datenhaltung in einem Data Warehouse und der Datenhaltung für administrative Systeme ?
6. Stellen Sie die beiden Begriffe Data Warehouse und Data Mart anhand unterschiedlicher Merkmale gegenüber.
7. In einem FIS wird die Anzahl der Neuwagenverkäufe (unterteilt nach den Modellreihen "Limousinen", "Cabrios" und "City-Cars") eines Autohändlers in den ersten sechs Monaten des Jahres in der unten abgebildeten Grafik dargestellt.
   a) Welche Schlussfolgerungen ziehen Sie als verantwortlicher Manager aus dieser Grafik?
   b) Machen Sie Verbesserungsvorschläge, wie man Trends und "Ausreißer" besser erkennen kann.

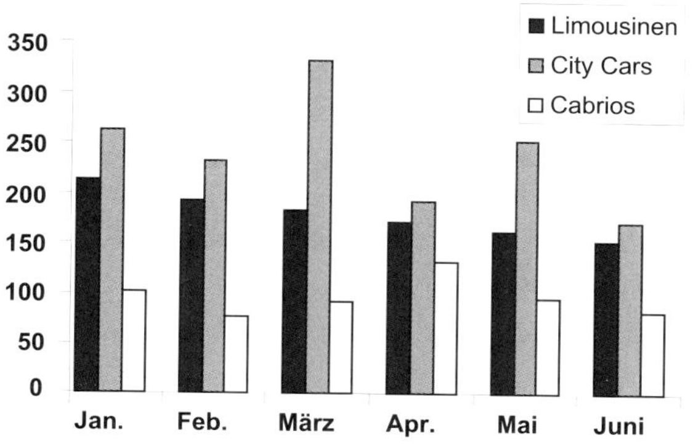

8. Ordnen Sie die folgenden Anwendungen in die folgende Tabelle ein:

Aufgaben-schwerpunkte	*Ordnen Sie hier a) bis l) ein :*
Administration	
Disposition	
Kontrolle	
Planung	

a) Überwachung des Produktionsgeschehens an einem Fertigungsleitstand

b) Festlegung des erforderlichen Personals in den einzelnen Abteilungen für das folgende Geschäftsjahr

c) Buchung von Lagerzugängen

d) Erfassen von Auftrags-Nummer und Rüstzeit im Rahmen der Betriebsdatenerfassung

e) Tourenplanung für die Warenauslieferung

f) Planung neuer Marketingkampagnen für das kommende Jahr

g) Erstellen von Mahnvorschlägen

h) Arbeitszeitkontrolle der Mitarbeiter

i) Anlegen neuer Debitorenstammdaten

j) Planung von Produktionskapazitäten aufgrund voraussichtlicher Absatzzahlen

k) Kontrolle von Lagerabgängen

l) Einsatzplanung von Personal zum Schichtbeginn am Morgen

9. Überlegen Sie, welche Probleme mit dem Einsatz von *Expertensystemen* bei komplexen betrieblichen Sachverhalten verbunden sind.

10. Entscheiden Sie, ob Expertensysteme für die nachfolgenden Aufgabenbereiche erfolgversprechend eingesetzt werden können oder nicht (bitte ankreuzen):

Einsatzbereiche von XPS	***ja***	***nein***
Kreative Arbeit		
Vorhersagen, Prognosen		
Sehr einfache Probleme		
Diagnose von Mängeln, z. B. defekte Maschine		
Arbeit, zu der Allgemeinwissen benötigt wird		
Manuelle Arbeit, bei der menschliche Alltagserfahrungen benötigt werden		
Probleme, die aufgrund logischer Schlussfolgerungen lösbar sind		
Probleme, für die fehlerhafte Antworten ausgeschlossen werden müssen		
Reparatur von Mängeln		
Probleme, für die es nach Expertenmeinung keine eindeutigen Lösungswege gibt		
Probleme, die mit mathematischen Algorithmen stets zu eindeutigen Lösungen führen		
Entscheidungshilfen in unübersichtlichen Situationen		

11. Kennzahlen geben Auskunft über wichtige betriebswirtschaftliche Sachverhalte. Recherchieren Sie im Internet nach Kennzahlen die beiden Konzerne Lufthansa und Metro Group.

12. Sie haben Drill-Down als eine Möglichkeit kennen gelernt, eine Kennzahlen-Dimension in eine bestimmte Anzahl von Ebenen zu zerlegen. Im umgekehrten Fall erfolgt eine zunehmende Verdichtung (Konsolidierung) einer Kennzahl (wird auch als "Drill-Up" bezeichnet). Überlegen Sie sich für die Kennzahl "Umsatzerlöse" drei verschiedene Pfade für Drill-Down.

9.8 Fallbeispiel

Der IT-Leiter, Herr Dr. Mehrtens, hat in der vergangenen Woche vermehrt Anfragen von seinen internen Kunden, den Fachbereiche erhalten:

Der Leiter Finanzen und Controlling hat ihm seine Probleme bei der Bereitstellung betriebswirtschaftlicher Kennzahlen (beispielsweise Umsatz im Geschäftsfeld Strom des vergangenen Monats) beschrieben. Er musste bereits mehrfach die Geschäftsführung vertrösten, da ihm eine zeitnahe Bereitstellung der Kenngrößen nicht gelang.

Der Leiter Vertrieb schilderte den enormen Zeitaufwand, um die Vertriebsstatistik in den verschiedenen Sparten Strom, Gas, Wasser zeitnah aufzubereiten. Zusätzlich hat eine Mitarbeiterin gekündigt, die bislang für die Berichtserstellung zuständig war. Keiner der Kollegen kennt hier die erforderlichen Routinen und Berechnungsformeln zur Erstellung des Vertriebsberichtes.

Die Leiterin der Unternehmensstrategie möchte ein Berichtswesen über die vorhandenen Tochtergesellschaften der Stadtwerke AG aufbauen. Hierzu benötigt sie insbesondere Kennzahlen aus der Gewinn- und Verlustrechnung und den jeweiligen Jahresabschlüssen. Sie möchte hierzu eine geeignete IT-Unterstützung erhalten.

Aufgaben

1. Herr Komel erhält die Aufgabe, geeignete IT-Lösungen für die o.g. Probleme zu finden. Welche Empfehlung würden Sie ihm geben?
2. Können die geschilderten, unterschiedlichen Anforderungen mit einer einzigen Anwendungslösung abgedeckt werden?
3. Unterstützen Sie Herrn Komel bei der Zusammenstellung der Anwendungen, die als Datenlieferanten für die drei beschriebenen Problemstellungen dienen können.

Proactiv Holding AG
Bancassurance by Talanx

Sicherheit | Zukunft | Erfolg

Die Proactiv Holding AG mit Sitz in Hilden ist eine Zwischenholding des Talanx Konzerns in Hannover, einem der wachstumsstärksten Versicherungskonzerne in Europa. Sie bündelt die Aktivitäten des Geschäftsfelds Bancassurance im In- und Ausland. Mit der Erschließung neuer Geschäftsfelder sowie der Ausbreitung des erfolgreichen Bancassurance-Modells setzen wir unseren Erfolgskurs kontinuierlich fort.

Zur Proactiv Holding AG gehören neben weiteren Gesellschaften die CiV Versicherungen als Partner der Citibank und die PB Versicherungen als Partner der Postbank, die zu einer Servicegesellschaft zusammengefasst sind. Dabei vernetzen wir als „Haus der Talente und Unternehmer" den besonderen Anspruch, Potenziale schnell zu erkennen und zu fördern – mit unternehmerischer Weitsicht und einem leistungsstarken Team.

Zur Verstärkung unseres Teams am Standort Hilden bieten wir fortlaufend für mindestens drei Monate ein qualifiziertes

Praktikum

in verschiedenen Bereichen unserer IT an:

IT Betrieb

- Unterstützung bei der Betreuung und Administration unserer eigenen Rechenzentren in Hilden (internes Netzwerk (LAN), Datenbank- und Application Server, Middleware Umgebung etc.)
- IT Security Management
- IT Notfallplanung
- Job-Steuerung und Batch-Optimierung

IT Governance / Shared Services

- Lizenz- und SLA-Management
- IT Controlling und IT Kostenverrechnung
- ITIL Einführung und Prozessoptimierung im Betrieb
- IT Einkauf

IT Anwendungsentwicklung

- Anwendungsentwicklung unter Mainframe und Client Server
- Testunterstützung

In allen Bereichen ist Projektmitarbeit ausdrücklich erwünscht.

Sie passen zu uns, wenn Sie ...

- ... die Theorie schon kennen und sich fragen, ob Ihnen auch die Praxis Spaß macht
- ... Ihr Vordiplom mit Erfolg bestanden haben
- ... über betriebswirtschaftliche Grundlagen verfügen
- ... neugierig, offen und kontaktfreudig sind
- ... mindestens drei Monate Zeit haben.

Wir sind offen für Ihre Ideen und freuen uns auf Ihre tatkräftige Unterstützung. Weitere Informationen finden Sie unter www.proactiv.de.

Ihre aussagekräftige Bewerbung richten Sie bitte vorzugsweise per E-Mail an:

personalrekrutierung@proactiv.de

oder an:

Proactiv Holding AG
Personalrekrutierung
ProACTIV-Platz 1
40721 Hilden

Fragen beantwortet Ihnen gern:

Simone Kortenjann
Tel. (0 21 03) 34-72 94

CiV Versicherungen Partner der Citibank | neue leben Willkommen Zukunft | PB Versicherungen Partner der Postbank | Posta Biztosító

10 Unternehmensübergreifende Informationssysteme

Sie lernen

Lernziele

- verschiedene Einsatzmöglichkeiten webbasierter Anwendungssysteme unter dem Begriff "E-Business" kennen;
- wie sich Beschaffungsprozesse mit Hilfe eines E-Procurement-Systems optimieren lassen;
- warum es wichtig ist, die Kundenbindung mit Hilfe eines CRM-Systems zu intensivieren;
- welche Chancen und Risiken sich durch eine informationstechnische Unterstützung kompletter Wertschöpfungsketten ergeben;
- wie Internet-Portale und elektronischer Marktplätze funktionieren;
- welche neuen Potenziale sich durch mobile Anwendungssysteme für die Unternehmen ergeben.

10.1 Einleitung

Der Einsatz der Informationstechnik konzentrierte sich bislang hauptsächlich auf den innerbetrieblichen Bereich (z. B. ERP-Systeme, vgl. Kapitel 7). Zukünftig wird die Nutzung *unternehmensübergreifender* Informationssysteme stark zunehmen. In einigen Branchen (z. B. Automobilindustrie, Handel) wird bereits der Austausch von Geschäftsdaten unter der Bezeichnung "Electronic Data Interchange" (EDI) mit genau vereinbarten Datenformaten praktiziert (vgl. Kapitel 10.2). Durch das Internet entstanden neue Möglichkeiten, um Geschäfte mit Lieferanten und Kunden abzuwickeln. Diese Anwendungen werden unter der Bezeichnung "E-Business" zusammengefasst (vgl. Kapitel 10.3). Die veränderten Geschäftsprozesse zwischen einem Unternehmen und seinen Lieferanten ("E-Procurement") untersuchen wir genauer in Kapitel 10.4, die Verknüpfung mit Kundenprozessen (Customer Relationship Management) beschreiben wir in Kapitel 10.5. Die Zusammenarbeit verschiedener Unternehmen über die gesamte Wertschöpfungskette hinweg wird als "Supply Chain Management" bezeichnet (Kapitel 10.6). Portale im Internet erleichtern die Informationssuche (Kapitel 10.7). Die Abwicklung der Kauf- bzw. Verkaufstransaktionen erfolgt über neu geschaffene elektronische Marktplätze (Kapitel 10.8). Abschließend untersuchen wir in Kapitel 10.9 die betriebswirtschaftlichen Potenziale der Mobilkommunikation ("Mobile Business").

10.2 Elektronischer Geschäftsdatenaustausch

EDIFACT

Unter der Bezeichnung *EDIFACT* (Electronic Data Interchange for Administration, Commerce and Transport) sind weltweit einheitliche Regeln für den elektronischen Geschäftsverkehr vereinbart worden. Es handelt sich um strukturierte Daten (keine unformatierten Texte und Bilder), für die Nachrichten-Standards festgelegt wurden. Während ohne EDIFACT für jeden Geschäftsvorfall (Bestellung, Bestellbestätigung, Rechnung usw.) mindestens sechs Arbeitsschritte nötig sind, reduziert sich dies bei EDIFACT-Nutzung auf zwei Schritte: *Erstellen* auf der einen Seite, *Auswerten* auf der anderen Seite (vgl. Bild 10.1).

Bild 10.1: *Geschäftsabwicklung mit und ohne EDIFACT*

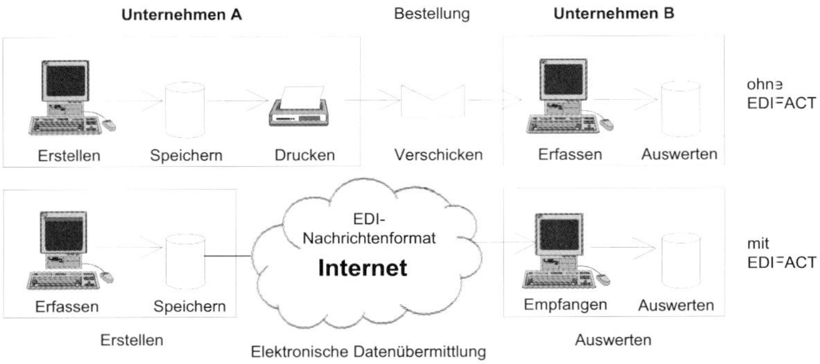

Unternehmen A gibt z. B. eine Bestellung auf. Die Bestelldaten gelangen auf direktem (elektronischen) Weg an das Auftragsbearbeitungssystem von Unternehmen B und können dort direkt weiterverarbeitet werden, z. B. Prüfung von Lieferterminen. Damit ermöglicht EDI den papierlosen Geschäftsverkehr mit einem Minimum an manuellen Eingriffen.

Das Datenaustauschformat EDIFACT enthält festgelegte Vorgaben für verschiedene Nachrichtentypen (z. B. Bestellung oder Rechnung) sowie deren Inhalt und Struktur (vgl. Bild 10.2).

Bild 10.2: *Ausschnitt aus einer EDIFACT-Bestellung*

Eine Bestellung in EDIFACT:

```
UNB+UNOB:3+Senderadresse+Empfängeradresse+000211:1330+1234567'
UNH+1+ORDERS:D:96A:UN'
BGM+220+EA1717+9'
DTM+137:20000215:103'
NAD+BY+++Käufername+Strasse+Stadt++23436+xx'
LIN+1++Produkt:SA'
```

10.3 E-Business

10.3.1 Begriff

Definition

Unter *Electronic Business (E-Business)* verstehen wir die integrierte Ausführung aller elektronisch unterstützbaren Geschäftsprozesse innerhalb eines Unternehmens und zwischen Unternehmen mit Hilfe von Informations- und Kommunikationstechnologie, insbesondere unter Nutzung der Internettechnologie (vgl. [Hopp02] S. 13; [HGRZ06] S. 43). Innerhalb des Unternehmens ermöglicht E-Business die elektronische Abwicklung der Geschäftsprozesse von der Beschaffung bis zum Absatz ([BDKP01] S. 5). Alle Kommunikations- und Transaktionsprozesse zwischen einem Unternehmen und seiner Umwelt zählen ebenfalls zu E-Business, soweit hierbei moderne Internet- und Kommunikationstechnologien genutzt werden (vgl. Bild 10.3).

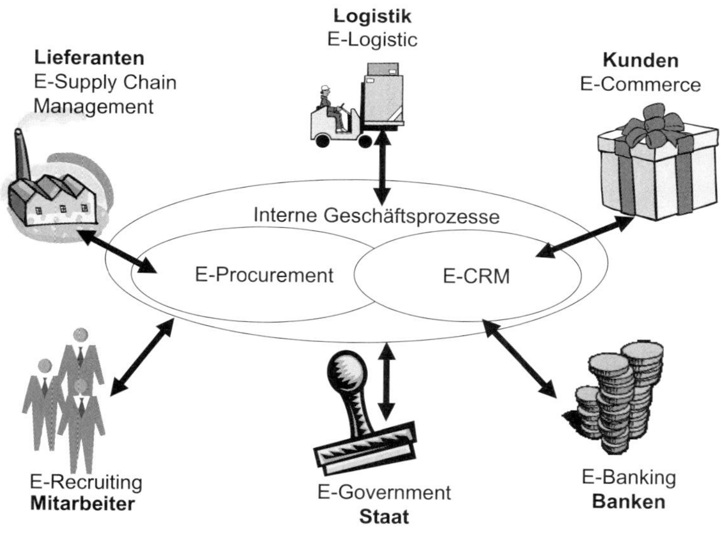

Bild 10.3: *Umfang von E-Business*

In den letzten Jahren entstanden zahlreiche neue Wortschöpfungen, denen ein großes "E" oder kleines "e" vorangestellt wird. Wir erläutern hier die wichtigsten Konzepte, die allesamt Teilmengen der umfassenden E-Business-Idee sind.

E-Commerce

Der Begriff *E-Commerce* wird enger gefasst als E-Business und bedeutet Handel bzw. Verkaufen über das Internet. Hierbei werden mehrere oder sogar alle Phasen des Verkaufsprozesses (Information, Vereinbarung, Lieferung und Service) elektronisch abgewickelt (vgl. [Müld02] S. 323 ff.). Die Transaktionsphasen bei E-Commerce werden in Bild 10.4 veranschaulicht.

In der *Informationsphase* werden Produkte und Leistungen am Markt identifiziert, es werden Konditionen abgefragt und miteinander verglichen. Für diese Phase existieren elektronische Produktkataloge und Suchdienste im Internet.

In der *Vereinbarungsphase* kommt der Kontrakt zwischen den Marktpartnern zustande. Es werden Konditionen wie Zahlungsbedingungen, Lieferbedingungen und Termine ausgehandelt und zur Vertragsgrundlage gemacht. Der elektronische Vertrag muss ein rechtgültiges und fälschungssicheres Dokument sein, welches die Vertragspartner eindeutig identifiziert. Zur Bezahlung wird bei Verträgen mit Privatpersonen oftmals die Kreditkartenzahlung verlangt. Bei Verträgen zwischen Unternehmen oder zwischen Unternehmen und Behörden kann eine digitale Unterschrift verwendet werden (vgl. Kapitel 15.4.3).

Bild 10.4: *Transaktionsphasen bei E-Commerce*

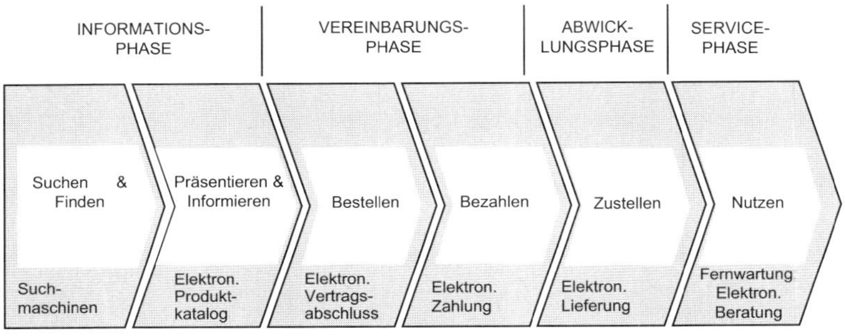

Die eigentliche Zustellung der bestellten Waren erfolgt in der *Abwicklungsphase*. Hierbei können unterschiedliche Dienste in Anspruch genommen werden, wie z. B. Versicherung, Transport und Logistik. Für digitale Güter wie beispielsweise Software, Informationen, Musik, Videofilme kann die Zustellung direkt über das Web erfolgen.

In der *Servicephase* erfolgt die Kundenunterstützung über die Lebensdauer eines Produkts. Neben etablierten Möglichkeiten, wie Hotline, Call-Center werden hier neue Serviceformen entstehen, z. B. Fernwartung von Maschinen und Geräten über Internet.

E-Logistic

E-Logistic steht für die Internet-Nutzung bei logistischen Aufgaben, z. B. die elektronische Beauftragung externer Speditionen, die Verfolgung (Tracking) von Auslieferungen oder die LKW-Einsatzplanung.

E-Banking

Elektronische Finanzdienstleistungen (*E-Banking*) sind eine spezielle Form des elektronischen Handels, bei der die Bank als Anbieter von Dienstleistungen auftritt. Neben der Kontenführung über Online-Dienste bzw. Internet ist hier vor allem der elektronische Wertpapierhandel (*E-Brokerage*) als Anwendungsfeld zu nennen ([Zwis02] S. 17 ff.). E-Banking und E-Brokerage bilden das E-Commerce-Geschäft der Kreditwirtschaft.

Unter *E-Government* verstehen wir die Durchführung von Prozessen der öffentlichen Verwaltung und der politischen Institutionen unter intensiver Nutzung der Informationstechnik. Zahlreiche Routinevorgänge, wie z. B. Beantragung eines neuen Personalausweises oder Akteneinsicht, aber auch kompliziertere Prozesse, wie die elektronische Steuererklärung, können inzwischen sicher und bequem über das Internet abgewickelt werden [Mehl02].

E-Government

Die externe Personalbeschaffung über das Internet mit den Teilschritten Personalmarketing, Bewerbersuche, Kontaktaufnahme und Vorauswahl wird als *E-Recruiting* bezeichnet ([Müld03a] S. 84).

E-Recruiting

Mit Hilfe spezieller Anwendungssysteme ("Recruitment-Management-Systeme") kann der gesamte Personalbeschaffungsprozess elektronisch unterstützt werden. In der *Informationsphase* versuchen Stellenanbieter und Stellensuchende herauszufinden, welche Jobs angeboten bzw. gesucht werden. Basis hierfür sind die Stellenangebote in Jobbörsen und auf den Firmen-Homepages bzw. die Stellengesuche von Privatpersonen. Viele Unternehmen nutzen inzwischen die Möglichkeit, über die eigene Homepage offene Stellen anzubieten. Hierbei ist zu unterscheiden zwischen Unternehmen, die lediglich offene Stellen anbieten und (noch) eine traditionelle Bewerbung erwarten sowie Unternehmen, die eine Online-Bewerberabwicklung ermöglichen.

Informationsphase

Im ersten Fall informiert sich der Bewerber primär über offene Stellen, ggf. findet eine erste Kontaktaufnahme über E-Mail statt. Normalerweise müssen die üblichen Bewerbungsunterlagen per Post versandt werden. Im zweiten Fall informieren sich die Bewerber im Internet über die vakanten Positionen und wickeln das gesamte Bewerbungsverfahren hauptsächlich per Internet ab.

In der *Vereinbarungsphase* erfolgt die Kontaktaufnahme zwischen Bewerber und Unternehmen. Neben der telefonischen Kontaktaufnahme (bzw. E-Mail) kann das Web zur Bewerberdatenerfassung oder zur Vorselektion (z. B. Online-Testverfahren) genutzt werden. Über den Browser tragen die Kandidaten die wichtigsten Daten zu ihrer Person direkt in ein Bewerbungsformular ein. Die Daten werden in einer Bewerberdatenbank gespeichert. Dort können die Kandidaten nach beliebigen Qualifikationskriterien selektiert werden. Hierdurch ist eine Vorauswahl möglich. Die weitere Kommunikation erfolgt ebenfalls per Internet: Eingangsbestätigung, Absage, das Anfordern von weiteren Unterlagen und Zeugnissen, ggf. die Einladung zu einem persönlichen Vorstellungsgespräch. Die Kandidaten können über ein Passwort jederzeit den Status ihrer Bewerbung abfragen.

Vereinbarungsphase

Die *Abwicklungsphase* umfasst die Einstellungsformalitäten. Dazu gehören die Übermittlung zusätzlicher Dokumente durch den Bewerber (z. B. Arbeitszeugnisse, Bescheinigungen), wichtige

Abwicklungsphase

Informationen für neue Mitarbeiter (z. B. Einarbeitungsplan) sowie weitere vertragliche Regelungen (z. B. Umzugskostenerstattung). Am Schluss steht die Unterzeichnung des Arbeitsvertrags, der zukünftig auch auf elektronischem Wege (versehen mit elektronischer Unterschrift) zustande kommen kann.

Die verschiedenen Interaktionsmöglichkeiten des E-Recruiting sind in Bild 10.5 zusammengefasst.

Bild 10.5: *Interaktionen zwischen Unternehmen und Bewerber bei E-Recruiting ([Müld03a] S. 91)*

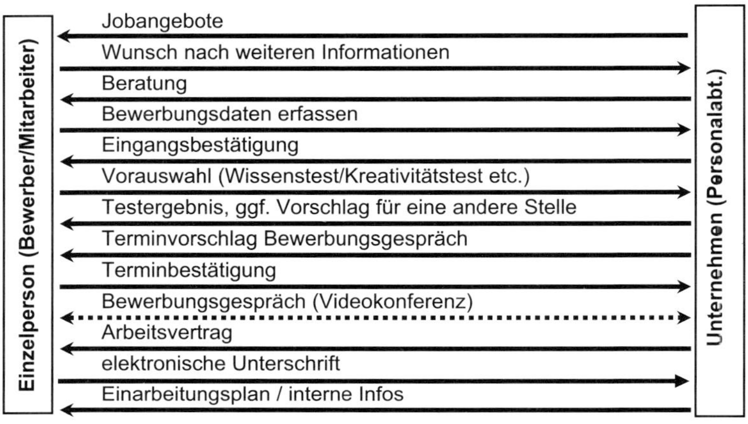

10.3.2 E-Business-Modell

ERP ist Teil von E-Business

E-Business-Anwendungen lösen die bisher in den Unternehmen eingesetzten Anwendungssysteme nicht ab, sondern ergänzen sie in erster Linie. Während bei ERP-Systemen die innerbetriebliche Integration im Vordergrund steht, ermöglichen E-Business-Systeme zusätzlich die unternehmensübergreifende Geschäftsabwicklung, insbesondere durch die informationstechnische Anbindung von Kunden und Lieferanten. In Bild 10.6 haben wir die verschiedenen Elemente einer E-Business-Lösung für ein Unternehmen dargestellt.

SRM

Unter *Supplier Relationship Management* (SRM) versteht man den Aufbau und die Pflege von Lieferantenbeziehungen. Die Kontakte zu wichtigen Lieferanten sind deshalb für ein Unternehmen bedeutsam, weil diese ungefähr die Hälfte zur Wertschöpfung des Unternehmens beitragen. Mit Hilfe von IT sollen auf lange Sicht profitable Lieferantenbeziehungen durch Entwicklungs-, Beschaffungs- und Produktionspartnerschaften aufgebaut und gepflegt werden. Konkret bedeutet dies, dass Daten und Prozesse der Bereiche Entwicklung, Beschaffung und Produktion mit den Lieferanten abgestimmt werden müssen, dass Kommunikationskanäle zu wichtigen Lieferanten synchronisiert werden müssen und dass Formate für einen gegenseitigen Austausch von Geschäftsdaten standardisiert werden müssen (vgl. [HGRZ06] S.

48). SRM beschäftigt sich sowohl mit den strategischen Aspekten der Lieferantenbeziehungen als auch mit der Durchführung der webbasierten Beschaffung im engeren Sinne. Letzteres wird auch als E-Procurement bezeichnet (vgl. [GrWi04] S. 61)

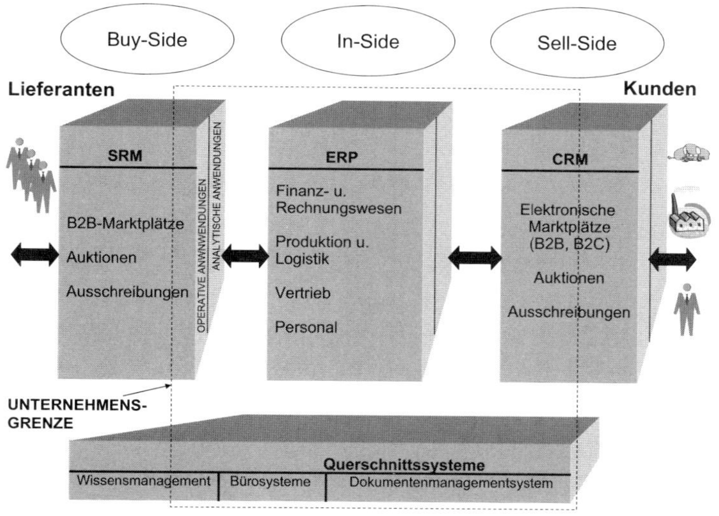

Bild 10.6: Gesamtkonzept eines E-Business-Systems

CRM

Die Bemühungen, den Kunden in den Mittelpunkt des Unternehmens zu stellen, sämtliche Kundendaten in einer Datenbank zu speichern und den Datenaustausch mit den Kunden verstärkt über das Internet abzuwickeln, führt zu neuen Anwendungen, die wir als *Customer-Relationship-Management-Systeme* (CRM-Systeme) bezeichnen. Infrastruktur- und Bürosysteme können in sämtlichen betrieblichen Bereichen genutzt werden; sie wurden in Kapitel 8 ausführlich beschrieben. Schließlich kann bei jedem der 4 Blöcke in Bild 10.6 zwischen operativen und analytischen Anwendungsschwerpunkten unterschieden werden. Bei einer operativen Anwendung steht die Bearbeitung eines einzelnen Geschäftsvorfalls im Mittelpunkt, beispielsweise die Verbuchung einer Lieferantenrechnung mit Hilfe eines Anwendungsprogramms. Die analytischen Systeme erzeugen Auswertungen, Kennzahlen und Grafiken vor allem für das Management, sie enthalten zusammengefasste (aggregierte) Informationen und wurden im Kapitel 9 ausführlich erläutert.

10.4 E-Procurement

10.4.1 Von der traditionellen zur internetgestützten Beschaffung

Definition

Die Beschaffung von Gütern und Dienstleistungen über das Internet wird als *E-Procurement* bezeichnet. Über ihren Browser können die Mitarbeiter eines Unternehmens (Bedarfsträger) bestimmte Waren und Dienstleistungen direkt beim Anbieter bestellen. Letztlich wird hierbei der komplette Beschaffungsprozess elektronisch abgebildet und eine Verbindung zwischen den ERP-Systemen des einkaufenden und verkaufenden Unternehmens realisiert. Die Schnittstelle zum ERP-System des Lieferanten ist wichtig, um beispielsweise bei der Bestellung direkt auch den Lagerbestand abzufragen. Die ERP-Verbindung auf der Einkaufsseite ermöglicht die Verbuchung der bestellten Waren. E-Procurement eignet sich besonders zur Beschaffung von Standardprodukten, die regelmäßig benötigt werden, wie z. B. C-Artikel (Büro- und Verbrauchsartikel) oder so genannten MRO-Produkte (Maintenance, Repair, Operations).

Software-Komponenten

Die Software eines E-Procurement-Systems umfasst folgende Komponenten:

- Elektronischer Produktkatalog
- Elektronischer Warenkorb zur Aufnahme der kumulierten Bestellungen des Bedarfsträgers
- Order-Tracking zur Verfolgung des Bestellvorgangs
- Analysemöglichkeiten zur Bedarfssteuerung und Schwachstellenerkennung.

Traditioneller Beschaffungsprozess

Durch E-Procurement kann der traditionelle Beschaffungsprozess optimiert werden. Bei der herkömmlichen Beschaffung von MRO-Produkten stellt der Bedarfsträger, prinzipiell also jeder Mitarbeiter im Unternehmen, einen bestimmten Bedarf fest, erkundigt sich eventuell vorab bei möglichen Lieferanten über die Produkte. Im ungünstigsten Fall besorgt sich der Mitarbeiter die Waren auch selbst und reicht die Rechnung anschließend bei der Finanzbuchhaltung ein. Meistens füllt der Mitarbeiter ein Papierformular aus und leitet dieses an seinen Vorgesetzten zwecks Genehmigung weiter. Eine weitere Prüfung kann in der Abteilung Finanzbuchhaltung/Controlling erfolgen, bevor die Bestellanforderung in der Einkaufsabteilung weiterbearbeitet wird. Anschließend gelangt die Bestellung an den Lieferanten. Im Zuge der Lieferung werden ebenfalls mehrere Prozessschritte unter Einbeziehung unterschiedlicher Organisationseinheiten durchlaufen, bevor das bestellte Produkt letztlich beim Bedarfsträger ankommt. Die Komplexität des traditionellen Beschaffungsvorgangs mit den einzelnen Prozessschritten, beteiligten Abteilungen und damit verbundenen Fehlern, Rückfragen und Liegezeiten wird in Bild 10.7 verdeutlicht.

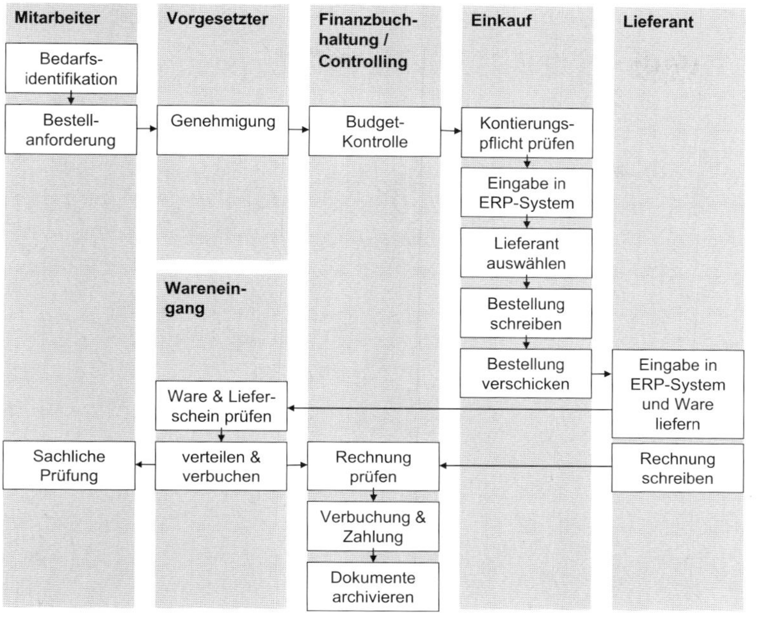

Bild 10.7: *Traditioneller Beschaffungsprozess (Beispiel)*

Optimierter Beschaffungsprozess

Bei Nutzung eines E-Procurement-Systems informiert sich der Bedarfsträger in einem *elektronischen Produktkatalog* und erfasst direkt seinen Bedarf über einen Web-Browser. Die Bestellung wird nach einer automatischen Prüfung direkt an den Lieferanten weitergeleitet. Bei Übertretung vordefinierter Limits generiert das System einen Workflow und der Vorgesetzte wird zur Genehmigung aufgefordert. Über die Trackingfunktion kann der aktuelle Stand von Bestellvorgängen und Genehmigungsprozessen abgefragt werden.

Bild 10.8: *Optimierter Beschaffungsprozess durch E-Procurement (Beispiel)*

Der Beschaffungsprozess wird mittels E-Procurement komplett neu gestaltet. Einige Schritte entfallen (z. B. die mehrfache Datenerfassung), andere werden automatisiert (vgl. Bild 10.8).

10.4.2 Konzeptionelle Ansätze für E-Procurement

Für den Aufbau und Betrieb eines E-Procurement-Systems existieren verschiedene Alternativen. Bei der "Buy-Side-Lösung" geht die Initiative vom beschaffenden Unternehmen aus, bei der "Sell-Side-Lösung" dominiert die Lieferantenseite. Bei der "Marktplatzlösung" erfolgt die Beschaffung über einen Dritten und bei der "verteilten Lösung" wird das E-Procurement-System bei Käufern und Verkäufern installiert.

Buy-Side-Lösung

Die Software und die Produktdaten befinden sich auf den Rechnern des einkaufenden Unternehmens (vgl. Bild 10.9). Aktualisierte Produktdaten werden über das Internet an das Betreiberunternehmen übermittelt. Die Produktkataloge der einzelnen Lieferanten können zu einem Multilieferantenkatalog zusammengefasst werden. Die Bedarfsträger bestellen die benötigten Produkte über das Intranet. Die Bestellungen werden anschließend gebündelt in elektronischer Form an die Lieferanten weitergeleitet. Die *Buy-Side-Lösung* eignet sich hauptsächlich für große Unternehmen. Der Vorteil der Lösung liegt in der schnellen Zugriffszeit, da sich die benötigten Daten im eigenen System befinden. Das beschaffende Unternehmen kann das E-Procurement-System nach eigenen Vorstellungen entwickeln und nutzen.

***Bild 10.9**:* *Buy-Side-Lösung*

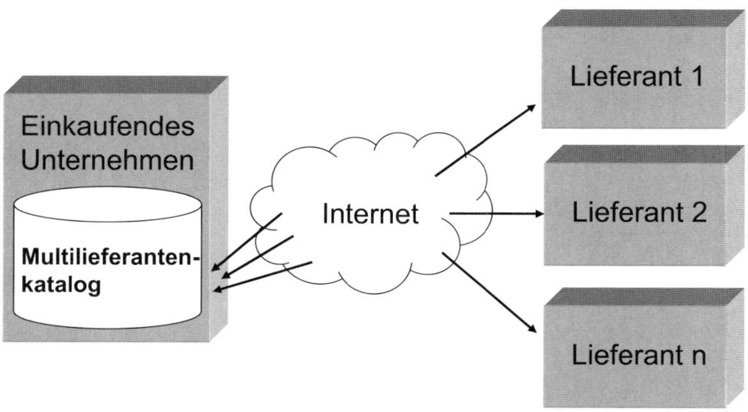

Sell-Side-Lösung

Hierbei greift das einkaufende Unternehmen über das Internet auf Produktkataloge zu, die bei verschiedenen Lieferanten gespeichert sind (vgl. Bild 10.10). Die Lieferanten pflegen die Produktdaten selbständig, hierdurch wird eine hohe Aktualität ermöglicht. Ein Vergleich von Produkten verschiedener Anbieter wird bei dieser Lösung allerdings erschwert. Ebenso fehlen in den elektronischen Produktkatalogen oftmals spezielle Produktvarianten sowie individuell verhandelte Preise. Das einkaufende Unternehmen muss sich um die Schnittstelle zwischen dem eigenen ERP-System und dem elektronischen Beschaffungsprozess selber kümmern.

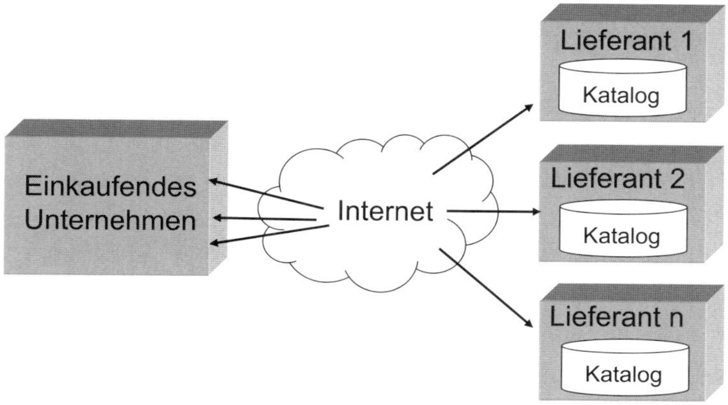

***Bild 10.10**:* *Sell-Side-Lösung*

Marktplatzlösung

Bei der *Marktplatzlösung* übernimmt ein Dritter das Management der elektronischen Lieferantenkataloge sowie die Abwicklung der Beschaffungsvorgänge (vgl. Bild 10.11). Die nähere Beschreibung der Marktplatzlösung erfolgt in Kapitel 10.8.

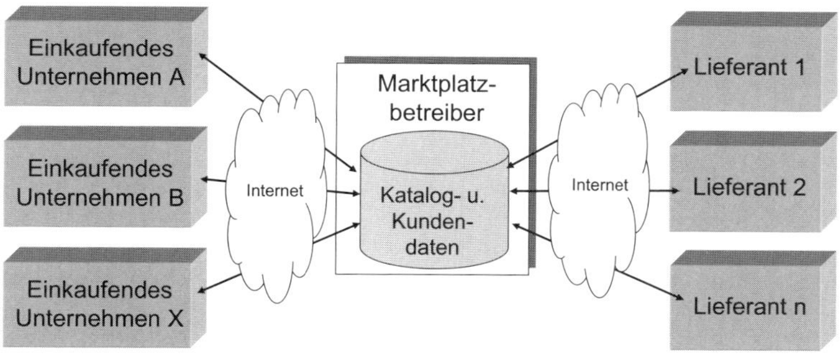

***Bild 10.11**:* *Marktplatzlösung*

Verteilte Lösung

Die Software für E-Procurement wird hierbei sowohl bei den einkaufenden als auch bei den verkaufenden Unternehmen installiert (vgl. Bild 10.12). Hierdurch sind eine einfachere Integration sowie ein vollautomatischer Datenabgleich möglich. Die Katalogdaten können entweder auf dem eigenen Rechner oder auf dem Rechner des Geschäftspartners hinterlegt werden. Das Hauptproblem dieser Lösung besteht darin, dass die Geschäftspartner das System des gleichen Software-Anbieters nutzen müssen, um ein reibungsloses Funktionieren zu gewährleisten.

Bild 10.12: Verteilte Lösung

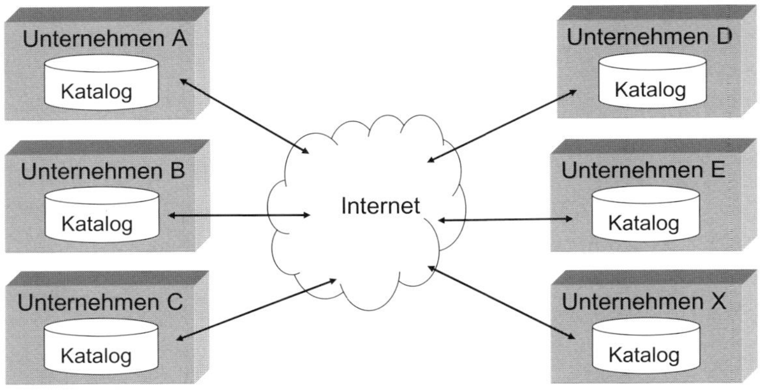

10.4.3 Nutzen von E-Procurement

Besonders Großunternehmen haben die Vorteile von E-Procurement erkannt. Dies verdeutlichen die folgenden Erfahrungsberichte:

Beispiele

Mit Hilfe einer E-Procurement-Lösung erzielte die spanische Daimler-Tochter Mercedes Benz Espana deutliche Einsparungen bei der Beschaffung. Die Kosteneinsparungen durch die "Verschlankung" des Einkaufsprozesses und die Anbindung an den Online-Marktplatz Covisint wurden sechs Monate nach Beginn des Betriebs auf 1,5 bis 3 Millionen Euro geschätzt. Ein Teil der Einsparungen beruht direkt auf den niedrigeren Prozesskosten. Außerdem reduzierte der Automobilhersteller die Zahl seiner Lieferanten von 1.497 auf 200 [Epro02].

Bei BMW werden jährlich rund 120.000 Bestellungen mit einem Volumen von ca. 250 Millionen Euro vollautomatisch abgewickelt, ohne dass eine manuelle Bearbeitung erforderlich ist ([Jans01] S. 36).

Bei der Frankfurter Flughafen AG konnte durch die Umstellung auf ein Internet-gestütztes Bestellsystem der gesamte Beschaffungsprozess von ursprünglich 182 Minuten auf 18 Minuten verkürzt werden und damit konnten bis zu 87% der Prozesskosten eingespart werden (vgl. [WaJo01] S. 186). Die Zeit- und Kosteneinsparungen der einzelnen Prozessschritte werden in Bild 10.13 verdeutlicht.

Einkaufstätigkeit	Traditionell		E-Procurement	
	Zeit	Kosten	Zeit	Kosten
Bedarfsidentifikation	10	7,67	10	7,67
Vorab-Marktsondierung	10	7,67	---	---
Erstellen Bestellanforderung	15	11,67	5	4,09
Genehmigungsverfahren	15	11,67	---	---
Budget- und Mittelkontrolle	5	4,09	---	---
Prüfung und Anlagen-kontierungspflicht	7	5,62	---	0,54
Freigabe der Bestell-anforderung	3	2,56	---	0,23
Angebotseinholung	15	11,76	---	---
Angebotsanalyse und Vergabevorschlag	20	15,34	---	---
Bestellschreiben	10	7,67	---	---
Einkaufscontrolling	---	---	---	0,06
Warenlieferung an Warenannahme	7	5,62	1	1,02
Erstellung einer Wareneingangsmeldung	8	6,14	2	1,53
Transport zum Besteller	25	18,41	---	1,63
Rechnungseingangsbuchung	10	7,67	---	---
Rechnungsprüfung	5	4,09	---	---
Abwicklung Gutschriftverfahren	---	---	---	0,25
Preisliche Rechnungsprüfung	7	5,62	---	---
Technische und sachliche Prüfung	5	4,09	---	---
Zahlungsanweisung	5	4,09	---	0,25
Summe	**182 min.**	**141,63 €**	**18 min.**	**17,27 €**

***Bild 10.13**: Beispiel für Zeit- und Kosteneinsparungen durch E-Procurement ([WaJo01] S. 186 f.)*

10.5 Customer Relationship Management

10.5.1 Begriff und Merkmale

Definition

Customer Relationship Management ist ein kundenorientierter Managementansatz, bei dem Informationssysteme das erforderliche Wissen zur Unterstützung der Front-Office-Prozesse im Marketing, Vertrieb und Service integriert bereitstellen und zur Verbesserung der Kundengewinnung, Kundenbindung und der Erhöhung der Kundenprofitabilität beitragen ([ScBÖ00] S. 118). CRM-Systeme werden insofern den unternehmensübergreifenden Informationssystemen zugeordnet, weil hierbei nicht nur sämtliche Kundenkontakte gespeichert werden, sondern auch mit den Kunden direkt über unterschiedliche elektronische Kanäle kommuniziert wird (z. B. E-Mail, Call-Center, Internet).

Merkmale

Der Kunde soll das Unternehmen in allen Bereichen als eine einheitliche "Person" wahrnehmen. CRM-Systeme speichern sämtliche Kundenkontakte in einer Kundendatenbank, auf die alle Mitarbeiter in kundenorientierten Aufgabenbereichen zugreifen können. Zu den charakteristischen Eigenschaften von CRM-Systemen zählen außerdem:

- Integration mit bestehenden Back-Office-Systemen, z. B. Software zur Auftragsbearbeitung.
- Kunden- und Ansprechpartnerverwaltung, strategische Analyse von Verkaufsvorgängen, Unterstützung von Direktmarketing und Mailings.

Bild 10.14: *CRM-System*

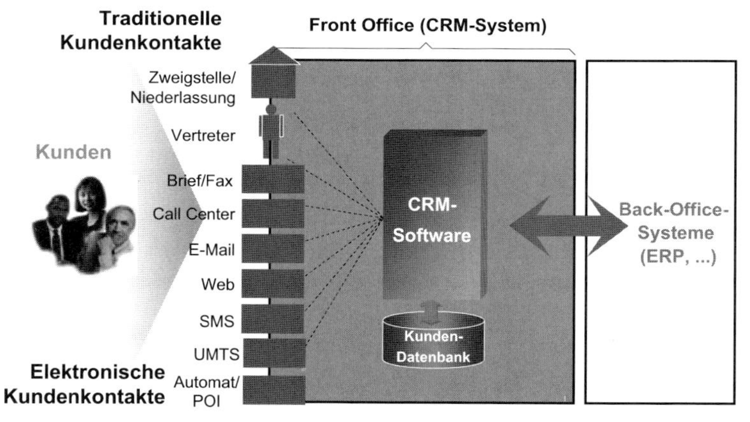

In Bild 10.14 wird dargestellt, wie die Kundenkontakte und -kanäle in einem CRM-System integriert werden. Neben den traditionellen persönlichen Kundenkontakten müssen CRM-Systeme auch elektronische Kontakte berücksichtigen, z. B. die Bestellung von Produkten über einen Online-Shop im Internet, das Einholen von Service-Informationen über Handy oder Self-Service am Automaten bzw. Point-of-Information (POI).

10.5.2 Komponenten

Bei CRM-Systemen lassen sich drei Anwendungsschwerpunkte (oder Komponenten) unterscheiden:

Analytisches CRM

Im Mittelpunkt steht die Zusammenführung und Auswertung der im Unternehmen bestehenden, kundenbezogenen Datenbestände. Neben der CRM-Datenbank ist ein Data Warehouse (bzw. Data Mart) für kundenorientierte Analysen erforderlich. Ferner können durch Einsatz von Data Mining bisher nicht erkennbare Muster, Zusammenhänge und Trends ermittelt werden, wie z. B. Erstellung von Kundenprofilen, Ermittlung von Kaufwahrscheinlichkeiten und Abwanderungswahrscheinlichkeiten bei bestimmten Kunden bzw. Kundengruppen.

Operatives CRM

Hierunter fallen Anwendungen, die den direkten Kontakt zwischen Kundenberatern und Kunden unterstützen. Die Berater in einem Call-Center benötigen beispielsweise sämtliche Informationen, um einen zielgerichteten Dialog mit Kunden zu führen. Per Workflow müssen Anfragen oder Beschwerden an andere Stellen weitergeleitet werden. Ferner zählt die Ausgabe von Kundenkarten (Rabattkarten) und damit verbundene Werbekampagnen zum operativen CRM. Wichtig ist außerdem die Schnittstelle zum ERP-System, um einen direkten Informationsfluss zu gewährleisten (z. B. Adressänderungen).

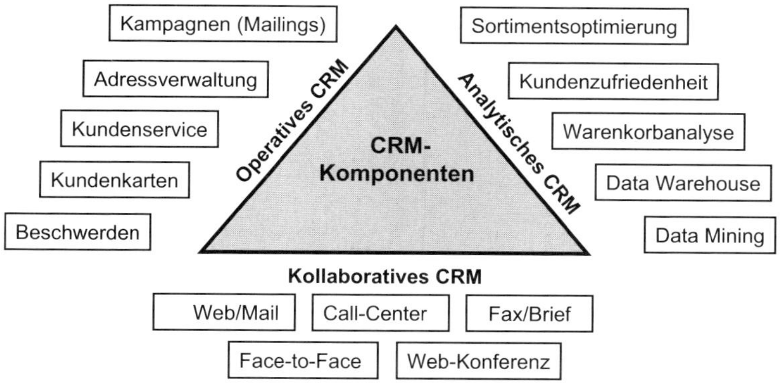

***Bild 10.15**: Komponenten eines CRM-Systems [Dang02]*

Kollaboratives CRM

Hierbei geht es um die Unterstützung und Synchronisation der verschiedenen Kommunikationskanäle (z. B. E-Mail, Fax, Außendienstberichte, Telefon etc.) zwischen dem Kunden und dem Unternehmen. Der Kunde nimmt auf unterschiedlichen Wegen Kontakt zum Unternehmen auf und es muss sichergestellt sein, dass sämtliche Kundenanfragen in einem einheitlichen System zusammenlaufen, bearbeitet oder ggf. weitergeleitet werden.

Bild 10.15 fasst die verschiedenen Komponenten eines CRM-Systems zusammen.

10.5.3 Anwendungsbeispiele

Die folgenden Beispiele verdeutlichen die Anwendungsmöglichkeit von CRM, insbesondere den Nutzen für die Kunden:

Beispiel 1

Die Kundin einer Bank hat 10.000 Aktien eines Chemieunternehmens in ihrem Depot. Per SMS erhält sie täglich den Schlusskurs dieser Aktie auf ihr Handy. Sobald eine frei definierte Unter- bzw. Obergrenze des Aktienkurses erreicht wird, erhält die Kundin ebenfalls eine SMS. Eines Tages erreicht sie auf dem Weg zu einem Geschäftstermin die Meldung, dass der Kurs die definierte Untergrenze erreicht hat. Über ihr Handy verkauft die Kundin von unterwegs das Aktienpaket.

Da sie gerade durch ein Gebiet mit schlechter Netzabdeckung fährt, bricht die Kommunikationsverbindung ab. Sobald die Netzverbindung wieder stabil ist, ruft sie im Call-Center der Bank an, um zu prüfen, ob die Transaktion erfolgreich war. Der Mitarbeiter im Call-Center sieht am Bildschirm, dass die Aktien inzwischen verkauft wurden. Die CRM-Software erkennt, dass auf dem Kundenkonto ein hoher Betrag zur freien Verfügung steht und führt automatisch einen Abgleich mit aktuellen Anlagemöglichkeiten der Bank durch. Als Ergebnis bietet der Call-Center-Mitarbeiter der Kundin einen neuen Aktienfonds an. Die Kundin interessiert sich für das Angebot, möchte vorher aber noch ein Beratungsgespräch in einer Filiale führen. Da sie bis zu ihrem nächsten Geschäftstermin noch Zeit hat, wird sie telefonisch zur nächsten Bankfiliale an einen kompetenten Berater verwiesen. Dieser informiert sich am CRM-System über das bisherige Geschehen und übernimmt die weitere Betreuung der Kundin ([Klaw01] S. 22).

Beispiel 2

Die Conrad Electronic GmbH ist ein großer Spezialversender für Elektronikteile. In Deutschland gibt es 26 Filialen, außerdem werden die 50.000 unterschiedlichen Artikel über Kataloge und Internet vertrieben. Für seine Kunden hat Conrad Electronic ein umfassendes Serviceangebot entwickelt, das sich an den Bedürfnissen der verschiedenen Kundengruppen orientiert. Geschäftskunden können beispielsweise folgende Angebote nutzen:

- Bestellannahme rund um die Uhr per Telefon, Telefax sowie im Internet mit sofortiger Lieferauskunft.
- Die Katalogdaten werden den Kunden für deren Intranet- bzw. E-Procurement-Lösungen als Datei zur Verfügung gestellt.

- Es existieren Hotlines im konzernweiten Call-Center für die technische Fachberatung sowie für Fragen der Bestellabwicklung.
- Ein Unterlagen-Service stellt Produktinformationen, Datenblätter, Bedienungsanleitungen und Schaltpläne für ca. 40.000 Artikel zum Download über das Internet bereit.
- Ein regelmäßiger elektronischer Newsletter bietet neueste Informationen zu Elektronik und Technik.

Zur Realisierung seiner Multi-Channel-Strategie (parallele Nutzung verschiedener Vertriebskanäle) setzt Conrad CRM-Software von SAP ein. Ausschlaggebend war hierbei, dass bereits die ERP-Lösung dieses Software-Anbieters eingesetzt wurde (vgl. [Schu01]).

10.6 Supply Chain Management

Definition

Supply Chain Management (SCM) bezeichnet die integrierte Planung, Simulation, Optimierung und Steuerung der Material- und Informationsflüsse entlang der Wertschöpfungskette (vgl. [WaNi04] S. 5). Mit Hilfe von SCM erfolgt eine Verknüpfung der beteiligten Unternehmen über die gesamte Logistikkette der Fertigungs- und Distributionsprozesse bis zum Verkauf des Endproduktes an den Kunden (vgl. Bild 10.16).

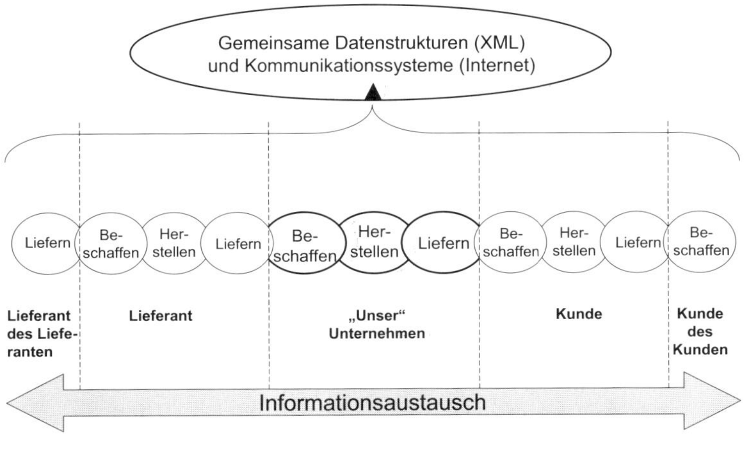

***Bild 10.16**: Das durch SCM erweiterte Unternehmen ([KnMZ00] S. 17)*

Dadurch werden Informationen transparent und bringen allen beteiligten Unternehmen Wettbewerbsvorteile. So wird z. B. bei einer isolierten Terminverfolgung nur der bestätigte Liefertermin betrachtet und vom Unternehmen alles in die Wege geleitet, um pünktlich ausliefern zu können, obwohl evtl. das nachfolgende Unternehmen die bestellte Ware selbst noch bis zur weiteren Verwendung lagern muss. Durch die Transparenz der Lieferkette werden derartige Probleme aufgedeckt, so dass optimal und damit kostensparend gearbeitet werden kann ([Gron99] S. 208).

Vorteile

Durch den Einsatz von Supply-Chain-Management-Systemen versprechen sich alle Beteiligten in folgenden Bereichen erhebliche Vorteile ([BeGe99] S. 27):

- Erhöhung der Liefertreue,
- Verminderung der Lagerbestände,
- Verkürzung der Durchlaufzeiten,
- Erhöhung der Planungsgenauigkeit,
- Steigerung der Produktivität,
- Verminderung der Supply-Chain-Kosten,
- Steigerung der Kapazitätsauslastung.

Schwierigkeiten

Obwohl das Supply Chain Management eine Vielzahl von Vorteilen aufweist, sind auch mögliche Hemmnisse zu berücksichtigen ([KnMZ00] S. 19f.):

- Aufgrund der Abstimmungsvielfalt und den damit verbunden Kosten entsteht eine relativ starre Lieferanten-Kunden-Beziehung.
- Kleine und mittlere Unternehmen können von größeren Geschäftspartnern in Supply-Chain-Management-Systeme gedrängt werden und sind dem System weder finanziell noch personell gewachsen.
- Die Vorteile des Supply Chain Management sind zwischen den Geschäftspartnern nicht ausgewogen, d.h. die Geschäftspartner ziehen unterschiedliche Gewinne aus dem System.
- Zur Zeit ist es noch nicht geklärt, ob die verschiedenen Software-Pakete der Anwender innerhalb der Lieferantenkette überhaupt miteinander verbunden werden können. Eventuell sind Branchengegebenheiten so unterschiedlich, dass Schnittstellen bzw. gegenseitiger Datenaustausch erheblichen Aufwand verursachen.
- Die Entwicklung und Einführung von Supply-Chain-Management-Software ist ein komplexes Software-Projekt und mit allen Risiken hinsichtlich Einhaltung der Entwurfsziele, der Termine und Kosten behaftet.

Die Anwendungsmöglichkeit von SCM soll abschließend anhand eines Praxisbeispiels aufgezeigt werden:

Anwendungsbeispiel

Der Erfolg des PC-Herstellers Dell wird u. a. damit begründet, dass er inmitten der Supply Chain liegt und dabei möglichst wenig selber macht. Viele Aufgaben verlagert Dell auf Lieferanten, Dienstleister und Kunden. Dell hat einen relativ geringen Personalbestand und konzentriert sich auf Fertigung, Vertrieb und Online-Support. Im Beschaffungsbereich kooperiert Dell auf

Basis fester Verträge mit etwa 40 Lieferanten, die 90 Prozent der Komponenten für die Rechner liefern, und zwar erst zum Zeitpunkt der Montage. In den Produktionsstätten von Dell sind die Bereiche zwischen Lieferanten und Dell durch gelbe Linien markiert. Erst wenn die Teile diese Linie überschritten haben und auf das Fertigungsband gelangen, werden sie juristisches Eigentum von Dell. Das Risiko des Werteverlustes bei den Komponenten tragen somit vollständig die Zulieferer. Dell kann auch deshalb so preisgünstig produzieren, weil die eigene Lagerhaltung fast vollständig entfällt. Die Produktion eines Rechners beginnt erst dann, wenn ein konkreter Auftrag vorliegt. Die benötigten Teile werden erst in diesem Moment eingekauft. Auf der Seite zum Kunden setzt Dell auf Direktvertrieb und Internet-Vertrieb. Die Kunden können die gewünschten Rechner über das Internet konfigurieren. Die durchschnittlichen Lieferzeiten sind relativ gering (14 Tage), weil Dell ohne Zwischenlager arbeitet und direkt ab Fabrik liefert ([Dell00] S. 17 ff.).

10.7 Internet-Portale

Die Zahl der im Internet angebotenen Informationen und Dienste wächst ständig. Portale erleichtern die Informationssuche und Orientierung. Wir haben in Kapitel 8.6 bereits *Portale im Intranet* (Unternehmensportale) kennen gelernt. Nachfolgend erläutern wir *Portale im Internet.*

Definition

Ein *Internet-Portal* ist ein zentraler, persönlicher Einstieg (Single Point of Access) in die Informationswelt des Internet, von dem aus Verbindungen zu relevanten Informationen und Diensten hergestellt werden können (vgl. [GrKo05] S. 28). Internet-Portale haben ihren Ursprung bei den Online-Diensten (wie z. B. T-Online, AOL). In den vergangenen Jahren entstanden Portale mit unterschiedlichen Schwerpunkten. Wir zählen auch die Startseiten der Browserhersteller, sowie Suchmaschinen zu Portalen.

Bild 10.17: *Personalisierung bei Yahoo*

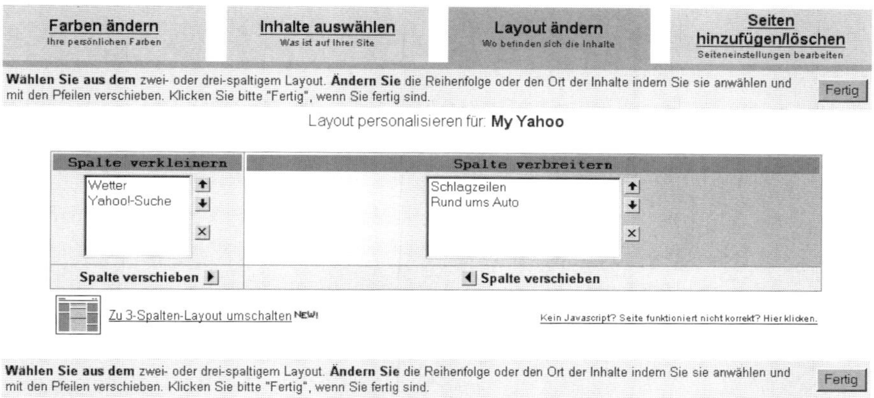

Personalisierung

Die *Personalisierung* ist eine der wichtigsten Eigenschaften eines Portals. Hierbei kann der Benutzer das Erscheinungsbild, den Informationsumfang sowie die benötigten Funktionen nach seinen persönlichen Bedürfnissen gestalten. Ein Internet-Portal bekommt hierdurch eine individuelle Note und der Benutzer fühlt sich wohl in "seinem" Portal und er kehrt regelmäßig zurück auf diese Seite. Personalisierung beginnt mit der *Registrierung*. Bei jeder neuen Sitzung identifiziert sich der Benutzer erneut durch Benuterzname bzw. Passwort und erhält hierdurch seine persönlichen Voreinstellungen angezeigt. Für die individuelle Anpassung stehen zahlreiche Alternativen zur Verfügung, wie z. B. Festlegung von Farben und Layout, gewünschte Inhalte (vgl. Bild 10.17).

Funktionsumfang

Die wichtigsten Dienste eines Portals werden nachfolgend erläutert (vgl. Bild 10.18):

- Suchdienste ermöglichen es dem Benutzer, gezielt nach Informationen im Internet zu suchen.
- Durch einfache Navigation mit wichtigen Rubriken können sich auch neue sowie gelegentliche Nutzer innerhalb des Portals schnell orientieren.
- Mit einer E-Mail-Funktion hat der Benutzer die Möglichkeit, vom Portal aus direkt E-Mails zu empfangen bzw. zu versenden.
- Tagesaktuelle Nachrichten, Wettervorhersage sowie Börsenkurse sind Bestandteil der meisten Portale. Hierdurch wird erreicht, dass der Benutzer regelmäßig das Portal besucht.
- Linksammlungen enthalten interessante bzw. häufig genutzte Links zu fremden Webseiten.
- Portale werden in der Regel über Werbung finanziert, daher enthält jede Portalseite auch Anzeigen und Werbebanner. Dafür ist die Nutzung der meisten Internet-Portale für Privatpersonen kostenfrei. Je mehr Besucher registriert sind und je mehr Zugriffe erfolgen, um so attraktiver sind Portale für Unternehmen, die auf ihre Dienstleistungen und Produkte aufmerksam machen wollen. Aufgrund der Benutzerregistrierung können Portalbetreiber kundenspezifische Informationen auswerten.
- Schließlich besteht häufig die Möglichkeit, über ein Portal verschiedene Software-Tools, Demoversionen etc. auf den eigenen PC herunterzuladen.

Bild 10.18: Internet-Portal mit seinen typischen Merkmalen (Quelle: T-Online)

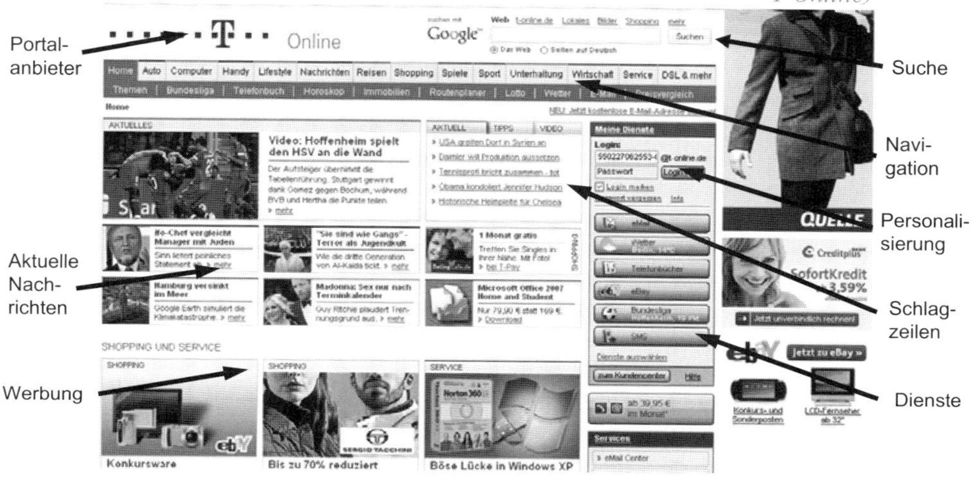

Inzwischen beschränken sich Portale nicht mehr auf das Bereitstellen von Informationen sondern ermöglichen auch die Durchführung von Bestellvorgängen. Insofern ist die Übergang von Portalen zu elektronischen Marktplätzen fließend.

10.8 Elektronische Marktplätze

Elektronische Marktplätze ermöglichen den Kauf bzw. Verkauf von Gütern und Dienstleistungen über das Internet. Sie bringen viele Anbieter über eine Webseite mit vielen potenziellen Käufern zusammen, um Kauf- bzw. Verkaufstransaktionen abzuwickeln. Hierbei gelten die folgenden Besonderheiten: *Definition*

Merkmale

- Der Zugang von Anbietern und Nachfragern zum Marktplatz erfolgt über das Internet. Jeder Teilnehmer kann sich von überall her (vorausgesetzt, er verfügt über einen Internet-Zugang) rund um die Uhr an sieben Tagen am Marktgeschehen beteiligen.
- Die Informationsbeschaffung ist – im Vergleich zum traditionellen ortsgebundenen Handel - wesentlich einfacher, beispielsweise durch Nutzung von Suchmaschinen.
- Ein oder mehrere Dienstleister (Marktplatzbetreiber) stellen den Webserver zur Verfügung, verwalten die Produktkataloge, entwickeln und pflegen die erforderliche Software, stellen das Angebot über eine einheitliche Webadresse zur Verfügung, machen den Marktplatz über Werbung bekannt und bieten u.U. weitere Dienstleistungen an, wie beispielsweise die Logistik (Transport von bestellten und bezahlten Produk-

ten zum Kunden) oder die sichere Zahlungsabwicklung (vgl. Bild 10.19).

- Die *Transaktionskosten* der elektronischen Geschäftsabwicklung sind niedriger als bei herkömmlichen Marktplätzen ([Schm93] S. 468).

***Bild 10.19**: Elektronischer Marktplatz ([Müld02] S. 322)*

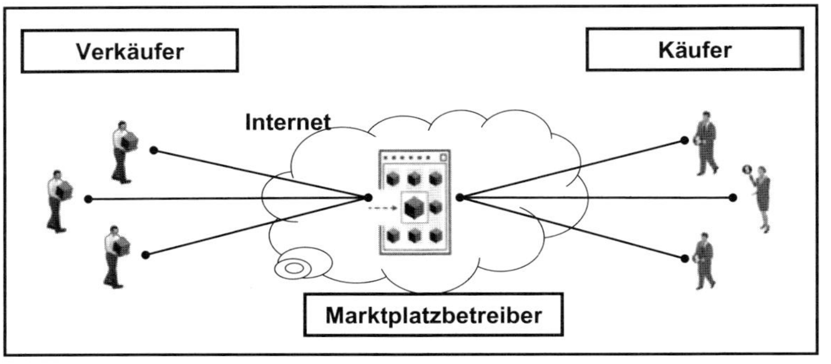

10.8.1 Typisierung elektronischer Marktplätze

Wegen der zahlreichen Ausprägungen elektronischer Marktplätze wird zunächst eine Typisierung vorgenommen (vgl. Bild 10.20.

***Bild 10.20**: Typisierung elektronischer Marktplätze*

Unterscheidungs-merkmal	Ausprägungen			
Marktteilnehmer	B2B	B2C	C2C	B2E
Grad der Spezialisierung	Horizontaler M.		Vertikaler M.	
Preisbildungs-mechanismus	Statische Preisbildung		Dynamische Preisbildung	
Zugangsbeschränkung	Offener M.		Geschlossener M.	
Geschäftsmodelle	Auktion	Ausschrei-bung	Such-maschine	Produkt-katalog
Marktplatz-Betreiber	Käufer	Verkäufer	Dritte	

M. = Marktplatz

Marktteilnehmer

Über *Business-to-Business-Marktplätze* (B2B) wickeln Unternehmen ihre Geschäfte untereinander ab (vgl. [MeTu99] S. 329). Häufig existiert eine längerfristige Geschäftsbeziehung zwischen den Handelspartnern. Im Vordergrund steht die vollständige (weitgehend automatisierte) Abwicklung von Handelstransaktionen innerhalb geschlossener Benutzergruppen. Bei *Business-to-Consumer-Marktplätzen* (B2C) ist der Käufer in der Regel Endverbraucher. Die Transaktionen in diesem Bereich sind häufig spontan (z. B. Kauf von Büchern oder CDs) und umfassen lediglich geringe Beträge. Über *Consumer-to-Consumer-Marktplätze* (C2C) schließen Privatpersonen untereinander elektronische Geschäfte ab. Vorbild sind Printmedien, insbesondere die Tageszeitung mit ihren Kleinanzeigenmärkten, in denen Autos, Haushalts- und Sportartikel aller Art angeboten oder gesucht werden. Auf *Business-to-Employee-Marktplätzen* (B2E) werden Stellen vermittelt, Arbeitsverträge angebahnt sowie Beratungsleistungen von Spezialisten angeboten. Die bekanntesten B2E-Marktplätze sind Jobbörsen im Internet (vgl. [Müld00]).

Grad der Spezialisierung

Eine zweite Möglichkeit zur Klassifikation ist die Unterteilung in horizontale und vertikale Marktplätze. *Vertikale Marktplätze* konzentrieren sich auf das Waren- und Dienstleistungsangebot einer bestimmten Branche, während *horizontale Marktplätze* für verschiedene Wirtschaftszweige von Interesse sind. Ein horizontaler Marktplatz ist z. B. www.allago.de, mit einem Produktsortiment rund um den Bürobedarf für kleine und mittelständische Unternehmen.

Preisbildungsmechanismus

Bei *statischer* Preisbildung zeichnet der Anbieter seine Waren zu einem vorgegebenen Preis aus, ähnlich wie es im Einzelhandel üblich ist. Demgegenüber handeln Anbieter und Nachfrager bei *dynamischer* Preisbildung den Verkaufspreis untereinander aus.

Zugangsbeschränkungen

Obwohl Markttransaktionen im (öffentlichen) Internet abgewickelt werden, ist der Zugang für die Teilnehmer in vielen Fällen eingeschränkt. Selbst bei den für alle Marktteilnehmer *offenen* Marktplätzen erfolgt zunächst eine Registrierung mit eventueller Prüfung der Seriosität und der Kreditwürdigkeit des neuen Teilnehmers. Bei *geschlossenen* Marktplätzen möchte ein bestimmter Teilnehmerkreis grundsätzlich unter sich bleiben (vgl. [BoMü00] S. 13).

Geschäftsmodelle

Auf elektronischen Marktplätzen existieren unterschiedliche Geschäftsmodelle. Das Spektrum umfasst Online-Shops mit elektronischen Produktkatalogen (mit statischer Preisbildung), werbefinanzierte Suchmaschinen, die Veröffentlichung des Beschaffungsbedarfs in Form einer Ausschreibung sowie zeitlich begrenzte Auktionen mit dynamischer Preisfindung (vgl. Kapitel 10.8.2).

Marktplatzbetreiber

Marktplätze können aus dem Kreis der Käufer, der Verkäufer oder von neutralen Dritten betrieben werden. Vertikale Marktplätze entstanden häufig auf Initiative der Einkaufsabteilungen in einem oder wenigen großen Unternehmen, während horizontale Marktplätze meistens von unabhängigen Dienstleistern betrieben werden.

10.8.2 Geschäftsmodelle bei elektronischen Marktplätzen

Die Geschäftsabwicklung über elektronische Marktplätze erfolgt nach unterschiedlichen Mustern (Geschäftsmodellen), von denen nachfolgend die wichtigsten dargestellt werden.

Produktkatalog

Der Marktplatzbetreiber fasst die Produktangebote und Preise verschiedener Anbieter zu einem gemeinsamen elektronischen Katalog zusammen und unterstützt zugleich die Bestellabwicklung (vgl. Bild 10.11). Mit Hilfe integrierter Suchmaschinen können die gewünschten Produkte gefunden und vergleichbar gemacht werden. Die Geschäftsanbahnung kann per E-Mail eingeleitet werden oder es wird eine direkte Bestellung über ein Online-Formular ausgelöst. Der Betreiber kümmert sich um den Datenaustausch zwischen den beteiligten Unternehmen. Bestelltransaktionen finden entweder direkt zwischen Kunden und Lieferanten statt oder unter Zwischenschaltung des Betreibers.

Bild 10.21: *Ablauf einer Suchanfrage ([Teut97] S. 375)*

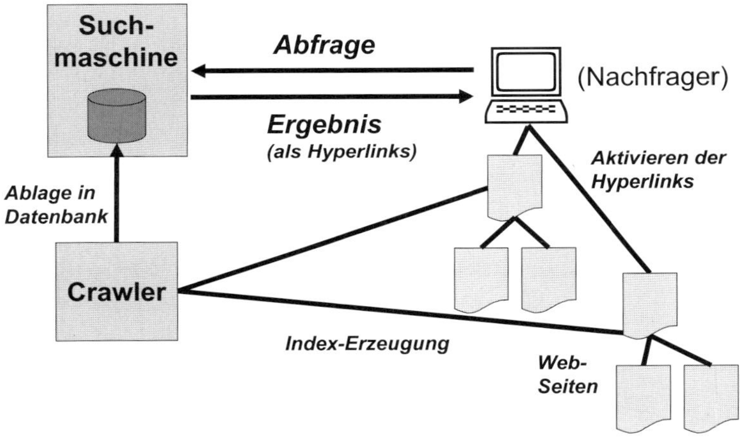

Suchmaschinen

Suchmaschinen stellen im Internet große Online-Datenbanken und Suchdienste zur Verfügung (vgl. Bild 10.21). Diese Suchdienste ermöglichen es den Benutzern, durch geeignete Selektionsmöglichkeiten die gewünschte Information im Informations-Dickicht Internet zu finden. Suchmaschinen bestehen aus drei Teilen (vgl. [KaAl06] S. 21):

- Der *Crawler* (auch Robot, Bot oder Spider genannt) durchsucht das Internet ständig nach neuen Seiten bzw. neuen Adressen – ähnlich einem Internetsurfer, der Informationen sucht und herunter lädt.
- Der *Indexer* erstellt Verzeichnisse über die gefundenen Inhalte und Seiten.
- Ein *Abfragemodul* (Query-Server) bearbeitet die Anfragen der Nutzer an die Suchmaschine und ist zuständig für die Sortie-

rung der Treffer nach ihrer Relevanz zur Suchanfrage (genannt Ranking)

Die Nutzung von Suchmaschinen (z. B. google.de) ist kostenlos, die Finanzierung erfolgt über Erlöse aus der Banner-Werbung.

Ausschreibung

Eine *Ausschreibung* ist die öffentliche Bekanntmachung einer geforderten Dienstleistung oder eines benötigten Produktes, zu denen von einem oder mehreren Herstellern Angebote erwartet werden. Ausschreibungen im Internet werden von öffentlichen Auftraggebern (z. B. Bund, Gemeinden) und privatwirtschaftlichen Auftraggebern genutzt (vgl. Bild 10.22).

Aktuelle Ausschreibungen

4 Aktuelle Ausschreibungen

Ausschreibungen, die den Suchparametern entsprechen

Ausschreibungsgegenstand	Vergabestelle	Verfahrensart	Teilnahmefrist
Hardware	Beschaffungsamt des BMI	öffentlich	25.03.2008
Videodokumentationssystem	Bundesanstalt für Materialforschung und -prüfung	öffentlich	28.03.2008
div. Canon Druckerpatronen 354 Stück	Beschaffungsamt des BMI	öffentlich	04.04.2008
GIS-Consulting	Bundesanstalt für Wasserbau	Verhandlung	03.04.2008

***Bild 10.22**: Ausschreibung im Internet (Quelle. www.evergabe-online.de)*

Vorteile der webbasierten Ausschreibung gegenüber der klassischen Variante (Bekanntmachung in Zeitungen) sind der geringere Zeitaufwand zum Kontaktieren und zur Angebotseinholung sowie durch die Vorgabe von Standards (elektronische Formulare) die leichtere und teilweise automatisierte Verarbeitung und bessere Vergleichbarkeit der Angebote. Durch die so erfolgte Rationalisierung des Ausschreibungsverfahrens können Kosteneinsparungen erzielt werden. Darüber hinaus verstärkt die höhere Zahl potenzieller Zulieferer den Wettbewerb unter den Teilnehmern (vgl. [Müld02] S. 336).

Auktion

Nach dem großen Erfolg von Auktionen im B2C-Bereich, versuchen die Internet-Auktionshäuser inzwischen, die Versteigerungskonzepte auf den B2B-Bereich zu übertragen. Es können *vier Auktionsformen* unterschieden werden (vgl. Bild 10.23):

Englische Auktion

Bei der *Englischen Auktion* erhöhen die Bieter in einem offenen Wettbewerb so lange nach und nach ihre Gebote, bis nur noch ein Bieter übrig bleibt. Dieser erhält dann den Zuschlag zum zuletzt von ihm genannten Gebotspreis. Die Englische Auktion eignet sich vor allem für Güter, deren Preis am Anfang nicht genau bekannt ist, wie z. B. Antiquitäten, Sammlerstücke. Inzwischen wird diese Auktionsform aber auch für fast alle anderen Güter genutzt (vgl. [PiRW03] S. 345).

Holländische Auktion

Bei der *Holländischen Auktion* gibt der Auktionator bzw. Verkäufer den Startpreis vor. Dieser Preis wird solange gesenkt, bis der erste Bieter ein Gebot abgibt. Dieser erhält den Zuschlag zu dem von ihm gebotenen Preis.

Verdeckte Auktion

Im Gegensatz zu den offenen Auktionsverfahren gibt bei der *verdeckten Auktion* jeder Bieter genau ein verdecktes Gebot ab. Den Zuschlag erhält der Bieter des höchsten Gebots.

Umgekehrte Auktion

Umgekehrte Auktionen gehen vom Kaufgesuch eines Nachfragers aus. Er beschreibt das gewünschte Produkt und setzt den Höchstpreis fest, den er zu zahlen bereit ist. Während der Auktionsdauer können sich die Verkäufer gegenseitig unterbieten. Den Zuschlag erhält am Ende der Anbieter mit den günstigsten Konditionen. Teilweise können die Bieter während des gesamten Auktionsverlaufs die Reaktionen der Konkurrenten verfolgen. Auktionen tragen hierdurch zu mehr Markttransparenz bei und der Käufer kann den relativ günstigsten Marktpreis erzielen.

Bild 10.23: *Formen von Internet-Auktionen*

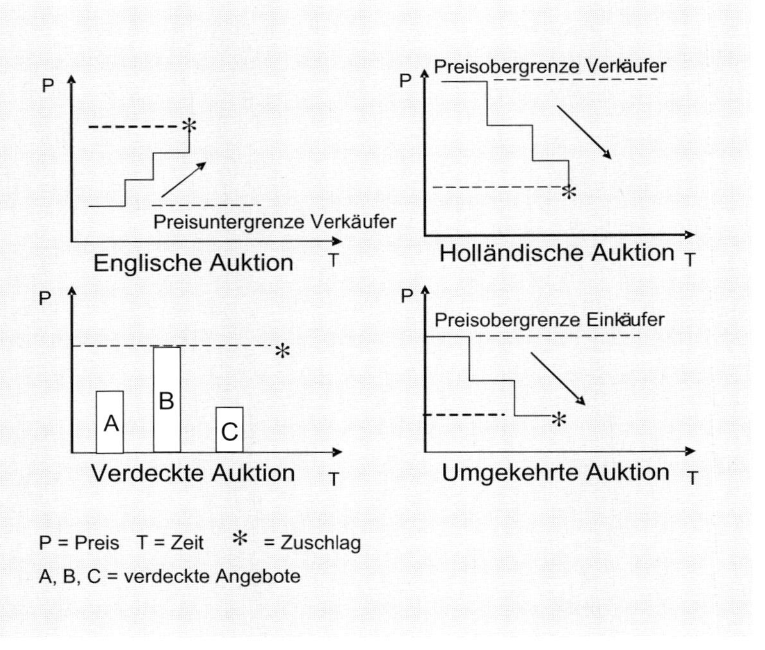

10.9 Mobile Business

10.9.1 Begriff und Eigenschaften

Definition

Als *Mobile Business* (abgekürzt: M-Business) bezeichnet man die ortsungebundene (mobile) Beschaffung, Verarbeitung und Bereitstellung von Informationen aller Art zur Abwicklung von Geschäfts- und Kommunikationsvorgängen unter Einsatz mobiler Endgeräte, sowie Nutzung geeigneter Dienste und Netzstrukturen ([Stei01] S. 10). Im Vergleich zu E-Commerce werden Käufe und Verkäufe hierbei nicht nur auf elektronischem, sondern außerdem noch mit mobilen Endgeräten, wie z. B. Mobiltelefon durchgeführt.

Die folgenden *Eigenschaften* dienen zur genaueren Charakterisierung von M-Business:

Ortsunabhängigkeit

Der größte Vorteil liegt in der ständigen Verfügbarkeit mobiler Dienste unabhängig vom Aufenthaltsort. Der Benutzer ist dadurch jederzeit und überall in der Lage, in Echtzeit Informationen abzurufen und Transaktionen durchzuführen.

Lokalisierbarkeit

Durch Einsatz mobiler Endgeräte ist eine exakte Standortbestimmung des Benutzers möglich. Neben den existierenden Navigationsapplikationen (etwa im Bereich Verkehrstelematik) sind zukünftig "Location based Services" nutzbar. Je nach Aufenthaltsort des Benutzers können hier bestimmte Informationsangebote nachgefragt oder gezielt angeboten werden.

Erreichbarkeit

Da mobile Endgeräte ständig mitgeführt werden und die meiste Zeit im Stand-by-Modus eingeschaltet sind, ist im Vergleich zu Internetdiensten wie E-Mail oder WWW sowie zu Festnetztelefonen eine deutlich erhöhte Erreichbarkeit gewährleistet.

Sicherheit

Die in mobilen Endgeräten standardmäßig eingebauten Chipkarten (Smartcards) ermöglichen die Authentifizierung des Benutzers und bieten somit einen höheren Sicherheitsstandard als in der stationären Internetumgebung üblich.

Sofortige Verfügbarkeit

Mobile Geräte können aufgrund ihrer geringen Größe und ihres geringen Gewichts ständig mit geführt werden und sind meist unverzüglich benutzbar. Sie müssen nicht erst minutenlang hochgefahren (gebootet) werden, wie dies bei stationären PCs der Fall ist.

Identifizierbarkeit

Über die persönliche Rufnummer sind Mobilfunkteilnehmer eindeutig identifizierbar. Dadurch können individuelle und benutzerspezifische Services angeboten beziehungsweise nachgefragt werden.

Einfachheit

Die einfache Bedienbarkeit von Mobiltelefonen ist ein Vorteil gegenüber dem PC, der oft umfangreiches Wissen voraussetzt. Anwender haben daher eine geringere Hemmschwelle, ein mobiles Gerät zu bedienen

kostengünstig

Mobiltelefone können im Vergleich zu stationären PCs kostengünstiger hergestellt werden und verursachen dadurch geringere Anschaffungskosten.

10.9.2 Anwendungsbeispiele

M-Business ermöglicht zahlreiche neue Anwendungsmöglichkeiten. Welche dieser Anwendungen jedoch letztlich wirtschaftlich erfolgreich sind, wird sich erst in den kommenden Jahren herausstellen. Wir unterteilen die Anwendung von M-Business in drei Bereiche (vgl. Bild 10.24):

Bild 10.24: Anwendungsbeispiele für M-Business

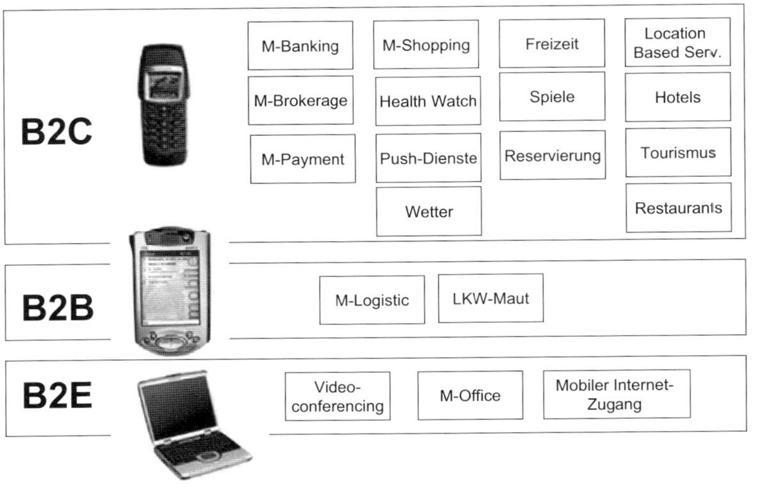

Mobile B2C-Anwendungen

Diese Anwendungen richten sich an die Konsumenten. Teilweise handelt es sich um die Weiterentwicklung bereits existierender Web-Anwendungen, teilweise aber auch um völlig neuartige Dienste.

M-Banking

M-Banking ermöglicht die mobile Abwicklung von Bankgeschäften. Im Mittelpunkt stehen der Abruf von Kontodaten und Aktienkursen. Die Kunden können eine Depotübersicht erhalten und sich über Börsenkurse informieren. Unter *M-Payment* versteht man das bargeldlose Bezahlen über ein mobiles Endgerät. Hierdurch können Kreditkarten oder Geldkarten ersetzt werden.

M-Shopping

Hierzu zählt der Versand von personalisierten Angeboten in der nahen Umgebung, z. B. bei Aufenthalt in einer Fußgängerzone oder der mobile Kauf von Eintrittskarten. Aufgrund des eingeschränkten Displays der meisten Handys hat sich *M-Shopping* bislang kaum durchgesetzt. Ein weiterer Einsatzbereich für mobile Endgeräte ist das Gesundheitswesen. Beispielsweise können Labordaten bei einer Patientenvisite via Handy abgerufen werden oder es kann zur Notfallüberwachung häuslicher Patienten eingesetzt werden.

Über *Push-Dienste* können mobile Nutzer mit umfangreichen Informationen versorgt werden, wie z. B. Sportmeldungen, Finanznachrichten, Wetter, Freizeit- und Veranstaltungshinweise, Programminformationen für Kino, Theater, Radio und TV sowie Informationen über veränderte Bus- Zug- und Flugverbindungen.

M-Ticketing

Mobile Endgeräte können auch für den Kauf bzw. die Reservierung von Fahrscheinen für öffentliche Verkehrsmittel (Bus, Bahn, Flugzeug) bzw. von Eintrittskarten für Großveranstaltungen genutzt werden.

Location Based Services

Die Mobilfunktechnik bietet prinzipiell die Möglichkeit der Lokalisierbarkeit bzw. Positionierbarkeit eines Nutzers. Darauf aufbauende Anwendungen heißen *Location Based Services.* Hierbei lassen sich nicht nur der Standort und die Standortveränderung eines Nutzers während einer Mobilkommunikationssitzung bestimmen, sondern es können auch spezifische Informationen und Produkte angeboten werden ([Gase01] S. 37). Die Einsatzmöglichkeiten sind vielfältig, z. B. Navigationshilfe zum Auffinden von Hotels, Restaurants in fremden Städten, Führung zu touristischer Sehenswürdigkeiten, Einkaufsberatung mit Hinweisen auf Sonderangebote in Einkaufszentren oder Fußgängerzonen.

Mobile B2B-Anwendungen

Auch im Bereich der interorganisatorischen Abwicklung von Geschäften sind vielfältige Einsatzmöglichkeiten für die Mobilkommunikation denkbar. Wir stellen nachfolgend nur ein Beispiel vor:

M-Business in der Landwirtschaft

M-Business zwischen einem Hersteller von Pflanzenschutzmitteln und Landwirten ermöglicht es, noch auf dem Feld neue Pflanzenschutzmittel zu bestellen. Durch Einrichtung eines Frühwarnsystems können rechtzeitig vor Auftreten neuer Schädlingswellen die erforderlichen Schutzmaßnahmen eingeleitet werden. Von der Echtzeitanbindung profitieren in diesem Fall beide Seiten: der Hersteller berät und nimmt sofortige Bestellungen entgegen, der Landwirt kann schneller reagieren und verhindert dadurch Verluste aufgrund von Schädlingsbefall ([Nach02] S. 39).

Mobile B2E-Anwendungen

Für die Mobil-Kommunikation zwischen dem Unternehmen und seinen Mitarbeitern stellen wir ein Beispiel exemplarisch vor:

Kassenstand per SMS

Der Spielautomatenhersteller ADP Gauselmann in Espelkamp hat seine Automaten mit einem Mobilfunk-Modem ausgestattet. Ein Techniker kann vor Beginn seiner Tour dem zu betreuenden Automaten eine SMS zukommen lassen, z. B. ein Steuersignal zur Mitteilung des Kassenbestands. Der Automat ermittelt seinen Kassenbestand und sendet diesen in Form einer SMS an das Handy des Technikers zurück. Anhand dieser Rückmeldung entscheidet der Techniker, ob er für diesen Automaten das Wechselgeld auffüllt, ob der Kassenbestand verringert werden muss oder gar nichts zu unternehmen ist. Außerdem ermöglicht dieses Verfahren, unmittelbar auf Störungen zu reagieren, um unnötige Ausfallzeiten der Geräte zu vermeiden ([Stei01] S. 130).

10.10 Fragen und Aufgaben

1. Erläutern Sie die Begriffe "E-Business" und "E-Commerce".
2. Welche Vor- und Nachteile hat der elektronische Austausch von Geschäftsdaten mit *EDIFACT*?
3. Was versteht man unter *Supply Chain Management*?
4. Was ist neu an dem Ansatz *Customer Relationship Management*?
5. Welche Komponenten (Anwendungsschwerpunkte) lassen sich bei CRM unterscheiden?
6. Welche Geschäftsmodelle kennen Sie bei *elektronischen Marktplätzen*?
7. Im folgenden Bild erkennen Sie den Istzustand bei der Beschaffung von C-Artikeln (z. B. Büromaterial) in einem Unternehmen ([BrWa02] S. 97).

   ISTZUSTAND:

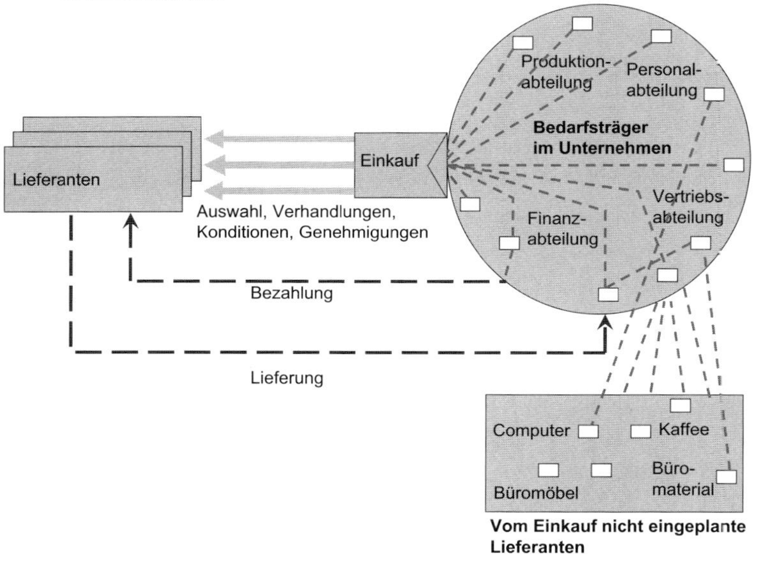

   Die einzelnen Abteilungen nutzen Formulare für ihre Bedarfsmeldungen und schicken diese an die Einkaufsabteilung. Hier wird jedes Mal ein geeigneter Lieferant ausgewählt und es werden Lieferkonditionen ausgehandelt. Häufig gibt es Rückfragen oder es fehlen Genehmigungen seitens der Abteilungsleiter auf den Formularen. Weil der Beschaffungsprozess sehr lange dauert, kaufen die Abteilungssekretärinnen in dringenden Fällen während ihrer Arbeitszeit die fehlenden Artikel in Fachhandel.

   Welche Lösung schlagen Sie vor, basierend auf dem E-Procurement-Konzept? Skizzieren Sie Ihren Vorschlag in grafischer Form.

8. Welche Empfehlung geben Sie einem mittelständischen Fertigungsunternehmen mit 250 Mitarbeitern an 3 Standorten auf die Frage nach den Nutzungsmöglichkeiten des Internet (vorausgesetzt, man hätte sich bislang überhaupt noch nicht mit diesem Thema beschäftigt)?
9. Durch welche Merkmale lässt sich ein *Intenet-Portal* näher charakterisieren?
10. Angenommen, Sie wollen ein neues Auto kaufen, ob gebraucht oder neu, wissen Sie noch nicht.

    a) Welche Möglichkeiten bieten Ihnen hierbei das Internet?

    b) Formulieren Sie jetzt Ihre Entscheidungskriterien für den Autokauf schriftlich. Wählen Sie zwei Anbieter aus dem Web und testen Sie anhand Ihrer Kriterien, ob Sie letztlich Ihr Wunschauto finden und bestellen können.
11. Kaufen bzw. Verkaufen ist inzwischen sowohl stationär über PC und Internet als auch mobil über Handy und Mobilfunknetz möglich. Bitte vergleichen Sie *E-Commerce* und *M-Commerce* systematisch anhand mehrerer Kriterien miteinander. Bewerten Sie beide Alternativen (basierend auf dem aktuellen technischen Stand).

10.11 Fallbeispiel

Einführung von E-Business-Komponenten

Für die Kunden der Stadtwerke AG soll der bestehenden Internetauftritt (bestehend aus statischen Informationen über das Unternehmen, über Öffnungszeiten, Ansprechpartner, Preise und Tarife) eine Self-Service-Komponente (z. B. Anzeige von Rechnungen und Verträgen; Erfassung von Zählerständen durch die Kunden) ergänzt werden. Herr Komel soll hierbei unterstützend tätig werden.

Dazu nimmt Herr Komel mit dem Fachbereich Kontakt auf und ermittelt die Anforderungen an den Self Service und fasst diese in einem Fachkonzept zusammen. In Zusammenarbeit mit dem Fachbereich werden im Fachkonzept die Anwendungsfälle für die erste Phase beschrieben. Diese beschreiben das erwartete Systemverhalten.

Aufgaben

1. Beschreiben Sie mögliche Anwendungsfälle eines Self Service für den Kunden eines Energieversorgungs-Unternehmens.
2. Welche Integrationsanforderungen aus Unternehmenssicht sollte die E-Business-Komponente darüber hinaus erfüllen?
3. Für welche Beteiligten ergeben sich welche Vorteile?

11 Projektmanagement

Sie lernen

Lernziele

- die wichtigsten Grundbegriffe zum IT-Projektmanagement kennen,
- warum IT-Projekte in mehrere Phasen unterteilt werden,
- die wichtigsten Beteiligten an IT-Projekten kennen, hierzu zählen nicht nur einzelne Personen (z. B. der Projektmanager oder der Projekteigner) sondern auch Gremien, wie beispielsweise ein Lenkungsausschuss,
- den Aufgabenumfang eines IT-Projekts zu beschreiben,
- die verschiedenen Methoden des Projektmanagements kennen,
- wie man erfolgreiche IT-Projekte durchführt.

11.1 Einleitung

Die Verlegung einer neuen Gaspipeline durch Europa, der PISA-Test an den Schulen, die Einführung der elektronischen Gesundheitskarte in Arztpraxen, die Entwicklung einer neuen Software für mobile Datenerfassung im Bereich Kfz-Schadensaufnahme – in allen Fällen handelt es sich um Projekte. Sie lassen sich charakterisieren als einmalige, neuartige, komplexe Vorhaben, die ein spezielles, zumeist interdisziplinäres Know-how erfordern, somit auch von mindestens zwei Personen bearbeitet werden. Projekte sind typisch für die IT-Welt.

11.2 Grundbegriffe zum Projektmanagement

11.2.1 Projekt

Definition Projekt

Projekte sind betriebswirtschaftliche und technische Aufgabenstellungen, die *komplex, einmalig und zeitlich begrenzt* sind. Auch die Einführung neuer Hardware und Software erfolgt im Rahmen von Projekten. Damit wird zum Ausdruck gebracht, dass es sich stets um ein neuartiges, einmaliges und risikobehaftetes Vorhaben im Unternehmen handelt, das abseits des Tagesgeschäfts läuft. Die Trennung zwischen dem Tagesgeschäft und der Projektarbeit hat den Vorteil, dass sich die Mitglieder des Projektteams für eine bestimmte Zeit ungestört auf eine Aufgabenstellung konzentrieren können.

Kennzeichen eines Projekts

Jedes Projekt ist gekennzeichnet durch folgende *Merkmale* ([Rinz98] S. 3 ff., [Füti93] S. 16 ff.):

- konkrete *Zielvorgabe* mit definierten *Ergebnissen*,
- *Einmaligkeit* und *Neuartigkeit* des Vorhabens,
- *begrenzte Ressourcen*, d.h. zeitliche Befristung, finanzielle Begrenzung und personelle Restriktionen,
- *Risiko* des Fehlschlags,
- Abteilungsübergreifendes Vorhaben und somit Bedarf an *interdisziplinärem Know-how*,
- hohes Maß an *Komplexität* hinsichtlich der Aufgabenstellung
- besondere *Organisationsform* (*Projektorganisation*), die unabhängig von der betrieblichen Aufbauorganisation ist.

IT-Projekt

Diese Kriterien gelten für alle Arten von Projekten, also auch für Projekte im Bereich der Wirtschaftsinformatik (sie werden auch als IT-Projekte oder Informatik-Projekte bezeichnet). Allerdings weisen IT-Projekte einige Besonderheiten auf. So ist es hierbei besonders schwierig, verlässlich Aufwandsschätzungen abzugeben. Die Probleme bei Entwicklung einer neuen Anwendungssoftware sind oftmals für den technischen Laien (der Anwender oder Auftraggeber) nicht nachvollziehbar, Zeitschätzungen durch IT-Fachleute werden mit Unverständnis seitens der Anwender kommentiert. Ein wesentlicher Erfolgsfaktor eines IT-Projekts ist die Überwindung der Kluft zwischen IT-Spezialist und Benutzer. Anders als etwa beim Bau eines neuen Kraftwerks oder eines Autobahnabschnitts müssen in IT-Projekten Informatiker und zukünftige Benutzer zusammen arbeiten (während im Falle ungeliebter öffentlicher Bauprojekte ein Bauzaun um das Vorhaben gezogen und der Streit vor Gerichten ausgetragen wird) (vgl. [Feyh04] S. 3).

Projektorganisation

In Projekten arbeiten Menschen zur Erreichung eines gemeinsamen Zieles zusammen. Die Art und Weise, wie diese Zusammenarbeit geregelt wird, bezeichnen wir als *Projektorganisation*. Hierbei wird zwischen Aufbau- und Ablauforganisation unterschieden. Die *Aufbauorganisation* regelt die Zusammensetzung des Projektteams und die Befugnisse des Projektmanagers. Die *Ablauforganisation* unterteilt die komplexe Projektaufgabe in kleinere, überschaubare Aufgabenbündel, die jedoch in einer bestimmten Reihenfolge nacheinander, teilweise auch parallel erledigt werden müssen.

Projektmethoden

Eine wichtige Voraussetzung für die erfolgreiche Durchführung von Projekten ist die Anwendung geeigneter *Projektmethoden*. Es handelt sich hierbei um Hilfsmittel, die die Arbeit des Projektmanagers und der Projektgruppe erleichtern und systematisieren. Für Wirtschaftsinformatiker ist die Kenntnis von Projektmethoden eine wichtige Voraussetzung für eine erfolgreiche Projektmitarbeit (vgl. hierzu Kapitel 11.6).

11.2.2 Projektmanagement

Definition Projektmanagement

Unter *Projektmanagement* verstehen wir die Planung, Steuerung und Kontrolle sämtlicher Projektaktivitäten. Projektmanagement ist zum einen die Institution zur erfolgreichen Durchführung eines Projekts, zum anderen ein Bündel von Methoden und Hilfsmitteln zur Bearbeitung der Projektaufgaben ([Rinz98] S. 4). Ein gutes Projektmanagement ist eine der wichtigsten Voraussetzungen für den erfolgreichen Abschluss eines Projekts. Das Projektmanagement sorgt für die termingerechte Abwicklung des Projekts unter Berücksichtigung vorgegebener Kostenbudgets und Qualitätsstandards. Projektmanagement findet im "Magischen Viereck" (vgl. Bild 11.1) statt: Durch Variation eines der vier Projektparameter Kosten, Termine, Leistungsumfang, Qualität ändern sich die anderen Parameter. Bildlich kann man sich ein Bettlaken vorstellen, welches ausgebreitet vor uns liegt. Wenn an einem Zipfel gezogen wird, verändern sich auch die übrigen Zipfel. Beispielsweise führt die Forderung des Projektauftraggebers nach schnellerer Einführung einer Software im schlimmsten Fall dazu, dass die Kosten steigen (Einsatz zusätzlicher Mitarbeiter), dass nicht der ursprünglich geplante Leistungsumfang abgeliefert wird und dass die Qualität der ausgelieferten Programme unzureichend ist, weil zu wenig getestet wird.

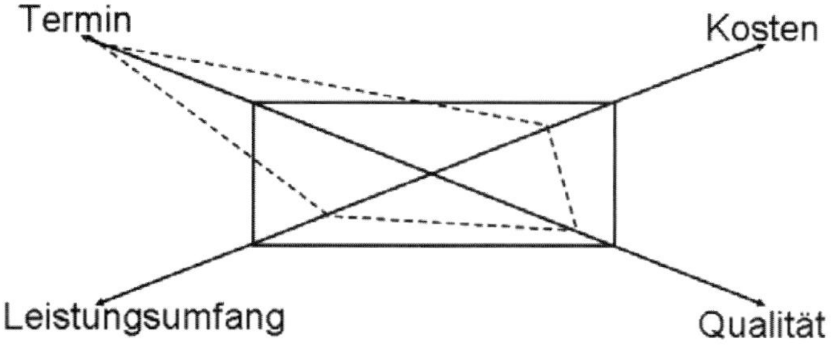

***Bild 11.1**: Magisches Viereck des Projektmanagements*

Aufgaben des Projektmanagements

Die wesentlichen Aufgaben des Projektmanagements sind:

- Mitwirkung bei der Auswahl des *Projektteams*.
- *Planung* aller für die Durchführung eines Projekts erforderlichen inhaltlichen Aktivitäten.
- *Projektsteuerung* als kurzfristiges Gegensteuern bei Abweichungen vom Projektplan und unvorhergesehenen Schwierigkeiten.

- *Plankontrolle* in Bezug auf Termine und Kosten sowie das Einleiten erforderlicher Maßnahmen bei auftretenden Problemen.
- Festlegung der erforderlichen projektbegleitenden *Dokumentation.*
- Festlegung und Durchführung von *Projektbesprechungen* und Projektkontrollsitzungen (Projektreviews).
- *Motivation* und Hilfestellung der gesamten Projektgruppe.

IT-Projektmanagement ist somit eine Aufgabe, bei der nicht nur ein solides informationstechnisches Wissen benötigt wird, sondern in gleicher Weise betriebswirtschaftliche, organisatorische und psychologische Erfahrungen erforderlich sind, um ein Projekt letztlich erfolgreich zu beenden. Planung, Steuerung und Kontrolle, die wichtigsten Aufgaben innerhalb des Projektmanagements beschreiben wir ausführlicher in Kapitel 11.5.

11.3 Phasenmodell für IT-Projekte

11.3.1 Projektphasen

Zur Reduzierung der Komplexität, aber auch zur besseren Planbarkeit und Kontrollierbarkeit werden alle Projekte in einzelne, zeitlich aufeinanderfolgende (seltener zeitlich parallele) Phasen unterteilt. In einer Phase werden logisch bzw. sachlich zusammengehörige Aktivitäten erledigt. Für jede *Projektphase* werden Ziele, Aktivitäten und Ergebnisse definiert. Zu Beginn und vor allen Dingen zum Ende einer Phase werden oftmals wichtige Entscheidungen getroffen, z. B. über den weiteren Verlauf eines Projekts.

Phasenmodell

Ein allgemein verwendbares, jedoch noch recht grobes *Phasenmodell* (eine andere Bezeichnung hierfür ist *Vorgehensmodell*) beinhaltet Bild 11.2. Ausgehend von einem zu lösenden Problem beschäftigt sich man sich in der Analysephase mit der Bestandsaufnahme der aktuellen Situation. In der darauf folgenden Konzeptionsphase werden Ziele definiert und Alternativen bewertet. Innerhalb der Realisierung erfolgt die Ausgestaltung des zukünftigen Systems.

Wir stellen nachfolgend drei, für IT-Projekte wichtige Phasenmodelle vor. In Kapitel 12 gehen wir detaillierter auf die Phasen des Softwareentwicklungsprozesses ein, in Kapitel 13 beschreiben wir die Phasen bei Kauf und Auswahl von Standardsoftware.

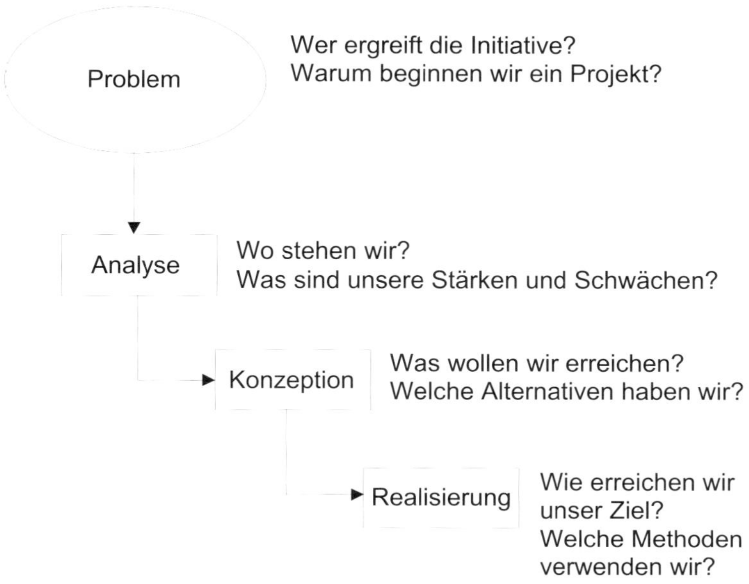

Bild 11.2: Allgemeines Phasenmodell

11.3.2 Wasserfallmodell

Eines der ersten und bekanntesten Vorgehensmodelle für Informatik-Projekte, insbesondere für die Softwareentwicklung, ist das *Wasserfallmodell.* Hierbei unterteilt sich die Projektarbeit in mehrere Phasen, die sequentiell nacheinander durchlaufen werden. Rückkopplungen oder Schleifen zwischen den einzelnen Phasen waren anfangs nicht erlaubt. In der Praxis erwies sich dies jedoch als wenig praktikabel, sodass nun zwischen zwei oder mehr aufeinander folgenden Phasen auch Rückkopplungen möglich sind. Während des Projektverlaufs, häufig am Ende einer Phase, werden Meilensteine definiert. Es handelt sich hierbei um Kontroll- und Entscheidungspunkte über die bisher erreichten Zwischenergebnisse und über die Fortführung des Projekts. Meilensteine kennzeichnen den Weg, den das Projekt bereits genommen hat bzw. der noch vor ihm liegt. Somit bieten sie eine gute Orientierung für alle Projektbeteiligten und den Projekt-Auftraggeber.

Analyse

Das in Bild 11.3 dargestellte Phasenmodell beginnt mit der Analyse des Ist-Zustands. Sie ist immer dann durchzuführen, wenn ein IT-System in ähnlicher Form bereits existiert und durch ein Neues ersetzt werden soll (z. B. Ablösung eines veralteten ERP-Systems) oder wenn ein bestehendes IT-System in ein anderes technisches oder infrastrukturelles Umfeld eingebunden werden muss (z. B. Umstellung aller Anwendungssysteme aufgrund des Wechsels auf ein neues Betriebssystem).

Bild 11.3: Wasserfallmodell

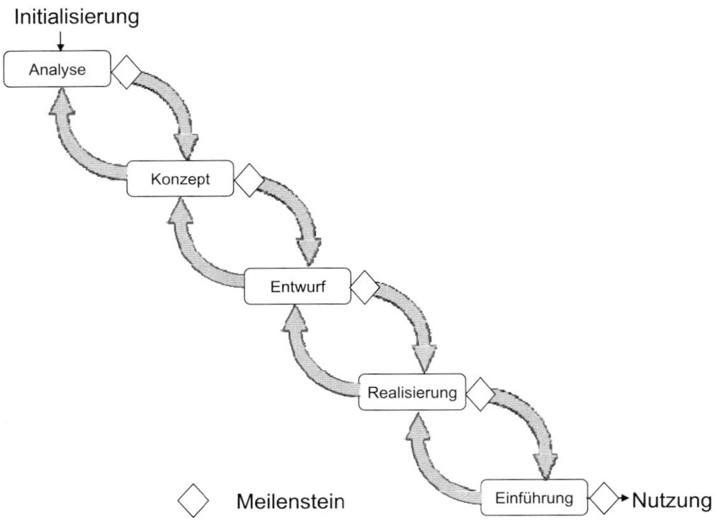

Analyse

Das Ziel der Ist-Analyse besteht darin, Schwachstellen bei den bestehenden Abläufen zu finden. Die Ist-Analyse besteht aus zwei Teilen:

- *Erfassung und Beschreibung des Ist-Zustands*
  In diesem Schritt werden die Arbeitsabläufe in einzelnen Organisationseinheiten (Abteilungen) untersucht. Typische Fragen sind hierbei: Wer erfasst, bearbeitet, benutzt, liefert und erhält welche Daten. Neben den *Aufgabenbereichen* der zu untersuchenden Personen sind auch die (technischen) Arbeitsmittel sowie Erlernbarkeit, Interaktion, Kooperation, Ablage und Arbeitsorte genau zu untersuchen (vgl. Bild 11.4). Die Erhebung bedient sich verschiedener Techniken, z. B. Fragebogen, Interview oder Beobachtung (vgl. hierzu Kapitel 11.6.2).
- *Analyse und Bewertung des Ist-Zustands*
  Die Schwächen und Mängel der bestehenden Arbeitsweise müssen erkannt und bewertet werden, sie sollen durch die Entwicklung und Einführung des neuen IT-Systems behoben werden. Allerdings sollten auch vorhandene Stärken der untersuchten Arbeitsabläufe genannt werden, die durch ein zukünftiges IT-System nicht verloren gehen sollen. Die Ergebnisse der Ist-Analyse werden schriftlich dokumentiert. Sie können in Form von Texten, Tabellen und Grafiken dargestellt werden und sollten von allen Projektbeteiligten auf ihre Korrektheit überprüft werden.

Aufgaben	• Informationen suchen bzw. gewinnen • Erfassen • Informationen verarbeiten • Kommunizieren • Koordinieren, Planen, Kontrollieren • Entscheidungen treffen
Arbeitsmittel	• Papiergestützte Informationsträger (Formulare, Zeitschriften, Listen), • Telefon, Software, PC, Internet
Aneignung	• Lernen im Trial-and-Error-Verfahren, • Seminare, Hilfe durch Kollegen, Handbücher
Interaktion und Kooperation	• mit Kollegen • im Projektteam • mit Vorgesetzten • mit Externen (Kunden, Lieferanten, Beratern etc.)
Gedächtnis	• papiergestützte Ablagen, Archiv, • elektronische Ablagen (Datenbank, Dokumentenmanagementsystem)
Arbeitsorte	• eigenes Büro • Besprechungszimmer, • unterwegs, Home-Office

Bild 11.4: *Themenbereiche einer Ist-Analyse ([Sch02] S. 21)*

Konzept

Nach der Aufnahme der Ist-Situation erfolgt die Formulierung der Erwartungen an das zukünftige IT-System (Soll-Konzept). Hier wird herausgearbeitet, wie die aufgedeckten Mängel beseitigt werden sollen. Die Beschreibung ist hierbei zunächst noch unabhängig von IT-technischen Details. Vielmehr soll dem Entscheidungsträger in einer verständlichen Sprache die fachlich-betriebswirtschaftliche Lösung dargestellt werden. Außerdem kann das Soll-Konzept alternative Vorschläge enthalten, über die das Management zu entscheiden hat.

Im Soll-Konzept finden sich ausführliche Beschreibungen über (vgl. [StHa05] S. 247):

- das zu lösende fachliche Problem,
- den Funktionsumfang
- die Datenbasis
- die zukünftige Benutzeroberfläche und Navigation
- Qualitätsanforderungen (z. B. Antwortzeitverhalten)
- das zukünftige organisatorische und technische Umfeld
- den Entwicklungsaufwand
- den Zeitplan bis zur Einführung
- die möglichen Einsparungen und den erwarteten Nutzen des zukünftigen IT-Systems

Auch die Phase "Soll-Konzept" wird mit einer Präsentation der Ergebnisse für die Entscheidungsträger im Unternehmen abgeschlossen, die anschließend den weiteren Verlauf oder aber die Einstellung des Projekts beschließen.

Entwurf

In der Entwurfsphase findet die detaillierte Planung der technischen Einzelheiten für die anschließende Realisierung (Programmierung) statt. Es soll ein übersichtlicher, widerspruchsfreier und vollständiger System- und Programmentwurf entstehen. Für den Entwurf werden spezielle Methoden eingesetzt, die in Kapitel 12 näher beschrieben werden. In dieser Projektphase ist ferner zu beachten, welche Programmiersprache(n), welches Datenbankmanagementsystem und welche Softwareentwicklungswerkzeuge zum Einsatz kommen sollen. Generell enthält die Entwurfsphase Aussagen über:

- Tabellen einschließlich Primär- und Fremdschlüssel
- Datenfelder/Attribute
- Zugriffsrechte der Benutzer
- Herkunft von Eingabedaten (z. B. über Benutzererfassung oder über Schnittstellen)
- Aufbau von Bildschirmformularen, Listen, Dialogen
- Gestaltung von Fenstern, Menüs, Icons etc.
- Verarbeitungs- und Berechnungsvorgänge
- Datenausgabemöglichkeiten (Bildschirm, Liste)
- Schnittstellen und Formate für die Datenweitergabe
- Farbgestaltung, Symbole, Layout von Tabellen und Masken.

Zum Abschluss der Entwurfsphase findet wiederum ein Review gemeinsam mit dem Management statt, wo über die weitere Vorgehensweise im Projekt entschieden wird.

Realisierung

In dieser Phase werden die Programme erstellt, die in den vorhergehenden Phasen geplant wurden. Ziel ist es, mit Hilfe von Programmiersprachen und Softwareentwicklungstools lauffähige Programme, Dateien und Datenbanken zu erstellen. Während der Realisierung werden Teilfunktionalitäten auf ihre Übereinstimmung mit den Vorgaben getestet. Beim Einzeltest werden einzelne Programmteile (Module) getestet, später werden System- bzw. Integrationstests durchgeführt, um das Zusammenspiel mehrerer Komponenten zu überprüfen. Bei Individualsoftware kommen die zukünftigen Benutzer jetzt zum ersten Mal mit dem neuen IT-System in Berührung. Hierbei ist der erste Eindruck von großer Bedeutung für die spätere Akzeptanz des neuen Systems.

Einführung

In dieser Phase erfolgt die Übergabe des neuen IT-Systems an den Auftraggeber bzw. an die zukünftigen Benutzer. Durch den IT-Projektleiter wird das neue System freigegeben. Hierzu werden die gesamte Dokumentation und die fertigen Programme übergeben. Die fertigen Programme werden anschließend durch den Auftraggeber bzw. die Fachabteilung abgenommen. Das Abnahmeverfahren muss dokumentiert werden. Bei der Abnahme prüfte der Benutzer, ob die ursprünglichen Anforderungen und Vorgaben der Konzeption und des Entwurfs erfüllt wurden, ferner wird die fachliche Richtigkeit und Vollständigkeit der Verarbeitungsvorgänge (z. B. Berechnungen) und der Ausgaben kontrolliert. Im Anschluss an Freigabe und Abnahme einer Anwendungssoftware erfolgt die Benutzerschulung und es werden oftmals Datenbestände von Altsystemen übernommen. Danach kann endlich der Echtbetrieb beginnen.

Vorteile

Das Wasserfallmodell ist leicht verständlich und ermöglicht einen kontrollierbaren Projektverlauf durch Einführung von Meilensteinen am Ende jeder Phase. Für den Projektmanager ist es mit wenig Aufwand verbunden.

Nachteile

Durch die sequenzielle Vorgehensweise werden jedoch Fehler in frühen Phasen (z. B. beim Entwurf) erst viel später erkannt und sind dann nur mit hohem Aufwand korrigierbar. Veränderungen der Anforderungen bleiben unberücksichtigt, weil Aktivitäten vergangener Phasen abgeschlossen sind. Ein Anwendungssystem kann erst nach vollständiger Fertigstellung den Anwendern und dem Management vorgestellt werden. Schließlich kann mit dem Testen einer Software erst nach Abschluss der Entwicklung begonnen werden. Bei strenger Anwendung des Wasserfallmodells überwiegen nach heutigem Erkenntnisstand die Nachteile. Aufgrund seiner einfachen Handhabbarkeit setzen dennoch viele Unternehmen das Wasserfallmodell in abgewandelter Form ein.

11.3.3 V-Modell

Das *V-Modell* stellt eine Weiterentwicklung des Wasserfallmodells unter besonderer Berücksichtigung von Qualitätssicherungsaktivitäten dar. Dies erfolgt durch Maßnahmen zur Verifikation und Validierung. *Verifikation* überprüft die Übereinstimmung einer Software mit der Anforderungsspezifikation (Korrektheit). Die *Validierung* stellt demgegenüber fest, ob überhaupt das richtige Softwareprodukt für den geplanten Einsatzzweck entwickelt wurde (Eignung) (vgl. [FiSV01] S. 168). Die Unterteilung der einzelnen Phasen des V-Modells und die direkte Korrespondenz – dargestellt durch horizontale Verbindungen – zwischen Entwicklungs- und Qualitätssicherungsaktivitäten werden in Bild 11.5 dargestellt.

Das V-Modell eignet sich für größere Entwicklungsprojekte und enthält umfangreiche (an dieser Stelle nicht dargestellte) Regelungen. Für kleinere Projekte kann hierdurch ein gewisses Maß an "Projekt-Bürokratie" entstehen. Das V-Modell wurde ursprünglich für IT-Projekte des Bundes und von Behörden erarbeitet, ist jedoch inzwischen auch in der Wirtschaft gebräuchlich (vgl. [FiSV01] S. 168).

Bild 11.5: V-Modell

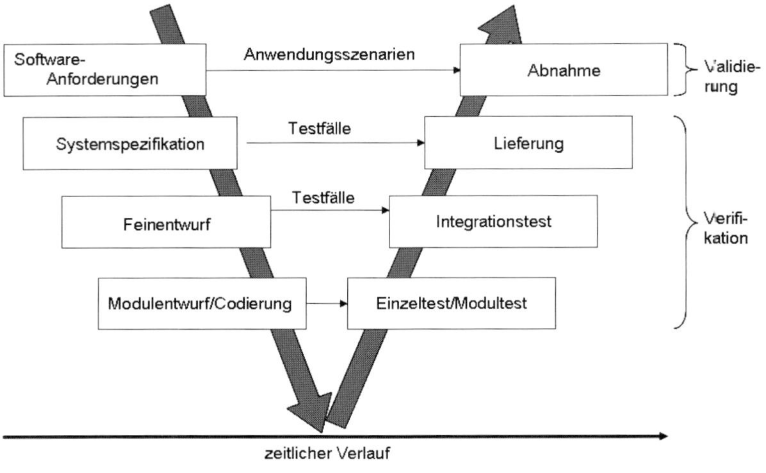

11.3.4 Spiralmodell

Das Spiralmodell unterstützt ein iteratives Vorgehen. Die Softwareentwicklung erfolgt hierbei in mehreren Zwischenschritten. Es entstehen mehrere Muster bzw. vereinfachte Versionen des zukünftigen Software-Produktes (Prototypen) und es wird in regelmäßigen Abständen geprüft, ob der jeweilige Prototyp weiterentwickelt werden muss oder zum Einsatz gelangen kann. Ebenfalls periodisch erfolgt eine Abschätzung des Risikos, verbunden mit der Möglichkeit, das Projekt ggf. auch zu beenden.

Bild 11.6: Spiralmodell (vgl. Krcm05, S. 152)

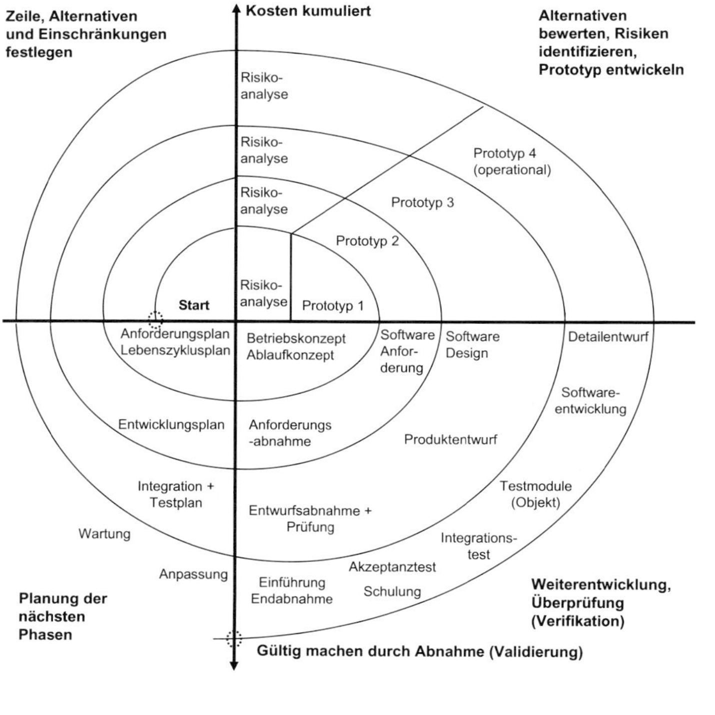

Jede Spiralrunde besteht aus vier Schritten (vgl. Bild 11.6). Zunächst werden das Ziel, Alternativen und Einschränkungen des IT-Projekts bestimmt. Im zweiten Schritt werden Alternativen und Risiken bewertet und es wird ein erster Prototyp entwickelt. Im dritten Schritt erfolgt die Weiterentwicklung und Überprüfung und im vierten Schritt werden der nächste Zyklus und die hierfür erforderlichen Ressourcen geplant.

11.4 Organisation von IT-Projekten

11.4.1 Projektmanager und Projektteam

Projektmanager

Der *Projektmanager* ist für den Erfolg, aber auch für den Misserfolg eines Projekts verantwortlich. Er muss das Projektziel in der gewünschten Qualität zum geplanten Termin im Rahmen des vereinbarten Budgets erreichen. Nicht selten werden von Projektmanagern "übermenschliche" Fähigkeiten erwartet. Sie sollen

- Konflikte im Projektteam vermeiden bzw. schlichten,
- guten Kontakt zu allen Projektmitarbeitern, zu den künftigen Benutzern und dem Management pflegen,
- das Projekt in vorbildlicher Weise planen, steuern und kontrollieren,
- Entscheidungen zur richtigen Zeit treffen,
- sämtliche Methoden der Projektarbeit kennen und anwenden,
- im Prinzip jedes Teammitglied zu jeder Zeit ersetzen bzw. vertreten können.

Mitarbeiter mit all diesen Qualifikationen wird man sehr selten in den Unternehmen finden. Von größter Bedeutung für erfolgreiche Projektmanager im Informatik-Bereich sind eine qualifizierte Ausbildung sowohl auf betriebswirtschaftlichen als auch auf technischen Gebieten und möglichst viel Erfahrungen durch konkrete Projektarbeit.

Projektteam

Die Mitglieder eines *Projektteams* sollten aus verschiedenen Abteilungen eines Unternehmens stammen (vgl. Bild 11.7). Sie bringen entweder betriebswirtschaftliche oder informationstechnische Spezialkenntnisse mit. Neben den fachlichen Qualifikationen spielt hierbei auch die Teamfähigkeit, d.h. die Bereitschaft, gemeinsam mit Anderen eine Lösung zu erarbeiten, eine große Rolle. "Einzelkämpfer" und "PC-Freaks" eignen sich in den meisten Fällen nicht für eine konstruktive Projektarbeit.

Bild 11.7:
Projektteam

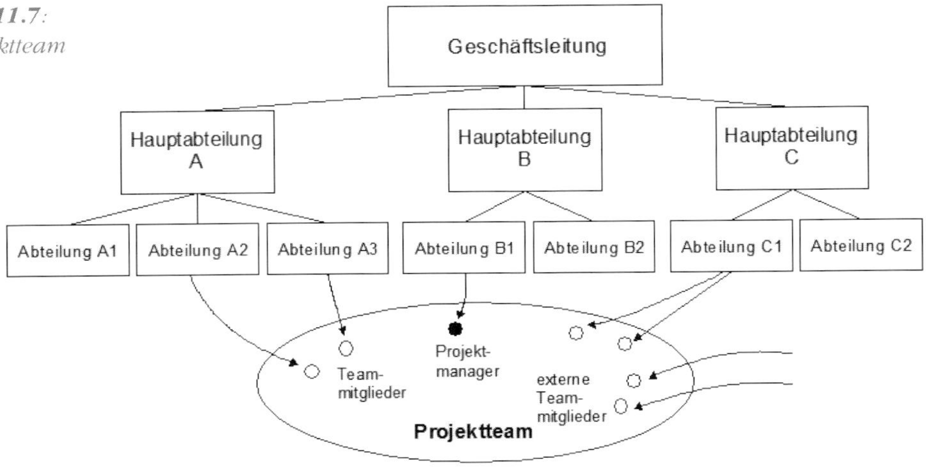

Eine optimale Teamgröße umfasst 5 bis 7 Personen ([Müll95] S. 106). Hierbei besteht eine ausreichende Möglichkeit zur Arbeitsteilung und Spezialisierung. Gegenseitige Absprachen und Vertretungsmöglichkeiten sind noch gut möglich. Bei kleineren Projektteams steigt die Gefahr persönlicher Rivalitäten und hoher Arbeitsbelastung des Einzelnen. Bei größeren Gruppen sinkt die Teamproduktivität, weil immer mehr Zeit für Koordination und Abstimmungen benötigt wird. Die Teammitglieder verbringen dann den größten Teil ihrer Zeit in Projektbesprechungen.

11.4.2 Projektgremien

Neben dem Projektmanager und seinem Team existieren besonders in größeren IT-Projekten weitere Personen und Gremien, die das Projektgeschehen beeinflussen (vgl. Bild 11.8):

Bild 11.8:
Projektgremien

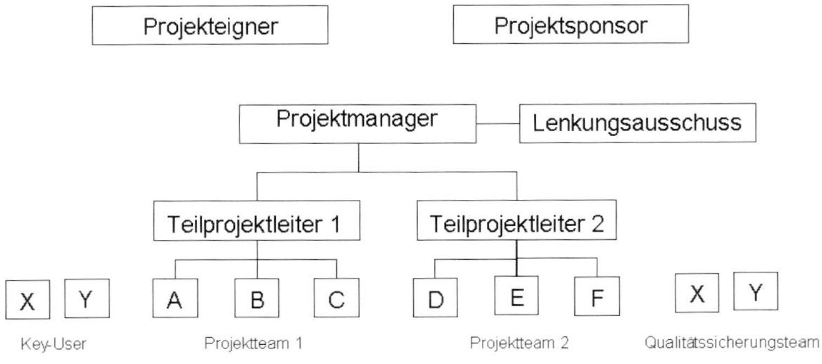

Der *Projekteigner* ist der Initiator und maßgebliche Nutznießer des Projekts. Er ist auf einer hohen Hierarchiestufe im Unternehmen angesiedelt (z. B. ein Vorstandsmitglied), wird an den wichtigsten Entscheidungen beteiligt und sorgt für die finanzielle

Unterstützung des Projekts. Bei bedeutsamen Abweichungen des Projektverlaufs muss er umgehend unterrichtet werden und entscheidet, wie weiter verfahren wird.

Der *Projektsponsor* finanziert und unterstützt das gesamte Projekt. Er ist auf oberster Hierarchieebene angesiedelt und kann, muss aber nicht identisch sein mit dem Projekteigner.

Der *Lenkungsausschuss* (Steering Committee) besteht einem Mitglied der Geschäftsleitung, einem (oder mehreren) Managern des Anwendungsbereichs und des IT-Bereichs sowie dem Projektmanager. Der Lenkungsausschuss trifft sich periodisch, beispielsweise einmal pro Quartal und ist verantwortlich für alle Fragen, die nicht im Projektteam bzw. vom Projektmanager gelöst werden können. Wichtige Funktionen sind die Überprüfung von Meilensteinen, die Schlichtung von Konflikten, die Bestimmung des Projektleiters und Überwachung des Projektrisikos.

Ein *Qualitätssicherungsteam* überwacht die ordnungsgemäße Projektdurchführung nach den geplanten Qualitätsstandards. Hierzu gehören auch die Durchführung von Tests sowie die Dokumentation.

Für die Kommunikation zwischen dem Projektteam und dem zukünftigen Anwendungsbereich können so genannte Key-User bestimmt werden. Sie beraten das Projektteam bei anwendungsspezifischen Fragestellungen, lernen als erste das zukünftige System näher kennen, wirken mit beim Test. Bei der Einführung haben sie einen maßgeblichen Einfluss auf die Akzeptanz durch die Benutzer.

11.5 Aufgaben im Projektmanagement

11.5.1 Projektplanung

Im Rahmen der *Projektplanung* werden die einzelnen Projektaktivitäten detailliert aufgeschlüsselt, miteinander in Beziehung gebracht und die dafür erforderlichen Ressourcen (Zeit, Kosten) abgeschätzt. Die aufgrund der Projektplanung ermittelten Werte liefern die Basisinformationen für spätere Soll-Ist-Vergleiche im Rahmen des Projektcontrollings.

Projektziel

Voraussetzung zur Durchführung einer Projektplanung ist die eindeutige Festlegung des *Projektziels*. Das Projektziel ist die Richtschnur, an der sich alle späteren Projektaktivitäten ausrichten, es muss allen Mitgliedern des Projektteams und selbstverständlich auch dem Auftraggeber bekannt sein. Die Ziele von IT-Projekten müssen operationalisierbar, d. h. konkret messbar und erreichbar sein. Nur unter dieser Voraussetzung ist die Zielerreichung später kontrollierbar, nur bei messbaren Zielen können Abweichungen rechtzeitig erkannt und Korrekturmaßnahmen eingeleitet werden. Die Projektziele lassen sich im Einklang mit den einzelnen Dimensionen des Magischen Vierecks festlegen (vgl. Bild 11.1).

Verantwortlich für die Erstellung des Projektplans sind der Projektmanager sowie – falls vorhanden – seine Stellvertreter. Bei größeren Projekten sind Teilprojektleiter für die konkrete Planung ihres Aufgabengebiets verantwortlich. Sie liefern wichtige Informationen für die Erstellung eines Gesamtplans. Der Gesamtprojektplan wird bei Bedarf, mindestens jedoch monatlich überprüft und aktualisiert. Als Basis dienen hierfür monatliche Status-Review-Sitzungen.

Inhaltlich erstreckt sich die *Projektplanung* auf

- *Aktivitäten* (was ist zu tun?),
- *Zeitaufwand* (wie lange dauern einzelne Aktivitäten?),
- *Ressourcen* (welche personellen Kapazitäten und sachlichen Hilfsmittel sind erforderlich?),
- *Termine* (zu welchen Zeitpunkten liegen Ergebnisse vor?),
- *Kosten* (wie hoch sind die Projektkosten?)
- *Kommunikation (wie wird über das Projekt berichtet?).*

Aktivitätenplanung

Die *Aktivitätenplanung* legt fest, *was* zu tun ist, um eine vorgegebene Projektaufgabe zu erfüllen. Sie ist der erste Schritt der Projektplanung und unbedingte Voraussetzung für alle weiteren Planungsschritte. Die gesamte Aufgabenstellung des Projekts muss in kleinere Einheiten (Teilprojekte, Arbeitspakete, Aktivitäten) zerlegt werden (Top-Down-Prinzip). Außerdem muss festgelegt werden, welche Aktivitäten *nicht* zum Gegenstand des Projekts gehören. Beispielsweise sieht der Aktivitätenplan für eine Analyse im Rechnungswesen wie folgt aus:

Beispiel

Detailanalyse der Arbeitsabläufe und der bisherigen IT-Unterstützung an 6 Arbeitsplätzen im Bereich Rechnungswesen

Geplante Aktivitäten:

- Zu untersuchende Arbeitsplätze und -abläufe festlegen
- Information der betroffenen Mitarbeiter über die durchzuführende Detailanalyse in ihrem Bereich
- Terminplan mit dem Abteilungsleiter abstimmen
- Aufgabenstruktur erheben
- Arbeitsabläufe der einzelnen Mitarbeiter erheben
- Formulare, Berichte, Karteien, Hilfsmittel usw. erheben
- Informations- und Kommunikationsbeziehungen innerhalb der Abteilung erheben

- Mengengerüst festlegen
- Schwachstellen ermitteln
- Vorgefundene Situation bewerten (Stärken/Schwächen)
- Maßnahmen zur weiteren Vorgehensweise vorschlagen
- Präsentation der Ergebnisse zum Abschluss der Detailanalyse

Projektstrukturplan

Die Ergebnisse der Aktivitätenplanung werden in einem *Projektstrukturplan* dokumentiert. Hierbei handelt es sich um die hierarchische Anordnung aller Elemente eines Projekts (vgl. [HiHö06] S. 49). Als Darstellungsform bietet sich neben Listen- und Tabellenform vor allem die Baumstruktur an, vgl. hierzu Bild 11.22. Der Projektstrukturplan umfasst den gesamten "Lieferumfang" eines IT-Projekts bis auf die detaillierte Ebene einzelner Arbeitspakete und einzelner Mitarbeiter. Auf der untersten Ebene dürfen die Beschreibungen nicht zu klein und nicht zu groß sein, um eine regelmäßige Fortschrittskontrolle zu ermöglichen.

Zeitaufwandsplanung

Aufbauend auf der Aktivitätenplanung erfolgt die Schätzung des erforderlichen Zeitaufwands unter Einbeziehung von Risiken und unvorhersehbaren Problemen. Zu Beginn eines IT-Projekts sind Aufwandsschätzungen zunächst noch sehr grob und können erst im weiteren Projektverlauf konkretisiert werden. Während Projektleiter aus Sicherheitsgründen und aufgrund ihrer Erfahrungen häufig pessimistische (vorsichtige) Zeitaufwände schätzen, neigen Manager (häufig in der Position als Auftraggeber) oftmals zu allzu optimistischen Planungen. Die Zeitaufwandsplanung erfolgt zumeist in Form von Personentagen (PT) bzw. Mitarbeitertagen (MT) sowie in Personenmonaten (ca. 20 PT) oder in Personenjahren (ca. 210 PT). Um eine realistische Zeitaufwandsplanung zu erhalten empfiehlt es sich, bestimmte Regeln zu beachten (vgl. [HiHö06] S. 52 f.):

Regeln zur Aufwandsschätzung

- Aufwandsschätzungen müssen für Dritte nachvollziehbar sein und am besten mit einer Schätzmethode durchgeführt werden.
- Schätzungen sollten auf quantitativen Vergangenheitswerten (Erfahrungswerten) basieren, wobei dieser Grundsatz bei völlig neuartigen Projekten nicht zutrifft.
- Schätzungen sollten möglichst von den späteren Projektmitarbeitern durchgeführt werden, sie sind die Experten und sie binden sich mit ihren Aussagen.
- Die Dokumentation der Aufwandsschätzung sollte auch die getroffenen Annahmen sowie mögliche Risiken umfassen.

Einen Überblick über die wichtigsten Methoden zur Zeitaufwandsschätzung geben wir in Kapitel 11.6.3.

Ressourcenplanung

Die *Ressourcenplanung* umfasst insbesondere die Einsatzplanung der Mitarbeiter im Projekt. Wichtige *Fragen* sind hierbei:

- Welche Projektmitarbeiter stehen zur Erledigung einzelner Projektaktivitäten überhaupt zur Verfügung?
- Welche Projektmitarbeiter können bzw. müssen diese Aktivität aufgrund ihrer Qualifikation übernehmen?
- In welchem Umfang stehen die Mitarbeiter zur Verfügung?

Die Ressourcenplanung basiert auf den *Aufwandsschätzungen* für die einzelnen Projektaktivitäten. Bei der Planung von Mitarbeiterkapazitäten muss darauf geachtet werden, niemals die voll verfügbare Arbeitszeit eines Projektmitarbeiters (z. B. 38 Stunden pro Woche) zu verplanen.

Beispiel

Ein Softwareentwickler mit einem Arbeitsvertrag von 40 Stunden pro Woche kann in einem IT-Projekt zumeist nicht in vollem Umfang eingesetzt werden, weil noch andere Aufgaben, Ausfallzeiten (Krankheit) sowie Urlaub und Weiterbildung berücksichtigt werden müssen. Kapazitätsplanung darf daher lediglich die frei verfügbaren Arbeitszeiten der Projektmitarbeiter berücksichtigen (vgl. Bild 11.9).

Neben personellen Ressourcen sind auch die sachlichen Hilfsmittel zu planen. Hierzu zählen Räume, Arbeitsmittel, Rechnerkapaziäten (z. B. Testrechner) und Software-Tools.

Bild 11.9: *Ermittlung freier Kapazitäten*

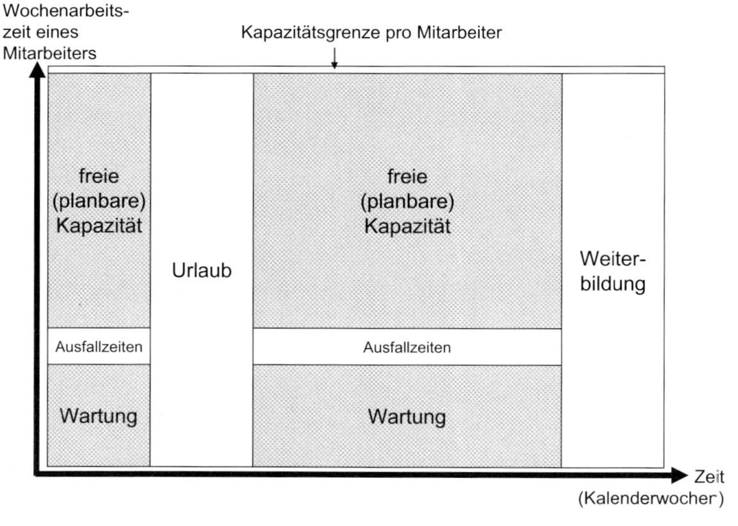

Terminplanung

Nach Ermittlung des Zeitaufwands und der verfügbaren Mitarbeiterkapazitäten kann die *Terminplanung* durchgeführt werden. Ein *Termin* kennzeichnet hierbei einen bestimmten Zeitpunkt (Stichtag). Hierbei unterscheiden wir:

- *Anfangstermine*, evtl. mit Unterscheidung nach frühest möglichem und spätest möglichem Anfang,
- *Endtermine*, evtl. differenziert nach frühest möglichem und spätest möglichem Ende,
- *Meilensteine* als Stichtage für wichtige Projektzwischenergebnisse und für Entscheidungen über die Weiterführung eines Projekts.
- *Dauer* als Zeitraum zwischen Anfangs- und Endtermin.

In der Praxis werden Anfangs- und Endtermine schon recht früh im Projektverlauf festgelegt, wobei es dem Projektmanager überlassen bleibt, wie er diese zeitlichen Vorgaben unter Berücksichtigung beschränkter (personeller) Ressourcen einhält. Wichtige Methoden der Projektzeitplanung stellen wir in Kapitel 11.6.3 vor.

Kostenplanung

Innerhalb der *Projektkostenplanung* werden alle Kostenarten, die im Zusammenhang mit den Projektaktivitäten entstehen, ermittelt. Bei IT-Projekten handelt es sich zum überwiegenden Teil um Personalkosten. Die Projektkostenplanung dient zunächst zur Budgetierung und anschließenden Überwachung der anfallenden Projektkosten. Das einmal aufgestellte Projektkostenbudget kann an Teil-Projektleiter oder sogar an Projektmitarbeiter delegiert werden. Die (personenbezogenen) Projektkosten können auf Basis der Zeitaufwandsplanung errechnet werden durch Multiplikation der geschätzten Anzahl Mitarbeitertage mit einem Tagessatz. Aufgrund unterschiedlicher Qualifikationen müssen unterschiedliche Verrechnungssätze berücksichtigt werden. Ein vereinfachtes Berechnungsschema zur Ermittlung von Tagessätzen für einen Projektmitarbeiter enthält Bild 11.10.

A_1: Bruttogehalt/Jahr	A_1	30.000 €
+ A_2: Kosten für Sozialleistungen, Arbeitgeberanteile	A_2	10.000 €
A: Summe Personalkosten	A	40.000 €
B_1: Durchschnittliche Anzahl Arbeitstage/Jahr	B_1	250
- B_2: Urlaubstage/Jahr	B_2	30
- B_3: Ausbildungstage/Jahr	B_3	5
-B_4: sonstige Fehlzeiten (ca. 2% von B_1)	B_4	5
B: verfügbare Arbeitstage/Jahr	B	210
C: Kosten/Arbeitstag = A/B = 40.000 / 210 = 190,48 €	C = A/B	190,48 €

$A = (A_1 + A_2)$, $B = (B_1 — (B_2 + B_3 + B_4)$

Bild 11.10: *Ermittlung Tagessatz eines Mitarbeiters*

Kommunikationsplanung

Gerade bei komplexen, veränderungsintensiven und öffentlichkeitswirksamen Projekten ist es wichtig, bereits frühzeitig einen *Kommunikationsplan* zu entwickeln. Dieser enthält Überlegungen zu der geplanten Projektkommunikation mit internen und ggf. externen Ansprechpartnern. Primäres Ziel ist es, durch gezielte und professionelle Kommunikationspolitik die Akzeptanz des Umfelds, der Betroffenen, der beteiligten Mitarbeiter sowie der Entscheidungsträger für ein Projekt und dessen Ergebnisse zu gewährleisten. So wird beispielsweise in einem Kommunikationsplan festgelegt, wer (Anspruchsgruppe), wann (Zeitpunkt, Rhythmus), welche Informationen (Inhalt), in welcher Form (Medium) erhalten soll.

11.5.2 Projektsteuerung

Zur *Projektsteuerung* gehören alle internen Aktivitäten, die notwendig sind, um das Projekt im Rahmen der Planungen durchzuführen und letztlich erfolgreich zu beenden. Der Projektmanager ist hauptsächlich für diese Steuerungsaufgaben verantwortlich. Projektsteuerung kann verglichen werden mit der Arbeit eines Kapitäns, der sein Schiff bei Wind und Wetter auf dem richtigen Kurs hält, um schließlich den Zielhafen zu erreichen. Grundlage für die Projektsteuerung ist die Projektplanung, die die Ausgangswerte für die Steuerungsaktivitäten liefert.

Steuerungsaufgaben

Zu den wichtigsten *Steuerungsaufgaben* gehören ([Rinz98] S. 22 ff.):

- Ständiger Soll-Ist-Vergleich zur Einhaltung der geplanten Leistungen, Kosten, Qualitäten und Termine
- Anleitung der Projektmitarbeiter
- Koordination der beteiligten Stellen
- Treffen von Entscheidungen
- Informieren und Berichterstatten.

Projektbesprechung

Regelmäßige *Projektbesprechungen* dienen zur Überwachung des Projektfortschritts und zur Informationsweitergabe innerhalb des Projektteams. Diese Besprechungen nehmen innerhalb der gesamten Realisierungsphase einen hohen Stellenwert ein, da mangelnde Kommunikation häufig zu erheblichen Störungen im Projektverlauf führt.

Die Projektsteuerung ist nicht zu verwechseln mit der Projektkontrolle. Steuerung umfasst sämtliche Aktivitäten, die projektintern durchgeführt und entschieden werden (im Sinne von Eigenkontrolle), während Projektkontrolle zumeist extern (von einem Lenkungsausschuss) wahrgenommen wird (Fremdkontrolle).

11.5.3 Projektkontrolle

Bei der *Projektkontrolle* wird überprüft, ob die Projektziele entsprechend der Planung erfüllt werden. Wichtige Fragen sind hierbei ([Rinz98] S. 30):

- Stimmen die tatsächlichen Ergebnisse (erbrachte Mengen und Qualitäten, verursachte Kosten, Abschlusstermine) mit den geplanten überein?
- Wo und wann traten Abweichungen auf?
- Welchen Einfluss haben derartige Abweichungen auf die Erreichung der Projektziele?
- Warum traten Abweichungen auf?

In größeren Projekten ist eine Projektkontrolle nur aufgrund schriftlicher Rückmeldungen der Projektmitarbeiter an den Projektmanager möglich. Diese *Projektstatusberichte* werden von den Mitgliedern des Projektteams in regelmäßigen Abständen (z. B. monatlich) erstellt. Sie dienen zur Überprüfung möglicher Abweichungen vom Projektplan und werden dem Projektmanager und ggf. einem Projektsteuerungsgremium vorgelegt. Bild 11.11 zeigt den beispielhaften Aufbau eines Projektberichts.

Ferner sind *Projektreviews* (Überprüfungen, Untersuchungen) bei IT-Projekten üblich. Hierbei erfolgt die Projektkontrolle durch unabhängige Personen (Projektrevisoren oder Manager), die nicht dem Projektteam angehören. Neben der Leistung der Projektmitarbeiter wird hierbei auch die Arbeit des Projektmanagers überprüft.

(KW = Kalenderwoche)

Projektname:	CRM-System
Datum:	
Berichtszeitraum:	KW:
Name des Mitarbeiters:	
Status:	☐ kritisch ☐ teilweise kritisch ☒ planmäßig
Terminüberschreitung	☐ ja ☒ nein
Kostenüberschreitung	☐ ja ☒ nein
Aktivitäten/Ergebnisse seit dem letzten Statusbericht:	
Welche Abweichungen vom Plan? Welche größeren Probleme traten auf?	
Notwendige Entscheidungen (Projektleiter, Auftraggeber):	
Weitere Vorgehensweise bis zum nächsten Statusbericht:	
Unterschrift Mitarbeiter	Unterschrift Projektleiter

***Bild 11.11**: Beispiel für Projektbericht*

11.5.4 Projektdokumentation

Das Dokumentieren ist eine bei Softwareentwicklern äußerst unbeliebte Tätigkeit. Häufig wird diese Arbeit in IT-Projekten vernachlässigt bzw. "irgendwann am Ende" durchgeführt. Hinzu kommt, dass auch die Benutzer häufig unzufrieden sind mit vorhandenen Dokumenten: sie finden nicht das, wonach sie suchen, die Erklärungen sind für technische Laien unverständlich.

Eine gute Dokumentation ist dennoch wichtig: Im Projektteam kann es zu personellen Veränderungen kommen (Krankheit, Kündigung), somit ist die Dokumentation eine wichtige Voraussetzung für die schnelle Einarbeitung neuer Mitarbeiter. Ferner erspart eine verständliche Dokumentation ständige Rückfragen und Telefonate der Benutzer beim Support.

Anwender-dokumentation

Wir unterscheiden zwischen Anwender- und Systemdokumentation. Die *Anwenderdokumentation* benötigen die Benutzer bzw. die Fachabteilung. Sie unterteilt sich in mehrere Einzeldokumente. Im Rahmen der *Anwendungsbeschreibung* wird die Leistungsumfang des IT-Systems einschließlich Sonderfälle und Schnittstellen beschrieben. Das *Benutzerhandbuch* dient zur Schulung und als Nachschlagewerk. Es sollte verständlich formuliert sein, die Ausführungen sollten selbsterklärend sein. In der Regel existieren Benutzerhandbücher heute als Online-Versionen, wobei einzelne Abschnitte bei Bedarf ausgedruckt werden können.

System-dokumentation

Die IT-Abteilung benötigt technische Handbücher (*Systemdokumentation*). Die *Entwicklerdokumentation* ist wichtig für spätere Wartungs- und Weiterentwicklungsaufgaben, die *Betreiberdokumentation* muss für den Systembetrieb im Rechenzentrum vorgelegt werden und die *Projektdokumentation* enthält Angaben zum Projektverlauf für das IT-Management (vgl. StHa05] S. 318).

Die Dokumentation von IT-Projekten und IT-Systemen muss sowohl allgemeinen als auch formalen Ansprüchen genügen. Allgemeine Anforderungen sind:

- Vollständigkeit, d.h. es dürfen keine wichtigen Punkte fehlen,
- Übersichtlichkeit, d.h. die Beschreibungen müssen klar untergliedert werden und schnell auffindbar sein,
- Verständlichkeit, d.h. Dritte müssen sich anhand der Dokumentation schnell und selbständig in ein Thema einarbeiten können.

Außerdem sollten Dokumente als formale Anforderungen zumindest Gliederung, Titel, Autor und Erstelldatum aufweisen.

11.6 Methoden der Projektarbeit

Zur systematischen und erfolgreichen Bearbeitung von Projekten werden Techniken, Methoden und Werkzeuge eingesetzt. Eine *Technik* stellt ein Hilfsmittel dar, um ein bestimmtes Ziel im Rahmen der Projektarbeit zu erreichen, z. B. bei der Erhebung, Analyse, Auswertung oder Darstellung von Sachverhalten (vgl. [Mang06] S. 10).

Technik

Eng verwandt damit und hier synonym verwendet man den Begriff *Methode* als eine systematische Arbeitsvorschrift zur Problemlösung (vgl. [HaNe05] S. 782).

Methode

Werkzeuge (auch als Tools oder Softwareentwicklungswerkzeuge bezeichnet) sind Programme, die die Entwicklung von Anwendungssystemen unterstützen (vgl. [StHa05] S. 212. Nachfolgend stellen wir einige wichtige Methoden aus den Bereichen Projektmanagement und Organisation vor. Es gibt ferner spezielle Methoden für Wirtschaftsinformatik-Projekte. Hier unterscheiden wir zwischen Methoden für die Softwareentwicklung (vgl. Kapitel 12) und für die Auswahl von Standardsoftware-Auswahl (vgl. Kapitel 13).

Werkzeug

11.6.1 Kreativitätsmethoden

Die Arbeit in einem IT-Projekt erfordert neue Ideen und selbstständiges Denken von allen Beteiligten. Um dies zu ermöglichen und systematisch zu fördern setzt man in allen Projektphasen spezielle *Kreativitätsmethoden* (Ideenfindungsmethoden) ein. Im Mittelpunkt steht das Ziel, die Erfahrungen und das Wissen mehrerer Personen miteinander zu kombinieren, um neue Lösungsalternativen zu generieren (vgl. [Mang06] S. 164).

Als *Brainstorming* (Gehirnsturm) bezeichnet man eine Methode zur Ideenfindung zu einem vorgegebenen Thema im Rahmen einer Gruppenaktivität. Zur Erzielung eines möglichst guten Ergebnisses müssen verschiedene Regeln beachtet werden:

Brainstorming

- Es muss eine klare Problembeschreibung vorliegen. Jeder Teilnehmer muss sich mit dem Problem vor Beginn der Brainstorming-Sitzung bereits gedanklich beschäftigt haben.
- Die Quantität der Ideenproduktion hat während des Sitzungsverlaufs Vorrang vor der Qualität der Einfälle. Ideen sind spontan und ohne Hemmungen zu äußern. Je mehr Vorschläge gesammelt werden, desto wahrscheinlicher ist, dass darunter wirklich brauchbare neuartige Ideen sind.
- Die Kombination von Ideen anderer Sitzungsteilnehmer ist besonders willkommen und führt oftmals zu den besten Einfällen.
- Jede Kritik ist während der Brainstorming-Sitzung aufzuschieben.

Bewertung

Die Teilnehmerzahl einer Brainstorming-Sitzung liegt zwischen 5 und 12 Personen. Vor Beginn werden die Problemstellung und die Regeln erläutert. Die Ideen müssen dokumentiert und später ausgewertet werden. Die Vorteile der Brainstorming-Methode bestehen darin, dass mit geringem Zeitaufwand und wenigen Regeln eine große Zahl unkonventioneller neuer Ideen entstehen kann. Als nachteilig erweist sich oftmals, dass zu viele Vorschläge genannt werden (Masse statt Klasse) und dass eine Beeinflussung des einzelnen Teilnehmers aufgrund der offen genannten Vorschläge nicht ausgeschlossen werden kann. Fraglich ist auch, ob Brainstorming tatsächlich hilft, in einem Projektteam die eingefahrenen Wege und bisher praktizierten Verfahrensweisen tatsächlich zu überwinden.

Kärtchen

Eine Variante des Brainstormings ist die "Kärtchen-Methode". Hierbei werden Ideen stichwortartig auf Karteikarten (DIN A5) geschrieben, anschließend sortiert, an einer Pinwand, befestigt, bewertet und kommentiert. Der Vorteil ist hierbei die Anonymität der Ideenfindung. Die Vorschläge können unmittelbar strukturiert werden, durch neue ergänzt oder auch wieder entfernt werden.

Mind-Map

Die *Mind-Map-Methode* kombiniert Bilder, grafische Elemente (Linien, Kästen) und Begriffe und dient vor allem dazu, neue Ideen festzuhalten und zu organisieren (vgl. [Kuno05] S. 122 f.). Eine Mind-Map verzweigt von innen nach außen und kombiniert letztlich die intuitive Funktionsweise der rechten Gehirnhälfte mit der strukturierten Funktionsweise der linken Gehirnhälfte. Bild 11.12 zeigt als Beispiel eine Mind-Map im Rahmen der Konzeption eines neuen Vertriebsinformationssystems.

Bild 11.12: *Beispiel Mind-Map*

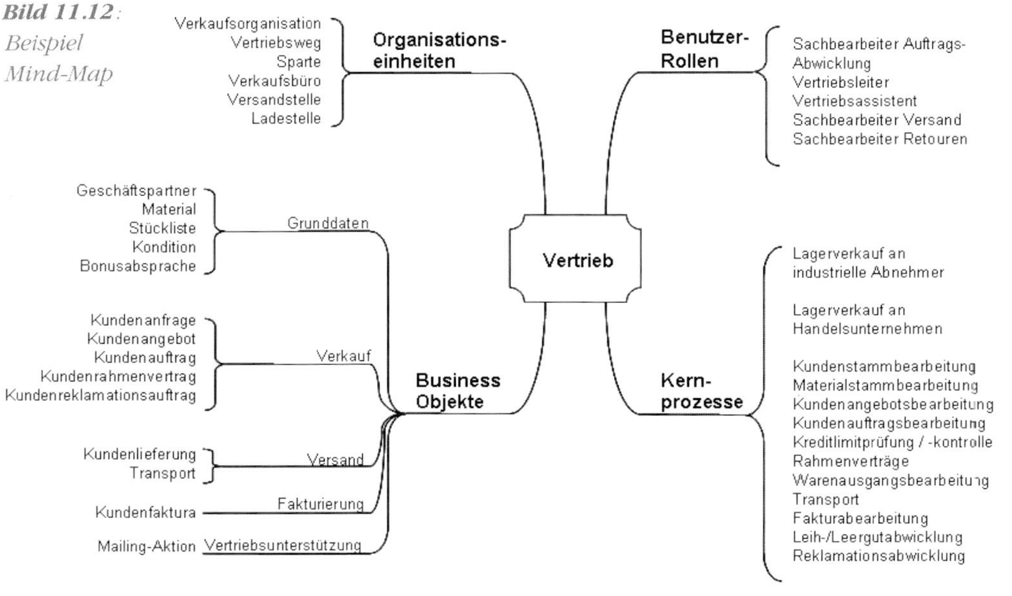

Bei der *Delphi-Methode* (angelehnt an das Orakel von Delphi) werden Ideen zur Lösung komplexer Probleme in mehreren Runden von anerkannten Experten gesammelt und bewertet. Durch die Rückkopplung der einzelnen Aussagen nähern sich die Ergebnisse nach mehreren Runden einem Durchschnittswert. Die Delphi-Methode wird zur Ideenfindung, Prognose und insbesondere zur Aufwandsschätzung (Zeiten, Kosten) von Projekten eingesetzt. Eine Delphi-Schätzung kann wie folgt ablaufen: (vgl. [HiHö06] S. 57)

Delphi

1. Ein Moderator erläutert den beteiligten Experten entweder schriftlich oder im Rahmen einer gemeinsamen Sitzung die Aufgabenstellung und verteilt die benötigten Unterlagen.
2. Die beteiligten Fachleute formulieren auf einem Formular unabhängig voneinander ihre Problemlösung. Rückfragen an den Moderator sind möglich, eine Diskussion untereinander ist nicht erlaubt.
3. Der Moderator stellt die Ergebnisse in anonymisierter Form vor. Die Experten diskutieren gemeinsam über die Ergebnisse.
4. Basierend auf den neuen Erkenntnissen überarbeitet jeder Experte seine Aussagen.
5. Die Schritte 2 – 4 wiederholen sich solange, bis sich die Expertenaussagen stabilisieren und die einzelnen Prognosen nicht mehr weit auseinander liegen.

Die Delphi-Methode ist zwar aufwändig und zeitintensiv, insbesondere wenn die Experten nicht persönlich zusammenkommen, erzeugt andererseits aber zumeist fundierte Ergebnisse und Prognosen. Wichtige Voraussetzungen für den Erfolg der Delphi-Methode sind die Auswahl der richtigen Teilnehmer und ein guter Moderator.

Bewertung

Mit Hilfe des "*Morphologischen Kastens*" sollen keine völlig neuen Lösungen für ein Problem gefunden werden, sondern vielmehr bereits bestehende Lösungen verglichen und miteinander kombiniert werden (vgl. [Meie04] S. 162, [Mang06] S. 169). In der ersten Spalte des Kastens (der Matrix) werden die verschiedenen Einflussgrößen des zu lösenden Problems eingetragen. In jeder Zeile trägt man anschließend die verschiedenen Ausprägungen für jeden Parameter ein. Durch Kombination der einzelnen Felder innerhalb der Matrix entstehen jetzt die möglichen Problemlösungsalternativen. Die Anzahl der Alternativen kann hierbei sehr groß werden (bei einer 5 x 5-Matrix könnten theoretisch 5^5 (= 3.125) unterschiedliche Lösungen entstehen. Allerdings bleiben bereits bekannte Lösungskombinationen sowie unsinnige bzw. unrealistische Alternative unberücksichtigt. Gewollt sind dagegen völlig neuartige und realisierbare Vorschläge.

Morphologischer Kasten

Im Bild 11.13 wird ein morphologischer Kasten für das Problem "Wie lässt sich Entwicklerkapazität eines Software-Unternehmens erweitern?" dargestellt. Die beiden bevorzugten Lösungsvorschläge werden durch die grauen Verbindungslinien dargestellt.

Bild 11.13: Morphologischer Kasten

Parameter	Lösungsalternativen			
Rechtsform	Eingegliedert in Stammhaus	Zu gründendes Tochterunternehmen	Kauf eines bestehenden Software-Unternehmens	Joint Venture
Arbeitsort	Erweiterung bisheriger Standort	Home Office	Zusätzlicher Standort in Deutschland	Offshoring (Standort im Ausland/Asien)
Mitarbeiter-Qualifikation	Studium Wirtschaftsinformatik	Studium Informatik	Ausbildung (Fachinformatiker)	Quereinsteiger
Vertragsverhältnis	Angestellt (unbefristet)	Angestellt (befristet)	Freelancer / Freiberuflich	Mitarbeiter von Zeitarbeitsunternehmen
Einsatzfelder	Projektleiter	Softwareentwickler	Software-Tester	Datenbank-Administrator

11.6.2 Erhebungsmethoden

Mit Hilfe von *Erhebungsmethoden* werden Arbeitsabläufe, Daten und Hilfsmittel erfasst. Diese Methoden setzt man vor allem bei der Ist-Analyse ein. Wir erläutern nachfolgend die vier Erhebungsmethoden

- Mündliche Erhebung (Interview)
- Schriftliche Erhebung (Fragebogen)
- Beobachtung
- Selbstaufschreibung

Interview

Bei der mündlichen Befragung, auch als Interview bezeichnet, werden ausgesuchte Mitarbeiter eines Unternehmensbereichs zu Aufgaben, Abläufen, Hilfsmitteln und Schwachstellen befragt. Der Fragesteller verfolgt das Ziel, wahrheitsgemäße und verständliche Antworten auf relevante Themen zu erhalten. Der Befragte wird nur dann antworten, wenn er vom Interviewer nicht unnötig verunsichert oder blockiert wird. Wir unterscheiden verschiedene, für IT-Projekte relevante Formen von Interviews, vgl. hierzu Bild 11.14.

Das *vollstandardisierte* Interview zielt ab auf die Gewinnung von vergleichbaren Antworten. Dem Interviewer liegt ein Fragbogen vor, wobei er die Fragen in der vorgegebenen Reihenfolge wörtlich vorliest. Die Antworten sind ganz oder teilweise im Voraus festgelegt. Da sich der Fragesteller exakt an sein vorliegendes Fragengerüst halten muss, ist es nicht möglich, auf eventuell interessante neue Aspekte des Befragten einzugehen. Die Auswertung ist dagegen bei vorformulierten Fragen am einfachsten (vgl. [Mang06] S. 119): *Standardisierung*

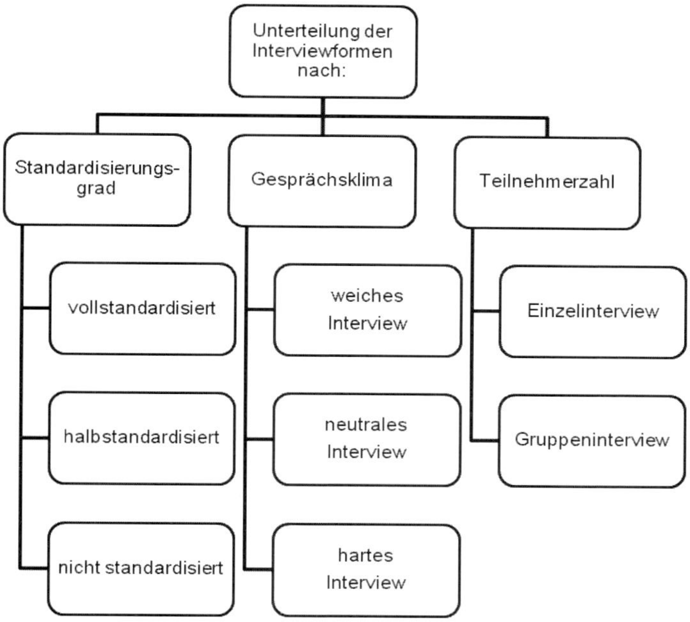

***Bild 11.14**: Interviewformen*

Das *halbstandardisierte* Interview enthält sowohl vorformulierte als auch offene Fragestellungen. Der Interviewer kann flexibel auf neuartige Themen, die während der Durchführung aufkommen, reagieren. Weil nicht allen Befragten die gleichen Fragen gestellt werden, sind die Ergebnisse nur teilweise vergleichbar, der Aufwand bei der Auswertung der offenen Fragen ist höher als beim standardisierten Interview.

Beim *nicht-standardisierten* Interview liegt dem Fragesteller ein Interviewleitfaden vor, der lediglich Stichworte zu den wichtigsten Themen der Befragung enthält. Sowohl die Formulierung als auch die Reihenfolge liegen im Ermessen des Interviewers. Eine exakte Vergleichbarkeit der Antworten ist hierbei nicht gegeben, die Auswertung kann nur qualitativ erfolgen.

Gesprächsklima

Auf der persönlichen Ebene kann das Gesprächsklima bei einem *Interview* – bewusst oder unbewusst – sehr unterschiedlich sein. Das *weiche* Interview ist stark personenorientiert, eine gute Gesprächsatmosphäre ist gewollt. Der Interviewer tritt freundlich, zuvorkommend und hilfsbereit auf. Er ermutigt den Befragten, ihm Auskünfte zu geben und vermeidet gezielte Unterbrechungen sowie Zeitdruck. Das *neutrale* Interview zeichnet sich durch einen sachlichen Gesprächsstil aus. Der Interviewer ist freundlich und höflich, der nur dann interveniert, wenn es sachlich erforderlich ist. Im *harten* Interview werden dagegen schnelle, suggestive und unter Umständen auch provozierende Fragen gestellt. Der Interviewer präsentiert sich herausfordernd und aggressiv. Er setzt den Gesprächspartner unter ständigen Druck, sodass wenig Zeit zum Nachdenken bleibt. Die Gefahr hierbei ist, dass der Befragte den Eindruck erhält, einem Verhör ausgesetzt zu sein und die zunehmende Verwirrung und Verweigerung zum Abbruch des Interviews führen kann. Das harte Interview mag bei erheblichen Missständen und Widerständen erfolgversprechend sein, es eignet sich jedoch allenfalls in Ausnahmefällen zur Informationsgewinnung im Rahmen von IT-Projekten.

Teilnehmerzahl

Die mündliche Befragung kann als Einzelinterview oder als Gruppeninterview durchgeführt werden. Im *Einzelinterview* lassen sich sehr persönliche Details und Meinungen besprechen, vorausgesetzt es besteht ein Vertrauensverhältnis zwischen den Interviewpartnern. Das *Gruppeninterview* wird gewählt, um zu einem Zeitpunkt die Meinungen mehrerer Personen, z. B. aus einer Abteilung, zu erheben. Die mündliche Befragung der Gruppe erfordert weniger Zeit als die Durchführung von Einzelinterviews. Allerdings können gruppendynamische Effekte (Machtkämpfe innerhalb der Gruppe, einseitige Teilnehmerzusammensetzung, Solidarisierung der Gruppe gegenüber dem Interviewer) den Erfolg des Gruppeninterviews verhindern.

Fragebogen

Bei der schriftlichen Befragung werden die relevanten Themen in Form eines *Fragebogens* ohne persönlichen Kontakt erhoben. Fragebögen werden, wegen der besseren Auswertbarkeit, zumeist in standardisierter Form eingesetzt. Bei der Formulierung der Fragen muss auf Verständlichkeit und Eindeutigkeit geachtet werden. Infolge der längeren Vorbereitungszeit eines Fragebogens eignen sich schriftliche Befragungen erst ab einer Anzahl von ca. 20 zu befragenden Personen. Die Fragebögen können anonym oder mit Namensangabe zurück gesandt werden. Der schriftliche Fragebogen wird mehr und mehr durch einen Online-Fragebogen abgelöst. Bei letzterem entfällt die Erfassung der zurück gesandten Fragebögen. Außerdem können bei einem Online-Fragebogen Plausibilitäts- und Vollständigkeitskontrollen vorgesehen werden (z. B. werden bestimmte Eingaben direkt überprüft oder es müssen alle Fragen beantwortet werden). Ein Fragebogen wird bei IT-Projekten beispielsweise zur Erhebung von Benutzeranforderungen oder zur Überprüfung der Benutzerzufriedenheit mit einer Anwendungssoftware eingesetzt.

Bei Interview und Fragebogen können unterschiedliche Arten von Fragen eingesetzt werden. In Bild 11.15 stellen wir die wichtigsten Fragetechniken vor.

Bild 11.15: *Fragetechniken*

Art der Frage	Beispiel
Offene Frage	Welche Schwierigkeiten haben Sie als Benutzer mit der Software ...?
Geschlossene Frage	Stellung im Unternehmen: (Ankreuzen) O Sachbearbeiter/in O Führungskraft
Beurteilungsfrage	Welche Meinung haben Sie zu dem schlechten Image des Benutzersupports?
Informationsfrage	Seit wann arbeiten Sie mit der Software ...?
Vergleichsfrage	Wenn Sie die neue Software mit dem bisher genutzten System ... vergleichen, welche Unterschiede stellen Sie fest?
Berechnungsfrage	Wie viele zusätzliche Anfragen erwarten Sie von den Benutzern pro Tag?
Anregungsfrage	Welchen Vorschlag haben Sie zur Lösung der Performance-Probleme im Bereich ...?
Erweiterungsfrage	Können Sie die soeben formulierten Kritikpunkte näher erläutern?
Provokative Frage	Sind die langen Reaktionszeiten auf Software-Fehlermeldungen erforderlich?
Entscheidungsfrage	Können Sie Neuinstallationen von Hardware-Komponenten grundsätzlich am Wochenende durchführen?
Kontrollfrage	(zur Überprüfung bereits erhobener Sachverhalte, anders formuliert)

Beobachtung

Die *Beobachtung* dient zur Aufnahme von Arbeitsabläufen und Tätigkeiten an einem oder mehreren Arbeitsplätzen über einen längeren Beobachtungszeitraum hinweg, um möglichst genaue Ergebnisse über den Untersuchungsbereich zu erhalten. Die Beobachtung ist mit einem relativ hohen Zeitaufwand seitens des Beobachters verbunden und kann zu psychischen Belastungen des Beobachteten oder untypischen Verhaltensweisen führen. Die Beobachtung wird vor allem zur Zeit- und Leistungsmessung genutzt und ist bei IT-Projekten eine ungebräuchliche Erhebungsmethode.

Selbstaufschreibung

Bei der *Selbstaufschreibung* nehmen Mitarbeiter die Erhebung von Abläufen, Tätigkeiten und Ereignissen am Arbeitsplatz selber vor. Wenn diese Aufzeichnungen über einen längeren Zeitraum sorgfältig durchgeführt werden, können statistisch abgesicherte Ergebnisse erzielt werden. Mit der Selbstaufschreibung lassen sich mehrere Arbeitsplätze oder Organisationseinheiten gleichzeitig erheben. Zur Datenerhebung müssen Formulare vorbereitet werden. Die Mitarbeiter erfassen entweder die Eintrittshäufigkeit vorab festgelegter Ereignisse pro Zeitintervall (z. B. Anzahl Benutzeranfragen pro Tag nach Einführung einer neuen Software) oder sie schreiben auf, wie häufig welche Tätigkeiten pro Zeitintervall auftraten. Die Selbstaufschreibung kann für das IT-Projektteam eine zeitliche Entlastung bewirken (es müssen beispielsweise keine Interviews durchgeführt werden), andererseits muss eine hohe Genauigkeit der Ergebnisse gewährleistet sein, weil andernfalls falsche Schlussfolgerungen aus den ermittelten Daten gezogen werden. Die Genauigkeit wird erreicht durch Schulungsmaßnahmen, durch die Verwendung geeigneter Erfassungsformulare sowie durch Betonung des Vertrauens in die Erhebung durch die Mitarbeiter.

11.6.3 Projektplanungsmethoden

Projektzeitplanung

Bei der *Projektzeitplanung* geht es darum, eine minimale Gesamtdauer eines IT-Projekts unter Berücksichtigung der richtigen Reihenfolge einzelner Projektaktivitäten und gegenseitiger Abhängigkeiten zu planen. Wir stellen nachfolgend Methoden vor zur Schätzung von *Zeitaufwänden* (wie viel Zeit, gemessen in Personentagen, benötigte ein Mitarbeiter/ ein Team für eine bestimmte Projektaktivität?) und zur Planung von *Terminen* (zu welchen Zeitpunkten sind bestimmte Projektaktivitäten erledigt?)

Aufwandsschätzung

Computergestützte Informationssysteme stellen Investitionen dar, deren Entwicklung, Kauf und Nutzung betriebswirtschaftlich gerechtfertig werden müssen. Zu Beginn eines IT-Projekts liegen jedoch in der Regel keine ausreichenden Zahlen zur Wirtschaftlichkeitsrechnung vor, sodass auf *Schätzungen* zurück gegriffen werden muss. Für die *Aufwandsschätzung* liegen verschiedene Methoden vor von denen wir das Analogieverfahren und die Function Point Methode vorstellen.

Analogieverfahren

Das *Analogieverfahren* basiert auf Erfahrungswerten früherer Projekte. Das zu schätzende Projekt wird darauf untersucht, ob ein ähnliches Vorhaben schon einmal durchgeführt wurde und diese Aufwände werden auf das aktuelle Projekt übertragen.

Beispiel

Nach den Erfahrungen aus früheren Projekten kann der Gesamtaufwand eines IT-Projekts prozentual auf einzelne Projektphasen verteilt werden (vgl. Bild 11.16). Eine Expertenschätzung von zwei erfahrenen Software-Entwicklern ergibt einen Aufwand für die Realisierung eines neuen Softwaresystems über 310 Personentage. Hieraus lassen sich der Aufwand für die übrigen Phasen sowie der Gesamtaufwand ermitteln.

Analogieverfahren lassen sich schnell und ohne spezielle Kenntnisse anwenden. Allerdings werden Erfahrungswerte in den meisten Unternehmen nicht systematisch ermittelt und es kann gerade bei Neuentwicklung vorkommen, dass Vergangenheitswerte nicht als Maßstab herangezogen werden können.

Phase	Aufwandsverteilung in % aus früheren Projekten	Aufwandsschätzung neues Projekt in PT
Analyse	6	53
Konzept	15	133
Entwurf	23	204
Realisierung	35	**310**
Einführung	21	186
Gesamtaufwand	100	**886**

***Bild 11.16**: Analogieschätzung (vgl. HiHö06 S. 55)*

Function Point Methode

Eine andere, weit verbreitete Schätzmethode ist die *Function Point Methode*. Der Aufwand wird anhand des Umfangs und der Komplexität der Funktionen ermittelt (vgl. [Hein02] S. 491 ff; [Krcm05] S. 159 f.). Die Anwendung erfolgt in fünf Schritten:

1. Im ersten Schritt wird das Projekt in einzelne Funktionen zerlegt. Jede Funktion wird in eine der Kategorien Dateneingaben, Datenausgaben, Abfragen, Datenbestände (Pflege, Sicherung) und Referenzdaten (Datenbestände für andere Anwendungen, Steuertabellen) eingeordnet.
2. Aufgrund ihres Schwierigkeitsgrades werden die einzelnen Funktionen nunmehr klassifiziert (einfach, mittel, komplex). Je nach Funktionskategorie und Schwierigkeit werden unterschiedliche Gewichtungen vergeben, z. B. 3-fach bei einfachen, 4-fach bei mittleren und 6-fach bei komplexen Funktionen in der Kategorie "Dateneingaben".
3. In diesem Schritt berücksichtigt man mögliche Einflüsse aufgrund des Projektumfelds, beispielsweise Schnittstellen zu anderen Informationssystemen, besonders schwierige Verarbeitungslogik durch Festlegung von Einflussfaktoren zwischen 0 und 10.
4. Im nächsten Schritt erfolgt die Berechnung der Function Points (vgl. Bild 11.17)
5. Aus einer Tabelle der bisherigen Projektaufwände bzw. einer Erfahrungskurve lässt sich anhand der errechneten Function Points der voraussichtliche Aufwand für das aktuelle IT-Projekt in Personentagen ablesen (vgl. Bild 11.18)

Bild 11.17: *Function Point Methode (vgl. [Hein02] S. 497)*

Funktionskategorie	Anzahl	Gewicht	Funktionszahl
Dateneingaben	36	Einfach = 3	108
	22	Mittel = 4	88
	17	Komplex = 6	102
Datenausgaben	13	Einfach = 4	52
	20	Mittel = 5	100
	12	Komplex = 7	84
Abfragen	20	Einfach = 3	60
	5	Mittel = 4	20
	15	Komplex = 6	90
Datenbestände	-	Einfach = 7	-
	12	Mittel = 10	120
	9	Komplex = 15	135
Referenzdaten	-	Einfach = 5	-
	15	Mittel = 7	105
	-	Komplex = 10	-
Funktionszahl			1064
Einflussfaktoren:	Verflechtung mit anderen Verfahren		9
	Schwierige Rechen-operationen		8
	Hohe Transaktionsrate		10
	Wiederverwendbarkeit		9
	Datenkonvertierung		3
Summe Einflussfaktoren			39
Einflussgrad			1,09
Funktionspunkte			**1.160**

Das Function Point Verfahren ist leicht verständlich und kann auch von Nicht-IT-Fachleuten angewandt werden, um eine relativ frühe Aufwandsschätzung im Projekt durchzuführen. Voraussetzung ist allerdings die Fortschreibung laufender Erfahrungswerte.

Zeitplanung

Auch zur Planung von Projektzeiten und -terminen gibt es verschiedene Methoden, von denen wir nachfolgend *Gantt-Diagramme* und *Netzpläne* vorstellen. In der Regel wird die Zeitplanung mit einem Projektplanungstool, wie z. B. Microsoft Project durchgeführt.

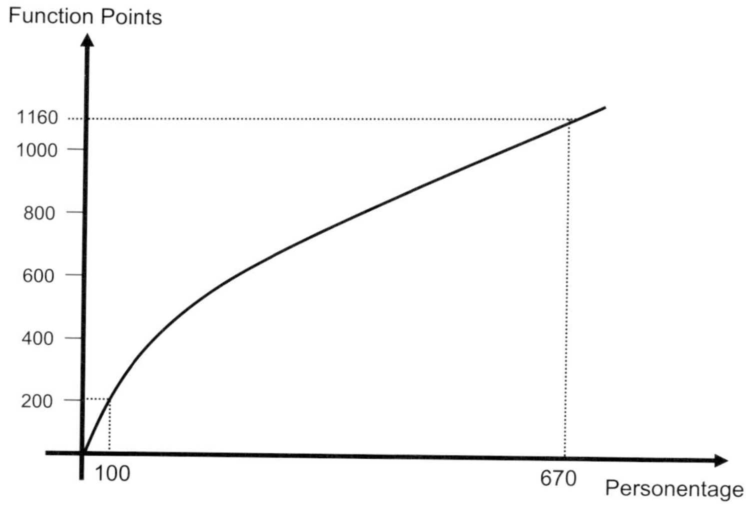

Bild 11.18: Aufwandsermittlung anhand Erfahrungskurve (vgl. [Hein02] S. 496)

Gantt-Diagramm

Der Ingenieur Henry Gantt entwickelte die nach ihm benannte Methode zu Beginn des 20. Jahrhunderts. Gantt- oder Balkendiagramme sind die am weitesten verbreitete Darstellungsform für Projektzeitenpläne. Die einzelnen Projektaktivitäten werden in Form von Balken über einer Zeitachse dargestellt. Für einzelne Tätigkeiten werden Anfangs- und Endtermine sowie Verkettungen (Vorgänger/Nachfolger) dargestellt.

Bild 11.19: Gantt-Diagramm

Nr.	Vorgang	Dauer	Anfang	Ende	März	April	Mai
1	Projekt starten	1 Tag	28.02.09	28.02.09			
2	Geschäftsprozess-Analyse	12 Tage	01.03.09	16.03.09			
3	Geschäftsprozess-Optimierung	22 Tage	01.03.09	30.03.09			
4	Anforderungsdefinition	12 Tage	01.03.09	16.03.09			
5	Markterhebung	17 Tage	01.03.09	23.03.09			
6	Systemadministratoren schulen	15 Tage	19.03.09	06.04.09			
7	Probeinstallationen durchführen	20 Tage	26.03.09	20.04.09			
8	Software testen	20 Tage	23.04.09	18.09.09			
9	Neue Hardware beschaffen und installieren	55 Tage	09.04.09	22.06.09			
10	Gesamtsystem testen	15 Tage	25.06.09	13.07.09			
11	Zugriffsregeln definieren	35 Tage	07.09.09	22.06.09			
12	Schulungen durchführen	15 Tage	06.08.09	24.08.09			
13	Mitarbeiter informieren	1 Tag	27.08.09	27.08.09			
14	System freigeben	1 Tag	03.09.09	03.09.09			

Ein einfaches Beispiel für ein Balkendiagramm zur Einführung von Standardsoftware zeigt Bild 11.19. Der Projektleiter trägt zu den einzelnen Aktivitäten die Dauer sowie die geplanten Anfangs- und Endtermine ein. Für einen Zeitraum von 3 Monaten werden Termine auch grafisch angezeigt. Durch weitere Spalten können die Istwerte (Dauer, Beginn, Ende) hinzugefügt werden.

Bewertung

Gantt-Diagramme bieten einen leichten Überblick über die Arbeitspakete eines Projekts und deren zeitliche Abfolge. Bei umfangreichen Projekten mit sehr vielen Aktivitäten wird diese Darstellung aber unübersichtlich, gegenseitige Abhängigkeiten lassen sich nur begrenzt darstellen, außerdem verändert sich das Diagramm bei jeder Verzögerung im Projektverlauf (vgl. [Kuno05] S. 32).

Netzplan

Eine andere Möglichkeit zur Projektplanung bietet der *Netzplan*. Hierbei werden die Projekttätigkeiten und deren Beziehungen untereinander als Netzwerk dargestellt. Netzpläne eignen sich für größere IT-Projekte mit vielen Arbeitspaketen und Abhängigkeiten zwischen den einzelnen Aktivitäten. In einem Netzplan stellt man die Aktivitäten als Knoten und die Beziehungen als Kanten dar (vgl. Bild 11.20).

Bild 11.20: *Netzplan (vgl. [HiHö06] S. 71)*

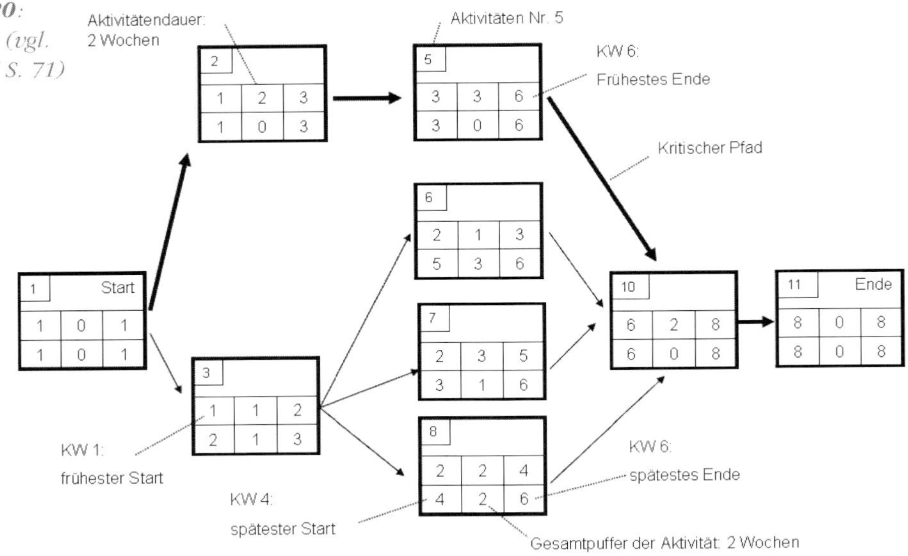

Ferner können wichtige Meilensteine eines Projekts sowie Start und Ende des Projekts in dem Netzplan dargestellt werden. Außerdem kann der kritische Pfad eines Projekts dargestellt werden. Hierbei handelt es sich um aufeinanderfolgende Aktivitäten, die über keinen zeitlichen Puffer verfügen und deren Verfolgung zugleich die kürzeste Gesamtdauer des Projekts bedeutet. Andererseits gefährden Störungen und Probleme auf dem kritischen Pfad direkt den Projektendtermin (vgl. [HiHö06] S. 70).

Nr. der Aktivität:	Bezeichnung der Aktivität:	
Frühester Starttermin	Dauer der Aktivität	Frühester Endtermin
Spätester Starttermin	Gesamtpuffer der Aktivität	Spätester Endtermin

***Bild 11.21**: Knoten eines Netzplans*

Jeder Knoten des Netzplans enthält detaillierte Angaben zum zeitlichen Ablauf des Projekts (vgl. Bild 11.21):

- Aktivitäten-Nr. und Bezeichnung,
- Frühstmöglicher Start, an dem eine Projektaktivität begonnen werden kann und frühstmögliches Ende, an dem die Tätigkeit erledigt sein kann,
- Spätestmöglicher Start und spätestmögliches Ende, ohne dass es zu einer Gesamtverzögerung des Projekts kommt,
- Zeitdauer einer Aktivität in Tagen, Wochen oder Monaten; nicht zu verwechseln mit dem Aufwand in Mitarbeiter-Tagen,
- Gesamtpuffer einer Aktivität, der sich aus der Differenz zwischen frühesten Endtermin einer Tätigkeit und dem frühesten Starttermin der direkt nachfolgenden Aktivität ergibt.

Der knotenorientierte Netzplan eignet sich zur Erstellung umfangreicher Aktivitätenzeitpläne mit vielen Abhängigkeiten untereinander. Sobald die Dauer die einzelnen Aktivitäten festgelegt bzw. geschätzt wurde, können die Gesamtdauer eines Projekts und Pufferzeiten pro Vorgang durch eine Vorwärts- und eine Rückwärtsberechnung ermittelt werden.

11.6.4 Analysemethoden

Mit Hilfe von *Analysemethoden* gelingt es, komplexe Sachverhalte und ungeordnete Informationen innerhalb eines IT-Projekts zu ordnen, um anschließend eine klare Vorstellung von der Ist-Situation oder vom Soll-Konzept zu erhalten. Analysemethoden werden vor allem in den frühen Phasen eines IT-Projekts (Analyse, Konzept, Entwurf) angewandt. Wir stellen anschließend die *Funktionsanalyse* und die *Entscheidungstabelle* vor. Weitere Analysemethoden werden an anderer Stelle dieses Buches diskutiert, z. B. Methoden zur Datenanalyse in Kapitel 6, Methoden der Geschäftsprozessanalyse in Kapitel 13.2.1, Methoden zur Wirtschaftlichkeitsanalyse in Kapitel 13.2.2.

Funktionsanalyse

Die Methode der *Funktionsanalyse* ermöglicht die stufenweise Zerlegung eines komplexen Problems in seine Elemente. Die ursprüngliche Aufgabe wird in mehrere, voneinander unabhängige Teile zerlegt (Modularisierung), sodass eine Gleich-, Über- und Unterordnung ersichtlich wird. Für jede Teilfunktion wird eine Beschreibung vorgenommen und eine Problemlösung erarbeitet. Später müssen die Teillösungen jedoch wieder integriert werden. Je nach Anzahl der Hierarchiestufen und Wahl der Begriffe sieht das Ergebnis der Zerlegung unterschiedlich aus, d.h. bei Anwendung durch unterschiedliche Personen entsteht nicht zwangläufig ein identisches Analyseergebnis.

Die Erstellung einer Kundenrechnung lässt sich beispielsweise aufteilen in:

- Kundenspezifische Rechnungsdaten (Name, Adresse)
- Artikelbezogene Rechnungsdaten (Positionsdaten)
- Ergebnisse der Rechnungsstellung (Brutto-, Nettobetrag)
- Statistische Berechnungen

Als Ergebnis der Funktionsanalyse entsteht ein Funktionsbaum, siehe hierzu Bild 11.22).

***Bild 11.22**: Baumdiagramm*

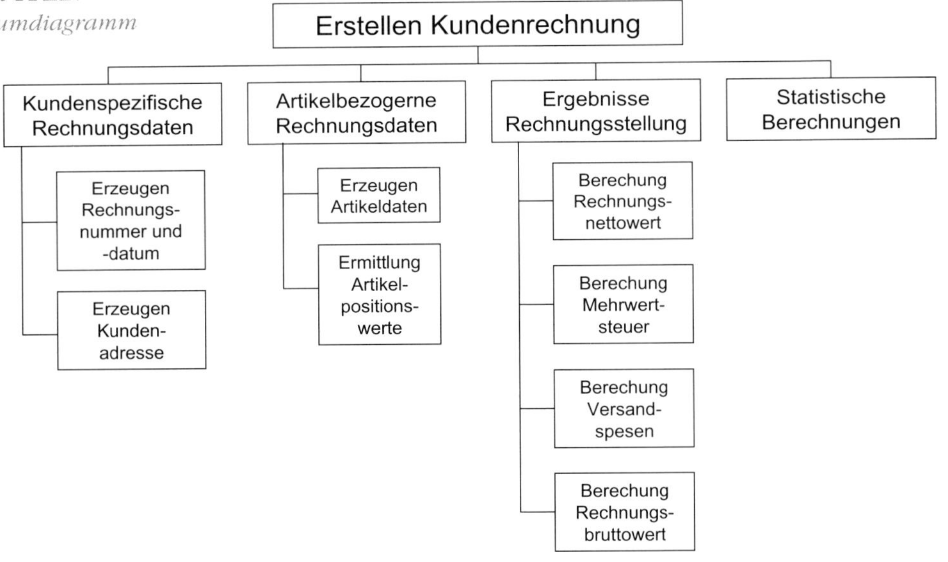

Entscheidungs-tabelle

Entscheidungstabellen beschreiben, welche Aktionen unter bestimmten Bedingungen ergriffen werden sollen. Die Methode eignet sich sowohl für einfache als auch für komplexe Entscheidungsprobleme. Sie ist als DIN 66241 genormt. Entscheidungstabellen werden sowohl in frühen Projektphasen als auch bei Programmierung, Test und Dokumentation eingesetzt. Entscheidungstabellen bestehen aus einem Bedingungsteil (oberer Tabellenbereich) und einem Aktionsteil (unterer Tabellenbereich). Die Anwendung ist sehr einfach, es werden lediglich einige wenige Symbole verwendet (vgl. Bild 11.23).

Bereiche	Zeichen	Bedeutung
Bedingungsteil (Wenn-Bereich)	J N -	Ja Nein Irrelevant
Aktionsteil (Dann-Bereich)	x	Aktion ausführen

Bild 11.23: Verwendete Zeichen bei Entscheidungstabelle

Die Anwendung von Entscheidungstabellen erläutern wir anhand des folgenden Beispiels:

Wenn ein Kunde zum ersten Mal bestellt, werden seine Daten in einer Kundendatei gespeichert. Liegt bereits bei der ersten Bestellung ein Rechnungsbetrag von über 1.000 € vor, dann erhält der Kunde eine Spezialrabatt von 3%. Bei Wiederholungsbestellungen erhalten alle Kunden diesen Rabatt. Allen Sendungen mit einem Bestellwert von über 1.000 € sind außerdem versichert. Die Entscheidungstabelle sieht wie folgt aus vgl. Bild 11.24):

	Bedingungen/Aktionen	1	2	3	4
B1	Kunde neu	J	J	N	N
B2	Rechnungsbetrag über 1000	J	N	J	N
A1	Eintragung in Datei	x	x		
A2	Spezialrabatt 3%	x		x	x
A3	Versicherung	x		x	

Bild 11.24: Beispiel Entscheidungstabelle

Bewertung

Eine vollständige Entscheidungstabelle verfügt bei n Bedingungen wegen der Beantwortungsmöglichkeiten mit Ja bzw. Nein über insgesamt 2^n Entscheidungsregeln. In der Praxis lässt sich jedoch die Anzahl der Regeln verringern, indem nicht alle theoretisch möglichen Kombinationen berücksichtigt werden sondern lediglich die realistischen (vgl. [StHa05] S. 241). Ferner ist auf Widersprüche (gleiche Bedingungen führen zu unterschiedlichen Aktionen) und Redundanzen (unterschiedliche Bedingungen führen zu derselben Aktion) zu achten.

Zusammenfassend lassen sich mit Entscheidungstabellen komplizierte Sachverhalte in strukturierter Form darstellen. Die Methode ist leicht erlernbar und anwendbar. Widersprüche und Redundanzen sind gut erkennbar. Nachteilig ist die erforderliche Unabhängigkeit von Bedingungen und Aktionen, die in der Praxis nicht immer gegeben ist. Es müssen sämtliche Kombinationen von Bedingungen und Aktionen berücksichtigt werden, erst später können unsinnige Varianten eliminiert werden. Schließlich handelt es sich bei der Methode um ein rein deskriptives Verfahren, die Einschätzung, ob Bedingungen bzw. Aktionen sinnvoll sind, bleibt dem Benutzer der Methode vorbehalten.

11.7 Erfolg von IT-Projekten

Eine Vielzahl von IT-Projekten wird nicht erfolgreich zu Ende geführt. Lediglich 35% aller Software-Entwicklungsprojekte wurde im Jahr 2006 als erfolgreich eingeschätzt, d. h. sie wurden rechtzeitig abgeschlossen, hielten sich an vereinbarte Budgets und erfüllten die Benutzer-Erwartungen. 19% der Projekte wurden abgebrochen und bei 46% der Projekte wurden Zeiten und Budgets überschritten (vgl. [Rubi07]).

Die *kritischen Erfolgfaktoren für IT-Projekte*, insbesondere für Software-Entwicklungsprojekte, sind jedoch seit Jahren unverändert und wurden in verschiedenen empirischen Studien bestätigt (vgl. [MoBr04] S. 420 ff):

Management-Unterstützung

- Die Geschäftsleitung muss IT-Projekte unterstützen, muss hinter den Entwicklungszielen und der Einführungsstrategie stehen. Der Projektmanager benötigt die Hilfe seitens des Top-Managements durch schnelle Entscheidungen bei der Ressourcenvergabe, bei der Prioritätensetzung und bei der Lösung von Konflikten.

Benutzer-Beteiligung

- Die zukünftigen Benutzer sind frühzeitig in den verschiedenen Projektphasen zu beteiligen, ihre Anforderungen müssen bekannt sein und erfüllt werden. Andernfalls besteht die Gefahr, dass ein neu entwickeltes Anwendungssystem nicht akzeptiert wird, dass nachträgliche Änderungen bei Masken und Listen zu erheblichen Mehraufwänden führen.

Erfahrener Projektmanager

- Ein erfahrener Projektleiter besitzt eine Schlüsselrolle für den Projekterfolg. Er bildet das Verbindungsglied zwischen Auftraggeber und Entwickler und ist für den reibungslosen Projektablauf verantwortlich.

Klare Projektziele

- Ein weiterer Erfolgfaktor ist die präzise Formulierung der Projektziele. Der Auftraggeber (Projekteigner) hat eindeutig die Verantwortung für klare Zielformulierung. Ein IT-Projekt unterstützt letztlich Geschäftsziele und Geschäftsprozesse im Unternehmen. Die Ziele müssen von Anfang an allen Projektbeteiligten bekannt sein.

Minimaler Projektumfang

- Auch die Größe eines Software-Projekts stellt einen wichtigen Einflussfaktor für den Projekterfolg dar. Je größer und komplexer Projekte sind, desto schwerer ist es, diese zu beherrschen und zu steuern. Es sollte daher angestrebt werden, umfangreiche Vorhaben in kleinere Einheiten zu unterteilen.

11.8 Fragen und Aufgaben

1. Handelt es sich bei den nachfolgenden Beispielen um Projekte? Begründen Sie Ihre Entscheidung.

   a) Erstellung einer Benutzerdokumentation durch eine Person für eine soeben eingeführte Anwendungssoftware im Bereich Vertrieb.

   b) Durch die Umstellung auf eine neue Betriebssystem-Version werden alle Benutzer geschult.

   c) Die Abteilung Rechnungswesen bereitet den Jahresabschluss jeweils in den Monaten.

   d) Ein Lieferant von ERP-Standardsoftware stellt in unregelmäßigen Abständen verbesserte Updates zur Verfügung. Die Unternehmen, die diese Software nutzen, testen zunächst diese Updates und stellen die neue Version erst anschließend allen Benutzern zur Verfügung.

   e) Der Internet-Auftritt eines Unternehmens wird gründlich überarbeitet und erweitert. Die Kunden können jetzt u. a. einen Newsletter beziehen und können umfangreiche Produktinformationen herunterladen.

   f) Zwei Controller entwickeln eine komplizierte Excel-Anwendung und können damit jetzt bedeutend schneller die monatlichen Kennzahlen in grafisch ansprechender Form dem Management präsentieren.

2. Durch welche charakteristischen Merkmale zeichnet sich ein IT-Projekt aus?)

3. Erstellen Sie eine Mind-Map zum Thema: Ich plane mit meiner Familie einen Kurztrip nach Rom.

4. Sie haben die Aufgabe, ein neues Trinkglas auf den Markt zu bringen. Erstellen Sie hierfür einen morphologischen Kasten.

5. Angenommen, Sie wären Projektleiter/in: welche Informationen erwarten Sie von Ihren Projektmitarbeitern im wöchentlichen Projektbericht?

6. Sie sollen für ein neues CRM-System eine Ist-Analyse durchführen. Wie gehen Sie vor und welche Angaben erheben Sie?

7. Welche Erhebungstechnik (Interview, Fragebogen oder Beobachtung verwenden Sie bei der unter Frage 6 genannten Ist-Analyse?

8. Was muss ein Projektmanager beachten, um ein IT-Projekt erfolgreich zu beenden?

9. Welche Konsequenzen hat eine vom Top-Management geforderte verkürzte Projektdauer innerhalb des "Magischen Vierecks"?
10. Stellen Sie bitte die drei Vorgehensmodelle (Wasserfallmodell, V-Modell und Spiralmodell mit ihren Vor- und Nachteilen gegenüber.

11.9 Fallbeispiel

Dr. Mehrtens war auf einer Tagung zum Thema Rechenzentrum. Hier wurde über Konsolidierungsprojekte im Rechenzentrumsbetrieb berichtet.

Dr. Mehrtens plant, die bislang auf vielen einzelnen logischen und physikalischen Systemen betriebenen UNIX Rechnerkonfigurationen zu konsolidieren. Auf den einzelnen Systemen laufen die kompletten SAP ERP-Anwendungen, das SAP Abrechnungssystem IS/U, die ORACLE Datenbanken, das Personalabrechnungssystem, die Datensicherung und das geographische Informationssystem GIS.

Herr Komel bekommt den Auftrag einen Projektvorschlag zu entwickeln. Herr Komel schlägt die Einrichtung einer Projektgruppe vor. Dr. Mehrtens begrüßt diese Idee.

Aufgaben

1. Sie sind Herr Komel und sollen einen Vorschlag zur Bildung eines Projektteams machen.
2. Nennen Sie Aufgaben für die Projektgruppe. Hierzu sollen die Verantwortlichkeiten der am Projekt beteiligten Personen und Gremien beschrieben werden.

12 Softwareentwicklung

Sie lernen

Lernziele

- welchen Sinn Vorgehensmodelle für die Softwareentwicklung haben,
- wie Methoden in den Projektphasen Analyse, Entwurf und Implementierung eingesetzt werden können,
- was Objektorientierung in der Softwareentwicklung bedeutet,
- welche Möglichkeiten die Modellierungssprache UML bietet.

12.1 Einleitung

Während die Hardwarepreise ständig sinken, steigen die Ausgaben für Softwareentwicklung und -wartung bestehender Softwaresysteme. Die Ausgaben für den Softwarebereich machen oft mehr als 50 % des DV-Gesamtbudgets der Firmen aus. Ein erheblicher Teil der zur Verfügung stehenden Ressourcen wird für die Fehlerbehebung von Altsystemen bzw. deren Anpassung an neue Umgebungen (z. B. ein anderes Betriebssystem oder Datenbanksystem) benötigt.

Methoden der Softwareentwicklung bilden eine wesentliche Grundlage der Wirtschaftsinformatik. Dabei stehen die Integration von Teilsystemen und die Wiederverwendung von Softwarekomponenten mit Hilfe geeigneter Techniken im Vordergrund.

12.2 Aufgaben und Ziele

Aufgaben

Bei der Entwicklung von Softwaresystemen handelt es sich nicht nur um

- die Realisierung von einzelnen Programmen, die für ein konkretes Anwendungsgebiet erstellt werden müssen,

sondern auch um

- die Entwicklung eines Organisationsmodells, das u. a. die Einbettung des Systems in die betrieblichen Abläufe beschreibt,
- die Datenorganisation und -modellierung,
- die Entscheidungen über Fragen der Hardware- und Betriebssystemplattform und Kommunikation und
- die Erstellung von System- und Benutzerdokumentation.

Die Softwaresysteme sind durch die Verfügbarkeit neuer Technologien und die Ausrichtung auf breite Benutzerschichten zunehmend komplexer geworden. Einige Gründe sind:

- die Integration vieler betrieblicher Funktionen,
- die Einbeziehung komplexer Datenstrukturen,
- der Einsatz der verteilten Datenverarbeitung in Rechnernetzen (Client-Server-Architektur, Webtechnologien),
- wirksame Datenschutz- und -sicherungsmaßnahmen und
- ergonomische Anforderungen an Benutzungsoberfläche und Bedienung.

Ziele

Allgemeine Ziele jeder Softwareentwicklung unter industriellen Randbedingungen sind:

- eine hohe Produktivität,
- eine hohe Qualität des Produkts,
- die Einhaltung der zugesagten Termine (*Termintreue*),
- die Einhaltung der geplanten Personal- und Sachkosten (*Kostentreue*).

Zur Beurteilung der Qualität von Software sind zahlreiche Kriterien (*Qualitätsmerkmale*) definiert worden. Einige Beispiele sind:

- *Funktionstreue*: Stimmen die definierten Produktanforderungen mit dem fertiggestellten Produkt überein?
- *Benutzerfreundlichkeit*: Wie einfach lässt sich das Produkt durch den Benutzer bedienen?
- *Robustheit*: Wie reagiert das Produkt auf fehlerhafte Eingaben oder nicht vorgesehene Handhabung?
- *Anpassbarkeit*: Wie leicht kann das Produkt an betriebliche Veränderungen angepasst werden?

Um Termine zu gewährleisten, müssen mehrere qualifizierte Mitarbeiter bei der Softwareentwicklung mitwirken. Deswegen sind *Projektorganisation* und *-management* erforderlich. Termin- und Kostentreue sind hauptsächlich Ergebnisse von Planung und Steuerung.

Software Engineering

Unter dem Begriff *Software Engineering* werden alle ingenieurmäßigen Vorgehensweisen zur Entwicklung von Softwaresystemen zusammengefasst. Solche Vorgehensweisen geben Antwort auf die Fragen:

- *Was* muss getan werden?
- *Wann* muss es getan werden?

- *Wie* muss es getan werden?
- *Womit* muss es getan werden?

Demgemäß besteht ein Software-Engineering-Konzept aus den Komponenten:

- *Vorgehensplan* zur inhaltlichen und zeitlichen Gliederung des Entwicklungsprozesses,
- *Methodenkonzept*, das festlegt, auf welche Art Aufgaben planmäßig durchgeführt werden,
- *Werkzeuge*, die die Entwicklungstätigkeiten unterstützen.

Unter dem Begriff *CASE* (Computer Aided Software Engineering) werden Methoden und Programme (Softwarewerkzeuge, Tools) angeboten, die helfen sollen, die Softwareerstellung technisch und organisatorisch zu beherrschen.

CASE

12.3 Der Entwicklungsprozess

Die gesamte Lebenszeit eines Softwareprodukts – von der Entstehung des Produkts über die Inbetriebnahme und Wartung bis zur Ablösung des Produkts durch ein anderes – bezeichnet man als *Software-Lebenszyklus* (Software Life Cycle).

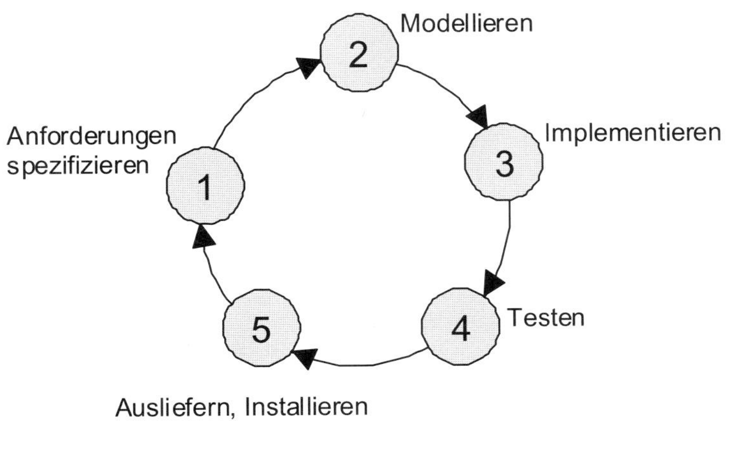

***Bild 12.1**:* *Der Entwicklungsprozess als geschlossener Kreislauf*

Vorgehensmodelle haben die Aufgabe, den komplexen Prozess der Entwicklung und der anschließenden Wartung in überschaubare Teilaktivitäten zu zerlegen und deren Ergebnisse und deren logischen und zeitlichen Zusammenhang zu definieren. Diese Gliederung schafft die Voraussetzung, den Mitarbeitereinsatz zu planen und die Zuständigkeiten zu regeln, den Projektfortschritt anhand der erreichten Ergebnisse zu kontrollieren, bei Abweichungen rechtzeitig steuernd einzugreifen und den Aufwand für weitere Aktivitäten zu schätzen.

***Bild 12.2**: Aufgabenbereiche der Software-entwicklung*

Aufgabe	Inhalt	Ergebnis
Analyse	Analyse des Ist-Zustands, Analyse der Schwachstellen, fachliche Beschreibung von Funktionalität und Leistungsumfang	Anforderungs-spezifikation (Pflichtenheft)
Entwurf	Systementwurf, Programmentwurf	Entwurfs-spezifikation
Implemen-tierung	Programmierung, Test	lauffähiges, getestetes System
Einführung und Wartung	Abnahmetest	freigegebenes System
	Fehlerkorrektur, Anpassungen	neue Systemversion

Aufgabenbereiche

Die folgende Gliederung in vier Aufgabenbereiche (Phasen) ist weit verbreitet:

- *Analyse,*
- *Entwurf,*
- *Implementierung,*
- *Einführung* und *Wartung.*

Wasserfallmodell

Ergebnisse einer Phase sind jeweils Ausgangsbasis der nächsten Phase (*Wasserfallmodell*). Entspricht das Ergebnis einer Phase nicht den Anforderungen, so muss diese Phase oder sogar eine frühere Phase erneut durchlaufen werden. In der Praxis laufen die Phasen allerdings nicht immer zeitlich nacheinander ab. Varianten des Modells sehen Rückkopplungen von aufeinander folgenden Phasen vor.

Die frühen Phasen (Analyse, Entwurf) werden häufig als *die kritischen Phasen* bezeichnet. Mehr als die Hälfte der Fehler fertiggestellter Softwareprodukte haben ihre Ursache in fehlerhaften Anforderungen. Solche Fehler sind auch die teuersten.

Analyse

In der *Analyse* werden die Benutzeranforderungen aufgenommen und der Leistungsumfang des zu entwickelnden Systems beschrieben. Diese Beschreibung ist noch unabhängig von DV-technischen Details und Aspekten der späteren Implementierung. Auf Basis der *Analyse des Ist-Zustandes* und einer anschließenden *Schwachstellenanalyse* wird ein *Soll-Konzept* erstellt, das die fachliche Zielsetzung des Systems in der Sprache des Auftraggebers enthält (*Fachkonzept*). Es beschreibt:

- das zu lösende fachliche Problem,
- das organisatorische und technische Umfeld,
- den Funktionsumfang,
- die Datenbasis sowie Ein- und Ausgabedaten,
- die Benutzungsoberfläche und Bedienung,
- Qualitätsanforderungen.

Entwurf

Das Fachkonzept wird in einen DV-technischen *Entwurf* überführt. Dieser enthält den Bauplan des Systems und spezifiziert

- die Gesamtstruktur des Systems,
- die Programme, die die geforderten Funktionen realisieren,
- die wechselseitige Zusammenarbeit der Programme (Schnittstellen),
- die logische Datenstruktur der Anwendung.

Implementierung

In der Phase *Implementierung* wird der Entwurf mit Hilfe von Programmiersprachen und Datenbeschreibungssprachen in lauffähige Programme und Dateien bzw. Datenbanken umgesetzt.

Beim *Programmtest* werden die einzelnen Programme anhand von Testfällen auf Fehler hin überprüft. *Testfälle* bestehen aus der Beschreibung von Eingabedaten, der zu testenden Funktion des Programms und der Beschreibung der erwarteten Ausgabedaten.

Nachdem das gesamte System implementiert ist, erfolgt der *Systemtest*. Das Gesamtsystem wird auf Lauffähigkeit hin geprüft. Hier kommt es insbesondere auf die korrekte Zusammenarbeit der einzelnen Programme an (*Integrationstest*). Ein solcher Test erfolgt in der Regel bereits unter praxisnahen Bedingungen.

Einführung und Wartung

Nach der Übergabe an den auftraggebenden Anwender und dem erfolgreichem *Abnahmetest* kann das System in Betrieb genommen werden. Die Wartungsphase ist im Allgemeinen die längste Phase des Software-Lebenszyklus. Sie umfasst die *Korrektur von*

Fehlern und die *Anpassung des Systems* an neue Benutzerwünsche und an eine geänderte Systemumgebung (z. B. neues Betriebssystem, neues Datenbanksystem). Bei größeren Änderungen sind dann die Phasen von der Analyse bis zur Einführung erneut zu durchlaufen.

Die Überarbeitung eines Softwaresystems unter Verwendung spezieller Methoden mit dem Ziel einer Qualitätsverbesserung des Systems und der Anpassung an neue Anforderungen bezeichnet man als *Reengineering*. Häufig sind die dazu notwendigen Entwicklungsunterlagen unzureichend oder nicht vorhanden. Dann müssen die Entwurfsdokumente aus dem implementierten System (Quellcode, Datenbeschreibungen) zurückgewonnen werden (*Reverse Engineering*).

Prototyping

Um gravierende Fehlentscheidungen so früh wie möglich auszuschließen und um technische Realisierungsalternativen frühzeitig zu erproben, werden für Teile des zu erstellenden Systems lauffähige, aber noch nicht ausgereifte Vorabversionen, so genannte *Prototypen*, entwickelt.

Diese als *Prototyping* bezeichnete Vorgehensweise ist eine Ergänzung zu dem oben behandelten Vorgehensmodell. Es werden verschiedene Arten von Prototyping unterschieden:

- Um Kundenwünsche auszuloten und besser zu verstehen, wird in der Phase Analyse das *explorative Prototyping* angewandt.
- Das *experimentelle Prototyping* befasst sich in der Phase Entwurf mit Alternativen der Realisierung, um die technische Umsetzbarkeit der Anforderungsspezifikation zu erproben.
- Werden Prototypen wiederverwendet und schrittweise zu einer ersten Version des späteren Systems ausgebaut, so spricht man vom *evolutionären Prototyping*.

RUP

Für die objektorientierte Softwareentwicklung (siehe Kapitel 12.6) wurde von der Softwarefirma Rational das Vorgehensmodell *Rational Unified Process* (*RUP*) entwickelt.

RUP definiert die Arbeitsschritte

- Geschäftsmodellierung (Business Modeling),
- Anforderungen (Requirements),
- Analyse und Entwurf (Analysis and Design),
- Implementierung (Implementation),
- Test (Test) und
- Auslieferung (Deployment).

Diese werden von den Bereichen *Projektmanagement* (Project Management), *Konfigurations- und Änderungsmanagement* (Configuration and Change Management) und *Infrastruktur* (Environment) unterstützt.

Die Arbeitsschritte werden im Laufe des Entwicklungsprozesses in den Projektphasen *Einstieg* (Inception), *Ausarbeitung* (Elaboration), *Konstruktion* (Construction) und *Überleitung* (Transition) iterativ mit unterschiedlicher Intensität und Dauer mehrmals durchlaufen (vgl. [ZuGr04] S. 91 ff.).

Extreme Programming (*XP*) ist ein Vorgehensmodell, das die Kommunikation zwischen den Entwicklern sowie zwischen Entwicklern und Kunden in den Vordergrund stellt und bewusst auf ein Phasenkonzept verzichtet. *XP*

XP definiert u. a. die folgenden Grundpraktiken (vgl. [ZuGr04] S. 101 ff.):

- Beteiligung der Anwender,
- Teamarbeit,
- einfaches Design,
- Einhaltung von Programmierrichtlinien,
- Programmierung zu zweit (Pair Programming),
- kontinuierliches Testen,
- fortlaufende Integration,
- kurze Entwicklungszyklen.

XP hat sich bisher vor allem bei kleineren Projekten bewährt.

12.4 Allgemeine Prinzipien der Softwareentwicklung

Innerhalb der Softwareentwicklung gibt es eine Reihe von allgemeinen Handlungsgrundsätzen, die aus der Erfahrung und aus theoretischen Überlegungen hergeleitet sind und sich in der Praxis bewährt haben. Drei wichtige Prinzipien sind nachstehend erläutert.

Prinzip der Abstraktion

Durch Verallgemeinerung, durch das Trennen des Wesentlichen vom Unwesentlichen und durch das Erkennen gleicher Merkmale macht man sich ein *Modell* der realen Welt. Dies ist erforderlich, um die Komplexität einer konkreten Problemstellung in den Griff zu bekommen und aus vielen konkreten Einzelheiten das Wesentliche zu isolieren. So entsteht z. B. aus der Ist-Analyse eines bestehenden Systems in einem Abstraktionsprozess das Soll-Konzept für ein neues Produkt.

Prinzip der Hierarchisierung

Ein System besitzt eine *Hierarchie*, wenn seine Elemente nach einer Rangordnung angeordnet sind. Elemente der gleichen Rangordnung bilden eine Ebene der Hierarchie. Oft werden als Hierarchiestruktur baumartige Hierarchien verwendet: das Gesamtsystem besteht aus Teilsystemen, ein Teilsystem setzt sich aus weiteren Teilsystemen zusammen usw.

Das Prinzip der Hierarchisierung ist ein wichtiges Prinzip zur Strukturierung von Softwareprodukten. Es reduziert die Komplexität und erhöht die Verständlichkeit.

Prinzip der Modularisierung

Modularisierung bedeutet, dass ein System oder ein Programm in einzelne, möglichst voneinander unabhängige Module aufgeteilt wird. Ein *Modul* stellt eine in sich geschlossene funktionale Einheit dar, in der eng zusammengehörende Dinge vereinigt sind. Die Beziehungen zu anderen Modulen müssen klar erkennbar und in einer Schnittstellenbeschreibung zusammengefasst sein.

Durch Zerlegung des Gesamtsystems in kleine überschaubare Module hat man die Möglichkeit, diese Module unabhängig voneinander zu entwickeln und zu testen und in der Wartungsphase bei fehlerhafter Funktion gegen geänderte Module leicht auszutauschen.

12.5 Ausgewählte klassische Methoden

Im Gegensatz zu Prinzipien zeigen Methoden, wie ein bestimmtes Ziel erreicht werden kann. Sie machen Prinzipien anwendbar.

Eine *Methode* ist eine systematische Vorgehensweise bei der Problemlösung. Sie legt fest, in welcher Reihenfolge einzelne Tätigkeiten durchgeführt und wie entsprechende Ergebnisse dargestellt werden müssen.

In Kapitel 6 wurde u. a. der Datenbankentwurf behandelt. Viele Methoden zur Entwicklung einer logischen Datenstruktur basieren auf dem dort dargestellten Entity-Relationship-Modell. Im Folgenden werden exemplarisch weitere Methoden und Darstellungstechniken vorgestellt.

Zur Demonstration dient als Beispiel u. a. die Entwicklung eines Auftragsverwaltungssystems mit den Komponenten Kundenverwaltung, Artikelverwaltung, Bestellverwaltung, Lagerverwaltung, Versanddisposition und Fakturierung.

12.5.1 Funktionsgliederung

In der Analyse- und Entwurfsphase steht zur Strukturierung eines Problems bzw. Systems die *Funktionsgliederung* zur Verfügung. Diese Methode beruht auf der schrittweisen Zerlegung von Funktionen in Teilfunktionen, wobei "von oben nach unten" (*top down*) ausgehend von der Gesamtfunktion des Systems zerlegt wird. Jede Teilfunktion hat genau einen Vorgänger, eine Funktion kann jedoch mehrere Nachfolger haben. Die Gliederung wird solange fortgesetzt, bis eine Ebene erreicht ist, für die eine weitere Aufteilung nicht mehr erforderlich oder sinnvoll ist.

Bild 12.3 zeigt ein *Funktionshierarchiediagramm* für das Auftragsverwaltungssystem. Die Funktion Bestellverwaltung ist hier in sechs Teilfunktionen gegliedert. Die übrigen Hauptfunktionen müssen noch weiter zerlegt werden.

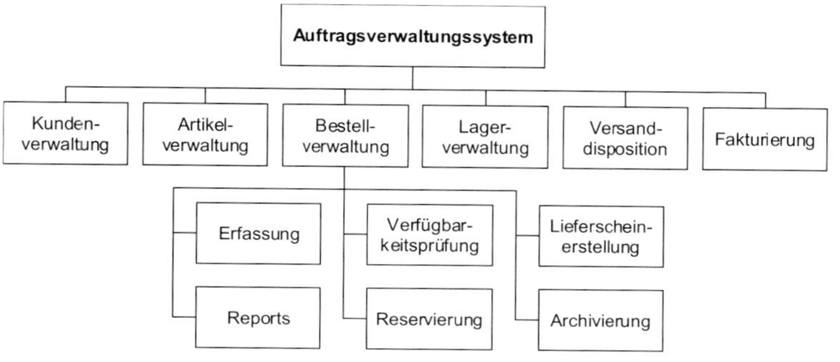

Bild 12.3: *Funktionshierarchiediagramm*

12.5.2 Strukturierte Analyse

Eine der bekanntesten klassischen Analyse- und Entwurfsmethoden ist die *Strukturierte Analyse* (*SA*). Sie spielt heute allerdings nur noch eine geringe Rolle, da für die heute vorherrschende objektorientierte Modellierung geeignetere Methoden existieren (siehe Kapitel 12.6). SA modelliert die betriebliche Realität in Form von Datenflüssen, Datenspeichern und Prozessen. Es werden vier verschiedene grafische Elemente benutzt, aus denen ein *Datenflussdiagramm* (DFD) aufgebaut wird.

Datenflüsse sind Kanäle, in denen Informationen fließen. Sie werden durch beschriftete Pfeile dargestellt. Datenflüsse verbinden Systemkomponenten mit Prozessen, Prozesse untereinander und Prozesse mit Datenspeichern.

Prozesse transformieren eingehende Datenflüsse in ausgehende Datenflüsse. Sie werden durch mit Namen versehene Kreise dargestellt.

Datenspeicher sind Ablagen für Daten, auf die durch Prozesse zugegriffen wird. Die Richtung eines mit dem Datenspeicher verbundenen Datenflusses zeigt an, ob Daten gelesen (Pfeil vom Datenspeicher zum Prozess) oder geschrieben (Pfeil vom Prozess zum Datenspeicher) werden. Datenspeicher werden durch links und rechts offene und mit Namen versehene Rechtecke dargestellt.

Endknoten kennzeichnen Systemkomponenten außerhalb des betrachteten Systems, die Daten senden oder empfangen. Sie werden durch mit Namen versehene geschlossene Rechtecke dargestellt.

Datenflussdiagramme können *top down* schrittweise verfeinert werden. So entsteht eine *Hierarchie von Diagrammen.* Tiefer liegende Diagramme sind Verfeinerungen der darüber liegenden. Dabei ist zu beachten, dass die Ein- und Ausgabedaten eines Diagramms mit den Ein- und Ausgabedaten des nächst tieferen Diagramms übereinstimmen. Das oberste Diagramm (*Kontextdiagramm*) besteht dann aus nur einem Prozess – das ist das zu entwickelnde System – und den Schnittstellen des Systems zur Umwelt.

Elementare Prozesse, die nicht mehr weiter zerlegt werden, können durch eine so genannte *Mini-Spezifikation* meist in Form von strukturiertem Text verbal beschrieben werden.

Im *Datenverzeichnis* werden für alle Datenspeicher und Datenflüsse die Struktur und Zusammensetzung aus einzelnen Datenelementen beschrieben.

***Bild 12.4**:*
Datenflussdiagramm

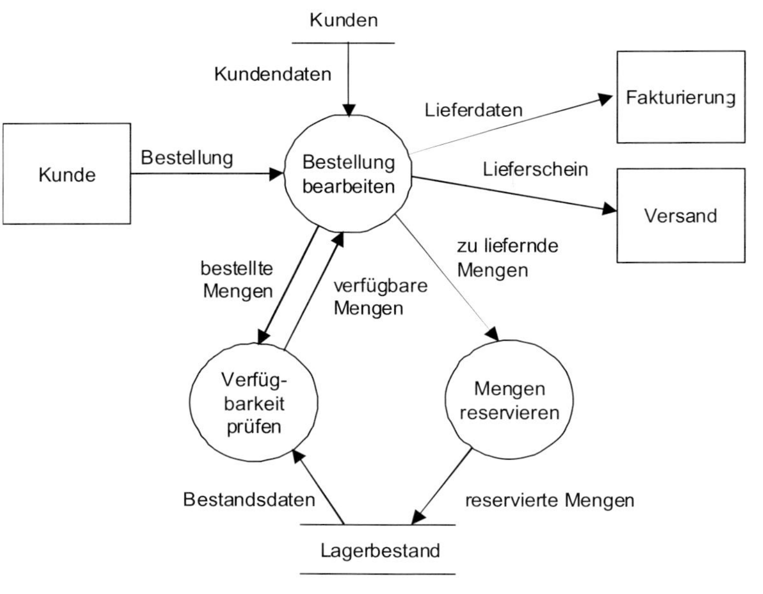

12.5.3 Darstellung von Programmabläufen

Im Rahmen des Programmentwurfs kann die Ablauflogik eines Programms in Form eines *Programmablaufplans* oder eines *Struktogramms* dargestellt werden. Der Programmentwurf wird dann in der Phase Implementierung in Befehle der Programmiersprache umgesetzt.

Programmabläufe lassen sich mit Hilfe von drei elementaren *Ablaufkonstrukten* darstellen: *Ablaufkonstrukte*

- *Reihung*: Sequentielle Folge von Anweisungen, die hintereinander ausgeführt werden.
- *Verzweigung*: Ausführung alternativer Anweisungen aufgrund einer Bedingung.
- *Wiederholung*: Wiederholter Durchlauf von Anweisungen, wobei die Anzahl der Wiederholungen abhängig von einer Bedingung ist.

Ein *Programmablaufplan* (*PAP*) stellt den Programmablauf mit Hilfe genormter Symbole für die Ablaufkonstrukte und Kontrollflüsse dar (siehe Bild 12.5 – Bild 12.9). *Programmablaufplan*

In *Struktogrammen* nach Nassi und Shneiderman ([NaSh73]) werden Programmabläufe durch ineinander geschachtelte Strukturblöcke dargestellt. Ein Strukturblock hat genau einen Eingang und einen Ausgang. Ein Strukturblock ist in einem anderen Strukturblock entweder vollständig enthalten oder befindet sich vollständig außerhalb. Es gibt also keine Überlappung. *Struktogramm*

Struktogramme unterstützen die Top-Down-Vorgehensweise, indem das gesamte Programm in immer kleinere Bausteine zerlegt wird. Vor- und Rückwärtssprünge, unübersichtliche Abläufe, wie man sie oft in Programmablaufplänen findet, sind hier nicht möglich.

Bei allen drei Formen können die Konstrukte wiederum als Anweisungen betrachtet werden und somit also ineinander geschachtelt werden.

Bild 12.5 bis Bild 12.9 zeigen die Darstellung elementarer Ablaufkonstrukte in Programmablaufplänen und Struktogrammen.

Bild 12.5: Reihung

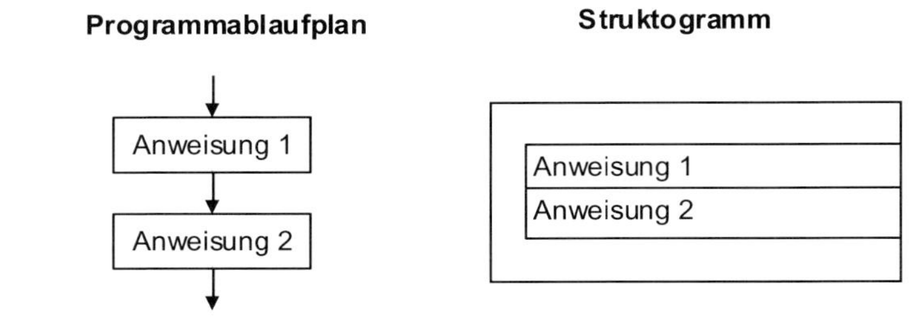

Bild 12.6: Verzweigung

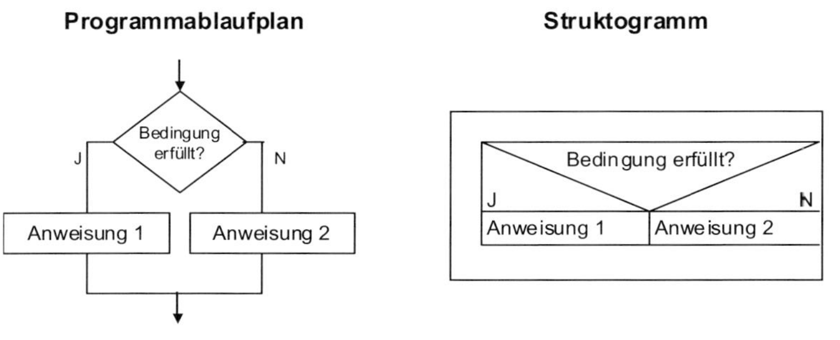

Bild 12.7: Mehrfachverzweigung

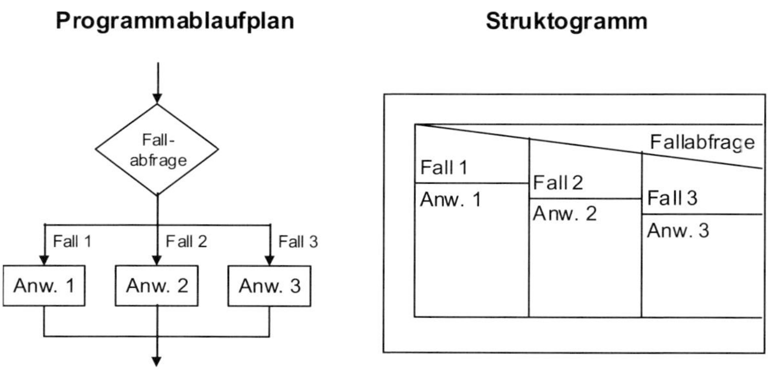

Bild 12.8: Wiederholung mit vorausgehender Prüfung

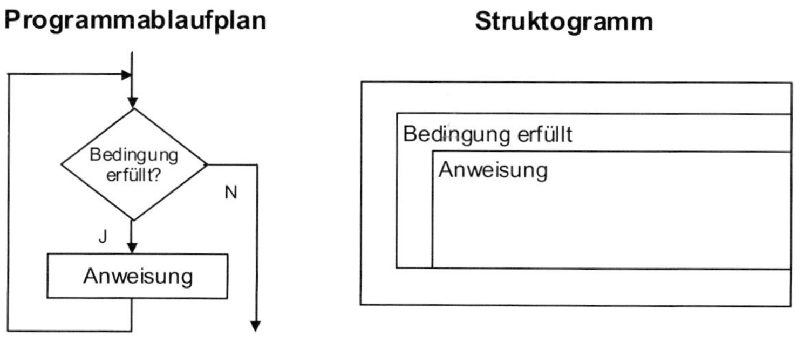

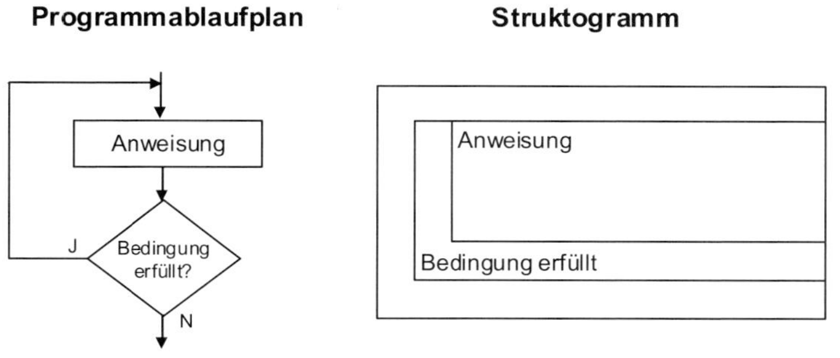

***Bild 12.9**: Wiederholung mit nachfolgender Prüfung*

Bild 12.10 zeigt den Programmablaufplan des Moduls "Rabatt". Das Modul berechnet für einen vorgegebenen Kunden Jahresumsatz und Rabatt. Das Jahr wird in einer Dialogbox abgefragt. Der Eingabewert muss eine Zahl sein. Jahr, Umsatz und Rabatt werden in einem Fenster ausgegeben. Bild 12.11 zeigt das Struktogramm.

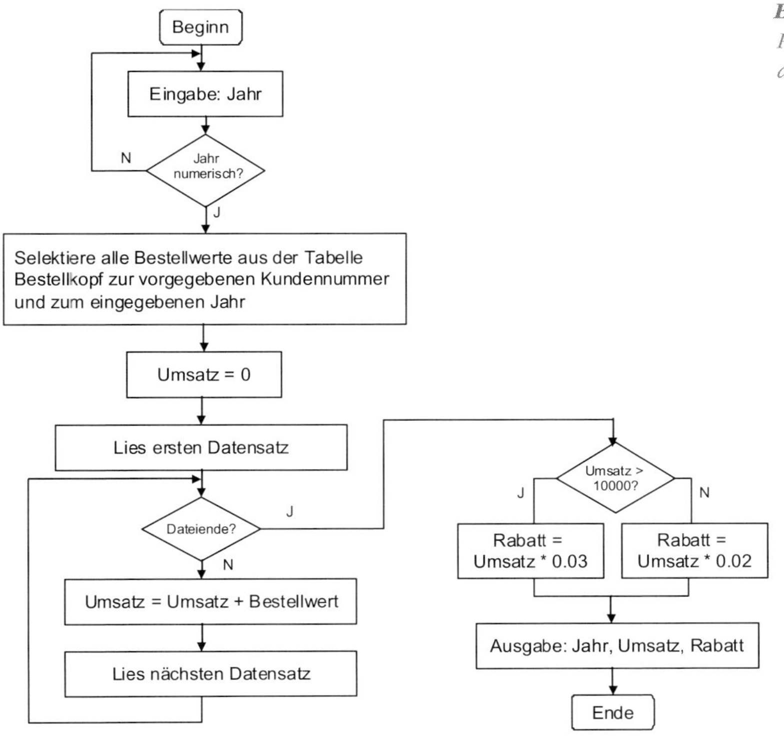

***Bild 12.10**: Programmablaufplan*

Bild 12.11: *Struktogramm*

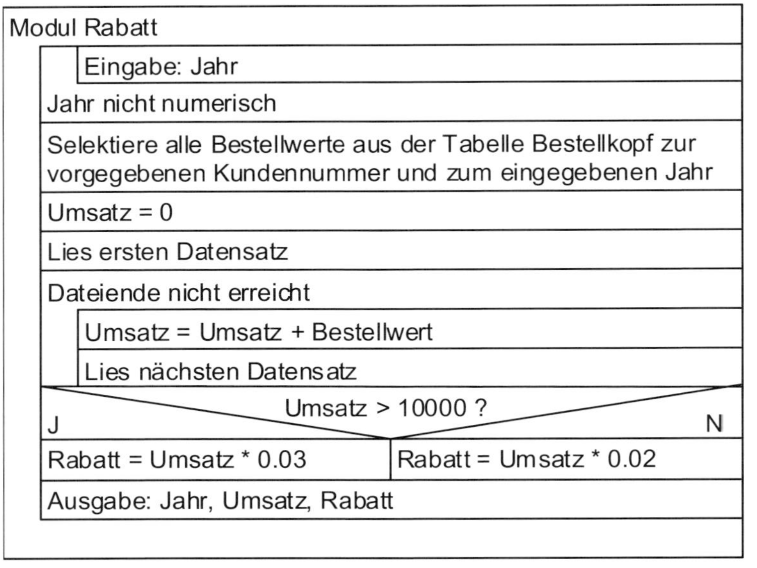

12.5.4 Programmtest

Fast jedes fertiggestellte Programm enthält Fehler, d. h. erfüllt manche z. B. in der Anforderungsspezifikation festgelegte Forderungen nicht. Programmtests haben die Aufgabe, solche Fehler aufzuspüren. Ein Programm kann auf verschiedene Arten getestet werden.

Blackbox-Test

Beim *Blackbox-Test* wird das Programm als Blackbox betrachtet, d. h. der Tester ist nicht an der Formulierung und Struktur des Programms interessiert, sondern überprüft mit Testdaten, ob alle Funktionen richtig ausgeführt werden. Die Testdaten werden dabei aus der Anforderungsspezifikation ohne Kenntnis der internen Programmstruktur abgeleitet.

Im Beispiel der oben behandelten Rabattberechnung (siehe Bild 12.10) werden z. B. Datensätze mit einem aufsummierten Umsatz von 9900, genau 10000 und 10100 Euro erzeugt, um in allen drei Fällen die Korrektheit der Rabattberechnung zu prüfen.

Whitebox-Test

Beim *Whitebox-Test* wird der Programmcode vom Tester ohne Ausführung des Programms analysiert. Dabei können z. B. Berechnungsfehler, Verstöße gegen die Einhaltung von Programmierrichtlinien (wie Konventionen für Namen von Variablen u. Ä.) oder Programmteile entdeckt werden, die nie durchlaufen werden ("toter" Code). Bei dieser Strategie definiert der Tester die Testdaten mit Kenntnis der Programmlogik, um möglichst viele Programmverzweigungen und Programmschleifen zu erfassen.

Um alle Anweisungen im Programmbeispiel "Rabatt" (siehe Bild 12.10) mindestens einmal auszuführen (*Anweisungstest*) sind zwei Testfälle nötig:

1. Datensätze mit Gesamtumsatz <= 10000 für einen Kunden
2. Datensätze mit Gesamtumsatz > 10000 für einen Kunden

Um im obigen Beispiel jeden Programmzweig einmal zu durchlaufen (*Zweigtest*), ist neben den beiden Testfällen des Anweisungstests ein weiterer Testfall nötig: Eingabe einer Buchstabenfolge als Jahr.

Um Testfälle zu entwerfen, mit denen möglichst viele Fehler gefunden werden können, ist es sinnvoll, Elemente des Blackbox- und Whitebox-Tests zu verbinden.

12.6 Objektorientierte Softwareentwicklung

Objektorientierung ist ein weit verbreiteter Ansatz zur Programm- und Systementwicklung. Grundgedanke ist, Daten und Funktionen nicht getrennt voneinander zu modellieren, sondern gleichzeitig zu betrachten und zu Objekten zusammenzufassen (*objektorientiertes Paradigma*).

Ein *Objekt* kann beispielsweise eine konkrete Person, ein Gegenstand oder auch ein abstrakter Begriff wie z. B. eine Bestellung oder ein Auftrag sein. *Objekt*

Objekte haben

- ein *Verhalten*, das durch *Methoden* (synonym: Operationen) definiert ist, die für das Objekt ausgeführt werden können, und
- *Eigenschaften*, die durch Datenwerte beschrieben sind und durch die Methoden verändert werden können.

Beispiel:
Ein Konto mit den Eigenschaften "Kontonummer = 4711", "Saldo = 10.000" und den Methoden "abheben", "einzahlen", "anzeigen".

Objekte, die die gleichen Attribute (wie z. B. Kontonummer, Saldo) und Methoden haben, werden zu *Klassen* zusammengefasst. Objekte sind demnach konkrete Ausprägungen (Instanzen) einer Klasse. Attribute und Methoden sind in der Klasse definiert. Die Attributwerte können für die Objekte einer Klasse natürlich unterschiedlich sein. *Klasse*

Bild 12.12 zeigt die grafische Darstellung der Klasse *Konto* in der Beschreibungssprache *UML* (*Unified Modeling Language*) mit Angabe des Klassennamens, der Attribute und der Methoden.

Bild 12.12: Klasse Konto

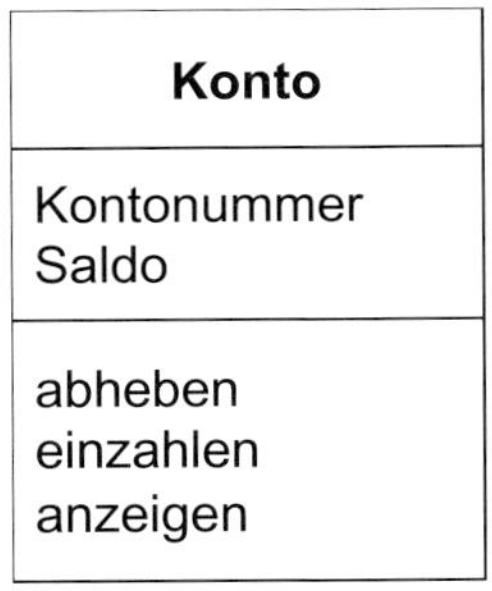

Der innere Zustand (Attributwerte) eines Objekts kann in der Regel nur über die dafür vorgesehenen Methoden der zugehörigen Klasse verändert bzw. gelesen werden. Der innere Aufbau eines Objekts und die Implementierung der Methoden bleiben der Außenwelt verborgen.

Geheimnisprinzip

Damit ist ein bekanntes Prinzip der Informatik, das *Geheimnisprinzip* (*Information Hiding*) realisiert. Diese Kapselung der Attribute eines Objekts vereinfacht die Wartung und Fehlersuche in einem Programmsystem. Verbessernde Änderungen im Algorithmus einer Methode haben keine Auswirkung auf andere Programmteile, sofern die Aufrufschnittstelle der Methode nicht verändert wurde.

Zugriffsrestriktion

Der Zugriff auf Attribute und Methoden kann wie folgt eingeschränkt werden: für alle sichtbar und nutzbar (*public*), nur innerhalb der Klasse selbst sichtbar und nutzbar (*private*).

Vererbung

Neue Klassen können auf Basis bereits vorhandener Klassen definiert werden. *Vererbung* ist der Mechanismus, der dies ermöglicht. Die vererbende Klasse wird als *Superklasse*, die erbende Klasse als *Subklasse* bezeichnet. Die Subklasse übernimmt in der Regel automatisch die Attribute und Methoden der Superklasse, sodass diese in der Subklasse nicht erneut implementiert werden müssen. Zusätzlich kann die Subklasse eigene Attribute und Methoden besitzen und sogar geerbte Methoden durch eine eigene Implementierung ersetzen.

Bild 12.13 zeigt ein Klassendiagramm in UML-Notation mit Vererbungsbeziehungen.

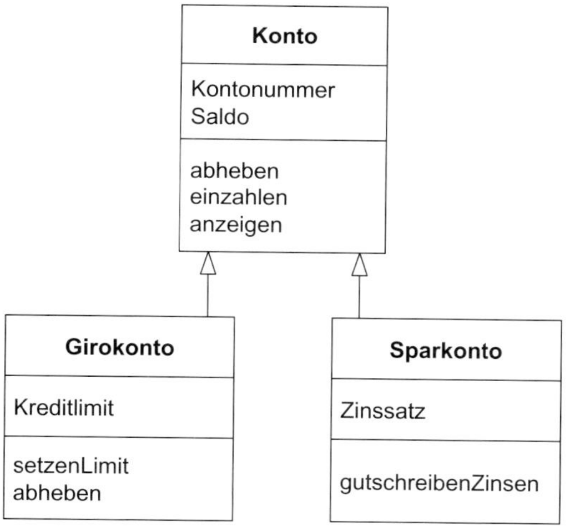

Bild 12.13: Vererbung

Die Methode *abheben* der Klasse *Girokonto* in Bild 12.13 ist neu implementiert, da sie nun das Kreditlimit bei einer evtl. Überziehung berücksichtigen muss.

Spezialisierung und *Generalisierung* sind Strukturierungsprinzipien, die bei der Entwicklung der Vererbungshierarchie angewandt werden. Die Spezialisierung führt zu Subklassen, die Generalisierung zu Superklassen. Die Nutzung von spezialisierenden Klassen stellt damit eine *Wiederverwendung* von bereits vorhandenem Programmcode dar.

Der objektorientierte Ansatz kann in den verschiedenen Phasen der Softwareentwicklung durchgängig angewandt werden:

- *Objektorientierte Analyse (OOA)*

  Hier wird das fachliche Modell des Anwendungsbereichs erstellt. Diese Phase umfasst alle Aktivitäten zur Klärung und Beschreibung der Anforderungen an das System ("Was soll das System leisten?").

- *Objektorientiertes Design (OOD)*

  Hier wird ein Lösungskonzept unter vorgegebenen technischen Rahmenbedingungen erarbeitet. Es entsteht ein Bauplan der Software ("Wie kann das System die Anforderungen erfüllen?").

- *Objektorientierte Programmierung (OOP)*

  Hier wird der Entwurf (Design) in Quellcode der entsprechenden objektorientierten Programmiersprache überführt.

Für die Programmierung stehen verschiedene objektorientierte Programmiersprachen wie z. B. C++, C# und Java zur Verfügung.

UML

Für Analyse und Design sind in der Vergangenheit eine Reihe von Methoden und Verfahren entwickelt worden. Dabei hat sich die *Unified Modeling Language* (*UML*) als Standardmodellierungssprache durchgesetzt.

UML stellt eine Vielzahl von Diagrammtypen bereit [Oest04]:

- *Anwendungsfalldiagramme* beschreiben grob das äußere Systemverhalten aus fachlicher Sicht mit Hilfe von exemplarischen Anwendungsfällen.
- *Klassendiagramme* stellen die einzelnen Klassen und ihre Beziehungen untereinander dar.
- *Verhaltensdiagramme* beschreiben das dynamische Verhalten eines Systems. Hierzu gehören das *Aktivitätsdiagramm*, das *Zustandsdiagramm*, das *Sequenzdiagramm* und das *Kollaborationsdiagramm.*
- *Architekturdiagramme* zeigen die Abhängigkeiten von Systemkomponenten (*Komponentendiagramm*) und die physische Verteilung der ausführbaren Komponenten auf Rechnersysteme (*Verteilungsdiagramm*).

Bild 12.14: *Aktivitätsdiagramm (Beispiel)*

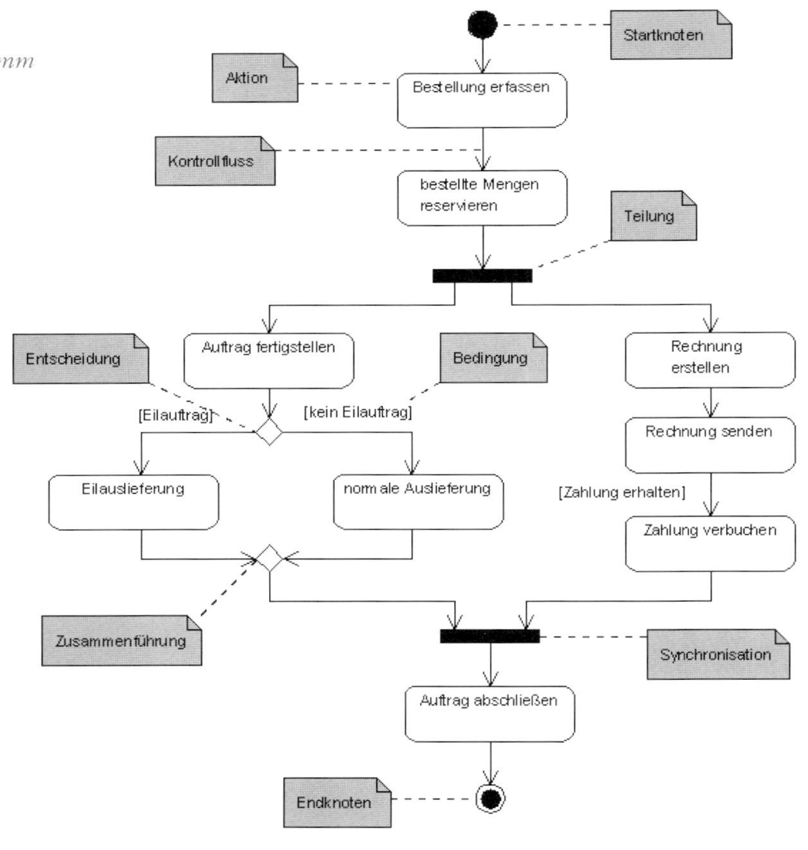

Bild 12.14 zeigt ein *Aktivitätsdiagramm*, das den Ablauf einer Auftragsbearbeitung beschreibt.

Aktivitätsdiagramm

Aktionsknoten stellen die einzelnen Ablaufschritte und Pfeile den *Kontrollfluss* dar. Der *Startknoten* ist der Startpunkt des Ablaufs, der *Endknoten* beendet den Ablauf. Ein eingehender Kontrollfluss löst die *Aktion* aus. Gibt es mehrere derartige Kontrollflüsse, so müssen diese alle vorliegen, bevor die Aktion starten kann. Eine Aktion endet erst, wenn alle ausgehenden Kontrollflüsse dazu bereit sind. Ausgehende Kontrollflüsse können mit Bedingungen versehen sein. In diesem Fall wird gewartet, bis die Bedingungen aller ausgehenden Kontrollflüsse erfüllt sind. Eine *Entscheidung* ist ein Kontrollknoten, an dem aufgrund von Bedingungen entschieden wird, mit welchem Kontrollfluss fortgesetzt werden soll. Eine *Zusammenführung* ist ein Kontrollknoten, bei dem jeder eingehende Kontrollfluss zu einem gemeinsamen ausgehenden Kontrollfluss führt. Beim Kontrollknoten *Teilung* wird ein eingehender Kontrollfluss in mehrere ausgehende Kontrollflüsse geteilt, die dann zeitlich parallel zueinander ablaufen. Beim Kontrollknoten *Synchronisation* wird auf alle eingehenden Kontrollflüsse gewartet, bevor der Kontrollfluss fortgesetzt wird [Oest04].

Mit einem *Klassendiagramm* kann ein fachliches Begriffsmodell (in der Phase OOA), die Struktur eines Lösungskonzepts (in der Phase OOD) oder die Struktur des Quellcodes (in der Phase OOP) dargestellt werden [Oest04].

Klassendiagramm

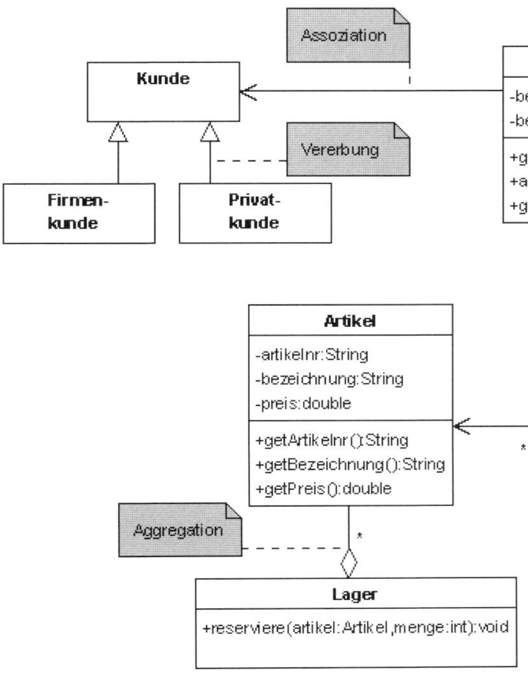

Bild 12.15: Klassendiagramm (Beispiel)

Bild 12.15 zeigt ein *Klassendiagramm* für einen Teil der Anwendung "Auftragsbearbeitung". Es beschreibt, welche Klassen existieren und in welchen Beziehungen sie zueinander stehen.

Die Rechtecke, die die Klassen repräsentieren, enthalten entweder nur den Namen der Klasse oder zusätzlich auch Attribute und Methoden. *Attribute* werden mit ihrem Namen aufgeführt. Zusätzlich kann der Typ (einfacher Datentyp oder Klasse) angegeben werden. *Methoden* werden mit ihrem Namen notiert. Zusätzlich können Aufrufparameter mit Namen und Typ sowie der Typ des Rückgabewertes angegeben sein. Zugriffsrestriktionen werden vor dem Namen von Attribut bzw. Methode kenntlich gemacht: - für *private* und + für *public*.

Eine *Assoziation* beschreibt eine Verbindung zwischen Klassen. Hierdurch werden konkrete Beziehungen zwischen den jeweiligen Objekten der beteiligten Klassen modelliert. Ein Objekt hat eine Beziehung zu einem anderen Objekt, wenn es eine Referenz darauf besitzt. Eine Assoziation heißt gerichtete Assoziation, wenn von einem Objekt aus direkt zum anderen Objekt in Richtung des Pfeils navigiert werden kann, nicht aber umgekehrt. So besagt die Assoziation zwischen Bestellung und Kunde in Bild 12.15, dass ein Objekt der Klasse *Bestellung* eine Referenz auf das zugehörige Kunden-Objekt enthält.

Eine *Aggregation* liegt vor, wenn zwischen den Objekten der beteiligten Klassen eine *Ganzes-Teile-Beziehung* besteht. Die Raute steht auf der Seite des Ganzen. So besagt die Beziehung zwischen den Klassen *Bestellung* und *Position*, dass eine Bestellung aus mehreren Positionen besteht. Ein Objekt der Klasse *Bestellung* enthält dann ein so genanntes Sammlungsobjekt, dass die *Position*-Objekte referenziert.

Die *Kardinalität* einer Assoziation gibt an, mit wie vielen Objekten der gegenüberliegenden Klasse ein Objekt verbunden sein kann. Fehlt diese Angabe, so ist 1 gemeint. * bedeutet "0 bis viele", 1..* bedeutet "1 bis viele".

Sequenzdiagramm

Bild 12.16 zeigt ein *Sequenzdiagramm*, dass den Ablauf der Reservierung bestellter Mengen beschreibt. Zu einer Bestellung werden die einzelnen Positionen nacheinander bereitgestellt. Je Position wird dann wie folgt verfahren: Ermittlung des bestellten Artikels, Ermittlung der bestellten Menge, Reservierung der bestellten Menge dieses Artikels im Lager.

Ein *Sequenzdiagramm* zeigt eine Reihe von Methodenaufrufen (Nachrichten) in ihrer zeitlichen Reihenfolge. Die beteiligten Objekte werden durch senkrechte, gestrichelte Linien (*Lebenslinien*) dargestellt. Die Zeit verläuft von oben nach unten. Am oberen Ende der Lebenslinie wird ein Objektsymbol eingetragen. Objekte werden durch Rechtecke dargestellt, die in der Regel ihren Namen und den Namen ihrer Klasse enthalten. Bei einem "anonymen" Objekt wird nur der Klassenname angegeben. Ein *Akteur* stellt eine außerhalb des zu betrachtenden Systems liegende Einheit dar und kann ein Benutzer oder auch ein anderes System sein.

Die *Nachrichten* werden als horizontale Pfeile zwischen den Lebenslinien gezeichnet. Sie sind mit dem Methodennamen, ggf. auch mit Aufrufargumenten und Rückgabeparametern beschriftet. Ein senkrechter Balken symbolisiert den *Steuerungsfokus*. Er gibt an, welches Objekt gerade die Kontrolle besitzt. Optional kann eine gestrichelte Linie mit offener Pfeilspitze nach Beenden der Operation zur Lebenslinie des aufrufenden Objekts zurückführen.

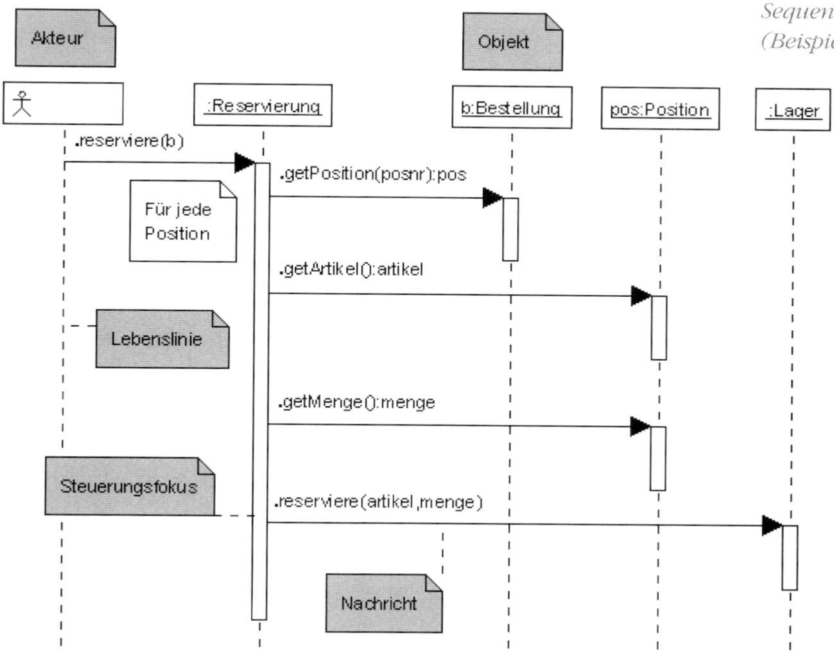

Bild 12.16: *Sequenzdiagramm (Beispiel)*

12.7 Fragen und Aufgaben

1. Was versteht man unter dem Begriff *Software-Lebenszyklus*?
2. Nennen Sie einige *Qualitätsmerkmale* von Softwareprodukten.
3. Welche Aufgaben haben *Vorgehensmodelle*?
4. Warum bezeichnet man die frühen Phasen eines Vorgehensmodells auch oft als die *kritischen Phasen*?
5. Was bedeutet *Software Engineering*?
6. Welche Unterschiede bestehen zwischen dem *Fachkonzept* und dem *DV-technischen Entwurf* für ein zu entwickelndes System?
7. Erläutern Sie den Unterschied zwischen *explorativem* und *experimentellem Prototyping*.
8. Grenzen Sie die Begriffe *Prinzip* und *Methode* voneinander ab.
9. Was versteht man unter einem *Modul*?
10. Entwerfen Sie nach der Methode der *Strukturierten Analyse* ein Datenflussdiagramm für den Wareneingang als teil der Lagerverwaltung.
11. Ein Programm soll berechnen, wie hoch ein Guthaben, das Sie über Tastatur am Bildschirm eingeben, bei 7,5 % Verzinsung nach Ablauf eines Jahres ist. Das Programm soll in einer Schleife laufen, sodass Sie mehrere Berechnungen durchführen können. Bei Eingabe der Zahl 0 soll das Programm beendet werden. Beschreiben Sie den Programmablauf in Form eines *Programmablaufplans* und eines *Struktogramms*.
12. Üben Sie Kritik an der Aussage: "Testen ist der Prozess, der zeigen soll, dass keine Fehler vorhanden sind."
13. Erläutern Sie den Unterschied zwischen *Klassen* und *Objekten*.
14. Nennen Sie drei Beispiele für *Vererbungsbeziehungen*.
15. Stellen Sie den folgenden Sachverhalt in einem *Klassendiagramm* dar: Ein Buch umfasst mehrere Kapitel, ein Kapitel besteht aus mehreren Abschnitten. Dabei kann auf die Angabe von Attributen und Methoden verzichtet werden.
16. Stellen Sie den folgenden Sachverhalt in einem *Aktivitätsdiagramm* dar: Ein Einkäufer einer Firma darf Aufträge bis maximal 10.000 Euro in eigener Verantwortung vergeben. Liegt ein Auftrag innerhalb dieses Rahmens, kann der Auf-

trag sofort erteilt werden. Ist die Auftragssumme größer als 10.000 Euro, muss eine Genehmigung durch den Einkaufsleiter erfolgen.

12.8 Fallbeispiel

Herr Komel erhält vom Fachbereich den Auftrag, ein Zielvereinbarungssystem für das Unternehmen zu entwickeln und einzuführen. Dem Auftrag ist eine fachliche Beschreibung der Anforderungen (Fachkonzept) beigefügt.

Zu den fachlichen Anforderungen gehören:

- Vereinbarung von Zielen (Zielvereinbarung)
- Ermittlung des Status von vereinbarten Zielen (Zielverfolgung)
- Ermittlung des Status der Zielerreichung am Jahresende (Zielerreichung)
- Generierung von Berichten:
  - Bericht "Zielvereinbarung"
  - Bericht "Zielverfolgung"
  - Bericht "Zielerreichung"
- Benutzerverwaltung
- Zuordnung von Berechtigungen

Aufgabe

Welche Aspekte sind bei der Erstellung des DV-Konzepts auf Basis der Fachkonzeption zu berücksichtigen?

13 Software-Auswahl

Sie lernen

Lernziele

- wie bei der Auswahl von Standardsoftware vorzugehen ist,
- welche Möglichkeiten die Methode der Ereignisgesteuerten Prozessketten bei der Analyse von Geschäftsprozessen bietet,
- wie die Wirtschaftlichkeit von Standardsoftware berechnet wird,
- wie sich die Akzeptanz einer neuen Software bei den Benutzern erreichen lässt.

13.1 Einleitung

Software-Lebenszyklus

Durchschnittlich alle 7 bis 10 Jahre endet in den meisten Unternehmen der *Lebenszyklus* eines Anwendungssoftwaresystems und es findet ein Austausch der bisherigen Software oder zumindest ein Übergang auf eine neuartige Hardware-Plattform statt (vgl. Bild 13.1). Oftmals wird am Ende eines Software-Lebenszyklus auch der Anbieter gewechselt. Nach Einführung der neuen Software wechseln sich Betriebs- und Wartungsphasen ab. In diesem Kapitel erläutern wir die Vorgehensweise bei der Auswahl und Einführung von Standardsoftware. Der Ablauf der einzelnen Schritte orientiert sich an dem Phasenmodell, beginnend mit dem Projektstart bis zur Inbetriebnahme des neuen Systems (Kapitel 13.2). Ein systematisches Vorgehen wird durch die Anwendung verschiedener Methoden erreicht, von denen einige in Kapitel 13.3 vorgestellt werden. Die mit Betrieb und Wartung/Releasewechsel verbundenen Probleme werden in diesem Kapitel nicht näher behandelt.

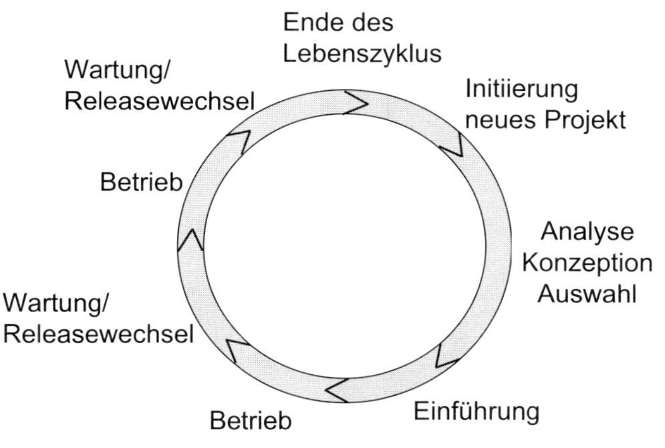

Bild 13.1: *Software-Lebenszyklus*

13.2 Vorgehensweise bei der Software-Auswahl

13.2.1 Projektstart

Phasen der Software-Auswahl

Die Auswahl betriebswirtschaftlicher Standardsoftware erfolgt üblicherweise in mehreren aufeinanderfolgenden Phasen (*Phasenmodell*). Hierdurch lassen sich einzelne Aktivitäten in eine zeitliche Reihenfolge bringen (vgl. Bild 13.2).

Projektumfang

Zu Beginn werden Ziele und Umfang der neuen Software definiert. Außerdem ist die Projektorganisation festzulegen. Der *Projektumfang* für den Einsatz von Standardsoftware im Vertrieb kann z. B. folgendermaßen definiert werden:

Beispiel

Aufgabe des Projekts ist es, für die Firma M. eine Standardsoftware auszuwählen, mit der alle Vertriebsaufgaben abgedeckt werden, die für den Geschäftsablauf von Bedeutung sind. Im Einzelnen ergeben sich hieraus folgende Aufgabenbereiche für die neue Software:

- Kundendatenverwaltung und Ansprechpartnerverwaltung
- Wiedervorlageverwaltung
- Unterstützung sämtlicher Verkaufsaktivitäten
- Erfolgskontrolle von Werbemaßnahmen

Bild 13.2: *Phasenmodell zur Auswahl und Einführung von Software*

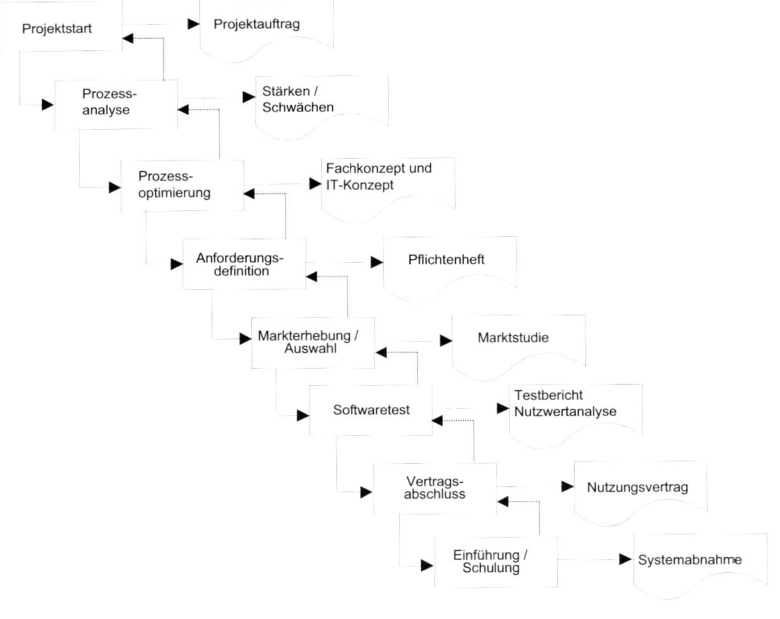

Aus diesen zunächst noch sehr groben Vorstellungen werden in einem nächsten Schritt *operative, dispositive und strategische Ziele* abgeleitet. Sie beeinflussen das weitere Auswahlverfahren maßgeblich. *Projektziele*

Beispiele für operative Ziele

- Beschleunigte Beantwortung von Kundenanfragen
- Weniger Papierbearbeitung
- Schnellere und zuverlässigere Kommunikation aller Mitarbeiter untereinander
- Höhere Sicherheit bei der Informationsspeicherung (weniger Verlust) und schnelleres Wiederfinden von Informationen

Beispiele für dispositive Ziele

- Bessere Kontrolle von Entscheidungen
- Bessere Einsatzsteuerung von Vertriebsmitarbeitern
- Stärkere Erfolgskontrolle einzelner Produkte

Beispiele für strategische Ziele

- Aktuelle Kennzahlen für die Unternehmenssteuerung
- Erlangung von Wettbewerbsvorteilen durch Nutzung moderner Kommunikations- und Informationssysteme
- Erhöhung der Kundenzufriedenheit

Die Mitglieder des Projektteams und der Projektleiter werden ebenfalls zu Beginn des Projekts benannt. Eine der ersten Aktivitäten des Projektleiters ist die Planung der weiteren Phasen mit Schätzung der benötigten Ressourcen (in Tagen und in Euro) sowie die Festlegung von Meilensteinen (Terminen), an denen Projektaktivitäten abgeschlossen werden. In vielen Unternehmen startet ein Projekt erst mit dem offiziellen Projektauftrag, der vom Management genehmigt wird. Ein *Projektauftrag* gibt Auskunft über folgende Themen: *Projektauftrag*

- Auftraggeber (= Geldgeber)
- Projektbezeichnung
- Begründung für das Projekt
- Ziele und erwarteter Nutzen
- Projektorganisation
- Projektverlauf und -aufgaben
- Erforderliche Fremdleistungen
- Auswirkungen auf andere Bereiche
- Geschätzte Kosten und Endtermin

In einer projekteröffnenden Sitzung (*Kick-Off-Meeting*) wird das Projekt und sein geplanter Verlauf den beteiligten Personen vorgestellt. Es dient auch zum Kennenlernen der einzelnen Mitarbeiter untereinander.

13.2.2 Geschäftsprozess-Analyse

Im Rahmen der *Geschäftsprozess-* bzw. *Istanalyse* wird eine detaillierte Bestandsaufnahme durchgeführt. Hierbei werden Arbeitsabläufe, Aufgaben, Daten, Informationsflüsse, Belege, Formulare, eingesetzte IT-Systeme und die ausführenden Stellen/Personen in einem begrenzten Bereich des Unternehmens analysiert (vgl. Bild 13.3). Im Vordergrund der Istanalyse steht heute in den meisten Fällen die Untersuchung der Geschäftsprozesse.

Bild 13.3: *Gegenstand der Geschäftsprozessanalyse*

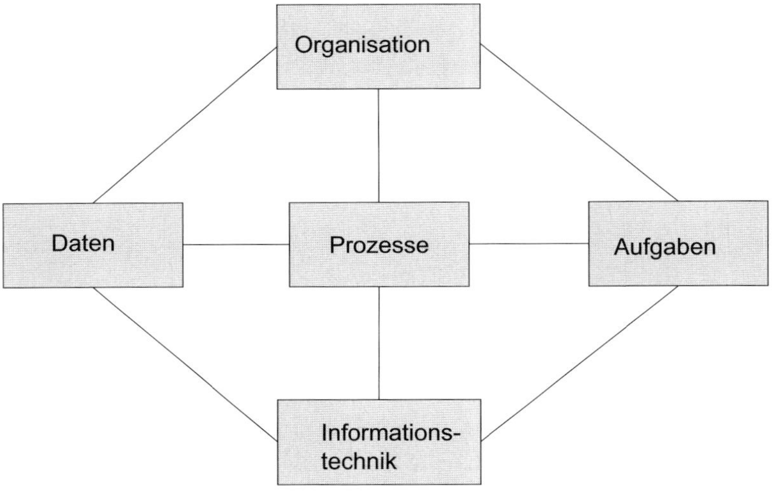

Geschäftsprozess

Ein *Geschäftsprozess* ist eine Folge von Aktivitäten mit definierten Anfang und Ende sowie messbaren Input und Output. Ein Geschäftsprozess erzeugt für einen Kunden ein Ergebnis von Wert.

Merkmale von Geschäftsprozessen

Jeder Geschäftsprozess beginnt durch ein bestimmtes Ereignis und besitzt ein klar definiertes Ende. Der Prozessbeginn ist das Eintreten eines Zustands (Geschäftsereignis, z. B. Bestellanfrage eines neuen Kunden). Das Prozessende wird durch das Erreichen eines wirtschaftlichen Zieles oder Geschäftsergebnisses (z. B. Abschluss eines Kaufvertrags) beschrieben.

Geschäftsprozesse sind nicht an organisatorische Strukturen, z. B. Unternehmens- oder Abteilungsgrenzen, gebunden. Sie laufen quer durch die Abteilungen. Sie enden nicht an den Unternehmensgrenzen, sondern beziehen Lieferanten und Kunden mit ein.

Ein Beispiel für einen Geschäftsprozess ist die Materialbeschaffung (vgl. Bild 13.4). Dieser Prozess kann in mehrere Teilprozesse unterteilt werden:

1) Die anfordernde Abteilung leitet die Bedarfsmeldung für Materialien als Bestellanforderung an den Einkauf.

2) Der zuständige Einkäufer ermittelt Bezugsquellen, führt Anfragen bei Lieferanten durch und erfasst anschließend die Angebote.

3) Durch Preisvergleiche zwischen verschiedenen Angeboten können die günstigsten Lieferanten ermittelt werden.

Bild 13.4: *Beispiel für einen Geschäftsprozess*

4) Die Bestellung muss per Dialogmaske erfasst werden.

5) Der Bearbeitungsstand einer Bestellung muss überwacht werden. Der Einkäufer wird darüber informiert, ob bereits ein Waren- oder Rechnungseingang zu der entsprechenden Bestellposition erfolgte und er kann Mahnungen bei Lieferverzögerungen verschicken.

6) Wareneingangsmenge und Bestellmenge werden verglichen und Abweichungen gemeldet.

7) Die Kreditorenrechnungen werden auf rechnerische und sachliche Richtigkeit überprüft.

8) Die Kreditorenzahlung erfolgt in der Finanzbuchhaltung.

Die Geschäftsprozesse eines Unternehmens lassen sich generell in Kern- und Unterstützungsprozesse unterteilen (vgl. [ScSe06] S. 74 ff.; [Seid06] S. 3).

Kernprozesse

Im Rahmen der *Kernprozesse* findet die originäre Wertschöpfung für externe Kunden statt, sie enthalten nicht-imitierbares Wissen (Kernkompetenzen) eines Unternehmens. In einem Fertigungsunternehmen können beispielsweise Produktentwicklung, Produktion und Vertrieb als Kernprozesse definiert werden.

Unterstützungsprozesse

Unterstützungsprozesse erzeugen demgegenüber Leistungen für interne Kunden. Sie sorgen dafür, dass die Kernprozesse reibungslos ablaufen. Sie haben keine strategische Bedeutung und können prinzipiell an externe Dienstleister verlagert werden. Der Druck von Werbebroschüren oder die Durchführung der Lohn- und Gehaltsabrechnung sind Beispiele für Unterstützungsprozesse.

Schwachstellen

Bei der Geschäftsprozessanalyse werden *Schwächen* und Fehler entdeckt und dokumentiert. Beispiele für Schwachstellen sind Doppelarbeiten, lange Warte- und Liegezeiten, Medienbrüche (Ausdruck einer Datei auf Papier, Weiterleitung, erneute Datenerfassung am PC), Kommunikationsprobleme zwischen verschiedenen Stellen, falsche Dateneingaben, veraltete Auswertungen. Allerdings sollten auch die Stärken derzeitiger Aufgabenerledigung festgehalten werden.

13.2.3 Geschäftsprozess-Optimierung

Im Anschluss an die Geschäftsprozessanalyse wird die *Geschäftsprozessoptimierung* vorgenommen. Ziel ist es, verbesserte oder gar optimale und einheitliche Geschäftsprozesse für die Zukunft festzulegen.

***Bild 13.5**:* *Ansätze zur Prozessoptimierung [AbMü09]*

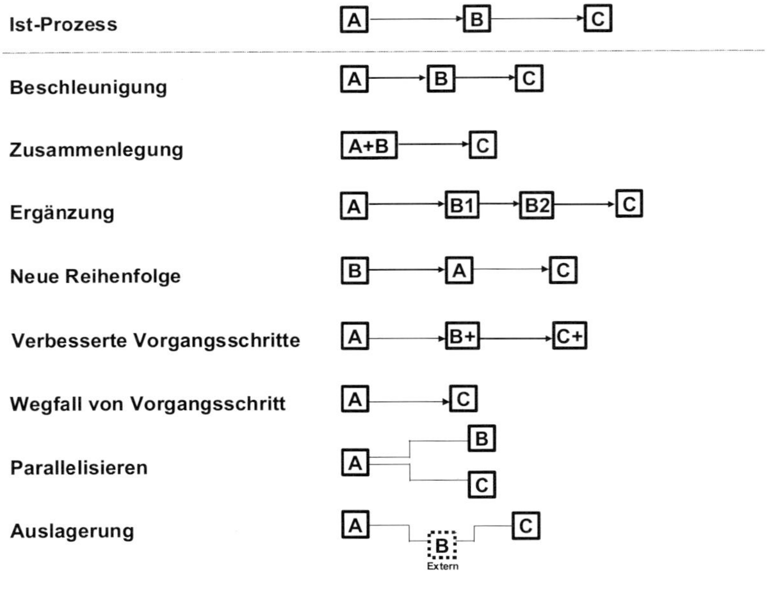

Die Vereinheitlichung der Prozesse ist eine wichtige Voraussetzung für die Nutzung von Standardanwendungssystemen. Die Prozessoptimierung soll helfen, die bisherigen Kosten und Bearbeitungszeiten zu senken. Ferner sollen Durchlauf- bzw. Prozesszeiten gesenkt sowie die Qualität der Prozessausführung verbessert werden.

Die Prozessoptimierung gestaltet die vorhandenen Prozesse neu. Hierbei sind unterschiedliche Ansatzpunkte möglich: Es können Aktivitäten zeitlich gestrafft werden, in eine neue Reihenfolge gebracht, zusammengefasst, entfallen, automatisiert und parallelisiert werden, vgl. Bild 13.5. Die Prozessoptimierung kann anhand der folgenden Beispiele verdeutlicht werden:

Fallbeispiel 1: Hotel

Im ersten Beispiel handelt es sich um ein Hotel in einer Großstadt, welches auch als Tagungshotel dient. Der Bereich "Reservierung" ist für Buchung und Reservierung von Zimmern zuständig, der Bereich "Veranstaltungen" für die Planung und Durchführung von Tagungen und Hochzeiten, der Bereich "Catering" für die Bewirtung von Hotel- und Tagungsgästen. Zwischen den drei Bereichen traten verschiedene Probleme auf:

- Die Auslastung bei Tagungen und Übernachtungen lag unterhalb branchenüblicher Werte, obwohl das Hotel verkehrsgünstig und zentral liegt.
- Die Leitung des Veranstaltungsbereichs berichtete, dass einige Anfragen für Tagungen nur deshalb abgelehnt wurden, weil nicht genügend Zimmer frei waren. Nach Überprüfung ergab sich jedoch, dass während der genannten Zeiträume durchaus genügend freie Kapazitäten vorhanden waren.
- Die Abrechnungen waren in 15% der Fälle nicht korrekt. Entweder berechnete das Catering Positionen, die nicht in Anspruch genommen wurden und zu Kundenbeschwerden führten oder man erkannte erst nach Rechnungsstellung (und damit zu spät), dass auf Tagungen zusätzliche Verpflegungsleistungen genutzt wurden, ohne diese zu berechnen.
- Durch kurzfristige Abwesenheit von Mitarbeitern bei Reservierungsanfragen oder bei Belegung aller Telefonleitungen kam es zu Auftragsverlusten und zu unzufriedenen Kunden.

Prozessanalyse

Die Geschäftsprozessanalyse erstreckte sich auf die Prozesse Reservierung und Buchung sowie auf Planung und Durchführung einer Veranstaltung. Das Problem der mangelnden Auslastung basierte u. a. auf Schnittstellenproblemen zwischen den Bereichen Reservierung und Veranstaltungen. Anfragen bezüglich einer Tagung waren häufig mit dem Wunsch nach Zimmerreservierung verbunden. Die Mitarbeiter des Bereichs "Veranstaltungen" hatten jedoch lediglich einen lesenden Zugriff auf die Reservierungssoftware. Bei jeder Anfrage wurde ein Zettel mit der gewünschten Zimmeranzahl notiert und an das benachbarte Reservierungsbüro übergeben. In gleicher Weise wurde mit Änderungen – z. B. bei Absagen von Tagungsteilnehmern mit Übernachtungswunsch – umgegangen. Der Bereich Reservierung verbuchte die Zettel entweder zu spät oder fehlerhaft, teilweise gar nicht. So kam es vor, dass die Anfrage nach einer Tagung abgelehnt wurde, weil für den Wunschtermin laut Reservierungstool keine Zimmer mehr frei waren. Zwischenzeitlich war eine andere Veranstaltung storniert worden, jedoch durch die Übermittlung per Zettel noch nicht in der Software eingepflegt.

Bei dem Prozess "Durchführung einer Veranstaltung" verursachten ebenfalls Medienbrüche und Abstimmungsprobleme die Kundenreklamationen und Umsatzausfälle. Für das Catering wurden wöchentlich im Voraus in Papierform Angaben zu gebuchten Veranstaltungen übergeben (Personenzahl, Art der Veranstaltung, gewünschte Gerichte etc.). Kurzfristige Änderungswünsche übergab der Bereich "Veranstaltungen" an das Catering per Zettel. Auf einem gesonderten Zettel mussten Änderungen für die Rechnungsstellung notiert werden. Änderungswünsche für den aktuellen Tag konnten oftmals nicht hinreichend berücksichtigt werden, da die Leiterin des Catering innerhalb des Hotels unterwegs war und nicht erreichbar war. Hinzu kam das Problem, dass die Mitarbeiter in den beiden Abteilungen zeitversetzt in unterschiedlichen Schichten arbeiteten.

Prozessoptimierung

Als Lösungsvorschlag im Rahmen der Prozessoptimierung wurde den Mitarbeitern des Veranstaltungsbereichs eine erweiterte Berechtigung für das Reservierungssystem zugestanden. Bei Anfragen nach Veranstaltungen können jetzt direkt auch Zimmerreservierungen vorgenommen werden. Für kurzfristige Absprachen mit der Reservierungsabteilung wurde ein Messagingsystem eingeführt und somit die Zettelübermittlung abgeschafft. Zur Beseitigung der Abstimmungsprobleme zwischen den Bereichen Veranstaltung und Catering wurden mobile Telefone sowie mobile Datenerfassungsgeräte mit W-LAN-Anbindung eingeführt, um hierdurch kurzfristig auf Änderungswünsche bei der Verpflegung von Veranstaltungsteilnehmern reagieren zu können. Als Maßnahme gegen die mangelnde Erreichbarkeit bei telefonischen Reservierungsanfragen wurde die bestehende Telekommunikationsanlage erweitert, sodass eingehende Anrufe jetzt weitergeleitet werden oder dass der Kunde eine Nachricht hinterlassen kann. (vgl. [ScMI04] S. 474 ff.)

Fallbeispiel 2: Entgeltabrechnung

Als zweites Beispiel betrachten wir den Unterstützungsprozess "Entgeltabrechnung" in einem Industrieunternehmen. Als Input dienen die zum monatlichen Abrechnungstermin bereitgestellten Zeit- und Personaldaten. Der Prozess umfasst verschiedene Vorverarbeitungsläufe, Prüfverfahren und Folgeaktivitäten wie z. B. Entgeltüberweisung, Sozialversicherungsmeldungen (vgl. Bild 13.6). Messbarer Output des Prozesses sind der Zahlungseingang bei den Mitarbeitern und die interne Verbuchung auf Buchhaltungskonten des Unternehmens.

Bild 13.6:
Prozess Entgeltabrechnung

Prozessanalyse

Die Prozessanalyse ergab eine Vielzahl von Schwachstellen. Es waren insgesamt 12 verschiedene Organisationseinheiten am Abrechnungsprozess beteiligt (z. B. Personalabrechnung, Personalverwaltung, Finanzbuchhaltung, Poststelle), der Prozess umfasste 86 unterschiedliche Aktivitäten und dauerte 1,5 Wochen. Änderungen konnten demnach auch nur bis zu 1,5 Wochen vor dem Abrechnungstermin berücksichtigt werden. Die Kosten lagen bei 14 € für die Entgeltabrechnung eines Mitarbeiters pro Monat und lagen damit weit über vergleichbaren Werten anderer Unternehmen mit 8 - 10 €. Bei vielen Aktivitäten handelte es sich nicht um Wert schöpfende Tätigkeiten, wie z. B. Prüfen, Korrigieren, Genehmigen, die sich negativ auf die Durchlaufzeit auswirkten. Zudem bestanden lange Liegezeiten zwischen einzelnen Bearbeitungsschritten, beispielsweise wenn im Rahmen eines Korrekturvorgangs auf eine erneute Freigabe gewartet werden musste. Im betrachteten Prozess waren 4 - 5 Vorläufe erforderlich mit anschließenden Fehlerkorrekturen. Auch nach erfolgter Lohn- und Gehaltszahlung mussten durchschnittlich 20 - 30 telefonische Rückfragen beantwortet werden. Zur Unterstützung der Entgeltabrechnung wurden mehrere IT-Systeme ohne einheitliche Datenbasis eingesetzt. Durch den häufigen Wechsel zwischen den verschiedenen Organisationseinheiten und Rückkopplungen (Rückfragen, Fehlerkorrekturen) übernahm keiner die Gesamtverantwortung für den Prozess.

Prozessoptimierung

Die Prozessoptimierung erstreckte sich auf ein Bündel von Maßnahmen. Zunächst sind hierbei organisatorische Änderungen zu nennen. Verschiedene Aufgaben wurden zusammen gefasst, die Prozessverantwortung wurde einem Prozessteam übertragen, hierdurch reduzierte sich der Wechsel zwischen Organisationseinheiten, sodass insgesamt die Durchlaufzeit und die Anzahl der Schnittstellen verringert werden konnten. Der neue Prozess hatte auch personelle Konsequenzen: das Aufgabenspektrum der beteiligten Sachbearbeiter wurde erweitert, vorhandenes Personal musste in Bezug auf neue Anforderungen geschult bzw. es wurden anders qualifizierte Mitarbeiter eingesetzt. Schließlich ergaben sich auch technologische Veränderungen: ein neues integriertes Entgeltabrechnungsprogramm wurde eingeführt, eine einheitliche Datenbasis geschaffen, und allen berechtigten Benutzern zur Verfügung gestellt, viele notwendige Aktivitäten konnten automatisiert werden, Fehler anhand von Simulationsläufen direkt erkannt werden, ohne die früheren aufwändigen Vorläufe durchzuführen, Doppeleingaben und somit Datenredundanzen konnten abgeschafft werden.

Als Ergebnis der Prozessoptimierung verkürzte sich die Dauer der Abrechnung von 1,5 Wochen auf 3 Tage, reduzierten sich die Kosten pro Abrechnung von 14 € auf 9 €, verringerten sich die erforderlichen Aktivitäten von 86 auf 28. Statt vier Vorläufe war nur noch einer erforderlich, statt 12 Organisationseinheiten beteiligten sich nur noch vier an dem Abrechnungsprozess (vgl. [Wale02] S. 23 ff.).

Konzept

Die Optimierung von Geschäftsprozessen wird heute im Regelfall erst durch den Einsatz neuer IT-Systeme möglich, das haben auch die beiden soeben präsentierten Beispiele gezeigt. Parallel zur Gestaltung der neuen Geschäftsprozesse ist daher ein Konzept (Rahmenvorschlag) mit den beiden Teilen

- *Fachkonzept* (WAS soll das neue System leisten?) und
- *IT-Konzept* (WIE ist die Anforderung informationstechnisch zu realisieren?)

zu erarbeiten. Weil ein Konzept im Laufe der Zeit immer konkreter und detaillierter wird, kann außerdem zwischen Grobkonzept und Feinkonzept unterschieden werden.

Inhalt des Konzepts

Ein Konzept für betriebswirtschaftliche Software umfasst u. a. die folgenden Punkte:

- ein *Leitbild* (eine vorstellbare Vision) mit den wichtigsten Anforderungen an das zukünftige System,
- die zukünftigen optimierten *Geschäftsprozesse*,
- ein *Datenmodell* für den betroffenen Bereich,
- das zukünftige *Funktionsmodell* mit der Beschreibung von Einzelaufgaben,
- die Gegenüberstellung *technischer Alternativen* mit ihren Vor- und Nachteilen, z. B. die Entscheidung für ein anderes Betriebssystem oder ein neues Datenbankmanagementsystem als Basis für die neue Anwendungssoftware,
- die Darstellung zukünftiger *Arbeitsabläufe, Benutzergruppen* und *Organisationsstrukturen.*

Prozessanalyse und -optimierung können zunächst noch ohne konkrete Entscheidung für ein bestimmtes Software-Paket oder eine spezielle Hardware-Konfiguration erfolgen. Am Ende dieser Phase muss das Projektteam gemeinsam mit dem Management jedoch einige *strategisch wichtige Entscheidungen* treffen:

Strategische Entscheidungen

1. Soll ein Standardsoftware-Paket ausgewählt werden oder ist die Entwicklung von Individualsoftware erforderlich?

2. Muss bei dem Auswahlverfahren ein unternehmensweit gültiges Integrationskonzept beachtet werden oder kann auch ein isoliertes Software-Paket ("Insellösung") in Frage kommen?

3. Kann anstatt einer lizenzpflichtigen Software eine vermutlich mit geringeren Kosten verbundene Open-Source-Lösung genutzt werden?

4. Soll die Anwendungssoftware auf eigenen Rechnern betrieben werden oder erfolgt die Software-Nutzung über das Serviceangebot eines externen Dienstleisters (Outsourcing)?

Im weiteren Verlauf unterstellen wir, dass lizenzpflichtige Standardsoftware ausgewählt werden soll, die auf eigenen Rechnern eingesetzt wird.

13.2.4 Anforderungsdefinition

Pflichtenheft

Das *Pflichtenheft* enthält die betriebswirtschaftlichen und technischen Anforderungen an die spätere Software. Erfahrungsgemäß ist dieses Pflichtenheft zunächst grob und muss im Verlauf des Auswahlprozesses noch ergänzt und verfeinert werden.

Der *Nutzen* eines Pflichtenhefts besteht in der systematischen, schriftlichen Zusammenstellung aller Anforderungen. Es liegt damit ein grundlegendes Dokument für alle nachfolgenden Phasen der Projektabwicklung vor, das den Anwender vor Enttäuschungen, d. h. nicht vorhandenen Funktionen, und den Software-Hersteller vor Überraschungen, d. h. zusätzlichen, nicht vereinbarten Anforderungen, schützen soll.

Aufbau eines Pflichtenhefts

Ein Pflichtenheft kann folgende Gliederung haben:

1. Porträt des Unternehmens (des Auftraggebers)

1.1 Pflichtenheft-Ersteller, Ansprechpartner im Unternehmen

1.2 Art und Größe des Unternehmens

1.3 Unternehmensstruktur, Organisation des IT-Bereichs

1.4 Kunden-/Lieferantenstruktur

2. Ausgangssituation

2.1 Anwendungsbereiche
Welche Bereiche/Prozesse sind von der neuen Software betroffen?

2.2 Anwendergruppen
Welche und wie viele Mitarbeiter werden zukünftig Anwender des Software-Pakets sein?

2.3 Darstellung der Geschäftsprozesse im zukünftigen Anwendungsbereich

2.4 Derzeitige organisatorische und technische Gegebenheiten

3. Ziele aus Anwendersicht

3.1 Welche Ziele müssen von der Software unbedingt erfüllt werden (K.O.-Kriterien)?

3.2 Welche Ziele sind wünschenswert, aber nicht zwingend notwendig?

4. Informationstechnische Anforderungen

4.1 Hardware
Auf welcher Hardware muss das zukünftige Software-Paket lauffähig sein?

4.2 Systemsoftware
Welche Systemsoftware-Komponenten sind vorgegeben, z. B. Betriebssystem, Datenbankverwaltungssystem, Netzwerk?

4.3 Sicherheit
Welche Sicherheitsmaßnahmen sind einzuhalten (z. B. Verschlüsselung)?

5. Betriebswirtschaftliche Anforderungen
Leistungsumfang der Anwendungssoftware

5.1 Liste der Einzelfunktionen
Welche einzelnen Funktionen soll die Software erfüllen?

5.2 Geschäftsprozesse
Welche Zusammenhänge bestehen zwischen den einzelnen Teilfunktionen? Welche Geschäftsprozesse sollen unterstützt werden?

5.3 Benutzungsoberfläche
Welche Eigenschaften soll die Benutzungsoberfläche aufweisen?

5.4 Schnittstellen
Welche Schnittstellen bestehen zu fremden Systemen?
Empfang/Weitergabe von Daten

5.5 Anwendungsbeispiele, Testdaten
Spezielle Fälle, die von der Software unterstützt werden müssen

6. Randbedingungen

6.1 Mengengerüst
Welcher Umfang an zu verarbeitenden Daten wird erwartet?

6.2 Gesetzliche Vorschriften
Welche gesetzliche Vorschriften, betriebliche Richtlinien, Sicherheitsbestimmungen, Aufbewahrungsfristen usw. sind zu beachten? Welche Datenschutzanforderungen müssen erfüllt werden?

6.3 Terminvorgaben
Welcher zeitliche Rahmen ist vorgegeben?

6.4 Antwortzeiten
Welche Antwortzeiten muss das System gewährleisten?

6.5 Konditionen
Welcher finanzielle Rahmen muss eingehalten werden? Welche Gewährleistung übernimmt der Anbieter bei Programmfehlern, Systemabsturz?

6.6 Systemverfügbarkeit
Welche besonderen Anforderungen werden an die Verfügbarkeit, Zuverlässigkeit und Sicherheit von Hard- und Software gestellt?

6.7 Realisierungsstufen
In welchen Phasen soll die Einführung erfolgen?

13.2.5 Markterhebung

Informationsquellen

Der gesamte Vorgang der Markterhebung funktioniert wie ein Trichter: Aus einem Angebot von oftmals mehr als 100 Software-Produkten ist das am besten geeignete auszuwählen (vgl. Bild 13.7). Bei der Marktrecherche stehen generelle funktionale und technologische Anforderungen ("Eignet sich die Software grundsätzlich für das Unternehmen?") sowie die Einsetzbarkeit in der eigenen Branche im Vordergrund.

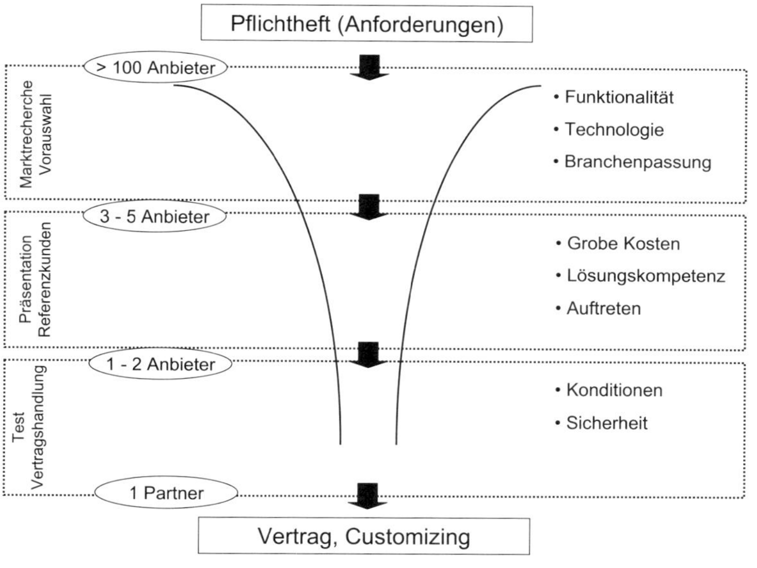

***Bild 13.7**: Trichter der Software-Auswahl (vgl. [Sont06] S. 7*

Die mangelhafte Transparenz des Software-Markts stellt ein großes Problem bei der Auswahl von Standardsoftware dar. Eine vollständige Marktanalyse soll und kann in der Regel nicht erfolgen. Informationen über Standardsoftware und deren Hersteller können auf unterschiedlichen Wegen gewonnen werden.

Internet

Im Internet findet man Software-Anbieter über Suchmaschinen. Außerdem kann man auf die Softwarekataloge von spezialisierten Portalen zugreifen, z. B. www.software-marktplatz.de oder www.softguide.de.

Fachpresse

Software-Marktübersichten werden in unregelmäßigen Abständen in der Fachpresse abgedruckt, z. B. Computerwoche, Computer

Zeitung, Informationweek. Diese Informationen sind in der Regel objektiver als die Broschüren der Hersteller.

Messen

Ein sehr guter Überblick lässt sich bei einem Messebesuch gewinnen. Hier sind beispielsweise die jährlich stattfindende Hannovermesse *CeBIT* und die in München stattfindende *Systems* zu nennen.

Referenzen

Praxisnahe Informationsquellen sind Erfahrungsberichte von Software-Anwendern. Mehrere Veranstalter bieten zur Software-Auswahl ein- bis zweitägige Seminare an mit Anwenderberichten aus verschiedenen Unternehmen. Neben Fachvorträgen und Vorträgen empfiehlt sich die Diskussion mit Referenzkunden eines Software-Anbieters. Hierbei handelt es sich um Unternehmen, die ein bestimmtes Software-System bereits erfolgreich einsetzen.

Broschüren

Schließlich bieten die Software-Hersteller umfangreiche eigene Informationen an. Das Spektrum reicht hierbei von Prospekten, Bedienungsanleitungen, Informationsveranstaltungen, Vorführungen und Demo-Programmen bis hin zur Testmöglichkeit der Software im eigenen Unternehmen. Soweit es sich um webbasierte Software handelt, werden hierfür lediglich ein Link und ein Passwort benötigt.

Software-Anbieter

Betriebswirtschaftliche Standardsoftware wird hauptsächlich von Software-Unternehmen entwickelt und angeboten. Besonders bei komplexen Software-Lösungen besteht darüber hinaus eine große Nachfrage nach Dienstleistungen, sodass auch Systemhäuser, Beratungsunternehmen und IT-Service-Dienstleister inzwischen Standardsoftware für Anwendungsunternehmen einführen, anpassen und sogar betreiben.

Unabhängige *Software-Unternehmen* entstanden nach 1970 durch das *Unbundling,* als die Software von den Hardware-Herstellern nicht mehr als Teil der Hardware kostenlos mitgeliefert, sondern gegen getrennte Berechnung angeboten wurde.

Unternehmensberatungen haben sich auf Vertrieb, Anpassung und Implementierung von Standardsoftware spezialisiert. Vor allem die großen Software-Hersteller kooperieren mit Beratungsunternehmen. Das Software-Unternehmen konzentriert sich auf sein Kerngeschäft, die Entwicklung, während externe Berater die Einführung und Schulung beim Anwender übernehmen.

13.2.6 Software-Test

Im Anschluss an die Markterhebung verbleiben zwischen drei und fünf Software-Pakete, die vom Projektteam näher untersucht werden. Die detaillierten Informationen erhält man durch Produktpräsentationen (Vorstellung der Software durch Vertriebsmitarbeiter des Anbieters) oder durch den Besuch von Referenzkunden.

Für einen detaillierten Vergleich zwischen wenigen Software-Paketen unterscheiden wir zwischen produktbezogenen und anbieterbezogenen Kriterien. Gerade weil die Entscheidung für eine bestimmte Anwendungssoftware immer eine langfristige Bindung an ein Software-Unternehmen bedeutet, spielen die anbieterbezogenen Kriterien eine wichtige Rolle. Außerdem betrachten wir neben den aktuell gültigen Anforderungen auch zukünftige, strategische Aspekte. Somit können wir die Entscheidungskriterien für Standardsoftware in vier unterschiedliche Kategorien einteilen (vgl. Bild 13.8). Die Zusammenstellung dieser Anforderungen basiert auf dem Pflichtenheft.

	aktuelle Kriterien	strategische Kriterien
produktbezogene Kriterien	• Erfüllung funktionaler und technischer Anforderungen • Preise	• Modernität der Technologie (z. B. Serviceorientierte Architektur) • Flexibilität des Systems • Referenzinstallation
anbieterbezogene Kriterien	• Branchenwissen • Beraterqualität • Schulungsangebot • Qualität und Reaktionsgeschwindigkeit Support	• Marktstellung und wirtschaftliche Situation des Anbieters • Produktionstrategie Weiterentwicklung • Seriosität

Bild 13.8: *Kriterien der Software-Auswahl (vgl. [BrTS06] S. 15)*

Muss-Kriterien

Bei der Prüfung der einzelnen Kriterien kann ferner eine Unterteilung in Muss- und Kann-Kriterien vorgenommen werden. Die Nicht-Erfüllung eines Muss-Kriteriums kann die Ablehnung des gesamten Produkts bedeuten. *Muss-Kriterien* sind z. B.

- unbedingt erforderliche technische Voraussetzungen, wie beispielsweise ein bestimmtes Datenbanksystem oder Betriebssystem;
- unverzichtbare funktionale Anforderungen;
- die derzeitige Lebenszyklusphase einer Software, beurteilt anhand des Jahres der erstmaligen Installation und der Installationszahl insgesamt;
- Vorhandensein regionaler bzw. globaler Software-Versionen, d.h. Einsatz in bestimmten Ländern, Sprach- und Landesversionen, vor allem bei global agierenden Unternehmen eine wichtige Anforderung;
- Preiskategorie der Software, um ein vorhandenes Budget einhalten zu können;
- Einführungsdauer und Umstellungszeitpunkt, wenn wichtige Termine einzuhalten sind, beispielsweise bei Auslaufen alter Wartungsverträge oder Inkrafttreten von Gesetzen.

In der Regel reicht es nicht aus, den Anforderungskatalog lediglich an die Software-Anbieter zu versenden. Viele Fragen lassen sich nur am Demo-System erläutern, in einigen Fällen können Referenzkunden eine zufriedenstellende Antwort geben. In jedem Fall muss das Pflichtenheft gemeinsam mit einem Spezialisten des Software-Anbieters Punkt für Punkt durchgearbeitet werden.

Probeinstallation

Vor der eigentlichen Entscheidung für ein System werden oftmals ein bis zwei Programme probeweise installiert werden (Pilotinstallation). Es sollte mindestens zwei Monate parallel mit dem alten und neuen Verfahren gearbeitet werden. Das Testergebnis muss dokumentiert werden. In Bild 13.9 stellen wir exemplarisch einen Auszug eines Testberichts vor.

Bild 13.9: *Testbericht*

Datenfeld	Form	Pflichtfeld	Anmerkung
Vorname	Textfeld	X	
2. Vorname	Textfeld		Prüfung, ob 1. Vorname gesetzt
Weitere Vornamen			Fehlt
Nachname	Textfeld	X	
Geburtsname			Fehlt
Anrede	Auswahlliste	X	Auswahlliste wird vom Anwender gepflegt
Straße	Textfeld	X	
Hausnummer	Alphanumerisch	X	
Postleitzahl	Numerisch	X	Keine Prüfung gegen Ort und Straße
Wohnort	Textfeld	X	Keine automatische Prüfung der Postleitzahl
Geschlecht	Auswahlliste	X	Keine Prüfung mit Anrede

Eine geeignete Methode für Bewertung und endgültige Auswahlentscheidung zwischen zwei oder mehr Software-Systemen ist die Nutzwertanalyse (vgl. hierzu Kapitel 13.3.2).

13.2.7 Vertragsabschluss

Software-Nutzungsvertrag

Sobald die Entscheidung für eine Software-Alternative gefallen ist, wird zwischen dem Anwender und dem Software-Anbieter ein *Nutzungsvertrag* abgeschlossen, der neben dem Kaufpreis und Schulungs- bzw. Beratungsleistungen häufig auch die Software-Anpassung und spätere Wartung umfasst. Nutzung bedeutet hierbei das Recht zur Anwendung und nicht zur Weiterveräußerung oder Veränderung des Quellcodes. Außerdem wird vertraglich geregelt, auf welche Art und Weise Installation, Schulung und Beratung erfolgen, welche Haftung der Anbieter im Fehlerfall übernimmt.

Kaufvertrag

Es können mehrere Vertragsarten unterschieden werden. Bei einem *Kaufvertrag* erhält der Anwender ein oder mehrere Exemplare der Software inklusive Dokumentation für eine unbefristete Nutzung.

Wartungsvertrag

Für die Software-Pflege und Weiterentwicklung muss in den meisten Fällen ein zusätzlicher *Wartungsvertrag* abgeschlossen werden, wobei jährlich eine Pflegegebühr in Höhe von 15 bis 20 % vom Anschaffungspreis berechnet wird.

Mietvertrag

Als Alternative zum Kaufvertrag werden *Mietverträge* abgeschlossen. Hierbei wird die Software gegen Zahlung der vereinbarten Monatsmiete genutzt. Datenträger und Dokumentation bleiben Eigentum des Software-Unternehmens.

Preismodelle

Bei Software-Verträgen existieren unterschiedliche Preismodelle. Zum einen können sich die Kosten nach der Anzahl der Benutzer errechnen. *Definierte Benutzer* (Named User) sind Mitarbeiter des Unternehmens, die mit eigenem Passwort auf die überlassene Software zugreifen. Im Gegensatz dazu richtet sich die Lizenzgebühr bei *Gleichzeitigen Benutzern* (Concurrent User) nach zeitgleich am System angemeldeten Benutzern. Hierbei kann die Software auf beliebig vielen Clients installiert sein.

Bei einem anderen Modell basiert der Preis auf verarbeiteten *Mengen*, wie z. B. Anzahl der gespeicherten Stammdatensätze, Anzahl Bestellungen, Verträge, Konten, Abrechnungen etc.

Das *Abonnement-Prinzip* steht im Mittelpunkt einer dritten Variante. Hierbei erwirbt der Anwender eine niedrige einmalige Lizenz, muss dafür aber regelmäßig periodische Updates bezahlen. Dieses Modell finden wir vor allem bei kaufmännischer Standardsoftware für kleine und mittelständische Unternehmen.

Ein viertes Preismodell orientiert sich Hardware-Kapazitäten, wie z. B. belegter Speicherplatz, Anzahl Server und Prozessoren, auf denen die Software installiert ist. Hierbei erhöht sich bei jeder Aufrüstung der *Hardware-Konfiguration* oder bei zusätzlichem Speicherplatz die Lizenzgebühr.

Notarielle Hinterlegung des Quellcodes

Zur Absicherung einer mehrjährigen Nutzung und Wartung kann mit kleineren Softwarehäusern vereinbart werden, den Quellcode auf einem Datenträger in einem notariell verwalteten Schließfach oder bei einem Treuhänder zu hinterlegen ("Software-Escrow"). Unter besonderen Umständen, z. B. bei einem Insolvenzverfahren oder nicht erfüllten Wartungsverpflichtungen, kann der Anwender die Herausgabe des Quellcodes verlangen (vgl. [Sieg05] S. 403 ff.).

13.2.8 Einführung und Schulung

In Abhängigkeit davon, ob man die gesamte Software zu einem bestimmten Stichtag oder schrittweise, verteilt über mehrere Stichtage einführt, wird zwischen der "Big-Bang-Strategie" und der "Step-by-Step-Strategie" unterschieden. Bei der gestuften Einführung kann die Umstellung zunächst für einen ausgewählten Teilbereich (Pilotbetrieb) oder aufgrund einer Schablone bzw. einer Vorlage (Template) erfolgen.

Big-Bang-Strategie

Bei der *Big-Bang-Strategie* erfolgt die Ablösung des Altsystems durch ein neues Anwendungssystem schlagartig zu einem Zeitpunkt (vgl. Bild 13.10). Alle Beteiligten arbeiten unter starkem Zeitdruck, um den geplanten Umstellungstermin zu ermöglichen. Hierbei können Fehler auftreten und die Akzeptanz der zukünftigen Benutzer kann negativ beeinflusst werden. Andererseits sind bei dieser Strategie keine aufwändigen Zwischenlösungen erforderlich. Die Einführungsphase erstreckt sich nicht über viele Monate oder gar Jahre.

Step-by-Step-Strategie

Bei der *Step-by-Step-Strategie* sind von der Umstellung stets nur einzelne Abteilungen/Bereiche oder Software-Module betroffen (vgl. Bild 13.11). Das alte Anwendungssystem wird parallel zu den neu eingeführten Modulen betrieben. Diese Strategie wird insbesondere bei komplexen Umstellungen mit großem Funktionsumfang und mehreren, teilweise internationalen Standorten gewählt. Das Risiko ist insgesamt geringer als bei der Big-Bang-Strategie. Allerdings entsteht in der langen parallelen Phase zusätzlicher Aufwand und es müssen Schnittstellen programmiert werden, die nur kurze Zeit genutzt werden

Bild 13.10: *Big-Bang-Einführung ([Mang06] S. 90)*

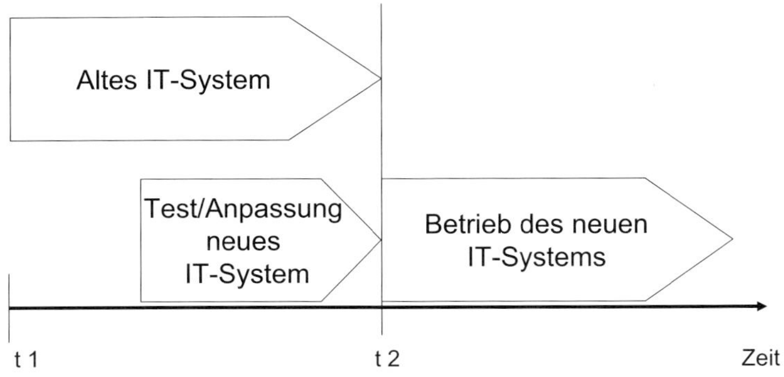

Piloteinführung

Eine vorsichtige Einführungsstrategie ist die *Piloteinführung*. Hierbei erfolgt die Umstellung zunächst nur in genau einer Lokation (Niederlassung oder Land) für genau ein Modul (z. B. Finanzbuchhaltung). Die gewonnenen Erfahrungen werden dazu genutzt, die Einführung in anderen Regionen bzw. für andere Module zu verfeinern. Fehler wirken sich hierbei zunächst nur in sehr begrenztem Umfang aus, können kontrolliert behoben werden, allerdings verlängert sich die Einführungsdauer durch den Pilotbetrieb.

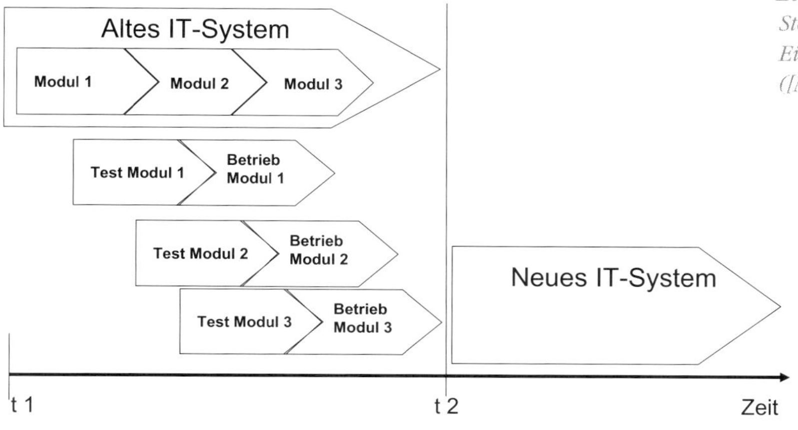

Bild 13.11: *Step-by-Step-Einführung ([Mang06] S. 91)*

Template Strategie

Die *Template-Strategie* unterstützt ebenfalls das stufenweise Vorgehen. Ein Template ist eine Vorlage oder ein Mastersystem, das einmalig entwickelt wird und anschließend an mehreren Standorten oder in mehreren Ländern im Rahmen der flächendeckenden Software-Einführung (zumeist bei ERP-Systemen) eingesetzt wird. Bestandteile eines Template sind standardisierte Prozessbeschreibungen, Stammdaten-Definitionen, Berechtigungskonzepte, Dokumentationen, Schulungsunterlagen und Vorgehensmodelle. Ein Template ist somit ein Muster, ein exemplarisches Beispiel einer Software-Einführung, das anschließend – wie eine Kopiervorlage – in gleicher Weise in allen anderen Unternehmensstandorten eingesetzt wird.

Zielsetzung von Software-Templates ist nicht ausschließlich die Reduzierung des Einführungsaufwands sondern auch die Etablierung unternehmensweiter Daten- und Software-Standards, der Aufbau eines konsolidierten Berichtswesens (gleiche Informationsstrukturen) sowie letztlich die Reduzierung der IT-Kosten durch weltweite Nutzung einheitlicher Standardsoftware-Systeme (vgl. [Frie08] S. 41).

Zugriffsrechte

Vor dem Echtbetrieb müssen für alle Benutzer die *Zugriffsberechtigungen* festgelegt werden:

- Auf welche Programmteile/Module/Bildschirmmasken darf der Benutzer zugreifen?
- Auf welche Datengruppen darf der Benutzer zugreifen?
- Was darf der Benutzer mit diesen Daten tun? (Erfassen, Ändern, Lesen, Löschen)
- In welchem Zeitraum darf der Benutzer auf die Daten zugreifen?

Schulung

Soweit die zukünftigen Benutzer nicht laufend informiert wurden, kommen sie im Rahmen der Anwendungsschulung zum ersten Male mit dem neuen System in Berührung. Die Hardware-Installation in der Fachabteilung (Bildschirme, Drucker) sollte so früh wie möglich abgeschlossen sein, damit ausreichend Zeit für Test- und Übungsmöglichkeiten direkt am Arbeitsplatz übrig bleibt. Für alle Bildschirm-Anwender ist eine Schulungsdauer zwischen zwei Stunden und mehreren Tagen, je nach Art der Benutzung, vorzusehen. Für Benutzer, die z. B. nur den An- und Abmeldevorgang am Bildschirmgerät, das Menü und wenige Dialogprogramme kennen müssen, reichen im Regelfall einige Stunden Schulung bereits aus. Allerdings müssen alle Benutzer die Gelegenheit erhalten, an ihrem Arbeitsplatz das Gelernte anzuwenden. Praktische Erfahrungen lassen sich durch das Arbeiten mit Beispieldaten einer Musterfirma gewinnen.

Interne und externe Schulung

Externe Schulungen finden in den Räumen des Software-Anbieters statt. Interne Schulungen werden innerhalb des Anwendungsunternehmens organisiert, und zwar entweder in interen Schulungsräumen oder am Arbeitsplatz. In der Praxis sind Mischformen zwischen interner und externer Schulung weit verbreitet, beispielsweise indem zunächst Mitglieder des Projektteams extern geschult werden und diese anschließend interne und an den speziellen Bedarf angepasste Schulungen durchführen.

Lernprogramme

Bei Standardsoftware werden auch immer mehr Selbstlernprogramme (*E-Learning*) angeboten, die allerdings primär zur Ergänzung bzw. Vertiefung einer traditionellen Schulung dienen. Die Anwenderschulung sollte nicht zu früh vor dem Beginn eines (Test-)Betriebs und natürlich auch nicht zu spät eingeplant werden. Weiterhin ist auf kleine Schulungsgruppen (max. 2 Benutzer an einem Bildschirm) und auf einen ungestörten Schulungsverlauf (nicht während dringender Termin- oder Routinearbeiten) zu achten.

Vor Beginn des Betriebs mit der neuen Software erfolgt meist noch die Übernahme bereits vorhandener Stammdaten des Altsystems.

Abnahme

Zum Schluss der Test- und Einführungsaktivitäten erfolgt die *Systemabnahme* durch den Anwender. In einem Abnahmeprotokoll werden alle noch offenen Probleme und Fehler aufgelistet. Das Softwarehaus muss verbindliche Termine für die noch nicht erledigten Arbeiten nennen. Nach Systemabnahme geht der Testbetrieb in den produktiven Betrieb oder Echtbetrieb über. Das Projekt ist an dieser Stelle beendet.

13.3 Methoden der Software-Auswahl

Zur Erleichterung und Beschleunigung des Auswahl- und Einführungsprozesses werden Methoden genutzt.

13.3.1 Methoden zur Geschäftsprozess-Analyse

EPK

Zur Analyse und Dokumentation von Geschäftsprozessen wird häufig die Methode der *Ereignisgesteuerten Prozessketten* (EPK) genutzt. Die EPK-Methode wurde vom Institut für Wirtschaftsinformatik der Universität des Saarlandes in Zusammenarbeit mit der SAP AG entwickelt ([Sche01] S. 125 ff.). Mit wenigen Elementen und Symbolen lassen sich hiermit auch komplexe Geschäftsprozesse übersichtlich darstellen (vgl. Bild 13.12).

Element	Frage	Beispiel
Ereignis	Was ist passiert?	Auftrag ist eingetroffen
Funktion	Was soll getan werden?	Auftrag anlegen
Organisationseinheit	Wer soll es tun?	Vertriebsabteilung
Informationsobjekt	Welche Information wird dazu benötigt?	Kundenadresse

Bild 13.12: *EPK-Elemente ([Stau06] S. 60 ff.)*

Elemente der EPK

Die vier Grundelemente einer EPK werden nachfolgend kurz beschrieben ([Wilh07] S. 208 ff.; [Stau06] S. 60 ff.):

- *Ereignis*
  Ereignisse sind entweder Auslöser oder Ergebnisse von Funktionen. Die Durchführung einer Funktion führt stets zum Auftreten von mindestens einem Ereignis (im Sinne von "erledigt"). Außerdem stehen Ereignisse zu Beginn und zum Ende eines Prozesses. Beispiele für Ereignisse sind: Auftrag ist eingetroffen, Kunde hat Waren reklamiert, Mitarbeiter hat gekündigt. Ereignisse sind passive Komponenten und stets auf einen Zeitpunkt bezogen.
- *Funktion*
  Eine Funktion ist eine Teilaufgabe, die innerhalb eines Geschäftsprozesses zu bearbeiten ist. Eine Funktion wird durch ein oder mehrere Ereignisse angestoßen. Funktionen sind aktive Komponenten, die etwas ausführen. Da Ereignisse die Funktionen steuern, wird die Methode als "Ereignisgesteuerte Prozesskette" bezeichnet.
- *Organisationseinheit*
  Eine organisatorische Einheit kann ein Ort (Büro bzw. Abtei-

lung) oder eine Person sein, die Funktionen zu bearbeiten hat.

- *Informationsobjekt*
  Zur Ausführung einer bestimmten Aufgabe werden Informationen benötigt. Diese Informationen stammen entweder aus einem Informationssystem oder aus externen Quellen.

Bild 13.13: *Grundstruktur einer EPK ([Seid06] S. 22)*

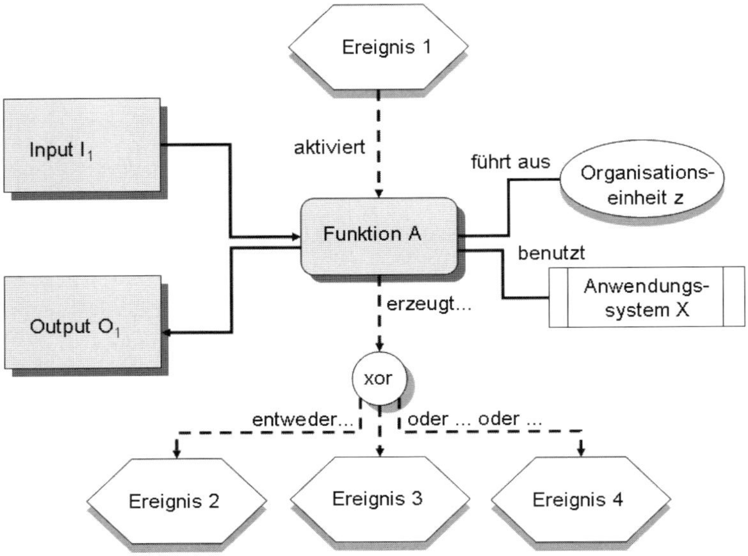

Die Grundstruktur einer EPK zeigt Bild 13.13. Charakteristisches Merkmal der EPK ist die alternierende Folge von Ereignissen und Funktionen, die lediglich durch Verknüpfungsoperatoren unterbrochen wird. Das Ereignis 1 in Bild 13.13 aktiviert die Funktion A. Das Informationsobjekt I_1 ist ein Eingabedatum für die Funktionsausführung, während als Ergebnis der Funktionsausführung die Information O_1 entsteht. Der Verknüpfungsoperator "XOR" besagt, dass als Ergebnis der Funktionsausführung entweder Ereignis 2 oder 3 oder 4 eintreten kann. Die verschiedenen Symbole einer EPK zeigt Bild 13.14.

Bild 13.14: *EPK-Symbole ([Wilb07] S. 208 ff.; [Seid06] S. 78 ff.)*

Bezeichnung	**Symbol**	**Definition**
Ereignis	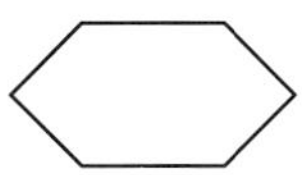	Ereignisse beschreiben das Eingetretensein eines Zustandes, der seinerseits als Auslöser agiert.
Funktion		Funktionen beschreiben eine Transformation von einem Eingangszustand in einen Endzustand.

Bezeichnung	Symbol	Definition
Organisationseinheit	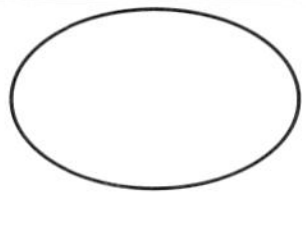	Organisationseinheiten beschreiben die ausführenden Stellen innerhalb der Organisationsstruktur eines Unternehmens.
Informationsobjekt		Informationsobjekte werden auf Papier oder elektronisch zur Ausführung einer Funktion benötigt
Anwendungssystem	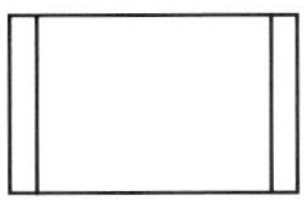	Eingesetzte Software, Bildschirm-Maske etc. zur Unterstützung einer Funktion
Verknüpfungsoperatoren	ODER  UND  ENTWEDER ODER 	Für logische Verbindungen (Verzweigungen, Zusammenführungen) werden Verknüpfungsoperatoren benötig. Eine Funktion kann durch mehrere Ereignisse ausgelöst werden bzw. mehrere Funktionen müssen erledigt sein, um ein Ereignis zu erreichen.
Kontrollfluss		Kontrollflüsse beschreiben die chronologischen und logischen Abhängigkeiten von Ereignissen und Funktionen innerhalb des Prozesses.
Informationsfluss	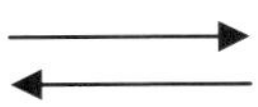	Informationsflüsse definieren, ob Informationen von der Funktion benötigt werden oder die Funktion neue Informationen erzeugt.
Zuordnung von Organisationseinheiten und Anwendungssystemen		Zuordnung von Ressourcen (z. B. IT) bzw. organisatorischen Einheiten, die für Bearbeitung einer Funktion zuständig sind.

EPK-Beispiel

Ein kurzes Beispiel soll die Anwendung der EPK-Methode verdeutlichen (vgl. Bild 13.15). In dieser Darstellung wird eine vereinfachte Form gewählt ohne Organisationseinheiten, Input-Output und Anwendungssysteme (sog. "schlanke EPK", vgl. Seid06S] S. 87). Es handelt sich um den Prozess "Einstellung eines Mitarbeiters". Aufgrund einer Kündigung ist die Stelle eines Software-Entwicklers neu zu besetzen.

***Bild 13.15**:*
EPK-Beispiel: Bewerbungsprozess

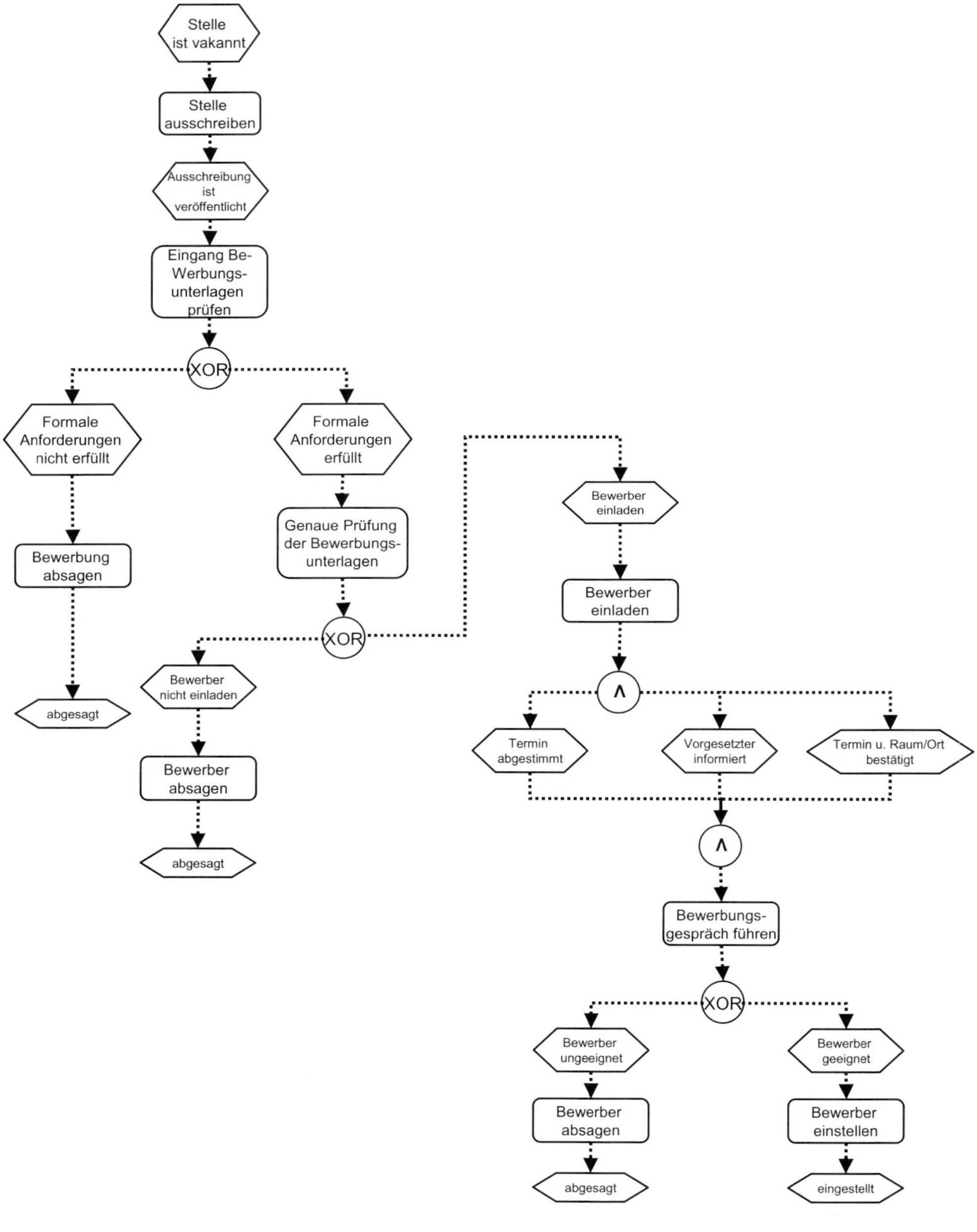

Gesucht wird ein erfahrener Java-Programmierer, der bereits erfolgreich in Web-Projekten gearbeitet hat. Die Personalabteilung nimmt die Stellenausschreibung auf der Homepage des Unternehmens und in einem Computer-Fachmagazin vor. Nach wenigen Tagen treffen Bewerbungen – wie gewünscht per E-Mail - beim Unternehmen ein. Die Bewerbungsunterlagen werden zunächst auf formale Anforderungen geprüft. Bewerbern ohne Berufserfahrung und ohne ausreichende Java-Kenntnisse wird sofort eine Absage geschickt. Die restlichen Bewerbungsunterlagen werden sorgfältig ausgewertet und man entscheidet sich, fünf geeignete Kandidaten zu einem Gespräch einzuladen. Die Bewerber erhalten per E-Mail Terminvorschläge und eine genaue Anreisebeschreibung; außerdem wird der Leiter Software-Entwicklung als zukünftiger Vorgesetzter über die Gesprächstermine informiert. Nachdem sämtliche Gespräche stattgefunden haben, erhält der beste Kandidat eine Zusage, wird eingestellt und die restlichen Kandidaten erhalten eine Absage.

13.3.2 Methoden zur Wirtschaftlichkeitsermittlung

Wirtschaftlichkeits-berechnung

Eine wichtige Teilaufgabe im Rahmen eines Auswahlprozesses für Standardsoftware ist der Wirtschaftlichkeitsnachweis. *Wirtschaftlichkeit* wird erzielt, wenn der Gesamtnutzen die Gesamtkosten übersteigt, jeweils bezogen auf die Lebensdauer eines Systems ([MüSt02] S. 72):

$$\text{Wirtschaftlichkeit} = \frac{\text{Nutzen}}{\text{Kosten}} > 1$$

Eine detaillierte Kosten-Nutzen-Analyse empfiehlt sich in der Regel nur für die zwei oder drei besten Alternativen aus dem vorhergehenden Auswahlprozess. Bei der Zusammenstellung der Kosten werden Einmalkosten und laufende Kosten unterschieden. Der Nutzen wird in quantifizierbaren und nicht quantifizierbaren Nutzen unterteilt (vgl. Bild 13.16).

Kosten

Die Ermittlung der *einmaligen Kosten* ist zwar mit gewissen Unsicherheitsfaktoren verbunden, allerdings lassen sich die verschiedenen Kostenarten relativ gut voneinander abgrenzen. Die *laufenden Kosten* setzen sich zusammen aus Wartungs- und Betreuungskosten des neuen Systems sowie Mehrkosten aufgrund gestiegener technischer Anforderungen (z. B. Anschaffung neuer Rechner).

Die ermittelten Kosten müssen anschließend auf dieselbe Einheit (Kosten pro Jahr) gebracht werden. Bei den einmaligen Kosten geschieht dies, indem der Absolutbetrag durch die voraussichtliche Nutzungszeit (Lebenszyklus) der Software dividiert wird.

Bild 13.16: Elemente der Wirtschaftlichkeitsanalyse

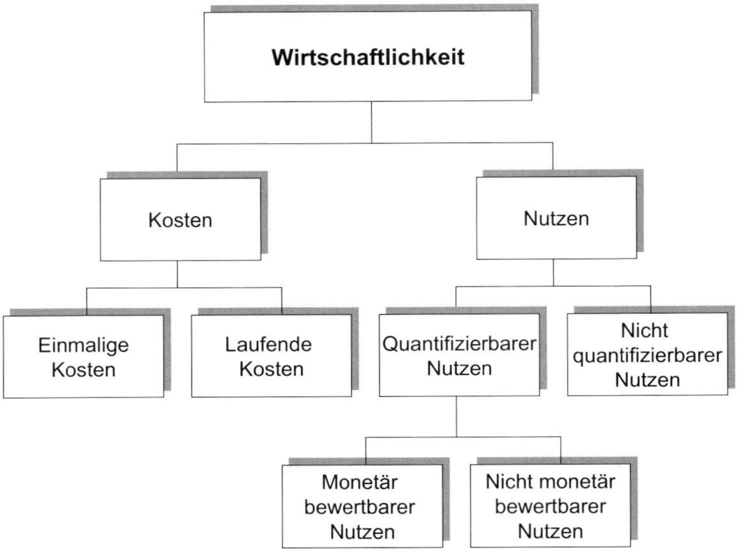

Kostenarten

Die wichtigsten Kostenarten bei betriebswirtschaftlicher Standardsoftware sind (PT = Personentag):

Einmalkosten

• Kosten für Istanalyse einschließlich Pflichtenhefterstellung	PT * Tagessatz
• Software-Auswahl	
Reisekosten	€
Seminarbesuche beim Hersteller	€
externe Berater	PT * Tagessatz
• Schulung / Ausbildung	
beim Hersteller	€
intern	PT * Tagessatz
• Umstellungsunterstützung durch Software-Anbieter	PT * Tagessatz
• Kosten für Stammdatenerfassung bzw. für Programme zur Stammdatenübernahme	PT * Tagessatz
• Anpassungs-Programmierung	PT * Tagessatz
• Einführungsbetreuung	PT * Tagessatz
• Installation	
Testdurchführung	PT * Tagessatz
Pilot- und Parallelbetrieb	PT * Tagessatz
• Anschaffungskosten / Miete	
für Software	€
für zusätzliche Hardware	€

•	sonstige Kosten	
	Möbel/Klima-Geräte	€
	Materialkosten	€
Laufende Kosten		
•	Wartungskosten	€
•	Betreuung durch eigene Programmierer oder durch ein Software-Haus	PT * Tagessatz
•	CPU-Kosten	€
•	Datenübertragungskosten	€
•	IT-Gemeinkosten	€

Nutzen

Beim *Nutzen* wird zwischen quantifizierbarem und nicht quantifizierbarem Nutzen unterschieden. Am einfachsten ist ein Wirtschaftlichkeitsnachweis möglich, wenn Nutzen in Form von Kosteneinsparungen (monetär bewertbarer Nutzen) nachgewiesen werden kann, z. B. durch Reduzierung von Personalkosten, durch verringerte Sach- oder Raumkosten. Nicht direkt monetär bewertbar, aber genau quantifizierbar sind z. B. kürzere Wege-, Warte- und Liegezeiten, Zeitersparnis beim Suchen und Verteilen von Informationen oder geringeres Papiervolumen. Nicht quantifizierbare, aber dennoch sehr wichtige Nutzenargumente können aktuellere Daten, größere Kundenzufriedenheit und zufriedenere Mitarbeiter sein.

Probleme

Insgesamt bereitet die Ermittlung des Nutzens bei einer neuen Software erhebliche Schwierigkeiten. Ein Grund besteht darin, dass die IT-Funktion im Unternehmen eine Querschnittsfunktion ist und die isolierte Nutzenbetrachtung (Zurechenbarkeit des Nutzens für ein spezielles Einsatzgebiet) oftmals unmöglich ist. Hinzu kommt, dass es zwischen Fach- und IT-Abteilung aufgrund ihrer unterschiedlichen Arbeitsbereiche oftmals Kommunikationsprobleme gibt, die eine gemeinsame Nutzenbewertung eines neuen Systems erschweren (vgl. [WoKr05] S. 338)

Nutzwertanalyse

Bei der Entscheidung zwischen zwei oder mehr Software-Produkten wird häufig als Methode die *Nutzwertanalyse* verwendet. Ausgangsbasis für die Nutzwertanalyse ist der Anforderungskatalog bzw. das Pflichtenheft. Es wird folgendermaßen vorgegangen:

- Zunächst werden die Beurteilungs- bzw. Vergleichskriterien festgelegt (Spalte 1 in Bild 13.17).
- Jedes Hauptkriterium wird nach seiner Wichtigkeit mit Prozenten gewichtet, wobei die Summe aller Prozente 100 ergeben muss (Spalte 2).

- Innerhalb eines jeden Hauptkriteriums werden Unterkriterien gebildet, die wiederum für sich gewichtet werden (Spalte 3).
- Die prozentuale Gewichtung aus Spalte 3 wird in Spalte 4 relativiert.

Bild 13.17: Beispiel einer Nutzwertanalyse

Sp. 1	Sp. 2	Sp. 3	Sp. 4	Sp. 5	Sp. 6	Sp. 7	Sp. 8
Kriterien	**Gesamt** 100	**Gewicht** absolut	**Gewicht** relativ	**Alternative 1**		**Alternative 2**	
				Punkte	Nutzen	Punkte	Nutzen
A. Funktionsumfang	10				0,28		0,50
Stammdatenpflege		60	0,06	4		7	
Auswertungen/Statistiken		40	0,04	1		2	
B. Benutzerfreundlichkeit	5				0,29		0,31
Erlernbarkeit		20	0,01	5		6	
grafische Oberfläche		60	0,03	8		6	
Hilfefunktionen		20	0,01	0		7	
...	...	...	...	...	...	...	...
G. Kosten	30				1,47		1,71
Kaufpreis/Mietpreis		70	0,21	4		5	
Implementierung		20	0,06	8		9	
Wartung		10	0,03	5		4	
H. Vertragsgestaltung	10				0,39		0,58
Serviceleistungen		20	0,02	2		5	
zusätzliche Leistungen		10	0,01	2		5	
Garantieleistungen		30	0,03	3		9	
Übergabekonditionen		40	0,04	6		4	
Nutzwert					**4,72**		**5,64**

- In Spalte 5 wird für die erste Alternative jedes einzelne Kriterium bewertet. In unserem Beispiel ist eine Bewertung von 0 Punkten (= nicht erfüllt) bis 10 Punkten (= voll erfüllt) möglich.
- Durch Multiplikation der relativen Gewichte (Spalte 4) mit den Bewertungen (Spalte 5) erhält man den Nutzen für jedes einzelne Kriterium (Spalte 6)

- Diese Vorgehensweise wird für jede weitere Software-Alternative durchgeführt (Spalten 7 und 8).
- Die Addition der einzelnen Nutzwerte aus Spalte 6 bzw. Spalte 8 ergibt für jede Alternative einen nun vergleichbaren Gesamtnutzwert.

In unserem Beispiel hat Alternative 2 mit 5,64 einen höheren Nutzwert als Alternative 1 mit 4,72. Die Entscheidungsträger werden sich in diesem Fall für Alternative 2 entscheiden.

Unter *Return on Investment* (ROI) wird die Berechnung des finanziellen Gewinns (Return) aus einer Investition (Investment) verstanden. Die Berechnung des ROI kann für alle IT-Systeme durchgeführt werden und soll nachfolgend am Beispiel der Anschaffung einer neuen Standardsoftware verdeutlicht werden. Wir gehen aus von einem Investitionsvolumen (Hard- und Software) in Höhe von 130.000 Euro. Hinzu kommen laufende jährliche Kosten für Wartung, Support, Administration in Höhe von 30.000 Euro. Im ersten Jahr werden die laufenden Kosten lediglich mit 25.000 Euro angesetzt. *ROI*

Der quantitative, monetär bewertete Nutzen beläuft sich auf insgesamt 120.000 Euro an Kosteneinsparungen jährlich (vgl. Bild 13.18). Bei einem Lebenszyklus von 5 Jahren lassen sich in den beiden ersten Jahren jedoch noch nicht die vollen Einsparungen realisieren (vgl. Bild 13.19). Insgesamt wird mit Einsparungen von 440.000 ¼ während des gesamten Lebenszyklus gerechnet.

Vorteile/ Nutzen	Einsparung in %	Einsparung in Tsd. Euro	Anmerkungen
Weniger Mitarbeiter	20	50	Einsparung von 2 Mitarbeitern
Weniger Erfassungsarbeiten	80	25	Keine manuelle Erfassung mehr erforderlich
Weniger Erfassungsfehler	80	5	Direkte Fehlermeldungen
Weniger manuelle Prüfungen	95	15	Automatische Prüfungen bei der Erfassung
Reduzierte Systemkosten	30	10	Geringere Wartungskosten
Fortfall manueller Archivierung	100	15	Keine Belege, kein Papierarchiv mehr
Einsparungen insgesamt pro Jahr		120	

Bild 13.18: *Jährliche Kosteneinsparungen*

Im nächsten Schritt werden jetzt die Gesamtkosten den Gesamteinsparungen gegenübergestellt (vgl. Bild 13.20). Durch Summierung der Zeilen (1) und (2) ermitteln wir die Gesamtkosten für die Software über eine geschätzte Lebensdauer von 5 Jahren (130.000 + 145.000 = 275.000). Anschließend werden die Kosten mit den voraussichtlichen Einsparungen verglichen, wobei jedes Jahr gesondert zu betrachten ist. Nettoeinsparungen (Zeile 4 in

Bild 13.20) errechnen sich als Differenz aus Bruttoeinsparungen und laufenden Kosten. Der jährliche Netto-Cashflow entspricht den Bruttoeinsparungen minus Gesamtkosten. In den beiden ersten Jahren ist der Netto-Cashflow negativ, weil die Anfangsinvestition größer als die Einsparung ist. Die Amortisationsdauer beträgt in unserem Beispiel ca. 4 Jahre. Sie umfasst die Zeit zwischen der Anfangsinvestition und der Amortisierung, d.h. dem Zeitpunkt, bei dem sich der kumulierte Netto-Cashflow vom Negativen ins Positive verändert (vgl. Zeile 7 in Bild 13.20).

***Bild 13.19**: Ermittlung Kosteneinsparungen insgesamt*

	Einsparung in Tsd. Euro	Anmerkungen
Jahr 1	20	Noch nicht vollständig implementiert
Jahr 2	60	50% der Gesamteinsparung
Jahr 3 - 5	360	
Gesamt	440	

***Bild 13.20**: Ermittlung der Amortisation*

	Jahr 0 Tsd. Euro	Jahr 1 Tsd. Euro	Jahr 2 Tsd. Euro	Jahr 3 Tsd. Euro	Jahr 4 Tsd. Euro	Jahr 5 Tsd. Euro	Gesamt Tsd. Euro
(1) Anfangsinvestition	20	100	10	-	-	-	130
(2) Laufende Kosten	0	25	30	30	30	30	145
(3) Bruttoeinsparungen	0	20	60	120	120	120	440
(4) Jährliche Netto-einsparungen (3 – 2)	0	- 5	- 30	90	90	90	235
(5) Kumulierte Netto-einsparungen	0	- 5	- 35	55	145	235	
(6) Jährlicher Netto-Cashflow (3- (1+2))	- 20	- 105	20	90	90	90	165
(7) Kumulierter Netto-Cashflow	- 20	- 125	-105	- 15	75	165	

Wie man sieht, ist die ROI-Berechnung relativ einfach durchzuführen. Allerdings sind ausschließlich monetär bewertete Faktoren in diese Rechnung eingeflossen, während mögliche qualitative Nutzenargumente hierbei unberücksichtigt geblieben sind (vgl. [Jonk00] [Müld03b]).

13.3.3 Methoden der organisatorischen Implementierung

Implementierung

Implementierung bedeutet allgemein die Überführung eines geplanten in ein reales funktionsfähiges System. Während sich die *technische Implementierung* mit der Überführung eines Konzepts bzw. Prototyps in ein ausführbares Programm beschäftigt, konzentriert sich die *organisatorische Implementierung* auf den organisatorischen Wandel und das Verhalten der zukünftigen Benutzer. Wir betrachten hier vor allem die organisatorische Implementierung und konzentrieren uns auf Methoden zur *Ablösung* der bisherigen Arbeitsabläufe und zur *Durchsetzung* neuer Informationstechniken (vgl. [Müld01] S. 231). Im Mittelpunkt stehen alle Bemühungen, die Benutzung des neuen Systems durch Motivation, Überzeugung oder gar Zwang zu erreichen.

Akzeptanz

Die wichtigste Voraussetzung für eine erfolgreiche Einführung von Anwendungssystemen ist die *Akzeptanz* durch die Benutzer. Akzeptanz bedeutet Annahme und freiwillige Nutzung eines IT-Systems aus subjektiver Überzeugung und Zustimmung.

Bei Einführung einer neuen Software treffen wir allerdings auf unterschiedliche Verhaltensmuster bei den betroffenen Mitarbeitern und zukünftigen Benutzern. Die "*Akzeptanzskala*" reicht von der begeisterten Zustimmung bis zur totalen Ablehnung (vgl. Bild 13.21). Begeisterung und aktive Mitwirkung ist vor allem bei technisch aufgeschlossenen Personen anzutreffen, die sich von der Einführung der neuen Software vor allem Verbesserungen ihrer Arbeitssituation erhoffen. Die erzwungene Mitarbeit in einem Software-Einführungsprojekt ist geprägt durch vorsichtiges, abwartendes Verhalten, häufig auch durch Misstrauen seitens der Benutzer. Gleichgültigkeit ist mitunter bei langjährig tätigen Mitarbeitern festzustellen ("Das hat noch nie funktioniert"). Menschen, die Neuerungen grundsätzlich negativ gegenüberstehen und auch befürchten, dass sie durch Einsatz der neuen Software Macht, Prestige oder gar ihren bisherigen Arbeitsplatz verlieren, reagieren durch Ausweichen, Protest oder Missbrauch. Das Projektteam muss mit all diesen Verhaltensweisen rechnen und durch geeignete Maßnahmen versuchen, bei möglichst vielen Beteiligten eine positive Akzeptanz zu erreichen.

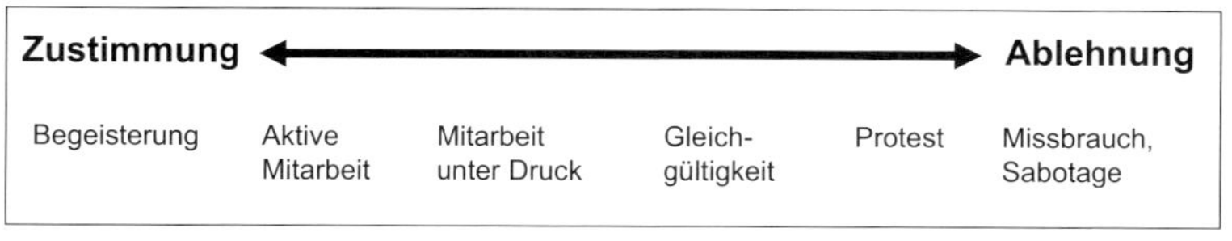

Bild 13.21: *Akzeptanzskala (vgl. [StHa05] S. 502)*

Wissen, Können und Wollen sind die wichtigsten Faktoren, die die individuelle Akzeptanz beeinflussen. Während das Wissen über die (technischen) Möglichkeiten eines Systems und die Fähigkeit, es bedienen zu können, vor allem durch Schulungsmaßnahmen erreicht werden, kann der Wille zur Benutzung durch Motivation und Benutzerbeteiligung gefördert werden (vgl. Bild 13.22).

Partizipation

Partizipation bedeutet die Beteiligung von Benutzern bei der Auswahl bzw. Einführung von IT-Systemen mit dem Ziel, die sozialen Ziele mit den technischen und wirtschaftlichen Zielen in

Einklang zu bringen. Die *informale Partizipation* beruht auf der Erkenntnis, dass Benutzer in allen Phasen eines Projektes mitwirken sollten, weil nur sie über das detaillierte Fachwissen in ihrem Arbeitsbereich verfügen. Ignoriert das Projektteam dieses Spezialwissen, besteht die Gefahr des Scheiterns eines Projekts.

Bild 13.22: *Einflussfaktoren auf die Akzeptanz*

Die *formale Partizipation* beruht auf gesetzlichen Regeln, die in Betriebsvereinbarungen oder im Betriebsverfassungsgesetz festgeschrieben sind (vgl. Kapitel 14.8.2).

Weiterhin kann zwischen *direkter* und *indirekter Partizipation* unterschieden werden. Bei direkter Partizipation sind die Benutzer persönlich an der Projektarbeit beteiligt. Bei indirekter (repräsentativer) Partizipation werden die Benutzerinteressen durch gewählte Vertreter wahrgenommen, beispielsweise durch Mitarbeit eines Betriebsrats in der Projektgruppe.

Der Partizipationsumfang kann sehr unterschiedlich sein und von der knappen Information bis zur autonomen Projektdurchführung der Benutzer reichen (vgl. Bild 13.23).

Bild 13.23: *Partizipationsumfang*

Partizipationsumfang	Erläuterungen
Benutzer erhalten wenig Informationen über das neue IT-System	Der IT-Bereich oder externe Berater führen ein neues IT-System ein. Die Benutzer erfahren kurzfristig vor dem Umstellungstermin davon.
Benutzer werden nach ihrer Meinung gefragt	Die Benutzer können wichtigen Input bei der Ist-Analyse und Definition der Anforderungen geben. Die Vorschläge werden gehört, aber nicht zwangsläufig berücksichtigt.
Benutzer wirken regelmäßig im Projekt mit, ihre Vorschläge werden im Team diskutiert	Einzelne Benutzer arbeiten offiziell im Projektteam mit. Sie vertreten die fachliche Seite des IT-Projekts

Partizipationsumfang	Erläuterungen
Benutzer sind an allen wichtigen Entscheidungen beteiligt	Benutzer haben ein Vetorecht, d.h. ohne ihr Einverständnis wird ein bestimmtes IT-System nicht eingeführt.
Benutzer handeln weitgehend autonom, sie entscheiden selbständig über ihre IT-Unterstützung	Benutzer besitzen fundierte IT-Kenntnisse und führen selbständig neue IT-Systeme ein.

13.4 Fragen und Aufgaben

1. Welche *Phasen* unterscheidet man bei der Auswahl von Standardsoftware?
2. Welche Aufgaben hat ein *Pflichtenheft*?
3. Erläutern Sie die wichtigsten *Kostenarten* bei der Auswahl betriebswirtschaftlicher Standardsoftware.
4. Stellen Sie systematisch den *Nutzen durch Einführung von Standardsoftware* in einem Unternehmen dar.
5. Innerhalb der Wirtschaftlichkeitsberechnung soll der Nutzen für die neue Standardsoftware monetär ermittelt werden. Angenommen, es werden pro Arbeitstag an jedem der insgesamt 50 PC-Arbeitsplätze 10 Minuten eingespart und eine Arbeitsstunde wird zu einem Kostensatz von 30 € kalkuliert. Wie hoch sind die Kosteneinsparungen nach dem ersten Jahr? Welche Voraussetzungen müssen gegeben sein, um die erwarteten Einsparungseffekte tatsächlich zu erzielen?
6. Welche Einführungsstrategien kennen Sie bei Standardsoftware?
7. In einem Unternehmen bestellt der zentrale Einkauf regelmäßig Büromaterial (Papier, Bleistifte, Karteikarten etc.) bei vier verschiedenen Lieferanten, je nach Preis und Qualität. Einmal pro Woche sammelt die Einkaufsabteilung die Bestellanforderungen der einzelnen Abteilungen und ruft die vier Lieferanten an, um ein Angebot über die Lieferungen einzuholen. Sobald die Angebote eingetroffen sind, werden sie verglichen und die Bestellung erhält der Lieferant mit den günstigsten Konditionen und der kürzesten Lieferzeit. Sobald die bestellten Büromaterialien eingetroffen sind, prüft die Abteilung Wareneingangskontrolle zunächst, ob die Lieferung korrekt erfolgte. Die Ware wird entweder angenommen oder reklamiert (bei Beschädigung oder Fehllieferungen). Nach erfolgter Lieferung erhält das Unternehmen die Rechnung. Die Einkaufsabteilung prüft dann, ob die korrekten Mengen zum vereinbarten Preis in Rechnung gestellt wurden. Bei Unstimmigkeiten wird die Rechnung ge-

sperrt, ansonsten wird die Rechnung von der Abteilung Kreditorenbuchhaltung bezahlt. Erstellen Sie für diesen Fall eine *Ereignisgesteuerte Prozesskette.*

8. Sie haben die Aufgabe, in einem mittelständischen Fertigungsunternehmen (Verarbeitung von Kartonagen zur Herstellung von Verpackungen mit insgesamt 2 Produktionsstätten, 3 Außenlagern und 260 Mitarbeitern) Schulungen für Mitarbeiter im Vertriebs-, Produktions- und Versandbereich mit den Themen "Office-Software, E-Mail und Internet-Recherchen" durchzuführen. Entwerfen Sie einen konkreten Vorschlag zur Planung eines derartigen Seminars. (Dauer, Themen, Medieneinsatz).

9. Bei Abschluss eines Lizenzvertrages über die Software-Nutzung existieren verschiedene Preismodelle. Erläutern Sie die wichtigsten Berechnungsmöglichkeiten für Software-Lizenzen. Überlegen Sie sich typische Anwendungskonstellationen für die einzelnen Preismodelle.

10. Sie wollen sich im Kino einen neuen Film anschauen. Als Student/Studentin erhalten Sie an der Kasse eine Ermäßigung. Stellen Sie diesen Prozess an der Kinokasse als "Ereignisgesteuerte Prozesskette" dar.

11. Sie haben alle Klausuren bestanden und laden Ihre besten Freunde zum einem Essen in ein bekanntes italienisches Restaurant ein. Beim Warten auf die Vorspeise skizzieren Sie auf der Rückseite der Speisekarte die wichtigsten Geschäftsprozesse in diesem Restaurant.

12. Inwiefern ändern sich die Geschäftsprozesse, wenn anstatt der Bedienung durch einen Kellner zukünftig eine Selbstbedienung durch die Kunden vorgesehen wird?

13.5 Fallbeispiel

Herr Komel tut seine Pflicht und erstellt ein Pflichtenheft

Herr Komel hat Urlaub gemacht. Nach seiner Rückkehr bittet ihn Dr. Mehrtens direkt zu einem längeren Gespräch. Hierbei erfährt Herr Komel, dass kurzfristig größere Fachbereichsaufträge extern ausgeschrieben werden sollen. Um die geplanten Projekttermine einzuhalten, bittet Dr. Mehrtens Herrn Komel, das Pflichtenheft zunächst alleine zu erarbeiten. Herr Komel sagt dies seinem Vorgesetzten zu.

Aufgaben

1. Stellen Sie die wichtigsten Anforderungen an Anwendungssoftware in einem Pflichtenheft zusammen. Die hauptsächlichen Einsatzgebiete der Software sind Kundenakquisition,

Angebotserstellung, Vertragsmanagement, Leistungserfassung und Abrechnung, Forderungsmanagement.

2. Welche grundsätzlichen Schwierigkeiten treten bei der Erarbeitung eines Pflichtenheftes auf?

14 Informationsmanagement

Sie lernen

Lernziele

- die verschiedenen Aufgabenbereiche des Informationsmanagements kennen;
- wie die Architektur eines Informationssystems aufgebaut ist;
- warum ITIL ein wichtiger Standard bei Bereitstellung von IT-Services ist;
- welche Zusammenhänge zwischen Unternehmensstrategie und IT-Strategie existieren;
- wie IT organisiert wird;
- welche unterschiedliche Formen von IT-Outsourcing wichtig sind;
- welche Bedeutung rechtliche Vorschriften bei der Informationsverarbeitung haben.

14.1 Einleitung

Definition

Informationsmanagement bedeutet Planung, Steuerung und Kontrolle von Informationen, Informationssystemen sowie von Informations- und Kommunikationstechnik ([Krcm05] S. 1). Wegen der großen Bedeutung von Informationen für ein Unternehmen bzw. für die Unternehmensführung werden Informationen als wichtigster *Produktionsfaktor* angesehen. Informationen sind genau so wie die anderen Ressourcen im Unternehmen zu bewerten, d.h. die Kosten der Gewinnung und Verarbeitung müssen durch den Nutzen der Verwendung von Informationen gedeckt sein.

Mit dem Begriff Informationsmanagement wird bewusst eine Abgrenzung zu den primär technischen Aufgabenschwerpunkten der bisherigen DV-Abteilung vorgenommen. Informationsmanagement umfasst nicht nur alle mit Hard- und Software im weiteren Sinne zusammenhängenden Managementaufgaben sondern auch konzeptionelle und organisatorische Aspekte sowie Randgebiete wie z. B. die Behandlung von Rechtsfragen ([Schw98] S. 45).

Die verschiedenen Aufgaben des Informationsmanagements lassen sich in vier Gruppen unterteilen (vgl. Bild 14.1). Diese Aufgabenbereiche werden in den nachfolgenden Kapiteln näher erläutert.

***Bild 14.1**: Aufgabenbereiche des Informationsmanagements ([Krcm05] S. 47)*

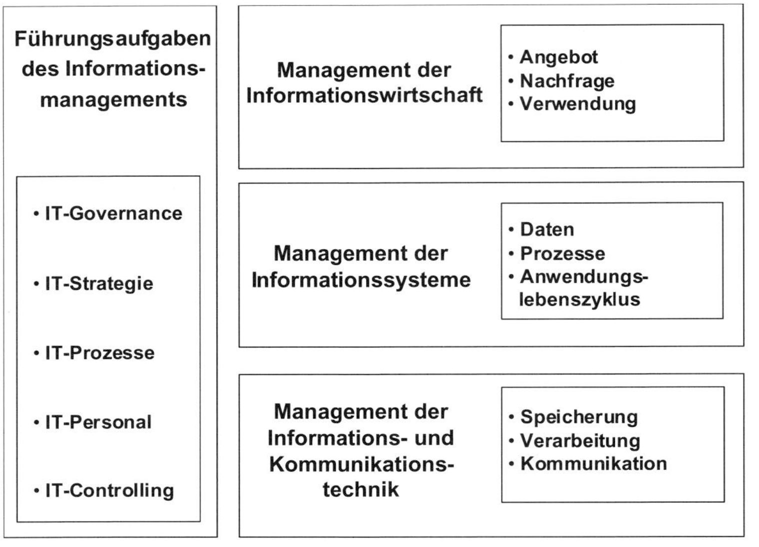

14.2 Management der Informationswirtschaft

Informationswirtschaftliches Gleichgewicht

Hierbei steht die Nutzung der Ressource Information im Vordergrund. Übergeordnetes Ziel ist die Schaffung des informationswirtschaftlichen Gleichgewichts zwischen Informationsangebot, Informationsnachfrage und Informationsbedarf im Unternehmen. Unter *Informationsangebot* wird die Summe aller Informationen verstanden, die zu einem bestimmten Zeitpunkt tatsächlich vorhanden bzw. erhältlich ist. *Informationsnachfrage* ist die subjektiv gewünschte Informationsmenge einer Person. Der *Informationsbedarf* beschreibt schließlich die objektiv notwendige Informationsmenge, die zur tatsächlichen Problemlösung benötigt wird. Hierbei ist zu berücksichtigen, dass sich je nach Managementebene die Informationen nach Quantität, Qualität, Aktualität und Herkunft der Informationsquellen unterscheiden.

***Bild 14.2**: Bedarf, Angebot und Nachfrage an Informationen (vgl. [Krcm05] S. 60)*

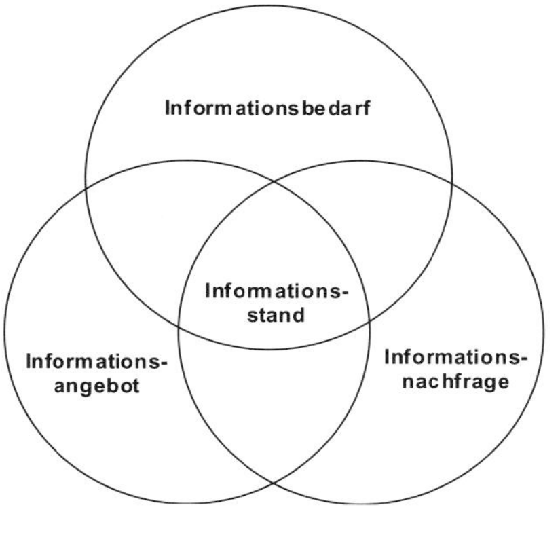

Ziel ist es, den *Informationsstand*, gebildet durch die Schnittmenge von Informationsangebot, Informationsnachfrage und Informationsbedarf möglichst groß werden zu lassen. In der betrieblichen Praxis ist hierzu eine ständige Anstrengung erforderlich, ohne dass ein Optimum, also die vollständige Deckung der drei Teilmengen, jemals erreicht werden könnte (vgl. Bild 14.2). *Informationsstand*

Eine wesentliche Aufgabe des Informationsmanagements ist die Bereitstellung der Informationen unter dem Aspekt, wie der Informationsnutzer diese im qualitativen, quantitativen, zeitlichen und räumlichen Zusammenhang benötigt. Hierbei ist das Hauptproblem häufig nicht der Mangel, sondern das Überangebot an Informationen (Information Overload): *Information Overload*

Die gesamte Menge öffentlich verfügbarer Informationen nimmt ständig zu, weltweit verdoppeln sich die gedruckten Informationen alle acht Jahre. Pro Tag erscheinen weltweit 1.000 neue Bücher. Im Jahr 2002 wurden weltweit insgesamt 5 Exabyte (1 Exabyte sind 10^{18} Bytes) an neuen Daten auf Papier, Film, optischen und magnetischen Datenträgern gespeichert, 92% davon auf magnetischen Datenträgern, vor allem Festplatten. Um eine anschauliche Vorstellung von der Datenmenge zu erhalten, stellen wir uns vor, dass sämtliche 17 Millionen Bücher der weltweit größten Bibliothek (Library of Congress) digitalisiert werden. Als Summe ergeben sich 136 Terabytes. Die im Jahr 2002 neu hinzugekommenen Daten entsprechen einer Menge von ca. 37.000 vergleichbaren Bibliotheken (vgl. [Krcm05] S. 52).

Zur Vermeidung einer Informationsüberflutung ist eine bedarfsorientierte Gestaltung des Informationsangebots erforderlich. Erfolgversprechend erscheint in diesem Zusammenhang der Wechsel der Informationsversorgung vom bislang dominanten Push- zum Pull-Prinzip. Die Informationsversorgung nach dem *Push-Prinzip* erfolgt von einem zentralen Ausgangspunkt. Die automatisierte Verteilung der Informationen (z. B. Besprechungsprotokolle, E-Mails) geschieht über klar definierte Kanäle an die entsprechenden Empfänger. Das Problem hierbei ist, dass sich die Informationsempfänger häufig nicht genau festlegen wollen oder können, welche Informationen sie tatsächlich benötigen, und dadurch häufig mit für sie irrelevanten Informationen versorgt werden. *Push-Prinzip*

Nachfrageinduzierte Informationsverteilungsstrategien arbeiten nach dem *Pull-Prinzip*. Die Initiative geht hierbei vom Individuum aus, welches je nach Bedarf auf zentral gespeicherte Informationsbestände zugreift. Ein typisches Beispiel hierfür sind Recherchen im Internet oder Intranet unter Verwendung von Suchmaschinen. *Pull-Prinzip*

Bild 14.3: Informationsbedarf ([Hein85] S. 26)

Merkmale	Top Management	Lower Management
Aggregationsgrad	verdichtet	detailliert
Informationsanfall	unregelmäßig	regelmäßig
Strukturierung	unformatiert	formatiert
Informationsvielfalt	groß	niedrig
Genauigkeit	subjektiv, ungenau	objektiv, genau
Zeithorizont	zukunftsorientiert	vergangenheits-orientiert
Informationsquelle	intern und extern	intern
Aktualität	niedrig	hoch

Informationsnachfrage und -bedarf müssen vor Einführung eines betrieblichen Informationssystems, beispielsweise durch Befragung der zukünftigen Benutzer, ermittelt werden. Eine grobe Einteilung des Informationsbedarfs orientiert sich an der hierarchischen Stellung des Benutzers (vgl. Bild 14.3). Durch Definition aufgabenspezifischer *Benutzerrollen* kann der Informationsbedarf einzelner Mitarbeitergruppen (z. B. Einkäufer, Sekretärin) genauer abgegrenzt werden.

14.3 Management der Informationssysteme

Im Mittelpunkt steht hierbei die Aufgabe, computergestützte betriebliche Informationssysteme im umfassenden Sinne zu planen, zu entwickeln und zu implementieren. Das Ergebnis der umfangreichen Planung betrieblicher Informationssysteme bezeichnet man als *Informationssystem-Architektur* (IS-Architektur).

Allgemeiner Architekturbegriff

Ganz allgemein wird ein Bauplan zur Errichtung eines Gebäudes auch Architektur genannt. Der Bauplan dient als Kommunikationsgrundlage zwischen Konstrukteur und Nutzer. Zur besseren Veranschaulichung und zur Reduzierung von Komplexität unterscheidet man verschiedene "Sichten" einer Architektur: Grundriss, Vorderansicht, Seitenansicht, Inneneinrichtung, 3D-Sicht etc.

Architekturbegriff in der Wirtschaftsinformatik

Eine IS-Architektur beschreibt den grundsätzlichen Aufbau sowie die einzelnen Bestandteile eines Informationssystems mit seinen funktionalen und technischen Eigenschaften. Hierbei werden ebenfalls verschiedene Sichten unterschieden: Daten, Funktionen, Anwendungsprogramme, Hardware, Vernetzung und Organisation. Die Wirtschaftsinformatik verwendet den Architekturbegriff außerdem für andere Gestaltungsbereiche: Hard- und Softwarearchitektur, Datenbankarchitektur sowie Kommunikationsarchitektur. Folgende Ziele werden mit IS-Architekturen verfolgt:

- Verringerung von Komplexität
- Wiederverwendbarkeit von einzelnen Modulen
- Standardisierung von Komponenten

Zusammenhang zwischen Strategie und Architektur

Wenn man davon ausgeht, dass die IS-Architektur ein ganzheitliches Modell der Informationsverarbeitung eines Unternehmens ist, dann muss das (Top-) Management diese Architektur nicht nur kennen sondern im Idealfall selber festlegen und deren Zweckmäßigkeit regelmäßig überprüfen. Die IS-Architektur enthält keine informationstechnischen Details, sondern wird top-down von der allgemeinen Unternehmensstrategie abgeleitet (vgl. Bild 14.4).

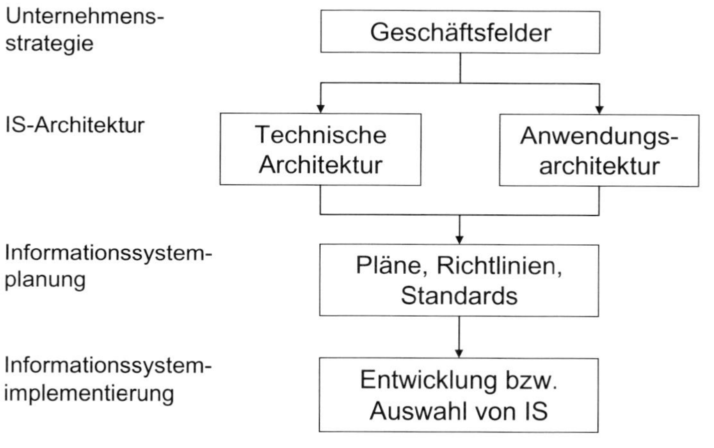

Bild 14.4: *Von der Unternehmensstrategie zur Informationssystem-Implementierung*

Auf der obersten Ebene erfolgt die Festlegung von Unternehmenszielen und Geschäftsfeldern. Hieraus lassen sich Anforderungen an die informationstechnische Infrastruktur (z. B. Hardware-Konfigurationen, Rechenzentrum) und die Anwendungsarchitektur (alle Anwendungssysteme) ableiten. Auf der nächsten Stufe erfolgt die unternehmensweite Festlegung von Plänen, Richtlinien und Standards für IT-Systeme, bevor schließlich einzelne Informationssysteme entwickelt und implementiert werden.

Beispiel

Henkel als global tätiges Unternehmen setzte im Jahre 2004 für den Bereich Human Resources nahezu in jedem Land eines oder sogar mehrere Anwendungssysteme ein, teilweise Standardlösungen, teilweise selbstentwickelte Software. Das Ziel bestand darin, die weltweit 136 unterschiedlichen Software-Systeme für HR drastisch zu reduzieren. Die *Unternehmensstrategie* sah vor, in neue, global einsetzbare Standardsoftware-Systeme zu investieren, die Entgeltabrechnung in vielen Ländern an externe Dienstleistungsunternehmen zu übertragen (Outsourcing) und bestimmte Daten und Prozesse zu zentralisieren (Entwicklung von Führungsnachwuchskräften und Personalcontrolling). Innerhalb der *IS-Architektur* definierte Henkel die erforderliche technische Architektur (z. B. Zahl der Rechenzentren) und legte sich auf einen bestimmten HR-Software-Anbieter fest. Mit der *Informationssystem-Planung* entstand ein genauer Fahrplan über mehrere Jahre zur Realisierung des Vorhabens. Mehrere Projektgruppen waren für die *Implementierung* der Software in den verschiedenen Ländern und Regionen verantwortlich ([Jako08]).

IS-Architektur ARIS

In der Literatur entstanden verschiedene IS-Architekturmodelle, von denen wir nachfolgend ARIS vorstellen.

ARIS (Architektur integrierter Informationssysteme) unterscheidet aus Gründen der Komplexitätsbewältigung fünf unterschiedliche Sichten (Teilausschnitte) und drei Phasen, die zu einem "ARIS-Haus" (vgl. Bild 14.5) zusammengefügt werden ([Sche02]).

Bild 14.5: *Sichten des ARIS-Hauses ([Lehm08] S. 23)*

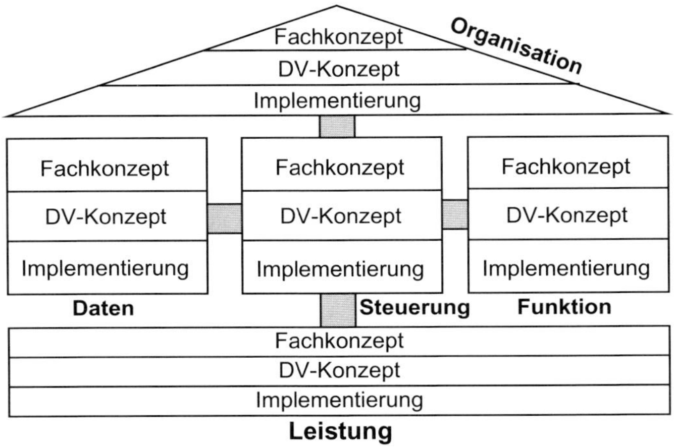

Funktionssicht

In der *Funktionssicht* werden die auszuführenden Aufgaben (Funktionen) und deren Zusammenhänge beschrieben. Beispiel für eine Funktion ist die Auftragsbestätigung.

Datensicht

In der *Datensicht* werden die Zustände und Ereignisse, die durch Daten repräsentiert sind, erfasst. Die Funktion "Auftragsbestätigung" erzeugt beispielsweise als Ergebnis Auftragsdaten. Auch die Beziehungen der Daten untereinander werden beschrieben. Jedem einzelnen Kunden werden z. B. bestimmte Rechnungen zugeordnet.

Organisationssicht

In der *Organisationssicht* werden die Organisationsstruktur eines Unternehmens, die menschlichen Bearbeiter sowie die maschinellen Aufgabenträger wie Betriebsmittel und Computerhardware definiert. Beispielsweise kann die Aufbauorganisation des Vertriebsbereichs im Rahmen der Organisationssicht beschrieben werden.

Die *Leistungssicht* enthält die materiellen und immateriellen Input-/Output-Leistungen sowie die Geldflüsse eines Unternehmens.

Leistungssicht

Die *Steuerungssicht* (*Prozesssicht*) ist die Verbindung zwischen den verschiedenen Sichten. Hier werden die Geschäftsprozesse des Unternehmens (vgl. Kapitel 13.2) beschrieben. Die Bearbeitung eines Auftrags von der Kundenanfrage bis zur Auftragsbestätigung ist ein Beispiel für die Steuerungssicht.

Steuerungssicht

Der Bezug zur Informationstechnik wird in den einzelnen Sichten anhand eines Phasenkonzepts (bestehend aus den Phasen Fachkonzept, DV-Konzept, technische Implementierung) hergestellt ([Sche02]). Hierdurch wird der Weg von der betriebswirtschaftlich-konzeptionellen Anforderungsdefinition über das technische Detailkonzept bis zur technischen Implementierung (Definition von Datenstrukturen, Hardware-Komponenten, Programmierung) beschrieben.

Phasen

Jede ARIS-Sicht hat dabei andere Schwerpunkte hinsichtlich der informationstechnischen Unterstützung. In der Funktionssicht stehen Anwendungsprogramme im Vordergrund, in der Organisationssicht sind die zukünftigen Benutzer, Vernetzung und Zugriffsberechtigungen festzulegen. In der Datensicht entstehen auf Basis von fachlichen Datenmodellen die zukünftigen Datenbanken.

ARIS kann als Grundlage für die Entwicklung einer betriebsindividuellen IS-Architektur dienen. Andererseits können mit ARIS auch Referenzmodelle entwickelt werden.

Ein *Referenzmodell* ist eine verallgemeinerte, vorgefertigte Lösung oder eine generelle Empfehlung einer IS-Architektur für eine bestimmte Branche oder einen bestimmten Anwendungsbereich. Es enthält Empfehlungen zur Anwendungssystem- und Organisationsgestaltung (vgl. [BeMe05] S. 124). Referenzmodelle können als Bezugssystem für die Neugestaltung von Geschäftsprozessen (Branchen-Referenzmodelle) oder als Basis für die Auswahl und Anpassung von Standardsoftware (Software-Referenzmodell) dienen. Nach der grundsätzlichen Entscheidung für eine Standardsoftware dient das Software-Referenzmodell als Leitfaden für die Auswahl der benötigten Komponenten aus dem Gesamtvorrat an Software-Komponenten.

Referenzmodell

14.4 Management der Informations- und Kommunikationstechnologie

Hierunter wird das Management der technischen Ressourcen des IT-Bereichs im Unternehmen verstanden, d.h. das systematische Planen, Steuern und Koordinieren von Hardware, Netzwerk, Systemsoftware und Rechnerbetrieb.

14.4.1 IT-Service

IT-Service

Die Unterstützungsleistungen zum reibungslosen Funktionieren von Hardware, Software, Netzwerk, Sicherheitskomponenten etc. werden auch als *IT-Service* bezeichnet. Eine genaue Beschreibung der bei einem IT-Service erforderlichen Aktivitäten und Prozesse enthält die *Information Technology Infrastructure Library* (ITIL). Hierbei handelt es sich um ein Regelwerk von mehreren öffentlich zugänglichen Büchern, in denen die wichtigsten IT-Serviceprozesse beschrieben werden. ITIL wurde im Auftrag der britischen Regierung entwickelt mit dem Ziel, eine einheitliche Grundlage und Normierung für IT-Dienstleistungen zu erhalten. Inzwischen hat sich ITIL zum internationalen Standard für das Management von Informations- und Kommunikationstechnologien in Unternehmen und Behörden entwickelt. Die ITIL-Bücher enthalten Best-Practice-Beispiele und beschreiben vor allem, *was* zu tun ist, während die Umsetzung ("wie") in der Verantwortung des einzelnen Unternehmens verbleibt. Die zehn wichtigsten IT-Prozesse innerhalb von ITIL sind in Bild 14.6. zusammengestellt.

ITIL

Die Prozesse der IT-Abteilung (bei ITIL als interner IT-Service-Provider bezeichnet) werden in zwei Blöcke unterteilt. Der *Service Support* umfasst sämtliche Aktivitäten mit direktem Kontakt zum Anwender, während *Service Delivery* die Vereinbarungen zwischen dem Unternehmen (bei ITIL als Kunde bezeichnet) und dem Service-Provider beschreibt.

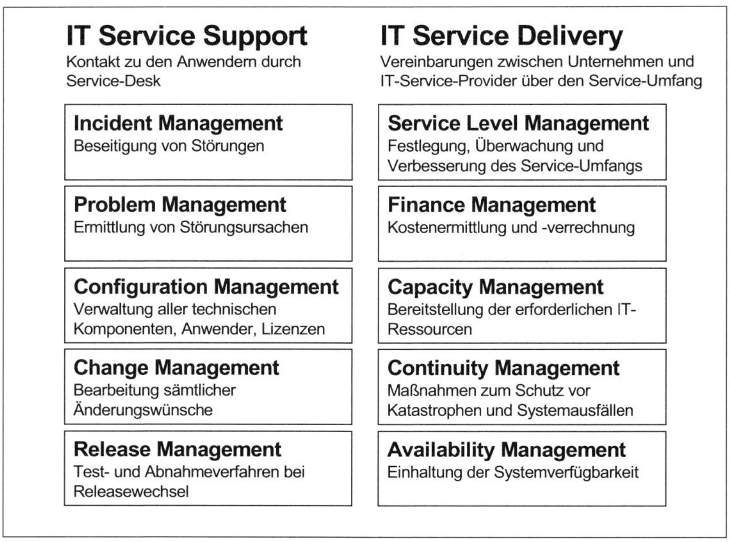

***Bild 14.6**: Die wichtigsten ITIL-Prozesse ([ScVo04] S. 507)*

Servicedesk

Ein *Servicedesk* ist die direkte Schnittstelle zwischen dem Serviceprovider und dem Benutzer. Über ein Servicedesk werden sämtliche technischen Probleme, Beschwerden, Störungen, Anforderungen (wie z. B. Installation eines neuen Druckertreibers) und allgemeine Anfragen entgegengenommen. Wegen der unterschiedlichen Schwierigkeitsgrade von Benutzeranfragen wird in vielen IT-Bereichen unterschieden nach First-, Second- und Third-Level-Support (vgl. Bild 14.7).

Bild 14.7: *Support-Stufen*

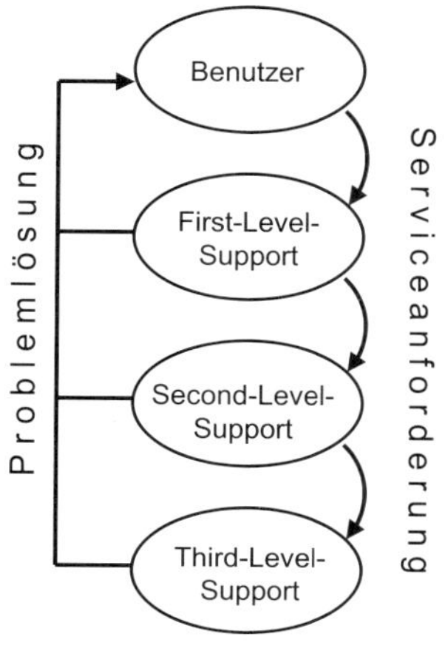

First Level Support

Beim *First Level Support* nehmen IT-Mitarbeiter die Anfrage oder Störmeldung eines Benutzers entgegen (z. B. telefonisch) und versuchen selbständig in einem vereinbarten Zeitraum eine zufriedenstellende Lösung zu erzielen. Die Beschäftigten im First Level Support verfügen über ein breites Wissen und bearbeiten überwiegend Routineanfragen.

Second Level Support

Falls auf dieser Supportebene keine direkte Problemlösung möglich ist, wird das Problem an den *Second Level Support* weitergereicht. Die hier tätigen Mitarbeiter verfügen über Spezialwissen und kümmern sich um komplizierte Fehler und Benutzerwünsche.

Third Level Support

In Ausnahmefällen reicht man Kundenanfragen von hier aus an den *Third Level Support* weiter. Hierbei handelt es sich um Experten aus anderen Abteilungen oder Fachleute aus externen Software-Unternehmen.

14.4.2 Service-Support

Incident Management

Nachfolgend erläutern wir die zum Service-Support gehörenden ITIL-Prozesse. Die Anwender wenden sich immer dann an den IT-Bereich, wenn etwas nicht funktioniert. In der ITIL-Terminologie sprechen wir hier von "Incident", d. h. eine Störung, die unvorhersehbar eintritt und eine Unterbrechung bzw. Beeinträchtigung der regulären IT-Nutzung auslöst. Beispiel ist der Ausfall eines Druckers. Zielsetzung ist die schnellstmögliche Beseitigung des Problems mit minimalen Auswirkungen auf die Anwender. *Incident Management* beschreibt, welche Maßnahmen zur Beseitigung der Störungen ergriffen werden und wann ein Problem vom First-Level-Support an Second Level oder Third Level weitergegeben wird. Mit Hilfe von Incident Management soll die Servicekontinuität aufrecht erhalten sowie die Dokumentation von Störungen erzielt werden.

Problem Management

Innerhalb des *Problem Management* werden Ursachen für das (wiederholte) Auftreten von Störungen ermittelt. Ziel ist es, jede Art von Störungen des normalen IT-Betriebs so weit wie möglich zu vermeiden

Configuration Management

Das *Configuration Management* verwaltet sämtliche Hard- und Software-Komponenten, Lizenzen, Benutzerrechte in einer Datenbank. Hierdurch wird die gesamte IT-Konfiguration dokumentiert. Mit Hilfe des Configuration Managements können rechtliche Auflagen (z. B. Software-Lizenzen) besser kontrolliert werden. Allerdings muss die Datenbank regelmäßig aktualisiert werden.

Change Management

Change Management beschreibt, wie mit Änderungswünschen der Anwender umgegangen wird. Die Anforderung eines neuen Druckers oder einer Erweiterung der bisherigen Software geschah früher auf Zuruf: wer die besten Verbindungen zum Programmierer hatte, erhielt seine Wünsche als erster erfüllt. Innerhalb des Change Managements wird jetzt genau festgelegt, wie der IT-Bereich mit einem "Request for Change" umgeht, d.h. die Prüfung, Planung und Realisierung aller Änderungen unter Berücksichtigung von Prioritäten, wie z. B. Dringlichkeit einer Änderung.

Release Management

Das *Release Management* plant und koordiniert die Durchführung von Hard- und Softwareinstallationen. Derartige Änderungen müssen genau organisiert werden und es sollten – falls ein Releasewechsel scheitert – Rückfallpläne vorliegen. Bei Software werden verschiedene Release-Formen unterschieden: Ein Full-Release ist eine neu entwickelte und getestete Software-Version; bei einem Delta-Release handelt es sich um einzelne, neue Komponenten und innerhalb eines Package Release fasst man mehrere unabhängige neue Release Stände oder mehrere Delta-Releases zusammen (vgl. [Olbr08]).

14.4.3 Service Delivery

Service Level Management

Die Aufgabe des *Service Level Managements* besteht darin, verbindliche Regeln über Service-Leistungen in Form von Service Level Agreements (SLA) festzulegen. Hierbei handelt es sich um die vertragliche Vereinbarung von Rechten und Pflichten zwischen Kunde und dem internen IT-Bereich oder einem externen IT-Dienstleistungsunternehmen. Insbesondere legen die Vertragspartner den Grad der Leistungserbringung fest, woraus sich die zu verrechnenden Kosten ableiten lassen (vgl. Bild 14.8).

Leistungs-kriterium	Kurzbeschreibung	Vertragliche Festlegung
Verfügbarkeit	Ansprechzeit	Mo. - Fr. 06.00 - 20.00 Sa. 08.00 - 18.00
Reaktionszeit	Zeit, in der Anrufe entgegengenommen werden	< 30 Sekunden für 95 Prozent der Anrufe
Erreichbarkeit	Direkte Erreichbarkeit, ohne in eine Warte-schleife zu gelangen	> 80 Prozent aller Anrufe
Sprachen	Support-Mitarbeiter mit zugesicherten Sprach-kenntnissen	Deutsch, Englisch

***Bild 14.8**: Service-Level-Definition für eine Hotline ([Anto01] S. 3)*

Finance Management

Im Mittelpunkt des *Finance Managements* stehen die Ermittlung sämtlicher IT-Kosten und die Zuordnung bzw. Verrechnung auf die unterschiedlichen IT-Produkte und IT-Services. Die Leistungsverrechnung ist auch bei interner Leistungserbringung durch die eigene IT-Abteilung wichtig. Der Fachabteilung entstehen Kosten für die Inanspruchnahme von IT-Service. Daher steht hier die Frage im Mittelpunkt: "Welche IT-Kosten müssen geplant werden und lohnen sich diese Ausgaben aus Anwendersicht?" Aus den Verhandlungen mit den Fachabteilungen erkennt die IT-Abteilung, ob die bereitgestellten IT-Leistungen von den Anwendern "bezahlt" werden. Im Mittelpunkt steht hierbei die Frage. "Kann die IT-Abteilung den IT-Service wirtschaftlich erbringen – auch im Vergleich zu anderen Unternehmen?" Den prinzipiellen Ablauf der Kostenverrechnung bei IT-Services stellen wir in Bild 14.9 dar. Zunächst werden die Kosten über verschiedene Systeme erfasst, z. B. über das eigene ERP-System. Die Ermittlung der Kosten erfolgt für die verschiedenen Kostenarten, z. B. Gebäudemiete, Personalkosten. Anschließend werden die Kosten auf die verschiedenen IT-Services verteilt, beispielsweise pro E-Mail-Account. Während beispielsweise eine Software-Lizenz direkt einem Benutzer zugeordnet werden kann, werden Gemeinkosten nach bestimmten Schlüsselgrößen (z. B. Anzahl User oder CPU-Sekunden) verrechnet.

Bild 14.9: Kostenverrechnung für IT-Services

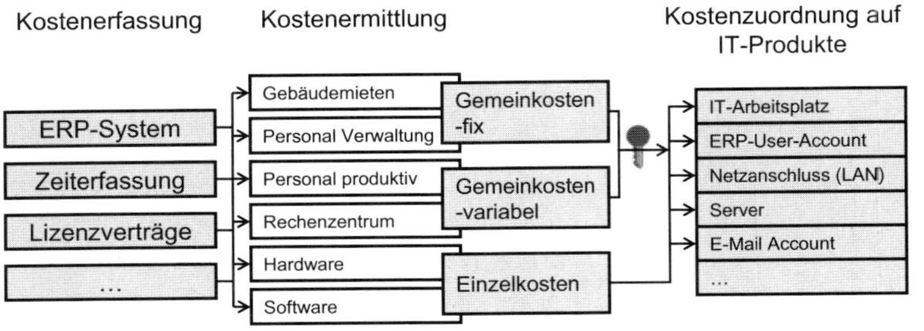

Capacity Management

Im Mittelpunkt von *Capacity Management* steht die Bereitstellung von Hard- und Software im Unternehmen zur Abdeckung der aktuellen und zukünftigen geschäftlichen Anforderungen. Es müssen zukünftige Kapazitätsbedarfe ermittelt werden (z. B. Einsatz neuer Server), es dürfen keine Kapazitätsengpässe auftreten und die erforderlichen Ressourcen (einschließlich Personal) müssen zur Verfügung stehen. Dabei sind vor allem Kosten zu berücksichtigen und Risiken abzuschätzen. Somit können durch Capacity Management überteuerte Panikkäufe ebenso vermieden werden wie hohe Überkapazitäten.

Continuity Management

Continuity Management stellt sicher, dass Ausfallrisiken bei IT-Komponenten identifiziert und bewertet werden, erforderliche Vorsorge- und Notfallmaßnahmen organisiert und der Wiederanlauf der Hardware in Notfallsituationen gewährleistet ist. Auch beim Auftreten größerer Fehler oder sogar Katastrophen muss ein vordefinierter und vereinbarter Service Level aufrecht erhalten werden, um die Geschäftstätigkeit des Unternehmens zu gewährleisten.

Beispiel

Mit Hilfe von Continuity Management würde das nachfolgende Szenario *nicht* möglich sein: Ein mittelständisches Unternehmen beschäftigt einen Administrator, der bereits seit Jahren allein für die Installation und Konfiguration aller PCs sowie den Betrieb des Netzes zuständig ist. Eines Tages fällt der Administrator durch einen schweren Unfall aus und ist nicht mehr arbeitsfähig.

Bereits nach wenigen Tagen häufen sich die Probleme mit den Servern im Netz: Fehlermeldungen und Warnhinweise erscheinen, die von den Mitarbeitern nicht korrekt interpretiert und bearbeitet werden können. Kurze Zeit später stehen mehrere Rechner still und nach versuchtem Neustart geht fast gar nichts mehr. Die nun beginnende Suche in den Unterlagen des Administrators ergibt, dass die bestehende Systemlandschaft nicht dokumentiert ist. Selbst Administrations-Passwörter wurden nicht hinterlegt. Eine eiligst zur Unterstützung herbeigerufene Firma für IT-Support sieht sich aufgrund fehlender Passwörter und Unterlagen nicht in der Lage, das bestehende System wieder zum Laufen zu bringen. Mühevoll wird recherchiert, welche Anwendungen auf den Servern installiert waren und wo diese wichtigen Daten gespeichert sind.

Bis alles wiederhergestellt ist und alle benötigten Systeme wieder wie gewohnt funktionieren, vergehen mehrere Wochen. In der Zwischenzeit können im Unternehmen wichtige Aufträge nicht erfüllt werden, da die hierfür erforderlichen Informationen und Anwendungen nicht verfügbar sind. Die hierdurch entstehenden Schäden summieren sich zusammen mit den Kosten für die externen Dienstleister auf einen sechsstelligen Betrag. Das Unternehmen ist dadurch in seiner Existenz bedroht. Für den ausgefallenen Administrator muss zusätzlich auch noch ein geeigneter Nachfolger gefunden werden ([BSI07] S. 11)

Availability Management

Availability Management stellt die Verfügbarkeit der IT-Infrastruktur sicher. Die vorhandenen Hard- und Software-Systeme sollen möglichst optimal genutzt werden. Im Einzelnen spielen Wartbarkeit, Verlässlichkeit und Ausfallsicherheit der einzelnen Komponenten eine große Rolle.

14.5 Führungsaufgaben des Informationsmanagements

Hierzu zählen Querschnittsaufgaben, die auf allen Ebenen des Informationsmanagements (vgl. Bild 14.1) anfallen. Wir gehen in diesem Kapitel ein auf die Themen IT-Governance, IT-Personal inklusive Aufgaben des Informationsmanagers und das IT-Controlling. Die Organisation des IT-Bereichs wird in Kapitel 14.6, die strategische Bedeutung der Informationstechnik wird in Kapitel 14.7 behandelt.

14.5.1 IT-Governance

Definition

IT-Governance soll sicherstellen, dass die Informationstechnik die Unternehmensstrategie unterstützt. Es handelt sich hierbei um eine Aufgabe des Top-Managements. Letztlich ist IT-Governance eine auf IT bezogene Spezialisierung der "Corporate Governance", d.h. einer auf langfristige Wertschöpfung ausgerichtete Unternehmensführung und -kontrolle. Bei IT-Governance steht die strategische Bedeutung der IT für ein Unternehmen und zur Erreichung der Unternehmensziele im Vordergrund. Die IT-Strategie soll eng mit der Geschäftsstrategie abgestimmt werden, neue Geschäftsfelder können durch konsequente IT-Nutzung erschlossen werden und es muss – infolge der starken Abhängigkeit von IT – eine Risikoeinschätzung und -abwehr erfolgen (vgl. [HoSc07] S. 291 ff).

Beispiel

Die strategische Bedeutung der IT, aber auch die Abhängigkeit wird deutlich bei Unternehmen, die schwerpunktmäßig ihre Geschäfte über das Internet abwickeln (z. B. Online-Banking, Online-Shopping). Der Ausfall von Servern oder ein weitreichender Softwarefehler nach Einspielen eines neuen Release hätte innerhalb kürzester Zeit den Zusammenbruch des jeweiligen Unternehmens zur Folge. Die Geschäftsprozesse dieser Unternehmen sind ohne IT-Unterstützung überhaupt nicht mehr durchführbar, die Verfügbarkeit funktionierender Technik ist überlebenswichtig.

***Bild 14.10**: COBIT Referenzmodell (vgl. COBI08)*

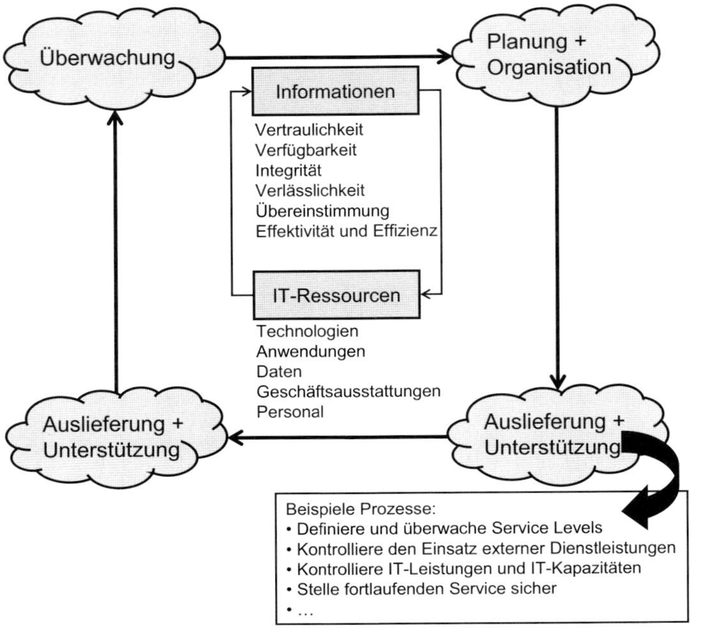

COBIT

COBIT (Control Objectives for Information and Related Technology) liefert als Referenzmodell einen Rahmen für die Gestaltung von IT-Governance in einem Unternehmen. Es ist in der Praxis weit verbreitet. COBIT wurde von zwei Organisationen, und zwar der ISACA (Information Systems Audit and Control Association, einem internationalen Verband der IT-Prüfer) und ITGI (IT Governance Institute) formuliert und wird laufend ergänzt (vgl. [COBI08]).

Das Referenzmodell von COBIT besteht aus vier Domänen (vgl. Bild 14.10) mit insgesamt 34 Prozessen, diese wiederum bestehen aus mehreren Aktivitäten und Aufgaben.

Die vier Domänen entsprechen dem Lebenszyklus der eingesetzten IT. COBIT weist einen hohen Detaillierungsgrad auf, die einzelnen Prozesse können allerdings nicht ohne Anpassung an die spezifische Ausgangslage im Unternehmen eingesetzt werden (vgl. [ZaBP05] S. 64).

14.5.2 IT-Personal

Die starke Nachfrage nach IT-Fachkräften verdeutlicht die besondere Bedeutung der Personalführung als Teilaufgabe des Informationsmanagements. Allerdings waren die humanen Ressourcen immer schon ein wichtiger Erfolgsfaktor bei IT-Projekten [DeLi99]. Zu den wichtigsten Aufgaben der IT-Personalführung zählen die Rekrutierung, Bindung und Qualifizierung von IT-Mitarbeitern.

Rekrutierung

Zur *Rekrutierung* von Mitarbeitern mit speziellen IT-Kenntnissen mussten viele Unternehmen völlig neue Wege beschreiten. Vielfach findet eine erste Kontaktaufnahme zwischen Berufseinsteiger und zukünftigem Arbeitgeber bereits an der Hochschule statt, z. B. in Form von Gastvorträgen, Praktika und Exkursionen. Das Internet ist zu einem wichtigen Medium der Personalbeschaffung geworden, z. B. durch Stellenangebote auf der Unternehmens-Homepage, durch Online-Direktbewerbung oder über Jobbörsen.

Bindung

Bei der *Bindung* qualifizierter Wirtschaftsinformatiker ist danach zu unterscheiden, wie spezifisch das erforderliche Wissen für die jeweilige Aufgabenstellung ist und welche Bedeutung die Mitarbeiterleistung für den Unternehmenserfolg hat. Experten, die über umfangreiches Spezialwissen verfügen oder ausgezeichnete Kundenkontakte besitzen, versucht man durch Beteiligung am Unternehmenskapital (Stock Options) langfristig zu binden. Die ständige Weiterqualifizierung der Mitarbeiter ist ebenfalls unbedingt erforderlich.

14.5.3 Position und Aufgaben des Informationsmanagers

Durch die Abhängigkeit nahezu aller Unternehmensbereiche von der IT hat sich der Stellenwert der IT-Fachleute im Unternehmen verändert. Viele IT-Chefs sind in der Hierarchie aufgerückt. In Deutschland gehören allerdings nur wenige IT-Verantwortliche dem Vorstand an.

Informationsmanager

Das Aufgabenspektrum des *Informationsmanagers oftmals auch als IT-Leiter oder Chief Information Officer (CIO) bezeichnet,* unterscheidet sich deutlich von dem des bisherigen EDV-Chefs. Der Informationsmanager muss *Generalist* sein. Neben technischem Know-how muss er über strategische Fähigkeiten verfügen. Er muss beurteilen können, welche Rechnerkonstellation mit welcher Software-Ausstattung den Unternehmenszielen am meisten dient. Der Informationsmanager muss langfristig planen können und er braucht den Zugang zum Top-Management, um längerfristige Zielsetzungen zu realisieren. Wichtig für die Motivation der eigenen Mitarbeiter und die Zusammenarbeit mit den Fachabteilungen sind schließlich soziale und kommunikative Fähigkeiten.

In der Stellenanzeige eines Produktionsunternehmens wurde das Stellenprofil eines CIO z. B. wie folgt beschrieben (vgl. Bild 14.11):

***Bild 14.11**: Stellenangebot für einen CIO [Mons08]*

CIO (m/w)

Internationales Produktionsunternehmen / Süddeutschland

Wir sind

ein mittelständisches international führendes Produktionsunternehmen. Mit 12 Produktionsstätten weltweit, sowie weit über 40 Vertriebsniederlassungen sind wir eines der größten und erfolgreichsten Unternehmen in dem Marktsegment.

Wen wir erwarten

Sie verfügen idealer Weise über mehrjährige Führungserfahrung im IT-Management eines produzierenden Unternehmens. SAP-Kenntnisse sowie gute Englischkenntnisse runden Ihr Profil ab. Ein pragmatischer Arbeitsstil verbunden mit ausgeprägter Strategie-Kompetenz hilft Ihnen die Aufgabe erfolgreich zu meistern.

Sie verantworten die gesamte Informationsverarbeitung der Gruppe und sind zuständig für die Weiterführung und Umsetzung der IT-Strategie. Sie beraten die Vorstände und Geschäftsführer der Gesellschaften in allen Fragen der IT und sind für die gruppenweiten IT-Investitionen und das IT-Budget verantwortlich. Darüber hinaus sind Sie für Effizienz und Wirtschaftlichkeit der IT-Systeme und -Services zuständig. Durch Service-Level-Agreements garantieren Sie die Sicherstellung der Dienstleistungsorientierung Ihres Bereichs.

Was Sie erwarten können

Eine herausfordernde und vielseitige Aufgabe in einem interessanten, internationalen Unternehmen. Sie arbeiten selbständig und eigenverantwortlich in einem zukunftsorientierten, marktführenden Unternehmen mit den entsprechenden Perspektiven für Ihre persönliche Weiterentwicklung. Bei dieser verantwortungsvollen Aufgabe werden Sie von einem hochqualifizierten Team von rund 35 Mitarbeitern unterstützt, sowie weiteren IT-Mitarbeitern an den internationalen Standorten.

Interessiert?

Für erste Informationen steht Ihnen Frau Heide H. telefonisch zur Verfügung. Ihre kompletten Bewerbungsunterlagen senden Sie bitte unter der Kennziffer 30515 an die XYZ Personalberatung GmbH. Wir freuen uns auf Ihre Bewerbung und bürgen für absolute Diskretion.

14.5.4 IT-Controlling

Ziele des IT-Controllings

Unter *IT-Controlling* wird die Planung, Überwachung und Steuerung aller Aktivitäten verstanden, die sich auf den Einsatz der Informationstechnik im Unternehmen beziehen. IT-Controlling bedeutet Controlling der IT-Entscheidungen und nicht die Unterstützung des betrieblichen Controllings durch Informationssysteme (vgl. [GaBe03] S. 130). Im Mittelpunkt des IT-Controllings stehen Wirtschaftlichkeitsanalysen bei geplanten IV-Projekten, die laufende Überwachung geplanter Maßnahmen, Termine und Kosten sowie die Errechnung von Kennzahlen ([StHa05] S. 469 ff.).

Das *IT-Controlling* soll vor allem die beiden folgenden Fragen beantworten: *Definition*

- Ist der IT-Einsatz *effektiv*, d.h. unterstützen die eingesetzten Informationssysteme die Unternehmensziele?
- Geschieht der IT-Einsatz *effizient*, d.h. kostengünstig ([SpSc02] S. 141)?

Die Kosten des IT-Bereichs setzen sich hauptsächlich aus folgenden Kostenarten zusammen ([Tiem05] S. 19 ff.):

- Hardwarekosten (Server, Drucker, Arbeitsplatzrechner, Wartungskosten)
- Softwarekosten (Kosten für Auswahl bzw. Programmierung, laufende Lizenz- und Wartungskosten, Support, Miete)
- Personalkosten (Gehaltskosten für Mitarbeiter der IT-Abteilung, Reisekosten, Schulungskosten)
- Projektkosten (Auswahl und Planung von Informationssystemen, Test, Schulung)
- Externe Kosten (für externe Berater, Wirtschaftsprüfer)
- Laufende Betriebskosten (Kosten der IT-Nutzung, z. B. Raummiete, Energie, Verbrauchsmaterialien, Datenträger, Telefon).

Da die Personalkosten unter Hinzurechnung externer Leistungen in den meisten Unternehmen mindestens 50 Prozent der gesamten IT-Kosten ausmachen, ist die Leistungserfassung und -verrechnung eine wichtige Voraussetzung für das IT-Controlling.

Die Berücksichtigung sämtlicher, während des Lebenszyklus einer Hard- oder Softwarekomponente anfallender Kosten wird als *Total Cost of Ownership* bezeichnet. Hierbei betrachtet man nicht nur die direkten Kosten (Anschaffung, Support, Software-Lizenz, Standleitungsmieten, Schulung, Wartung etc) sondern auch indirekte Kosten (versteckte Endbenutzerkosten durch gegenseitige Supporttätigkeiten, spielerisches Ausprobieren von Programmfunktionen, private Internet-Nutzung, privates Versenden von E-Mails, Verzögerungen und Unterbrechungen durch Wartungsmaßnahmen und Störungen), die oftmals bei Investitionsentscheidungen gar nicht berücksichtigt werden. Bei der TCO-Betrachtung von Personal Computern kam das Beratungsunternehmen Gartner zu dem Ergebnis, dass nur etwa 20 bis 25% auf die Anschaffung entfielen, jedoch ca. 45% auf Benutzeraktivitäten wie gegenseitige Hilfeleistungen (vgl. [StHa05] S. 473). Mit dem TCO-Konzept können aber auch Entscheidungen zwischen Software-Alternativen, beispielsweise zwischen dem Ei- *TCO* genbetrieb einer Anwendungssoftware und der Inanspruchnahme eines externen Software-Dienstleisters, transparenter gemacht werden.

14.6 Organisation des Informationsmanagements

14.6.1 Organisatorische Eingliederung

Betrachten wir zunächst die verschiedenen Möglichkeiten einer organisatorischen Eingliederung der Informationsverarbeitungsaufgaben in die Unternehmensstruktur ([Krcm05] S. 363 f.):

Stabsstelle

- *IT als Stabsstelle*
  Bei dieser Organisationsform wird der Service- und Dienstleistungscharakter des IT-Bereiches betont. Es ist eine zentrale Planung und Koordination aller Informationsverarbeitungsaufgaben möglich, jedoch entsteht gleichzeitig eine große Distanz zu den Benutzern, was zu praxisfernen Lösungen für die Fachabteilungen führen kann (vgl. Bild 14.12, Fall 1)

Linienabteilung

- *IT als selbständige Linienabteilung*
  Die Informationsverarbeitungsaufgaben werden zentral in einer Abteilung bzw. einem Bereich zusammengefasst und z. B. in die zweite Hierarchieebene eingegliedert (vgl. Bild 14.12, Fall 2). Hierdurch wird der wachsenden Bedeutung von IT für das gesamte Unternehmen Rechnung getragen. Außerdem werden alle spezialisierten Informatikmitarbeiter in einem Bereich zusammengefasst. Die IT-Abteilung agiert gleichrangig zu den anderen Abteilungen, was zu Konkurrenzproblemen und Abteilungsegoismus führen kann. Der Service-Gedanke (Informationsverarbeitung als Dienstleister für alle übrigen Abteilungen) kommt folglich zu kurz.

Bild 14.12: *Eingliederung der Informationsverarbeitung ([Krcm05] S. 301)*

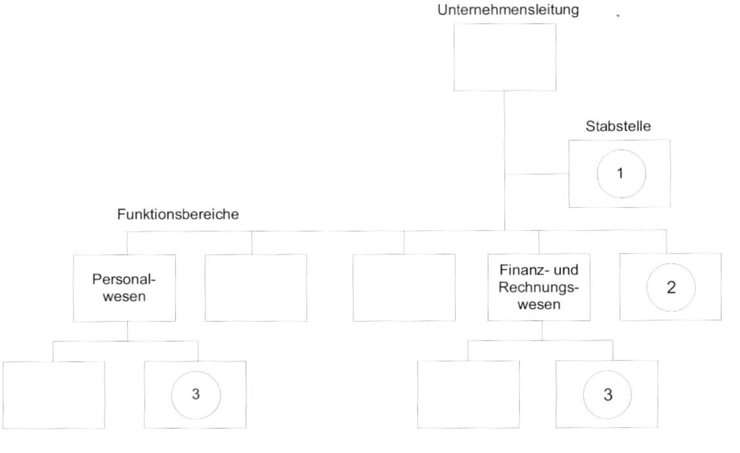

- *IT als Teil der Fachabteilungen*
  Historisch war die Informationstechnik der Abteilung Finanz- und Rechnungswesen zugeordnet. Später entstanden mehrere, dezentrale IT-Abteilungen, die eine sehr gezielte Unterstützung für einzelne Fachabteilungen anbieten konnten (vgl. Bild 14.12, Fall 3). Allerdings bereitet die Abstimmung und Koordination sämtlicher IT-Aktivitäten im Unternehmen erhebliche Probleme. Es kommt zu abteilungsegoistischen Lösungen. Der abteilungsübergreifende Einsatz von Informationssystemen wird erschwert.

Fachabteilung

14.6.2 Aufgaben der IT-Abteilung

In Bild 14.13 sind alle Informationsverarbeitungsfunktionen eines Unternehmens in einem Bereich zusammengefasst. Folgende *Teilaufgaben* fallen beispielsweise hierunter:

Aufgaben der Informationsverarbeitung

Datenadministration

- Zentrale Verwaltung von Datenbeständen
- Konzeption von Datenmodellen und Datenbanken
- Optimierung der Beschaffung und Speicherung aller unternehmensrelevanten Daten

Anwendungssysteme

- Neuentwicklung von Anwendungssoftware – in Ergänzung zu verfügbarer Standardsoftware
- Auswahl, Customizing und Releasewechsel von Standardanwendungssoftware

Betrieb von Hardware, Software und Netzen

- Zentrale Beschaffung von Hard- und Software
- Gerätebetrieb, Netzwerkbetrieb, Wartung und Reparaturen, um kurzfristige Störungen zu beseitigen
- Datensicherungsmaßnahmen

Controlling

- Datenschutz, Hardware-/Software-Verträge, arbeitsrechtliche Fragen
- IT-Controlling zur Planung und Steuerung aller IT-Projekte
- Strategische IT-Planung

Benutzer-Service

- Dienstleistungs- und Serviceaufgaben mit starker Orientierung an den Bedürfnissen der "Kunden" in den Fachabteilungen
- Beratung und Koordination bei der Beschaffung von Hardware und Software durch die Fachabteilung
- Schulung und Beratung der Endbenutzer

Bild 14.13: Aufbauorganisation für die Informationsverarbeitung

14.6.3 Koordination der unternehmensweiten Informationsverarbeitung

Gremien

Für die Steuerung und Prioritätenvergabe von Informatik-Aktivitäten haben größere Unternehmen Entscheidungs- und Abstimmungsgremien eingerichtet. Durch *Fachausschüsse* soll die Zusammenarbeit der IT-Spezialisten mit den Fachabteilungen verbessert werden.

Auf der untersten Stufe (*Stufe 3* in Bild 14.14) werden von einzelnen Fachausschüssen Spezialthemen und bereichsübergreifende Probleme behandelt, z. B. IT-Sicherheit, Internet-Auftritt des Unternehmens, Einsatz von Standardsoftware.

Bild 14.14: Entscheidungs- und Abstimmungsgremien im Konzern (Beispiel)

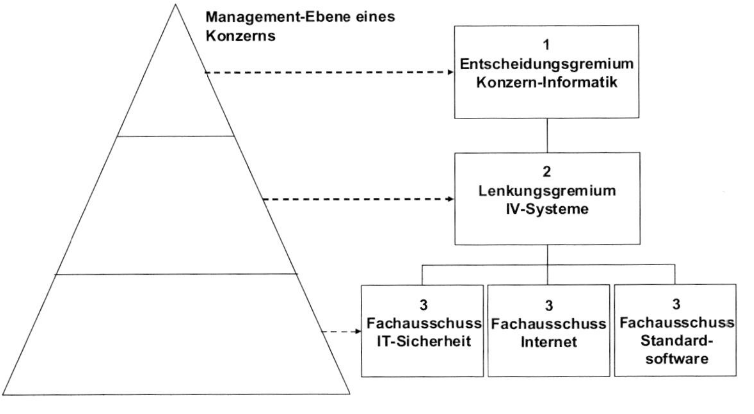

Auf der *Stufe 2* koordinieren, steuern und kontrollieren die Informationsmanager der Konzerngesellschaften die verschiedenen IT-Projekte.

Das Entscheidungsgremium "Konzern-Informatik" auf der *Stufe 1* formuliert die Informationsverarbeitungsstrategien des Konzerns, entscheidet über Finanzierung, Projektmanagement, Prioritäten sowie über den allgemeinen Einsatz von Tools und Standardsoftware.

14.6.4 Outsourcing der Informationsverarbeitung

IT-Outsourcing (Kurzform von "Outside Resourcing") bedeutet die Verlagerung von IT-Dienstleistungen und –Prozessen auf ein spezialisiertes Dienstleistungsunternehmen ([AmWi06] S. 3). Outsourcing ist eine Make-or-Buy-Entscheidung: Sollen bestimmte Tätigkeiten selbst ausgeführt werden oder können sie besser und kostengünstiger von fremden Unternehmen erledigt werden? *Definition*

Für den Bereich Informatik heißt Outsourcing, die bisherigen Aktivitäten in rechtlich selbständigen Tochter-Gesellschaften auszulagern oder von einem fremden Dienstleistungsunternehmen ausführen zu lassen. Es werden keine eigenen Hardware-Spezialisten und keine Software-Entwickler mehr benötigt. Die Benutzer rufen die erforderliche IT-Unterstützung je nach Bedarf ab. In den USA gehört Outsourcing seit mehreren Jahren zu einer häufig praktizierten Unternehmensstrategie. Die Grundidee ist hierbei stets: "Do what you can do best – outsource the rest".

Je nach Umfang der auszulagernden IT-Aktivitäten können fünf Stufen unterschieden werden (vgl. Bild 14.15):

Stufe 0 bedeutet, dass sämtliche Informationsverarbeitungsaufgaben von den Mitarbeitern des eigenen Unternehmens erledigt werden. In der *Stufe 1* wird die Rechnerkapazität eines Serviceunternehmens genutzt, wobei allerdings weiterhin eigene Software eingesetzt wird und die Benutzerunterstützung durch eigene Fachleute erfolgt. In *Stufe 2* verbleiben Anwendungssoftware und Support im Unternehmen, während Hardware und Systemsoftware extern zur Verfügung gestellt werden. In *Stufe 3* wird auch die Anwendungssoftware extern zur Verfügung gestellt, es verbleiben individuelle Entwicklungstätigkeiten, Anpassung und Schulung im Unternehmen. Die gesamten Informatik-Aktivitäten werden schließlich in *Stufe 4* nach außen verlagert.

Bild 14.15: Mögliche Stufen von Outsourcing ([Leup93] S. 39)

Stufen	Stufe 0	Stufe 1	Stufe 2	Stufe 3	Stufe 4
Ausgelagerte Tätigkeiten	kein Outsourcing				alles ausgelagert
Besitz und Betrieb der Hardware	intern	extern	extern	extern	extern
Unterhalt von Betriebssystem, Netzwerk, Datenbanksystem	intern	intern	extern	extern	extern
Betrieb und Wartung von Standardsoftware	intern	intern	intern	extern	extern
Entwicklung individueller Anwendungsprogramme, Support, Schulung	intern	intern	intern	intern	extern

Beispiel für Outsourcing: Personalabrechnung

Ein typisches Beispiel für Outsourcing ist die Verlagerung der monatlichen Personalabrechnung an einen externen Dienstleister (vgl. Bild 14.16). Das Unternehmen hat jederzeit Zugriff auf das komplette Personalabrechnungssystem, kann Stammdaten aktualisieren und Bewegungsdaten erfassen. Zu den vereinbarten Abrechnungsstichtagen stößt ein Benutzer aus der Personalabteilung per Modem/Wählleitung einen Datentransfer zum Servicerechenzentrum an. Während der Nacht erfolgt die eigentliche Abrechnung im Rechenzentrum des Serviceunternehmens. Ebenfalls werden dort Listen und Verdienstnachweise gedruckt. Nach erfolgreicher Abrechnung werden die Ergebnisdaten per Filetransfer an den Kunden zurück übertragen, so dass die beiden Datenbestände im Rechenzentrum und beim Anwender wieder auf dem gleichen Stand sind.

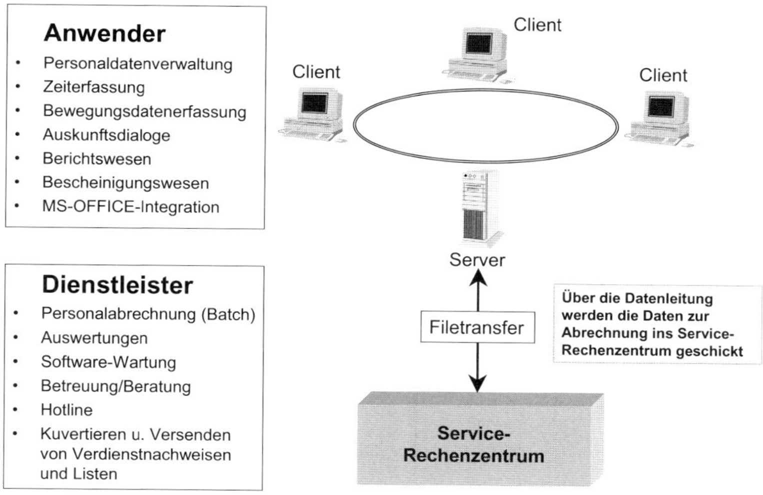

***Bild 14.16**: Outsourcing der Personal-abrechnung*

Weitere Dienstleistungen sind:

- Druck und Postversand von Verdienstbescheinigungen an alle Mitarbeiter,
- Zustellung von Auswertungen/Listen über Kurierdienst,
- Bankenclearing,
- Datenübertragung zu Krankenkassen,
- Erstellung von Listen und Reports,
- Wartung der Software durch den Dienstleister,
- Durchführung aller notwendigen gesetzlichen Änderungen bei der Software,
- Bereitstellung eines ausfallsicheren Plattensystems,
- Bereitstellung unterbrechungsfreier Stromversorgung im Rechenzentrum,
- Datensicherung.

Der Umfang der Auslagerung variiert – je nach Anforderung des Anwenders – sehr stark. Dementsprechend existieren mittlerweile unterschiedliche Dienstleistungsangebote für IT-Outsourching:

Application Service

Bei *Application Service* stellt der Dienstleister dem Kunden das Anwendungssystem zur Verfügung, übernimmt zusätzlich Wartung, Schulung, Customizing. Die fachliche und technische Verantwortung (IT-Betrieb) verbleibt beim Kunden.

Hosting

Hosting bedeutet Übernahme des Betriebs von speziellen Teilen oder der gesamten IT-Infrastruktur durch Dienstleister. Die fachliche Verantwortung hat weiterhin der Kunde, die technische Verantwortung übernimmt der Dienstleister.

SaaS

Bei *Software as a Service (Software on Demand)* wird die Software als Dienstleistung von einem Dienstleistungsunternehmen zur Verfügung gestellt. Die Anwender greifen über eine gesicherte Internet-Übertragung (Virtual Private Network) auf das System zu. Die Benutzer benötigen lediglich den Browser und nutzen die Software bei Bedarf – vergleichbar mit einem Elektrogerät, das bei Bedarf Strom aus der Steckdose anfordert. Die fachliche Verantwortung, insbesondere Datenpflege verbleibt beim Kunden, für die gesamte IT-Seite ist der Service-Provider zuständig.

Beispiel

SAP stellt neuerdings für kleine und mittelständische Unternehmen das ERP-System "Business by Design" zur Verfügung. Die gesamten geschäftlichen Daten sowie die Software befinden sich auf den Servern des Unternehmen SAP. Das Anwendungsunternehmen zahlt für den Zugriff über das Web monatlich 133 Euro (pro Benutzer, bei mindestens 25 Anwendern und einer Mindestlaufzeit von 2 Jahren). In diesem Fall entfallen im Unternehmen Kosten für Software-Lizenzen, Customizing, Anschaffung und Betrieb von Servern, Software-Wartung. Auch der Mitbewerber Oracle bietet mit dem CRM on Demand eine Software als Dienstleistung an (vgl. [Stee08], [Orac08]).

BPO

Business Process Outsourcing (BPO) bezeichnet die Übernahme von kompletten Geschäftsprozessen (z. B. Lagerhaltung, Einkauf oder Personalverwaltung) durch einen externen Dienstleister. Hierbei wird sowohl die fachliche als auch die technische Verantwortung auf den Dienstleister übertragen.

Bild 14.17: *Vergleich zwischen Outsourcing und Offshoring*

Kriterien	Outsourcing	Offshoring
Mitarbeiter	Übernahme von Mitarbeitern durch externe Firma möglich	Keine Übernahme von Mitarbeitern durch externe Firma vorgesehen
Standort	Inland und Ausland	Niedriglohnländer
Hauptmotive	Kosteneinsparung, besserer Service, geringeres Ausfallrisiko	Günstige Arbeitskräfte, Nutzung unterschiedlicher Zeitzonen ermöglicht kürzere Projektlaufzeiten, größeres Angebot an Personal

Offshoring

Offshoring bedeutet, dass Geschäftsprozesse in Niedriglohnländer verlagert werden, z. B. nach China, Indien oder in osteuropäische Staaten. Der überwiegende Teil der Unternehmen, die diese Strategie einsetzen, kommt aus dem IT- oder dem Call-Center-Bereich. Genutzt werden vor allem die Personalressourcen in einem Niedriglohnland zur Erbringung von Leistungen unter Kontrolle eines Unternehmens in einer Hochlohnregion. Falls eine Verlagerung ins benachbarte Ausland bzw. nach Osteuropa erfolgt, spricht man von *Nearshoring*. IT-Offshoring kann als eine Teilmenge des IT-Outsourcing verstanden werden (vgl. [AmWi06] S. 3). In Bild 14.17 stellen wir diese beiden Verlagerungsstrategien gegenüber.

Beispiel

Der Flugzeughersteller Boing arbeitet im Bereich Software-Entwicklung mit dem russischen IT-Dienstleister Luxsoft zusammen. Nachdem mehrere Kleinprojekte erfolgreich abgewickelt wurden, erhielt das russische Unternehmen Folgeaufträge zur Durchführung von komplexeren Softwareentwicklungsprojekten. Hierzu zählen u. a. die Realisierung eines Internet-Katalogs sowie die Migration einer Mainframe-Anwendung auf eine webbasierte Lösung (vgl. [AmWi06] S. 14).

Vorteile

Die *Vorteile* von Outsourcing sind:

- Geringe Fixkostenbelastung durch Berechnung der tatsächlich in Anspruch genommenen Dienstleistungen, z. B. indem jede einzelne IV-Dienstleistung, wie beispielsweise Druck einer Liste, gesondert in Rechnung gestellt wird.
- Nutzung der Synergievorteile von Spezialisten
- Nutzung aktueller Hard- und Softwaretechnik
- Unabhängigkeit von Personalengpässen im eigenen Unternehmen
- Partielle Risikoübertragung durch Verträge und Garantien
- Probleme mit Releasewechsel und Fehlern muss der Dienstleister lösen.
- Konzentration auf das Kerngeschäft des Unternehmens

Nachteile

Mögliche *Nachteile* sind:

- Know-how-Verlust im eigenen Unternehmen
- Die exakte Kalkulation der finanziellen Vorteile ist oftmals schwierig.
- Das Unternehmen begibt sich in eine gewisse Abhängigkeit vom Dienstleister.
- Es ist schwierig, eine Outsourcing-Entscheidung kurzfristig wieder rückgängig zu machen.

14.7 Strategische Bedeutung der Informationsverarbeitung

Wettbewerbsvorteile durch IT

Der Einsatz moderner Informationssysteme hat mittlerweile für die meisten Unternehmen eine große strategische Bedeutung erlangt. Ohne den Einsatz von Informationstechnik ist heute keine Buchung an einem Geldautomaten und kein Einkauf in einem Supermarkt mehr denkbar. Durch den Einsatz von Informationssystemen können neue Produkte und Dienstleistungen angeboten werden. Die konsequente Nutzung informationstechnischer Potenziale ermöglicht einen Wettbewerbsvorsprung am Markt. Der IT-Einsatz erfolgt – im Vergleich zu früher – immer weniger mit dem Ziel direkter Rationalisierung und Kostensenkung. Viel häufiger stehen strategische, durch das Markt- und Konkurrenzgeschehen beeinflusste Überlegungen im Vordergrund. Informationssysteme werden als "Waffe" zur Verbesserung der Wettbewerbsposition verwendet ([MePl86] S. 6 ff.).

Infolge dieser strategischen Bedeutung kann die Auswahl der "falschen" Systeme oder die verspätete Nutzung der "richtigen" Systeme zu negativen Konsequenzen auf das Unternehmensergebnis führen:

Beispiele für die Abhängigkeit des Unternehmenserfolgs von der IT

Bei der Einführung des Mercedes-Kleinwagens Smart gab es anfangs erhebliche Probleme mit dem bei einem renommierten Beratungsunternehmen in Auftrag gegebenen Informationssystem. Das "Global Ordering System", das Händler, Produktionswerk und Zulieferer miteinander vernetzen sollte, funktionierte nicht. Zulieferer schickten die falschen Komponenten, Ersatzteile waren nirgends aufzufinden ([Fave99] S. 39).

Bei der Knürr AG, einem Entwickler und Hersteller elektronischer Systemkomponenten, wurde die Umsatz- und Ergebnisentwicklung durch die Einführung einer neuen ERP-Software negativ beeinflusst. Das Unternehmen berichtete über diese Schwierigkeiten sogar in seinem Geschäftsbericht. Nach 18-monatiger Verspätung und vierwöchigem Probelauf begann im August 1998 der Echtbetrieb der Standardsoftware. In den nachfolgenden Wochen geriet das Unternehmen in erhebliche Schwierigkeiten. Auf wichtige Informationen musste die Geschäftsleitung verzichten. Um lieferfähig zu bleiben, mussten Lagerbestände in ungewöhnlicher Höhe aufgebaut werden. Das neue Logistik-Zentrum konnte seinen Betrieb erst mit viermonatiger Verspätung aufnehmen. Durch die Lieferprobleme entstanden dem Unternehmen auch Imageschäden auf Kundenseite. Liefer- und Rechnungsadressen stimmten teilweise nicht überein, einige Kunden erhielten Mahnungen für Produkte, die noch gar nicht ausgeliefert waren ([Zufr99] S. 30 ff.].

Beispiel aus der Politik

Auch die Politik ist von funktionierenden IT-Systemen abhängig. Die Pannen bei der Einführung der LKW-Maut in Deutschland führten im Jahre 2003 zu einem großen Imageschaden des Betreiberkonsortiums und bescheren dem Bundesfinanzminister monatliche Einnahmenausfälle von mehr als 150 Millionen Euro [Phoe04].

Aus der Tatsache, dass die meisten Unternehmen heute ohne IT nicht mehr lebensfähig wären, darf jedoch nicht die Schlussfolgerung gezogen werden, dass Investitionen im Hard- und Softwarebereich zwangsläufig positive Effekte auf den Erfolg eines Unternehmens haben.

Produktivitätsparadoxon

Einige empirische Studien kamen zu dem Ergebnis, dass sich der Einsatz von Informations- und Kommunikationstechniken sogar negativ oder überhaupt nicht auf den Unternehmenserfolg auswirkt ("Produktivitätsparadoxon"). Die jüngeren empirischen Forschungsarbeiten fanden dagegen einen positiven Zusammenhang zwischen Informationsverarbeitung und betriebswirtschaftlichen Erfolgskennzahlen heraus ([Pott98] S. 57 ff., [Krcm05] S. 400). Ein positiver Zusammenhang wird beispielsweise dann vermutet, wenn sich ein hohes IT-Budget (z. B. IT-Budget in Prozent des Umsatzes) auf den Unternehmenserfolg (z. B. gemessen in Gewinn, Rentabilität oder Marktanteil) auswirkt. Die widersprüchlichen Ergebnisse resultieren zum einen aus den unterschiedlichen Betrachtungsebenen (Erfolgmessungen wurden auf verschiedenen Ebenen vorgenommen, z. B. auf Individualebene, Unternehmensebene, volkswirtschaftlicher Ebene) und zum anderen aus Messproblemen bei Input- und Outputvariablen.

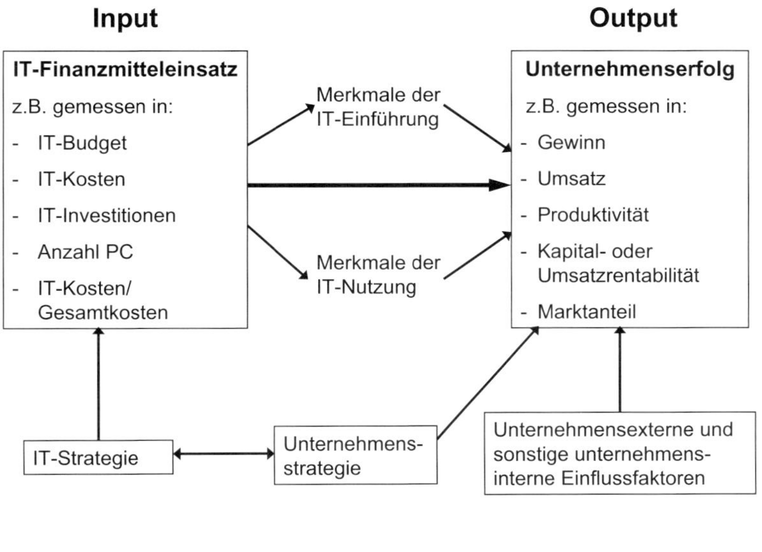

***Bild 14.18**: Messgrößen und Einflussfaktoren zwischen IT-Investitionen und Unternehmenserfolg ([Pott98] S. 55)*

In Bild 14.18 wird diese Problematik anhand der verschiedenen Mess- und Einflussgrößen zwischen dem IT-Einsatz und den erwarteten Nutzeffekten (Erfolgsgrößen) verdeutlicht. Die Grundsatzfrage "Welche Nutzeffekte bringt die Informationstechnik letztlich dem Unternehmen?" muss daher immer wieder neu gestellt werden.

14.8 Rechtsfragen der Informationsverarbeitung

Für die Informationsverarbeitung sind mittlerweile zahlreiche gesetzliche Vorschriften bindend. Zu den wichtigsten Regelungen zählen:

- Schutz personenbezogener Daten durch Datenschutzgesetze
- Mitbestimmungs- und Informationsrechte der Arbeitnehmer bei der Einführung neuer IT-Systeme
- Urheberrechtsschutz für Computerprogramme
- Vertragsrecht bei Kauf oder Miete von Hardware- und Software-Produkten
- Schutz vor Zerstörung und vor dem unerlaubten Manipulieren fremder Hardware- und Softwaresysteme, Schutz vor Computerviren (Computerkriminalität)
- Produkthaftung, mit der Softwarehersteller für Schäden, die durch ihre Software entstehen, verantwortlich gemacht werden können
- Gesundheitsschutz bei der Arbeit mit Bildschirmgeräten (Bildschirmarbeitsverordnung)
- Multimediarecht und Electronic-Commerce-Recht
- Prüfbarkeit digitaler Buchhaltungsunterlagen durch die Finanzverwaltung
- Verwendung elektronischer Signaturen

Nachfolgend werden die wichtigsten Vorschriften kurz erläutert.

14.8.1 Schutz personenbezogener Daten

Das Bundesdatenschutzgesetz (BDSG) regelt – soweit keine speziellen Gesetze existieren – den Umgang mit personenbezogenen Daten im gesamten Bereich der Privatwirtschaft und öffentlicher Stellen des Bundes. Personenbezogene Daten sind Einzelangaben über persönliche oder sachliche Verhältnisse einer bestimmten oder bestimmbaren natürlichen Person (Betroffener).

Datenschutz

Datenschutz bedeutet ein grundsätzliches Verbot der Erhebung, Verarbeitung und Nutzung personenbezogener Daten mit zwei Ausnahmen:

1. Der Betroffene gibt seine ausdrückliche Zustimmung oder

2. es existiert eine Vorschrift (Gesetz, Tarifvertrag, Betriebsvereinbarung), die die Verarbeitung regelt.

Im ersten Fall erklärt sich eine Person im Rahmen der Kontoeröffnung bei einer Bank oder bei Abschluss des Arbeitsvertrages mit der Verarbeitung personenbezogener Angaben innerhalb eines IT-Systems einverstanden. Zahlreiche persönliche Daten müssen aufgrund gesetzlicher Regelungen vom Arbeitgeber gespeichert und an externe Adressaten weitergeleitet werden, z. B. die Religionszugehörigkeit zur Abführung der Kirchensteuer im Rahmen der Entgeltabrechnung.

Alle Personen, die mit Personaldaten arbeiten, sind dem *Datengeheimnis* verpflichtet. Dies bedeutet, dass sie personenbezogene Daten nicht unbefugt verarbeiten oder nutzen dürfen. Jeder betroffene Mitarbeiter in einem Unternehmen hat ein Recht auf Berichtigung falscher Daten bzw. auf Löschung oder Sperrung von Daten. Außerdem besteht ein unentgeltliches Auskunftsrecht über gespeicherte Daten, über den Zweck der Speicherung und über Stellen, an die die Daten regelmäßig übermittelt werden. Nicht mehr benötigte Daten sind grundsätzlich zu löschen. In besonderen Fällen tritt eine Sperrung an die Stelle der Löschung von Daten. Ab einer bestimmten Betriebsgröße ist ein *Datenschutzbeauftragter* zu benennen. Seine Aufgabe ist die Überwachung der Einhaltung datenschutzrechtlicher Bestimmungen. Um den Datenschutz im Unternehmen zu gewährleisten, schreibt das BDSG detaillierte technische und organisatorische Maßnahmen vor.

Datensicherung schützt durch technische und organisatorische Maßnahmen die Daten, Hardware und Software vor Verlust, Zerstörung und Missbrauch (vgl. Bild 14.19):

Datensicherung

Anforderung	Inhalt	Maßnahmen
Zutritts-kontrolle	Unbefugte dürfen keinen Zutritt zu Gebäuden/ Räumen erhalten, in denen personenbezogene Daten verarbeitet werden.	Zutritt zum Gelände mit Ausweisleser oder Anmeldung beim Pförtner; Zutritt zur Rechenzentrumsetage nur mit Ausweisleser oder Schlüssel; Kameraüberwachung
Zugangs-kontrolle	Unbefugte dürfen nicht in ein IT-System eindringen.	Passwortschutz; Chipkarten

Bild 14.19: *8 Gebote zur Datensicherung ([GoJa01] S. 30)*

Anforderung	Inhalt	Maßnahmen
Zugriffs-kontrolle	Das unerlaubte Lesen, Kopieren, Verändern oder Löschen von personenbezogenen Daten außerhalb eingeräumter Berechtigungen ist zu verhindern.	Vergabe von Benutzerrechten; Passwortschutz; Firewall-Systeme zur Einschränkung des Zugriffs aus dem Internet
Weitergabe-kontrolle	Nur berechtigte Mitarbeiter dürfen personenbezogenen Daten über Netze und Datenträger an andere Stellen weitergeben.	Verschlüsselung der Daten; Protokollierung der Datenübermittlung
Eingabe-kontrolle	Es kann nachträglich überprüft und festgestellt werden, welche personenbezogenen Daten zu welcher Zeit von wem eingegeben bzw. verändert wurden.	Protokoll, wer welche Daten zu welchem Zeitpunkt eingibt, Benutzerberechtigungen festlegen; Vier-Augen-Prinzip
Auftrags-kontrolle	Personenbezogene Daten, die im Auftrag verarbeitet werden, dürfen nur entsprechend den Weisungen des Auftraggebers verarbeitet werden.	Sorgfältige Auswahl des Dienstleisters, eindeutige Vertragsgestaltung; Protokollierung
Verfügbar-keitskontrolle	Schutz gegen zufällige Zerstörung oder Verlust von personenbezogenen Daten.	Sicherungskopien an einem anderen Ort; Maßnahmen zum Katastrophenschutz
Gewähr-leistung der Zweckbindung	Daten, die zu unterschiedlichen Zwecken erhoben wurden, müssen auch getrennt verarbeitet werden.	Logische Trennung von Datenbeständen; Benutzerberechtigungen festlegen

14.8.2 Mitbestimmungsrechte

Innerhalb der kollektivrechtlichen Vorschriften des *Betriebsverfassungsgesetzes* (BetrVG) sind die Mitwirkungsrechte für Betriebsräte zu beachten. Die Vorschriften gelten generell für Computerprogramme, die personenbezogene Leistungs- und Verhaltensdaten auswerten, z. B. bei Erfassung von Lohndaten in der Produktion, bei Speicherung von Telefonverbindungsdaten.

Wichtig ist vor allem § 87, Abs. 1, Nr. 6 BetrVG:

(1) Der Betriebsrat hat, soweit eine gesetzliche oder tarifliche Regelung nicht besteht, in folgenden Fällen mitzubestimmen:

...

Nr. 6. Einführung und Anwendung von technischen Einrichtungen, die dazu bestimmt sind, das Verhalten oder die Leistung der Arbeitnehmer zu überwachen.

Betriebsvereinbarung

Diese Vorschrift zielt auf den Schutz des einzelnen Arbeitnehmers vor technischen Überwachungseinrichtungen, zu denen auch ein rechnergestütztes Personalinformationssystem zählt. Betriebsräten wird hierbei ein Mitbestimmungsrecht bei der Auswahl und Einführung des Systems eingeräumt. Bei Nicht-Einigung können Betriebsrat oder Arbeitgeber die Durchsetzung ihrer Rechte über ein erzwingbares Einigungsstellenverfahren verlangen. Die Betriebsräte verlangen im Regelfall den Abschluss einer *Betriebsvereinbarung*, in der die Möglichkeiten und Grenzen eines Personalinformationssystems genau festgelegt sind, z. B. das Verbot der Erfassung von Leistungs- und Verhaltensdaten, die zulässige Auswertung von Krank- und Personalbeurteilungsdaten ([MüSt02] S. 62 ff.).

14.8.3 Gesundheitsschutz bei Bildschirmarbeit

In der *Bildschirmarbeitsverordnung* sind Mindestvorschriften über die Sicherheit und den Gesundheitsschutz bei der Arbeit mit Bildschirmgeräten definiert. Der Bildschirm sollte demnach flimmerfrei sein, die Bildauflösung muss ausreichend hoch sein, Schriften sollten möglichst schwarz auf weißem Grund dargestellt werden. Besondere Anforderungen werden auch an die Software-Ergonomie gestellt. Schließlich müssen auch Tastatur, Tisch, Stuhl und Beleuchtung ergonomischen Kriterien entsprechen ([BilV96] S. 1843 ff.).

Bild 14.20: Ergonomischer Bildschirmarbeitsplatz ([Bahl02] S. 4)

Richtiges Sitzen am Bildschirmarbeitsplatz

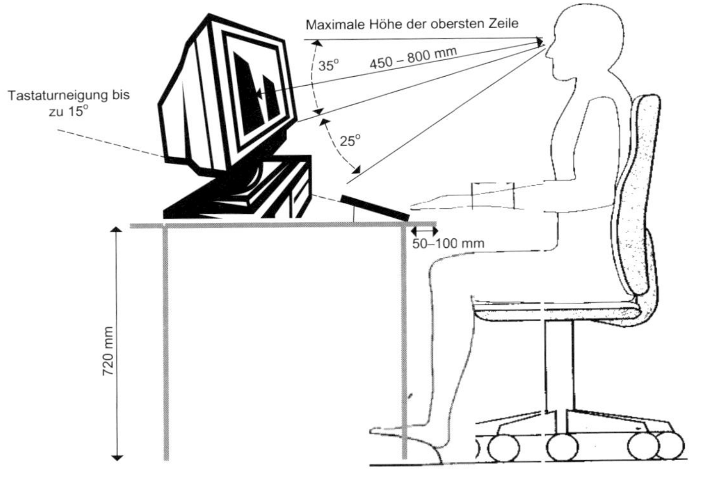

Die oberste Zeile des Computer-Bildschirms sollte sich auf Augenhöhe befinden, der Abstand zum Bildschirm sollte zwischen 45 und 80 Zentimetern betragen. Bildschirm und Fenster sollten im rechten Winkel zueinander stehen, um unnötiges Blenden zu vermeiden (vgl. Bild 14.20).

14.8.4 Recht des elektronischen Geschäftsverkehrs

Für die kommerzielle Nutzung des Internet wurden inzwischen gesetzliche Regelungen verabschiedet.

Verbraucherschutz bei Online-Geschäften

In § 312 b ff. BGB finden sich Regelungen zum Verbraucherschutz bei Verträgen, die über Internet, Fax oder Telefon abgeschlossen werden Berücksichtigt werden ausschließlich Verträge zwischen Unternehmen und Verbrauchern. Die wesentlichen Bestandteile sind *Informationspflichten* des Lieferanten und Widerspruchsrechte des Verbrauchers. Für die Kunden müssen der geschäftliche Zweck und die Identität des Unternehmens erkennbar sein. Hierzu gehören die vollständige Anschrift des Unternehmens, Informationen über die angebotenen Waren bzw. Dienstleistungen, Preis einschließlich Steuern, Liefer- und Versandkosten, Liefervorbehalte, Zeitpunkt über das Zustandekommen des Vertrags (wichtig z. B. bei Online-Auktionen), die Gültigkeitsdauer befristeter Angebote sowie ein deutlicher Hinweis auf Widerrufs- und Rückgaberechte. Sämtliche Informationen müssen dem Kunden rechtzeitig vor Vertragsabschluss bekannt gemacht werden und spätestens bei der Warenlieferung oder Erbringung der Dienstleistung müssen die Informationen nochmals in Textform zur Verfügung gestellt werden. Ausreichend sind hierbei jedoch auch E-Mail oder Download im Internet.

Das Widerrufsrecht des Kunden kann innerhalb von 2 Wochen schriftlich, per E-Mail oder durch Rücksendung der Ware ausgeübt werden. Nur in Ausnahmefällen wird dieses Recht beschnitten, z. B. bei bereits gelieferten und entsiegelten Datenträgern im Rahmen des Kaufs einer Musik-CD. Bei Waren im Wert von bis zu 40 Euro kann der Händler dem Kunden die Kosten für den Rückversand in Rechnung stellen, bei höheren Beträgen kann die Ware unentgeltlich zurückgeschickt werden.

Elektronischer Geschäftsverkehr

Das Gesetz über den *elektronischen Geschäftsverkehr* setzt die europäische E-Commerce-Richtlinie in deutsches Recht um. Ein wichtiger Punkt ist hierbei das *Herkunftslandprinzip*, wonach Teledienstanbieter (z. B. Betreiber von Online-Shops) ausschließlich den gesetzlichen Bestimmungen des Niederlassungslandes unterworfen sind.

14.8.5 Prüfung digitaler Unterlagen

In den vom Bundesfinanzministerium formulierten Grundsätzen zum Datenzugriff und zur Prüfbarkeit digitaler Unterlagen (GDPdU) wird den Betriebsprüfern der Finanzverwaltung ein unmittelbarer Zugriff auf alle steuerlich relevanten Daten eines Unternehmens ermöglicht. Die Papier- und Microfiche-Ablage ist damit nicht mehr ausreichend. Die neue Prüfungsmethode wird im Rahmen steuerlicher Außenprüfungen angewandt. Gegenstand der Prüfung sind wie bisher Bücher, Inventare, Jahresabschlüsse etc. Dementsprechend müssen die Daten der Finanz-, Anlagen- und Lohnbuchhaltung für den Datenzugriff durch den Prüfer bereitgehalten, d.h. archiviert werden. Der Prüfer darf sich dabei selbst an den Rechner setzen und die steuerlich relevanten Daten lesen, verknüpfen und sortieren, jedoch nicht verändern. Außerdem kann der Prüfer verlangen, dass der Anwender selbst Auswertungen erstellt, wie sie für Prüfungszwecke benötigt werden.

Prüfung digitaler Geschäftsdokumente

Konsequenz dieser Regelung ist, dass originäre digitale Unterlagen (d.h. alle steuerlich relevanten E-Mails, Dateien mit Handelsbriefen, Termin- und Zahlungsvereinbarungen, Daten und Auswertungen aus Tabellenkalkulations- und Buchhaltungssoftware) auf maschinell auswertbaren Datenträgern archiviert und in Rahmen der gesetzlichen Aufbewahrungsfristen auch lesbar bleiben müssen. Diese Daten müssen auswertbar sein, d.h. die ausschließliche Archivierung in nicht-auswertbaren Formaten, wie z. B. PDF-Dateien, erfüllt diese Anforderungen nicht.

Als Konsequenz dieser gesetzlichen Anforderungen ergibt sich für viele Unternehmen die Notwendigkeit, Systeme zur elektronischen Dokumentenarchivierung (vgl. Kapitel 8) einzusetzen.

Aufgrund der langen Aufbewahrungsfristen (bis zu 10 Jahre) ist bei Systemwechseln eine Konvertierung der alten Daten zu beachten; die alte Hard- und Software muss nicht über diesen Zeitraum aufbewahrt werden (vgl. [Lind03]).

14.8.6 Computerkriminalität

Unter den Begriff "*Computerkriminalität*" fallen verschiedene Tatbestände:

Manipulation

- Durch *Manipulation* von Hard- oder Software verschafft sich ein Fremder Vermögensvorteile, beispielsweise durch Veränderung von Gehalts- oder Kontodaten.

Spionage

- Ein Täter verschafft sich Zugang zu besonders gesicherten Datenbeständen oder Programmen, beispielsweise durch Kopieren von Personen-, Kunden- oder Forschungs- und Entwicklungsdaten.

Sabotage

- Auch die Zerstörung von Datenbeständen sowie die Beeinträchtigung von Verarbeitungsabläufen sind strafbare Handlungen (vgl. [Köpp07] S. 66).

Beispiel

Der Mitarbeiter eines Callcenters schickte die Adressen und Kontoverbindungen von 17.000 Personen an die Verbraucherzentrale Schleswig-Holstein. Die Daten stammten vom Schwarzmarkt, das Callcenter hätte diese Daten gar nicht besitzen dürfen. Offensichtlich sind derartige Datenbestände relativ einfach und für wenig Geld am Schwarzmarkt zu erhalten (vgl. [Jung08] S. 4).

Die verschiedenen Formen der Computerkriminalität werden mit Geldstrafe und Freiheitsstrafen bis zu 5 Jahren bestraft.

14.8.7 Elektronische Signatur

Im Signaturgesetz werden die Rahmenbedingungen für elektronische Signaturen festgelegt. Dieses Gesetz gibt Nutzern der elektronischen Kommunikation mehr Sicherheit. Durch den Einsatz von elektronischen Signaturen wird die Authentizität (wer ist Absender?) und Integrität (wurde der Inhalt nicht verändert?) der elektronischen Kommunikation sichergestellt. Mit Hilfe einer elektronischen Signatur kann ein elektronisches Dokument (wie z. B. ein verbindliches Angebot an einen Kunden) unterschrieben werden. Elektronische Signaturen ersetzen somit die eigenhändige Unterschrift auf Papierdokumenten, vgl. auch Kapitel 15).

14.9 Fragen und Aufgaben

1. Erläutern Sie die Grundideen, die mit dem Begriff *Informationsmanagement* verbunden sind.
2. In folgenden Bild haben wir die Zusammenhänge zwischen *Informationsangebot*, *Informationsnachfrage* und *Informa-*

tionsbedarf dargestellt. Erläutern Sie die sieben Kombinationsmöglichkeiten (dargestellt durch die Buchstaben A bis G) und nennen Sie jeweils ein Anwendungsbeispiel.

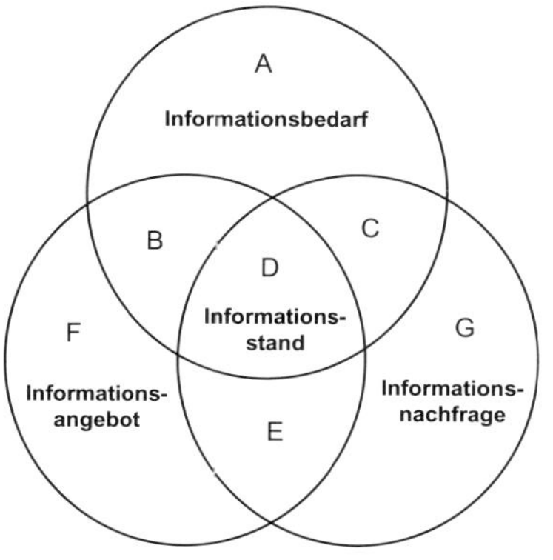

3. Bei der Bereitstellung von Informationen ist nicht der Mangel sondern das Überangebot an Informationen das Kernproblem. Welche Lösung schlagen Sie hierfür vor?
4. Wozu benötigt ein Unternehmen eine *Informationssystemarchitektur*?
5. Erläutern Sie die verschiedenen Sichten des Architekturmodells *ARIS*.
6. Was versteht man unter einem *Referenzmodell*?
7. Welche Vor- und Nachteile hat die Auslagerung (*Outsourcing*) der Informationsverarbeitung aus dem Unternehmen?
8. Entscheiden Sie, ob es sinnvoll ist, die nachfolgenden Aufgabenbereiche der Informationsverarbeitung nach außen zu verlagern (*Outsourcing*) oder nicht. Begründen Sie Ihre Entscheidungen.

Aufgabenbereiche	**Outsourcing ist sinnvoll, weil ...**	**Outsourcing ist nicht sinnvoll, weil ...**
Entwicklung von IT-Strategien, IV-Planung, IT-Controlling		
Projektleitung für IT-Projekte		
Entwicklung von Fachkonzepten		
Systemwartung		

Aufgabenbereiche	**Outsourcing ist sinnvoll, weil ...**	**Outsourcing ist nicht sinnvoll, weil ...**
Hardwarekauf		
Betrieb von Hardware und Netzen		

9. Welches Anforderungsprofil wird an einen *Informationsmanager* gestellt?
10. Kann der bisherige DV-Leiter zum *Informationsmanager* aufsteigen?
11. Welche wichtigen *rechtlichen Vorschriften* sind bei der Informationsverarbeitung zu beachten?
12. Worin wird die Vereinbarung mit einem externen IT-Dienstleistungsunternehmen festgelegt? (Bitte ankreuzen.)
    a) User Contract (UC)
    b) Service Level Agreement (SLA)
    c) Service Level Requirements (SLR)
    d) Operational Level Agreement (OLA)
13. Für welche Aktivität ist ein Service Desk zuständig? (Bitte ankreuzen.)
    a) Neue Releasestände einzuführen.
    b) Die genauen Störungsursachen für einen Hardware-Ausfall zu ermitteln.
    c) Ein erster Ansprechpartner für einen Anwender und für seine Problemschilderung zu sein.
    d) Mit dem Anwender einen neuen Releasestand zu vereinbaren, mit dem das Problem gelöst werden kann.
14. Im Kapitel 14.4.3 haben wir beschrieben, was passieren kann, wenn in einem Unternehmen plötzlich der Administrator ausfällt und keinerlei Regelungen für einen derartigen Notfall existieren. Überlegen Sie, welche Maßnahmen im Rahmen eines Continuity Managements für eine solche Krisensituation erforderlich sind.
15. Welche Vorteile, welche Nachteile hat IT-Offshoring?

14.10 Fallbeispiel

Dr. Mehrtens erkennt, dass die wirtschaftliche Komponente bei der Leitung von IT und Organisation immer wichtiger wird und die technische Komponente an Gewicht verliert. Im Sinne des Gesamtunternehmens wird zunehmend auf wirtschaftliche Kennzahlen fokussiert. Da Hr. Dr. Mehrtens mit der Arbeitsweise des jungen Wirtschaftsinformatikers Hr. Komel sehr zufrieden ist, überträgt er ihm die Aufgabe, ein IT-Controlling aufzubauen.

Zu Beginn soll Hr. Komel in einem umfassenden Konzept darstellen, wie er sich ein IT-Controlling für die Stadtwerke AG vorstellt.

Aufgaben

1. Welche Aufgaben hat ein IT-Controlling?
2. Geben Sie einen Überblick über IT-Controlling-Instrumente.
3. Wie sollte die organisatorische Einbettung des IT-Controllings in die IT-Abteilung erfolgen?
4. Welche 10 wichtigen Kennzahlen sollte das IT-Controlling berücksichtigen und wie werden diese berechnet (Formel)?

15 IT-Sicherheit

Sie lernen

- die wichtigsten Gefahrenbereiche und Bedrohungen bei IT-Systemen kennen;
- welche Ziele im Rahmen einer IT-Sicherheitsstrategie verfolgt werden;
- welche technischen Sicherheitsmaßnahmen konkret zur Gefahrenabwehr ergriffen werden;
- warum biometrischen Verfahren eine höhere Sicherheit als Passwörter bieten;
- wie der Austausch von Geschäftsdaten im Internet durch Verschlüsselungsverfahren sichergestellt wird;
- warum Daten regelmäßig gesichert werden müssen.

15.1 Einleitung

IT-Sicherheit

Unter *IT-Sicherheit* versteht man die Bewahrung von IT-Systemen (Hardware, Software, Netze, Daten) vor allen Formen der Zerstörung oder Beeinträchtigung (vgl. [StHa05] S. 479). Dies bedeutet zum einen das Abschotten eingesetzter IT-Systeme gegen Angriffe von *außen*. Hierbei sind geeignete technische und organisatorische Maßnahmen erforderlich, um die Gefahren unternehmensexterner Angriffe rechtzeitig zu erkennen und abzuwehren. Die Abschottung darf allerdings die unternehmensübergreifende Kommunikation und Zusammenarbeit nicht behindern, z. B. bei Nutzung des Internet, bei Einsatz mobiler Systeme oder bei E-Business-Anwendungen. IT-Sicherheit erfordert somit ein sorgfältiges Abwägen zwischen Abschottung zur Gefahrenabwehr und Öffnung zur Erschließung neuer Anwendungen bzw. Geschäftsfelder. Zum anderen drohen Gefahren von *innen*, z. B. unbeabsichtigtes Löschen wichtiger Daten oder mutwillige Beschädigung von Hardware-Komponenten durch eigene, frustrierte Mitarbeiter.

Sicherheits-management

Wegen der zahlreichen Gefahren und der ebenso vielfältigen Abwehrmaßnahmen bedarf es eines umfassenden IT-Sicherheitskonzepts. Den Aufbau, die kontinuierliche Prüfung und Weiterentwicklung aller Schutzmaßnahmen im Unternehmen bezeichnen wir als *IT-Sicherheitsmanagement*. Zu den grundlegenden Aufgaben gehört es, die Sicherheit der informationstechnologischen Strukturen zu analysieren, zu planen, einzuführen, aufrecht zu erhalten und zu überwachen.

Wir betrachten nachfolgend drei Aspekte der IT-Sicherheit:

- Gefahrenbereiche
- Ziele der Informationssicherheit
- Technische und organisatorische Sicherheitsmaßnahmen

15.2 Gefahrenbereiche

Die IT-Sicherheit wird auf vielfältige Art und Weise bedroht. In den IT-Grundschutzkatalogen des Bundesamtes für Sicherheit in der Informationstechnik (BSI) werden beispielsweise fünf Gefährdungskategorien unterschieden (vgl. [BSI08]):

Gefährdungskategorien

- Höhere Gewalt
- Organisatorische Mängel
- Menschliche Fehlhandlungen
- Technisches Versagen
- Vorsätzliche Handlungen.

Aktive und passive Angriffe

Bei Bedrohungen eines IT-Systems von außen kann zwischen passiven und aktiven Angriffen unterschieden werden (vgl. [PoBl06]). Bei einem *passiven* Angriff hört ein Angreifer beispielsweise eine gesendete Nachricht ab und gelangt hierdurch möglicherweise an wertvolle und geheime Informationen, allerdings verändert der Angreifer nicht die Nachricht und stört auch den regulären IT-Betrieb nicht. Ein Beispiel für den passiven Angriff ist das Abhören drahtloser Netzwerke (WLAN). Die Angreifer bleiben oftmals für lange Zeit unentdeckt und können hierdurch großen Schaden anrichten. Bei einem *aktiven* Angriff manipuliert der Angreifer die Nachricht bzw. stört den regulären Betrieb eines fremden IT-Systems. Durch das Abfangen von unverschlüsselt übermittelten Benutzernamen und Passwort kann der Angreifer Aktionen auslösen, die eigentlich nur von dem berechtigten Benutzer durchgeführt werden können. Als Beispiele sei auf gefälschte Bestellungen bei Online-Shops oder manipulierte Kaufgebote bei Online-Auktionen verwiesen.

Die wichtigsten, bewusst und unbewusst herbeigeführten Gefahren für Rechner, Netze und Datenbanken haben wird in Bild 15.1. zusammengefasst:

***Bild 15.1**: Gefahrenbereiche*

Gefahrenbereiche	Erläuterungen
Manipulation	Verfälschung von Daten, Ändern von Software
Datendiebstahl und Wirtschaftsspionage	Kopieren von Datenbeständen, Datenabfrage per Netz
Zeitdiebstahl	Unberechtigte Rechnernutzung durch

Gefahrenbereiche	Erläuterungen
	Außenstehende oder durch eigene Mitarbeiter (z. B. private E-Mails)
Sabotage	Zerstörung von Rechnern, Daten und Software
Höhere Gewalt und Katastrophen	Feuer, Blitzschlag, Hochwasser und Erdbeben können zum vollständigen Ausfall bzw. zur vollständigen Zerstörung von IT-Systemen führen.
Fehlbedienung	Fehlerhafte Eingaben und unsachgemäße Bedienung entstehen durch menschliches Versagen und mangelnde Schulung.
Technisches Versagen	Durch Hardware- bzw. Software-Fehler wird die Verfügbarkeit und Zuverlässigkeit von IT-Systemen gefährdet.
Schadensprogramme (Malware)	Software, die auf fremden Rechnern Schäden verursacht

Manipulation

Unter *Manipulation* wird die Veränderung von Datenbeständen und lauffähigen Programmen verstanden. Oftmals sind die eigenen, frustrierten Mitarbeiter für derartige Manipulationen verantwortlich.

Wirtschaftsspionage

In den Bereich der *Wirtschaftsspionage* fallen das unerlaubte Erspähen, Kopieren und Weitergeben von Datenbeständen, z. B. Kundendaten und Adressdaten. Auch das "Anzapfen" bzw. Abhören von Datenleitungen fällt in diesen Bereich.

Beispiele für Datendiebstahl

Im Oktober 2004 wurden vertrauliche Daten von 145.000 US-Bürgern veröffentlicht, die in einer Datenbank der amerikanischen Kreditprüfungsfirma ChoicePoint gespeichert waren. Gegen das Unternehmen wurden Klagen in Höhe von insgesamt 11,4 Mio. US-Dollar erhoben ([Frit07] S. 61).

Im Juni 2005 wurde die Daten von ca. 40 Mio. Kreditkarteninhabern von den Servern des Finanzdienstleistungsunternehmens Cardsystems Solutions entwendet ([Schu05] S. 54).

Im Oktober 2008 wurde bekannt, dass unbekannte Täter dem Mobilfunkunternehmen T-Mobile bereits zwei Jahre zuvor über 17 Millionen Kundenstammdaten entwendeten. Hierbei handelte es sich um Handynummern, Adressen, Geburtsdaten und teilweise auch E-Mail-Adressen. Unter den Betroffenen befanden sich auch Prominente aus Kultur und Gesellschaft sowie geheime

Nummern und Privatadressen von bekannten Politikern und Managern ([Spieg08]).

Zeitdiebstahl

Bei *Zeitdiebstahl* werden Programme oder Rechner unerlaubt benutzt. Beispielsweise können eigene Mitarbeiter den Rechner für private Zwecke (Computerspiele oder unerlaubtes Surfen im Internet am Arbeitsplatz) nutzen.

Sabotage

Sabotage ist die mutwillige Zerstörung von Hardware und Software.

Malware

Software, die mit der Absicht entwickelt und verbreitet wird, auf fremden Rechnern Schaden anzurichten, wird auch als *Malware* oder "Malicious Software" bezeichnet (vgl. Bild 15.2).

Bild 15.2: *Schadensprogramme*

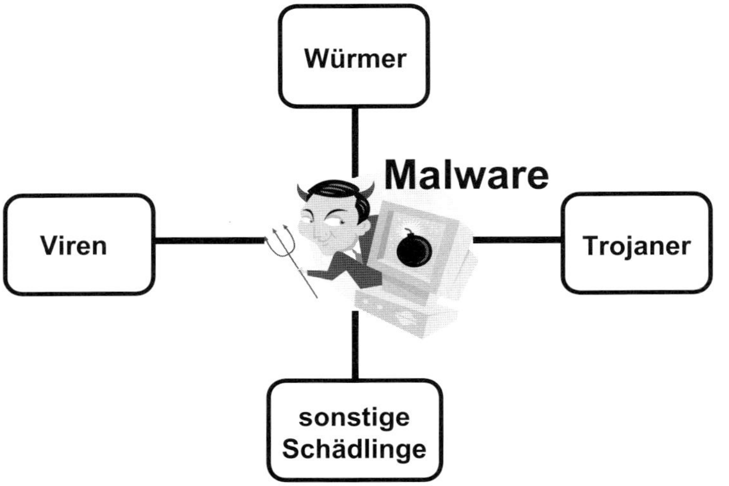

Viren

Computerviren sind selbstreproduzierende ausführbare Programme, die unbemerkt von Rechner zu Rechner übertragen werden (z. B. durch E-Mails, Downloads aus dem Internet, Austausch von Datenträgern), sich dort festsetzen und meisten Schaden auf dem infizierten Rechner anrichten, wie z. B. Datenbestände verändern oder löschen (vgl. Bild 15.3).

Virenprogramme bestehen aus zwei Komponenten:

- Schadensroutine, die bestimmte Schäden am infizierten Rechner, an der Festplatte oder an einzelnen Dateien hervorrufen soll;
- Verbreitungsmechanismus, der bewirkt, dass sich der Virus systematisch ausbreitet.

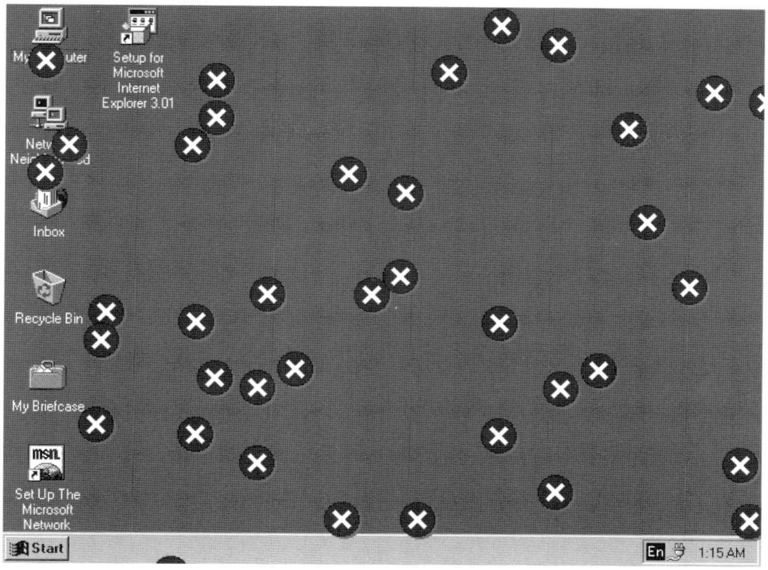

Bild 15.3: Desktop nach Virenbefall von W95/Marburg

Die bislang bekannten Computerviren können in vier Gruppen unterteilt werden ([MaRa03] S. 437):

Bootviren werden bei Starten des Computers aktiviert. Sie setzen sich im Bereich einer Festplatte fest, der beim Starten des Rechners in den Arbeitsspeicher gelesen wird. *Bootviren*

Dateiviren infizieren ausführbare Programmdateien (Wirtsprogramme). Bei Start der befallenen Datei infiziert der Virus andere Dateien und pflanzt sich hierdurch fort. *Dateiviren*

Makroviren nisten sich in Tabellen und Dokumenten von Office-Anwendungen wie MS-Word oder MS-Excel. ein. Da Dokumente häufiger ausgetauscht werden als ausführbare Programme, haben sich Makroviren in letzter Zeit sehr stark verbreitet. *Makroviren*

Skriptviren werden in betriebssystemnahen Skripten ausgeführt. *Skriptviren*

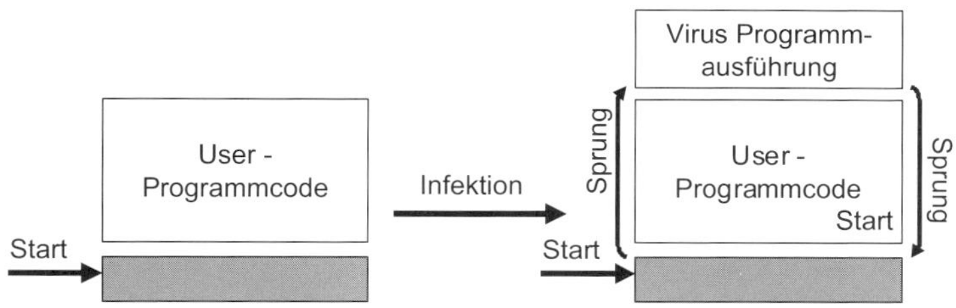

Bild 15.4: Infektion eines Programms (vgl. [Brau04] S. 130)

Die prinzipielle Funktionsweise eines Virenprogramms verdeutlicht Bild 15.4. Hierbei siedelt sich der Virus in den ausführbaren Dateien des Benutzers ein. Der Virus fügt einen zusätzlichen

Codeteil am Programmende hinzu. Im Rahmen des Programmstarts führt zunächst der Virus seine zerstörerischen Aktionen aus und gibt danach die Kontrolle an das Originalprogramm weiter. Der Benutzer ahnt im Normalfall nichts davon und der Virus kann langsam und unregelmäßig weitere Dateien infizieren (vgl. [Brau04] S. 130).

Würmer und Trojanische Pferde

Viren benötigen ein Gastprogramm (Wirt), um sich fortzupflanzen. Unter *Würmern* versteht man Programme, die sich in Netzen selbständig ausbreiten. Auch *Trojanische Pferde* sind schädigende Programme, die allerdings keinen Reproduktionsmechanismus haben. Oftmals spionieren sie auf infizierten Systemen Daten bzw. Passwörter aus oder öffnen dem Angreifer unbemerkt eine "Hintertür" zum Netzwerk. Die neueren Schadensprogramme sind Mischungen aus Virus, Wurm und Trojaner ([Barn02] S. 8).

Durch die Vernetzung von PCs und den freien Informationsfluss per E-Mail bzw. Internet können sich Viren ohne entsprechende Schutzmaßnahmen sehr rasch ausbreiten und erhebliche Schäden anrichten. Allerdings können Viren keine Dateien auf schreibgeschützten Datenträgern infizieren und normalerweise auch keine Dokumente befallen (mit Ausnahme von Word-Makroviren).

Dialer

Dialer sind Anwählprogramme, die die installierte Internet-Verbindung durch eine teure Mehrwert-Nummer ersetzen. Über bestimmte Telefonvorwahlnummern werden kostenpflichtige Inhalte aus dem Internet abgerufen, ohne vorherige Einwilligung durch den Benutzer. Dieser bemerkt den Dialer in der Regel erst durch seine drastisch erhöhte Telefonrechnung.

Hoax

Ein *Hoax* ist eine Falschmeldung über angebliche Viren. Sie richten indirekt Schaden an, etwa wenn die Benutzer panikartig reagieren (z. B. Ausschalten des Rechners ohne vorherige Sicherung) oder wenn die Falschmeldung – wie vom Hoax gefordert – über das gesamte E-Mail-Adressverzeichnis verbreitet wird.

Phishing

Bei *Phishing* (Kurzform vom "Passwort fischen") versuchen Betrüger, über gefälschte WWW-Adressen an die persönlichen Daten eines Internet-Benutzers zu kommen. Meisten werden E-Mails oder Webseiten verschickt, die so aussehen, als kämen sie von einem vertrauenswürdigen Absender, beispielsweise von einer Bank. Teilweise sind diese Mails auch als Warnungen getarnt und fordern den Benutzer auf, Passwörter oder Transaktionsnummern (TANs) preiszugeben. Bild 15.5 zeigt ein Beispiel für Phishing. Obwohl Logo und Farben mit der Originalseite der Bank übereinstimmen, fällt die plumpe Täuschung schnell beim Lesen der Webseite auf.

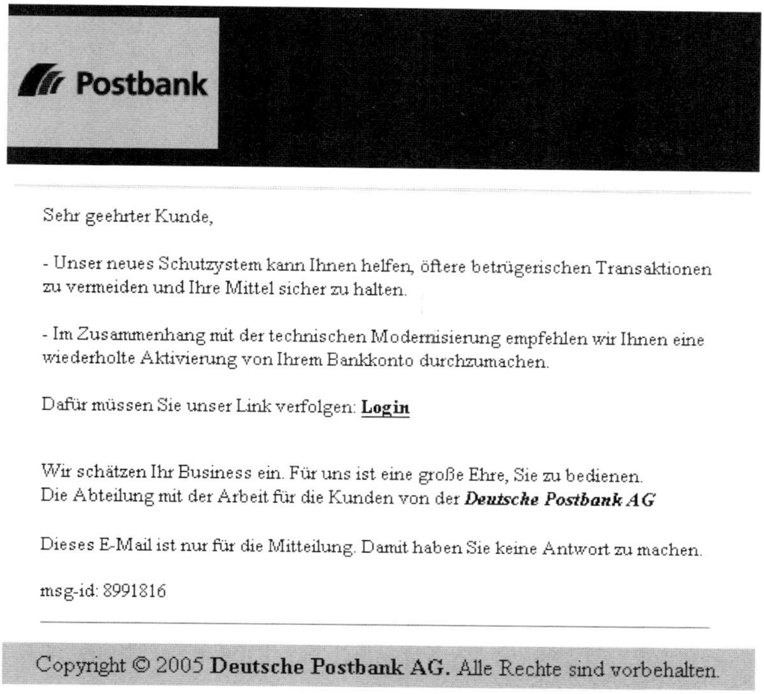
Postbank

Sehr geehrter Kunde,

- Unser neues Schutzystem kann Ihnen helfen, öftere betrügerischen Transaktionen zu vermeiden und Ihre Mittel sicher zu halten.

- Im Zusammenhang mit der technischen Modernisierung empfehlen wir Ihnen eine wiederholte Aktivierung von Ihrem Bankkonto durchzumachen.

Dafür müssen Sie unser Link verfolgen: **Login**

Wir schätzen Ihr Business ein. Für uns ist eine große Ehre, Sie zu bedienen.
Die Abteilung mit der Arbeit für die Kunden von der ***Deutsche Postbank AG***

Dieses E-Mail ist nur für die Mitteilung. Damit haben Sie keine Antwort zu machen.

msg-id: 8991816

Copyright © 2005 **Deutsche Postbank AG.** Alle Rechte sind vorbehalten.

***Bild 15.5**: Beispiel für Phishing (erhalten am 21.12.2005 per E-Mail)*

Lästig sind schließlich die so genannten *Spams*. Hierbei handelt es sich um unerwünschte E-Mail-Werbung, die nicht nur die Telekommunikationskosten unnötig erhöht, sondern auch vom Benutzer erkannt und gelöscht werden muss. *Spam*

Alle hier vorgestellten Bedrohungen der IT-Sicherheit können strafrechtlich verfolgt werden. Zur Gefahrenabwehr werden Schutzmaßnahmen immer bedeutsamer, weil andernfalls dem Unternehmen erhebliche finanzielle Schäden zugefügt werden können.

15.3 Ziele der IT-Sicherheit

Zur gezielten Abwehr der in Kapitel 15.2 aufgeführten Gefahren haben viele Unternehmen ein Gesamtkonzept zur IT-Sicherheit entwickelt. Hierbei können unterschiedliche Sicherheitsziele von Bedeutung sein (vgl. Bild 15.6).

allgemeine Sicherheitsziele

Bei den *allgemeinen Sicherheitszielen* des IT-Einsatzes steht der Schutz der eigenen Güter und Daten im Vordergrund. Soweit es sich um personenbezogene Daten (Mitarbeiterdaten) handelt, verhindert das Datenschutzrecht die missbräuchliche Verwendung (vgl. Kapitel 14.8).

Mit dem Ziel *Verbindlichkeit* ist das erforderliche Vertrauen gemeint, um geschäftliche Transaktionen bzw. Handel über Datennetze zu ermöglichen. Insbesondere muss verhindert werden, dass die Geschäftspartner den Erhalt bzw. den Inhalt von Informationen leugnen.

technische Sicherheitsziele

Ein Verlust der *Vertraulichkeit* entsteht, wenn Informationen an die falschen Adressaten gelangen, z. B. wenn Kundendaten an das Konkurrenzunternehmen übermittelt werden. Verlust der *Integrität* resultiert aus der unbefugten Veränderung von Informationen, z. B. wenn im Rahmen von Online-Banking eine Aktien-Verkaufsorder in eine Kauforder gefälscht wird. Mit dem Ziel "*Verfügbarkeit*" soll der Ausfall von Servern und Netzwerk sowie der Verlust gespeicherter Daten verhindert werden. *Authentizität* soll die Echtheit der Kommunikationspartner garantieren. Voraussetzung hierfür ist, dass sich Käufer und Verkäufer bei Online-Geschäften eindeutig identifizieren.

Bild 15.6 *IT-Sicherheitsziele ([Rann00] S. 490)*

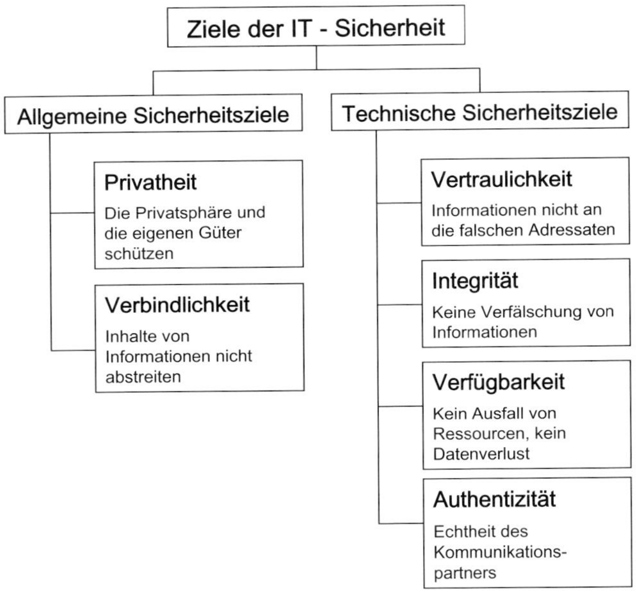

15.4 Technische Sicherheitsmaßnahmen

15.4.1 Passwörter

Zur Erreichung der Sicherheitsziele gibt es zahlreiche technische Maßnahmen, von denen einige nachfolgend erläutert werden.

Authentifikation

Die Echtheit einer Person (z. B. eines Benutzers) kann anhand folgender Merkmale überprüft werden:

- Die Person besitzt einen Schlüssel oder eine Chipkarte
- Die Person verfügt über das erforderliche Wissen, z. B. persönliche Identifikationsnummer (PIN) oder Passwort.

- Anhand körperlicher Merkmale kann die Person eindeutig identifiziert werden.

Besitz und Wissen werden schon seit längerem zur Authentifikation genutzt. Sie können jedoch verloren gehen bzw. an Unberechtigte weitergegeben werden. Im Gegensatz zu den "*Besitzmerkmalen*" werden bei der Authentifikation anhand körperlicher Kriterien "*Seinsmerkmale*" genutzt, die untrennbar mit einer Person verbunden sind. Die letzteren Verfahren werden auch als biometrische Identifikationssysteme bezeichnet.

Passwörter

Bevor ein Benutzer Zugang zu Rechner und Anwendungssoftware erhält, muss er sich mit seiner Benutzerkennung und einem *Passwort* identifizieren. Allerdings ist dieses klassische Identifikationsverfahren nicht sicher, weil Passwörter anderen Personen bekannt gegeben werden (z. B. bei einer Urlaubsvertretung), weil sie einfach zu erraten sind (z. B. Vorname des Kindes), weil die Eingabe beobachtet wird oder weil Passwörter durch Trojanische Pferde oder durch Aushorchen (z. B. dringender Anruf durch einen falschen "Systemadministrator") bekannt werden.

Zur Erhöhung der Sicherheit bei Verwendung von Passwörtern stehen in den meisten Anwendungssystemen Parameter zur Verfügung, die seitens des Systemadministrators eingestellt werden müssen (vgl. Bild 15.7). Neben den technischen Maßnahmen, wie beispielsweise die systemseitige Zulässigkeit von maximal drei falschen Passworteingaben oder die Festlegung einer Mindest-Passwortlänge von 8 alphanumerischen Zeichen formulieren viele Unternehmen Benutzerrichtlinien für den korrekten Umgang mit Passwörtern. Letzteres zählt zu den organisatorischen Sicherheitsmaßnahmen, vgl. hierzu Kapitel 15.5.

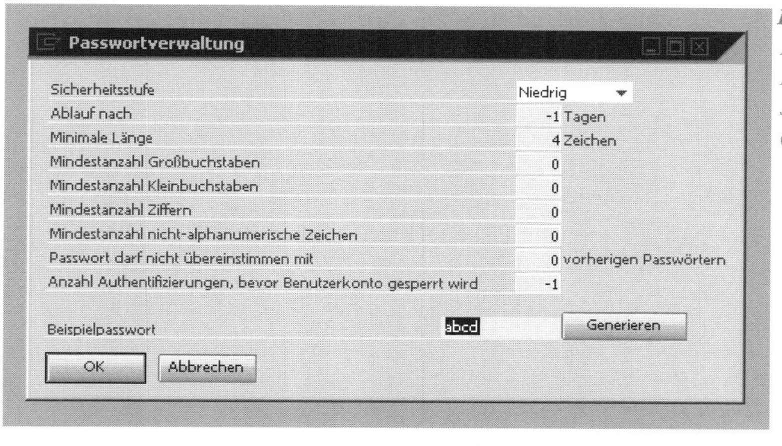

Bild 15.7
Passwort-Einstellungen bei SAP Business One (Quelle. SAP)

15.4.2 Biometrische Authentifikation

Biometrische Authentifikation

Biometrie bedeutet die Messung unverwechselbarer und unveränderbarer Körpermerkmale, anhand derer ein Mensch eindeutig identifiziert werden kann (vgl. [MüSt02] S. 350 ff.). Zu den unverwechselbaren persönlichen Merkmalen zählen Gesicht, Fingerabdruck, Handgeometrie, Stimme und Augen (Iris oder Netzhaut). Die biometrische Erkennung besteht aus drei Teilen (vgl. Bild 15.8). Im Erfassungsteil erfolgt die Messung des biometrischen Merkmals, beispielsweise durch einen Sensor oder eine Kamera. Im Verarbeitungsteil wird der Vergleich zwischen den erfassten und den bereits gespeicherten Referenzdaten vorgenommen. Die gespeicherten Daten können auch auf einer Chipkarte hinterlegt werden, um den Vergleich zu beschleunigen. Nach der durchgeführten Erkennung wird über den Ausgabeteil der Systemzugang freigegeben, beispielsweise das Einstiegsmenü einer Anwendungssoftware oder die Öffnung einer Tür.

***Bild 15.8**: Biometrische Erkennung*

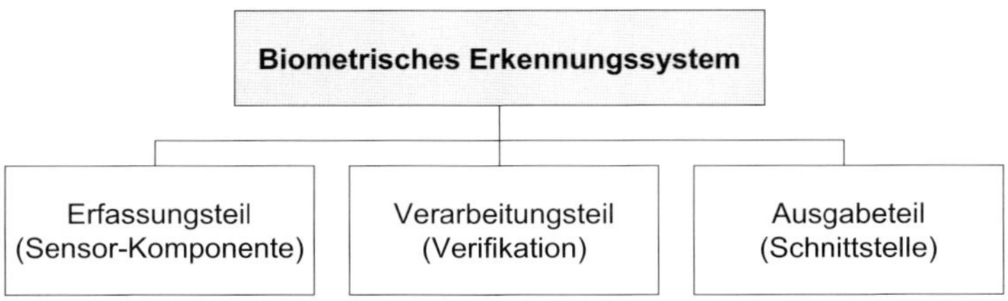

Merkmalsauswahl

Jede biometrische Erkennung erfordert einen Vergleich zwischen einem oder mehreren biometrischen Merkmalen und den vorher erfassten biometrischen Referenzdaten. Diese Merkmale müssen spezielle Eignungskriterien erfüllen:

Universalität

Das biometrische Merkmal muss bei jedem Nutzer des Systems vorhanden sein.

Einzigartigkeit

Das Merkmal muss bei jeder Person anders sein.

Permanenz

Das Merkmal sollte sich über einen langen Zeitraum hinweg nicht oder nur geringfügig verändern.

Erfassbarkeit

Das Merkmal muss sich durch ein technisches System quantitativ erheben lassen.

Die verschiedenen Merkmale lassen sich in 2 Gruppen einteilen:

- *Körpermerkmale*, auch passive Merkmale genannt, verändern sich gar nicht oder nur geringfügig während des gesamten Lebenszeitraums einer Person. Hierzu zählen Fingerabdrücke, Handbild, Gesicht, Iris und Retina.
- *Verhaltensmerkmale*, auch aktive Merkmale genannt, können sich im Laufe der Zeit oder durch verschiedene Gefühlszu-

stände verändern. Beispiele sind Sprache, Unterschrift oder die Tastendruckdynamik.

Messung von Merkmalen

Aufgrund begrenzter Messzeit und eines festgelegten Kostenrahmens beim Einsatz biometrischer Verfahren müssen Kompromisse bei der Messgenauigkeit gemacht werden. Messwerte werden durch die Genauigkeit der Instrumente, durch Mimik und Bewegung oder durch Lichtverhältnisse beeinflusst. Um eine Identifikation trotzdem möglich zu machen, muss für die Messwerte ein Toleranzbereich festgelegt werden.

Möglicherweise können bestimmte Personen aufgrund mangelnder Ausprägung eines Merkmals nicht durch ein einzelnes biometrisches Merkmal erkannt werden. Daher empfiehlt sich die Erfassung mehrerer Merkmale, um eine fehlerhafte Abweisung von Personen zu vermeiden.

Fingerbilderkennung

Am weitesten verbreitet ist die Identifikation von ***Fingerabdrücken*** (vgl. [Kill02] S. 16). Sie eignen sich aus zwei Gründen besonders gut:

- Jeder Fingerabdruck ist einzigartig, d. h. die Minutien (das Linienbild) ist von Mensch zu Mensch und von Finger zu Finger unterschiedlich (vgl. Bild 15.9).
- Ein Fingerabdruck verändert sich im Laufe des Lebens nicht, außer durch Verletzungen.

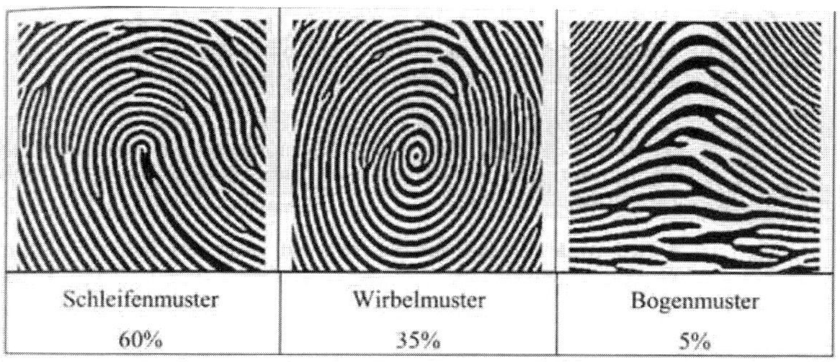

Bild 15.9: *Grundmuster bei Fingerabdrücken und ihre Häufigkeit ([BeRo01] S. 83)*

Nachteil bei dieser Technik ist, dass die dafür eingesetzten Sensoren durch Verschmutzung der Finger, zu trockene oder zu feuchte Haut oder latente Fingerabdrücke (Abdrücke, die von einem vorherigen Nutzer stammen) in ihrer Genauigkeit bei der Messung beeinträchtigt werden können.

Von den Fingern werden, entweder optisch oder über Sensoren, die charakteristischen Verzweigungen der Rillen ermittelt und gespeichert (vgl. Bild 15.10). Dabei wird eine Datenreduktion vorgenommen. Zur Fingererkennung kann jeder beliebige Finger genutzt werden. Oftmals werden die Muster mehrerer Finger hinterlegt, um z. B. bei Verletzungen eine Alternative zu haben. Kein anderes biometrisches Verfahren ist technisch so weit fortgeschritten, so sicher, so anerkannt und so kostengünstig wie der Fingerabdruck (vgl. [Gerb02] S. 26).

Bild 15.10: *Verfahren der Fingerbilderkennung*

Gesichtserkennung

Die maschinelle *Gesichterkennung* hat sich erst während der letzten Jahre stark entwickelt. Der Grund dafür ist die rasche Zunahme der Leistung der Hardware. Dadurch ist es erst möglich geworden, komplexe Bildverarbeitungs- und Mustererkennungsverfahren einzusetzen.

Die Vorteile dieses Verfahrens sind:

- Ein Blick in die Kamera genügt, ein Kontakt mit dem Sensor ist nicht erforderlich. Diese Einfachheit der Benutzung fördert die Benutzerakzeptanz.
- Oftmals können bereits vorhandene Anlagen zur Videoüberwachung genutzt werden.

Die Gesichtserkennung erfolgt in vier Schritten:

1. *Gesichtslokalisierung*

Bestimmung von Position, Größe und Orientierung eines Gesichtes im Bild; das Gesicht muss gefunden werden.

2. *Normalisierung*

Anpassung des Bildes in Größe, Position und Orientierung des Gesichts an vorgegebene Werte.

Bild 15.11: *Gesichtserkennung (vgl. [BeRo01] S. 121)*

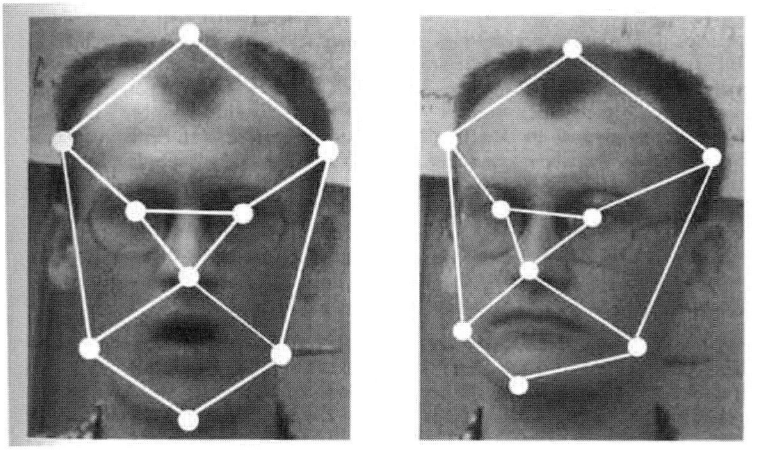

3. *Merkmalsextraktion*

Ermittlung der relevanten Merkmale (Partien) des Gesichtes, die sich nicht ständig durch Mimik verändern, z. B. Wangenknochen, Kinn, obere Kanten der Augenhöhlen, vgl. Bild 15.11.

4. *Vergleich*

Die erfassten Gesichtsmerkmale werden mit dem Referenzdatensatz verglichen unter Berücksichtigung von Toleranzwerten.

Iris- und Netzhauterkennung

Alle Menschen unterscheiden sich hinsichtlich des Musters ihrer Iris, selbst linkes und rechtes Auge eines Menschen sind unterschiedlich. Mit Hilfe einer Kamera entsteht die Nahaufnahme der Iris (vgl. Bild 15.12). Über das so entstandene Iris-Bild legt das System im Anschluss eine Maske aus acht konzentrischen Ringen. Die Software durchsucht dann innerhalb dieser Maske charakteristische Verästelungen der Adern und speichert diese in einer Art menschlichem Strichcode.

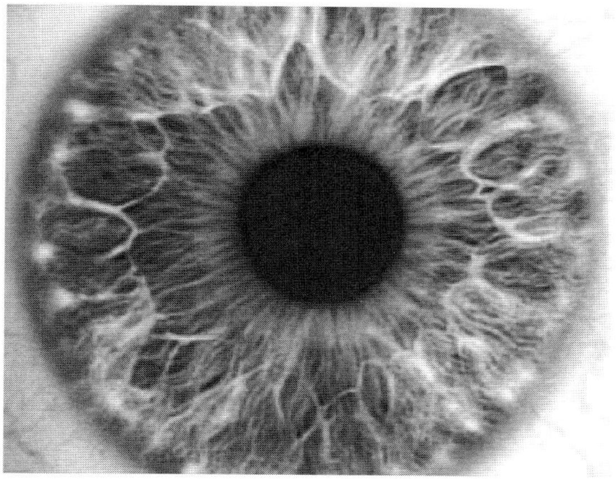

***Bild 15.12**: Irismuster*

Die *Retina* ist die Netzhaut des Auges. Die sich darauf befindlichen Adern bilden ein individuelles Muster, welches ebenfalls von Mensch zu Mensch verschieden ist. Außer durch Verletzungen kann die Retina nicht verändert werden. Zur Retinaerkennung wird mit einem Infrarot-Laserscanner ein Bild der Netzhaut gewonnen. Die Erkennung erfolgt am Adermuster der Netzhaut.

Unterschriftenerkennung

Auch die Unterschrift kann man zur Autorisierung nutzen. Dabei wird allerdings nicht das Schriftbild analysiert, sondern das dynamische Schreibverhalten des Nutzers. Druck und Geschwindigkeit sind zwei Parameter, die hier zum Einsatz kommen. Sensoren messen die Kräfte und Beschleunigungen, die bei der Bewegung des Stiftes auftreten. Daraus ermittelt eine Auswertlogik die individuellen Merkmale der Unterschrift.

Spracherkennung

Die charakteristischen Eigenschaften der menschlichen Sprache hängen zum einen von anatomischen Merkmalen ab, zum anderen von den über Jahre hinweg erlernten Sprechgewohnheiten und sind somit auch veränderlich. Unterschieden wird bei der

Erkennung zwischen vorgegebenen Schlüsselworten und textunabhängigen Sprechererkennungssystemen. Das Verfahren der Sprechererkennung gilt als unsicher, da sich Stimmen durch Erkältung oder je nach Stimmung der Nutzer verändern. Daher werden Systeme eingesetzt, die neben der Stimme auch das Gesicht und die Lippenbewegungen erkennen, um so mehr Sicherheit und eine geringere Fehlerrate zu gewährleisten.

15.4.3 Verschlüsselungsverfahren

Verschlüsselungsverfahren

Informationen und Geschäftsdaten, die über das Internet ausgetauscht werden, lassen sich durch *Verschlüsselungsverfahren* gegen Abhören und Manipulation sichern. Verschlüsselung bedeutet die Umwandlung einer lesbaren in eine nicht-lesbare Datei mittels eines Verschlüsselungsalgorithmus. Die für Dritte unlesbare Datei kann über das Internet an den Empfänger verschickt und dort wiederum in eine lesbare Datei entschlüsselt werden. Die Verschlüsselung wird beispielsweise genutzt, wenn bei einem Online-Kauf der Kunde dem Händler seine Kreditkartennummer übermittelt. Mittels Verschlüsselung werden die Sicherheitsziele Vertraulichkeit und Integrität erreicht.

Grundsätzlich wird zwischen symmetrischer und asymmetrischer Verschlüsselung unterschieden.

***Bild 15.13**: Symmetrische Verschlüsselung*

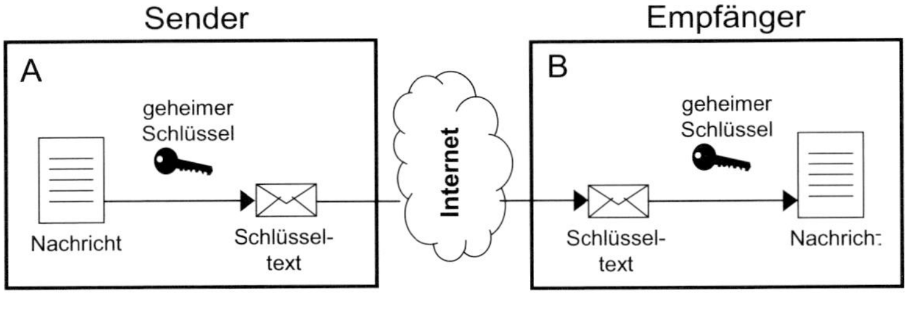

symmetrische Verschlüsselung

Bei *symmetrischer Verschlüsselung* nutzen Sender und Empfänger den gleichen geheim zu haltenden Schlüssel (vgl. Bild 15.13).

Die Codierung bzw. Decodierung erfolgt bei diesem Verfahren einfach und schnell. Allerdings muss der Schlüssel anfangs über einen sicheren Kanal (z. B. persönliches Treffen) zwischen den Kommunikationspartnern ausgetauscht werden. Bei einer großen Zahl von Kommunikationspartnern sind zahlreiche Schlüssel zu verwalten.

asymmetrische Verschlüsselung

Asymmetrische Verfahren nutzen Schlüsselpaare (öffentlicher und geheimer Schlüssel) zur Ver- und Entschlüsselung (vgl. Bild 15.14). Die Nachricht wird mit einem Schlüssel verschlüsselt und kann nur mit dem dazu gehörigen zweiten Schüssel entschlüsselt werden. Sender und Empfänger verwenden somit verschiedene, aber zusammengehörige Schlüssel. Die asymmetrische Verschlüsselung beruht auf einfachen mathematischen Verfahren, deren Inverse jedoch nur mit extrem hohem Rechenaufwand zu ermitteln sind. Bei einer Multiplikation ist es z. B. relativ einfach, das Produkt von zwei großen Primzahlen (> 150 Stellen) zu berechnen, während es umgekehrt erheblich schwerer ist, aus dem Produkt die Faktoren zu ermitteln ([HuPf96] S. 7).

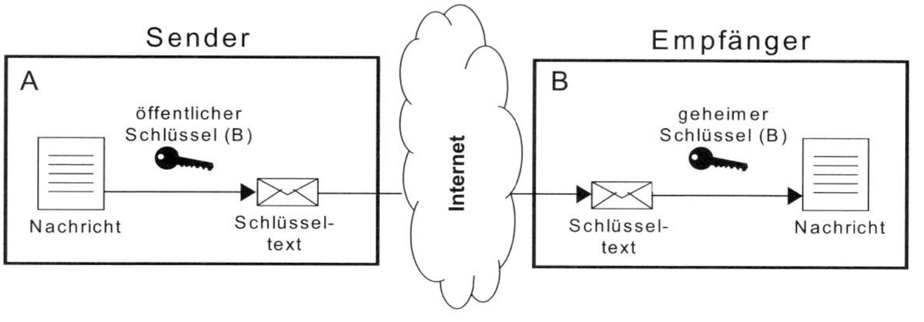

Bild 15.14: *Asymmetrische Verschlüsselung*

Der *öffentliche Schlüssel* kann allgemein bekannt gemacht werden, während der geheime Schlüssel absolut vertraulich behandelt werden muss (z. B. indem der geheime Schlüssel auf einer Chipkarte hinterlegt wird). Möchte beispielsweise A eine verschlüsselte Nachricht an B senden, benutzt er den öffentlichen Schlüssel von B und codiert damit seine Nachricht. Das Ergebnis wird an B übermittelt. B kann die Nachricht nur dann im Klartext lesen, wenn er seinen geheimen Schlüssel zur Dechiffrierung benutzt. Mit dem öffentlichen Schlüssel kann die Nachricht nicht dechiffriert werden ([ScFE97] S. 11 ff.).

Digitale Unterschrift / Signatur

Eine *digitale Unterschrift* dient zur Feststellung der Echtheit elektronisch übermittelter Dateien. Diese Signatur kann nur von einer einzigen Stelle korrekt erzeugt werden, aber von allen Empfängern der Nachricht überprüft werden ([ScFE97] S. 14). Auch hierfür wird die asymmetrische Verschlüsselung genutzt. Der Absender einer Nachricht (A) veröffentlicht seinen öffentlichen Schlüssel. Er verschlüsselt nicht das gesamte zu unterzeichnende Dokument (dies würde zu langen Rechenzeiten führen), sondern aus dem Dokument wird ein "elektronischer Fingerabdruck" erstellt. Hierbei handelt es sich um eine Folge von 128 oder 512 Bits, die durch einen speziellen Algorithmus (Hash-Funktion) erzeugt werden. Hierdurch entsteht aus einer Nachricht eine eindeutige Bitfolge, umgekehrt kann die Ursprungsnachricht nicht aus dem Hash-Wert reproduziert werden.

Der Hash-Wert wird mit dem privaten Schlüssel des Senders A verschlüsselt (hierdurch entsteht erst die digitale Unterschrift) und gemeinsam mit der – unverschlüsselten – Nachricht beispielsweise per E-Mail an den Empfänger B geschickt. Dort wird ein Kontrollfingerabdruck des Dokuments erzeugt und mit dem öffentlichen Schlüssel von A die Signatur entschlüsselt. B prüft, ob der gesendete und der erzeugte Fingerabdruck übereinstimmen. ([ScFE97] S. 14, [OrCh02] S. 33).

Dieser ausführlich beschriebene Prozess läuft in der Praxis weitgehend automatisch und vom Benutzer unbemerkt ab (vgl. Bild 15.15). Digitale Unterschriften gewährleisten die Integrität, Authentizität und Verbindlichkeit im Rahmen von E-Business-Anwendungen.

***Bild 15.15**:*
Digitale Signatur ([ScFE97] S. 14)

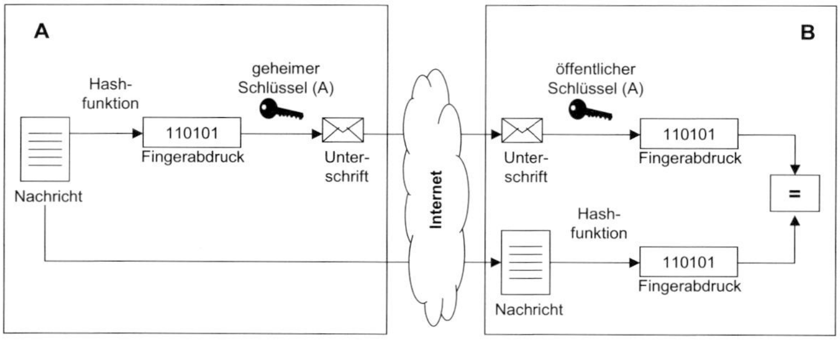

Mit Hilfe einer elektronischen Signatur kann ein elektronisches Dokument (wie z. B. ein verbindliches Angebot im Rahmen einer Ausschreibung) unterschrieben werden. Elektronische Signaturen ersetzen somit die eigenhändige Unterschrift auf Papierdokumenten. Man unterscheidet drei Formen:

Einfache digitale Signatur

Bei der *einfachen elektronischen Signatur* handelt es sich um elektronische Daten, die Dateien beigefügt werden oder mit ihnen logisch verknüpft sind. Eine Unterschrift, die als Bild eingescannt und in ein Word-Dokument eingefügt wird, fällt beispielsweise in diese Kategorie. Ebenfalls zählt die Absenderangabe in einer E-Mail zu dieser einfachen Form der Unterzeichnung. Weder die Fälschungssicherheit noch die nachvollziehbare Zuordnung einer Signatur zu einer Person werden bei einfachen Signaturen garantiert (vgl. [Gruh07] S. 7).

Fortgeschrittene digitale Signatur

Die *fortgeschrittene Signatur* erfüllt zusätzliche Anforderungen und dient vor allem zur Authentifizierung eines Dokuments, d.h. die Identität des Absenders und die Echtheit der Daten können nachgewiesen werden. Zum einen ist diese Signatur untrennbar mit dem Dokument verknüpft, sodass eine nachträgliche Veränderung erkannt werden kann (Integritätssicherung). Die Signatur ist einer bestimmten natürlichen Person zugeordnet und ermöglicht deren Identifizierung. Schließlich wird die fortgeschrittene Signatur auf einem PC erzeugt, den der Signaturschlüssel-Inhaber unter alleiniger Kontrolle haben muss. Allein der Unterzeichner darf seine elektronische Signatur erzeugen. Fortgeschrittene Signaturen können mit geringem Aufwand auf jedem handelsüblichen PC erstellt werden. Mit Hilfe von Softwaresystemen wie z. B. Pretty Good Privacy (PGP) wird die Signatur mittels eines kryptografischen Schlüssels erzeugt, der sich im Besitz des Unterzeichners befindet. Die Schlüssel sind nichts anderes als lange Bitfolgen, die auf Festplatte, Chipkarte oder USB-Stick gespeichert werden. Mit der fortgeschrittenen Signatur können alle formfreien Rechtsgeschäfte unterschrieben werden, allerdings ersetzt sie nicht die in vielen Fällen geforderte handschriftliche Unterschrift.

Qualifizierte digitale Signatur

Bei der Nutzung der qualifizierten Signatur treten zwei weitere Merkmale hinzu. Zum einen muss bei Erzeugung der Signatur eine "sichere Signaturerstellungseinheit" verwendet werden. In der Praxis handelt es sich hierbei um Chipkarten, mit der die Signierung vorgenommen wird. Der Unterzeichner muss sich vorher durch ein Passwort legitimieren. Zweitens sieht die qualifizierte Signatur eine unabhängige Stelle (Zertifizierungsstelle, Certification Authority) vor, der sowohl der Unterzeichner als auch alle Geschäftspartner, die sich auf die Signatur verlassen, vertrauen. Die Zertifizierungsstelle vergibt Zertifikate (elektronische Ausweise). Mit Hilfe des Zertifikats wird ein bestimmter öffentlicher Schlüssel eindeutig einer Person oder einem Unternehmen zugeordnet. Ein Zertifikat enthält beispielsweise den Namen des Zertifikatinhabers, Angaben zum Signaturschlüssel und zum Gültigkeitszeitraum des Zertifikats. Zertifikate werden nur gegen Vorlage eines Personalausweises dem Zertifikatinhaber ausgehändigt. Die ausgestellten Zertifikate können jederzeit und über öffentliche Kommunikationskanäle auf ihre Echtheit überprüft werden (vgl. [AbMü09].

15.4.4 Firewall

Firewall

Besondere Schutzmaßnahmen müssen getroffen werden, um Gefährdungen aus dem Internet abzuwehren. Kein geschäftsmäßig genutzter Computer sollte ohne Schutz durch eine *Firewall* mit dem Internet verbunden werden (vgl. Kapitel 5.6). Eine Firewall kontrolliert die Kommunikation zwischen zwei Netzen mit unterschiedlichem Schutzbedarf, also beispielsweise bei der Anbindung des Firmennetzes an das Internet. Die Firewall besitzt somit die Aufgabe eines virtuellen Pförtners. Sie kontrolliert und protokolliert, was bzw. wer in das System hinein- oder hinausgeht (vgl. Bild 15.16). Im Einzelnen soll eine Firewall folgende Aufgaben erfüllen (vgl. [PoBl06]):

- Zugangskontrolle auf Netzwerkebene, d.h. Prüfung, welche IT-Systeme miteinander kommunizieren;
- Zugangskontrolle auf Benutzerebene, d.h. Prüfung der Nutzerauthentizität und der Berechtigungen;
- Zugangskontrolle auf Datenebene mit der Prüfung, welche Daten eines bestimmten Benutzers übertragen werden dürfen;
- Verwaltung von Rechten, d.h. mit welchen Protokollen und Diensten darf zu welchen Zeiten kommuniziert werden;

- Alle Verbindungsdaten und sicherheitsrelevanten Informationen werden protokolliert und stehen für Analysen und zur Beweissicherung zur Verfügung;
- Verbergen der internen Netzstruktur, damit Außenstehende nicht erkennen, welche und wie viele schützenswerte Objekte sich hinter der Firewall befinden.
- Alarmierung bei erheblichen Sicherheitsverstößen.

***Bild 15.16**: Aufgaben einer Firewall*

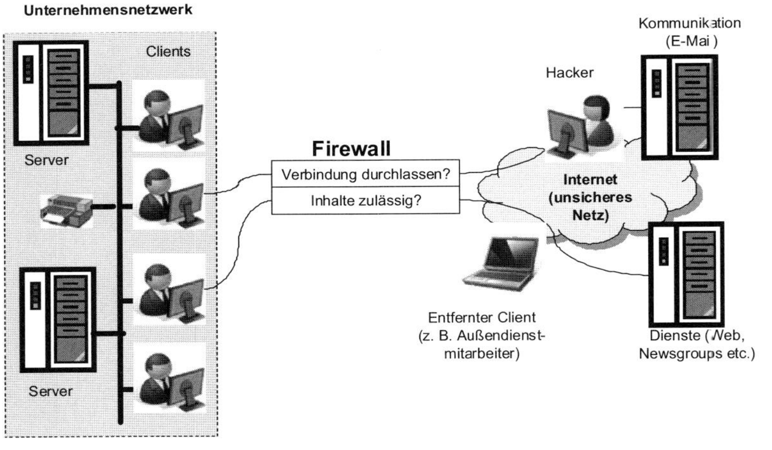

Der Einsatz einer Firewall allein macht die Verbindung zum Internet jedoch noch nicht sicher. Vor der Einrichtung einer Firewall müssen die Sicherheitsziele und Richtlinien festgelegt werden. Die Firewall als einziger Schnittpunkt zwischen internem Netz und Internet ermöglicht eine Zentralisierung von Schutzmaßnahmen. Durch die Reduktion von Angriffspunkte können Kosten eingespart werden und es wird letztlich eine höhere IT-Sicherheit erreicht.

15.4.5 Virenscanner und Spamfilter

Virenscanner

Zum Schutz gegen Malware werden *Anti-Virenprogramme* ("Virenscanner") eingesetzt. Sie sollen Viren erkennen und beseitigen. Viren können über Datenträger oder über Netze übertragen werden. Alle eingehenden E-Mails und jegliche Kommunikation über das Internet sollten permanent zentral auf Viren untersucht werden. Zusätzlich sollte jeder Client mit einem lokalen Virenscanner ausgestattet sein, der permanent im Hintergrund läuft und ausführbare Dateien, Skripte und Makrodateien überprüft. Da ständig neue Viren verbreitet werden, müssen die Schutzprogramme laufend aktualisiert werden.

Ein Virenscanner hat vier zentrale *Aufgaben* (vgl. [BuRö04]):

- Ein Virenscanner untersucht auf Anforderung oder automatisch Dateien, Ordner oder Laufwerke auf Virenbefall. *Untersuchen*
- Er sollte so eingerichtet sein, dass er den E-Mailverkehr (ein- und ausgehend) und die Ladevorgänge von Dateien aus dem Internet oder dem lokalen Netzwerk überwacht. Jedes Öffnen und Speichern von Dateien kann überwacht werden. *Überwachen*
- Der Virenscanner sollte einen Virus aus befallenen Dateien, sofern dies möglich ist, entfernen können. *Reparieren*
- Ist es dem Virenscanner nicht möglich, die befallene Datei zu reparieren, sollte er die Datei in einem bestimmten Bereich isolieren. Solange diese Datei nicht geöffnet wird, ist der enthaltene Virus inaktiv. *Isolieren*

Um einen Virus erkennen zu können, benötigt der Virenscanner immer die neusten Vireninformationen. Diese Informationen (sog. "Virensignaturen") müssen in regelmäßigen Abständen aktualisiert werden, um neue Viren erkennen zu können.

Selbst wenn Virenscanner stets auf dem neuesten Stand sind, kann hierdurch kein absoluter Schutz vor Malware garantiert werden. Die Hersteller von Virenschutzprogrammen benötigen stets ein wenig Zeit, um die neuesten Viren zu erkennen und zu beseitigen. Gefährlich sind auch Schadensprogramme, die sich über das Internet verbreiten und technisch so konstruiert sind, dass sie von einem Virenscanner nicht gefunden werden. Beispielsweise nutzte der W32.Blaster.Worm eine Schwachstelle des Betriebssystems Windows aus ([BSI07] S. 22).

Spam-Filter

Abhilfe gegen unerwünschte Werbe-Mailings bietet ein *Spam-Filterprogramm.* Dieses wird auf dem E-Mail Server oder der Firewall aktiviert. Filterprogramme erkennen unerwünschte Werbung durch

- Filtern von Absenderadressen,
- Filtern der Betreffzeile,
- Filtern anhand von Wortlisten,
- Inhaltliche Analyse der E-Mail.

Entweder lässt das Filterprogramm nur die Kommunikation von bzw. mit definierten Kommunikationspartnern zu oder es versucht "unerwünschte" E-Mails aufgrund von Inhalten zu erkennen. Diese "unerwünschten" E-Mails werden gelöscht oder an ein separates E-Mail Konto zur Nachkontrolle gesendet.

Content-Filter

Durch einen *Content-Filter* lassen sich Internetseiten auf bestimmte Inhalte überprüfen und ggf. ausblenden. Sie blenden Internetseiten mit bestimmten Inhalten aus (z. B. pornographischen oder extremistische Texte), Bilder bestimmter Größe oder mit verdächtigen Namen sowie "Popups" (d.h. Werbefenster).

15.4.6 Physische Maßnahmen

Bauliche Maßnahmen

Hierzu zählen insbesondere bauliche Maßnahmen gegen Einbruch, Diebstahl, Brand, Feuer, Wasser und Maßnahmen zur Aufrechterhaltung eines sicheren IT-Betriebs. Bereits beim Bau bzw. bei der Anmietung neuer Geschäftsräume muss die zukünftige Nutzung als Serverräume bzw. zur sicheren Aufbewahrung von Datenträgern und Sicherungskopien berücksichtigt werden. Der Zugang zu wichtigen Räumen darf nur kontrolliert stattfinden. Durch die Installation von elektronischen Zugangskontrollen kann der Zutritt zum IT-Bereich genau geregelt werden. Mit Hilfe von Codekarten oder biometrischen Zugangskontrollen, besteht die Möglichkeit, den Zutritt zu einzelnen Räumen nur einer bestimmten Personengruppe, zu einer gewünschten Uhrzeit zu ermöglichen. Ferner können mit diesem System auch die genauen Zeitpunkte des Zutrittes der einzelnen Personen protokolliert werden.

Serverraum

Unter einem Serverraum versteht man den zentralen Standort für die IT-Infrastruktur. Schon bei der Planung des Raumes ist zu bedenken, dass die technischen Komponenten im Serverraum dauerhaft und sicher bereitgestellt werden müssen. Insbesondere muss ein Schutz vor Manipulation und Sabotage ermöglicht werden. Die Aufteilung des Serverraums in mehrere Funktionsbereiche gewährleistet, dass nur berechtigte Personen an die jeweiligen Einheiten herankommen (z. B. erhält der Elektriker nur Zutritt zur Stromversorgung).

Strom

Stromkreise für IT-Komponenten müssen getrennt von der sonstigen Versorgung im Haus verlegt sein. Nur so ist die Abschaltung einzelner Stromkreise auf Grund von Wartungsarbeiten außerhalb des Serverraumes möglich, ohne dabei die ganze IT-Infrastruktur abzuschalten. Die Stromversorgung muss gegen Ausfall und Überspannung geschützt sein, damit Schäden an der Hardware bzw. Datenverlust durch plötzlichen Systemabsturz vermieden werden. Zur Absicherung gegen kurzfristige Stromschwankungen und Überspannungen dienen unterbrechungsfreie Stromversorgungseinheiten (USV). Hierbei handelt es sich um batteriebetriebene Anlagen. Längere Ausfälle der Stromversorgung können durch Dieselaggregate überbrückt werden.

Luft

Im Serverraum muss auf Grund der empfindlichen Technik ein konstantes Raumklima herrschen. Dieses wird mit Hilfe einer Klimaanlage realisiert.

Feuer

Ein Brand kann die physikalische Zerstörung von IT-Systemen zur Folge haben. Ebenso können Hitze sowie Rauch erhebliche Schäden anrichten. Die meisten Hardware-Komponenten vertragen keine drastischen Erhöhungen der Normaltemperatur. Rauch enthält feine Rußpartikel, die selbst in gut versiegelte Festplattengehäuse eindringen, sich ablagern und hierdurch die

Festplatte zerstören. Zur rechtzeitigen Gefahrenerkennung müssen in Serverräumen Brandmelder und Rauchdetektoren installiert sein und mit einer zentralen Leitstelle (z. B. Feuerwehr) verbunden werden.

Wasser

Eine andere Gefahr geht vom unkontrollierten Eintritt von Wasser aus. Dieser kann entstehen durch defekte Leitungen, Brandbekämpfung mit Löschwasser sowie durch Naturkatastrophen. Besondere Vorkehrungen sind zu treffen, wenn Server – aus Gewichtsgründen – in Kellerräumen untergebracht werden, z. B. spezielle Zwangsentwässerungssysteme.

Entsorgen und Löschen

Das Aufstellen von Datenvernichtungsboxen ("Reißwolf") direkt neben zentralen Drucker- und Kopiererstandorten erhöht die Sicherheit merklich. Diese fest verschlossenen Metallbehälter nehmen Dokumente geschützt gegen externen Zugriff auf, und vermeiden so die Einsicht durch Nichtberechtigte (z. B. Reinigungspersonal). Die Container werden von einer externen Firma entsorgt und die Dokumente der Aktenvernichtung zugeführt.

Das Entsorgen alter PCs ist eine weitere Schwachstelle im Rahmen von IT-Sicherheit. Häufig wird vergessen, dass die installierten Festplatten noch Daten enthalten und diese trotz Formatieren der Festplatte wieder hergestellt werden können. Bei unsachgemäßer Weitergabe von Datenträgern machen sich Firmen strafbar, wenn z. B. die Festplatte vertrauliche Daten wie Kreditkartennummern enthält. Die Festplatte kann entweder durch mechanische Zerstörung oder mit Hilfe von Softwaretools unbrauchbar gemacht werden. Bei der softwareseitigen Lösung werden alle Sektoren einer Festplatte mit Zufallswerten überschrieben. Das ordnungsgemäße Löschen ist auch für alle anderen Speichermedien unbedingt erforderlich.

15.4.7 Datensicherung

Bei der *Datensicherung* werden Geschäftsdaten durch Erzeugung von redundanten Daten vor Verlust und Zerstörung geschützt. Die Sicherungsdaten können nach Datenverlusten zur Rekonstruktion verwendet werden. Datensicherung wird auch als Backup bezeichnet (vgl. [HoPr03] S. 180).

Betroffen sind nicht nur zentrale Systeme, wie Server oder Host-Systeme, sondern auch alle Daten, die der Benutzer lokal erzeugt (z. B. Dokumente auf der Festplatte eines PC). Der Verlust dieser Daten kann gravierende Auswirkungen auf das gesamte Unternehmen haben. Wenn beispielsweise die Kundenstammdaten zerstört sind, kann dies sogar die Existenz eines Unternehmens bedrohen.

Ursachen für Datenverlust

Datenverlust kann mehrere Ursachen haben:

- Mechanische Zerstörung durch Überalterung (z. B. bei Magnetbändern);

- technisches Versagen (z. B. Festplattencrash);
- Zerstörung durch äußere Umwelteinflüsse (z. B. Feuer, Wasser);
- Vorsätzliche Zerstörung (z. B. Sabotage);
- Versehentliche Vernichtung (z. B. ungewollte Löschung).

Nicht nur um die Existenz eines Unternehmers zu sichern, ist die redundante Bevorratung von Daten erforderlich, sondern auch um gesetzliche Grundlagen zu erfüllen. So müssen Bilanzen, Geschäftsbriefe und Buchungsbelege gemäß § 257, Abs. 4 HGB bis zu zehn Jahre aufbewahrt werden.

Manuelle oder automatische Datensicherung

Datensicherung kann manuell oder automatisch ausgeführt werden. Bei der *manuellen* Datensicherung übernehmen einzelne Personen den Vorgang der Datensicherung. Ihnen obliegt die Wahl des Datensicherungsmediums, die Häufigkeit der Datensicherungsintervalle, und die Ausführung der eigentlichen Datensicherung. Die Qualität der Datensicherung hängt von der Verlässlichkeit der damit beauftragten Personen ab. Bei der *automatischen* Datensicherung läuft die Sicherung nach programmierten Routinen mit Hilfe von speziellen Backup-Programmen ab. Hierbei werden die Daten immer zu dem gleichen Zeitpunkt auf ein anderes Speichermedium geschrieben.

Bild 15.17: *Großvater-Vater-Sohn-Prinzip ([Gabr05] S. 49)*

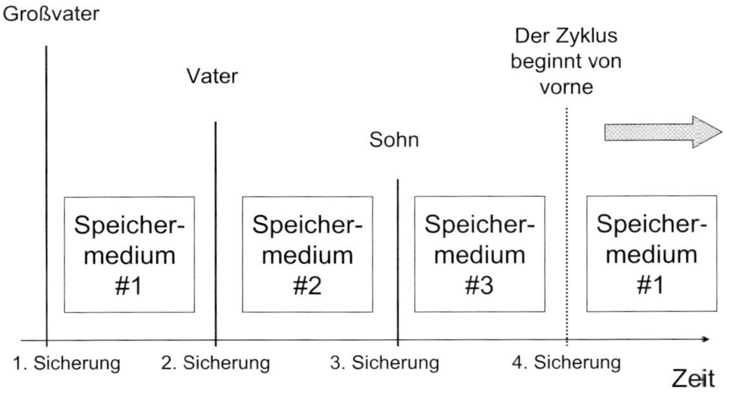

Bei der Datensicherung existieren mehrere Methoden, die wir nachfolgend vorstellen.

Komplettsicherung

Bei einer *Komplettsicherung* (Full-Backup) werden sämtliche Daten zu einem Stichtag auf ein anderes Medium geschrieben und hierdurch dupliziert und gesichert. Häufig führt man die Komplettsicherung nach dem "*Großvater-Vater-Sohn-Prinzip*" durch (vgl. Bild 15.17). Die erste Sicherung erfolgt beispielsweise am Montag auf Speichermedium 1 ("Großvater"), am Dienstag erfolgt die zweite Komplettsicherung auf dem Speichermedium 2

("Vater") und am nächsten Tag erfolgt die Sicherung auf dem dritten Medium ("Sohn"). Am vierten Tag beginnt der Zyklus erneut, hierbei wird das Medium 1 überschrieben. Es bestehen somit stets drei Sicherungsbestände. Bei der Wiederherstellung wird zunächst auf das jüngste Medium (Sohn) zurückgegriffen, falls dieser Datenbestand ebenfalls beschädigt sein sollte, wird auf die nächste Generation (Vater) zurückgegriffen. Aufgrund des hohen Zeit- und Platzbedarfs bei dieser Sicherungsmethode existieren noch weitere Verfahren, die keine Komplettsicherung vornehmen.

Inkrementelles Backup

Bei der *inkrementellen Methode* werden auf Basis einer Vollsicherung am ersten Tag bei den nächsten Sicherungen nur noch diejenigen Daten gesichert, die sich im Vergleich zum Vortag geändert haben oder hinzugekommen sind. Vorteile sind hierbei die kürzere Sicherungszeit und der geringere Speicherplatzbedarf auf dem Sicherungsmedium. Für eine komplette Datenwiederherstellung sind die letzte Komplettsicherung und alle seither erzeugten inkrementellen Sicherungen erforderlich (vgl. Bild 15.18).

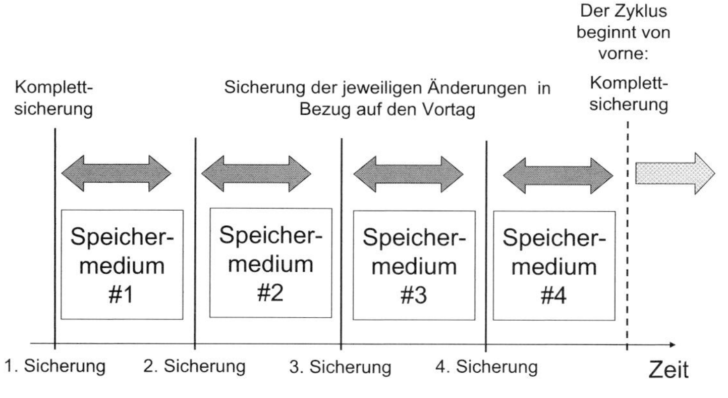

Bild 15.18: *Inkrementelles Backup ([Gabr05] S. 49)*

Differentielles Backup

Auch bei der *differentiellen Sicherung* wird zunächst eine Komplettsicherung durchgeführt. Bei den darauf folgenden Sicherungen werden jeweils die Änderungen in Bezug auf die Komplettsicherung gespeichert (vgl. Bild 15.19). Im Fall einer Datenwiederherstellung werden lediglich das letzte Vollbackup und das letzte differentielle Backup benötigt. Vorteilhaft sind hierbei die Reduzierung des Speicherbedarfes gegenüber der Komplettsicherung und die geringe Wiederherstellzeit gegenüber dem inkrementellen Backup. Nachteilig ist, dass einmal geänderte Daten bei jeder Sicherung bis zum nächsten Vollbackup erneut gesichert werden, auch wenn sie sich nicht mehr verändert haben.

Bild 15.19: Differentielles Backup ([Gabr05] S. 49)

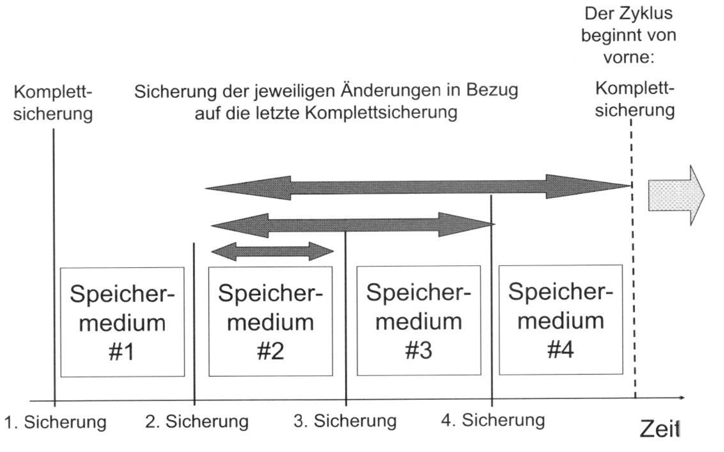

Datenspiegelung

Durch "gespiegelte Platten" werden im laufenden Betrieb jeweils eine oder mehrere Kopien der Daten erstellt. Hierdurch kann bei Ausfall einer Platte direkt mit der Kopie auf einer anderen Platte weitergearbeitet werden. Das RAID-System (Redundant Array of Inexpensive Disks) stellt ein abgestuftes Konzept für die Datenspiegelung auf mehreren Platten dar. Allerdings kann bei einem Rechnerausfall nicht auf die Daten zugegriffen werden, es sei denn, man verwendet Wechselfestplatten, die mit wenigen Handgriffen an einen anderen Rechner angeschlossen werden können. Es ist bei Spiegelplatten auch nicht möglich, auf alte Datenbestände zuzugreifen, nachdem die aktuellen Daten beispielsweise durch einen Virus verseucht wurden.

15.5 Organisatorische Sicherheitsmaßnahmen

Organisatorische Regelungen ergänzen technische Sicherheitsmaßnahmen, sie können in vielen Fällen auch eine Alternative zu aufwändigen technischen Vorkehrungen sein.

Sicherheitsrichtlinie

Die organisatorischen Regelungen werden im Rahmen einer IT-Sicherheitsrichtlinie zusammen gefasst. Sie richten sich in erster Linie an Benutzer, denen die Bedrohungen und Gefahren im Umgang mit dem Arbeitsmittel IT nicht geläufig sind. Auch bereits sensibilisierte Benutzer wie z. B. Systemadministratoren oder Software-Entwickler müssen sich an diese Richtlinien halten. Für diesen Personenkreis kann es aber spezielle Richtlinien geben.

Sicherheitsrichtlinien müssen für einen "normalen" Benutzer klar und verständlich geschrieben sein. Jeder Mitarbeiter muss wissen, was er darf und was nicht. Zudem müssen Richtlinien das Verhalten in kritischen Situationen regeln. Die Richtlinien müssen allen Mitarbeitern zugänglich gemacht werden.

Beispiel Richtlinie zur Passwortanwendung

Als Teil einer Sicherheitsrichtlinie kann die Zugangskontrolle zu einem Anwendungssystem auf Passwortbasis wie folgt beschrieben sein:

1. Bei der Passworteingabe sind maximal drei Fehlversuche möglich.
2. Das individuelle Passwort muss mindestens 8 Zeichen lang sein und aus einem Mix aus Groß- und Kleinbuchstaben, Ziffern und Sonderzeichen bestehen.
3. Das Passwort muss spätestens nach 180 Tagen geändert werden.
4. Ein einmal verwendetes Passwort darf erst nach fünf Passwortwechseln erneut genutzt werden.
5. Das vom Benutzer selbst gewählte Passwort ist absolut geheim zu halten und darf anderen Personen (z. B. Urlaubsvertretung) nicht preisgegeben werden.
6. Das Passwort sollte keinen Namen von Familienangehörigen (z. B. Vorname des Kindes) und keine Geburtsdaten enthalten.
7. Besteht der Verdacht, dass ein Dritter das Passwort ausgespäht hat, ist es sofort zu ändern.

15.6 Fragen und Aufgaben

1. Welche Möglichkeiten gibt es, die Benutzer-Authentifizierung mittels Passwort zu verbessern?
2. Erläutern Sie die Begriffe "Datenschutz und Datensicherung" im Zusammenhang mit Softwarenutzung in der Personalwirtschaft.
3. Welche Probleme gibt es bei Einführung biometrischer Identifikations- und Sicherungssysteme?
4. Testen Sie selbst einmal das Prinzip der asymmetrischen Verschlüsselung. Führen Sie die folgenden Berechnungen auf einem Blatt Papier durch und stoppen Sie die benötigten Zeiten:

   Teil A: Multiplizieren Sie die Zahlen 29 und 17

   Teil B: Ermitteln Sie aus der Zahl 437 die beiden Faktoren.
5. Eine kleine Maschinenbaufirma betreibt ein Netzwerk mit einem zentralen Server, auf dem alle Daten gespeichert sind. Der Server enthält ein Bandlaufwerk, auf das regelmäßig Sicherheitskopien gespeichert werden. Der Administrator bewahrt die Sicherungsbänder in einem verschlossenen Schrank in seinem Büro auf. Eines Tages fällt der Server durch einen Festplattendefekt aus und die Daten vom Sicherungsband sollen wieder eingespielt werden. Nach Le-

sen der Dokumentation und mehrstündigem Versuch stellt sich heraus, dass das Bandlaufwerk offenbar schon längere Zeit defekt war und keine Daten auf die Sicherungsbänder geschrieben wurden. Das einzige noch funktionstüchtige Sicherungsband ist mehr als 3 Monate alt, die Daten der letzten Wochen sind damit verloren.

Was wurde hier falsch gemacht und welche Maßnahmen sind zukünftig erforderlich?

6. Warum wird überwiegend das *asymmetrische* Verschlüsselungsverfahren verwendet?

7. Erläutern Sie die Aufgaben einer Firewall. Diskutieren Sie die Vor- und Nachteile der beiden grundsätzlichen Konzepte einer Firewall:

   a) Alles, was nicht ausdrücklich gestattet ist, ist verboten.
   b) Alles, was nicht ausdrücklich verboten ist, ist erlaubt.

8. In der nachfolgenden Tabelle haben wir einige IT-Anwendungsbereiche aufgeführt. Tragen Sie in die dafür vorgesehenen Spalten typische Risiken/Gefährdungen ein und schlagen Sie geeignete Schutzmaßnahmen vor.

Anwendungsbereich	**Risiken**	**Schutzmöglichkeiten**
Lokale Datenbestände		
E-Mail		
Datenaustausch über ungesicherte Verbindungen (Internet)		
Serverräume		

9. Erläutern Sie die verschiedenen IT-Sicherheitsziele an folgendem Beispiel: Sie führen eine Überweisung über Online-Banking durch. Hierzu wird über Ihren PC eine Internet-Verbindung zu Ihrer Bank aufgebaut.

10. Welche Möglichkeiten gibt es, sich gegen die Flut unerwünschter Spam-Mails zu schützen?

15.7 Fallbeispiel

Ein Tochterunternehmen der Stadtwerke AG verfügt über eine Web-Anwendung, bei der Kunden Bestellungen für Energiedienstleistungen ausführen können. Alle Mitarbeiter haben einen Internetzugang. Das Netzwerk ist Windows-basiert. Die Benutzer haben lokale administrative Rechte. Es gibt einen Administrator, der alle Server betreut. Die Buchhaltung wird mit einer Standardsoftware im Netz betrieben. Das Netzwerk beinhaltet folgende Komponenten:

- 50 Arbeitsplatzrechner mit Mail-Client, Webbrowser und Client für das Bestellsystem,
- 1 Server mit einem Bestellabwicklungs- und Abrechnungssystem für Dienstleistungen,
- 2 Dateiserver,
- 1 Domänencontroller, d.h. einen Server zur zentralen Authentifizierung und Autorisierung von Computern und Benutzern im Netzwerk,
- 1 SMTP-(E-Mail)-Server,
- 1 Proxyserver für den Zugriff aller Mitarbeiter auf das Internet,
- 1 Webserver für das HTTP-basierte Online-Bestellsystem.

Die letzten drei Server haben eine öffentliche IP-Adresse, alle anderen Rechner nicht.

Das Netzwerk wurde vor einem Jahr in Betrieb genommen und erfährt seitdem eine stetig steigende Zahl an Störungen und Datenverlusten bis hin zum Verlust von Kunden- und Abrechnungsdaten.

Aufgaben

1. Welche wesentlichen IT-Risiken gibt es für das Unternehmen in technischer, menschlicher, organisatorischer und rechtlicher Hinsicht. Legen Sie diese jeweils kurz mit den Ursachen dar.
2. Stellen Sie Sicherungsmaßnahmen dar, die das geschilderte Netzwerk und die darin befindlichen Daten absichern. Ziel sollte es sein, Verfügbarkeit, Integrität und Vertraulichkeit von Technik und Daten zu gewährleisten und das Unternehmen vor rechtlichen Folgen zu schützen.

16 Lösungshinweise

16.1 Hinweise zu Kapitel 1

Zu den Fragen und Aufgaben

1. Die Informatik beschäftigt sich primär mit technischen Problemen (Computer-Hardware, Methoden der Software-Entwicklung, Kommunikationstechnik). Daneben gibt es verschiedene "angewandte Informatiken" (auch als "Bindestrich-Informatiken" bezeichnet), zu denen auch die Wirtschaftsinformatik zählt. Informatik und Wirtschaftsinformatik befruchten sich gegenseitig. Die allgemeinen theoretischen und technischen Grundlagen der Informatik werden in Projekten und Systemen der Wirtschaftsinformatik erprobt, umgesetzt und auf ihren betriebswirtschaftlichen Einsatz hin überprüft. Die betriebswirtschaftlichen Anwendungsprobleme wiederum beeinflussen die Entwicklung neuer theoretischer oder technischer Konstrukte innerhalb der Informatik.

2. Beispiel 1: Geldautomaten
   Bis vor ca. 15 Jahren war es üblich, Bargeld während der regulären Öffnungszeiten einer Bankfiliale abzuheben. Inzwischen haben sich die meisten Menschen daran gewöhnt, ihr Bargeld rund um die Uhr über einen Bargeldautomaten zu erhalten.

   Beispiel 2: E-Mail
   Durch die Verbreitung des Internet verlagert sich die schriftliche Kommunikation immer stärker auf dieses Medium. "Vollautomation" würde bedeuten, dass eines Tages der traditionelle Briefverkehr mit Verteilung durch den Postboten vollständig durch den E-Mail-Verkehr ersetzt werden könnte.

3. In den vier, bislang getrennten Industriebereichen Telekommunikation, Informationstechnik, Medien und Elektronik (TIME) hat die digitale Verarbeitung das analoge Prinzip weitgehend ersetzt (z. B. wurde die analoge Schallplatte durch die digitale Musik-CD abgelöst). Die Verschmelzung der TIME-Industrien wird in erster Linie auf Produkt- und Serviceebene erfolgen, da hier attraktive Produkte produziert und damit verbundene Dienstleistungen erbracht werden können. Als Beispiel für die Verschmelzung der Industriezweige lässt sich ein Softwaresystem zur Fotobearbeitung nennen, welches auf einem PC installiert ist und Bilder von einem Fotohandy hoch lädt, die bearbeitet werden können und sich über einen integrierten Link über das Internet an einen Bildentwicklungsdienstleister weiterleiten lassen.

4. Daten sind Zeichen (z. B. Buchstaben, Ziffern), die maschinell verarbeitet werden können (daher auch der Name "Datenverarbeitung"). Bei Informationen steht der Zweckbezug im Vordergrund. In der Betriebswirtschaftlehre werden Informationen daher mit zweckorientierten Erkenntnissen gleichgesetzt. Bei dem Begriff "Wissen" handelt es sich um klassifizierte und interpretierte Informationen.

5. Mit Hilfe betrieblicher Informationssysteme sollen die richtigen Informationen in der richtigen Menge, in der richtigen Form, zur richtigen Zeit am richtigen Ort zur Verfügung gestellt werden. Führungskräfte und Sachbearbeiter sollen per Computer mit den für ihre Arbeit erforderlichen Informationen versorgt werden.

6. Hierbei wird die semantische Ebene angesprochen, bei der die inhaltliche Bedeutung von Zeichen im Vordergrund steht. Obwohl die Zeichenkette "Mist" syntaktisch korrekt ist, wird die Bedeutung für den Informationsempfänger erst dann klar, wenn er weiß, welche Sprache anzuwenden ist.

7. Die automatisierbare Aufgabe am Beispiel des Anwendungssystems von Amazon ist beispielsweise die Produktpräsentation oder die dynamische Generierung der Startseite nach den Kaufgewohnheiten der Kunden. Auf den Servern (Hardware) des Unternehmens befindet sich die Webanwendung

(Software), worüber der Kunde Zugriff auf die Inhalte/Produkte in verschiedenen Kategorien hat. Handelt es sich um einen Neukunden, kann er über ein Webformular seine zum Kauf benötigten Daten, wie Anschrift und Kontoverbindung hinterlegen, mit denen er sich anschließend auf der Plattform mit einem Account-Namen und zugehörigem Passwort anmelden kann. Zudem werden seine Kaufgewohnheiten ermittelt, so dass ihm zukünftig eine personalisierte Startseite angezeigt wird, wenn er sich anmeldet. Beim Kauf eines Produktes wird über das Internet die Bestellung über den Server an das zugehörige Lager versendet (Netzwerk). Dort gelangt diese in einen Auftragskorb, auf den ein dortiger Mitarbeiter (Mensch) Zugriff hat und die weitere Bearbeitung der Bestellung startet (nicht automatisierbare Aufgabe).

8. Die Wirtschaftsinformatik beschäftigt sich als Realwissenschaft mit Informations- und Kommunikationssystemen in Unternehmen. Ihre Eigenständigkeit ergibt sich durch ihren eigenen Gegenstandsbereich. Allerdings gibt es sehr enge Verbindungen einerseits zur Informatik und andererseits zur Betriebswirtschaftslehre.

9. Die Unterschiede der Kommunikation im menschlichen und technischen Bereich liegen im Detail. Der Prozess ist oberflächlich betrachtet der gleiche. Ein Sender (Mensch oder Maschine) überträgt Daten (akustische Signale oder Bytes) über einen Kanal (Leitung oder Luft) an einen Empfänger (Mensch oder Maschine). Der Unterschied liegt zum einen im Übertragungskanal. Menschen haben beispielsweise keine Schnittstellen für Kabel, sie kommunizieren über die Luft (mit anderen Menschen) oder setzen technische Geräte ein, um über Distanzen zu kommunizieren. Hinzu kommen die zu verarbeitenden Signale. Menschen können keine Bits und Bytes produzieren und interpretieren, Maschinen können hingegen keine (natürlichen) Gesten verarbeiten.

10. Ein Anwendungssystem ist der automatisierte Teil eines Informationssystems, bestehend aus Hard- und Software, Daten und Netzwerkkomponenten.

11. Am 30.10.2008 hatte der DAX einen Wert von 4988 (http://finanzen.sueddeutsche.de/aktien/index). Zeichen sind hierbei die Ziffern 4 9 8 8. Zusammen betrachtet ergibt sich die Zahl 4988. Diese Kombination mehrerer Zeichen bezeichnen wir als Daten. Erst die Kenntnis, dass es sich um den Aktienindex der 30 wichtigsten Standardwerte vom 30.10.2008 an der Frankfurter Börse handelt, macht aus den Daten eine Information. Aus Informationen entsteht Wissen, wenn wir einen Vergleich zum DAX des Vortages anstellen (demnach stieg der DAX um 2,43 Prozent) und wenn wir in der Lage sind, den aktuellen Index zu bewerten (wird der DAX weiter steigen oder in den kommenden Tagen wieder fallen?). Aus dieser Interpretation (unserem Wissen) können Kauf- bzw. Verkaufentscheidungen für Aktien abgeleitet werden.

12. Kriterien:

Kriterien	1	2	3
a	3	3	2
b	Ja	Ja	Ja
c	Ja	Ja	Ja
d	Nein	Ja	Nein
e	Ja	Ja	Ja
f	Nein	Nein	Nein
g	Ja	Ja	Ja
h	Nein	Ja	Ja
i	Nein	Ja	Nein

Anzahl an Klicks bis zur Jobliste (a), Direktbewerbung möglich (b), Link auf die HP des Stellenanbieters (c), eigenes Profil erstellbar (d), übersichtliche Struktur (e), Individualisierbarkeit (f), aktuelle News über die Arbeitsmärkte (g), Bewebungsunterstützung (Wie bewerbe ich mich richtig?) (h), Newsletterfunktion bezüglich neuer Inserate einer speziellen Kategorie (i)

http://www.jobware.de/index.html, http://www.monster.de/, http://www.stepstone.de

Zu den Aufgaben des Fallbeispiels

1. Hauptinformationsflüsse des Vertriebs sind: Kundenanfrage nach einem Angebot, Interview des Kunden durch die Kundenbetreuer, Versenden von Angeboten, Auftragsbestätigung, Rechnungen, Gutschriften, Zahlungserinnerungen etc., Einholen von Abrechnungsdaten.

2. Schwachstellen im Geschäftsablauf sind:

   Die fehlende Automatisierung bei der Bearbeitung von Interessentendaten führt zu hohen Prozessdurchlaufzeiten. Wünschenswert sind die Nutzung von Datenträgern und eine in die Prozessabläufe systemtechnisch integrierte Bearbeitung. Bei der Texterstellung zu Angeboten usw. gibt es keine Möglichkeit, vorgefertigte Standardtexte zu verwenden. Es gibt keine ganzheitliche Kundenkontaktmanagementlösung, bzw. keine zentrale systemtechnische Plattform für alle Kundendaten. Es gibt keine abrufbare Übersicht über erstellte Angebote. Redundante Texterfassung: Es ist nicht möglich, aus einem erstellten Angebot automatisch einen Vertragsentwurf, bzw. eine Auftragsbestätigung zu erstellen. Fehlende Auswertungsmöglichkeiten: z. B. ist ein gesamthafter Überblick über die Anzahl ausgefertigter Angebote, bzw. deren Rückläuferquote, nur sehr schwer möglich. Papiergebundene Übermittlung von Kundendaten - eine manuelle Weiterbearbeitung ist potenziell fehlerbehaftet und verlängert die Bearbeitungszeit unnötig. Die Aktualisierung der offenen Posten Liste erfolgt nur monatlich. Ein kürzerer Zyklus ermöglicht eine zeitlich optimierte Bearbeitung (Versand von Zahlungserinnerungen, Inkassogänge,...) und sorgt damit für die Reduzierung von Außenständen. Eingehende Zahlungen werden ausschließlich manuell geprüft – eine systemtechnische Automatisierung würde eine deutliche Reduzierung der Prozessdurchlaufzeit ermöglichen. Keine systemgestützte Automatisierung der Bearbeitung von Sperraufträgen. Viele Listen müssen manuell erstellt werden.

3. Wirtschaftsinformatiker verfügen sowohl über informationstechnische als auch über betriebswirtschaftliche Kenntnisse und eignen sich daher besonders zur Lösung derartiger Schnittstellenprobleme.

16.2 Hinweise zu Kapitel 2

Zu den Fragen und Aufgaben

1. Das Eva-Prinzip beschreibt die wesentlichen Aufgaben der Datenverarbeitung: Eingabe der Daten, Verarbeitung der Daten durch Programme und die Ausgabe der Ergebnisse. Hinzu kommt noch die dauerhafte Speicherung der Daten.

2. Ein Bit ist die kleinste Informationseinheit eines Rechners. Es kann nur zwei Werte annehmen, die häufig durch die Symbole "0" und "1" dargestellt werden. Ein Byte ist eine Folge von acht Bit. Mit einem Byte können – entsprechend den Kombinationsmöglichkeiten von Nullen und Einsen – 256 verschiedene Zeichen dargestellt werden. Ein Code ist die Vorschrift, die genau angibt, welches Zeichen (Buchstabe, Ziffer usw.) durch welche Bit rechnerintern repräsentiert werden soll.

3. Fortlaufende Division durch die Basis 2 ergibt:

205	:	2	=	102	Rest	1
102	:	2	=	51	Rest	0
51	:	2	=	25	Rest	1
25	:	2	=	12	Rest	1
12	:	2	=	6	Rest	0
6	:	2	=	3	Rest	0
3	:	2	=	1	Rest	1
1	:	2	=	0	Rest	1

   Die Divisionsreste ergeben die Ziffernfolge der Dualzahl: 11001101.

Analog erhält man bei Division durch 16:

205	:	16	=	12	Rest	13
12	:	16	=	0	Rest	12

und damit die Ziffernfolge der Hexadezimalzahl: CD.

4. 4294967295

5. Die Zentraleinheit besteht aus Hauptspeicher, Zentralprozessor und der Anschlusssteuerung für periphere Geräte. Der Zentralprozessor umfasst das Steuerwerk, das Rechenwerk und Register zur schnellen Zwischenspeicherung. Zu den peripheren Geräten gehören externe Speicher (Magnetband, Diskette, Magnetplatte, optische Platte) und Ein- und Ausgabegeräte (Tastatur, Bildschirm, Maus, Scanner, Drucker).

6. Wichtige Kenngrößen des Hauptspeichers sind: Größe (gemessen in MB oder GB) und Zugriffszeit (Zeit, die benötigt wird, um den Inhalt einer Speicherzelle zu lesen).

7. Busse transportieren Daten (Speicherinhalte, Adressen, Steuersignale) zwischen den Komponenten der Zentraleinheit. Alle Funktionseinheiten sind an den Bus als gemeinsam genutzte Sammelleitung angeschlossen.

8. Die Abkürzung RAID steht für Redundant Array of Independent Disks. Hierbei handelt es sich um eine Technik, die mehrere Festplatten-Laufwerke miteinander verknüpft, um Fehler- und Verlustrisiko durch zum Teil redundante Aufzeichnung zu reduzieren.

9. Die CD-ROM bzw. DVD-ROM ist eine nur lesbare optische Platte. Sie eignet sich vor allem zur Speicherung von Nachschlagewerken, Dokumentationen und Verzeichnissen aller Art. Es existieren Varianten, die einmal bzw. öfter beschreibbar sind. WORM-Platten können genau einmal beschrieben werden. Sie eignen sich zur sukzessiven Archivierung großer Datenmengen. MO-Platten können beliebig oft gelöscht und beschrieben werden und sind daher eine Alternative zu Magnetplatten.

10. Ein Betriebssystem steuert den Datenfluss zwischen Software und Hardware und zwischen den diversen Hardwarekomponenten. Hauptaufgaben sind: die Steuerung und Überwachung der Programmausführung, die Verwaltung der Betriebsmittel (Prozessor, Hauptspeicher, externer Speicher, periphere Geräte), die Dateiverwaltung, Bereitstellung einer grafischen oder kommandozeilenorientierten Benutzungsschnittstelle (Kommandosprache).

11. Einprogrammbetrieb (Single Tasking): Zu einer Zeit kann nur ein Programm laufen. Alle Betriebsmittel sind für die gesamte Ausführungsdauer dem Programm zugeordnet. Mehrprogrammbetrieb (Multi Tasking): Zu einer bestimmten Zeit können mehrere Programme quasi gleichzeitig laufen. Einbenutzerbetrieb (Single Using): Zu einer Zeit kann nur ein Benutzer mit dem Rechner arbeiten. Mehrbenutzerbetrieb (Multi Using): Zur selben Zeit können mehrere Benutzer mit demselben Programm oder mit verschiedenen Programmen arbeiten.

12. Mehrere Programme werden vom Prozessor abwechselnd in sehre schneller Folge abgearbeitet, sodass die Programme gleichzeitig zu laufen scheinen. Ist für ein Programm die zugeteilte Zeit abgelaufen, wird es unterbrochen. Der jeweilige Programmzustand wird zwischengespeichert und zu Beginn der späteren Weiterverarbeitung wieder zur Verfügung gestellt.

13. Stapel- und Dialogverarbeitung unterscheiden sich im zeitlichen Aspekt. Während bei der Stapelverarbeitung der Auftrag vollständig beschrieben sein muss, bevor mit seiner Bearbeitung begonnen werden kann, werden bei der Dialogverarbeitung Teilaufträge vom Benutzer im ständigen Wechsel erteilt und vom System sofort abgearbeitet.

14. Kleinstrechner (Handheld, Notepad, Palmtop, Organizer, PDA), Mikrorechner (PC, Workstation), mittlere Systeme, Großrechner (Rechenzentrumsbetrieb) und Superrechner (Parallel-Rechner für spezielle Aufgaben).

15. Bei Rechnern, die auf der von-Neumann-Architektur basieren, sind die Komponenten Prozessor, Steuerwerk, Rechnerwerk, Hauptspeicher genau einmal vorhanden. Multiprozessorsystemen verfügen über mehrere Prozessoren mit einem gemeinsamen Hauptspeicher oder jeweils eigenen Hauptspeichern.

16. Eine Client/Server-Anwendung ist eine geteilte Anwendung, in der die Verarbeitung teilweise vom Client-Programm auf einem Rechner und zum anderen Teil vom Server-Programm auf einem anderen Rechner innerhalb eines Rechnernetzes vorgenommen wird.

    Beispiel: In einem Auftragserfassungssystem greift das Erfassungsprogramm, das auf mehreren Arbeitsplatzrechnern installiert ist, auf eine Datenbank zu, die von einem Datenbankserver auf einem zentralen Rechner verwaltet wird.

17. Es kann eine Aufgabenverteilung vorgenommen werden, die den organisatorischen und räumlichen Bedingungen des Unternehmens entspricht (dezentrale Einheiten). Hauptvorteil von Client/Server-Architekturen ist die Möglichkeit, Teile von Anwendungen so auf im Netz verbundene Rechner zu verteilen, dass die Ressourcen der Systeme optimal genutzt werden können.

18. Die erste Generation (Maschinensprachen) gilt lediglich für Prozessoren eines bestimmten Typs. Die zweite Generation (Assemblersprachen) weist ebenfalls noch eine große Maschinennähe auf. Durch sinnvolle Abkürzungen können Assemblersprachen leichter erlernt und angewandt werden. Die dritte Generation der problemorientierten Sprachen konzentriert sich auf bestimmte Anwendungsbereiche, wie z. B. kommerzielle Programme. Bei den deskriptiven Sprachen der vierten Generation steht nicht mehr die Prozedur (der logische Ablauf des Programms) sondern die Beschreibung des erwarteten Verarbeitungsergebnisses im Vordergrund. Zur 5. Generation gehören die objektorientierten Programmiersprachen.

19. Tools, die die Entwicklung von Software unterstützen: Texteditoren, Systeme zur Verwaltung von Programmen, Werkzeuge zur grafischen Darstellung von Programmabläufen und Informationsflüssen, Tools zur Generierung von Testdaten, Compiler, Interpreter.

20. Ein Interpreter übersetzt jede einzelne Programmzeile sofort. Fehler werden hierdurch sofort erkannt. Nachteilig ist, dass bei jeder Ausführung des Programms eine erneute Analyse bzw. Übersetzung nötig ist. Hierdurch entstehen längere Programmlaufzeiten. Ein Compiler übersetzt das gesamte Quellprogramm einmalig in ein ausführbares Zielprogramm. Das Zielprogramm benötigt weniger Ausführungszeit und Speicherplatz. Allerdings sind beim Compiler stets mehrere Schritte erforderlich, um ein Programm auszuführen. Die Fehlersuche bei der Programmentwicklung ist aufwändiger, weil für jeden Übersetzungsvorgang das gesamte Programm neu übersetzt werden muss.

Zu den Aufgaben des Fallbeispiels

1. Das System muss für künftige Erweiterungen ausgerüstet sein. Freie Steckplätze für Hauptspeicherbausteine sollten verfügbar sein. Es werden ausreichend viele freie Schnittstellen (z. B. USB Ports) für Grafiktablett, Maus und andere Eingabegeräte benötigt. Ein Anschluss eines oder mehrerer Monitore muss möglich sein. Es werden Grafikkarten mit eigenem großem Speichervolumen benötigt. Eine ausreichende Prozessorleistung ist ebenfalls notwendig.

2. Die CAD-Arbeitsplätze sowie mögliche Plotter und Drucker sollten in ein eigenes Netzwerksegment (siehe Kapitel 4) eingebunden werden, damit durch das zu erwartende hohe Datenaufkommen andere Anwender nicht behindert werden. Die benötigten CAD-Server sollten in einem eigenen, separierten Netz aufgestellt werden, um eine zentrale Administration zu gewährleisten und unberechtigte Zugriffe abzuwehren. Gleichzeitig sollen die Daten im Servernetz auf vorhandenen Datensicherungssystemen gespeichert werden (SAN).

16.3 Hinweise zu Kapitel 3

Zu den Fragen und Aufgaben

1. Unter Software wird eine Folge von zusammenhängenden maschinen-verständlichen Arbeitsanweisungen verstanden, die in Verbindung mit der Hardware eine Verarbeitung von Daten ermöglichen. Neben der engen technischen Definition (Software = Programm) gibt es eine weiter gefasste betriebswirtschaftliche Definition (Software = Programm + Dienstleistung).

2. Zur Systemsoftware zählen Betriebssysteme, Datenbankmanagementsysteme, Netzwerksoftware und Software-Entwicklungssysteme. Anwendungssoftware kann unterteilt werden in betriebswirtschaftliche, technisch-wissenschaftliche und branchenbezogene Programme sowie in Querschnittsprogramme.

3. Mit dieser Einteilung wird die unterschiedlich lange Lebensdauer von Software hervorgehoben. Wegwerf-Software hat eine sehr begrenzte zeitliche Nutzungsdauer; evtl. wird dieses Programm nur einmal ausgeführt (z. B. Datenbankabfrage mit SQL). Statische Software verändert sich über einen bestimmten Zeitraum nicht mehr. Die Nutzung endet, wenn sich die betriebswirtschaftlichen oder technischen Anforderungen ändern. Evolutionäre Software wird niemals ganz fertig. Sie wird ständig weiterentwickelt und erneuert.

4. Die Software-Ergonomie bewertet die Benutzungsschnittstelle von Anwendungssoftware anhand der Kriterien Aufgabenangemessenheit, Selbstbeschreibungsfähigkeit, Steuerbarkeit, Erwartungskonformität, Fehlertoleranz, Erlernbarkeit und Individualisierbarkeit.

5. Branchensoftware gewinnt an Bedeutung, weil einerseits die individuellen Anforderungen verschiedener Branchen besser berücksichtigt werden als bei allgemeiner Standardanwendungssoftware. Andererseits verursacht der Kauf von Branchensoftware wesentlich geringere Kosten als die Erstellung von Individualsoftware.

6. Standardsoftware deckt einen genau umrissenen Funktionsumfang ab und kann bei vielen Unternehmen eingesetzt werden. Sie lässt sich mit wenig Aufwand einführen. Der Preis ist im Voraus bekannt.

7. Im Rahmen der software-technischen Anpassung kann mittels Tools (Formular- und Listengenerator) eine Veränderung von Bildschirmformularen oder von Listen vorgenommen werden. Über Parameter kann der Programmablauf verändert werden. Der modulare Aufbau von Standardsoftware ermöglicht den gezielten Einsatz von Programmteilen. Mit Hilfe von Anpassungsprogrammierung kann die Software individuell verändert werden. Wenn die software-technische Anpassung nicht ausreicht, muss sich das Unternehmen organisatorisch an die Gegebenheiten der Software anpassen.

8. Die Qualität von Standardsoftware kann anhand funktionaler und allgemeiner Merkmale beurteilt werden. Für einen bestimmten Einsatzbereich sollte Software die wichtigsten Funktionen in der gewünschten Güte unterstützen. Allgemeine Qualitätskriterien sind Effizienz, Übertragbarkeit, Änderbarkeit, Zuverlässigkeit und Benutzerfreundlichkeit.

9. Vorteile Standardsoftware: oftmals kostengünstiger, weil sich mehrere bzw. viele Anwender die Entwicklungskosten teilen; schneller verfügbar und nutzbar; eigene Mitarbeiterkapazitäten (Entwickler) werden nur in begrenztem Umfang während des Einführungsprozesses benötigt; Funktionsfähigkeit kann vor dem Einsatz getestet werden; Benutzer in anderen Unternehmen (Referenzen) können vor dem Einsatz im eigenen Unternehmen befragt werden; Wartung und Weiterentwicklung wird meistens vertraglich vereinbart.

Nachteile Standardsoftware: Anpassungsmaßnahmen (Customizing) kosten Zeit und Geld; nicht alle betriebsindividuellen Anforderungen werden bei Standardsoftware abgedeckt; keine Wettbewerbsvorteile, weil die Mitbewerber evtl. das gleiche Standardsoftwarepaket nutzen.

Vorteile Individualsoftware: Know-how für Software-Entwicklung bleibt im eigenen Unternehmen; optimale Anpassung an Unternehmensgegebenheiten ist möglich; Sicherheit, Datenschutz und Vertraulichkeit bei sensiblen Programmen sind einfacher zu gewährleisten; keine Abhängigkeit von einem externen Software-Hersteller.

Nachteile Individualsoftware: höhere Kosten (Entwicklung, Test); höherer Pflegeaufwand; höhere Fehlerwahrscheinlichkeit (zumindest am Anfang).

10. Argumente: Unabhängigkeit vom Software-Hersteller. Die Anwender sind nicht abhängig von der Produkt- und Lizenzpolitik eines Software-Anbieters. Wenn der Quellcode allgemein zugänglich ist, besteht die Chance, dass zahlreich Entwickler weltweit die Software testen, und zwar mit einer Geschwindigkeit, die bei kommerzieller Software nicht erreicht (und vom Anbieter auch nicht bezahlt) werden könnte. Das Geschäftsmodell bei Open Source besteht darin, dass der Umsatz nicht mit dem Software-Produkt sondern mit Schulung und Beratung gemacht wird. Für Open Source Software entstehen keine Lizenzkosten. Allerdings können hierbei höhere Anpassungs- und Schulungskosten anfallen.

11. Bewertung des Online-Shops "amazon.de" anhand der Maske "Erweiterte Suche":

Aufgabenangemessenheit: Der Dialog ist aufgabenangemessen, da diverse Suchkriterien eingeben (und auch verknüpft) werden können und somit eine effektive Suche in der Datenbank ermöglicht wird. Eine effiziente Arbeitsweise wird durch die Schnelligkeit und Präzision der Suche erreicht.

Selbstbeschreibungsfähigkeit: Der Dialog ist selbstbeschreibungsfähig, da auf Falscheingaben oder gar keinen Eingaben dem Nutzer eine kleine Hilfestellung zum Umgang mit dem Dialog angezeigt wird. Außerdem werden Beispiele zur korrekten Eingabe der Suchbegriffe bereitgestellt.

Steuerbarkeit: Der Dialog weist Steuerbarkeit auf, da der Nutzer selber den Detailgrad der Suche bestimmen kann.

Erwartungskonformität: Erwartungskonformität ist gegeben durch die Art der Eingabefelder (Suchfelder), die je nach Wissensstand des Nutzers mit Suchbegriffen gefüllt werden können.

Fehlertoleranz: Es werden alternative Suchbegriffe vorgeschlagen, wenn keine brauchbaren Suchresultate vorliegen. Durch die direkte Möglichkeit einer erneuten Suche wird die Fehlertoleranz des Dialogs zusätzlich erhöht.

Lernförderlichkeit: Durch die gute Selbstbeschreibungsfähigkeit und die hohe Fehlertoleranz ist der Dialog einfach erlernbar.

Individualisierbarkeit: Der Dialog ist nicht individualisierbar. Anpassungen an einzelne Nutzer können nicht realisiert werden.

12. Eine Beta-Version stellt ein noch unfertiges Programm dar, welches aber schon so weit fortgeschritten ist, dass zumindest die Kernfunktionen implementiert sind. Der Sinn einer Beta-Version ist es, die vorhandenen Funktionen auf Fehler zu überprüfen, so dass diese bei Auftreten an den Hersteller des Programms gemeldet und von diesem behoben werden können.

13. Portabilität und Kompatibilität stehen beide im Zusammenhang mit der Übertragbarkeit von Software auf unterschiedliche Betriebssysteme und/oder Hardware-Spezifikationen. Eine Software ist portabel, wenn sie von der einen Systemumgebung in eine andere Systemumgebung übertragen werden kann, ohne dass Änderungen notwendig sind. Eine Software (neu) ist kompatibel zu einer Software (alt), wenn die neue Software ohne Anpassungen an die Stelle der alten Software in der gleichen Systemumgebung treten kann.

Zu den Aufgaben des Fallbeispiels

1. Die "Architektur" der bei den Stadtwerken AG eingesetzten Software-Systemen könnte wir folgt aussehen:

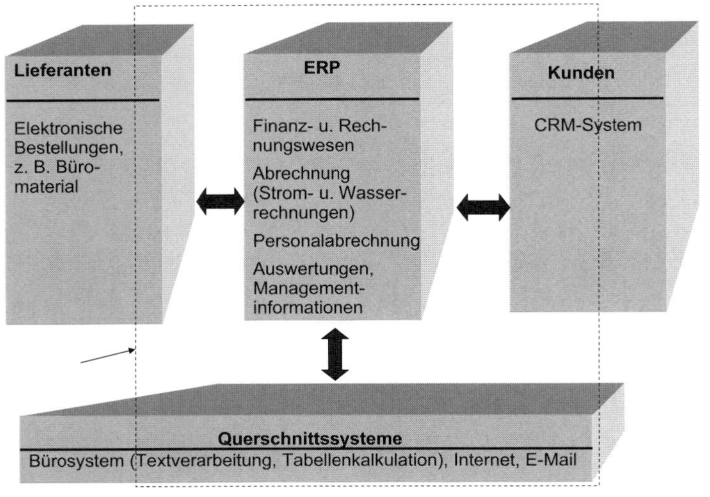

2. Bei Open-Source-Produkten fehlt es i. d. R. an einem Ansprechpartner bei Problemen bzw. benötigter Unterstützung, da hier meist kein einzelner Entwickler/Hersteller das Produkt programmiert hat, sondern eine Vielzahl an Programmieren (Community). Zudem fehlen oft Schulungsangebote, die bei einem Softwarewechsel sinnvoll bzw. notwendig sind. Hinzu kommt, dass i. d. R. keine Gewährleistungsansprüche gegenüber dem Entwickler/den Entwicklern geltend gemacht werden können und zukünftig die Gefahr besteht, dass die Weiterentwicklung von Open-Source-Produkten eingestellt werden könnte.

16.4 Hinweise zu Kapitel 4

Zu den Fragen und Aufgaben

1. Ein Datenübertragungssystem besteht aus zwei Datenstationen und einem Übertragungsmedium. Jede Datenstation besteht aus der Datenendeinrichtung, die sich aus dem Datenendgerät und der Steuereinheit zusammensetzt, und der Datenübertragungseinrichtung.

2. Bitserielle Übertragung: Zeichen werden bitweise nacheinander über einen Kanal übertragen.

   Bitparallele Übertragung: Mehrere Bit werden gleichzeitig auf verschiedenen Kanälen transportiert.

   Analoge Übertragung: Der Wert einer physikalischen Größe wird im zeitlichen Verlauf in Form elektrischer Schwingungen übertragen. Dabei kann die Größe beliebig viele Werte in einem Zeitintervall annehmen.

   Digitale Übertragung: Elektrische bzw. optische Impulse, die die Bit 0 und 1 repräsentieren, werden direkt übertragen.

   Asynchrone Übertragung: Der Gleichlauf zwischen Sender und Empfänger wird nur für jeweils ein Zeichen hergestellt. Start- und Stoppsignal kennzeichnen den Anfang und das Ende eines Zeichens. Die Zeitabstände zwischen den übertragenen Zeichen können unterschiedlich lang sein.

Synchrone Übertragung: Der Gleichlauf zwischen Sender und Empfänger wird für mehrere Zeichen hintereinander, die zu einem Übertragungsblock mit vorangehenden und abschließenden Steuerzeichen zusammengefasst sind, hergestellt. Start- und Stoppsignale für jedes einzelne Zeichen entfallen.

Einwegbetrieb: Die Übertragung kann nur in einer Richtung erfolgen, also entweder nur Sendebetrieb oder nur Empfangsbetrieb.

Wechselbetrieb: Die Übertragung erfolgt abwechselnd in beiden Richtungen. Der Sender kann zum Empfänger werden und umgekehrt.

Gegenbetrieb: Eine gleichzeitige Übertragung ist in beiden Richtungen möglich.

Leitungsvermittlung: Für die Dauer der Verbindung wird ein physikalischer Übertragungsweg zwischen zwei Datenstationen zur Verfügung gestellt, unabhängig davon, ob Daten übertragen werden oder nicht.

Paketvermittlung: Die zu übertragenden Daten werden in genormte Pakete zerlegt, die zusätzlich mit Adress- und Steuerinformationen versehen werden, und dann paketweise über möglicherweise verschiedene Vermittlungsstationen des Netzes, wo sie kurzfristig zwischengespeichert werden, an die Empfängerstation gesendet. Es besteht keine durchgängige physikalische Verbindung zwischen den Teilnehmern.

3. Ein Modem ist eine Datenübertragungseinrichtung für die analoge Übertragung im Telefonnetz. Es wandelt digitale in analoge Signale beim Sender und analoge in digitale Signale beim Empfänger um.

4. Das Schichtenmodell beschreibt allgemeingültig die funktionalen Eigenschaften der Kommunikation zwischen zwei Systemen. Es verringert in erster Linie die Komplexität der Materie und schafft überschaubare, aufeinander aufbauende Einheiten, die über klar definierte Schnittstellen miteinander verknüpft sind.

5. Schicht 7 (Anwendung): Gespräch zwischen zwei Teilnehmern
   Schicht 6 (Darstellung): Sprachdefinition, Syntax
   Schicht 5 (Kommunikationssteuerung): Regeln zur Aufnahme und Beendigung eines Telefongesprächs
   Schicht 4 (Transport): Verabredungen bei einer zeitlichen Unterbrechung
   Schicht 3 (Vermittlung): Wählvorgang und Vermittlung des Gesprächs
   Schicht 2 (Sicherung): Erkennen von Störungen und des Ausfalls von Fernleitungen
   Schicht 1 (Bitübertragung): Übertragung der analogen bzw. digitalen Signale

6. 8,3 Minuten (1 Zeichen zu 8 Bit)

7. Im Unterschied zum Rechnerfernnetz ist ein lokales Netz auf ein begrenztes Gebiet (Betriebsgelände, Bürogebäude) beschränkt und befindet sich vollständig im rechtlichen Entscheidungsbereich des Nutzers.

8. Geräte-, Daten-, Funktions-, Kommunikations-, Last- und Verfügbarkeitsverbund.

9. Ein Kommunikationsprotokoll umfasst alle Regeln und Vereinbarungen über Datenformate, Schnittstellen und den organisatorischen Ablauf einer Datenübertragung.

10. Verdrilltes Kupferkabel, Koaxialkabel, Glasfaserkabel.

11. Die Topologie gibt an, wie die Rechner räumlich angeordnet und miteinander verbunden sind. Die Topologie wird grafisch durch Knoten (Rechner) und Kanten (Kabelführung) zwischen diesen Knoten dargestellt. Beispiel: Bus, Ring, Stern.

12. CSMA/CD (Carrier Sense Multiple Access with Collision Detection):
    Dieses Verfahren ist für Busnetze geeignet. Jeder sendewillige Rechner überprüft vorher, ob der

Bus frei ist. Auch während der Übertragung wird ständig überprüft, ob es zu einer Kollision durch gleichzeitige Sendeversuche anderer Rechner gekommen ist. Bei einer Kollision stellen die betroffenen Rechner den Sendebetrieb ein und beginnen nach einer Zeitspanne mit zufälliger Dauer einen neuen Sendeversuch

13. Technische Restriktionen eines lokalen Netzes erfordern die Einrichtung mehrerer Teilnetze; Entlastung des Gesamtnetzes, wenn Sender und Empfänger in demselben Teilnetz liegen; Verminderung des Risikos unberechtigter Zugriffe auf schutzwürdige Daten; Beschränkung der Fehlerauswirkung; kostengünstige, einfache Teilnetze überall dort, wo dies ausreicht.

14. Repeater, Bridge, Switch, Router und Gateway.

15. Die Verkabelung der Gebäude eines Betriebsgeländes kann in drei Bereiche unterteilt werden.

    Primärbereich: Hierbei handelt es sich um die Verkabelung auf dem Betriebsgelände von Gebäude zu Gebäude. Wegen der guten Übertragungseigenschaften und der hohen Stör- und Abhörsicherheit kommen hier vorwiegend Glasfaserkabel in Frage.

    Sekundärbereich Innerhalb eines Gebäudes werden die verschiedenen Stockwerke mit Glasfaserkabel verbunden.

    Tertiärbereich: Die Endgeräte innerhalb einer Etage werden über verdrillte Kupferkabel, Koaxialkabel und Glasfaserkabel je nach LAN-Technologie und Übertragungsanforderungen verbunden.

16. Statt mehrere lokale Netze durch paarweise Kopplung zu einem Gesamtnetz auszudehnen, ist es günstiger, ein besonders schnelles Netz zu installieren, an das alle lokalen Netze direkt angeschlossen sind.

17. Konfigurationsmanagement: Zentrale Überwachung aller Netzkomponenten; Änderung der Konfiguration; Anpassung an betriebliche Erfordernisse.

    Fehlermanagement: Aufnahme, Diagnose und Beseitigung von Netzwerkfehlern; Fehlerprotokollierung.

    Leistungsmanagement: Messung der Netzleistung; frühzeitiges Erkennen von Engpässen und möglichen Fehlerquellen; Tuning-Maßnahmen.

    Abrechnungsmanagement: Erfassung der Nutzung von Netzdiensten; verursachungsgerechte Zuordnung und Abrechnung von bereitgestellten Leistungen.

    Sicherheitsmanagement: Einleitung von Maßnahmen zur Sicherung des Systems vor Störeinflüssen und unberechtigtem Zugang.

Zu den Aufgaben des Fallbeispiels

1. a) Alle Clients werden als Terminalserver-Clients an die Firmenzentrale angebunden.

   Vorteil: Zentrale Datenpflege und relativ geringe Übertragungsrate zur Firmenzentrale notwendig.

   Nachteil: Erhöhter Implementierungsaufwand auf der Serverseite, jede Applikation muss für Terminalserver ausgelegt sein. Wenn die Anbindung zum Rechenzentrum nicht verfügbar ist, haben die Mitarbeiter vor Ort keine PC-gestützten Systeme.

   b) Applikationen laufen auf den Clients, Daten liegen auf den Servern.

   Vorteil: Basisapplikationen laufen unabhängig von der Netzwerkanbindung zum Rechenzentrum.

   Nachteil: Erhöhter Installations- und Änderungsaufwand auf der Clientseite.

2. Skizze:

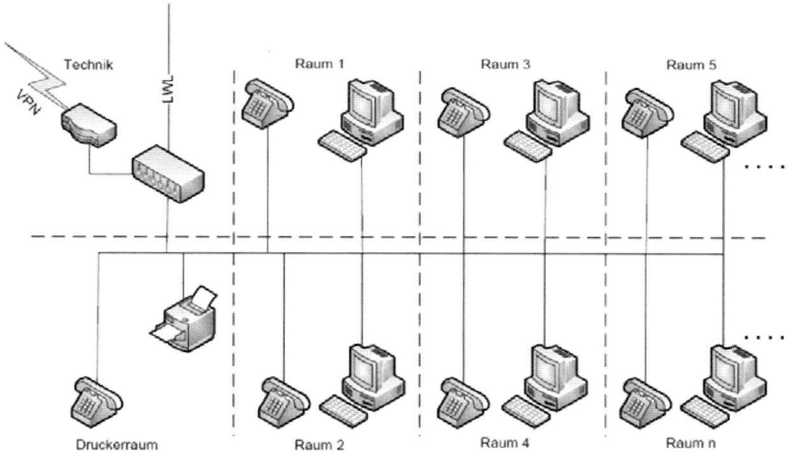

3. Ethernet-Layer-3-Switch; LWL-Interface für die Standortkopplung (LWL = Lichtwellenleiter); TP-Kabel (Kategorie 6, 250 MHz Bandbreite) je nach Größe des Gebäudes und Dosen (2 Ports), 48 Stck.; Gateway für VPN-Kopplung (VPN = Virtual Private Network, siehe Kapitel 5.6); Anzahl der PCs und Telefone hängt von der Mitarbeiterzahl ab und kann variieren; Lizenzen für Switch; VPN-Lizenz.

16.5 Hinweise zu Kapitel 5

Zu den Fragen und Aufgaben

1. TCP/IP basiert auf vier Schichten. Die oberste Schicht (Anwendung) entspricht den drei oberen Schichten des OSI-Referenzmodells. Die untere Schicht (lokales Netz) ist das Gegenstück zu den beiden unteren Schichten des OSI-Modells. Das Internet Protocol (IP) regelt die Vermittlung zwischen zwei Rechnern und die Übertragung der einzelnen Pakete (2. Schicht). Das Transmission Control Protocol (TCP) bietet eine gesicherte Ende-zu-Ende-Verbindung (3. Schicht).

2. Die IP-Adresse (Version IPv4) umfasst 32 Bit (durch eine Folge von vier mit jeweils einem Punkt getrennten Dezimalzahlen dargestellt) und besteht aus einem Netzwerkteil und einem Benutzerteil. Der Netzwerkteil identifiziert das Netz, der darauf folgende Benutzerteil identifiziert ein Endgerät in diesem Netz.

3. Jeder Rechner im Internet verfügt über eine eindeutige Adresse (IP-Adresse), die vom Internet Protocol (IP) benutzt wird, um einen Rechner bzw. das zugehörige Teilnetz zu identifizieren. Domain-Namen sind hierarchisch aufgebaute symbolische Namen, die anstelle der IP-Adresse benutzt werden. Die Übersetzung des Domain-Namens in die entsprechende IP-Adresse wird von Name Servern geleistet.

4. Nein. Das World Wide Web ist nur einer von mehreren anwendungsnahen Diensten im Internet (z. B. SMTP, FTP, Telnet).

5. Während Webserver auf Anfrage Webseiten für eine Vielzahl von Benutzern bereitstellen, sorgt der Webbrowser (Client) des Benutzers für die grafische Aufbereitung. Ein Webbrowser kommuniziert mit einem Webserver über das Protokoll HTTP.

6. Portale ermöglichen wie die Homepage den Einstieg in ein Informationsangebot. Die Inhalte eines Portals sind aber nach Zielgruppen strukturiert und können sich an die Bedürfnisse des Benutzers individuell anpassen (Personalisierung).

7. Der URL http://www.hs-niederrhein.de/index.html besteht aus drei Teilen: dem Protokollnamen (http), dem Domain-Namen des Rechners (www.hs-niederrhein.de) und dem Dateipfad (index.html).

8. Eine HTTP-Anfrage wird vom Webbrowser an den Webserver geschickt, um die in dem URL genannte Ressource (z. B. eine HTML-Seite) anzufordern. Diese Nachricht enthält im Wesentlichen den Namen der gewünschten Ressource, den Hostnamen und weitere Anfrageparameter (z. B. Daten aus einem Formular). Die HTTP-Antwort des Webservers enthält neben Parametern (z. B. Statuscode, Datum) die eigentlichen Nutzdaten (z. B. HTML-Text).

9. Hier sollten Sie sich Grundkenntnisse in HTML verschaffen und Ihre Fantasie walten lassen. Eine umfassende HTML-Referenz findet man unter http://de.selfhtml.org/.

10. HTML und XML sind beides Auszeichnungssprachen (Markup Language). Während HTML im Wesentlichen das physische Layout (Anordnung und Formatierung) der Daten durch vordefinierte Tags festlegt, ermöglicht XML die Strukturierung und Definition der Semantik von Daten durch die Nutzung frei definierbarer Tags, und damit die maschinelle Auswertung und Weiterverarbeitung der Daten.

11. Tipp: Google (www.google.de) ist eine der bekanntesten Suchmaschinen. Hierüber können Sie wiederum nach anderen Suchmaschinen suchen.

12. Die Inhalte statischer Webseiten sind für alle Benutzer gleich und liegen zum Zeitpunkt des Abrufs bereits im Dateisystem vor. Dynamische Webseiten werden erst bei Anforderung des Benutzers z. B. auf der Basis einer Datenbankabfrage mit Hilfe spezieller Programme auf dem Server erzeugt.

13. CGI (Common Gateway Interface) ist eine Standardschnittstelle, die den Webserver mit speziellen Programmen (CGI-Programme) zur dynamischen Erzeugung von Webseiten verbindet. CGI-Programme werten HTTP-Anfragen aus, führen Datenbankabfragen u.Ä. aus und erzeugen eine Webseite (z. B. eine HTML-Seite mit dem Ergebnis der Datenbankabfrage).

14. Intranet und Internet verwenden die gleiche Technologie (TCP/IP, Internet-Dienste, Webbrowser, Webserver usw.). Ein Intranet ist ein unternehmensinternes Netz und in der Regel nicht öffentlich zugänglich.

15. Unternehmensinterne Daten können durch Firewalls geschützt werden. Eine Firewall ist ein aus Hardware und Software bestehendes Kontrollsystem, das zwischen Intranet und Internet gesetzt wird und über Filtermechanismen nur bestimmte IP-Adressen und Dienste erlauben bzw. verbieten kann.

Zu den Aufgaben des Fallbeispiels

1. Eine einfache Möglichkeit (und dazu eine sehr sichere) ist:
   Die Webanwendung wird auf einem Webserver im LAN installiert. Die Anbindung an das LAN erfolgt über einen Vermittlungsserver (Proxy) in der DMZ. Der Proxy nimmt die Anfragen an die Webanwendung entgegen und leitet sie an den Webserver weiter. Weiterhin denkbar wäre, die Präsentationsschicht auf einem geeigneten Webserver in der DMZ zu installieren und über eine gesicherte Verbindung die Kommunikation mit der Geschäftslogik-Schicht im LAN herzustellen.

2. Die Webanwendung soll vom Layout her dem Corporate Design des Unternehmens entsprechen. Sie muss die Anforderungen an die Infrastruktur des Unternehmens erfüllen.

16.6 Hinweise zu Kapitel 6

Zu den Fragen und Aufgaben

1. Ein Datenbanksystem verwaltet die in einer Datenbank zentral gespeicherten Daten und führt die Zugriffe auf die Datenbank durch.

   Anwendungsprogramme greifen nicht direkt auf die Daten zu, sondern benutzen Dienstleistungen des Datenbankmanagementsystems. Damit sind sie unabhängig von der physischen Datenorganisation.

   Des Weiteren regelt das System die konkurrierenden Datenzugriffe mehrerer Benutzer und sorgt für die Konsistenzerhaltung der Daten.

2. Konzeptionelle Ebene: Datenmodell mit Integritätsregeln und Zugriffsrechten.

   Interne Ebene: physische Speicherung und Datenorganisation.

   Externe Ebene: Sichten eines Benutzers oder Anwendungsprogramms auf die in der Datenbank gespeicherten Daten.

3. Objekttypen, Attribute, Beziehungstypen, Kardinalität von Beziehungstypen (1:1, 1:n, m:n).

4. Objekttypen: Mitarbeiter, Auftrag, Unterauftrag, Leistung.

   Beziehungstypen: 1:n-Beziehung zwischen Auftrag und Unterauftrag, 1:n-Beziehung zwischen Mitarbeiter und Leistung, 1:n-Beziehung zwischen Unterauftrag und Leistung.

   Attribute von Mitarbeiter: Personalnummer, Name, Stundensatz.

   Attribute von Auftrag: Auftragsnummer, Auftragsbezeichnung, Auftraggeber, Auftragsdatum.

   Attribute von Unterauftrag: Auftragsnummer, Unterauftragsnummer, Unterauftragsbezeichnung, Sollaufwand.

   Attribute von Leistung: Personalnummer, Auftragsnummer, Unterauftragsnummer, Monat, Iststunden.

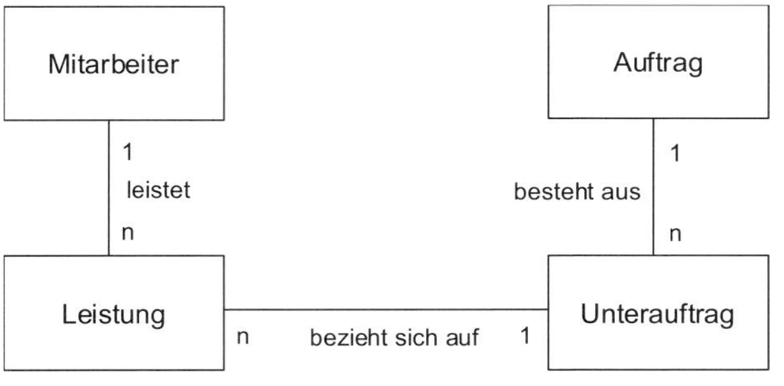

5. Der Primärschlüssel hat die Aufgabe, Zeilen einer Relation eindeutig zu identifizieren. Über Fremdschlüssel werden Beziehungen zwischen Relationen hergestellt. Ein Fremdschlüssel ist in einer anderen Relation Primärschlüssel.

6. Die m:n-Beziehung zwischen zwei Objekttypen A und B kann mit Hilfe einer Koppeltabelle in zwei 1:n-Beziehungen aufgelöst werden. Die Primärschlüssel der A bzw. B entsprechenden Tabellen werden als Spalten der Koppeltabelle aufgenommen. Sie stellen jeweils den Fremdschlüssel für die 1:n-Beziehungen dar und bilden zusammen den Primärschlüssel der Koppeltabelle.

7. `Mitarbeiter (Personalnummer, Name, Stundensatz)`

`Auftrag (Auftragsnummer, Auftragsbezeichnung, Auftraggeber, Auftragsdatum)`
`Unterauftrag (Auftragsnummer, Unterauftragsnummer, Unterauftragsbezeichnung, Soll-Aufwand)`
`Leistung (Personalnummer, Auftragsnummer, Unterauftragsnummer, Monat, Ist-Stunden)`

8. `Kunde (Kundennummer, Kundenname, Kundenadresse)`
`Bestellung (Bestellnummer, Kundennummer, Artikel, Bestellmenge)`
Fremdschlüssel in der Relation `Bestellung` ist das Attribut `Kundennummer`.

9. 1. Normalform:
`Prüfungsdaten (PNR, Fach, Prüfer, MatrNr, Name, Studiengang, FB, Dekan, Note)`

2. Normalform:
`Prüfungen (PNR, Fach, Prüfer)`
`Studierende (MatrNr, Name, Studiengang, FB, Dekan)`
`Prüfungsdaten (PNR, MatrNr, Note)`

3. Normalform:
`Prüfungen (PNR, Fach, Prüfer)`
`Studierende (MatrNr, Name, Studiengang)`
`Prüfungsdaten (PNR, MatrNr, Note)`
`Studiengänge (Studiengang, FB)`
`Fachbereiche (FB, Dekan)`

10. 1. Normalform:
`Beteiligung (PNR, MA, ANR, Abteilung, Projekt)`

2. Normalform:
`Mitarbeiter (PNR, MA, ANR, Abteilung)`
`Beteiligung (PNR, Projekt)`

3. Normalform:
`Mitarbeiter (PNR, MA, ANR)`
`Abteilung (ANR, Abteilung)`
`Beteiligung (PNR, Projekt)`

11. SQL (Structured Query Language) ist eine durch ANSI genormte Abfragesprache für relationale Datenbanksysteme, die auch Anweisungen zur Änderung von Daten, zur Definition des Datenmodells und zur Pflege von Zugriffsrechten umfasst. SQL ist eine mengenorientierte, nicht prozedurale Sprache.

12.
```
SELECT SUM(Iststunden * Stundensatz) AS Aufwand FROM Mitarbeiter,
Leistung WHERE Mitarbeiter.Personalnummer = Leistung.Personalnummer
AND Auftragsnummer = '4711' AND Monat = '2008/04'
```

13. `Abteilung (abtnr, abtbez, kst)`
`Mitarbeiter (persnr, name, gebdatum, eintritt, abtnr)`
`Projekt (projnr, projbez, budget, start, ende, persnr)`
`Beteiligung (persnr, projnr)`
Fremdschlüssel:
`abtnr` in `Mitarbeiter` referenziert Abteilung, `persnr` in `Projekt` referenziert `Mitarbeiter`, `persnr` in `Beteiligung` referenziert `Mitarbeiter`, `projnr` in `Beteiligung` referenziert `Projekt`.

14. Eindeutige Identifizierbarkeit von Zeilen über Primärschlüssel, Eingabepflicht, Wertebereiche und Standardwerte für Attribute, referentielle Integrität.

15. a) Kurs: Kursnummer, Bezeichnung, Kategorie, Zeit
Dozent: Dozentennummer, Dozentenname, Fach
Raum: Raumnummer, Anzahl Plätze, Ausstattung
Hörer: Hörernummer, Name, Anschrift

b)

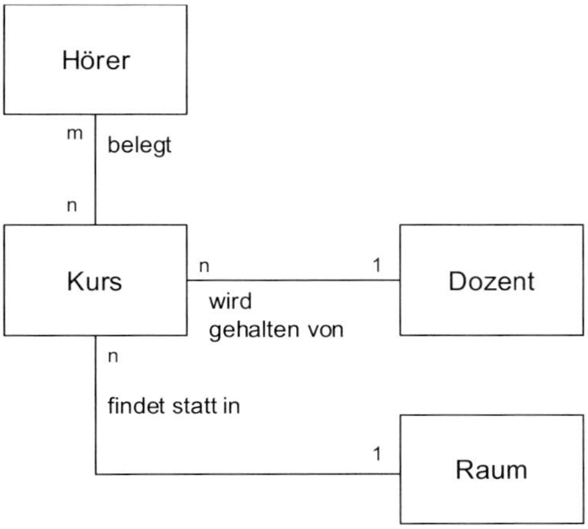

c) kurs (kursid, bezeichnung, kategorie, zeit, *raumid*, *dozid*)
dozent (dozid, dozname, fach)
raum (raumid, anz, ausstattung)
hoerer (hid, name, anschrift)
belegung (*hid*, *kursid*)
(Primärschlüssel sind unterstrichen, Fremdschlüssel sind kursiv gesetzt.)

d)

kursid	Zahl
dozid	Zahl
raumid	Text (3)
hid	Text (4)
bezeichnung	Text (30)
kategorie	Text (16)
zeit	Text (16)
dozname	Text (30)
fach	Text (30)
anz	Zahl
ausstattung	Text (50)
name	Text (30)
anschrift	Text (60)

e), f) Mit den Ergebnissen aus c) und d) sollten Ihnen diese Aufgaben nicht schwer fallen.

16. a)
```
SELECT kurs.kursid, kurs.bezeichnung, kurs.kategorie,
kurs.zeit, kurs.raumid, dozent.dozname
FROM dozent, kurs WHERE dozent.dozid = kurs.dozid
ORDER BY kurs.kursid;
```

b)
```
SELECT belegung.kursid, hoerer.name, hoerer.anschrift
FROM hoerer, belegung WHERE hoerer.hid = belegung.hid
ORDER BY belegung.kursid, hoerer.name;
```

c)
```
SELECT kursid, count(hid) as Anzahl FROM  belegung
GROUP BY kursid ORDER BY kursid;
```

17. In einem verteilten Datenbanksystem sind logisch zusammengehörende Daten physisch auf mehrere Rechner in einem Rechnernetz verteilt.

Vorteile: schneller Zugriff auf lokale Daten eines Rechnerknotens; Datenpflege dort, wo die Daten auch physisch gespeichert sind (niedrigere Datenübertragungskosten); bei Ausfall eines Rechnerknotens ist der Zugriff auf die restlichen Daten noch möglich.

Nachteile: höherer Aufwand für die Transaktionssteuerung und Erhaltung der Datenintegrität, schwierigere Gewährleistung von Datenschutz und Sicherheit.

Zu den Aufgaben des Fallbeispiels

1. ER-Modell

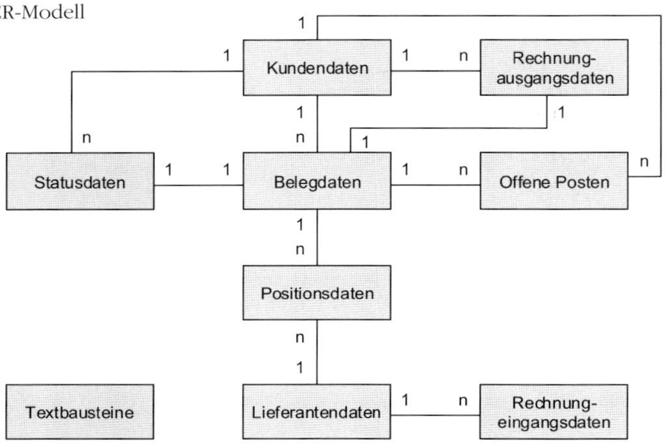

Zwischen "Belegdaten" und "Offene Posten" besteht eine 1:n-Beziehung, da Teilzahlungen mit unterschiedlichen Fälligkeitsterminen möglich sind.

2. Relationenmodell für den Teilausschnitt Kundendaten, Beleg- und Positionsdaten:

Tabelle: *Kunde*

KundenNr	Ganzzahl
Anrede	Text 10
Name	Text 30
Vorname	Text 30
Zusatz	Test 30
Straße	Text 30
PLZ	Text 8
Ort	Text 30
Telefon	Text 15
Telefax	Text 15
Konto	Text 10
BLZ	Text 8
Bank	Text 30
Bonität	Text 60
Umsatz-Vorjahr	Dezimalzahl
Umsatz-lfd	Dezimalzahl

Primärschlüssel: KundenNr

Tabelle: *Beleg*

BelegNr	Text 8
Datum	Datum/Zeit
KundenNr	Ganzzahl
MWSt	Dezimalzahl
Netto	Dezimalzahl
Brutto	Dezimalzahl

Primärschlüssel: BelegNr, Fremdschlüssel: KundenNr

Tabelle: *Position*

BelegNr	Text 8
PosNr	Ganzzahl
Text	Text variabel
Menge	Ganzzahl
Einzelpreis	Dezimalzahl
Gesamtpreis	Dezimalzahl

Primärschlüssel: BelegNr + PosNr Fremdschlüssel: BelegNr

3. SQL-Anweisungen:

```
UPDATE Position SET Gesamtpreis = Menge * Einzelpreis
WHERE BelegNr = '4711'
SELECT Sum(Gesamtpreis), Sum(Gesamtpreis) * 1.19 FROM Position
WHERE BelegNr  = '4711'
```

16.7 Hinweise zu Kapitel 7

Zu den Fragen und Aufgaben

1. Ein ERP-System ist ein integriertes betriebswirtschaftliches Standardanwendungssoftware-Paket, welches nahezu alle Aufgabenbereiche und Prozesse eines Unternehmens unterstützt.

2. Zunächst einmal werden Informationen über den Status eines Fertigungsauftrags und seine einzelnen Teilschritte (Arbeitsgänge) benötigt. Weiter werden Angaben aus der Produktionsplanung benötigt, z. B. geplanter Endtermin des Auftrags, voraussichtliche Restlaufzeit. Wichtig sind ferner Soll-Ist-Vergleiche, z. B. bei Ausschuss, Produktions-, Stillstands- und Rüstzeiten

3. Die wichtigsten Anforderungen sind: Belegbarkeit aller Buchungen; Sicherheit der Verarbeitung, d. h. kein Verlust erfasster und gespeicherter Daten; Vollständigkeit der Buchungen (Buchungssätze); Richtigkeit, d. h. korrekte Datenspeicherung; Klarheit, d. h. klarer und systematischer Aufbau der Buchhaltungssystematik (Kontenpläne); Zeitgerechtigkeit, d. h. zeitnahe Datenerfassung und -pflege; Prüfbarkeit, d. h. nachträgliche Überprüfung sämtlicher Buchungen und Abschlüsse durch Revision, Wirtschaftsprüfer, Steuerprüfer.

4. Die Brutto- und Nettolohnermittlung ist ein typischer Batch-Verarbeitungsprozess (Stapelverarbeitung), d. h. die Lohn- und Gehaltserrechnung wird an einem bestimmten Stichtag für alle Mitarbeiter (oder Mitarbeitergruppen, wie z. B. alle Gewerblichen) in einem Verarbeitungslauf durchgeführt. Unabhängig davon sehen die heutigen Abrechnungsprogramme eine Dialogabrechnung vor, die von einem Mitarbeiter am Bildschirm gestartet wird, beispielsweise für einen kurzfristig ausgeschiedenen Arbeitnehmer. Der Batch-Lauf einer Abrechnung kann nur dann gestartet werden, wenn zuvor die erforderlichen Stamm- und Bewegungsdaten per Dialog eingegeben wurden.

5. Bei der Integration von Informationssystemen unterscheiden wir Reichweite, Richtung und Integrationsgegenstand. Bei der Reichweite wird zwischen der Integration innerhalb eines Unterneh-

mens und der unternehmensübergreifenden Integration unterschieden. Die horizontale Integration verbindet die Teilsysteme innerhalb der Wertschöpfungskette auf derselben Managementebene, z. B. Bearbeitung eines Fertigungsauftrags von der Anfrage des Kunden bis zum Versand. Vertikale Integration bedeutet die Informationsverdichtung von unten nach oben (Aggregation von Kennzahlen) und umgekehrt die Verfolgung kritischer Pfade einzelner Kennzahlen von oben nach untern (Drill-Down). Integration kann sich ferner auf Daten, Programme und Benutzungsschnittstelle beziehen.

6. Mögliche Nachteile integrierter Anwendungssoftwaresysteme sind: hohe Komplexität, bedingt durch den hohen Funktionsumfang; damit verbunden ein hoher Schulungs- und Beratungsaufwand; häufig aufwändige Implementierung und aufwändige Anpassung (Customizing) bei Standardsoftware; teilweise werden bei integrierten Standardsystemen Programmteile erworben (Basissystem), die nicht unbedingt erforderlich sind.

7. Ein PPS-System dient zur integrierten Planung und Steuerung von Fertigungs- und Produktionsprozessen. Im Mittelpunkt steht der Prozess von der Produktionsplanung über Angebotsbearbeitung, Beschaffung, Fertigung bis zur Auslieferung. Ein ERP-System kann als Erweiterung des PPS-Systems betrachtet werden. Hiermit können im Idealfall alle betriebswirtschaftlichen Geschäftsprozesse unterstützt werden. Gemeinsamkeiten von PPS- und ERP-System sind die integrierte Unterstützung mehrerer betriebswirtschaftlicher Funktionen (erreicht u. a. durch eine gemeinsame Datenbank) sowie die Unterstützung von Geschäftsprozessen.

8. a) kontaktbehafteten
   b) Personalzeitwirtschafts-System
   c) Integration
   d) PPS-System
   e) unternehmensinterner
   f) unternehmensübergreifende
   g) vertikaler
   h) ERP
   i) 13 Stellen; 2 Stellen Länderkennung, 5 Stellen einheitliche Betriebsnummer, 5 Stellen Artikelnummer, 1 Stelle Prüfziffer.

9. RFID (Radio Frequency Identification) dient der berührungslosen und automatischen Datenerfassung von Objekten über Funk und ist über drei Eigenschaften charakterisierbar:

   1. Durch elektronisch gespeicherte Daten können Objekte eindeutig gekennzeichnet werden.

   2. Über einen Funkfrequenzkanal können Daten draht- und berührungslos übertragen werden.

   3. Daten werden von einem gekennzeichneten Objekt nur übertragen, wenn ein autorisiertes Lesegerät den Lesevorgang startet.

   Ein RFID-System besteht aus einem Transponder (Tag oder Smart Label), einem Erfassungsgerät und einem weiterverarbeitenden IT-System. Der Transponder wird fest an einem Objekt angebracht oder integriert und dient als Datenträger und kann über Funk ausgelesen werden. Er besteht aus einem Mikrochip, einer Antenne, einem Träger und ggf. einer Batterie und verfügt über eine eindeutige Identifikationsnummer und Daten über das Objekt, an welchem er angebracht ist. Das Erfassungsgerät liest Daten vom Transponder und kann diesen mit weiteren Daten beschreiben, wenn der Transponder entsprechend ausgestattet ist. Zudem besitzt es oftmals eine Schnittstelle, worüber die Datenübertragung an ein weiterverarbeitendes System möglich ist.

   Im Handel besitzt die RFID-Technologie mehrere Vorteile:

   Schnelle Identifikation neu angelieferter und verkaufter Ware; schnelle Inventurzählung (zukünftig); schnelle Karton- und Palettenverfolgung/-identifikation bei An- und Auslieferungen bzw. Transporten; ggf. zukünftige Personaleinsparung von Kassierern/Kassiererinnen.

Jedoch gibt es auch Nachteile:

Markierung jedes einzelnen Produktes ist aufwändig und insbesondere die Erkennung in einem Einkaufswagen noch unzuverlässig. Transponder für niedrigpreisige Güter zu teuer. Missbrauchspotenzial (für Kunden ungewollte Datenerhebung/Profilerstellung zu Marketingzwecken etc.).

10. Der Einsatz kontaktloser Chipkarten im Personennahverkehr hat für den Beförderer und den Fahrgast Vorteile in der Schnelligkeit von Transaktionen. Der Kunde kann bargeldlos seine Mitfahrberechtigung erwerben. Ebenso gestaltet sich der Kontrollprozess schneller. Gegebenenfalls ließe sich die Chipkarte beim Betreten/Verlassen des Fahrzeuges auslesen und ein nicht mitfahrberechtigter Fahrgast ließe sich schnell identifizieren. Jedoch müsste jeder Kunde über eine solche Chipkarte verfügen und traditionelle Papiertickets abgeschafft werden. Der Einsatz der Chipkarten ist ressourcensparend.

    Nachteilig an einem solchen Verfahren sind die hohen Investitions- und Umrüstkosten. Die entsprechenden Karten müssen produziert und ausgestellt werden, die Fahrzeuge mit entsprechenden Erfassungsgeräten ausgestattet werden. Zudem wird für eine unbekannte Dauer ein Parallelbetrieb des alten und neuen Verfahrens unumgänglich sein, da nicht alle Kunden zur gleichen Zeit mit kontaktlosen Chipkarten ausgestattet und die vorher nicht benötigten Daten (Rechnungsanschrift, Kontoverbindung, etc.) erfasst werden müssen.

    Weiterhin wird man bei vielen Kunden eine ablehnende Haltung vorfinden, da dieser sich nicht mehr anonym in der Öffentlichkeit bewegt sondern sein Fahrstrecken und Aufenthalte nachträglich ermittelt werden können. Es werden wahrscheinlich hohe Datenschutzauflagen auf die Betreiber zukommen um Missbräuche des Systems zu unterbinden.

    Beim jetzigen System besteht das Problem darin, dass die kontaktlosen Chipkarten in Konkurrenz zu anderen Verfahren stehen, beispielsweise dem Ticketverkauf über das Handy, so dass für die verschiedenen Möglichkeiten auch verschiedene Hardware zur Unterstützung dieser Möglichkeiten bereitstehen müssen.

    Verliert ein Kunde eine kontaktlose Chipkarte, so verliert er dadurch nicht nur das Ticket, sondern auch den noch auf der Karte enthaltenen Betrag.

Zu den Aufgaben des Fallbeispiels

1. Das Kundenkontaktmanagement, welches auch die Abgabe von Angeboten enthält (Fall a), ist dem Bereich Vertrieb zuzuordnen. Die Erstellung und Versendung von Kundenabrechnungen (Fall b) ist ebenfalls Gegenstand des ERP-Systems (Enterprise Ressource Planning), branchenspezifische Module (SAP IS-U für die Energiebranche) können ergänzend eingesetzt werden. Die Ablage der Verträge (Fall c) erfolgt i. d. R. im Dokumentenmanagementsystem, welches für die Archivierung an das ERP-System angebunden ist.

2. Neben den in 1. genannten Anwendungen ERP und Dokumentenmanagementsystem könnten noch weitere speziell auf die Vertriebsaktivitäten ausgerichtete Anwendungen (bspw. Kampagnenmanagement) oder ein Data Warehouse genannt werden. Für das Problem "häufiger Kundenwechsel" sollte der Einsatz eines CRM-Systems geprüft werden.

3. Die Einführung eines ERP-Systems hat die folgenden Vorteile zu bieten:

    Eine integrierte Lösung kann im Vergleich zu einer Vielzahl von Einzellösungen einen deutlichen Kostenvorteil durch die Vermeidung von Schnittstellen und die Minimierung der zu betreibenden Anwendungen erzeugen.

    Das ERP-System dient als Datenlieferant für verschiedenste Berichtsanforderungen und liefert als integrierter Standard konsistente Ergebnisse.

Die Einführung eines Marktstandards bietet die maximale Sicherheit bzgl. der Stabilität des Anbieters (bspw. im Hinblick auf Weiterentwicklung und Support).

4. Musskriterien

Vertrieb: Angebotserstellungsfunktion/zentrale Angebotsablage; automatische Tarifermittlung für Strom, Gas und Dienstleistungen; Kundenvertragsmanagement; einheitliche Ablage; zentraler Zugriff über Kundenprofile; systemgestützte Bearbeitung; Vergleich der Ablesedaten vom Kunden mit dem Durchschnitt des vergangenen Vertragsverhältnisses; Warnung bei zu starken Abweichungen; Abgleich mit schon vorhandenen Zählernummern als Verwechslungsschutz bei Mehrfamilienhäusern; Unterstützung des Kündigungsprozesses; Vergleich aktuelles Datum mit Mindestvertragslaufzeit; Ausgabe der Kundenwichtigkeit; Abfrage des Kündigungsgrunds; Unterstützung des (regionalen) Angebotsvergleichs mit Konkurrenzangeboten; Alarmsystem; Kundenkontaktunterstützung.

Finanzbuchhaltung: Kontenverwaltung; Buchungsdurchführungen; Plausibilitätsprüfungen bei Buchungen; Bilanzerstellung; Gewinn- und Verlustrechnung.

Kostenrechnung: Wirtschaftlichkeitskontrolle mittels Soll/Ist-Vergleich; Preiskalkulation; Bewertung der Kostenträger; Ermöglichen der kurzfristigen Erfolgsrechnung durch korrekte Kosten- und Leistungserfassung.

Materialwirtschaft: Bedarfsermittlung; Beschaffungsmarktforschung; Lagerhaltung; Transport (innerbetrieblich und überbetrieblich); Verbrauchsermittlung; Entsorgung; Produktionsplanung; Fertigsteuerung; Objektverwaltung (Rohstoffe, Betriebsstoffe etc.).

Soll-Kriterien: Unterstützung bei Kündigungen seitens der Kunden; automatische Erstellung eines neuen Angebots zur Vermeidung des Kundenverlusts

Kann-Kriterien

–

5. Der Einsatz von RFID bei der Stadtwerke AG könnte sich im Rahmen der Zutrittskontrolle, insbesondere in sensiblen Bereichen (z. B. Rechenzentrum, Kraftwerke) eingesetzt werden, zu denen nur autorisierte Personen Zutritt erlangen dürfen. RFID kann auch bei der Ablesung von Zählerständen genutzt werden. Als Lesegeräte können hierbei Handys genutzt werden.

   Es könnten spezielle und kostenintensive Werkzeuge mit Transpondern zur Vermeidung von Diebstahl ausgestattet werden. Gleichzeitig wäre es möglich eine fristgerechte Wartung und Pflege der Werkzeuge zu gewährleisten.

16.8 Hinweise zu Kapitel 8

Zu den Fragen und Aufgaben

1. Haupttätigkeiten sind: die Erfassung und Beschaffung, die Transformation, die Speicherung und der Austausch von Informationen.
2. Die Tätigkeiten im Büro weisen viele Ähnlichkeiten auf: Informationen müssen beschafft und erfasst, transformiert, gespeichert und weitergegeben werden. Allerdings ist die zeitliche Aufteilung unterschiedlich: Während z. B. eine Führungskraft für die Kommunikation knapp die Hälfte ihrer Arbeitszeit aufwendet, liegt der Anteil bei Sekretärin, Sachbearbeiter und Spezialist zwischen 15 und 20 Prozent (vgl. Bild 8.2). Computergestützte Bürosysteme sollten daher für alle Arbeitsplatztypen einheitlich sein (schon allein um die Weiterbearbeitung zu ermöglichen), wobei an jedem Arbeitsplatz individuelle Anpassungen vorgenommen werden sollten ("Personalisierung").
3. Siehe Liste in Kapitel 8.2.2.

4. Die Aufteilung eines Vorgangs in viele Einzeltätigkeiten und ihre Verteilung auf entsprechend viele Bearbeitungsstellen hat die Nachteile: hohe Transport- und Liegezeiten, hohe geistige Rüstzeiten, um sich in kurzen Abständen auf unterschiedliche Fälle einzustellen, mangelnde Übersicht über den Bearbeitungsstand des gesamten Vorgangs. Deshalb versucht man Einzeltätigkeiten wieder zu Aufgabenkomplexen zusammenzufassen, die jeweils von einer Person am Arbeitsplatz erledigt werden können.

5. Bürosysteme sollen die Bürotätigkeiten durch Hardware, Software und Kommunikationsdienste unterstützen. Alle an einem Arbeitsplatz anfallenden Tätigkeiten sollen möglichst über ein System (z. B. PC mit Zugang zu Servern im Netz sowie interner und externer Kommunikationsmöglichkeit) abgewickelt werden können. Die Haupteinsatzziele sind in Kapitel 8.2.2 aufgeführt.

6. Textverarbeitung, Tabellenkalkulation mit Geschäftsgrafik, Präsentationsgrafikerstellung, Datenbankverwaltung, Elektronische Post, Gruppenterminkalender.

7. Vorteile des mobilen Arbeitsplatzes: Da die Mitarbeiter überwiegend bei Kunden tätig sind, ist es wirtschaftlich nicht sinnvoll, für alle Mitarbeiter noch zusätzlich individuelle Büroarbeitsplätze zur Verfügung zu stellen. Durch flexible Büroraumkonzepte können die Mitarbeiter auch je nach Bedarf einen anderen Arbeitsplatz nutzen, beispielsweise ist an einem Tag ein Besprechungsraum erforderlich, am nächsten Tag erweist sich ein Einzelbüro als zweckmäßig und am folgenden Tag ist ein Projektgruppenraum am sinnvollsten. Über Handy und Notebook haben die Mitarbeiter Zugriff auf sämtliche Informationssysteme. Durch die flexible Raumbelegung sitzt man immer wieder mit anderen Kollegen zusammen, hierdurch kann der Wissensaustausch verbessert werden.

   Nachteile des mobilen Arbeitsplatzes: Ein eigenes Büro ist für die meisten Menschen immer noch mit Prestige und Anerkennung verbunden. Nicht alle Informationen stehen digital zur Verfügung, sondern es wird immer noch häufig auf Papierdokumente zugegriffen. Für viele Menschen ist ein angenehmer, individuell gestalteter Arbeitsplatz eine wichtige Voraussetzung für Motivation und Wohlbefinden. Für den Aufbau sozialer Beziehungen und eine vertrauensvolle Zusammenarbeit ist der ständige Wechsel der Kollegen nicht förderlich.

8. Ein Dokumenten-Management-System bietet Funktionen für die Dokumentenerfassung mittels Scanner oder Übernahme von Dateien aus anderen DV-Anwendungen, die Erfassung von Attributen (Deskriptoren) zur Kennzeichnung von Dokumenten (Indizierung), die Speicherung der Dokumente auf optischen Speicherplatten, das Wiederauffinden von Dokumenten mit Hilfe von Suchabfragen (Retrieval).

9. Bei codierten Informationen liegen die Dokumente in Form von auswertbaren Dateien bereits vor. Bei nicht-codierten Informationen handelt es sich zwar auch um digitale Dokumente, die allerdings als Ergebnis eines Scan-Vorgangs vorliegen oder in Form einer pdf-Datei.

10.

Web 1.0	Web 2.0
Überwiegend statische Inhalte	Dynamische Inhalte, Interaktion zwischen den Benutzern ist sehr wichtig
Klare Trennung zwischen Anbietern und Benutzern	Die Grenzen zwischen Anbietern und Benutzern verschwinden, die Benutzer stellen eigenen "Content" bereit
Inhalte werden von Spezialisten ("Online-Redakteuren") bereitgestellt	Inhalte können leicht von jedem Benutzer ins Netz gestellt werden.
Benutzer hatten überwiegend eine passive Rolle ("Konsument")	Benutzer haben eine aktive Rolle, sie gestalten selbst mit, hohe Interaktivität
Texte und Bilder als hauptsächliche Gestaltungselemente einer Web-Seite	Multimediale Nutzung steht im Vordergrund

11. Ein Vorgang besteht aus mehreren Tätigkeiten, die in einer bestimmten Reihenfolge nach bestimmten Regeln möglicherweise von verschiedenen Personen ausgeführt werden. Ein Vorgang ist exakt definiert, wenn feststeht, was ausgeführt wird, in welcher Reihenfolge die Tätigkeiten ausgeführt werden, welche Daten erzeugt, bearbeitet und weitergeleitet werden, wer eine Tätigkeit ausführt und mit welchen Hilfsmitteln und Programmen die Ausführung unterstützt wird.

12. Workflow-Management-Systeme unterstützen die integrierte Vorgangsbearbeitung durch die Entwicklung von Mustervorgängen (Vorgangsbeschreibung, Anpassung des Organisationsmodells), die Zuordnung von Vorgängen zu Bearbeitern unter Berücksichtigung der Aufbauorganisation (Rollen, Kompetenzen), die Laufwegsteuerung, die Ausführung der Tätigkeiten durch Aufruf von Anwendungen über eine grafische Benutzungsoberfläche, die Protokollierung der Arbeitsschritte aller Vorgänge und durch die Verwaltung und Archivierung der Vorgangsobjekte.

13. a) Das Web wird als Plattform für sämtliche Anwendungen betrachtet; die Anwendungen laufen zukünftig auf dem Server anstatt auf dem PC.

b) Nicht mehr der Betreiber sondern die Nutzer gestalten die Inhalte einer Website. Oftmals wird in diesem Zusammenhang auch von "Mitmach-Netz" gesprochen.

c) Die von den Nutzern permanent erzeugten neuen Daten stellen den größten Wert von Web 2.0 dar.

d) Es werden neue Formen der Software-Entwicklung praktiziert. Software wird nicht mehr als Produkt ausgeliefert sondern als Service.

e) Es werden "leichtgewichtige" Formen der Programmierung verwendet, z. B. in Form einfacher Schnittstellen, um Inhalte der unterschiedlichsten Anwendungen miteinander zu kombinieren.

f) Die erstellte Software kann auf vielen Geräten genutzt werden, also nicht nur am PC sondern auf bei Handys oder PDAs.

g) Die Benutzbarkeit von Webseiten wird verbessert, Web-Applikationen sind in Bezug auf Bequemlichkeit, Fenstertechnik und Ergonomie vergleichbar mit den bisherigen Client-Server-Applikationen. Eine wichtige Rolle als Schlüsseltechnologie spielt hierbei Ajax.

14.

Kommunikationsform	asynchron	synchron
Brief	X	
Telefon		X
Instant Messaging		X
Telefonkonferenz		X
E-Mail	X	
Internet-Konferenz		X
Video-Konferenz		X
Fax	X	

15. Ein Wissensmanagementsystem wird genutzt zur Gewinnung, Strukturierung, Darstellung, Verteilung, Suche und Speicherung des im Unternehmen relevanten Wissens. Hierzu werden verschiedene IT-Werkzeuge wie z. B. Intranet, Internet, Suchmaschinen, Dokumentenmanagementsysteme, Datenbanken, Workflow- und Groupware-Systeme genutzt. Beratungsunternehmen nutzen Wissensmanagementsysteme, um die gewonnenen Erfahrungen aus Projekten zu dokumentieren und allen Berechtigten zur Verfügung zu stellen. In produzierenden Unternehmen können derartige Systeme helfen, den Wissensaustausch zwischen Produktentwicklung, Produktion und Vertrieb/Marketing zu verbessern.

16. Unternehmensportale gewähren allen Mitarbeitern den Zugang zu Informationen, Anwendungsprogrammen und Diensten, wobei der Zugang auf den Informationsbedarf der einzelnen Benutzer

zugeschnitten (personalisiert) ist. Hierdurch muss der Benutzer sich nur einmalig an seinen PC mit seinem Passwort anmelden. Der Zugang zu irrelevanten Informationen und Anwendungsprogrammen wird hierdurch eingeschränkt. Die Benutzer müssen sich nicht in verschiedenen Anwendungsprogrammen jeweils erneut anmelden und müssen auch nicht lange in Dateiverzeichnissen und Menüs suchen. Die gesamte Informationsversorgung (E-Mail, Rundschreiben, Aushänge etc) wird über das Portal kanalisiert und gesteuert.

17. In einem CMS wird jedes Content-Objekt nach seiner Struktur (z. B. Unterteilung eines Textes in Überschrift, Abschnitte und Zusammenfassung), Darstellung (Informationsdarstellung für unterschiedliche Ausgabemedien) und Inhalt (den eigentlichen Rohdaten) untergliedert.

18.

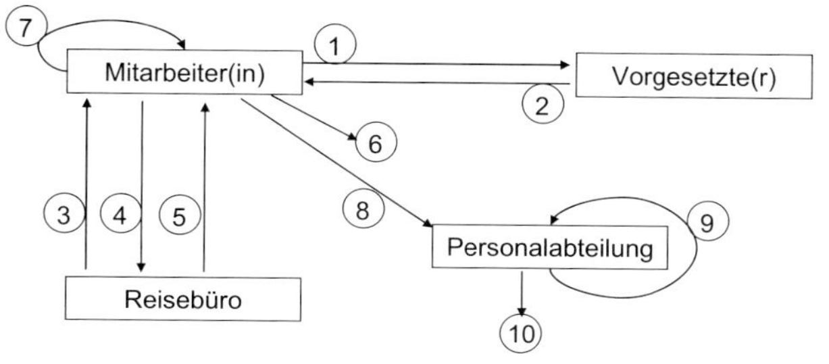

1. Erfassung des Dienstreiseantrages durch Mitarbeiter(in)
2. Genehmigung/Ablehnung durch Vorgesetzte(n)
3. Prüfen ob Flug, Hotel und ggf. Mietwagen verfügbar sind
4. Reservierung vornehmen
5. Versand von Reisebestätigung, ggf. Tickets
6. Durchführung der Dienstreise
7. Erfassung der Reisekosten durch Mitarbeiter(in)
8. Versand der Belege an Personalabteilung
9. Belege prüfen und Auszahlung der Reisekosten über Entgeltabrechung
10. Archivierung des Vorgangs

Zu den Aufgaben des Fallbeispiels

1. Die Anforderungen können beispielsweise durch folgende Technologien ganz oder teilweise umgesetzt werden: Unternehmensportal, Content Management System, Workflow Management System, Self Services, Single Sign On, Personalisierung

2. Beispielsweise kann das optimale Verwalten und Suchen von Dokumenten mit Hilfe eines Content Management Systems (CMS) unterstützt werden. Die Anforderung "ein Passwort als Zugang für alle Anwendungen" kann über ein Single Sign On System implementiert werden.

16.9 Hinweise zu Kapitel 9

Zu den Fragen und Aufgaben

1. Bei operativen Anwendungssystemen werden einzelne Datensätze bearbeitet, d. h. erfasst, verändert, gespeichert. Sie heißen auch "transaktionsorientiert", weil im Regelfall die einzelne Datenbanktransaktion im Mittelpunkt steht. Bei analytischen Anwendungssystemen stehen die Analyse und Entscheidungsunterstützung im Vordergrund. Es sollen von der Software Auswertungen und Berechnungen durchgeführt werden, um die Entscheidungen des Managements zu verbessern. In der Regel benötigen analytische Informationssysteme eine eigenständige, speziell für Auswertungszwecke geschaffene Datenbasis (Data Warehouse).

2. Führungsinformationssysteme lassen sich u. a. durch folgende Merkmale charakterisieren:

   einfache Bedienbarkeit durch grafische, leicht erlernbare Benutzungsoberfläche; Zugriff auf interne und externe Daten möglich; anpassbar an organisatorische Veränderungen im Unternehmen; direkte Benutzung durch den Manager; besondere farbliche Kennzeichnung kritischer Werte (Color Coding); Manager können kritische Pfade einzelner Kennzahlen verfolgen (Drill Down)

3. Nach räumlicher Nähe und zeitlicher Ausdehnung können vier Arten von Gruppenentscheidungsunterstützungssystemen unterschieden werden:

   (1) Zeit und Ort gleich: Der Computer wird zur Abstimmung, Ideenfindung und Informationspräsentation in einem Entscheidungsraum genutzt.

   (2) Zeit gleich, Ort verschieden: Eine Gruppenentscheidung kann mittels Videokonferenz erfolgen.

   (3) Ort gleich, Zeit verschieden: Mehrere Personen bearbeiten ein Problem zeitversetzt. Die Zwischenschritte werden am Computer dokumentiert.

   (4) Ort und Zeit verschieden: Gruppenentscheidungen werden über Electronic Mail oder mittels Diskussionsforen (z. B. Internet) getroffen.

4. Expertensysteme bearbeiten eine unbegrenzte oder unbekannte Anzahl von Ausgangssituationen und liefern als Ergebnis oftmals mehrere Lösungsvorschläge. "Normale" Informationssysteme arbeiten nach einem festen Algorithmus. Es gibt eine begrenzte Zahl möglicher Ausgangssituationen und das System kommt zu einem bestimmten (oder zu keinem) Ergebnis.

5. In einem Data Warehouse werden die Daten nach Analyse-Gesichtspunkten abgelegt. Es handelt sich hierbei um eine themenorientiert, vereinheitlichte, beständige und zeitbezogene Datensammlung. Hierdurch soll ein schneller und flexibler Zugriff auf die Daten eines Unternehmens ermöglicht werden. In einer "normalen" relationalen Datenbank sind die operativen Daten hingegen nach anderen Prinzipien gespeichert, z. B. um möglichst wenig Redundanz zu haben oder um geringe Antwortzeiten bei häufig genutzten Abfragen zu gewährleisten.

6. Die Lösung ergibt sich aus Bild 9.10.

7. a) Der Absatz von Limousinen ist im betrachteten Zeitraum leicht rückläufig. Der Absatz von Cabrios fluktuiert monatlich, wobei eine deutliche Spitze im April erreicht wird. Insgesamt werden die geringsten Stückzahlen bei Cabrios verkauft. Der Absatz von City Cars ist hohen Schwankungen unterworfen. Hierbei werden die höchsten Stückzahlen verkauft. Dennoch ist, wie bei den Limousinen, ein Abwärtstrend im betrachteten Zeitraum erkennbar.

   b) Trends werden deutlicher, indem eine Grafik für jede einzelne Baureihe erzeugt wird (vgl. Grafiken).

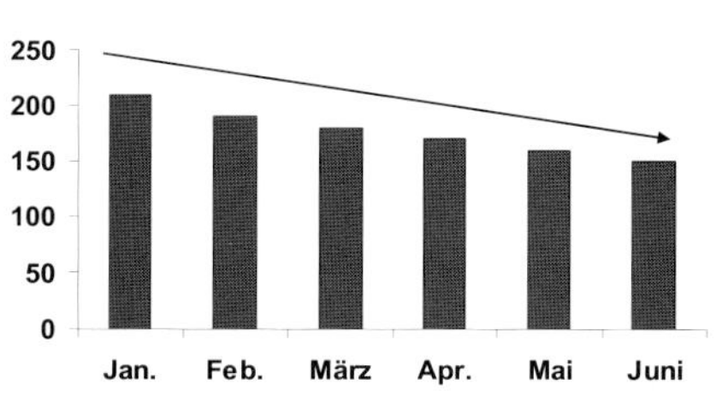

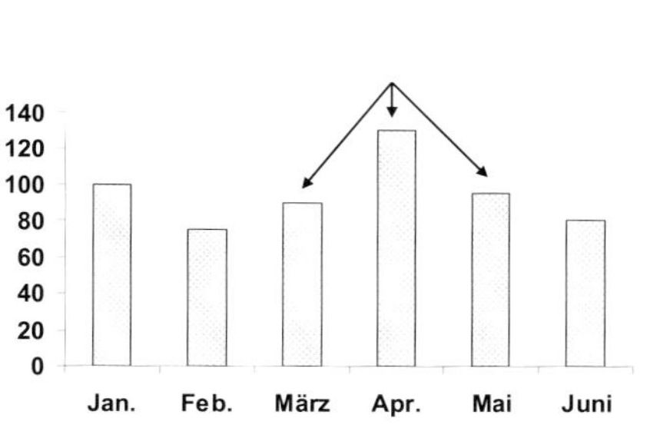

Ferner könnte ein branchenspezifischer Mittelwert errechnet werden. Wird dieser Mittelwert um eine vorher festgelegte prozentuale Abweichung verfehlt, kann erst von einem Ausreißer gesprochen werden.

8.

Aufgabenschwerpunkte	
Administration	c) d) g) i)
Disposition	e) l)
Kontrolle	a) h) k)
Planung	b) f) j)

9. Nach der anfänglichen Euphorie bei den ersten Expertensystemen sind mittlerweile auch viele Probleme bei ihrer Entwicklung und Nutzung deutlich geworden:

Je mehr Fakten und Regeln hinzugefügt werden, desto schwieriger wird die Überprüfung, damit neues Wissen nicht im Widerspruch zu schon vorhandenem Wissen steht.

Ein großer Wissensumfang kann dazu führen, dass die Antworten des XPS für den menschlichen Benutzer nicht mehr nachprüfbar sind. Es besteht die Gefahr, dass bei unerwarteten Antworten Benutzer dem System misstrauen und falsche Entscheidungen treffen.

Es ist schwer, wenn nicht gar unmöglich, das einmal gespeicherte Wissen immer wieder zu aktualisieren und an neue Situationen anzupassen

Wenn Menschen Problem lösen müssen, für die es keine bekannten Lösungswege gibt, benutzen sie andere Prinzipien, wie z. B. Analogien, Vereinfachungen, um das Problem nach und nach zu lösen (z. B. bei der Erforschung neuer Krankheiten). XPS können dies nicht.

Das Wissen eines XPS besteht aus eingegebenen Fakten und Regeln, es handelt sich nicht um inhaltliches Wissen über einen bestimmten Bereich. Daher stellt ein XPS manchmal unsinnige Fragen, die für menschlichen Experten selbstverständlich sind.

Menschen gehen bei der Lösung ihrer Probleme meistens intuitiv vor, sie benutzen ihre Erfahrungen. Sie haben ein Expertenwissen, entscheiden auch meistens richtig, ohne zu begründen, wie sie zu diesen Entscheidungen gelangt sind. XPS "funktionieren" völlig anders, sie lösen Probleme durch Anwendung logischer Schlussfolgerungen, basierend auf Fakten und Regeln.

10.

Einsatzbereiche von XPS	Ja	Nein
Kreative Arbeit		x
Vorhersagen, Prognosen	x	
Sehr einfache Probleme		x
Diagnose von Mängeln, z. B. defekte Maschine	x	
Arbeit, zu der Allgemeinwissen benötigt wird		x
Manuelle Arbeit, bei der menschliche Alltagserfahrungen benötigt werden		x
Probleme, die aufgrund logischer Schlussfolgerungen lösbar sind	x	
Probleme, für die fehlerhafte Antworten ausgeschlossen werden müssen		x
Reparatur von Mängeln	x	
Probleme, für die es nach Expertenmeinung keine eindeutigen Lösungswege gibt		x
Probleme, die mit mathematischen Algorithmen stets zu eindeutigen Lösungen führen		x
Entscheidungshilfen in unübersichtlichen Situationen	x	

11. Der Lufthansa-Konzern veröffentlichte z. B. für das Jahr 2007 Wirtschafts- und Leistungskennzahlen (http://konzern.lufthansa.com/de/html/ueber_uns/kennzahlen/index.html).

Zu den Wirtschaftskennzahlen zählen u. a. Umsatzerlöse, operatives Ergebnis, Investitionen, Operativer Cash Flow, Eigenkapital, Bilanzsumme und Mitarbeiter. Die wichtigsten Leistungskennzahlen waren Anzahl Fluggäste, angebotene Sitzkilometer, verkaufte Sitzkilometer, Sitzladefaktor, Fracht und Post, angebotene Fracht-Tonnenkilometer, verkaufte Fracht-Tonnenkilometer und Nutzladefaktor.

Die Metro Group veröffentlichte Tabelle mit Werten der Jahre 2007 und 2008 Kennzahlen über Umsatz, Auslandsumsatz, Ergebnis vor Zinsen und Steuern (EBIT), Konzernjahresüberschuss, Marktkapitalisierung, Dividende je Stammaktie, Betriebsstätten, Verkaufsfläche und Mitarbeiteranzahl im Jahresdurchschnitt (http://www.metrogroup.de/servlet/PB/menu/1000084_l1/index.html).

12. Drill-Down für die Kennzahl Umsatzerlöse kann beispielsweise erfolgen nach den Kriterien "Zeit, Region und Produktgruppe".

    Beispiel Drill-Down für die Dimension "Zeit":

    Geschäftsjahr→Quartal→Monat→Woche→Tag→Stunde (Tag und Stunde sind z. B. in großen Handelsunternehmen wichtig, um für prognostizierte Umsatzspitzen den Einsatz des Verkaufspersonals zu planen.

    Beispiel Drill-Down für die Dimension "Region":

    Welt→Kontinente→Länder→Landesregionen→Kreise bzw. Städte→Stadtteile→Straßen

    Beispiel Drill-Down für die Region "Produktgruppe":

    Alle Produkte→Produkthauptgruppen→Produktgruppen→Einzelne Produkte.

Zu den Aufgaben des Fallbeispiels

1. Herr Komel kann für die o. g. Problemstellungen den Einsatz eines Data Warehouses empfehlen.

   Damit können die benötigten Werte aus den jeweiligen Datenhaltungssystemen (bspw. ERP-System, Vertriebsinformationssystem) extrahiert und zielgerichtet aufbereitet werden, sodass die geforderten Kennzahlen (bspw. Umsatzgrößen der Sparten in verschiedenen Zeitperioden) errechenbar sind

2. Die vorgeschlagene Data Warehouse-Lösung ermöglicht es, für alle drei vorgegebenen Problemstellungen eine einheitliche Lösung im Sinne eines integrierten Standards anzubieten. Ziel des Data Warehouse-Einsatzes ist es insbesondere, eine Vielzahl vorhandener Systemschnittstellen durch einen einheitlichen Datenlieferanten abzulösen.

3. Mögliche Datenlieferanten können sein:

   Aus dem Bereich Finanzen und Controlling: ERP-System (z. B. Controlling, Finanzen)

   Aus dem Bereich Vertrieb: Vertriebsinformationssystem; ERP-System

   Aus dem Bereich Unternehmensstrategie: ERP-System; ERP-Systeme der Tochtergesellschaften; evtl. vorhandene Data Warehouse-Lösungen der Tochtergesellschaften

16.10 Hinweise zu Kapitel 10

Zu den Fragen und Aufgaben

1. E-Business bedeutet die elektronische Abwicklung von Geschäftsprozessen auf Basis von Internettechnologien. Hierzu zählen z. B. die Nutzung von E-Procurement auf der Beschaffungsseite, die Internet-Nutzung bei Vertrieb und Marketing, der elektronische Austausch von Statistiken und Meldungen mit Behörden und Verbänden.

E-Commerce kann als ein Teilgebiet von E-Business verstanden werden und bedeutet "Handel über das Internet". Im Vordergrund stehen Marketing und Vertrieb.

2. Der Vorteil von EDIFACT besteht darin, dass es sich um ein weltweit normiertes Verfahren für den Austausch von Geschäftsdokumenten handelt. Unternehmen, die auf diesem Wege kommunizieren, reduzieren bei Routinevorgängen die Zahl der manuellen Eingriffe auf ein Mindestmaß. Nachteilig ist, dass primär formatierte Daten ausgetauscht werden können. Außerdem ist das Verfahren relativ aufwendig zu implementieren. Hinzu kommt, dass für eine längere Übergangszeit immer noch zusätzlich die herkömmlichen Verfahren eingesetzt werden müssen (Ausdruck auf Papier, Versand per Brief/Fax), solange sich nicht alle Geschäftspartner für den elektronischen Datenaustausch entschieden haben.

3. Supply Chain Management umschreibt die unternehmensübergreifende Koordination der Material- und Informationsflüsse mit dem Ziel, den Gesamtprozess zeit- und kostenoptimal zu gestalten.

4. CRM stellt konsequent die Verbesserung der Kundenorientierung in den Mittelpunkt. Alle Kontakte zum/vom Kunden werden in einer Kundendatenbank gespeichert und stehen sämtlichen Mitarbeitern, die direkte Kundenkontakte haben, zur Verfügung ("One Face to the Customer").

5. Es können drei Anwendungsbereiche unterschieden werden:

   Analytisches CRM ermöglicht kundenbezogene Datenanalysen auf Basis eines Data Warehouse oder eines Data Mart.

   Kollaboratives CRM unterstützt sämtliche Kontaktmöglichkeiten zwischen dem Unternehmen und den Kunden (z. B. Call-Center, Telefon, E-Mail, Internet).

   Operatives CRM sorgt dafür, dass sämtliche Kundeninteraktionen erfasst und per Workflow an die zuständigen Bearbeiter weitergeleitet werden.

6. Bei der Abwicklung geschäftlicher Transaktionen über das Internet können verschiedene "Geschäftsmodelle" unterschieden werden. In einem elektronischen Produktkatalog sind die Produkte (Dienstleistungen) eines Unternehmens aufgeführt und können bestellt werden. Broker sind Mittler bei der Zusammenführung von Anbietern und Nachfragern im Internet. Sie stellen Datenbanken und Suchdienste im Internet zur Verfügung. Mit einer Ausschreibung im Internet formuliert ein Unternehmen seinen Bedarf und erwartet Angebote. Bei Auktionen findet die Preisfindung zwischen Anbieter und Nachfrager dynamisch statt.

7. Der traditionelle Beschaffungsprozess für C-Artikel kann als zu kostenintensiv, fehleranfällig und zeitaufwändig charakterisiert werden.

   Durch Einsatz eines E-Procurement-Systems können die Bedarfsträger die benötigten Produkte über einen elektronischen Katalog per Browser direkt zusammenstellen und an den Lieferanten über das Internet weiterleiten. Die Einkaufsabteilung wird hierdurch von operativen Tätigkeiten entlastet und kann sich auf strategische Aufgaben wie z. B. Lieferantenauswahl konzentrieren. Durch die Neugestaltung des Beschaffungsprozesses wird die Prozessdauer verkürzt. Lieferantenkataloge können über das Internet zur Verfügung gestellt werden mit jederzeit aktuellen Preisen und Produkten. Der optimierte Beschaffungsprozess wird in dem folgenden Bild verdeutlicht ([BrWa02] S. 98).

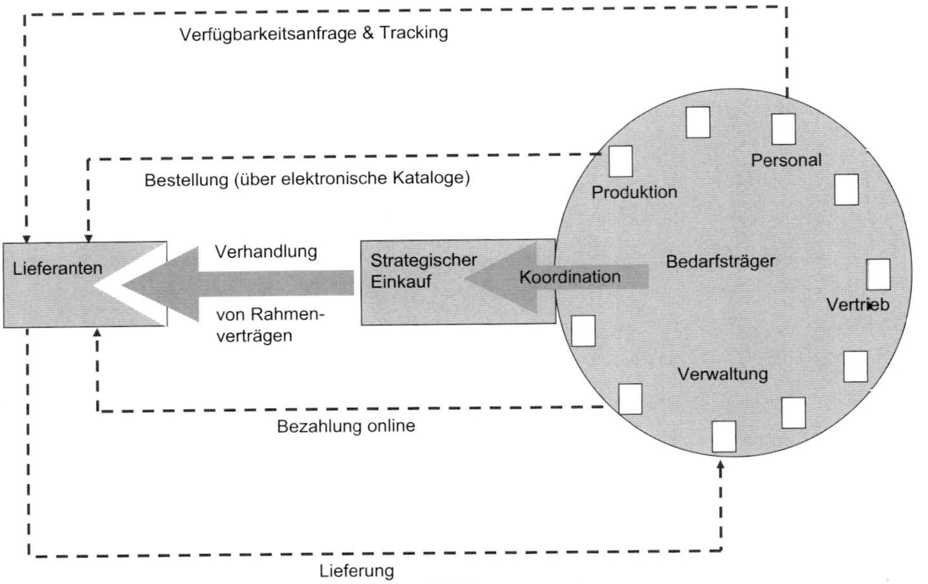

Reorganisierter Beschaffungsprozess durch E-Procurement

8. Zunächst sollte sich das Unternehmen im WWW präsentieren. Im ersten Schritt gehören zu einem solchen Web-Auftritt Informationen über den Unternehmenszweck, Kernkompetenzen, Produkte, Erfindungen, Geschichte, Gründung und evt. Gründerpersönlichkeiten, Kontakt-Adressen, aktuelle Informationen, Anreiseplan.

   Im nächsten Schritt kann das Web für Marketingzwecke ausgebaut werden. Hierzu zählen Produktinformationen, Presseberichte, Unternehmenskennzahlen (vor allem bei Kapitalgesellschaften).

   Zur Interaktion kann den Kunden und Interessenten die Zusendung eines Newsletters per E-Mail angeboten werden oder ein geschlossener Bereich, zu dem Benutzer eine Zugangsberechtigung (Passwort) benötigen. Über diesen geschlossenen Benutzerbereich können z. B. vertrauliche Informationen abgerufen werden, z. B. Konstruktionszeichnungen, elektronische Produktkataloge oder Online-Bestellmöglichkeiten.

9. Die wichtigsten Merkmale eines Internet-Portals sind:

   Personalisierung; Suchfunktion; E-Mail; tagesaktuelle Informationen; Linksammlung; Download von Software u. ä.

10. Über eine Suchmaschine (z. B. www.google.de) wird der Suchbegriff "Auto kaufen" eingegeben. Als Ergebnis erhält man zahlreiche Links, z. B. www.mobile.de oder www.autoscout24.de als Internet-Marktplätze für Neu- und Gebrauchtwagen. Alternativ kann man sich durch Eingabe der Automarken direkt auf den Seiten der Automobilhersteller informieren.

    Kriterien sind z. B. Marke, Modell-Linie (Limousine, Kombi etc), Lackfarbe, Getriebe (manuell oder automatisch), Treibstoff (Benzin, Diesel), Preis, Garantie, Sonderwünsche. Bei Gebrauchtwagen kommen als weitere Kriterien hinzu: Datum der Erstzulassung, Preisspanne (von – bis) km-Stand (von – bis), Postleitzahlbereich (Wohnort des Verkäufers).

11. Der Vergleich zwischen E-Commerce und M-Commerce wird in der folgenden Tabelle zusammengefasst:

Kriterium	E-Commerce	M-Commerce
Ortsunabhängigkeit	Nein	Ja
Lokalisierbarkeit	Teilweise	Ja
Erreichbarkeit	Teilweise	mit geringen Einschränkungen
Sicherheit	Teilweise	mit geringen Einschränkungen
Überall verfügbar	Teilweise	mit geringen Einschränkungen
Personalisierung	mit geringen Einschränkungen.	Ja
Convenience	mit geringen Einschränkungen	Ja
Kostengünstig	Ja	Nein

Zu den Aufgaben des Fallbeispiels

1. Folgende Fälle können betrachtet werden:

   Der Kunde muss sich für die Nutzung der Self Services anmelden (einloggen).

   Der Kunde soll unter einem einzigen Account mehrere Verträge anzeigen lassen können (z. B. für Strom, Gas, Wasser).

   Der Kunde soll die Möglichkeit haben, seine Zählerstände zu übermitteln.

   Der Kunde soll die Möglichkeit haben, sich Rechnungen online ansehen zu können.

   Der Kunde soll seine Bankdaten ändern können.

   Der Kunde soll sein Passwort ändern können.

   Der Kunde soll die Formalitäten für Wohnungs-Einzug, Auszug oder Umzug regeln können.

2. Die E-Business-Komponente soll die Interaktion mit dem Kunden soweit wie möglich automatisieren, notwendige Workflows im Backend-System (ERP-System) anstoßen, den Kunden informieren, wenn ein Kontakt mit einem Sachbearbeiter notwendig ist.

3. Durch den Einsatz der Komponente ergeben sich Vorteile für den Kunden (Komfort, Zeitersparnis, Flexibilität) als auch für das Unternehmen (Entlastung der Service-Mitarbeiter von Routineaufgaben, Kosten- und Zeitersparnis).

   Darüber hinaus eröffnen sich dem Unternehmen Möglichkeiten, den Kunden zu binden, z. B. durch Preisnachlässe für die Nutzung des Onlineangebotes.

16.11 Hinweise zu Kapitel 11

Zu den Fragen und Aufgaben

1. Handelt es sich bei den nachfolgenden Beispielen um Projekte? Begründen Sie Ihre Entscheidung.
   a) Hierbei handelt es sich um einen einmaligen Sonderauftrag, der im Wesentlichen durch eine Person erledigt werden kann, somit kein Projekt.

   b) Regelmäßige Aktivität (ständiger Lernprozess), kein Projekt.

   c) Jährlich wiederkehrende Routine, kein Projekt.

   d) Es werden immer die gleichen Testfälle zunächst bearbeitet, bevor das Update den Anwendern zur Verfügung gestellt wird. Es handelt sich um eine zwar unregelmäßig wiederkehrende Routinearbeit, nicht um ein Projekt.

   e) Hierbei handelt es sich um eine umfangreiche Verbesserung des Internet-Auftritts, möglicherweise verbunden mit dem Einsatz neuer Techniken und Tools. Außerdem sind mehrere Bereiches eines Unternehmens von der Überarbeitung des Internet-Auftritts betroffen. Insofern handelt es sich hier um ein Projekt.

f) Es handelt sich um ein kleines Projekt, welches zu einem verbesserten Kennzahlensystem im Unternehmen führt.

2. Konkrete Zielvorgabe mit definierten Ergebnissen.

Einmaligkeit und Neuartigkeit des Vorhabens.

Begrenzte Ressourcen, d. h. zeitliche Befristung, finanzielle Begrenzung und personelle Restriktionen.

Risiko des Fehlschlags.

Abteilungsübergreifendes Vorhaben und somit Bedarf an interdisziplinärem Know-How.

Hohes Maß an Komplexität hinsichtlich der Aufgabenstellung.

Besondere Organisationsform (Projektorganisation), die unabhängig von der betrieblichen Aufbauorganisation ist.

3.

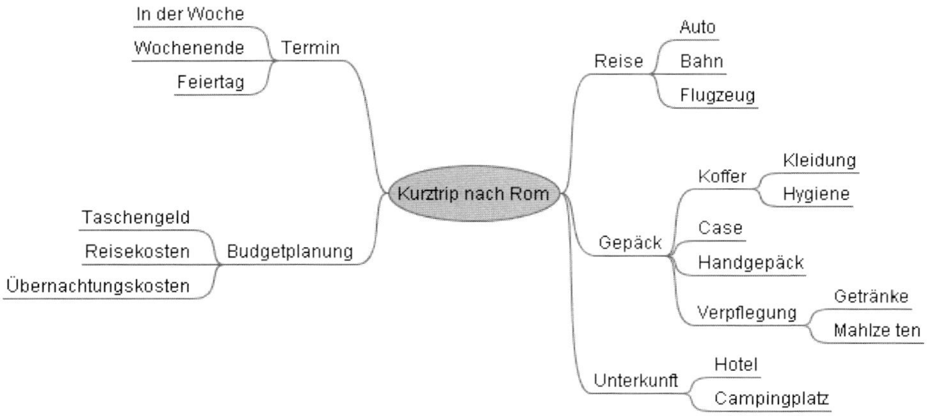

4.

Parameter	Lösungsalternativen			
Produktion	Innerbetrieblich	Neues Werk errichten	Auslagern	Kauf einer bestehenden Produktionsfirma
Material	Altglas	Kunststoff	Neuglas	Metall
Zielgruppe	Wasser	Bier	Wein	Spirituosen
Art	schlicht	Wenige Verzierungen	Viele Verzierungen	Aufdruck

5. - Status (kritisch oder planmäßig)
- Grad der Termineinhaltung
- Grad der Budgeteinhaltung
- Aktivitäten/Ergebnisse seit dem letzten Statusbericht
- Angabe der Abweichungen und Probleme
- Weitere Vorgehensweise bis zum nächsten Bericht
- Notwendige Entscheidungen, die aufgrund Kompetenzüberschreitung an den Leiter weitergereicht

werden müssen.
- Berichtszeitraum
- Ausstellungsdatum
- Name des Ausstellenden

6. Das Ziel einer Ist-Analyse besteht in der Aufdeckung von Schwachstellen bei bestehenden Abläufen, in diesem Fall des aktuell verwendeten Systems. Zunächst werden die Arbeitsabläufe mit dem CRM-System nach typischen Fragestellungen untersucht. Nach diesem Schritt wird der Ist-Zustand analysiert und bewertet. Schwächen und Mängel müssen erkannt und durch die Einführung eines neuen Systems beseitigt werden. Vorhandene Stärken sollten ebenfalls identifiziert werden, damit diese im neuen System berücksichtigt werden und nicht verloren gehen. Das Ergebnis der Ist-Analyse wird schriftlich dokumentiert und zwecks Fehlerüberprüfung an die beteiligten Projektmitarbeiter weitergeleitet.

7. Für die Erhebung kann ein Gruppeninterview mit den Anwendern durchgeführt werden. Interviews geben im Gegensatz zum Fragebogen die Möglichkeit, individuell auf die Gesprächspartner einzugehen. Einzelinterviews sind aufgrund der meist hohen Anzahl von Anwendern zu aufwändig. Zusätzlich könnte noch eine Beobachtung am Arbeitsplatz erfolgen, um evt. Besonderheiten durch eine neutrale Person festzustellen.

8. Der Projektmanager muss das "magische Viereck" beachten, d. h. das Projektziel soll in der gewünschten Qualität mit dem gewünschten Leistungsumfang zum geplanten Termin und innerhalb des vereinbarten Budgets erreicht werden. Dazu sollten zusätzlich die folgenden Punkte beachtet werden:

   Die Geschäftsleitung sollte frühzeitig eingebunden werden, damit der Projektmanager auf schnelle Entscheidungen und Ressourcenzuweisungen etc. zählen kann.

   Bei Softwareprojekten sollten die späteren Benutzer in den Entwicklungsprozess mit eingebunden werden, damit Anforderungen erkannt werden und Änderungen im späten Stadium zu vermeiden. Die Chance ist höher, dass das System am Ende akzeptiert wird.

   Der Projektleiter selbst sollte über die notwendige Erfahrung verfügen, da er die Übersicht haben muss, um die richtigen Entscheidungen zu treffen. Zudem stellt er das Bindeglied zwischen Auftraggeber und Entwicklern dar. Er muss sein Team motivieren können.

   Die Projektziele sollten präzise formuliert werden, wofür der Auftraggeber verantwortlich ist.

   Je größer und komplexer ein Projekt ist, umso mehr sollte angestrebt werden, umfangreichere Vorhaben in kleinere Einheiten zu unterteilen.

9. Die Auswirkungen beziehen sich auf die Punkte Kosten, Leistungsumfang und Qualität. Durch die verkürzte Dauer nehmen zunächst einmal die Kosten ab, sofern sich an den anderen Kennzahlen nichts ändert. Allerdings leiden der Leistungsumfang und die Qualität des Ergebnisses, wenn weniger Zeit zur Verfügung steht. Wenn Leistungsumfang und Qualität beibehalten werden sollen, erhöhen sich die Kosten durch zusätzlich erforderliches Personal.

10. Wasserfallmodell

    Vorteile: leicht verständlich; ermöglicht kontrollierbaren Projektverlauf durch Meilensteine; ist mit wenig Aufwand verbunden

    Nachteile: Fehler in frühen Phasen werden erst spät erkannt, dies führt zu hohem Korrekturaufwand; Veränderungen der Anforderungen bleiben unberücksichtigt.

V-Modell

Vorteile: leichte Skalierbarkeit und Anwendbarkeit; V-Modell liefert konkrete Hilfestellungen bei der Entwicklung und enthält Anleitungen und Empfehlungen, wie Arbeiten durchzuführen sind; IT-Projekte werden besser planbar.

Nachteile: für kleinere Projekte kann hierdurch ein gewisses Maß an "Projekt-Bürokratie" entstehen.

Spiral-Modell

Vorteile: permanentes Feedback; Fehler werden relativ schnell erkannt; man hat bessere Eingriffsmöglichkeiten als bei einem Wasserfall.

Nachteile: für kleine Projekte viel Aufwand.

Zu den Aufgaben des Fallbeispiels

1. Herr Komel schlägt vor, dass sich die Projektgruppe aus jeweils zwei Mitarbeitern des Rechenzentrums, zwei Mitarbeitern des Netzwerkbetriebs und einem Mitarbeiter der Abteilungen Anwendungssysteme zusammensetzt. Da die einzelnen Personen nicht vollständig von ihrer "normalen" Arbeit befreit werden können, schlägt Herr Komel vor, die Mitarbeiter zumindest zu 30% von ihrem Tagesgeschäft freizustellen.

   Projektleiter wird Herr Komel. Obwohl er dem Unternehmen Stadtwerke AG noch nicht lange angehört, verfügt er doch durch seine vorherige Stelle über ausreichende Erfahrungen. Außerdem hat er durch seine freundliche und selbstbewusste Art das Vertrauen seines Vorgesetzten und die Unterstützung der übrigen Mitarbeiter im Geschäftsbereich Vertrieb gewinnen können.

2. Aufgaben des Projektteams: Durchführung der Istanalyse; Erstellen des Pflichtenheftes; Erarbeitung der Sollkonzeption; übergreifende Abstimmungen mit den Kolleginnen und Kollegen; Analyse von Standardsoftware-Produkten; Schulung der Benutzer; Testen der Software; regelmäßige Berichterstattung über Arbeitsfortschritte; Erstellen der Projektdokumentation.

   Aufgaben des Projektleiters: Koordination sämtlicher Projektarbeiten; Verantwortung für den erfolgreichen Projektverlauf (Termine, Kosten, Qualität); übergreifende Abstimmung und Durchsetzung von Lösungen; Ansprechpartner für sämtliche Probleme bei der Zusammenarbeit im Projektteam.

   Herr Komel schlägt außerdem die Einrichtung eines Lenkungsausschusses vor. Diesem Gremium soll Herr Dr. Mehrtens als Leiter vorstehen. Die Aufgabe des Lenkungsausschusses besteht vor allem darin, die Einhaltung der Projektziele zu kontrollieren, sich über die Zwischenergebnisse der einzelnen Phasen zu informieren und erforderliche Ressourcen für die nächste Phase freizugeben.

16.12 Hinweise zu Kapitel 12

Zu den Fragen und Aufgaben

1. Der Software-Lebenszyklus eines Softwareprodukts umfasst die Entwicklungszeit und die darauf folgende gesamte Nutzungszeit.

2. Funktionstreue, Benutzerfreundlichkeit, Robustheit, Anpassbarkeit. Weitere Merkmale sind: Wiederverwendbarkeit (Lassen sich Module in anderen Entwicklungsprojekten wiederverwenden?), Übertragbarkeit (Können Programme ohne großen Aufwand in anderen Systemumgebungen – andere Hardware, anderes Betriebssystem – eingesetzt werden?).

3. Vorgehensmodelle benötigt man, um das Entwicklungsvorhaben inhaltlich, zeitlich und aufwandsmäßig zu planen. Der Projektfortschritt und die Einhaltung aller Vorgaben können anhand der Phasenergebnisse kontrolliert werden. Bei Abweichungen kann rechtzeitig steuernd eingegriffen werden.

4. Viele Fehler, die nach Inbetriebnahme des Softwareprodukts entdeckt werden, haben ihre Ursache in unzulänglichen Fachkonzepten, in Missverständnissen zwischen Auftraggeber und Entwicklern, in fehlerhaften Entwürfen. Solche Fehler können nur mit hohem Aufwand bzw. hohen Kosten behoben werden.

5. Unter dem Begriff Software Engineering versteht man alle ingenieurmäßigen Vorgehensweisen bei der Softwareentwicklung. Hierzu gehören Vorgehenspläne, Prinzipien, Methoden und Werkzeuge.

6. Das Fachkonzept legt fest, welche betrieblichen Aufgaben und Abläufe in welcher Qualität erfüllt werden sollen (WAS). Es ist frei von sämtlichen DV-technischen Details. Der DV-technische Entwurf beschreibt, nach welchem Bauplan das System realisiert werden soll (WIE).

7. Das explorative Prototyping wird in der Phase Analyse vor allem bei unklaren Anforderungen angewandt, um die Kundenwünsche auszuloten und besser zu verstehen. Das experimentelle Prototyping erprobt verschiedene technische Realisierungsalternativen in der Phase Entwurf.

8. Prinzipien sind allgemeine Handlungsgrundsätze, z. B. Prinzip der Abstraktion, der Hierarchisierung, der Modularisierung. Sie sagen nichts darüber aus, auf welchem Weg man das jeweilige Ziel erreichen kann. Methoden sind Vorschriften und zeigen, in welchen Schritten welche Ergebnisse zu erreichen sind.

9. Ein Modul ist ein in sich geschlossener Programmbaustein, in dem Programmanweisungen und zugehörige Daten (Variablen), die eine bestimmte Funktion realisieren, zusammengefasst sind. Die Verbindung des Moduls zu anderen Modulen (Schnittstelle) muss genau definiert sein.

10.

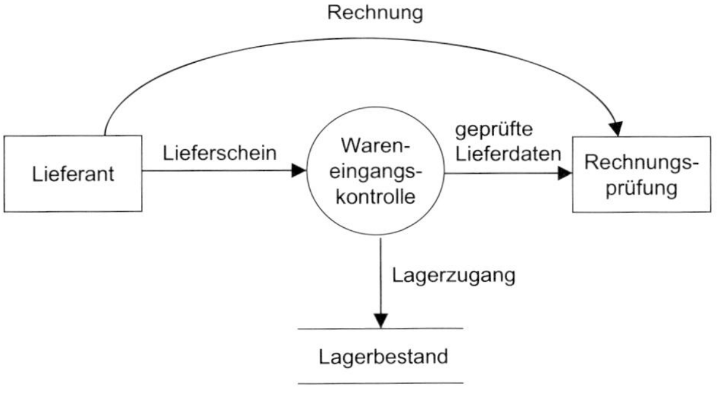

11. Programmablaufplan:

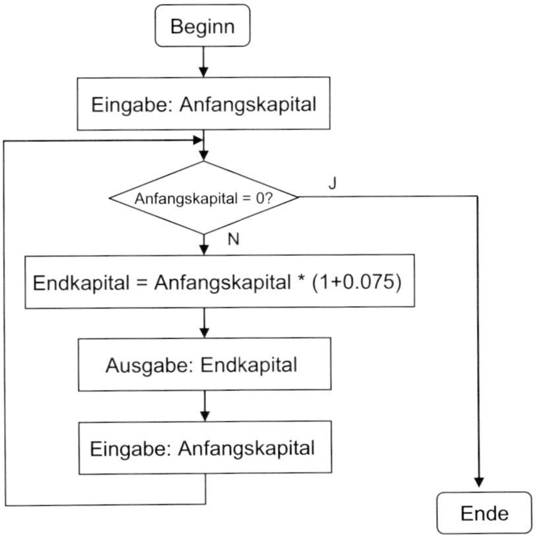

Struktogramm:

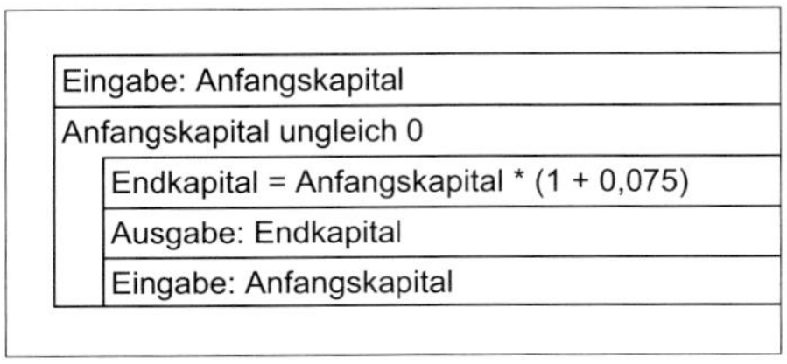

12. Diese Definition ist falsch. Sie beschreibt das Entgegengesetzte dessen, als was das Testen angesehen werden soll. Fast jedes Programm enthält Fehler. Testen hat die Aufgabe, möglichst viele Fehler zu finden. Testen lässt sich also als "destruktiver" Prozess zur Entdeckung von Fehlern auffassen.

13. Eine Klasse ist eine allgemeingültige Beschreibung von Dingen, die in verschiedenen Ausprägungen vorkommen können, aber alle eine gemeinsame Struktur (Attribute) und ein gemeinsames Verhalten (Methoden) haben. Die verschiedenen Ausprägungen bezeichnet man als Objekte der Klasse.

14. Superklasse: Person, Subklasse: Mitarbeiter

    Superklasse: Kunde, Subklassen: Firma, Privatkunde

    Superklasse: Geometrische Figur, Subklasse: Rechteck, Dreieck, Kreis

15.

16.

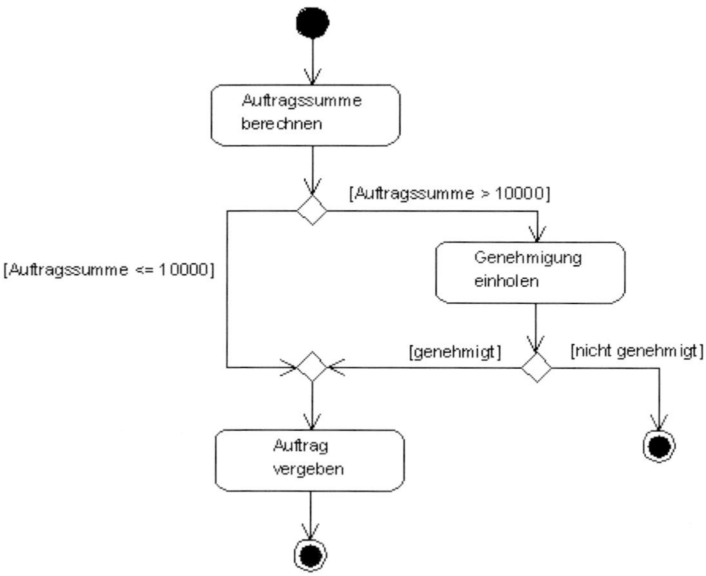

Zu den Aufgaben des Fallbeispiels

1. Aus dem DV-Konzept soll hervorgehen, auf welcher Infrastruktur das System basieren soll und welche Funktionen zu entwickeln sind. Das DV-Konzept soll die Grundlage für die Umsetzung darstellen.

   Folgende Fragestellungen sollten im DV-Konzept beschrieben werden:

   Gesamt-Architektur
   Entwicklungsplattform, z. B. Java
   Datenbank und Betriebssystem, z. B. Oracle und Unix
   Webfähigkeit und Umsetzung, z. B. Web Application Server
   Modularisierung, z. B.:
   - Modul 1 (Zielvereinbarung)
   - Modul 2 (Zielverfolgung)
   - Modul 3 (Zielerreichung)
   - Modul 4 (Komponenten für Berichtswesen und Fachadministration)

   Frontend, z. B. Internet Explorer

16.13 Hinweise zu Kapitel 13

Zu den Fragen und Aufgaben

1. Nach dem Projektstart sollte eine Geschäftsprozessanalyse durchgeführt werden. Es folgen die Phasen Geschäftsprozess-Optimierung/Konzepterstellung und Anforderungsdefinition. Im Anschluss daran ist eine Markterhebung durchzuführen. Die interessantesten Standardsysteme sollten getestet werden. Es folgt der Vertragsabschluss mit dem Anbieter der besten Lösung. Danach wird die Standardsoftware ggf. angepasst. Die zukünftigen Benutzer müssen geschult werden.

2. Das Pflichtenheft umfasst sämtliche betriebswirtschaftlichen und DV-technischen Anforderungen an die Standardsoftware.

3. Bei der Auswahl von Standardsoftware handelt es sich regelmäßig um Einmalkosten. Es müssen z. B. die Kosten für Geschäftsprozessanalyse, Konzeption, Anforderungsdefinition, Markterhebung etc. berücksichtigt werden. Zum überwiegenden Teil handelt es hierbei um Personalkosten, und zwar für die eigenen Mitarbeiter und ggf. für externe Beratung und Schulung. Daneben fallen Kosten an für die Anschaffung der Nutzungslizenz, Dienstleistungen, wie z. B. für die Entwicklung von Anpassungsprogrammen sowie Kosten für die Einrichtung moderner PC-Arbeitsplätze (Hardware, Vernetzung, Blendschutz).

4. Der Nutzen kann unterteilt werden in quantifizierbarer und nicht quantifizierbarer Nutzen. Der quantifizierbare Nutzen kann weiterhin untergliedert werden nach monetär und nicht monetär bewertbarem Nutzen. Ein Beispiel für monetär bewertbaren Nutzen sind Einsparungen durch weniger Personalkosten. Der beschleunigte Ablauf von Geschäftsprozessen (gemessen in Stunden bzw. Tagen) ist ein Beispiel für quantifizierbaren, aber nicht unmittelbar monetär bewertbaren Nutzen. Höhere Kunden- oder Mitarbeiterzufriedenheit lassen sich zwar auch theoretisch messen, allerdings sind diese Nutzeffekte im Regelfall nicht allein auf die Einführung einer neuen Anwendungssoftware zurückzuführen. Dennoch sollten auch die nicht direkt quantifizierbaren Nutzeffekte bei der Wirtschaftlichkeitsanalyse für neue Software berücksichtigt werden.

5. Bei 10 Minuten Zeiteinsparung täglich ergeben sich am Tag für alle Arbeitsplätze ca. 500 Minuten, im Monat ca. 10.000, im Jahr ca. 120.000 Minuten (oder 2000 Stunden), ergibt als jährliche Kosteneinsparung eine Summe in Höhe von ca. 60.000 Euro. Die Kosteneinsparung wird nur dann erzielt, wenn die Mitarbeiter die täglichen 10 Minuten produktiv für andere (zusätzliche) Arbeiten nutzen können.

6. Bei der Big-Bang-Strategie erfolgt die Ablösung des Altsystems schlagartig durch eine neue Anwendungssoftware. Bei der Step-By-Step-Strategie wird die neue Software in mehreren Schritten eingeführt.

7.

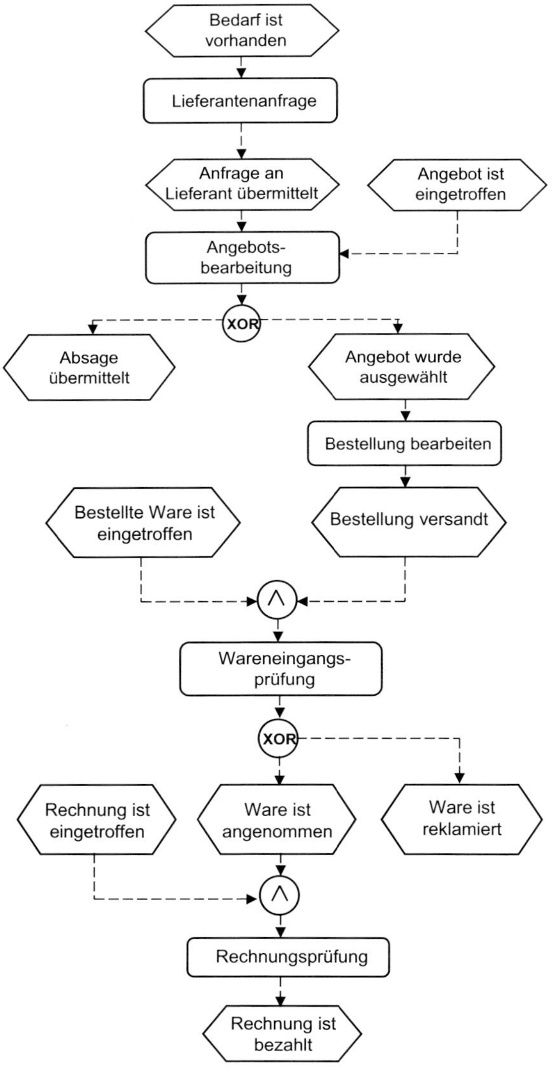

8. Die Schulung soll maximal 6 Stunden umfassen und erstreckt sich auf folgende Themen:

Zur Hardware:

Wie starte bzw. beende ich den Rechner?
Welche Anschlüsse gibt es?
Was ist ein USB-Anschluss, CD-ROM-Laufwerk?
Welche Funktionen bietet der Drucker?
Wie lege ich Papier ein?
Wie wechsele ich eine Druckerpatrone?
Wie gehe ich mit der Maus um?

Wie kann ich ein Bildschirmfenster verkleinern bzw. vergrößern?
Wie kann ich mehrere Fenster nebeneinander legen?
Wie kann ich die Fenster schließen?
Wie sichere ich Daten auf meinem Rechner?

Zur Software:

Wie melde ich mich an (Benutzerpasswort)
Wie verändere ich mein Passwort?
Wie starte ich das Office-System?
Wie erstelle ich ein Word-Dokument/eine Excel-Tabelle?
Wie kann ich diese Datei speichern?
Wie rufe ich eine Word-Datei/Excel-Tabelle auf?
Zu E-Mail und Internet:
Wie öffne ich eine eingegangene E-Mail?
Wie erstelle ich eine E-Mail? (Adressbuch, Betreff, Text)
Wie versende ich eine E-Mail?
Wie und wann beantworte ich meine E-Mails?
Wie können E-Mails gespeichert bzw. gelöscht werden?
Wie können Anhänge, z. B. Textdateien, als Anhang verschickt werden?
Wie suche ich im Internet nach Informationen?
Welche nützlichen Internet-Adressen gibt es?
Welche Gefahren bestehen bei E-Mail und Internet und welche Schutzmaßnahmen gibt es (z. B. Virenscanner)?
Als Medien werden Folien bzw. Beamer sowie praktische Erprobung am PC vorgeschlagen. Die Schulung kann durch eigene Mitarbeiter durchgeführt werden. Es werden Gruppen von max. 15 Personen für eine Schulung gebildet.

9.

Preismodell	Beschreibung	Anwendungsbeispiel
Definierte Benutzer	500 Benutzer benötigen 500 Lizenzen	ERP-Anwendungen
Gleichzeitige Benutzer	Von 500 Benutzern sind nur 200 gleichzeitig am System angemeldet, 200 Lizenzen	ERP-Anwendungen
Verarbeitungs-mengen	Abrechnung pro Geschäftsvorfall	Zahlungsverkehr von Banken
Abonnement-Prinzip	Preiswerte Einstandslösung, regelmäßige Updates	Kaufmännische Software mit regelmäßigen gesetzlichen Änderungen, v. a. für kleine Unternehmen
Kapazitäten	Abhängig von belegtem Speicherplatz, Anzahl Prozessoren	Web-Anwendungen, Nutzung von Web-Space

10.

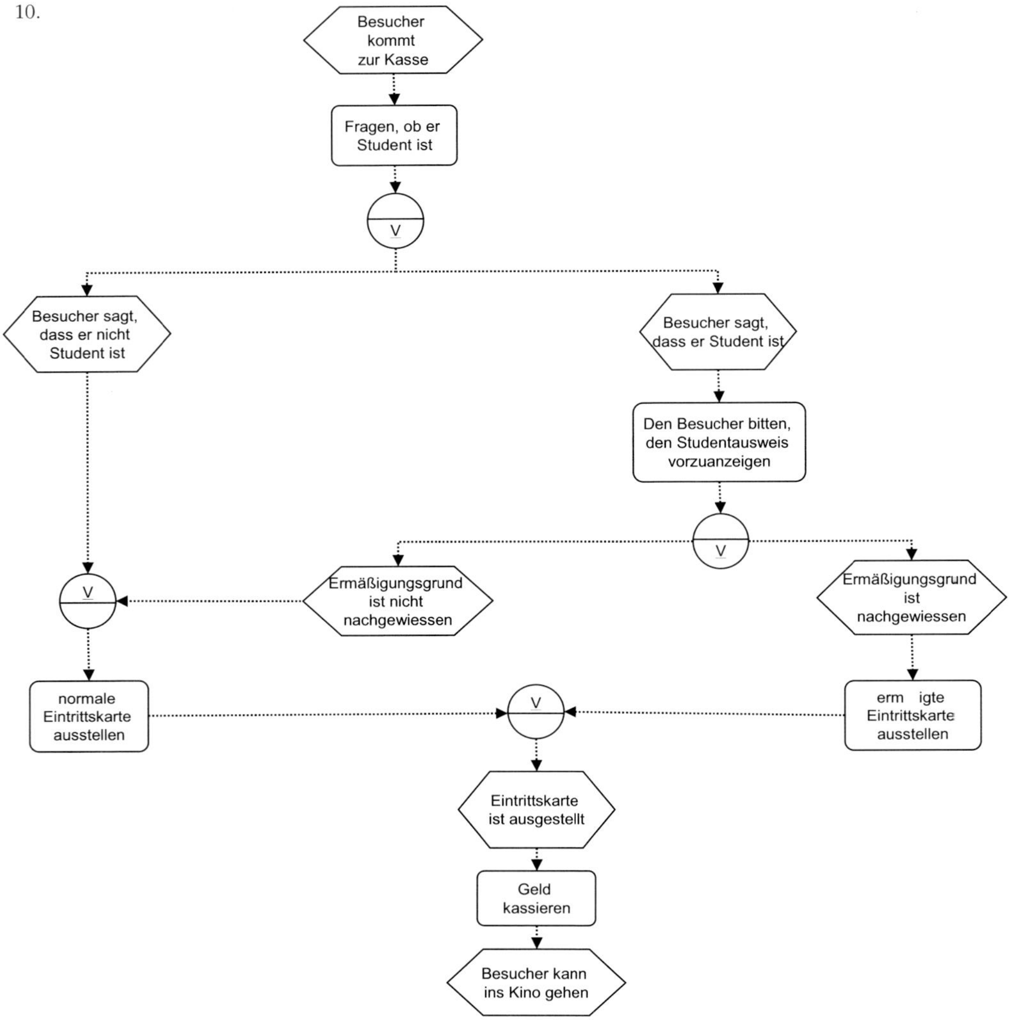
Besucher kommt zur Kasse
Fragen, ob er Student ist
V
Besucher sagt, dass er nicht Student ist
Besucher sagt, dass er Student ist
Den Besucher bitten, den Studentausweis vorzuanzeigen
V
V
Ermäßigungsgrund ist nicht nachgewiessen
Ermäßigungsgrund ist nachgewiessen
normale Eintrittskarte ausstellen
V
erm igte Eintrittskarte ausstellen
Eintrittskarte ist ausgestellt
Geld kassieren
Besucher kann ins Kino gehen

11.

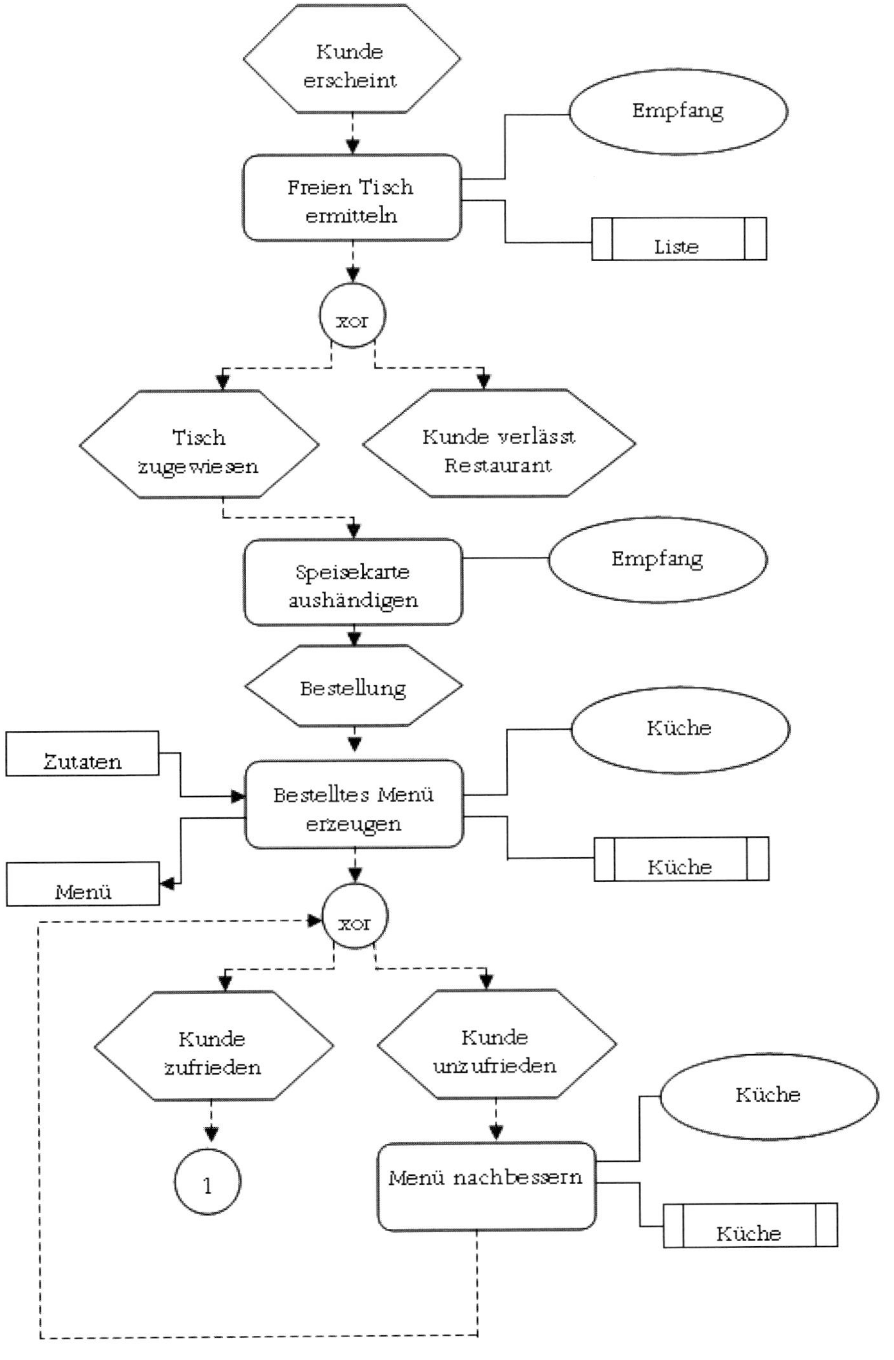
Kunde erscheint
Empfang
Freien Tisch ermitteln
Liste
xor
Tisch zugewiesen
Kunde verlässt Restaurant
Speisekarte aushändigen
Empfang
Bestellung
Küche
Zutaten
Bestelltes Menü erzeugen
Küche
Menü
xor
Kunde zufrieden
Kunde unzufrieden
Küche
1
Menü nachbessern
Küche

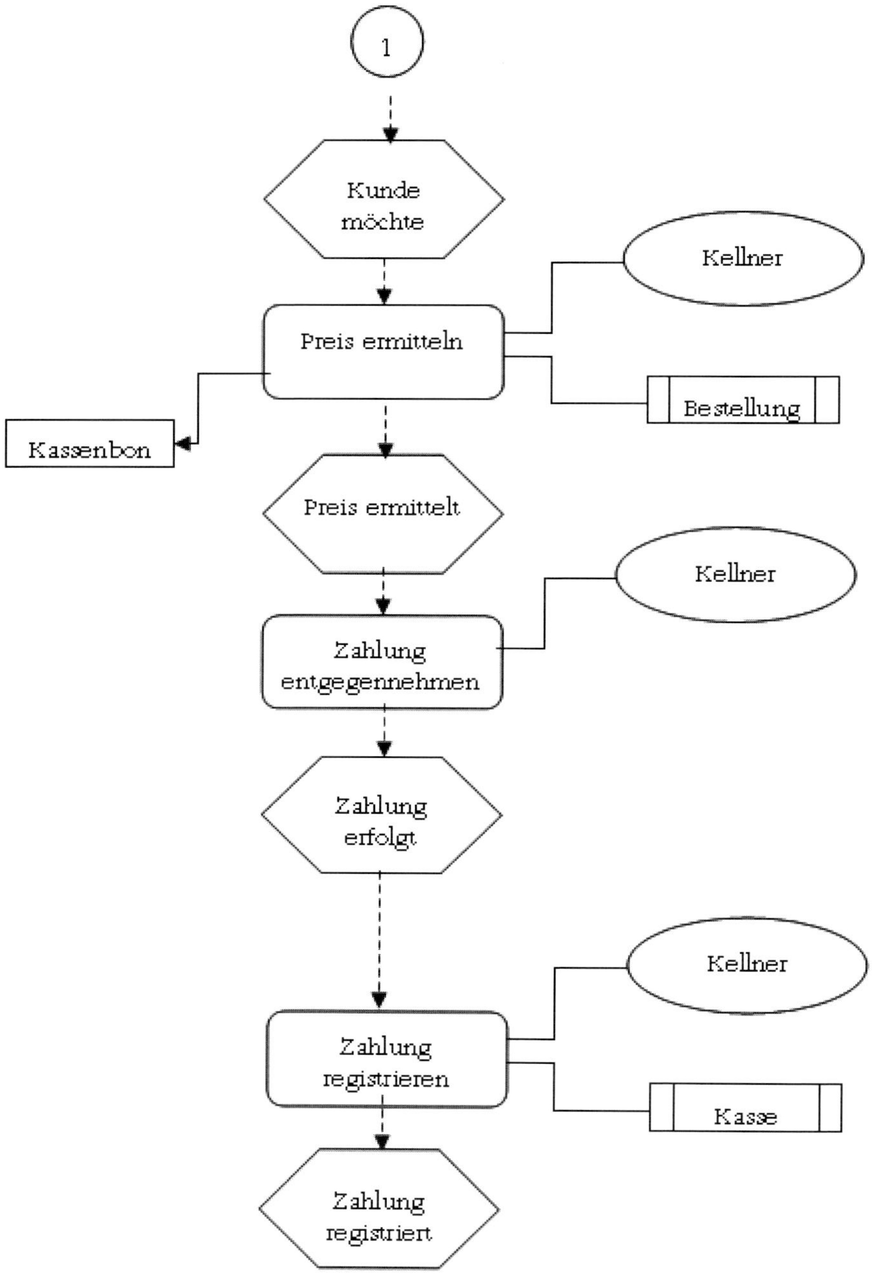
1
Kunde möchte
Kellner
Preis ermitteln
Bestellung
Kassenbon
Preis ermittelt
Kellner
Zahlung entgegennehmen
Zahlung erfolgt
Kellner
Zahlung registrieren
Kasse
Zahlung registriert

Tischreservierung durch Kunden

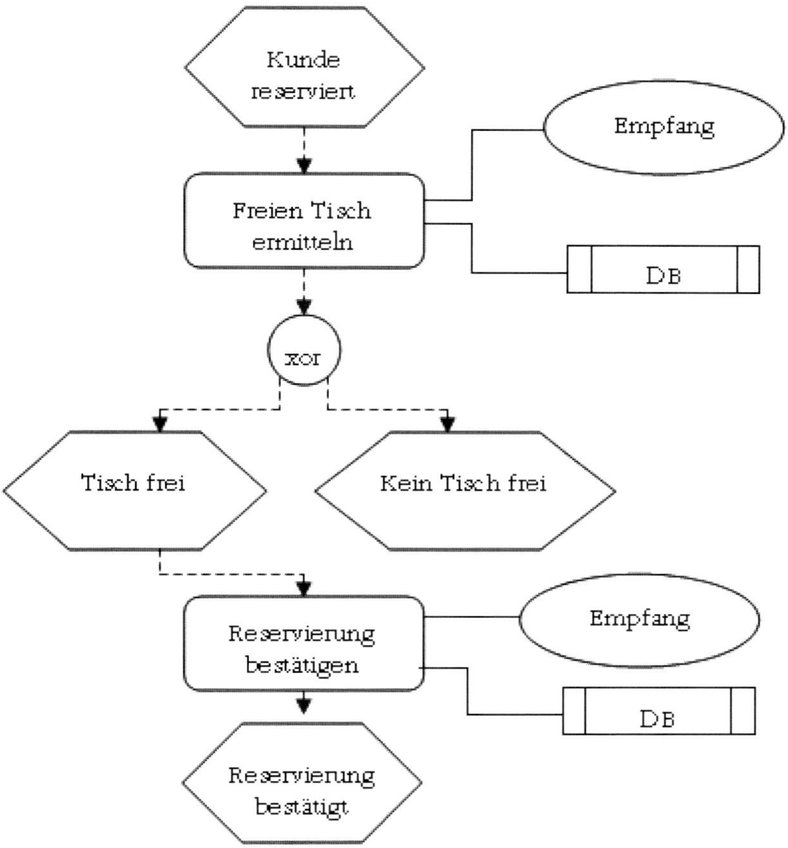

12. Da direkt mit der Bestellung begonnen wird sinkt die Bearbeitungszeit des Prozesses. Da die Bestellung i. d. R. direkt an der Theke erfolgt verringert sich auch die Transportzeit des bestellten Menüs. Dadurch steigt die Produktivität, da mit demselben Personal mehr Aufträge in der gleichen Zeit bearbeitet werden können. Zudem sinken aufgrund der geringeren Durchlaufzeit die Prozesskosten. Möglicherweise sinkt allerdings auch die Zufriedenheit derjenigen Kunden, die gern beraten und bedient werden möchten.

Zu den Aufgaben des Fallbeispiels

1. Stadtwerke AG
   Energiestraße 100
   40xxx Düsseldorf

   Pflichtenheft für neue Anwendungssoftware:

   1. Beschreibung des Unternehmens
   1.1 Ansprechpartner
   1.2 Art und Größe des Unternehmens
   1.2 Unternehmensstruktur
   1.4 Kunden-/Lieferantenstruktur

2. Ausgangssituation
2.1 Anwenderbereiche
2.2 Benutzer
2.3 Darstellung der Arbeitsabläufe

3. Ziele aus Anwendersicht
3.1 Ziele
3.2 Welche Ziele sind wünschenswert, aber nicht zwingend notwendig?

4. Hardware – Anforderungen
4.1 Hardware
4.2 Systemsoftware

5. Fachliche Anforderungen (Leistungsumfang der Anwendungssoftware)
5.1 Liste der Einzelfunktionen im Model Kundenakquisition
5.2 Liste der Einzelfunktionen im Modul Angebotserstellung
5.3 Liste der Einzelfunktionen im Modul Vertragsmanagement
5.4 Liste der Einzelfunktionen im Modul Leistungserfassung und Abrechnung
5.5 Liste der Einzelfunktionen im Modul Forderungsmanagement
5.6 Zusammenhang der geforderten Funktionen
5.7 Benutzungsoberfläche
5.8 Schnittstellen

6. Randbedingungen
6.1 Mengengerüst
6.2 Gesetzliche Vorschriften
6.3 Terminvorgaben
6.4 Antwortzeiten
6.5 Konditionen
6.6 Systemverfügbarkeit
6.7 Realisierungsstufen

2. Folgende Schwierigkeiten können bei der Erarbeitung eines Pflichtenhefts auftauchen:

Es können wichtige Anforderungen vergessen werden, wenn das Pflichtenheft nicht detailliert genug und sorgfältig erarbeitet wurde.

Es besteht die Gefahr, dass die Ist-Situation (die jeder im Unternehmen am besten kennt) zu stark als Vorgabe für die neue Software dient. Hierdurch kann die Chance organisatorischer Veränderungen verpasst werden.

Es ist kaum möglich, sämtliche Anforderungen im Voraus in einem Pflichtenheft zusammenzustellen.

Die Antworten des Software-Unternehmens zum Pflichtenheft müssen genau geprüft werden. Statt verbaler Zusagen ist ein Testen der Software meist aufschlussreicher.

Anforderungen können sich im Projektverlauf ändern. Im Pflichtenheft wird der Diskussionsstand zu einem bestimmten Zeitpunkt festgeschrieben.

Im Pflichtenheft müssen Anforderungen verschiedener Personen/Bereiche (z. B. aus Sicht der Betriebswirtschaft und der Informatik) zusammengetragen werden. Dies gelingt nur, wenn vorher eine intensive Abstimmung erfolgte.

16.14 Hinweise zu Kapitel 14

Zu den Fragen und Aufgaben

1. Mit dem Begriff Informationsmanagement wird verdeutlicht, dass Informationen der wichtigste Produktionsfaktor für ein Unternehmen sind. Die Aufgaben können in vier Gruppen untergliedert werden:

   Management der Informationswirtschaft (Optimale Nutzung der Ressource Information)

   Management der Informationssysteme (Planung, Entwicklung und Implementierung computergestützter Informationssysteme)

   Management der Informations- und Kommunikationstechnologie (Planung, Steuern und Koordinieren aller technischer Ressourcen, z. B. Hardware, Netzwerk, Systemsoftware, Rechnerbetrieb)

   Führungsaufgaben (Personalführung, Organisation, Strategien und Controlling)

2. Die sieben Kombinationsmöglichkeiten:

   A) Informationen, für die ein Bedarf besteht, die aber weder angeboten noch nachgefragt werden

   B) Informationen, die zwar angeboten, aber nicht nachgefragt werden

   C) Informationen, die nachgefragt, aber nicht angeboten werden

   D) Deckung zwischen angebotenen und nachgefragten Informationen (= Informationsstand)

   E) Angebotene und nachgefragte Informationen, die für die betriebliche Aufgabenerfüllung nicht notwendig sind

   F) Informationen, die angeboten werden, aber weder nachgefragt werden noch betrieblich notwendig sind

   G) Nachgefragte Informationen, die nicht angeboten werden und auch nicht zur Aufgabenerfüllung erforderlich sind.

   Beispiele:

   A: Ergebnisse langjähriger Erprobung eines neuen Pharmaproduktes, um gesundheitliche Risiken mit hundertprozentiger Wahrscheinlichkeit auszuschließen.

   B: Computerlisten, die von den Empfängern sofort in den Papierkorb geworfen werden.

   C: Wenn Sie handschriftliche Aufschreibungen aus Kalendern und Karteikarten zusammentragen müssen, obwohl Sie sich hierfür viel bequemere Lösungen mit Hilfe eines Informationssystems vorstellen können.

   D: Alle Informationen, die regelmäßig am Bildschirm abgerufen werden können, die für die Aufgabenstellung des Benutzers unbedingt benötigt wird und auf die ein Benutzer niemals verzichten würde.

   E: Geburtstagsliste der Kollegen und Kolleginnen, die im Intranet abgerufen werden kann.

   F: Preisliste mit veralteten Preisen

   G: Welche Kollegen bzw. Kolleginnen spielen Tennis?

3. Wenn die Informationsversorgung am sog. "Pull-Prinzip" ausgerichtet wird, greifen die Anwender bei Bedarf auf die vorhandenen Informationsbestände zu. Hierdurch wird vermieden, dass die Benutzer regelmäßig mit irrelevanten Informationen versorgt werden, wie es z. B. bei großen Verteilerlisten von E-Mails inkl. Dateianhängen leicht möglich ist. Allerdings muss der Anwender beim Pull-Prinzip selber daran denken, jeweils aktuelle Informationen abzurufen.

4. Eine Informationssystemarchitektur ist ein längerfristig gültiger Leitfaden zur Planung, Entwicklung und Implementierung computergestützter Informationssysteme. Zur Darstellung und Dokumentation werden Beschreibungssprachen bzw. Symbole verwendet. Basierend auf einer Informationssystemarchitektur werden konkrete Projekte und Entwicklungsschritte geplant.

5. Die "Architektur integrierter Informationssysteme" (ARIS) unterscheidet zwischen fünf Sichten (Schwerpunkten), die bei der Entwicklung von Informationssystemen berücksichtigt werden müssen. In der Datensicht werden Zustände und Ereignisse, die durch Daten repräsentiert sind, beschrieben. In der Funktionssicht werden die auszuführenden Aufgaben beschrieben. In der Organisationssicht wird die Organisationsstruktur eines Unternehmens sowie menschliche und maschinelle Aufgabenträger beschrieben. In der Leistungssicht stehen die materiellen und immateriellen Input-Output-Leistungen des Unternehmens sowie die Geldflüsse im Mittelpunkt. Die Prozesssicht verbindet die verschiedenen Sichten und stellt die Geschäftsprozesse im Unternehmen dar.

6. Die Beschreibung der Geschäftsprozesse in einem Unternehmen oder einem Unternehmensteil erfordert viel Zeit und Erfahrungen. Ein Referenzmodell im Sinne eines Musters erleichtert die Geschäftsprozessmodellierung. Referenzmodelle können als Vorbild für Unternehmen ganzer Branchen dienen (Branchenreferenzmodell). Sie beschreiben die typischen Geschäftsprozesse in allgemeingültiger Form und dienen als Ausgangslösung zur Entwicklung unternehmensbezogener Modelle. Referenzmodelle können außerdem als Orientierungshilfe bei Auswahl und Anpassung von Standardsoftware nützlich sein.

7. Vorteile des Outsourcing sind:

   Geringere Fixkosten, weil nur die tatsächlich in Anspruch genommenen Dienstleistungen bezahlt werden müssen; Nutzung von externem Sachverstand; Konzentration auf das Kerngeschäft

   Nachteile des Outsourcing sind:

   Know-How-Verlust im eigenen Unternehmen; Abhängigkeit von einem externen Dienstleister; die Outsourcing-Entscheidung ist später kaum rückgängig zu machen.

8.

Aufgabenbereiche	Outsourcing ist sinnvoll, weil ...	Outsourcing ist nicht sinnvoll, weil ...
Entwicklung von IT-Strategien, IT-Planung, IT-Controlling		dies wichtige Führungsaufgaben sind, die vom Unternehmen selbst ausgeführt werden sollten
Projektleitung für IT-Projekte		bei Fremdvergabe keine genaue Kontrolle über den Projektverlauf möglich ist
Entwicklung von Fachkonzepten		die internen Mitarbeiter mit den internen Prozessen besser vertraut sind
Systemwartung	hierbei auf das Expertenwissen des Dienstleisters zurückgegriffen werden kann	
Hardwarekauf	der Dienstleister als Großabnehmer günstigere Konditionen erhält	
Betrieb von Hardware und Netzen	Kosten eingespart werden können	

9. Ein Informationsmanager sollte Generalist, und nicht in erster Linie Techniker sein. Wichtig sind besonders seine strategischen Fähigkeiten und seine Führungseigenschaften.

10. In vielen Unternehmen wird der bisherige DV-Leiter nicht zum Informationsmanager aufsteigen, weil er sich bislang primär um technische Details gekümmert hat.

11. Die wichtigsten Rechtsvorschriften sind:

    - Schutz personenbezogener Daten durch Datenschutzgesetze
    - Mitbestimmungs- und Informationsrechte der Arbeitnehmer bei der Einführung neuer IV-Systeme (BetrVG)
    - Urheberrechtsschutz für Computerprogramme
    - Vertragsrecht bei Kauf oder Miete von Hardware- und Software-Produkten
    - Schutz vor Zerstörung und vor dem unerlaubten Manipulieren fremder Hardware- und Softwaresysteme, Schutz vor Computerviren (Computerkriminalität)
    - Produkthaftung, mit der Softwarehersteller für Schäden, die durch ihre Software entstehen, verantwortlich gemacht werden können
    - Gesundheitsschutz bei der Arbeit mit Bildschirmgeräten (Bildschirmarbeitsverordnung)
    - Multimedia-Recht und Electronic-Commerce-Recht

12. b) ist richtig (Service Level Agreement)

13. c) ist richtig

14. Maßnahmen im Rahmen des Continuity Managements für das beschriebene Szenario sind:

    - Dokumentation von Systemeinstellungen und Parametern
    - Sichere Hinterlegung von Passwörtern, z. B. in verschlossenem Umschlag in einem Tresor
    - Notfallplan mit Anweisungen für das Verfahren in Krisensituationen
    - Einrichtung von Vertretungsregeln

15. Vorteile von IT-Offshoring

    Der größte Vorteil des Offshoring sind die geringeren Lohnkosten im Ausland. Als weitere Vorteile sind zu nennen:

    - Konzentration auf das Kerngeschäft
    - Bessere Kostenkontrolle
    - Abbau des eigenen IT-Personals
    - Überwindung personeller Engpässe bei Projekten und damit höhere Flexibilität
    - Risikoteilung mit Offshore-Anbietern
    - Zugriff auf eine große Anzahl von unterschiedlichem und hochqualifiziertem IT-Personal
    - Mögliche neue Absatzmärkte in den Ländern des Offshoringpartners
    - Die gleichzeitige Nutzung unterschiedlicher Zeitzonen ermöglicht eine Arbeitszeit von täglich bis zu 24 Stunden. Hierdurch können Projektzeiten verkürzt werden. Ein 24 Stunden/7-Tage-Betrieb kann kostengünstig gewährleistet werden.

    Nachteile von IT-Offshoring:

    - Verständigungsschwierigkeiten durch unterschiedliche Sprachen sowie Kultur- und Mentalitätsunterschiede können zu Kommunikationsproblemen und Konflikten führen.
    - Unterschiedliche Zeitzonen können eine Zusammenarbeit erschweren.
    - Unkenntnisse des Offshoring-Partners über die internen Prozesse können in der Anfangsphase zu Schwierigkeiten führen und eine Verzögerung verursachen.

- Eigene Mitarbeiter sind aufgrund der Offshoring-Strategie unzufrieden und demotiviert
- Strategische Wettbewerbsvorteile und Firmeninterna können durch die externen Mitarbeiter an die Öffentlichkeit gelangen.
- Unterschiedliche Rechts- und Wirtschaftssysteme oder eine angespannte politische Lage können zu unplanbaren Schwierigkeiten führen.
- Über einen langen Zeitraum aufgebautes IT-Know-How wird verloren und nicht mehr erweitert.
- Bei einer Insolvenz des Offshoringpartners kann das eigene Geschäft in Gefahr geraten.
- Bei geschäftlichen Differenzen mit dem externen Anbieter (Neuverhandlungen bei Anschlussverträgen, nicht erfüllte Qualitätsansprüche) ist ein unmittelbarer Wechsel zu einem Mitbewerber nicht möglich.
- Der Abstimmungsaufwand zwischen Auftraggeber und Off-shoringpartner kann steigen und die Einsparungen im Lohnbereich weit übertreffen.
- Die Leistungsüberprüfung kann sich aufgrund der räumlichen Entfernungen als schwierig gestalten.

Zu den Aufgaben des Fallbeispiels

1. Aufgaben des IT-Controlling:

   Das IT-Controlling beinhaltet:

   - die Entscheidungsvorbereitung zur zielsetzungsgerechten Nutzung von IT-Ressourcen einschließlich der dazu notwendigen Steuerungssysteme und -prozesse,
   - die Beschaffung, Aufbereitung und Analyse der hierfür benötigten Informationen sowie
   - die funktions- und bereichsübergreifende und unternehmensweite Koordination dieser Aktivitäten.

2. IT-Controlling-Instrumente sind: Servicelevel Management, Kostenrechnung (Teil- Voll- oder Prozesskosten), Benchmarking, Leistungserfassung und -verrechnung, Planung/Budgetierung, Total Cost of Ownership (TCO).

3. Das IT-Controlling sollte in enger Abstimmung mit dem IT-Management aufgestellt sein. Eine übergreifende Koordinierungsfunktion sollte wahrgenommen werden können. Dies kann zum Beispiel in einer Stabsfunktion erfolgen.

4. Kennzahlen (Auswahl):

   - Verfügbarkeit der IT-Systeme = tatsächliche Verfügbarkeit / techn. mögliche Verfügbarkeit
   - Servicegrad der IT = Anzahl termingerecht ausgeführter Aufträge / Anzahl zu erfüllender Aufträge
   - Wartungskostenanteil = Wartungskosten / IT-Kosten
   - Ausfallzeit der IT = Reparaturbedingte Ausfallzeit / geplante Verfügbarkeit
   - IT-Kosten pro Arbeitsplatz = IT-Kosten/Anzahl PC-Arbeitsplätze
   - Fehlerhäufigkeit = Zeit seit letztem Fehler/ Vorgabezeit zwischen zwei Fehlern
   - Anteil IT-Mitarbeiter an Unternehmensmitarbeitern = IT- Mitarbeiterzahl / Gesamt-Mitarbeiterzahl
   - Betreuungsquote = Anzahl der betreuten IT-Arbeitsplätze/Anzahl IT-Betreuer
   - Störmeldungen = Anzahl Störungen/ Problemmeldungen der Kategorie A / Gesamtzahl erfasste Anfragen
   - Auslastungsgrad = Volumen fakturierte Mitarbeiterzeit/Volumen fakturierbare Mitarbeiterzeit

16.15 Hinweise zu Kapitel 15

Zu den Fragen und Aufgaben

1. a) Das eigene Passwort muss mindestens 8 Zeichen lang sein und aus einem Mix aus Groß- und Kleinbuchstaben, Ziffern und Sonderzeichen zusammen gesetzt sein.

   b) Das Passwort sollte in regelmäßigen Abständen (z. B. alle 6 Monate) geändert werden.

   c) Das einmal verwendete Passwort zukünftig nicht so schnell wieder genutzt werden.

   d) Das eigene Passwort ist absolut geheim zu halten und darf auch Freunden oder Arbeitskollegen nicht anvertraut werden.

   e) Das Passwort sollte keine Namen von Familienangehörigen (z. B. Vorname des Kindes) und kein eigenes Geburts- oder Heiratsdatum oder das eigene Auto-Kennzeichen enthalten.

   f) Besteht der Verdacht, dass ein Dritter das Passwort ausgespäht hat, ist es sofort zu ändern.

   g) Zu häufigen Passwortwechsel (mind. 1 Tag Wartezeit) unterbinden.

2. In diesem Zusammenhang bedeutet Datenschutz, dass nur autorisierte Mitarbeiter die Personaldaten (z. B. Name, Adresse, Sozialversicherungsnummer etc.) erheben und im arbeitsvertraglich bzw. gesetzlich festgelegten Rahmen weiter verarbeiten dürfen. Diese Benutzergruppe ist dem Datengeheimnis verpflichtetet. Personen, deren Daten erfasst wurden, haben ein Recht auf Einsicht, Auskunft und Änderung ihrer Daten.

   Datensicherung bezeichnet den Schutz der erhobenen Daten und der eingesetzten Hardware vor Verlust, Zerstörung und Missbrauch. Durch technische (z. B. Backup) oder organisatorische (z. B. Zutrittskontrollen) Maßnahmen wird dieser Schutz erreicht.

3. Biometrische Systeme, z. B. das Erkennung eines Fingerabdrucks, sind technisch noch nicht vollständig ausgereift, so dass es immer noch zu Fehlerkennungen kommen kann. Außerdem stoßen biometrische Erkennungsverfahren auf Ablehnung bei vielen Menschen.

4. Lösung A: 493; Zeitaufwand ca. 12 sec.

   Lösung B: 23 und 19; Zeitaufwand ca. 20 sec.

5. Sicherungsbänder müssen regelmäßig überprüft werden. Die Rücksicherung muss geübt werden.

   Bei einem Feuer oder anderen Katastrophen können sowohl Original- als auch Sicherungsdaten zerstört werden. Die Lagerung von Sicherungsbändern sollte daher außerhalb der eigenen Büroräume erfolgen, z. B. in einem Bankschließfach.

   Generell ist von dem Einsatz eines Servers mit nur einer Festplatte abzuraten. Der Server sollte mindesten mit zwei gespiegelten Festplatten (RAID-System) betrieben werden. In diesem Fall hätte man den Server mit der zweiten Festplatte (welche exakt die gleichen Daten beinhalten würde wie die erste) weiter betreiben können. Eine weitere Maßnahme zur Vermeidung eines solchen Datenverlustes ist der abwechselnde Einsatz von zwei Bandsicherungsgeräten.

6. Zur Codierung wird ein allgemein zugänglicher Schlüssel verwendet. Somit entfällt eine umständliche Bereitstellung dieses Schlüssels über einen sicheren Kanal (z. B. persönliche Übergabe). Lediglich der Empfänger einer codierten Nachricht muss seinen (geheimen) Schlüssel sicher aufbewahren. Der Sender muss nicht, wie bei der symmetrischer Verschlüsselung, für jeden Kommunikationspartner einen separaten Schlüssel verwalten.

7. Eine Firewall soll Gefährdungen aus dem Internet abwehren. Sie hat die Aufgabe eines virtuellen Pförtners. Sie kontrolliert und protokolliert, was bzw. wer in das System hinein- oder hinausgeht. Bei dem Konzept "Alles was nicht ausdrücklich gestattet ist, ist verboten" wird die Firewall so konfiguriert, dass alle zulässigen Verbindungen geplant sein müssen. Als Vorteil ist eine hohe Sicherheit

zu nennen, denn alle unbekannten Anwendungen und Zugriffe werden unterbunden. Von Nachteil ist hierbei, dass bei schnellem Wechsel von Anforderungen stets ein Administrator eingeschaltet werden muss. Anwender fühlen sich bei dieser Variante häufig behindert und versuchen sie zu umgehen.

Das alternative Konzept "Alles, was nicht ausdrücklich verboten ist, ist erlaubt" ermöglicht dem Benutzer neue Anwendungen und Zugriffe. Allerdings ist die Sicherheit hierbei eingeschränkt und der Admininstrator wird laufend versuchen, den Schutz zu erhöhen.

8.

Anwendungsbereich	Risiko	Schutzmöglichkeiten
Lokale Datenbestände	Meist unbeabsichtigtes Einbringen von Viren durch eigene Mitarbeiter oder Geschäftspartner mittels Datenträger, Notebook	Virenscanner auf *allen* Rechnern, regelmäßige Aktualisierung
E-Mail	Verbreitung von Viren und Würmern	Zentrale Überprüfung aller eingehenden Datenpakete am E-Mail-Server
Datenaustausch über ungesicherte Verbindungen (Internet)	Gefahr von Manipulation und Abhören bei Datenaustausch zwischen Niederlassungen	Aufbau gesicherter VPN-Verbindung, d. h. Verschlüsselung des Datentransfers, Firewall
Internet-Anbindung	Jede Internet-Verbindung ist ein möglicher Angriffspunkt für Eindringlinge ins Firmennetz	Firewall, um zu verhindern, dass sich Eindringliche im LAN bewegen und von dort auf interne Daten zugreifen können
Serverräume	Manipulation, Sabotage, Diebstahl von Daten, Hardware-Komponenten, Stromausfall, Feuer, Wassereinbruch	Zugangskontrollen, unterbrechungsfreie Stromversorgung, Brand- und Rauchmelder, Datensicherung/Backup, evt. Ausweichrechenzentrum im Katastrophenfall

9. Ihre persönlichen Daten in Verbindung mit den Kontodaten (z. B. Kontostand, Kontonummer) sollten vor der Bank gegen jede Form von Missbrauch geschützt werden (Privatheit)

Sie müssen sicher sein, dass der Kommunikationspartner tatsächlich die Bank ist, umgekehrt möchte die Bank sicher sein, dass es sich um den angegebenen Kunden handelt (Authentizität).

Beim elektronischen Versenden der Überweisung muss gewährleistet sein, dass der Geldbetrag nicht während der Übertragung verändert wurde und dass die Überweisung nicht zweimal oder gar nicht bei Ihrer Bank eintrifft (Integrität).

Kein Dritter sollte von der Überweisung Kenntnis erlangen (Vertraulichkeit).

Sie müssen als Bankkunde sicher sein, dass die Bank später nicht den Erhalt der Überweisung leugnen kann (Verbindlichkeit).

Das System sollte im vereinbarten zeitlichen Rahmen nutzbar sein, ohne Störung des Online-Betriebs und ohne Verlust von Daten (Verfügbarkeit).

10. a) Einsatz von Spam-Filterprogrammen

b) Bei vielen E-Mail-Anbietern wie z. B. GMX ist es möglich, Spam schon vom Mailserver abblocken zu lassen.

c) Wenn man unbedingt an Gewinnspielen teilnehmen möchte oder sich auf registrierungspflichtigen Webseiten anmeldet, empfiehlt sich die Nutzung einer (kostenlosen) Zweitadresse. Falls die E-Mail-Adressen weiter gegeben werden, gelangt die unerwünschte Werbung später an die Zweitadresse.

d) Eine etwas andere Darstellung einer E-Mail-Adresse auf einer Webseite verhindert das automatische Adresssammeln: statt "schulze@siemens.com" sollte besser die Form "schulze (at) siemens dot com" auf der Webseite veröffentlicht werden.

Zu den Aufgaben des Fallbeispiels

1. Ausfall von Hardware (Computer und deren Komponenten)

   Unautorisierter Zugriff auf Daten von innen und außen

   Zerstörung von Daten von innen und außen

   Schädliche Software gelangt ins Netzwerk (von innen wie von außen)

   Illegale Nutzung des Internets

   Illegale Nutzung von Programmen, Dateien und Betriebssystemen

   Konfigurations- und Installationsfehler

   Versand von Spammails

   Empfang von Spammails

   Ausfall von Mitarbeitern (z. B. Administrator)

   Mangelhafte Ausbildung (z. B. Administrator)

   Mangelnde organisatorische Weisungen

   Keine Sicherungsmaßnahmen

2. Einrichtung einer Firewall zwischen Mail-, Web- und Proxyserver und dem Internet. Eindeutige Festlegung von Firewallregeln.

   Einrichtung einer Firewall zwischen den drei im Internet stehenden Servern und dem Firmennetz (Bildung einer "demilitarisierten Zone – DMZ").

   Optional: Verlagerung des Mailservers in das Firmennetz und Installation eines Mailproxies in der DMZ.

   Einführung eines Backup-Systems für die relevanten Server.

   Einführung eines Virenschutzes auf allen Servern und Rechnern.

   Entfernung der lokalen administrativen Rechte und Vergabe von eingeschränkten Berechtigungen

   Installation von Software nur durch die Administration.

   Schulung des Administrators.

   Ausbildung eines 2. Administrators.

   Einführung einer Spam-Filterung.

   Einführung von Contentfilterung auf dem Webserver.

   IT-Sicherheitsanweisungen der Geschäftsleitung zur Nutzung der IT an Mitarbeiter und Administratoren (z. B. Verbot privater Nutzung).

Literaturverzeichnis

[AbMü09] Abts, D.; Mülder, W.: Masterkurs Wirtschaftsinformatik, Wiesbaden 2009

[Abts08] Abts, D.: Grundkurs Java. Von den Grundlagen bis zu Datenbank- und Netzanwendungen. Wiesbaden, 5. Auflage 2008

[Adle92] Adler, G.: Anwender benötigen Kommunikationsstrategien, Vorgehen in geordneten Bahnen. In: Afheldt, H, u. a. (Hrsg.): Neue Techniken der Bürokommunikation. 4. Aufl., Landsberg am Lech 1992

[Alby08] Alby, T.: Web 2.0 - Konzepte, Anwendungen, Technologien, 3. Aufl., München 2008

[AmWi06] Amberg, M.; Wiener, M.: IT-Offshoring. Heidelberg 2006

[Anto01] Antoni, C.H.: Mit Service Level Management die Schnittstelle im flexiblen Unternehmen klären. In: Das flexible Unternehmen, Kz. 02.24, S. 1 - 12, Folgelieferung Januar 2001

[Bäch06] Bächle, M.: Social Software. In: Informatik Spektrum, Heft 2/2006, S. 121 - 124

[Bahl02] Bahlster, E.: Sitzen ist gefährlich. In: Newsletter für Berufseinsteiger, Heft 1/2002, S. 4

[Barn02] Barnitzke, A.: Michelangelos böse Erben. In: Computer Zeitung Nr. 10 vom 04.03.2002, S. 8

[Bast82] Bastian, M.: Datenbanksysteme. Königstein/Ts., 1982

[BDKP01] Bundesvereinigung der Deutschen Arbeitgeberverbände / KMPG Consulting: eBusiness in der deutschen Wirtschaft, Status Quo und Perspektiven 2001; o. O. 2001

[Beam99] Beaman, K.: Personalwirtschaft: Wohin? In: Computer & Personal (CoPers) H. 2/1999, S. 14 - 21

[Bear08] BearingPoint – Career insight, http://www.career-insight.de/ (abgerufen am 24.10.2008)

[BeGe99] Becker, T.; Geimer, H.: Prozessgestaltung und Leistungsmessung, wesentliche Bausteine für eine Weltklasse Supply Chain. In: HMD, 36. Jg., Heft 207, Juni 1999. S. 25 - 34

[BeMe05] Becker, J.: Meise, V.: Strategie und Ordnungsrahmen, in: Prozessmanagement – ein Leitfaden zur prozessorientierten Organisationsgestaltung, 5. Aufl., hrsg. von J. Becker, M. Kugeler, M. Rosemann, Berlin, Heidelberg 2005; S. 105 - 154

[BeRo01] Behrens, M.; Roth, R.: Biometrische Identifikation, Braunschweig 2001

[BeSc96] Becker, J.; Schütte, R.: Handelsinformationssysteme, Landsberg 1996

[BeZe08] Behrendt, J.; Zeppenfeld, K.: Web 2.0. Springer 2008

[BilV96] Verordnung über Sicherheit und Gesundheitsschutz bei der Arbeit an Bildschirmgeräten (Bildschirmarbeitsverordnung). In: Bundesgesetzblatt 1996, S. 1843 - 1845

[BMW05] BMW Recruiting vom 24.09.2005, http://podcast.bmw.com/de/stories/1002981, abgerufen am 24.10.2008

[BMWI07] Bundesministerium für Wirtschaft und Technologie: Innovationspolitik, Informationsgesellschaft, Telekommunikation – 10. Faktenbericht 2007, München, Berlin 2007

[Böhm02] Böhm, T.: Digitale Personalaktenführung – Beispiel Flughafen Düsseldorf International. In: Lohn + Gehalt, Juni 2002, S. 19 - 20

[BoMü00] Bogaschewsky, R.; Müller, H.: b2b Marktplatzführer – virtuelle Handelsplattformen für Deutschland 2000/2001, Frankfurt, 2000

[Brau04] Brause, R.: Kompendium der Informationstechnologie, Berlin u. a. 2004

[BrHa04] Brügge, B.; Harhoff et al: Open-Source-Software, eine ökonomische und technische Analyse. Berlin, Heidelberg 2004

[BrPr03] Broy, M.; Pree, W.: Ein Wegweiser für Forschung und Lehre im Software-Engineering eingebetteter Systeme. In: Informatik Spektrum, 18 (2003) 2, S. 3 - 7

[BrTS06] Brosze, T.; Treutlein, P.; Schmidt, C.: Vertikalisierung im ERP-Markt, in: IS-Report, Sonderausgabe Juni 2006, S. 12 - 15

[BrWa02] Brehm, B.; Wallstab, F.: Wirtschaftsrechtliche Aspekte des Einsatzes von Desktop Purchasing Systemen im Rahmen des Electronic Procurement. In: Information Management & Consulting 17 (2002)4, S. 96 - 104

[BSI05] Bundesamt für Sicherheit in der Informationstechnik: Chancen und Risiken des Einsatzes von RFID-Systemen, Bonn 2005 (http://www.bsi.de/fachthem/rfid/RIKCHA_barrierefrei.pdf vom 25.08.2008)

[BSI07] Bundesamt für Sicherheit in der Informationstechnik: Leitfaden IT-Sicherheit – IT-Grundschutz (Broschüre) Bonn 2007 www.bsi.bund.de/gshb

[BSI08] Bundesamt für Sicherheit in der Informationstechnik: IT-Grundschutz-Kataloge, www.bsi.de/gshb, abgerufen am 06.10.2008

[Buch02] Buchenberger, F.: Web-Conferencing als neues Werkzeug für effiziente Zusammenarbeit im Unternehmensumfeld. In: Information Management & Consulting 17(2002)4, S. 60 - 63

[BuDH08] Buxmann, P.; Diefenbach, H.; Hess, T.: Die Software-Industrie – Ökonomische Prinzipien, Strategien, Perspektiven. Berlin, Heidelberg 2008

[BuJa95] Bußler, C.; Jablonski, S.: Modellierung von Aktivitäten und Organisationen im Rahmen von Workflow Management Systemen. In: Mitteilungen der GI-Fachgruppe "Entwicklungsmethoden für Informationssystemen und deren Anwendungen", Heft 1, 1995, S. 29 - 31

[BuRö04] Information Security Management, hrsg. von D. Burgartz, R. Röhrig, Köln 2004 (Loseblattwerk)

[Bütt99] Büttner, K.: Augen, Autos und Agenten: Integriertes Wissensmanagement optimiert die Fahrzeugentwicklung. In: Frankfurter Allgemeine Zeitung. Verlagsbeilage CeBIT 99 vom 16.03.1999, S. B14

[ChKn91] Chen, P. P. S.; Knöll, H.-D.: Der Entity-Relationship-Ansatz zum logischen Systementwurf. Mannheim, Wien, Zürich, 1991

[COBI08] www.cobit-isaca.de, Abrufdatum 21.09.2008

[Codd70] Codd, E. F.: A rational model of data for large shared data banks. In: Communications of the ACM, 13, S. 377 – 387, 1970

[Dahm06] Dahm, M.: Grundlagen der Mensch-Computer-Interaktion. München 2006

[Dang02] Dangelmaier, W.; Uebel, M.F.; Helmke, S.: Grundrahmen des Customer Relationship Management-Ansatzes. In: Praxis des Customer Relationship Management, hrsg. von Uebel, MlF.; Helmke, S.; Dangelmaier, W.; Wiesbaden 2002, S. 3 - 16

[Dave99] Davenport, T. H.: Passt Ihr Unternehmen zur Software?, in: Harvard Business Manager, Heft 1/1999, S. 89 - 99

[DeHö03] Dekena, R.; Höring, K.: Internet-Conferencing – Erfahrungen aus einer praktischen Anwendung. In: Informationsmanagement – Neue Herausforderungen in Zeiten des E-Business, hrsg. von H.-G. Kemper, W. Mülder, Lohmar 2003, S. 427 - 440

[DeLi99] DeMarco, T.; Lister, T.: Wien wartet auf Dich! Der Faktor Mensch im DV-Management, 2. Aufl., Wien 1999

[Dell00] Aufbruch ins Dellenium. In: Informationweek Nr. 6 v. 17.02.2000, S. 16 - 22

[Diet03] Dietz, P.: Menschengleiche Maschinen, Berlin 2003

[DiGl02] Dittmar, C.; Gluchowski, P.: Synergiepotenziale und Herausforderungen von Knowledge Management und Business Intelligence. In: Knowledge Management und Business Intelligence, hrsg. v. U. Hannig, Berlin u. a., 2002, S. 27 - 41

[Dost99] Dostal, W.: Arbeitsmarkt Informationstechnologie. In: Berufsplanung für den IT-Nachwuchs (hrsg. von J. Staufenbiel und B. Giesen),. Köln, 1999, S. 24 - 64

[EbGH08] Ebersbach, A.; Glaser, M.; Heigl, R.: Social Web, Konstanz 2008

[EbGl05] Ebersbach, A.; Glaser, M.: Wiki, in: Informatik Spektrum, Heft 4/2005, S. 131 - 135

[Endr07] Endres, A.: Das Informatik-Studium: Zahlenmäßige Trends, daraus sich ergebende Probleme und mögliche Lösungen. In: Informatik Spektrum vom 30.3.3007, S. 180 - 187

[Epro02] O. V.: E-Procurement – Daimler senkt die Einkaufskosten. In: Computer Zeitung Nr. 1 + 2 vom 07.01.2002, S. 12

[Fave99] Falsch vernetzt. Die EDV-Berater blamieren sich bei einem Referenzauftrag. In: Manager Magazin, Januar 1999, S. 39

[FDNL08] Fischer, J.; Dangelmaier, W.; Nastansky, L.; Sehl, L.: Bausteine der Wirtschaftsinformatik, 4. Aufl.; Berlin 2008

[FeSi06] Ferstl, O.; Sinz, E.: Grundlagen der Wirtschaftsinformatik. 5. Aufl., München Wien 2006

[Feyh04] Feyhl, A. W.: Management und Controlling von Softwareprojekten, 2. Aufl., Wiesbaden 2004

[FHPR95] Friedrich, J.; Hermann, T.; Peschek, M.; Rolf, A. (Hrsg.): Informatik und Gesellschaft, Heidelberg u. a. 1995

[Fink06] Finkenzeller, K.: RFID Handbuch, 4. Aufl. München, Wien 2006

[FiSV01] Fink, A.; G. Schneiderei; S. Voß: Grundlagen der Wirtschaftsinformatik, Heidelberg 2001

[Frie08] Frieters, G.: Entwicklung und Rollout eines globalen SAP-Templates, Duisburg & Köln 2008

[Frit07] Fritsche, J.: Angriff von Innen, in: Business & IT, Heft 6/2007, S. 60 - 65

[Fuch02] Fuchs, M: Denkanstöße: Wie das Internet unsere Welt verändert. Frankfurt 2002

[Füti93] Füting, U.C.: DV-Projektmanagement. In: Diebold Management Report Nr. 4/1993, S. 16 - 21

[GaBe03] Gabriel, R.; Beier, D.: Informationsmanagement in Organisationen, Stuttgart 2003

[Gabr02] Gabriel, R.; Knittel, F.; Taday, H.; Reif-Moser, A.-K.: Computergestützte Informations- und Kommunikationssysteme in der Unternehmung. 2. Aufl., Berlin u. a., 2002

[Gabr05] Gabriel, A.: Grundlagen der Datensicherung – Fürs Überleben wichtig. In: KMUplus Magazin, Heft 2/2005, S. 47 - 50

[Gase01] Gasenzer, R.: Positionsbasierte Leistungsangebote für den mobilen Handel. In: Mobile Commerce, HMD – Theorie und Praxis der Wirtschaftsinformatik, Heft Nr. 220, August 2001, S. 37 - 51

[Geih95] Geihs, K.: Client/Server-Systeme. Grundlagen und Architekturen. Bonn, 1995

[GeMü01] Gehle, M.; Mülder, W.: Wissensmanagement in der Praxis. Frechen 2001

[Gent99] Gentsch, P.: Knowledge Discovery mal anders. In: it Fokus Heft 11/1999, S. 34 - 42

[Gerb02] Gerbich, S.: Das große Daumendrücken. In: Informationweek Nr. 1 vom 10.01.2002, S. 24 -28

[Glad03] Gladen, W.: Kennzahlen- und Berichtssysteme, 2. Aufl., Wiesbaden 2003

[GlGD08] Gluchowski, P.; Gabriel, R.; Dittmar, C.: Management Support Systeme und Business Intelligence, 2. Aufl., Berlin, Heidelberg 2008

[GoBS95] Grundsätze ordnungsgemäßer DV-gestützter Buchführungssysteme (GoBS) vom 7.11.1995, Bundesministerium für Finanzen IVA8-S 0316-52/95 – BStBl 1995 I S. 738 (www.elektronische-steuerprüfung.de/rechtsgrund/gobs.htm vom 20.08.2008)

[GoJa01] Gola, P.; Jaspersen, A.: Das neue BDSG im Überblick. Frechen 2001

[Görk01] Görk, M.: Customizing. In: Lexikon der Wirtschaftsinformatik, 4. Aufl., hrsg. von P. Mertens et al, Berlin u. a. 2001, S. 126-127

[GrKo05] Großmann, M.; Koschek, H.: Unternehmensportale, Berlin, Heidelberg 2005

[Gron99] Gronau, N.: Management von Produktion und Logistik mit SAP R/3, 3. Aufl., München 1999

[Gruh07] Gruhn, V.; Wolff-Marting, V.; Köhler, A.; Haase, C.; Kresse, T.: Elektronische Signaturen in modernen Geschäftsprozessen, Wiesbaden 2007

[GrWi04] Große-Wilde, J.: SRM – Supplier-Relationship-Management. In: Wirtschaftsinformatik 46 (2004) 1, S. 61 - 63

[GS108] GS1: Einsatz in der Wertschöpfungskette, www.gs1-germany.de abgerufen am 01.09.2008

[HaNe05] Hansen, H.R.; Neumann, G.: Wirtschaftsinformatik I. 9. Auflage, Stuttgart, 2005

[Hatt00] Hattwig, J.: Data Warehousing im Zeitalter des E-Commerce – Tante Emma wird global. In: is-report 4(2000)7, S. 8 - 14

[HeHR07] Heinrich, L.J.; Heinzl, A.; Roithmayr, F.: Wirtschaftsinformatik – Einführung und Grundlegung, 3.Aufl., München, Wien 20078

[Hein02] Heinrich, L. J.: Informationsmanagement, 7. Aufl., München, Wien 2002

[Hein85] Heinzelbecker, K.: Marketing Informationssysteme. Stuttgart 1985

[HeKH01] Heinzl, A.; König, W.; Hack, J.: Erkenntnisziele der Wirtschaftsinformatik in den nächsten drei und zehn Jahren. In: Wirtschaftsinformatik 43(2001)3, S. 223 - 233

[HGRZ06] Herden, S.; Gomez, J. M.; Rautenstrauch, C.; Zwanziger, A.: Software-Architekturen für das E-Business, Berlin, Heidelberg 2006

[HiHö06] Hindel, B.; Hörmann, K.; Müller, M.; Schmied, J.: Basiswissen Software-Projektmanagement, 2. Aufl., Heidelberg 2006

[Hipp06] Hippner, H.: Bedeutung, Anwendungen und Einsatzpotenziale von Social Software, in: Social Software, hrsg. v. K. Hildebrand, J. Hofmann, Heidelberg 2006, S. 6 - 16

[Hohn07] Hohn, B.: Aktuelle Arbeitsmarktchancen für IT-Fachleute, in: Informatik Spektrum vom 30.03.2007, S. 211 - 216

[Hopp02] Electronic Business und Electronic Commerce – ein Beitrag zur Begriffsbildung. In: Electronic Business, hrsg. von R. Gabriel, U. Hoppe, Heidelberg 2002; S. 1 - 22

[HoPr03] Hoppe, G.; Prieß, A.: Sicherheit von Informationssystemen. Berlin 2003

[Hors03] Horst, K. J. v.d.: Disappearing Computing. In: WISU Heft 10/2003, S. 1199

[HoSc07] Hofmann, J.; Schmidt, W.(Hrsg.): Masterkurs IT-Management, Wiesbaden 2007

[HuPf96] Huhn, M.; Pfitzmann, A.: Krypto(de)regulierung. In: Datenschutz-Nachrichten Heft 6/1996, S. 4 - 15

[Ikea08] Ikea Personalmarketing, in: http://www.deinemoeglichkeiten.de/podcast.php, abgerufen am 24.10.2008

[Inmo05] Inmon, W. H.: Building the Data Warehouse, Wiley & Sons 2005

[ISC08] Internet Domain Survey Host Count, http://www.isc.org

[Jaco06] Jacobsen, J.: Podcasting für Unternehmen. In: www.contentmanager.de/magazin/artikel_1207-print_podcasting.html, 11/2006, abgerufen am 24.10.2008

[Jako08] Auskunft von Michael Jakob, Henkel vom 23.09.2008

[Jans01] Jansen, B.: eProcurement – Chancen ohne Nutzen? In: Iconomy Heft 5/2001, S. 36 - 37

[Jonk00] S. Jonkeren: Einsatz von Personalmanagementsystemen steigert Return on Investment, in: Personal Heft 12/2000, S. 638 - 643

[Jung08] Jungholt, T.: Das Milliardengeschäft mit dem Datenklau. In: Die Welt v. 19.08.2008

[KaAl06] Karzauninkat, S.; Alby, T.: Suchmaschinenoptimierung, München, Wien 2006

[Kamp02] Kampffmeyer, U.: Zwischen Anspruch und Wirklichkeit. In: IT-Management, Heft 1/2002, S. 52 - 62

[Kart08] Karthäuser, B.: Der gläserne Fan, in: Die Zeit Nr. 7 vom 7.2.2008, S. 23

[KeMU06] Kemper, H.-G.; Mehanna, W.; Unger, C.: Business Intelligence – Grundlagen und praktische Anwendungen, 2. Aufl., Wiesbaden 2006

[Kern07] Kern, C.: Anwendung von RFID-Systemen, 2. Aufl., Berlin, Heidelberg 2007

[Kill02] Killer, A.: Fingerabdruck-Scan ist beliebteste Biometrietechnik. In: Computer Zeitung Nr. 4 vom 21.01.2001, S. 16

[Klaw01] Klawa, M.-A.: Infrastrukturlösungen auf dem Vormarsch. In: IT Management Heft 2/2001, S. 20 - 24

[KnMZ00] Knolmayer, G.; Mertens, P.; Zeier, A.: Supply Chain Management auf Basis von SAP-Systemen, Perspektiven der Auftragsabwicklung für Industriebetriebe. Berlin u. a. 2000

[KoLe04] Kossmann, D.; Leymann, F.: Web Services, in: Informatik Spektrum April 2004, S. 117 - 128

[Konr07] Konradin-Mediengruppe: Einsatz von ERP-Lösungen in Deutschland bei Betrieben ab 50 Mitarbeiter, Leinfelden-Echterdingen 2007 (www.computerzeitung.de abgerufen am 1.9.2008)

[Köpp07] Köppen, H.: Geschichte, Inhalt, Novellierung, Delikte, Umfang und arbeitsrechtliche Konsequenzen des Computerstrafrechts, in: Lohn + Gehalt, Heft 9/2007, S. 65 - 70

[Krcm05] Krcmar, H.: Informationsmanagement, 4. Aufl., Berlin, Heidelberg 2005

[KrMR01] Krallmann, H.; Mertens, P.; Rieger, B.: Management Support Systems (MSS). In: Lexikon der Wirtschaftsinformatik (hrsg. von P. Mertens u. a.) 4. Aufl., Berlin u. a. 2001, S. 287 - 288

[Kuno05] Kunow, A.: Projektmanagement und Technisches Coaching, 2. Aufl., Heidelberg 2005

[Leav74] Leavitt, H.: Applied Organizational Change in Industry: Structural, Technology and Humanistic Approaches, in: March, J.G. (Ed.), Handbook of Organizations, Chicago 1974, S. 1144 - 1169

[Lehm08] Lehmann, F.R.: Integrierte Prozessmodellierung mit ARIS, Heidelberg 2008

[Leup93] Leuppi, R.: Informatik-Outsourcing am praktischen Beispiel. In: io Management Zeitschrift 62(1993) Nr. 5, S. 38 - 41

[Lind03] Lindgens, B.: Checkliste: Sind Sie fit für den Datenzugriff der Finanzverwaltung? In: Lohn + Gehalt, Heft 6/2003, S. 30 - 35

[Lüne08] Lünendonk-Listen: Standard-Software-Unternehmen in Deutschland (Stand: Mai 2008), in: www.luenendonk.de/standard_software.php (aufgerufen am 24.10.2008)

[Lütg03] Lütge, G.: Seine Kunden liebten ihn. In: Die Zeit Nr. 28 vom 3.7.2003, S. 2

[MaMa02] Martin, R.; Mauterer, H.; Gemünden, H.-G.: Systematisierung des Nutzens von ERP-Systemen in der Fertigungsindustrie. In: Wirtschaftsinformatik 44(2002)2 S. 109 - 116

[Mang06] Mangler, W.-D.: Prozessorganisation und Organisationsgestaltung, Norderstedt 2006

[MaRa03] Marx, A.; Rautenstrauch, C.: Systematisches Testen von Anti-Viren-Software. In: Wirtschaftsinformatik 45 (2003) 4, S. 435 - 443

[Mehl02] Mehlich, H.: Electronic Government. Wiesbaden 2002

[Meie04] Meier, H.: Internationales Projektmanagement, Herne, Berlin 2004

[MeMe00] Meier, M.; Mertens, P.: Integration von Internetdaten in Führungsinformationssysteme. In: WISU Heft 3/2000, S. 353 - 360

[MePl86] Mertens, P.; Plattfaut, E.: Informationstechnik als strategische Waffe. In: Information Management, Heft 2/1986, S. 6-17

[Mert01] Mertens, P.: Enterprise Resource Planning (ERP), in: , in: Lexikon der Wirtschaftsinformatik, hrsg. von P. Mertens u. a.), 4. Aufl., Berlin u. a. 2001, S. 183

[Mert07] Mertens, P.: Integrierte Informationsverarbeitung 1 – Operative Systeme in der Industrie, 16. Aufl., Wiesbaden 2007

[Mert95] Mertens, P.: Wirtschaftsinformatik: Von den Moden zum Trend. In: König, W. (Hrsg.): Wirtschaftsinformatik `95. Heidelberg 1995, S. 25 - 64

[MeTu99] Merz, M.; Tu, T.; Lamersdorf, W.: Electronic Commerce - Technologische und organisatorische Grundlagen. In: Informatik Spektrum Bd. 22, Oktober 1999, S. 328 - 343

[MeWi00] Mertens, P.: Wieczorrek, H.W.: Data X Strategien. Berlin, Heidelberg 2000

[MoBr04] Moll, K.-R.; Broy, M. et al: Erfolgreiches Management von Software-Projekten, in: Informatik-Spektrum, Heft 10/2004, S. 419 - 432

[Mons08] CIO-Stellenanzeige, gefunden bei der Jobbörse Monster, vgl. http://jobsuche.it. monster.de vom 21.09.2008

[Mros99] Mrosk, F.: Wissensmanagement in der Produktentwicklung. In: I.I.R. (Hrsg.): Seminarunterlagen zur Konferenz „Kostenersparnis und Prozessoptimierung durch Knowledge Management“ in Bad Homburg. 01. - 04. März 1999

[MüHF08] Mülder, W.; Hülsmann, C.; Flöter, K.: Marktanalyse: Engpassfaktor IT-Professionals, Rekrutierungswege heute und zukünftig (Arbeitspapier, Forschungsgruppe PERSIT, Hochschule Niederrhein, Mönchengladbach 2008

[Müld00] Mülder, W.: Personalinformationssysteme – Entwicklungsstand, Funktionalität und Trends. In: Wirtschaftsinformatik 42 (2000), Sonderheft, S. 98 - 106

[Müld01] Mülder, W.: Implementierung, in. Lexikon der Wirtschaftsinformik (hrsg. von P. Mertens u. a., 4. Aufl., Berlin u. a. 2001, S. 231 - 232

[Müld02] Mülder, W.: Elektronische Marktplätze. In: Online-Marketing-Strategien (hrsg. von R. Conrady, T. Jaspersen, W. Pepels). Neuwied, Kriftel, 2002, S. 320 - 344

[Müld03a] Mülder, W.: Einsatz von Workflow-Management-Systemen bei der Personalrekrutierung. In: E-Recruiting und E-Assessment, Rekrutierung, Auswahl und Beratung von Personal im Inter- und Intranet, hrsg. v. U. Konradt, W. Sarges, Götttingen u. a., 2003, S. 83 - 103

[Müld03b] Mülder, W.: Return on Investment – Keine Angst vor der Wirtschaftlichkeitsfrage, in: CoPers Computer + Personal, Heft 5/2003, S. 14 - 18

[Müld06] Mülder, W.: Informationstechnik für die Personalwirtschaft (Teil V), in: Computer +Personal Heft 8/2006, S. 49 - 52

[Müld07] Mülder, W.: Informationstechnik für die Personalwirtschaft Teil VI), in: Computer + Personal Heft 2/2007, S. 54 - 57

[Müld99] Mülder, W.: Telearbeit und Telekooperation. In: RKW-Handbuch Führungstechnik und Organisation (HFO), hrsg. von O. Franz, 40. Lieferung, Nr. 2933, Berlin 1999

[Müll95] Müller, U.R.: Schlanke Führungsorganisation. Die neuen Aufgaben des mittleren Managements. Planegg, 1995

[MüSe94] Mülder, W.; Seibt, D. (Hrsg.): Methoden- und computergestützte Personalplanung. 2. Aufl., Köln, 1994

[MüSt02] Mülder, W.; Störmer, W.: Arbeitszeitmanagement und Zutrittskontrolle mit System, 3. Aufl., Neuwied, Kriftel 2002

[Muth01] Muther, A.: Electronic Customer Care. Die Anbeiter-Kunden-Beziehung im Informationszeitalter, 3. Aufl. 2001

[Nach02] Nachtmann, M.: Online auf dem Acker. In: Computerwoche 29 (2002)40, S. 39

[Nadj01] Nadja, L.: Informations- und Kommunikationstechnologien in der Unternehmensberatung, Wiesbaden 2001

[NaSh73] Nassi; Shneiderman: Flowchart Techniques for Structured Programming. In: ACM Sigplan 12, 1973

[Oest04] Oestereich, B.: Die UML 2.0 Kurzreferenz für die Praxis. Oldenbourg, 3. Auflage 2004

[Olbr08] Olbrich, A.: ITIL kompakt und verständlich, 4. Aufl., Wiesbaden 2008

[Orac08] www.oracle.com vom 26.09.2008

[OrCh02] Ordemann, D.; Chairi, Y.: Elektronische Signaturen - Sicherheitsgarant im Zeitalter digitaler Transaktionen? In: Information Management & Consulting 17 (2002) 2, S. 33 - 38

[ORei05] O'Reilly, T.: What is the Web 2.0? In: www.oreilly.de/artikel/web20.html vom 30.09.2005, abgerufen am 21.10.2008

[Ostl03] Ostler, U.: Breuninger`s Kundenkarten liefern wertvolle Informationen, in: Computerzeitung Nr. 41 v. 06.10.2003, S. 12

[Phoe04] O.V.: Ausfälle bei LKW-Maut noch höher? In: http://www.phoenix.de/ereig/exp/18161 vom 26.01.2004

[PiRW03] Picot, A.; Reichwald, R.; Wigand, R.T.: Die grenzenlose Unternehmung, 5. Aufl., Wiesbaden 2003

[PoBl06] Pohlmann, N.; Blumberg, H.: Der IT-Sicherheitsleitfaden, Bonn 2006

[Pott98] Potthoff, I.: Empirische Studien zum wirtschaftlichen Erfolg der Informationsverarbeitung. In: Wirtschaftsinformatik 40 (1998) 1, S. 54 - 65

[PrRR99] Probst, G.; Raub, S.; Romhardt, K.: Wissen managen: wie Unternehmen ihre wertvollste Resource optimal nutzen. 3. Aufl., Frankfurt 1999

[Rann00] Rannenberg, K.: Mehrseitige Sicherheit – Schutz für Unternehmen und ihre Partner im Internet: In: Wirtschaftsinformatik 42 (2000) 6, S. 489 - 497

[RaSc03] Rautenstrauch, C.; Schulze, T.: Informatik für Wirtschaftswissenschaftler und Wirtschaftsinformatiker, Berlin, Heidelberg 2003

[Rave07] O. V.: Ravensburger Buchverlag setzt auf arcplan Enterprise, in: BARC-Guide: Business Intelligence 2007/2008, München 2007, S. 48 - 49

[RiKo07] Richter, A.; Koch, M.: Social Software- Status Quo und Zukunft, Bericht 2007-01, Fakultät für Informatik, Univ. der Bundeswehr München, Neubiberg 2007, http://www.kooperationssysteme.de/wordpress/uploads/RichterKoch2007.pdf; abgerufen am 24.10.2008

[Rinz98] Rinza, P.: Projektmanagement, 4.Aufl., Berlin u. a. 1998

[Rubi07] Rubinstein, D.: Standish Group Report: There's less development chaos today, in: sdtimes.com vom 1.3.2007, Abrufdatum: 03.07.2008

[ScBM99] Schinzer, H.D.; Bange, C.; Mertens, H.: Data Warehouse und Data Mining. Marktführende Produkte im Vergleich. 2. Aufl., München 1999

[ScBÖ00] Schulze, J.; Bach, V.; Österle, H.: Customer Relationship Management. Konzepte, Potentiale und methodische Einführung. In: HMD Heft 212, April 2000, S. 113 - 129

[ScFE97] Schuster, R.; Färber, J.; Eberl, M.: Digital Cash – Zahlungssysteme im Internet. Berlin u. a. 1997

[Sch02] Schenk, B.: Telekooperationsdidaktik, Konzeption und Durchführung von Maßnahmen zur Technologie-Einführung. Wiesbaden, 2002

[Sche01] Scheer, A.-W.: ARIS-Modellierungsmethoden, Metamodell, Anwendungen. 4. Aufl., Berlin u. a. 2001

[Sche02] Scheer, A.-W.: ARIS-Vom Geschäftssystem zum Anwendungssystem. 4. Aufl., Berlin u. a. 2002

[Sche97] Scheer, A.-W.: Wirtschaftsinformatik, Referenzmodelle für industrielle Geschäftsprozesse. 7. Aufl., Berlin u. a. 1997

[Sche98] Scheer, A.-W.: Wirtschaftsinformatik – Referenzmodelle für industrielle Geschäftsprozesse. 7. Aufl., Berlin u. a. 1998

[Schm02] Schmidt, G.: Einführung in die Organisation. 2. Aufl., Wiesbaden 2002

[Schm07] Schmergal, C.: Fehler im System. In: Wirtschaftswoche Nr. 32 v. 06.08.2007, S. 12

[Schm93] Schmid, B.: Elektronische Märkte. In: Wirtschaftsinformatik 35 (1993), S. 465 - 480

[Schu01] Schulze, J.: Conrad-Gruppe möchte Internet-Aktivitäten weiter ausbauen. In: Computerwoche Nr. 15 vom 15.04.2001

[Schu05] Schulze, J.: Nach beiden Seiten offen, in: ProFirma, Nov. 2005, S. 54 - 56

[Schw98] Schwarze, J.: Informationsmanagement, Planung, Steuerung, Koordination und Kontrolle der Informationsversorgung im Unternehmen, Herne, Berlin 1998

[ScKr99] Schwarzer, B.; Krcmar, H.: Wirtschaftsinformatik, Grundzüge der betrieblichen Datenverarbeitung. 2. Aufl., Stuttgart, 1999

[ScMI04] Schmalzl, B.; Merkl, H.; Imbery, H.: Geschäftsprozessorientierung – Der Wertschöpfung auf der Spur, in: Arbeit und elektronische Kommunikation der Zukunft, hrsg. v. B. Schmalzl, Berlin, Heidelberg 2004, S. 459 - 484

[ScSe06] Schmelzer, H.J.; Sesselmann, W.: Geschäftsprozessmanagement in der Praxis, 5. Aufl., München, Wien 2006

[ScVo04] Schmalzl, B.; Vock, T.: IT-Infrastructure Library (ITIL) - ein Regelwerk auch für den Betrieb von Arbeitsplatzsystemen. In: Arbeit und elektronische Kommunikation der Zukunft, hrsg. von B. Schmalzl, Berlin u.a. 2004, S. 505 - 522

[ScWi00] Schuster, E.; Wilhelm, S.: Content Management. In: Informatik Spektrum, Dez. 2000, S. 373 - 375

[SeHB01] Seifert, K.; Hurtienne, J., Baumgarten, T.: Untersuchung von Gestaltungsvarianten blickgestützter Mensch-Computer-Interaktion, in: Mensch & Computer 2001, hrsg. von H. Oberquelle, R. Oppermann, J. Krause, Stuttgart et al 2001, S. 245 - 254

[Seib01] Seibt, D.: Anwendungssystem. In.: Lexikon der Wirtschaftsinformatik (hrsg. von P. Mertens u. a.) 4. Aufl., Berlin u. a. 2001, S. 46 - 47

[Seid06] Seidlmeier, H.: Prozessmodellierung mit ARIS, 2. Aufl., Wiesbaden 2006

[Sieg05] Siegel, V.: Software-Escrow, in: Informatik Spektrum, Oktober 2005, S. 403 - 406

[SoKl07] Sontow, K.; Kleinert, A.: Die Quadratur des Kreises bei ERP/PPS-Lösungen, in: isreport Sonderausgabe Juli 2007, S. 12 - 14

[Sont06] Sontow, K.: ERP-Evaluation, in: IS-Report, Sonderausgabe Juni 2006, S. 6 - 8

[Spieg08] Telekom-Skandal: Diebe klauten 17 Millionen T-Mobile-Kundendatensätze, in: www.spiegel.de/wirtschaft, vom 4.10.2008, abgerufen am 7.10.2008

[SpSc02] Spitta, T.; Schmidpeter, G.: IV-Controlling in einem Systemhaus. Eine Fallstudie. In: Wirtschaftsinformatik 44 (2002) 2, S. 141 - 150

[Staa] Staatskanzlei des Landes Nordrhein-Westfalen: RFID in NRW, Düsseldorf o. J. (Broschüre)

[Stau06] Staud, J.: Geschäftsprozessanalyse, 3. Aufl., Berlin, Heidelberg 2006

[Stee08] www.steeb.de vom 26.09.2008

[Stei01] Steimer, F.L.; Maier, I.; Spinner, M.: mCommerce. München u. a. 2001

[StHa05] Stahlknecht, P.; Hasenkamp, U.: Einführung in die Wirtschaftsinformatik, 11. Aufl., Berlin u. a. 2005

[Stroh08] Strohmeier, S.: Informationssysteme im Personalmanagement, Wiesbaden 2008

[TeQu05] Tellkamp, C.; Quiede, U.: Einsatz von RFID in der Bekleidungsindustrie – Ergebnisse eines Pilotprojekts von Kaufhof und Gerry Weber, in. Das Internet der Dinge, hrsg. von E. Fleisch, F. Mattern, Berlin, Heidelberg 2005, S. 143 - 160

[Teut97] Teuteberg, F.: Effektives Suchen im World Wide Web: Suchdienste und Suchmethoden. In: Wirtschaftsinformatik, Jg. 39, H. 4, 1997, S. 373 - 383

[Tiem05] Tiemeyer, E.: IT-Controlling kompakt, München 2005

[Vets95] Vetschera, R.: Informationssysteme der Unternehmensführung. Berlin, 1995

[WaJo01] Warschburger, V.; Jost, C.: Nachhaltig erfolgreiches E-Marketing. Braunschweig/Wiesbaden 2001

[Wale02] Walendy, N.: Prozessoptimierung in der Entgeltabrechnung, in: Lohn + Gehalt, September 2002, S. 23 - 27

[WaNi04] Wannenwetsch, H.H.; Nicolai, S. (Hrsg.): E-Supply-Chain-Management, 2. Aufl., Wiesbaden 2004

[WeHa92] Weizenbaum, J.; Haefner, K.: Sind Computer die besseren Menschen? München, 1992

[Weiz66] Weizenbaum, J.: ELIZA – A Computer Program for the Study of Natural Language Communication between Man and Machine. In: Communications of the ACM, Vol. 9, Nr. 1 (Jan 1966), zitiert in [Diet03] S. 50

[Wilh07] Wilhelm, R.: Prozessorganisation, 2. Aufl., München, Wien 2007

[WKWI07] Wissenschaftliche Kommission Wirtschaftsinformatik und Gesellschaft für Informatik e.V.: Rahmenempfehlungen für die Universitätsausbildung in Wirtschaftsinformatik, in: Wirtschaftsinformatik 49(2007)4, S. 318 - 326

[Wo07] Wolff, P.: Die Macht der Blogs, 2. Aufl., Frechen 2007

[WoKr05] Wolf, P.; Krcmar, H.: Prozessorientierte Wirtschaftlichkeitsuntersuchung für E-Government, in: Wirtschaftsinformatik 47(2005)5, S. 337 - 346

[Wolf07] Wolfram G.: RFID – Schlüsseltechnologie für die Zukunft des Handels, in: Internet der Dinge, hrsg. von H.-J. Bullinger/M. ten Hompel, Berlin, Heidelberg 2007, S. 305 - 313

[Woll05] Wolle, B.: Grundlagen des Software-Marketing Wiesbaden 2005

[WoVo02] Wohlfeil, S.; Voelz, D.: Unified Messaging in großen Unternehmen. In: Wirtschaftsinformatik 44(2002)1, S. 9 - 19

[ZaBP05] Zarnekow, R.; Brenner, W.; Pilgram, U.: Integriertes Informationsmanagement, Berlin, Heidelberg 2005

[ZsTZ02] Zschau, O.; Traub, D.; Zahradka, R.: Web Content Management. 2. Aufl., Bonn, 2002

[Zufr99] ERP-Zufriedenheit sieht anders aus. In: Informationweek Nr. 17/18 v. 19.08.1999, S.- 30 - 32

[ZuGr04] Zuser, W.; Grechenig, T.; Köhle, M.: Software Engineering mit UML und dem Unified Process. Pearson Studium, 2. Auflage 2004

[Zwis02] Zwißler, S.: Electronic Commerce, Electronic Business. Berlin u. a. 2002

Stichwortverzeichnis

E

H

I